顧頡剛全集

顧頡剛古史論文集

卷　三

中　華　書　局

卷三目録

中國上古史講義

（中山大學）

目録 *

一年來所發講義隨時編集，未經豫定次序，故凌亂殊甚，有待改定，今先仍原第寫一目録如下：

甲種（上古史之舊系統，以史記秦以前之本紀、世家爲代表）

---

* 1928 年 9 月 3 日作。中山大學油印。

附録五項

按語[*]

禹貢

（中國上古史講義乙種之六）

　　頡剛案：此篇頗有疑義，不易標點，試作數次，都未愜意。今但將原文分段斷句，請諸位參考書籍加以標點（如能加以説明更好），在兩星期内交給我，俟我集合衆長斟酌得較爲妥善之後再將寫定本印發。古書不易讀，固由於古今言語不同，亦由於古

---

[*]　1928 年 3—9 月作。中山大學油印。其中丙種一四之按語刊中山大學語言歷史學研究所週刊第十一集第一二二期，1930 年 3 月 12 日，題天問。丙種一七之按語刊該刊第十集第一二〇期，1930 年 2 月 26 日，題毛詩序之背景與旨趣；又刊古史辨第三册。丙種一八之按語刊該刊第十一集第一二一期，1930 年 3 月 5 日，題阮元明堂論。丁種一六之按語刊該刊第十一集第一二三、一二四合期，1930 年 3 月 26 日，題論康有爲辨僞之成績。

人沒有將寫文章的工具弄好，倘使古代文字已有標點符號，將意義確定，豈不免去了後人多少的異說、異解和猜測的困苦！現在我們做這項工作，我們正可練習(1)讀古書的方法，(2)批評漢唐宋清人解釋古書的優劣，(3)對於歷史材料的公同討論。

大誥

（中國上古史講義乙種之二十）

頡剛案：此篇分段點句大感困難，故直錄原文不施章句，將來若能藉古文法學與古文字學之進步，得確定其意義而爲之訓釋，固藝林之至樂矣。

小盂鼎

（中國上古史講義乙種之三十九）

頡剛案：此鼎銘詞記盂伐鬼方之戰功，爲甚重要之史料。惜其殘泐已甚，弗復可施句讀，故仍其行格而錄其可識者。

曶鼎

（中國上古史講義乙種之四十一）

頡剛案：劉氏解釋甚爲暢達，然其中有以現代語釋古字者，有改變文義以遷就其解釋者，讀者但視爲一種假設可耳。所錄銘文係集合他本所寫，故與劉氏所釋多不相應。此鼎文意雖不可盡曉，然於古代社會狀況，若農產物之掠奪，奴隸之價賣，皆可藉是考見，實古代之一重要史料也。

周易卦爻辭中之故事

（中國上古史講義乙種之五十）

　　頡剛案：易之爲書，自漢以來之人觀之，蓋至古矣；其於道統之關係，亦至深矣。演卦者伏羲，重卦者神農，作卦辭者文王，作爻辭者周公，作彖傳、象傳者孔子，聖法之傳衍其完密如此。然自漢以前之人觀之，則大異：詩、書、禮、樂不聞與之並稱也，孔墨之書未嘗稱道其隻字也，一卜筮之書而已。自有易傳（即十翼）而術數變爲玄談，卜法變爲聖道；自有易傳中之伏羲、神農，而劉歆輩遂謂其於六經中爲最古，升之於六經之首。至於今，論古史而至於周易，誰不有五帝之幻影立於目前。然吾人若捨易傳而但讀卦爻辭，則即別入一世界，在此世界中固未有五帝之踪影也。其所以不見五帝者何？以其著作時代尚在西周，當西周時此等問題尚未發生也。今鈔出其中之故事，略加評論，以見當時之古史觀念。其有出語隱約，疑有故事存焉者，別立爲一類。吾人讀此，當知今所有之古史傳説悉爲戰國秦漢間人之所創（其所以能維持二千餘年者，以其適值古史傳説凝固之時期，而又無破壞之者）；至於戰國以前人習熟於口耳間之大小故事，已因時勢之變換而淪亡幾盡矣。周易中之故事，即當時最大之故事，而今乃不得其解者也。

一　王亥託于有易之故事

　　喪羊于易，無悔（大壯六五）。
　　鳥焚其巢，旅人先笑後號咷，喪牛于易，凶（旅上九）。
　　按：二條所言，易爲王亥所託之國，喪牛羊爲王亥所遭之厄，旅人號咷爲其事實，鳥焚其巢爲其比喻，事甚明也。徒以易學大師不知有此故事，自象傳以來未有解者。王靜安先生考殷墟甲骨，得王亥一名，始從大荒經及天問中搜得此故事之材料，而爲之作彙合之説明。然於周易中此二條亦未發見。今讀是文，知不但喪牛，亦且喪羊；喪羊猶無悔，喪牛乃遘凶也。

二　高宗伐鬼方之故事

高宗伐鬼方，三年克之，小人弗用（既濟九二）。

震用伐鬼方，三年有賞于大國（未濟九四）。

按：高宗伐鬼方，勤師遠略，至於三年，蓋爲古代極大規模之戰爭，故得成爲商周間之傳説。其在大雅之蕩，藉文王以斥殷商，亦曰“內奰於中國，覃及鬼方”。鬼方與周雖不同族，而皆在西方，殷王之振旅西伐，宜爲周民族所不喜也。至於爻辭中所言“小人弗用”，“大國有賞”，以故事已佚，無從知之。

三　帝乙歸妹之故事

帝乙歸妹，以祉，元吉（泰六五）。

帝乙歸妹，其君之袂不如其娣之袂良，月幾望，吉（歸妹六五）。

案：此故事早已失傳，所謂“以祉”，所謂“娣之袂良”，皆不解。惟鄙意以爲或可取詩大明篇解之。大明紀王季之妃曰：“摯仲氏任，自彼殷商，來嫁於周。”紀文王之妃曰：“大邦有子，俔天之妹。”又曰：“纘女維莘，長子維行，篤生武王。”蓋周國日强，殷勢日弱，不得已乃爲和親以緩其逼迫。文王雖未明言娶自殷商，然一曰“大邦有子”（周之稱殷爲“大邦”，屢見尚書），二曰“俔天之妹”，文王與帝乙同時，甚有此即帝乙歸妹之事之可能。至云“纘女維莘”，纘者繼也，繼而生武王，或即所謂“其君之袂不如其娣之袂良”者。至於後世，帝乙歸妹之故事雖失，而有莘氏之名未失，轉而爲商王之故事。天問云：“成湯東巡，有莘爰極，何乞彼小臣而吉妃是得？”則湯娶於有莘矣。史記云：“帝紂

乃囚西伯於羑里，閎夭之徒患之，乃求有莘氏美女……而獻之
紂”，則紂納有莘之女矣。

四　箕子明夷之故事

箕子之明夷，利貞（明夷六五）。

案：此條所言或即論語“箕子爲之奴”之事。古事芒昧，未可
詳也。

五　康侯用錫馬蕃庶之故事

康侯用錫馬蕃庶，晝日三接（晉卦辭）。

按：清國子監文廟禮器有康侯鼎，文曰“康侯￦作寶尊”。￦即
封，康誥所謂“小子封”也。康叔封於康，以監殷而徙衛，其繼位
猶稱康伯，此所稱康侯當即康叔。其用錫馬蕃庶晝日三接之事，
亦以傳説早失，無可推求。

六　疑有故事之爻辭

王用亨于岐山，吉，无咎（升六四）。

王用亨于西山（隨上六）。

東鄰殺牛，不如西鄰之禴祭，實受其福（既濟九五）。

伏戎于莽，升其高陵，三歲不興（同人九三）。

係用徽纆，寘于叢棘，三歲不得，凶（坎上六）。

明夷于南狩，得其大首，不可疾貞（明夷九三）。

震來厲，億喪貝，躋于九陵，勿逐，七日得（震六三）。

見豕負塗，載鬼一車，先張之弧，後説之弧（睽上九）。

或錫之鞶帶，終朝三褫之（訟上九）。

日昃之離，不鼓缶而歌，則大耋之嗟，凶（離九三）。

按：類此者尚多，姑舉十條。此等解釋，或將來得以地下材料之
發見而洩露其意義，或遂幽室一閉，亘億萬年而不朝，皆未可

知也。

頡剛又案：周易中之故事，可知者止此矣。此等故事，皆不合於道統之需要，而為人們忘卻者也。後世說易者，惟高宗帝乙猶認為人，"易"則釋為不難，"箕子"則釋為荄滋，"康侯"則釋為天子所美之柔進之臣，而道統之故事之增加亦遂不能自忍，故彖傳於革曰："湯武革命，順乎天而應乎人"，於明夷曰："內文明而外柔順，以蒙大難，文王以之"。禮家於升曰："封太山，告太平"，而繫辭傳之五帝制作更確立一歷史系統，經與傳之歷史觀念若是其差異也！後人不知，混而一之，又確信經之真意在於傳，遵傳以解經，於是傳之歷史觀念遂成為正統之歷史事實矣。

石鼓文
（中國上古史講義乙種之七十九）

頡剛案：當石鼓發見時，唐人即斷為宣王時器。唐代古文字學本不發達，彼輩非有見於史籀篇文字多與之同，而說為宣王時太史籀書；特讀毛詩序與車攻、吉日兩詩而說為宣王耳。石鼓文與此二詩頗多類似之句，蓋同記田獵之事，又時代相隔不遠，自有襲用之可能也。今並錄之，以資比較，且以知詩序之影響於歷史者如此。

嶧山刻石
（中國上古史講義乙種之八十）

頡剛案：秦始皇巡守天下，泰山、瑯邪、之罘、碣石、會稽所立石，史記秦始皇本紀具載之矣。惟最早之嶧山刻石，僅云"與魯諸儒生議刻石頌秦德"（二十八年），而不著其文。茲依徐鉉重摹嶧山碑本錄之。

墨子尚賢上篇

（中國上古史講義乙種之八十一）

　　頡剛案：戰國之世有兩種强有力之運動，使世主學者百慮而一致，盡其熱誠以赴之者，則平等運動與統一運動是也。戰國以前，國君卿士莫非世襲，徒隸之人名在丹書，階級次第凡有十等，至嚴峻也。及乎戰國，爭鬭日甚，各國竭其智力以相角逐，於是世禄之家不足以資應付，而平民之有才者乃驟得一發展之機會，世主既優禮之，平民又自鼓吹之，於是階級制度日壞。至於始皇，而天子以下悉平等，至於漢高而以布衣成帝業矣。統一之事，古之所無。戰國時人不堪爭城奪地之痛苦，禱籲安定，而安定之法莫如廢國界而合天下爲一家，則干戈無所用。由此意志之結合，始皇遂得分天下爲三十六郡矣。徵諸古籍，則墨子之尚賢，前一運動也；其尚同，後一運動也。尚書之皋陶謨，前一運動也；其禹貢，後一運動也；而堯典者，彙合此兩事而作成之最完美之烏托邦也。緣此運動，彼輩所談説之故事莫不塗有此類之色彩。故舜則陶漁，伊尹則割烹，太公則鼓刀，皆所以表示氓隸之可以爲王公。顓頊游四海，堯流四凶於四極，舜南巡守而崩於蒼梧，皆所以表示古代地域之本爲一統。此等故事，吾人立於史實之地位觀之，其造作讕言，誣古代而惑後世，誠可痛恨。若從此等讕言之背景觀之，實不知有幾許反抗壓迫之血淚存焉。然動力既大，目標轉晦，諸子百家互相攻擊，輒若不見其立説之本根。此正似人類無不有劇急之食色要求，乃或有感受煩惱而不能自省，轉笑他人之直道此煩惱者，蓋從事運動之人固不必明瞭之意識如是。故禪讓，儒者之最高之想像也，燕王噲行之而孟子非之矣。統一，解決時局之惟一辦法也，秦日益强而魯連耻帝之矣。彼輩皆爲大目的所驅迫，所顛倒，而不能自言其故，轉相非難者也。墨子尚賢、尚同兩篇，託古而言，對於時代思潮言之較晰，故錄出之，而以孟子中相類之語附於後。墨、孟兩家雖嫉恨如仇讎，而論議往往印合，藉此可以想見時代動力之强焉。

戰國策中之從橫談

（中國上古史講義乙種之八十三）

頡剛案：戰國時代之大目的曰兼併，由此目的演出種種之手段，事攻伐，鬭土地，約與國，而戰將謀士遂爲時代之中心人物，聞望掩其國君。蘇秦、張儀，謀士之模範也。蘇秦主合從，聯衆弱以抗一强；張儀主連橫，舉一强以令衆弱。史記於二人列傳備錄戰國策之文，今即由戰國策中錄出二人游説之辭以見各國國勢之大概及其相互衝突之情狀。然戰國策編錄於西漢，斷篇殘簡，竄亂實多，不可視爲信史；其所載蘇張從橫之談尤不可信。蓋二子之生當戰國中期〔予嘗假定西曆紀元前四七六年（六國表之首年）至三八七年（秦惠公末年）爲戰國前期；自前三八六年（田和列爲諸侯之年）至三○七年（秦武公末年）爲戰國中期；自前三○六年（秦昭王元年）至二二○年（秦始皇分天下爲三十六郡之年）爲戰國後期；理由當另篇論之〕，而二子所言乃甚多後期之事。如蘇秦説秦惠王，謂其國南有巫山黔中之限（秦拔楚巫黔中郡在昭王三十年，是時惠文王卒已三十四年矣），張儀説秦王，兩舉白起戰績（破荆襲郢在昭王二十九年，長平之役在昭王四十七年），是也。至謂"秦兵不敢出函谷關十五年""秦解兵，諸侯休，二十九年不相攻"（皆見趙策二）更是誣罔之談。戰國之局安得寧謐如此！蓋蘇張爲從橫，未嘗自記其言，其言談何若亦不可復悉，然其事功則赫然在人心目間，後進之士尤喜稱道其人以自誇炫，於是量度各國之情狀而爲之擬議，作説辭十四篇。此十四篇者，游談者對付七國君主之正負二公式，又其簡練以爲揣摩之教科書也。吾人對此，但當作戰國後期之七國國勢觀，但當作戰國游士之言談方術觀；不必以蘇張之言觀之，亦不必以蘇張之時代觀之也。又史記錄戰國策之文，定其次第，於蘇秦則先燕，次趙，次韓，次魏，次齊，次楚；於張儀則先魏，次楚，次韓，次齊，次趙，次燕。然戰國策中實無次第；所可見者惟蘇秦先至燕，次至趙耳。恐是司馬氏憑臆貫串，故不復用，仍依戰國策之卷帙排比之云。

戰國策中之帝制運動

（中國上古史講義乙種之八十四）

頡剛案：古代局勢之變化莫劇於戰國。史記六國表僅二百七十年耳，而時勢之急轉直下，使星羅棋布之列國忽然而爲一家天下之帝國，開一從古未有之局面，則其相互搏噬之猛烈可以想見。向者周王以下之諸侯，或諸侯之卿大夫之篡國者至是亟思改易名號以表示其尊崇，故自耶穌紀元前三三四年至三一八年十七載中稱王者六國，更越二十九年（前二八八）而秦創帝名，自居西帝，而致東帝於齊湣王。原帝之位號，古但指天，或及祖先之配天者，至是乃取以稱人王。蓋加號於諸侯之上則其辭窮，不得不假借天神之名以爲名，由是而五帝出焉，由是而帝典作焉。又越四年（前二八四），而蘇代勸燕昭王説秦，以秦爲西帝，趙爲中帝，燕爲北帝。又越二十七年（前二五七），而魏遣辛桓衍説趙致帝於秦。此三次事雖未行，或行而旋罷，要之此數十年中之常有帝制運動可藉以知之。雖然，當時所謂之帝與三十年後秦始皇帝之帝固大異。當時所謂帝者，不過在諸王國中爲較強之國，欲持其勢力以攫得他國之宗主權，如孟子所謂“欲辟土地，朝秦楚，蒞中國而撫四夷”，蘇秦所謂“西面而事秦，稱東藩，築帝宮，受冠帶，祠春秋”而已，蓋有類於春秋時之霸主，諸王諸侯之國依然存在，猶不脫封建窠臼也。至秦始皇帝削平六國，混一寰宇，使昔天下之搏心揖志，若中庸所言"車同軌，書同文，行同倫"，共歸一本而盡去枝葉者，在數十年之前固尚未有此擬議也。以身作帝制運動之人而不能豫測數十年後帝制實現時之規模，此足徵時勢之突變固非智者之所可知矣。

五蠹

（中國上古史講義乙種之八十六）

　　頡剛案：戰國之世，向時受壓迫之下層民衆突起發揮其活力，又以各國辟地日廣，交通日便，聞見驟多，民衆之智識更爲激進，故得蔚成燦爛之文化，組爲複雜之社會，使中國歷史上放一極大光明。然物壯則老，利盡而弊見。以王公之尊之也，遂不勞而食，貴人之門客輒至數千。又以其自有組織也，不就國家之法律而設私刑。又以游談之可以致貴顯也，聞有智者則不遠千里而從之學。至於挑撥國君，激起戰事，不惜犧牲民命以濟其富貴者，比比皆是。當墨子創道之時，但欲使民之賢者得有發展之機會，不以地位受限制耳。孰意彼輩得志之後，民衆之痛苦乃愈甚。此猶清末人民蘄求立憲，謂國民得掌政權，國事便可清明。民國既立，貴族匿跡，議員民選矣，向之所求一躍而至，豈非大快。乃曾幾何時，此輩人民代表大都獻媚當局，煽動軍人，惟恐國之不亂，務造機會以飽其囊橐，使國人所受痛苦之深遠浮於蘄求立憲之時。故仁義，高名也；富強，盛業也：游談者假借之以市爵祿而民不聊生矣！儒墨既因分子之不良而試驗失敗，於是有起而救其弊者。循名責實，絕空言而擯飾行，使人民一聽君之指揮者，刑名家也。厭浮囂而甘淡泊，使所立之道更超出於仁義（仁義本已超出富強，如孟子所言），使智慧不以供爭奪之用者，黃老家也。此二家者，一極其虛，一極其實，至不相容；然皆爲對於儒墨學説之反動，皆爲戰國末年救弊之主張，則自有同心也。其後秦既一統，施用刑名之術，以過酷而敗。漢之立國，兼用二者（可謂爲以黃老爲體，刑名爲用），而後民乃馴服，立國長久。漢代文化之所以渾樸如初民者，以此也。二千年間，卒用此術。二家命脈，可謂永矣。今之論者觀於國之不昌，歸咎於漢代之陽儒而陰老；不知儒家之學早已於戰國時試驗失敗矣。代表刑名者莫善於韓非子，代表黃老者莫達於莊子，皆痛擊時弊，聲嘶力竭者也。今録出五蠹、顯學、胠篋諸篇以備史料。

胠篋

（莊子第十）
（中國上古史講義乙種之八十八）

頡剛案：戰國晚年承尚賢好智之敝，使人失其本性，故救世之士起而挽之，欲民之復返於樸。其言傳於今者，有莊子，有老子，有淮南子（淮南子雖作於漢，而其書囊括衆言，不少戰國材料）。今從莊子中録出胠篋篇以見其大凡。老子之言亦選鈔二十餘章。前人惑於僞史，視老子爲孔子時人。當未尚賢智之時而忽有反對賢智之論，則於事爲無根。今與韓非子、莊子之文比而讀之，其作於戰國末年，志以遏抑橫流，歸於恬靜，至爲明白。吾人常日笑漢人之愚，以爲彼輩不善守戰國智慧之文化，使之滅亡殆盡。讀此數篇，可知此實人心厭亂之結果，自有其不得已者在也。

殷虛書契考釋卜辭篇

羅振玉

（民國十六年東方學會石印增訂本）

（中國上古史講義乙種之八十九）

　　頡剛案：甲骨卜辭發見後，羅振玉先生爲之創通大義；歷十餘年，始大明於世。殷虛書契考釋一書，對於卜辭作分析之研究與系統之説明，凡分八篇：曰都邑，曰帝王，曰人名，曰地名，曰文字，曰卜辭，曰禮制，曰卜法。今録出其卜辭篇以備史料。甲骨出土約二萬餘片，茲所録擇其較完整者得一千二百餘片，僅占二十分之一。盡求而彙録之，固我輩之責任矣。原文意義頗有不易明瞭者，今不爲施標點，懼誤也。

楚莊王篇

（春秋繁露第一）

（中國上古史講義丙種之一）

　　頡剛案：東周時人好言詩書；西漢時人好言春秋。春秋者，春秋之史書，戰國之儒書，而西漢之天書也。何以成爲天書？曰：以其簡質故。語云：“畫鬼魅易，畫犬馬難。”蓋犬馬人所共見，不容不肖；而鬼魅無形可指，但就想像所及加以鈎勒，無不可自謂之肖，亦無可詆其爲不肖也。春秋文字，簡質之甚，其事不可盡曉，其義更不可知。爲其學者喜其易託，卮言異説遂日出而不已。至今據傳説以尋經義，微矣玄矣，誠不可贊一辭矣！朱熹云：“春秋難看，此生不敢問。”又云：“春秋，某煞有不可曉處，不知是聖人真簡説的語否。”以極簡質之經而傅以極玄妙極怪異之傳説，此其所以難看而不可曉也。今纂録講義，於董仲舒春秋繁露中寫出二篇以見其凡。讀者即此求之，於西漢人對於春秋之神秘觀念不難窺見，而春秋所以盛行於漢代之故亦不難知。何也？秦始皇統一之功初就，未及制作，俄而滅亡。漢承秦緒，受時勢之逼迫而努力於新局面之創造，然其所以爲是努力之故，皆懵不自知，其學識亦不足以負應付時勢之責任，凡其所爲不得不抱古人以自重，故群爲古人造一學說系統，而以所制作者歸之。孔子之學至於漢代，實質上已變爲李斯韓非之言，而外蒙曾參孟軻之言，又雜糅以騶衍等陰陽五行之説。以韓李伸張君權，以曾孟軌範士大夫言行，以陰陽五行迎合民衆信仰，無施不可，故得黜百家而定一尊於是。其建立學説系統之基礎，則春秋也。春秋之旨，孔子不自言而漢人代言之，卮言異説遂盡成孔子之微言大義，當時之道德法律政治遂無不受其支配，而素王爲漢制作之業於是乎大成。試覽繁露中此二篇皆言改制，原其説之根據不過論語“周監於二代，郁郁乎文哉”一節，與“行夏之時，乘殷之輅，服周之冕”數語耳。此數語者，隨口比論三代之辭，初無深意。至於戰國，遂有三正之説。至於繁露，遂排比禮文，整齊畫一；百代之移，規模無變。豈止三代有徵，雖炎黃而上猶目睹也！當時彼輩號召，蓋謂三正循環，四法更迭，新朝之興，禮有固然，故既知春秋即足以知漢，漢之制度不待訂定而已有可循之成法。考其實際，則夏商周燦然之制但發生於漢室之要求，而今所傳之古禮乃大半由於春秋學説之演繹耳。故吾人誠欲削除塗附以見上古史之真相，不可不於漢代之春秋學説有相當之認識。彼其曲解與僞造，正今日研究上古史傳説之絶好材料也。

明堂位

（小戴禮記第十四）

（中國上古史講義丙種之三）

頡剛案：既讀三代改制質文而後讀此篇，則鑿然秩然之虞夏商周四代之制度文物，其爲儒者所託，至易明也。故連類及之。戰國秦漢間儒者學説之傾向大略有三。其一，以仁義禮樂之説塗飾孔子，使其成爲理想之聖人，改制之素王。其二，逞談故事，臆造禮制，使二帝三王之業燦然陳列，可取而觀，亦使堯舜之緒歷二千載而不衰。其三，則即此篇"廣魯於天下"之説，期以魯之文化統一天下之文化也。凡周公爲天子之故事，以及七十二代之帝王封禪於泰山之故事，皆起於是。蓋儒者以魯國爲多，而魯國之儒眼孔至狹，視其國中所有爲足盡天下之美，又不惜造爲矯誣之辭以資鼓吹，於是魯國乃真成聖地矣。今讀此篇，稱魯爲有道之國，君臣未嘗相弑，政俗未嘗相變，説者知其非，謂其讀經而未讀傳。按：經固未言羽父慶父弑君，而昭公放逐於外，一歲數遷，經亦未嘗不著；至於作三軍，初税畝，用田賦，四不視朔，政移俗革，經書已多。奈何閉目不一視而悍然爲此欺人之言哉！夫春秋之世至邇，猶若是其憒憒，則彼所稱説之二千年來之典章制度若數家珍者庸可信乎！整齊故事，本漢人之專業，虞夏商周爲經，三統五行爲緯，百代之典彈指立現，而其互相牴牾之跡亦遂無以自掩。例如孟子云："夏曰校，殷曰序，周曰庠"，其來源已不可究詰；至此篇謂"米廩，有虞氏之庠也，序，夏后氏之序也，瞽宗，殷學也，頖宫，周學也"，較孟子又增高一代，而以庠屬虞，以序屬夏，其名乃無一與孟子合者，若瞽宗頖宫二名則得之於詩魯商頌中，然質諸詩辭，固未有指爲學校意也。以此例之，則其他之無徵不信可知矣。

劉向傳

（漢書卷三十六）

（中國上古史講義丙種之七）

　　頡剛案：欲知古代傳説之歷史事實之真面目，不可不先知當時之歷史觀念如何，蓋各時代之歷史傳説恒由各時代之歷史觀念演出者也。西漢之學，伏生申公開之，董仲舒昌大之，劉向紹述之，劉歆變之，而皆不離於陰陽五行。吾人但觀其一鱗一爪，鮮有不笑其説之荒唐者。若彙合當時時勢而觀之，則數人者學之博而言之辨，足爲一般民衆表率，其成當時之大儒固宜也。原意於講義丙種中録漢書五行志以見當時學説之中心問題，及諸大儒用此中心問題之學説所作之歷史事實之解釋；惜其篇幅過長，弗能如願。今録漢書劉向傳，而附寫五行志之一條以見其凡。吾人讀此，可知當時學説貌以六經爲根據，實際則以陰陽五行之説組成一系統而以六經之言傅合之，凡其引據古事，議論時事，無不支配於此系統之下，其驅遣之術萬變不窮。是謂“通經致用”！是謂“爲漢制作”！漢代之人既不求知歷史之真相，而惟求自己學説所支配之歷史之應用，故吾人對於漢人之書所引之古事，悉當視爲傳説，以研究傳説之方法研究之，觀其所由出發之思想以定本項傳説之意義，勿輕散入各代而誤認爲史實焉。

春秋緯（摘録）

（古微書卷六至十三）

（中國上古史講義丙種之八）

　　頡剛案：緯書者，西漢陰陽五行學説之最高點，以其作於此種學説極盛時代，雖曰解經，而一切智識悉就範於此也。亦即陰陽五行學説之結尾，以其誕妄太甚，不再能爲儒者所容忍也。至於今日，惟易緯八種猶傳，餘悉亡矣。然緯書雖亡而其所建立之説多不亡。如孔子删尚書之説，孔子自謂"志在春秋，行在孝經"之説，以及三皇之次，五帝之名（俱如鄭玄所舉），倉頡有四目，仲尼稱素王，皆發端於緯書而沿習於人口，駸駸焉成爲史實者也。明孫瑴薈集各書徵引之文爲一編，曰古微書，存其厓略。清代繼起從事者數家，後出益密。以時間迫促，僅就孫氏所録之春秋緯摘鈔若干條，俾見西漢時人對於古史之想像焉。原書未注各條出處，今亦仍之。春秋緯於七經緯中數量最多，梁文思博要載其卷數爲三十，隋書經籍志載其篇名爲十三，尚有他書徵引之篇名不見於隋志者（如命歷序）。蓋西漢之學以春秋爲中心；其主要意義則謂春秋爲孔子受天命而作，爲代漢制法而作，其中人事天變悉含有警誡之深意，而其警誡之方式則以陰陽五行配定之。自董仲舒劉向以至緯書，其中心觀念無不如是。故春秋者，漢代之天書也。後之學者既以緯書爲誕妄而絶之矣，而尊奉董劉爲大儒如故，豈非"名實未虧而喜怒爲用"哉！

又案：五德之説，歷變凡三。其初，以爲帝王嬗代，五德相勝。秦自居於水德，則視周爲火德而勝之。然漢高初起，增祀黑帝，張蒼亦言漢爲水德，蓋以秦之國祚至短，不足列爲一代，欲以漢室直接成周也。其後賈誼、公孫臣、司馬遷等謂漢是土德，則已承認秦爲一代，秦水勝周火，漢土勝秦水矣。當此之時，周之爲火德已爲一確定之事實，故董氏春秋繁露謂"文王受命而王，正赤統"，而武帝時所出之泰誓亦曰"有火自上復於下，至於王屋，流爲烏，其色赤"。及至西漢之末，更創新説，以爲帝王嬗代，五德相生。又根據易傳，以爲"帝出乎震"，而震屬木，故始王天下者應屬木德，其後木生火，火生土，遞次相生。是時又有三皇五帝之説，又有漢爲堯後之説。三皇之首爲伏羲，五帝之末爲堯舜，則伏羲爲木而堯舜爲火土。堯既爲火則漢亦爲火，周乃不得不屬木。緯書作於其間，遂曰"蒼神精感姜嫄而生，卦之得震，故周蒼代商"，又曰"周人木德，以桃爲梗"。古代之史事若是乎任人之顚倒而更置也！故吾人欲見古史之眞相，必先辨別作僞者之家派；由其家派之特別主張而觀其在此主張下所特造之古事，庶乎魑魅罔兩無所遁形，不勞攻擊而自然潰散焉。

漢書律曆志（節錄）

（中國上古史講義丙種之九）

頡剛案：史記列年代，自共和以上作世表，自共和以下作年表，蓋周厲王之前但可知其世，不可知其年也。至於今日，則自黃帝以來皆有年數可稽。豈司馬遷而後，曾有人發見古代之曆譜，得使古帝王之紀年伸展至二千年之久乎？蓋秦漢治曆之家託古自高，其著作有黃帝曆，有顓頊曆，有夏、殷、周、魯曆（俱見漢書藝文志）；既標榜古曆，則必於茫昧無稽者而亦稽之，而古代之年數遂判定於曆家之猜想矣。漢書律曆志者，大率本於劉歆之三統曆。劉歆好造僞史，其言固不足徵信，然以之體會西漢後期之古史觀念則固不誤也。今分析其材料所自來，可括爲數端。一，五帝之世次比合易繫辭與帝繫姓，而又加以祭典（即祭法）、考德、國語、左傳諸書，故五帝增至十帝。按，古稱庖犧不謂之太昊，稱炎帝不謂之神農，茲乃併合之，自太昊至帝嚳六帝皆有重名，而金天氏一名乃出於臨時謬造。至帝繫與繫辭不合者，則諉爲周遷其樂；祭法與繫辭不合者，則諉爲周遷其行序：逞口而談，不內作焉。二，自商至西周，取於書二十九篇、古文尚書、書序、書大傳、小戴禮記諸書。據極疏略之材料而立其年代系統，又與他種曆譜牴牾彌甚。如殷商一代，殷曆謂四百五十八年，三統曆謂六百二十九年。自上元至伐桀，四分曆謂十三萬二千一百一十三年，三統曆謂十四萬一千四百八十年。何殷曆、四分曆之寡而三統曆之多歟？是真門上虛無物而指認區字者也！
三，自周昭王以下，彼謂春秋曆與殷曆俱無年數，故據史記魯世
家爲紀。觀其所推冬至，與殷曆無一合者，足以明其兩無據依。
又魯世家謂伯禽在位五十三年，而此謂四十六年，亦不知其因何
種需要而塗改之也。四，自魯隱公以下，取於春秋，此一段材料
最可信。然其所錄左傳十二公之記載，實有其自造之嫌疑，蓋分
野之説固極盛於西漢者也。五，自魯哀公以後，取於六國春秋及
魯世家。六，自秦昭王以後，取於秦本紀及秦始皇本紀。七，自
漢高祖以後，取於漢著紀（此書，漢書藝文志春秋家著録）及漢
志。總而言之，若以彼所據之材料悉付諸吾儕，則排比之結果僅
能上至魯隱公；即放寬標準，亦僅能至伯禽。而彼則自唐堯以來
皆可編列甲子。倘太史公遲生二百年，承其學而作史記，自當有
三皇本紀與唐虞三代年表矣。雖然，此猶爲謹也！自太昊至帝嚳
尚肯不著年數，帝嚳之下尚肯曰"帝摯繼之，不知世數"；不謂
"伏羲氏一百十五年，神農氏四十年，黃帝百年，少昊八十四年，
高陽氏七十八年，高辛氏七十年，帝摯九年，唐堯承之"，若是
乎顯微而闡幽也。至於帝王本紀，通鑑前編，好古之情益篤，並
此而不能忍，於是開卷即可紀元，得按年而隷事矣。

補三皇本紀

司馬貞
（史記索隱）
（中國上古史講義丙種之十）

頡剛案：當司馬遷之時，已有伏羲神農之説矣；顧嫌其不雅
馴，不復登之本紀。所謂雅馴者，即爲搢紳先生所承認而入之於
故書雅記者也。西漢以後，伏羲神農已爲搢紳先生所承認，故書
雅記所收録，而乃不題於史記，則史記爲數典而忘祖，故司馬貞

起而補之。當司馬貞之時，已有盤古之説矣；顧亦嫌其不雅馴，不復登之補本紀。至於宋以後而亦承認之，今通行歷史書俱載之矣。故古史傳説皆創於民間而漸被於士夫，當其初行也共視爲荒唐，及其久遠也即變爲雅馴。假使義和團成功，中國猶可閉關自守，則疑古之風必不起，而齊天大聖、黃連聖母之類且取伏羲、女媧之地位而代之。何也？伏羲女媧本爲戰國秦漢間民衆信仰之古人，其後漸衰而至於泯滅，至於今日而齊天大聖、黃連聖母又成爲民衆信仰之中心，誠能借國家之力以推行其經典，則數十百年後民間之信仰雖移而學者之文籍不變，則亦奉以爲古之聖人矣！三皇之説，秦漢之前所無，秦漢時雖有而未確定，至東漢以後乃爲編排古史系統者所必須解決之問題；然於古無徵，故其説常紛紜而不一。鄭玄者，學術上之大權威也。皇甫謐者，亦一權威也。此二人以爲是伏羲女媧神農，故司馬貞從之。緯書者，西漢時之書也，其中言三皇爲天皇地皇人皇，又言上古有九頭五龍等十紀。管子、莊子，秦以前之書也，其中言無懷大庭柏皇諸古帝王。既於古有徵，故司馬貞亦從而録之。

路史前後紀目録及中三皇與十紀

羅　泌

（中國上古史講義丙種之十一）

　　頡剛案：戰國有子書，西漢有緯書，三國而後有道書。是三類者，皆逞臆而談古事，其言若河漢之無極，其言之之人亦不自以爲信實者也。宋羅泌乃悉承認此荒唐窈冥之古事爲實録，加以整理，傅之系統，有路史之作。其書以春秋緯所言“十紀”爲主，而以子書、緯書、道書中所曾言之古帝王（實亦不限於帝王，若山海經中之“吉神泰逢”，莊子中之黃帝所訪之大隗，皆加以氏稱而列爲一代）——分配之於十紀之中。於是此十紀之世次遂宣告成立，伏羲神農而上又伸展至百餘代矣。伏羲神農，漢人所謂之"三皇"也；以爲不足，而列天皇地皇人皇於其前；復以爲不足，而列初三皇於其前。於是伏羲等僅居於末三皇，而天皇等亦僅列於中三皇矣。然作僞伎倆終有所窮，故初三皇空舉其名，循蜚以上五紀亦空舉其名，所謂"六十四氏"，"七十二姓"者，悉無能填塞。蓋十紀之年代過長，諸子道緯之書雖儘量閉目而説猶不足應用焉。更不幸者，道緯之言已不能駕馭當世學者之信仰，彼所苦心安排之帝王系統乃不能與帝繫姓易繫辭等獲得同樣之歷史地位。羅君有知，當自恨其不爲漢代人也！原書過多，兹但録其前後紀目録以見其所建立之新系統；並録其所謂中三皇及叙十紀之全文，以示一二例。

大荒經

（山海經卷十四至十七）
（中國上古史講義丙種之十二）

　　頡剛案：山海經爲前人所不屑措意之書，至今日而突然發露其價值。蓋前人但知用史實之眼光以觀，則滿紙皆荒唐之言，萬無足信之理，不若堯典皋謨之合於理想之典型。吾人今日受時勢之啟示，知改用民俗學之眼光以觀之，則其所言之奇怪之故事較之煊染德化之色采者自爲接近民衆之想像，欲知古代之民衆信仰及其神話傳説，此書誠一鴻寶也。凡史書所載，古代之帝王傅相類皆道貌儼然，感物自化，以視索隱行怪，任性縱情之民衆，不啻南北兩極端。然一究其本原，則知此等偶像皆民衆建立於先，而儒者乃選取其中之最有力者以自己之思想改變其外貌於後耳。例如黄帝，始創於秦，秦人强勇好戰，因以黄帝爲戰鬪之神，故有殺蚩尤、伐炎帝等傳説；自儒者收取之，於是"勤勞心力耳目，節用水火材物"，以撫養萬民爲主旨矣。民衆好言神怪，常以其所信仰者爲特異之人，故言黄帝三百年；自儒者收取之，憾其不合事實，於是曲解爲“死而民畏其神百年，亡而民用其數百年”矣。舉一反三，可知吾人所見之古人，寬和溫惠，保民若不及者，皆飾丹漆於朽木，裝金碧於土俑者也。吾人對此，將膜拜其外表而自滿足乎？抑將剥離塗附而觀其實質乎？如曰志在求真，則當尋覓儒者未收前之記載（或雖經收取而他派之記載尚能約略保存其本來面目者），以認識其初降世時之口碑。山海經一書，寫定於漢人，其中固多漢人屢入之材料，然保存古代偶像原始傳説者尚以此書爲最多，此以楚辭、國語、吕氏春秋等書比較之可知也。其中以大荒經及海内經尤爲詭譎，天神與生人皆惑亂而不可辨，諸奇國如三身三面均編録爲古帝後裔，甚至説日與月都爲帝妃之所生産。崔述作考信録，嘗斥其非，謂羲和本任帝堯日御之官，後誤以爲御日，又誤以爲浴日，故山海經云：“有女子名羲和，浴日於甘淵”。自吾人視之，則浴日殆是最初之神話；御日已使神話受理性之洗濯而減輕其奇蹟；至爲堯臣主出納日，則更由神變人，由異變恒，奇跡盡泯滅矣。故讀此一編，可知五帝及其佐臣之所由來，與帝繫篇所記古人系統之所自出；又可知若無此歷亂錯雜之民間傳説，則亦必無此釐然秩然之儒者所定之系統也。

天問

（楚辭第三）

（中國上古史講義丙種之十四）

　　頡剛案：天問一篇，蓋戰國時楚人對於宇宙及古事之疑問，或設問而求同歌者之解答者，如今民間之“對山歌”；未見其爲屈原作也。其中所舉古事，爲神話與傳説之總匯。惜多佚説誤文，其行次亦多錯亂，不可解者逾三之一。吾人自韶齔以來，日見儒

書中之故事所構成之歷史，久久鑄成信仰，以爲古代之狀況實
然，無敢疑惑，其有庆於此者則斥之爲荒唐之説：蓋古史之統一
者二千年矣。天不絶古代傳説之真面目，猶存山海經、楚辭、呂
氏春秋等書於今日，俾吾人得以考見儒書外之故事之大概，並得
以持較儒書所録，於是其傳衍變遷之跡乃歷歷可舉。例如禹之治
水，自孟子謂其"得水之道，行其所無事"，其後學者莫不解爲疏
導，疏導遂確定爲禹治水之事實矣。而不知此乃後起之説，進步
之説也。按之山海經，則曰"相柳之所抵厥爲澤谿，禹殺相柳，
厥之三仞"（海外北經），曰"禹湮洪水，……禹湮之三仞三沮，乃
以爲池"（大荒北經），曰"禹鯀是始布土。……洪水滔天，鯀竊帝
之息壤以埋洪水，不待帝命；……帝乃命禹卒布土以定九州"（海
內經）。按之天問，則曰"洪泉極深，何以寘（填）之？地方九則，
何以墳之？"其所謂治水，皆主埋塞水流，增高土地，與疏導之説
迥然不同。其所以改變者何？則以埋水布土涉於神話，而導水下
流可減少神話之意味也。又如啟，自孟子説爲"禹薦益於天，……
禹崩，……朝覲訟獄者不之益而之啟，……啟賢，能敬承禹之
道"，誰敢不以啟爲明王聖主者。然按之戰國時之傳説乃不然，
啟之淫亂之行有二大事。其一，殺益自立，若戰國策之"啟與支
黨攻益而奪之天下"，竹書紀年之"益干啟位，啟殺之"，天問之
"啟代益作后，卒然離蠥"是也。其二則耽好歌舞，若墨子所引武
觀之"啟乃淫溢康樂，野于飲食，……萬舞翼翼；章聞于天，天
用弗式"，山海經之"大樂之野，夏后啟於此儛九代"（海外西經），
"夏后開上三嬪於天，得九辯與九歌以下；此大穆之野高二千仞，
開焉得始歌九招"（大荒西經），離騷之"啟九辯與九歌兮，夏康娛
以自縱；不顧難以圖後兮，五子用失乎家衖"，天問之"啟棘賓商
（係"啟夢賓天"之誤），九辯九歌，何勤子屠母而死分竟地"是也。
由此等材料以觀，則啟生而攘位縱樂，死而地分子散，比之後世
之君乃秦二世隋煬帝之流；雖不能信其爲真事實，然其爲戰國時

之真傳說固無疑也。夫戰國時之傳說變動最多，而於啟事則一致如此。孟子之言，嚴格論之，則其個人對於禪讓終局之一種解釋耳；即從寬言之，亦不過戰國時之一種特殊傳說耳。而後人以發揚儒學之故，不惜抹殺戰國時異口同聲之傳說而獨用孟子中之孤誼，遂釋墨子之"啟乃淫溢"爲"啟子淫溢"，釋離騷中之"夏康娛"爲"太康娛樂"，（按下又云"日康娛而自忘兮"，則"康娛"實一動詞。夏者，大也。）釋天問之"死分竟地"爲塗山氏化石。西漢人所撰書序，於五子之歌（即墨子所引之武觀）屬之"太康失邦"；僞古文尚書承之，遂謂"太康尸位，以逸豫滅厥德，……乃盤游無度；……有窮后羿……距于河"，而述五子作歌亦云"内作色荒，外作禽荒，甘酒嗜音，……未或不亡"，舉戰國時人所說之啟惡悉歸之於太康，而後啟得滌瑕蕩穢，列於聖主明王而無怍，按諸孟子書而不謬。儒者之改造故事，其手段如此，其能力如此，吁，可畏哉！

又案：神話傳說固非史實，然史實有以日久而失傳，反藉神話傳說保存其厓略者。例如天問中"該秉季德""恒秉季德"數語，歷來注家皆不能知之；不知而强爲之解，則謂是夏啟商湯之事，釋之云："該者包也；季者末也；恒者常也：言能保持先人之末德，又常能修而弘之也"（約王逸注）。一旦甲骨文字出土，王靜安先生考之，於其中發見"季、王亥、王恒"諸名，於是始知"該秉季德"者乃王亥秉季之德，而"昏微"即上甲微，"有扈"爲有易之誤，"有狄"亦即有易；以山海經及竹書紀年證之，此十二韻乃紀有易殺王亥，取僕牛，王恒與上甲微報仇之事。於是此久被人們忘卻之故事昭然復顯於世。準此以觀，天問所言雖不可解者彌多，若將來考古學發達，古器古文日出，必有漸次解答之望也。

書序

（中國上古史講義丙種之十五）

頡剛案：尚書本無所謂百篇也，百篇之説自書序始。尚書本無所謂序也，書序之出現乃在西漢之末。自有書序，而孔子删書爲百篇之説遂成爲學術界公認之史實。亦自有書序，而聖君賢相之道統傳衍更得一具體之證明。若打破此信仰而追溯其源，則此百篇之名目實由雜凑而成；百篇之序所記之事亦由鈔撮篇義而來，其無可依傍者乃悉架空所造，即其鈔撮篇義者亦恒多誤謬，如謂“帝堯將遜位，作堯典”，“武王有疾，周公作金縢”，幾疑作者未讀全篇，但摘篇中一二語而已。此有文可徵，必不當誤者，尚且如此，況其索之於窈冥之際者乎！然文字雖陋，關係殊大。西漢之僞古文尚書佚矣，其綱要乃可於此篇見之。何也？書序與古文尚書並出於西漢末之古文學家，系統既同，其説自一也。魏晉間之僞古文尚書則又依傍書序而造，委曲達怡，無復扞格，其依傍之功力視書序之於二十九篇加密矣。學者受僞古文之支配者千餘年，深信其爲古代之史實，而不知己且受間接之支配於書序也。清代學者掊擊僞古文矣，而尊信書序則如故，不知己乃以五十步笑百步也。吾人欲知真史蹟，不得不先斬芟此僞系統之糾纏，故録之於丙種之中以絶之。逸周書者，雜集周秦漢人之單篇文字以爲一書，其性質比於大小戴記，顧自居於尚書。學者咸稱曰：“此孔子之删餘也”。故並録其序，以見秦漢間人所欲造之周史焉。

毛詩序

（中國上古史講義丙種之十七）

頡剛案：詩序者，確定詩三百篇之時代，使其可合於史事者也。以詩證史，本無不可；特如詩序之以詩證史則大不可耳。詩序之方法如何？曰：彼以"政治盛衰"、"道德優劣"、"時代早晚"、"詩篇先後"之四事納之於一軌。凡詩篇之在先者，其時代必早，其道德必優，其政治必盛。反是，則一切皆反。在善人之朝，不許有一夫之愁苦；在惡人之世，亦不容有一人之歡樂。善與惡之界畫若是乎明且清也！夫惟彼之善惡不繫於詩篇之本文而繫於詩篇之位置，故二南，彼以爲文王周召時詩，文王周召則聖人也，是以雖有行露之獄訟亦説爲"貞信之教興"，雖有野有死麕之男女相誘亦説爲"被文王之化而惡無禮"。小雅之後半，彼以爲幽王時詩，幽王則暴主也，故雖有"以饗以祀"之楚茨而亦説爲"祭祀不饗"，雖有"兄弟具來"之頍弁而亦説爲"不能宴樂同姓"。其指鹿爲馬，掩耳盜鈴之狀，至爲滑稽；二千年來，儒者乃日誦而不悟。鄭玄爲作毛詩譜，何楷爲作詩經世本古義，凡衛宏之所定悉信爲實錄，而爲之作更清楚之年代表。雖有鄭樵朱熹之徒痛加捶擊，終不爲人所信，人皆曰"彼必有所傳"焉。夫彼何傳之有！詩序者，東漢初衛宏所作，明著於後漢書。當東漢之時，左傳已行矣，故碩人、載馳、清人、新臺諸篇之義悉取於左傳，史記亦已行矣，故秦、陳、曹諸國風詩得以史記所載之世系立説。若檜、魏等風，無復可以依傍者，故只得懸空立説而不指實其詩中之人。夫以東漢之世，古籍缺失，乃欲以當時淺薄之歷史智識斷説古代零亂不齊之詩篇之本事，若一一目覩然，其於當時政事全無關繫之詩篇亦一切納之於某王某公之政事之下，其爲謬妄，何待指説。而學者不察後漢書明著之文，反益推而上之，或謂子

夏所作，或謂孔子所作，或謂國史所作，或謂詩人所自作，遂使
臆測之談竟成實事，登之史册。如黍離之篇，孰不以爲周大夫過
故宮而傷感者；而不知其全無此事也。然此例非衞宏所開，西漢
時魯詩、韓詩亦時有短序，衞宏承其流而擴大之於毛詩耳。漢人
最無歷史常識，最敢以己意改變歷史，而其受後世之信仰乃獨
深，凡今所傳之古史無不雜有漢人之成分者。廓而清之，固非一
日事矣。史記收錄材料，恒以神話爲僞，以德化之故事爲真，使
詩序早出百餘年，或將盡錄其文於本紀世家。即不爲司馬遷所
見，而西漢古文學家亦或以之屬入史記，書序其一例也（説見史
記探源）。同一僞造，後出者乃不能與前出者爭勝，此其作者之
不幸而歷史學之幸乎？

明堂論

阮　元
（揅經室文集）
（中國上古史講義丙種之十八）

　　頡剛案：論語言文獻無徵，孟子言諸侯去籍，古代之禮制早
亡矣。今一檢禮書綱目、五禮通考諸書，則古禮之完整無以異於
當代之政典。豈孔孟之言欺我哉？將無孔孟以後之儒者不甘其亡
佚，日爲補綴，使得豐盈至此乎？適之先生考井田，就各説之發
現時代以觀其遞相增益之痕跡，及其與先後諸説交互影響之關
係；吾等讀之，遂知無數井田材料盡由孟子數言演繹而來，於是
此極完備之井田制度乃不勞攻擊而自然倒墜。然用此種歷史演進
之眼光而讀古書者，二千年來不一二覯也。（以我所見，僅崔述
所著之經傳禘祀通考爲完全用此種方法者。）通常學者皆以書中所
説之某代故事即視爲某代所發生之真實事件，説古者日增而某代
之事件亦日增，一切制度文化遂悉建立其基礎於戰國而下之説者

之口。説者不同，則取其最有權威者爲標準。説者不同而皆有權威，則爲調停之曰：甲説爲某時代或某地方之事實，而乙説之事實則另一時代或另一地方者也。以學術社會而具有此不考然否，兼容並蓄之顢頇態度，故時代愈後，憑虚之古文遂愈多。大抵西漢以上，人立一目的而説古，故多“僞事”；東漢以下人欲爲此僞造之事彌縫罅漏，使其相通而不相背，故多“曲解”。清代學者號稱覈實，然以其信古之篤也，“禮學”雖極發達，不過將古人亂造之僞事與可笑之曲解整理之，傅會之，使其成爲一系統耳；按之實際，則對於古代制度仍茫然無聞知。且向者人自爲説之故事，牴牾易見，指摘易施；自經此一番整理，又多出若干曲解以彌縫調停之，則藉手轉難。故清人之禮學，比於骱冰之業，甚勞而無功者也。今舉阮元明堂論以爲之例。明堂者，不見於詩書，不見於易春秋，而始見於孟子。度孟子文義，不過齊國有此古建築，孟子以王政傅會之。此本孟子出言通例，欲宛轉導時君以行王政耳。（例如因梁惠王之沼而言文王之靈沼，以達“與民階樂”之本意；因齊宣王之雪宮而言徵招角招之樂，以達“憂樂與天下”之本意。）孟子所以言明堂爲王者之堂者，其意惟激起齊宣王“王政可得聞與”之一問，藉以暢陳其心目中之王道，正與其言“桓文之事，後世無傳；而已，則王”，以求激起宣王之“德何如則可以王矣”之問者相同。故其下但言文王治政之法，與公劉好貨，太王好色之事，絶未道及明堂。假使明堂確爲王者之堂，又確曾於此行過王政者，孟子安肯置而不言，致其所陳之事絲毫不切題乎？

　　自此以後，學者讀孟子，咸記明堂爲王者之堂一語，悉爲古代之王者立明堂：素問有黃帝明堂，淮南子有神農明堂，禮記、孝經、逸周書有周公明堂，考工記有三代明堂，呂氏春秋有包括一切典章之明堂。自公玉帶上黃帝明堂圖，漢武帝爲作於汶上，而虚想之明堂遂爲實構之明堂矣。自王莽奏立明堂，光武起明堂，而明堂遂爲帝王宮室之一部分矣。故明堂者，孟子無意中道之，秦漢儒者及方士鼓吹之，漢武王莽等實現之者也。

儒者既確信明堂爲古帝王遺制，而惜其不備，於是將經傳所記不言爲明堂者而亦明堂之。明堂位出而魯之“大廟”成爲明堂矣。衛宏毛詩序出而我將之“伊嘏文王，既右饗之”成爲明堂矣。桓譚新論出而緯書之“王府”成爲明堂矣。鄭玄尚書注出而堯典之“文祖”、“藝祖”，雒誥之“文祖”、“明禋”、“君室”皆成爲明堂矣。鄭玄禮記注出而祭法之“祖”、“宗”成爲明堂矣。王肅尚書注出而“清廟”成爲明堂矣。成伯璵禮記外傳出而“明庭”成爲明堂矣。阮元此文出而“合宮”、“明臺”、“衢室”、“四門”、“總街”、“象魏”、“觀臺”遂無不成爲明堂矣。（以上所言，僅據此文，或有錯誤。）及其結果，則後出之文盡成正統而出現最早之孟子中明堂反墮落爲“異制”（見本篇泰山下明堂像）。是亦可謂“有弟而兄啼”也！

故吾人讀此篇，應以井田辨比較之。觀其同是研究古代制度，只因方法之異而所得結果乃相差絕遠，則必有以善自處矣！

周制度雜考

崔　述

（中國上古史講義丁種之八）

頡剛案：東壁先生考證文字可錄者至多，限於時間，但鈔周制度雜考數則以見一斑。吾人讀此等篇，當思五等之封，四裔之號，王公卿大夫之謚，皆向爲不成問題者，何以一入崔君之目便能發生問題而求得新見解，新事實？又當思古人之説其已成爲定論者猶且不可信據如是，則吾人若能自出手眼，不爲成見所囿，其可提出之問題尚有若干？此等問題將如何而尋出之？如是，則幽翳凌亂之古史必有豁然開朗之一日矣。

宋王偃的紹述先德

顧頡剛

（語絲週刊第四期）

（中國上古史講義丁種之十二）

頡剛案：用研究故事的方法來研究傳說的古史，這是一個最適當的對付。這一方面，我已鈔集了很多的材料，但一時尚無暇整理。現在把前數年做的一篇宋王偃的故事重印出來，做一個例。

辨少皞

康有爲

（新學僞經考）

（中國上古史講義丁種之十五）

頡剛案：少皞一代介於黃帝顓頊之間，久爲公認之史實。雖精密如崔述，而補上古考信錄中猶依仍其世次。然大戴禮記所錄五帝德及帝繫兩篇皆無之，史記五帝本紀亦無之，其非西漢初期所有，即此可知。康長素先生讀書得間，驗漢書律曆志中少皞一代爲劉歆所增，證明白，無可抵賴。惟劉歆何以必增此一代，則康氏尚言之未盡。崔懷瑾先生於史記探源中說之曰：“歆所以爲此說者，由顓頊水德而下，嚳木，堯火，舜土，夏金，殷水，周木，漢復爲火，新復爲土，則新之當受漢禪如舜之當受堯禪也。”蓋王莽生當五行之說極盛之際，圖謀篡漢，其舉事必有徵於當時之學說，而後足以厭人之視聽。所謂有徵者，以劉氏爲堯後，以王氏爲舜後，俾唐虞之禪讓經一度之複演而成漢新之禪讓。顧五行之序，木火土金水順次相生，唐與漢，虞與新，既爲一系，其於五德之運自必前後相應。又炎帝之爲火德，黃帝之爲土德，名實相應，已爲不可移易之事，若黃帝之後一依五帝德所言，繼之以顓頊、帝嚳，則堯爲木而舜爲火，與漢新之自標火木者不符。（漢爲火德，亦西漢末年之説，然從無有説漢爲木德者。）既不相符，則王莽將何以紹其先人之德乎？是故，黃帝之下，顓頊之上，增出少暤一代，命之居金，而後顓頊水，帝嚳木，而後唐堯火，虞舜土，乃與漢之火，新之土，會歸於一。其欲國運之前定而作此編置，蓋甚有苦心存焉。王氏敗滅，已無復有列少暤於五帝中之需要。惟以劉歆之學旋成正統，歷二千年而未變，少暤之祚不特不隨新室國命而俱斬，反得長留史册，若固有之。謂其非徼倖遺存不可也。雖然，此但五帝中之最後起者耳；在其前者若伏羲神農，若炎帝黃帝，若顓頊帝嚳，寧非與少暤爲一丘之貉，久假帝位而不歸者乎！揭發其竊據之由而絶之，康氏所以默示吾儕者亦已久矣。

新學僞經考序目

康有爲
（中國上古史講義丁種之十六）

　　頡剛案：清代學術凡歷三變。顧、閻之出，變明而承宋。惠、戴之起，變宋而從漢。然其所謂漢者，以賈、馬、許、鄭爲標準，則猶東漢古文之業也。及常州學派興，漸爲西漢之學。然但知西漢與東漢之異，而不知其所以異，則猶未達其本也。康氏挺生，集合各家之零碎研究，照之以巨眼，而後學術史上解一大癥結，古史學上起一大變化。“山冢崒崩，百川沸騰”，不足以喻其勢之猛也。康氏著作，以兩書爲最有名。新學僞經考者，推求古文學之來源而抉發其作僞之跡者也。孔子改制考者，以今文學者之眼光觀察孔子之地位者也。兩書之作，實相聯貫，非新學僞經考則無以打倒古文學而定今文學於一尊，非孔子改制考則不足使今文學發揮光大而應時勢之需要。葉德輝曰："康有爲隱以改復原教之路得自命，欲删定六經而先作僞經考，欲攪亂朝政而又作改制考"（翼教叢編卷七，與劉黄兩生書）。斯言也，其直探康氏之肺肝者乎？康氏爲人，蓋政客而非學者；其著書目的但欲借孔子之名以造成其主教之地位。由此動機觀之，至無足論。然其書固不可易也。古文學之僞，就彼搜集之材料觀之，證驗確鑿，不可逃遁，雖以章（炳麟）劉（師培）樹古文之幟，爲一時宗匠，亦但有空詈而無實摘。至孔子改制，誠不足信；然戰國百家爭鳴，制度之憑肊虛造，其例實繁。降及漢代，粉飾一統，掾陰陽五行而建立改制之法則，其説益多，斯固不僞之事實也。故"僞經"與"改制"二事者，秦漢間之中心問題也。以前之人不瞭此中心問題，發矢而不能中的，千言萬語而不能得其會歸。自康氏揭此二義，而後秦　漢之時勢與當時人之言論乃得批卻導窾，謋然而解。是以康氏雖尊孔子之經而掊擊劉歆之僞經，實際上不啻示人以掊擊所謂孔子之經之術。葉德輝曰："有漢學之攘宋，必有西漢之攘東漢。吾恐異日必更有以戰國諸子之學攘西漢者矣！"（翼教叢編卷七，與戴宣翹書）。其言甚危，至今已中，蓋以戰國之學破西漢，正吾人蘄向之工作也。然吾人之方法雖可取資於康氏，而宗旨則迥然不同。康氏之道，宗教也，欲求得一信仰之對象，故取其所信而去其所不信。吾人之道，歷史也，欲識事物遞嬗之跡，故不言信不信而但問然不然。吾人之立，立其所然；吾人之破，破其所不然。試舉西漢爲例。所以攻擊西漢者，以西漢之經非真古經，以西漢之制非真古制，吾人欲識古經古制之真勢不得不擊而破之。擊之之法最有力者，則以前於西漢之經與制比較之。故春秋戰國間之經與制者，吾人掊擊西漢之工具也，非吾人崇拜之偶像也。及欲明春秋戰國間人所言之非，則又將乞靈於商代及西周之材料。而此材料之是否確實，則又當以他種材料比較之。至於西漢之僞經僞制，繫之於三代固非，繫之於西漢仍是。蓋何以有此僞經僞制，僞經僞制之事實若何，其影響若何，此等問題皆今日應稽之史實也。明乎此，則知吾人之打破僞史實，僅破之於所託之時代，非並其僞之之時代而不顧也。吾人之爲此辨僞之工作，但滿足吾人之知識慾，非欲致之於某種之實用也。此等歷史之態度，視康氏之主張撲滅一方與膜拜一方者，相去之遠如何？雖然，吾人慎勿自驕！當康氏之時，許鄭之學猶風靡一世，彼獨能博綜精研，發霹靂，使二千年來根深柢固之劉歆之學震碎無遺，而僞古史之肇端於劉歆者亦得發露以隳失其舊有之威嚴，厥功至偉。若仍受道統觀念之支配，求爲紹述孔子之人，以提高其個人之地位，固從前學者之最終目的，不可獨責之於康氏。吾輩生於今日，知致用之外更有求真之學，道統觀念自然解除，古經古制之真相不久悉將呈顯；此豈吾輩之力哉，大解放之時勢爲之也！

井田辨

胡　適
（胡適文存卷二）
（中國上古史講義丁種之十八）

　　頡剛案：從民國八年冬到九年夏，這半年中有一個歷史問題的揭載於建設雜誌，——就是古代有沒有井田制度。這是古代一個重要問題，它的重要與封建制度相等。但是封建制度的材料，古書裏多得很，我們把這些材料歸納起來，不怕講不清楚，而井田制的材料實在太少了，連這一個名詞也直到孟子書中方才出現。這是古代立國的基礎，王道的綱維，縱使文獻缺失，何致材料稀少到這樣地步，又何以所得的田制的材料都和井田不生關係呢？適之先生第一個起來推翻這說，說井田只是孟子想像的制度。胡漢民、廖仲愷、朱執信諸先生和他辨駁，他没有屈服，他以爲井田制度的有無只須研究井田論的沿革史便可明白。他把孟子、公羊傳、穀梁傳、王制、韓詩外傳、周禮、漢書食貨志、何休公羊解詁等書，順了他們的著作時代，抽出它們的井田材料，研究它們的演變狀況，看出它們所受的時代影響。他説：“我如果能有機會，重做一篇井田考，我只要説一個意思：井田論是孟子憑空虚造出來的，孟子自己並未曾説得明白；後人一步一步的越説越周密，其實都是演述孟子的，不可用來證孟子”（第三書）。這真是給我們一個最好的方法，使我們可以把帶有傳説性質的史事和制度一一地尋出它的最早的樣子和演變的綫索來，於是這一大堆二千年來無法辨——似乎是真，又似乎是假——的材料有整理清楚的希望了。胡漢民先生説：“古代井田制度，除了孟子再没有可靠的書。孟子所説是依據古制，或是參上他自己的理想，我們現在不必打這考據的官司。”這幾句話，頗不是研究學問的態度。研究學問本來就是考據，本來就是打考據的官司。惟其大家敢打考據的官司，真理方能出現。現在若説，我們不要多事罷，我們就信從了古人的話罷！那麽大家只要隨便一信就完了，再有什麽事情需要討論的！所以我們研究學問，得到的結果可以不問（因爲這是没有把握的，有時候會“得來全不費功夫”，有時候竟“踏破鐵鞋無覓處”），而我們的態度和方法必當自己加以嚴格的評判。適之先生固然没有從容研究的機會，對於井田這個問題尚未作澈底的解決，但他的態度與方法確是現代的，科學的，我們只要照了這個方向走去，一定可以得着許多創獲。這便是一個大貢獻！這次討論的文字太多了，現在只録適之先生的第一、第二兩通信。如要看討論的全文，請查建設雜誌第一、第二卷。

春秋時代之政治及孔子之政治思想

梅思平

（民鐸雜誌八卷二號）

（中國上古史講義戊種之一）

　　頡剛案：這篇文章是我的同學梅君作的，可以説是研究春秋時代的政治的最好一篇論文。我們看春秋繁露上説魯昭公之出走由於取同姓，普通歷史書上説秦廢封建，行郡縣，可見讀春秋及左傳的人雖多，竟絕不曾明白春秋時代是怎樣一個時代。這是因爲他們的心給聖道王功所蒙蔽的緣故。梅君向來研究政治經濟之學，所以他讀春秋和左傳時另有一種眼光，而抓得到那時的政治現象的中心，説出二千餘年來春秋學家所不曾説過的話，指出二千餘年來歷史學家所不曾指出的大勢。我們讀這篇文字，應當自己問着：何以古籍缺失的今日反能看古代比古人爲明白？我們應當用哪種手段來整理古史材料？我們應當用那幾種學問做整理的工具？梅君這文當然是一個極簡單的引論，我們若能自己開闢一個新境界時，我們的工作正多着呢。

最近二十年間中國舊學之進步

抗　父

（東方雜誌第十九卷第三號）

（中國上古史講義戊種之二）

　　頡剛案：自來研究古籍者，率皆以己意逆探古人之志，欲使千載而上之聖道王功與孔子筆削之微言大義，昭然若日月之光明，而己亦得成一聞道善道之大儒。至於古籍之真相如何，所不問也。至宋而學風漸變，至清而學風大變，凡研究古學者率皆求之於古籍之本身而不爲張皇幽眇之談，故謂之樸學。樸學者，不以聖道觀古籍，而以古籍觀古籍者也，不以經觀經而以史觀經者也。循彼趨向，實有造成一部上古史之可能。惟是古籍雖多，竄亂什九，僞史既刊落，存者乃至寡。新材料之增加，至此乃感迫切之需要。故清代中葉以降，金文學派驟起，阮元唱之於前，吳大澂孫詒讓應之於後。凡所考核，都足以駁正舊説，啓發新知。天助自助者，甲骨卜辭發見於河南安陽，自一八九八（光緒戊戌）至一九一一（宣統辛亥）十數年中，出土至五萬片。斯固商代史卜守藏之總匯，古代之一大圖書館也！孔子生於周世，尚不足徵商禮於宋國，而今乃得之於斯，其鼓舞吾儕之研究精神者爲何如！惜也國家無保存之機關，悉任私人取攜而去。一般人既不注意，而學者又復嫌其足以動搖舊有文字學之基礎，橫施攻擊（例如章太炎先生理惑論），其不亡亦僅矣！賴羅叔蘊先生（振玉）之刊行，與王靜安先生（國維）之研究，使吾輩得開卷諷籀焉。然而三千年前之古物必非數人數年之力可窮闚奧，則所待於吾輩之努力者正多。外此又有漢晉木簡，六朝唐宋寫本書之發見，其足以輔助古史古書之研究者均絶大。抗父（聞是樊炳清先生）此文，對於此等新發見與新研究作爲系統之介紹，蓋確能認識時代之趨勢與當代學者所至之境域者。但名以"舊學"，則至不當。蓋此固新發展之文字學、史學、文籍考訂學、考古學也。其後靜安先生在清華學校演講"最近二三十年中國新發見之學問"，即以此爲藍本。今限於時間，故但録此文。讀者於此，可見現在研究古史古書實已突破書本之範圍而取資於實物，且已衝決經師之束縛而歸於自由研究。數十百年後，新材料益多，學問益充實，其收穫之豐富與建設之偉大必有出於吾人想像之外者。雖然，此特有文字以後之材料而已；至史前之文化乃延亘於數十萬年前。十數載中，外國學者至中國探檢石器時代及初銅器時代之遺物者多矣，實使中國之文化史伸展至四萬年前。雖尚未得有嚴密之結論，然其將來之成就則可期也。斯又綜貫人類之歷史而突破文字記載之範圍者也。翁文灝先生之近十年來中國史前時代之新發見一文說最簡明，故並錄之。

殷周制度論

王國維

（觀堂集林卷十）

（中國上古史講義戊種之六）

　　頡剛案：靜安先生此文用意甚是，惟選擇材料之標準過寬，遂使真偽雜糅，弗能精當。蓋商周史料傳者絕寡，譬諸陶甀，片片碎矣；即此碎片亦棄失且盡。秦漢間以應用之需要，則隨手搏土爲新甀，而稱之曰故甀，藉以欺世。靜安先生拾得碎塊，苦心粘合，略覩原形，惜其洞缺，乃取秦漢間人所爲之甀補之。甀固全矣，然謂之原物則未可也。其所論，若據帝繫篇謂商周爲一民族，據喪服小記與大傳謂周公所定之宗法服術，據公羊傳謂世卿爲後世之亂制，自吾等觀之皆非也。然立嫡之制，封建之制，女子稱姓之制，爲商之所無而周之所創則固有徵。靜安先生對於商周文化急欲得一結論，使材料不充足之問題遽得解決，誠有未然，而商周文化之相異之成一問題，及此問題中已具備一部分之材料，良可藉此篇以知之也。循此方向以求之，他日必有較爲滿意之答釋，故仍錄之於戊種之中。

商民族的氏族社會

程　憬

（中國上古史講義戊種之八）

　　頡剛案：自從甲骨卜辭發現之後，孫詒讓羅振玉諸先生考其文字與制度，<u>王國維</u>先生考其人名與世次，我們現在知道的<u>商</u>民族史實確比以前多得多了。但我們生在他們之後，應當更上一層，從外部的研究進而作内部的研究，從探討<u>商</u>民族的文字和事實進而探討<u>商</u>民族的組織基礎，和他們的各種活動的意義。吾友<u>程仰之</u>先生是研究社會史的，所以他看這些材料就得到了許多新見解，斷説那時的社會是氏族社會，在建立國家以前的。他尋得了許多證據，他把這些證據作爲系統的叙述，就成爲這篇論文。我們讀了這篇論文，一來可以對於<u>商</u>民族的歷史得到深澈的明瞭，二來可以藉此知道我們要研究一種東西，決不是單單鑽入這東西的内部可以研究成功的，一定要有他種學科的輔助，使得我們可以跳出它的圈子，站在別個東西上而窺測它，量度它，纔得明白它的整個形象和隱潛的事實。學問必須這樣做，然後我們對於事物的智識會一天真似一天。

從詩經中看商周兩民族的發展

顧頡剛

（古史辨第一册中編文王是紂臣嗎）

（中國上古史講義戊種之九）

<u>頡剛</u>案：我們要求把古代歷史成立一個新的系統，這是不容易的事。<u>春秋</u>時的歷史，因爲材料較多，年代又較明白，所以<u>顧棟高</u>的<u>春秋大事表</u>會得成立一個新系統。<u>殷商</u>的歷史，因爲二十年前驟然發現了很多材料，許多學者肯用了全力去研究，所以也能成就一個新的系統。<u>商</u>以前的歷史，有<u>安特生德日進</u>們的發掘和研究，也幾幾成一系統。這些新系統，比較了<u>史記</u>上的本紀世家的系統好得多了，正確得多了。至於<u>西周</u>和<u>戰國</u>兩個時代，材料太散漫，有的亂得没有整理，有的中間斷了接不起來。要希望

有一個新系統出來，至少須待我們加上數十年的努力。我這篇舊
作，從詩經裏的材料看周民族的立國至滅商，自信這個系統尚有
成立的可能，所以便在戊種裏印了出來。

春秋大事表叙目

顧棟高
（中國上古史講義戊種之十）

　　頡剛案：前代學者讀春秋經傳，其最主要之目的在獲得孔子
作春秋之宗旨。然孔子作春秋未嘗自言其事，亦未嘗自標其義
例，則不得不求索之於冥漠之中，於是人自爲説而經義寖以紛
亂。惟晉杜預作春秋釋例，搜集事實，作日曆、地理、世族種種
之研究，其著眼點在於春秋時之歷史，故其結果迥殊於人。清顧
棟高生當樸學滋長之日，益恢杜氏之業，儘量整理春秋史料，隨
事立表，使各種惑亂之猜想附會一一以歷史事實之顯現而失其根
據。常人每以春秋與戰國兩時代打成兩橛，謂春秋時猶承先王遺
風，至戰國乃始一切變古。顧氏力破此誤謬之歷史觀念，屢以春
秋實戰國之先聲，世運遷流非一朝一夕之故爲言，其對於時代精
神，實有至深切之瞭解。徒以學術社會好守家派而忽於求真，又
不知應用分析統計比較諸方法，觀其書獨抒己意，不依傍漢人門
户，遂相輕蔑（章太炎先生猶然），二百年來未有益昌其業者。竊
謂方法之密，今勝於前，若就彼所搜集之材料而施以更精細之統
計，則獲得之歷史事實必更有加於彼者。又春秋史書自來無善
本，國語與左傳並有僞竄，記事亦復凌雜，各種“左傳紀事本末”
但剪録原書，俾易省覽而已，不足爲一代之史。至於注目於社會
組織及事實之因果，以作一書，猶無其人。故若根據顧氏所考定
之材料，加以融通貫串，作爲春秋史，必有以饜人之期望者。蓋
春秋時史以有春秋經而立確定之年代，以有國語、左傳而得繁複

之事實，在古代史中原已有衍繹爲一部完整史書之資格，非若殷商西周諸時代之但有零星材料，不易爲之敷設詳備之系統也。春秋大事表卷帙過多，未能摘録入講義，故但録其序。序中所言，固未能盡見當時情勢，然藉是以知其中有若干題目爲吾人所應注意者，進而求其本書，復進而自謀創造，亦未始非勗勵之一道。又序中雜有迂腐之言談，則爲時代所限，淘汰未盡，不當以今日之眼光責備之者也。

中華遠古之文化

安特生　著

袁復禮　譯

（地質調查所地質彙報第五號）

（中國上古史講義戊種之十一）

　　頡剛案：安特生先生（Y. G. Andensson）近年在北平地質調查所中工作甚多，對於我國古史有關繫者，爲在奉天河南甘肅等省發現石器時代之遺址若干處，使考古學及古史學開一新局面，且明示吾人以努力之方向而導之入於研究古史之正軌，厥功甚偉。其著作已出版者，有奉天錦西縣沙鍋屯洞穴層（古生物誌丁種第一號第一册），中華遠古之文化（地質彙報第五號），甘肅考古記（地質專報甲種第五號）。又有根據彼所獲得之材料而著作者，有瑞典阿爾納（T. J. Arne）之河南石器時代之著色陶器（古生物誌丁種第一號第二册），英國步賴克（Dairdsor Black）之奉天沙鍋屯及河南仰韶村之古代人骨與近代華北人骨之比較（古生物誌丁種第一號第三册）。此等書皆爲我輩所必讀。爲時間與人力所限制，但舉出中華遠古之文化印出之，取其采擷奉天河南所得成績之精要，又較爲通俗也。書中插圖甚多，今除極簡之數圖外，均無法複印。好學者幸求之於原書可耳。

第一學期試題 *

一

我們研究上古史的目的是什麼？我們研究上古史的方法要怎樣？

二

中國的上古史籍可信的大概有幾種？不可信的大概有幾種？

三

尚書和春秋說的是哪幾代的事實？這兩部書的體例如何不同？對於這兩部書有無不滿意之處？

四

孟子的上古史觀念怎樣？司馬遷的上古史觀念怎樣？他們兩人所受的時代影響又怎樣？

五

黃帝顓頊帝嚳何以不見於詩書論語？伏羲神農何以不見於五帝德帝繫姓？

---

* 1928 年 2 月 24 日作。中山大學油印。

六

夏代凡歷十七世，何以夏本紀一篇中，禹的一世倒占了十分之八，而其餘的十六世只占了十分之二？

七

説明史記中夏商周三本紀所根據的書籍。

八

論語上説："紂之惡不如是之甚也；是以君子惡居下流，天下之惡皆歸之。"天下之惡歸於紂的有多少？請就所知的舉出來。

九

我們研究商代的史實，下例各種中要選取哪幾種？如果我們研究關於商代的傳説，又要選取哪幾種？

書序　墨子　詩經　帝王世紀　呂氏春秋　甲骨文字　世本
周易　尚書　竹書紀年　僞古文尚書　竹書紀年僞本　封神
演義　綱目前編　古器物及其銘釋　國語　史記　孟子
説苑

十

讀上古史時有什麽想到的問題？有什麽感到的困難？有什麽著手改造的計畫？

附告五則

（一）以上十題，只須選作三題；如願多作數題者，聽便。

（二）文字用白話或文言都可。

（三）請就自己的意見發揮，不必遷就我的説話。

（四）如要説的話很多，在考試時間内寫不完，可於試卷中寫其大概，另成長文見交；但分數仍以試卷爲憑。

（五）這份題目紙請帶回，和講義釘在一起。

平時成績題目 [*]

本課平時成績，前出數題後，交卷者約半數。此次文科第三次教授會議議決，平時成績分數占本學期本課分之三十至五十。因再出下列二十餘題。凡選習本課之同學尚未交到平時成績者，請選作一題，於六月底以前交到，以便核定分數，併入學期考試卷内計算。至計分辦法，平時成績與學期考試各以百分爲滿格，以二除之即爲本學期本課分數。

交到之成績有特別優越者，依照本校獎學條例辦理。

如欲作之題範圍較廣，參考需時，不能在六月底以前作就者，請別選一簡易之題完卷，而將此題在暑假内作就寄下。頡剛評定後當請本校當局依照暑期徵文條例辦理。（頡剛通信處，暑假中爲“上海寶山路商務印書館編譯所王伯祥先生轉交”，暑假後爲“北京太平倉平安里二十五號吳緝熙先生轉交”）

本次所出之題，誠多非一時所能作就，但此等題目皆爲研究上古史者所必當思索或必當編録者，故即不作，亦應時時懸諸心目中，使見到此類材料之時可以隨手鈔集，得到此

---

[*]　1928 年 5—6 月作。中山大學油印。

類材料之後可以隨手加以分析及綜合，則問題雖困難，必有解決之一日；即不能全部解決。至少亦必有一部分可以解決，研究學問之方法即在於是，幸留意焉。

一

將史記秦以前之本紀、世家各列一世系表，並記其傳位系統及在位年數；又以十二諸侯年表及六國表校之，著其異同。（如能以左傳等書再校一次，更好。）

二

將史記中秦以前之人名鈔出，編一人名索引；其誤謬處考正之。

三

將史記中秦以前之地名鈔出，編一地名索引；其誤謬處考正之。

四

將史記秦以前之本紀世家中含有神話及傳說性質之記載逐條鈔出，並批評之。

五

將史記秦以前之本紀世家交互比較，指出其自相矛盾之記載。

六

任選史記秦以前之本紀世家之一篇，爲之逐事考其出處，將原文錄於本條之下（低數格寫），以資對勘；其不可知者注明"無考"。

七

任選史記秦以前之本紀世家之一篇，改正其誤謬，補入新材料，爲之重作；並將所根據之書物名目隨文注出。

八

在春秋經中選取一個時期，將史記中關於此時期之記載錄入經文各條之下；其有不合者加以批評。

九

將春秋經中之征伐會盟等事分類作統計表或地圖。

十

以尚書二十八篇與史記對勘，作下列四項之研究：（1）史記引用尚書而改變其文字者，（2）史記引用尚書而改變其意義者，（3）史記引用尚書而改變其事實者，（4）史記不錄之尚書文字（須全鈔）。

十一

左傳成書，取自國語，此爲清末今文學家堅定之主張。吾人欲試驗此説之確否，應將左傳拆散重整，依國語之方式而爲之併入國語。但此事甚大，非一時可辦。今請先就左傳中擇鈔某一國之事，爲之刪除塗附，試與國語中之某國語相併合。在併合時所遭值之困難，亦請詳細記出。

十二

今文學家與古文學家所説之上古史，不同處甚多，試爲搜集排比之；其可以説明其不同之由來者，並爲説明。（例如今文學家謂古代無世卿，春秋時之世卿爲變亂先王之制，此爲戰國時打破階級運動之餘波；古文學家謂古代有世卿，則由於西漢末擁護王氏世卿而來。）

十三

將史記封禪書、武帝本紀與漢書郊祀志對勘，記録其異文，研究其成書之先後。（崔適云："封禪書録郊祀志而删其昭宣以下，孝武本紀復録封禪書而削其文景以上。"其語確否？）

十四

搜集古代史事及古史傳説之發生於陰陽五行學説者，爲之作系統之説明。

十五

試詳細批評以下兩説之是非，並搜集相類之例證以解決之：

（1）論語集注云："南容，名縚，又名适，謚敬叔，孟懿子之兄也"，是謂論語之南容即春秋傳之南宮敬叔矣。余按，此説本之鄭氏康成禮記注中，而史記索隱亦相承用之。然以經傳諸家考之，皆兩人也。春秋傳云："孟僖子將死，召其大夫曰：'我若獲没，必屬説與何忌於夫子，使事之而學禮焉'"，然則南宮敬叔自名説，不名縚與适也。其誤一也。論語稱君大夫必舉其謚，若定公、哀公、桓子、康子、武叔、景伯皆然；孟懿子與武伯皆游聖門，亦舉其謚。南容果魯大夫，何以獨不舉其謚乎？其誤二也。敬叔爲魯大夫，自救火一事外無所表見，度亦懿子一流人耳。懿子敬叔雖嘗學禮聖門，然皆世禄子弟，實不知尊聖人。公伯寮之愬，景伯欲殺之，武伯之毁，景伯告之子貢，而敬叔皆若弗聞也者。羿奡之問，必非敬叔所能；且玩其意，似皆隱刺三家，尤不似敬叔語言也。其誤三也。孔子稱南容曰：「邦有道不廢」，似謂布衣之士者然；敬叔，孟氏餘子，固當不廢，無待孔子言之。南容三復白圭，故孔子曰：「邦無道免於刑戮」；而戴記檀弓篇，敬叔乃有載寶而朝之事，其言雖未必盡實，要其人不似三復白圭者。其誤四也。論語中，南容凡三見，或謂之南容，或謂之南宮适，未嘗一稱爲敬叔與説也，亦未嘗有春秋傳中南宮敬叔之一事也；然則孔子以兄子妻之者自南容，與敬叔無涉也。春秋傳中，南宮敬叔亦凡三見，或謂之説，或謂之敬叔，未嘗一稱爲南容與适也，亦未嘗有論語中南容之一事也；然則爲魯大夫者自南宮敬叔，與南容亦無涉也。其爲判然兩人甚明，奈何合之！其誤五也。史記孔子世家記學禮事，是即春秋傳中南宮敬叔事也，亦稱爲敬叔，不稱爲論語之南容；於適周事亦然；至於弟子列傳，則云「南宮括，字子容」，不復言爲敬叔，並不言爲孟氏之餘子矣。所記三事皆采之論語中，亦無春秋傳敬叔之一事。然則史記亦以爲容自容，敬叔自敬叔矣。康成何由而知南容之即爲南宮敬叔也哉？其誤六也。王肅論語注云：「南容，弟子南容縚，魯人也」，不言爲魯大夫，是魏人未嘗以爲一人矣。韋昭國語注云：「敬叔，魯大夫南宮説」，不言爲南宮适，是吳人亦未嘗以爲一人矣。微獨肅之與昭而已，家語乃晉宋間人之所撰，而於弟子解篇亦不言爲敬叔，不載敬叔一事，至觀周篇記學禮事則云敬叔，正論篇記除僖子喪事則云南宮説，皆不言爲南容，是家語亦以爲兩人矣。蓋當是時康成之説尚未盛行，故學者猶承古經傳及漢初訓詁而用之。惟晉杜預注春秋傳頗似用康成説而未明言。自司馬氏采之以注史記，而朱子復據之以注論語，世遂無復有知其爲兩人者，致使後人疑尚德之人有載寶之事，其失似小而正非小也。（崔述洙泗考信

餘録卷二南容條）

　　（2）案，先秦兩漢古書之紀人名也，各求以音，未及參校其形也。故帝舜亦作帝俊，皋陶亦作咎繇，伯益亦作柏翳，禼亦作契，君牙亦作君雅，周亞夫亦稱周惡夫，豈一人有數名哉！秉筆者各以音同之字書之也。以此例南宮氏，其名作适（論語）、括（史記仲尼弟子列傳）、縚（禮記檀弓）、韜（家語）、説（左氏）、閲（禮記注），而字容，謚敬叔，亦猶是也。故鄭注禮記、論語，杜注左氏，司馬貞注史記，皆以爲一人。明時夏宏基輯孔門弟子傳略，以名縚名适字容爲一人，名説謚敬叔爲一人，朱竹垞、毛西河皆信之而非舊説，謂一人豈有五六名者。今案：“説”，古讀如“閲”，亦如“脱”，易曰“用説桎梏”，則“説”音如“脱”矣。“脱”、“縚”，一聲之轉。左昭二十六年文：“天道不謟”，易豫：“四時不忒”，四時即天道也，不忒即不謟也。廣韻、唐韻、集韻諸書：“謟，他刀切；忒，他得切；脱，他括切”，“縚”、“忒”、“脱”皆與“他”爲雙聲，則“縚”聲通“忒”通“脱”，即通“説”矣。此可爲縚、説非二人之證也。古人名字相應，白虎通義曰：“聞名可知其字，聞字可知其名。”南宮氏名説，故字容。詩曹風：“蜉蝣掘閲”，傳曰：“閲，容閲也。”邶風：“我躬不閲”，傳曰：“閲，容也。”吕氏春秋似順篇：“夫順令而取容者”，注：“容，説也。”是“容”“閲”義通，其爲一人之名字信而有徵矣。古今人表於第三等列“南容”，師古曰：“南宮縚也。”於第四等列“南宮敬叔”，師古曰：“南宮适。”此以容、适爲二人，與夏氏説又異。蓋人表爲後人所竄亂而重出也。史記仲尼弟子列傳曰：“南宮适，字子容”，寧班氏而不知乎！（崔適論語足徵記）

十六

用顧剛研究孟姜女故事之方法，選取一個擔負甚多之傳説之古人（如舜、黃帝、伊尹、太公、周公、孔子、介之推等），施以同樣之研究。

十七

根據顧剛研究孟姜女故事之兩文，畫一演變圖，詳列其演變之方式；又畫一地域圖，詳列其遺跡所在及其遷流之路綫。

十八

將綱鑑易知錄中夏代以前之記載截取一段，一一考其根據，與其所根據者之所根據，務尋得其源頭，爲之畫成圖表，表明各個傳説發生之時期，並各個時期中發生傳説之分量多寡。

十九

擬一詳細之上古史參考書目，分類分時代爲之；凡實物圖譜及考證文字亦一併收録。

二十

研究上古史，自應從事於實地之考古，發掘地下之積藏。但此種學問因以前人太不注意之故，一時尚未得爲系統的工作。今可先爲設計，從史書中鈎稽古代重要之地，若者爲都邑，若者爲戰場，若者爲交通之大道，若者爲畜牧之原野，若者爲祈望之山川，豫測某地方可有某種物品之獲得，以備將來著手工作時之參考。（如嫌範圍太廣，不妨專選某一個區域或某一個時代爲之。）

二十一

清代學問之中心爲經學，而其成績爲搜羅與考訂上古史之材料。吾人研究歷史，應如何應用清代人之成績，使之在上古史研究上發生實際之效用，而不負彼輩三百年之努力？究竟兩部皇清經解及此外之清人經學書，其中包涵之上古史問題有若干？此等問題中，其已解決者有若干？其留待我等解決者有若干？在我等此數十年中，尚無解決之望者有若干？當時雖未解決而至今日已不成問題者有若干？當時雖不成問題而今日忽然成問題者又有若干？換言之，即吾人今日研究上古史，應如何進行，方能承受清代人之遺産而踏上現代歷史學之大道？

二十二

將一年中上課時之筆記加以整理。（頡剛在黑板上所書文字多未留稿，甚望有人能鈔一全分與我，以便於下學年編成講義寄來。）

二十三

就講義中提出問題一百個。（不限於講義亦可。）

二十四

責善爲朋友應有之事。頡剛此一年中所講者必有錯誤，所標點之前人文字亦必有錯誤，請細爲磨勘，儘量舉出，勿隱！

第二學期試題 *

　　每人請於下列題目中選作三題。如文字較長，可但作兩題。如文字特長，可只作一題。如願意多作幾題，也可以。

一

　　在上古史裏，你感覺到真的材料太少嗎？如其是的，你想用什麼法子把它增多？你感覺到僞的材料太多嗎？如其是的，你想用什麼法子把它減少？

二

　　研究上古史，需要哪幾種輔助的學問？

三

　　上古史的時期終止於秦，對不對？

四

　　春秋時各國的史書，約有多少類，多少種？

五

　　古代的史官，他兼任的是什麼職司？因了他兼任的職司，使得史事中加進了些什麼分子？

---

* 1928 年 6 月 16 日作。中山大學油印。

六

尚書中重要的事實是哪幾件？尚書中沒有經過德化的潤飾的文字是哪幾篇？

七

用了吳大澂的"寧王"的解釋，要使商周間的史事改變到怎樣程度？

八

你相信堯典皋陶謨禹貢甘誓洪範諸篇真是虞夏商周的作品嗎？如是的，有什麼理由？如不是，有什麼理由？

九

春秋經有宗旨嗎？是孔子所作的嗎？其中有羼入的文字嗎？它的"例"是孔子手定的嗎？

十

公羊穀梁左氏三傳，書的真偽如何？事的真偽如何？在歷史材料上，哪一部最有價值？

十一

史記這書，是一手作成的嗎？倘使不然，補作的是哪些人？加進去的是哪些材料？加進去的材料和原書有無衝突之處？

十二

史記中秦以前的本紀世家所採取的文籍材料，哪幾種是現在還完整的？哪幾種是現在已殘缺的？哪幾種是現在已失傳的？

十三

蜀亦大國，與周秦楚都有關係，司馬遷乃不爲作蜀世家。我們如果要作這篇文字，應怎樣收集材料？其應注意的問題是什麼？

十四

如果你要做一部戰國史，除了戰國策之外，再要取什麼材料？這些材料應如何去搜集？

十五

我們要研究漢代的古史傳說，應當看哪幾部書？

十六

春秋戰國間的故事，哪幾件現在還流行於民衆間？哪幾件是只見於書本了？

十七

周代的遺物現在有些什麼？商代的遺物現在有些什麼？夏代的遺物現在有些什麼？史前時代的遺物現在有些什麼？

十八

盤古之説未起時，西漢人曾造一個最古之帝，置於五帝之上，這是誰？那時人替他造的史事有哪幾件？這一個古帝爲什麼沒有造成功？

十九

五帝之説靠了何種背景而成立？又隨了何種背景而變遷？

二十

從漢書郊祀志上看，從神變人的有多少？

二十一

張蒼何以言漢得水德？公孫臣何以言漢得土德？劉向歆父子何以言漢得火德？他們的根據是什麼？他們造成了哪些故事？

二十二

周公何以有稱王之說？成王何以有在襁褓之說？

二十三

孔子有没有師事老子？他到過的國家有没有七十二？他教過的弟子有没有三千？如說没有，這些話是怎樣起來的？

二十四

"儒"在春秋時怎樣？在戰國怎樣？在漢代怎樣？

二十五

今文學家尊重孔子，他們的根據在哪裏？古文學家尊重周公，他們的根據在哪裏？我們現在的態度應當怎樣？

二十六

改制是不是孔子的主張？我們現在看見的三代禮樂制度十分齊整，是不是三代開國時就制定的？

二十七

西周春秋戰國秦漢間有哪幾個大趨勢？這些大趨勢向着哪一

個大目的（自覺的或不自覺的）而進行？那時的政治、宗教、學術方面有哪幾個中心問題？這些中心問題造成了什麼事實？還發生了哪些傳說？

二十八

東西周間，稱"王"的有哪幾國？

二十九

春秋時，哪幾國是保存舊文化的？哪幾國是開創新文化的？

三十

春秋戰國間有過幾次大戰？這幾次大戰把時勢變化到怎樣？

三十一

春秋時，實際上有過幾個霸主？小國對於霸主的服屬關係怎樣？

三十二

春秋戰國間各國的地方制度有何不同？

三十三

謚法是什麼時候起來的？到什麼時候才通行？春秋戰國間，有哪幾國的君王不用謚法？有哪幾國的卿大夫不用謚法？

三十四

自商末至秦一統，這一千年中，各民族的分布情形大概怎樣？

三十五

春秋戰國間，哪幾國是用世卿制度的？哪幾國是不用的？哪幾國是有公族制度的？哪幾國是沒有的？

三十六

周王的勢力，在商代時怎樣？在西周時怎樣？在春秋時怎樣？在戰國時怎樣？

三十七

舉出春秋戰國間最有名的人十個，指出他們所受的時勢的支配和他們的支配時勢的力量。

三十八

一部春秋經，它記的地方在現今哪幾省內？史記中秦以前的本紀世家，它記的地方在現今哪幾省內？

三十九

春秋以前人的種族觀念怎樣？春秋戰國間人的種族觀念怎樣？秦以後人的種族觀念怎樣？

四十

春秋時的學術機關在哪裏？戰國時學術思想的發達的原因在哪裏？

四十一

在子書中，最能表現戰國時代色彩的是哪幾篇？

四十二

把下列各種書籍和刻辭的時代舉出，列成一表。（有不知的可缺去，但至少須舉半數。）

世本　竹書紀年　逸周書　尚書　書序　散氏盤　韓詩外傳　春秋　僞古文尚書　詩序　周易　詩經　緯書　宗周鐘　甲骨卜辭　論語　韓非子　禮記　公羊傳　毛公鼎　尚書大傳　戰國策　盂鼎　山海經　國語　穀梁傳　左傳　墨子　荀子　莊子　老子

四十三

哪幾個歷史問題可以用詩經的材料來證明？哪幾個歷史問題可以用易經的材料來證明？

四十四

略述造僞史和辨僞史的人物及其工作，和他們發生的影響。

四十五

崔述説：“戰國之時，説客辨士尤好借物以喻其意，乃漢晉著述者往往誤以爲實事而採之入書，學者不復考其所本，遂信以爲眞”（如漆室女之類）；又説：“亦有前人所言本係實事，而後人遞傳遞久以致誤者”（如桃花源之類）。試更爲舉數例。

四十六

以下諸人都是傳説中的箭垛人物，試選一人或二人，説明其故事的演變：

季札　范蠡　屈原　介之推　管仲　伍子胥　后稷　鯀紂　伊尹　伯夷　太公　穆王　羿　百里奚　舜　禹

　　微子　周公　文王　秦始皇　曾子　湯

四十七

試解釋以下諸名詞的原始的意義及變遷的意義（不必全答）：
　　子　小子　沖子　小人　大人　君子　士　帝　皇　夷
戎　州

四十八

試說明以下諸事物的起源及其變遷的歷史（不必全答）：
　　五行　三統　三皇　社稷　封禪　巡狩　禪讓　年號

四十九

　　你對於上古史，有哪些題目是豫備研究的？研究的方法已擬
定嗎？

五十

　　你研究上古史，最感困難的是什麼？你對於這些困難事項，
有征服它的計畫嗎？

學年考試辦法 *

一

　　本課學年考試分爲兩次：第一次所出題爲屬於研究者，在堂

＊　1928 年 6 月 2 日作。錄自底稿。

下作；第二次所出題爲屬於問答者，在堂上作。

二

堂下試題由頡剛出，任選一題作之；願多作者聽便。堂上試題由諸君自擬，交與頡剛整理，屆時分發，任選兩題作之；願多作者亦聽便。

三

堂下試卷隨時可繳，惟至遲至六月二十五日必須繳到。逾期不繳，不給分數。

四

堂下試題，如因範圍過大，材料過多，非一人在短時期中所能作就者，可二人合作；但須豫先聲明，得到頡剛之允可。

五

兩次試卷分數均以百分爲滿格；以二除之，即爲本課學年試分。

六

堂下試卷特別優越者，依照本校獎學條例，給與獎勵。

文史導課題[*]

（每人選作一題）

一

將漢書郊祀志所叙史事，參以詩書楚辭山海經等書，作中國上古宗教史略一篇。（爲説的叙述。）

二

將漢書郊祀志中所記之秦始皇漢武帝之巡狩封禪證堯典中之巡狩封禪，研究堯典之著作時代。

三

説明漢代宗教的來源，作爲圖表。

四

爲郊祀志作一年表。

---

* 1928 年 6 月作。

中國上古史實習課旨趣書 *

上一學年我任"中國上古史"課時，前後出了好多題目，收到了百餘本課卷。在這些課卷裏面，有的是一個小問題的材料，有的是一件故事的考證，有的是一篇文字的分析報告，有的是一部書的系統表及統計表。我真高興，得到了你們這一大宗的研究成績！

研究學問，如果厭倦動手的麻煩，老實可以斷定他是不會成功的。研究史學的人的必須動手搜集史料，正如研究生物學的人的必須動手搜集動植物標本一樣，惟其繼續有新材料的發見和新方法的運用，纔可日在創造之中，有不絕的突過前人的記錄。搜集史料的方法很簡單，只要自己選定了題目，設計在某種地方可以得到這項題目的材料時便可動手尋去。但是搜集史料的工夫真繁苦，爲了一些小問題，翻遍了幾屋子的書，跋涉了千萬里的路，是常有的事情。惟有肯忍耐這種繁苦，所以纔有得到許多創獲的希望！古來不知道有過多少勤學人，他們把一生的時間費在讀書上。但爲了他們只曉得讀書，而不曉得把書本做自己研究的材料，並擴充這研究的材料，所以得不到絲毫成就。還有多少聰敏人，他們曾經想出無數超絶前人的見解，但因他們懶得做實地的工作，所以這些見解沒有法子證實，或竟漸滅得無影無踪了。其實研究學問的事，原不必是天才纔可幹得，只要你有方法去做，有恒心去做，肯用了成年累月的功夫對準一個問題去想，去

* 1928 年 10 月 7 日作。中山大學油印。原載中山大學語言歷史學研究所週刊第五集第五七、五八合期，1928 年 12 月 5 日。

尋，去寫，去分析比較，自然會有不斷的新境界出來。當你發見一個新境界的時候，所得到的快樂一定可以報償你在尋求時所受的煩悶苦痛而有餘。

中國上古史是一大堆亂材料，這是在種種方面可以看出來的，從前人在這一大堆亂材料裏立了一個假系統，大家信仰着倒也沒有什麼問題；如今我們的眼光放大了，我們的時代許作自由批評了，這一個假系統再也不能攫得我們的信仰了：於是我們想打破舊系統，建設新系統。可恨建設新系統的材料實在不夠，不知道要等待幾百年後纔能滿足現在的期望。就是所謂新系統的材料，其中也夾雜了許多假材料的黑影，於是我們對於上古史的知識覺得太缺乏、太空虛，於是我們在這條路上踟躕而徬徨，想咒詛這個時代。

但是反轉來一想，這正是我們的幸運，爲了從前人的糊塗，纔得遺下這一筆應做工作，使我們得到一個發展自己的聰明才力的機會。猶如我們做一個人，要是自己有成家立業的能力，何必靠祖宗的蔭育？有了祖宗蔭育，反要養成我們的依賴性呢！我們現在既經受了科學的教育，懂得了研究學問的方法，而恰好有這一大堆亂材料放在我們眼前，豈不是給與我們實施工作的利便，豈不是鼓勵我們創造事業的勇氣！所以在這個時代之下，只怕我們不勤，不切實，錯過了這個機會。至於古人的不給我們吃現成飯，乃是不要我們享受守成的平庸福分，方將感激之不暇呢。

我現在開這門功課，希望諸君作的工作是下列數項：

第一類——對於某種專書的整理

這一種專書，今定爲史記，整理史記，又分爲以下四組：

甲組——年代總表

史記本有十二諸侯年表及六國表等，但記事不詳，且與本紀列傳諸篇頗多牴牾，今應將史記全部讀一過，凡有年代可紀的悉爲編年，列一總表，注明其錯誤或衝突之跡。

乙組——人名索引及世系表

上學年所繳課卷，作世系表者甚多，但人物限於王侯，時代限於戰國。今應把史記全部人物，凡可以作世系圖的，概爲編列，以尋求世族消長之跡。至人名索引，或以筆畫排，或以音韻排，均可，惟各須注明其篇數及葉數。其一人數名的，應以數名分隸各部而注明其正名。

丙組——地名索引及地圖

索引例同上。地圖應逐篇分繪，再合併爲若干幅分類圖。繪出當時交通、戰爭的路綫，古代城市的遺址，華夷雜居的區域，中國擴大的層次……（暗射圖當由學校製備），其地點未可確定的分別注明之。

丁組——材料考訂

上學年作五帝本紀取材考者甚多，今應將其他諸篇施以同樣的考訂。先列本文（各本異文及是否司馬遷原作須注出），次列其所根據之文字，或後人文字之根據於史記者，而後批評其異同真僞。此事過大，半年內決不能完成，但只要把幾篇本紀世家分析明白，已是值得稱贊的成績了。

第二類——對於某一事件的整理

上古史中的事件可以整理的甚多，別爲四組：

甲組——人的傳説的演變

古史以名人爲主體，而這些名人無不帶着各時代人塗上的色彩。例如孟子言必稱堯舜，孟子主張的是仁義，於是堯舜就成了仁義的牌子。孔子常常贊美周公，戰國以後的儒家以制禮作樂爲其專門的本領，而以自己所制作的記之於周公，於是周公成了禮樂的牌子。……
所以看古史中人的傳説只須從牌子去尋掛牌子的人，不
必問牌子上寫的古人是否真實。上一學年的課卷，從周
秦諸子中鈔出的古人傳説甚多，尤其是黄帝堯舜禹湯等
都有極豐富的材料。現在應把西漢以前的書籍完全看
過，把這些書中所記的故事合併起來，以各書各篇之著
作次第爲其次第，尋出一個演變綫索，並看出他們有多
少種不同的面目和這種種不同的面目是如何變出來的。

　乙組——制度的傳説的演變

　　古代制度，如封禪、巡狩、分州、封國等，都有很
複雜的傳説，經過無數次的塗飾的。我們要用舊式整理
法（例如阮元的明堂論），看他説的是哪個時代就算做哪
個時代的史料，成立一個他們想像中的系統。我們還要
用新式整理法（例如胡適之先生的井田辨），看他是哪個
時代起來的便放在哪個時代，尋出它們變遷歷程。一件
東西作了兩種排列，它的真面目，它的給與歷史的影
響，自然無所遁形了。

　丙組——古史系統的傳説的演變

　　自從戰國中期創了三王五霸之説，歷史上便立了一
個很清楚的系統；後來進了一步，有所謂五帝三王，戰
國之末這個系統已經伸展到三皇五帝了。古代的帝王系
統，經了這樣的排列，便覺得非常整齊；但因大家没有
一定的依據，所以各人所説的内容各有不同。我們應當
把這種不同的系統完全輯録出來，尋出其發生次第，看
出現在所公認的系統是怎樣凝固了的。

　丁組——書籍與學説的演變

　　在戰國後期以前，想不到有私家著作的一回事。在
西漢中葉以前，亦不曾有過固定的一部書。但後來的人

錯認了後世的情形即是古代的情形，所以伊尹、管子都會著書，逸詩、逸書都成了孔子所删。我們現在應當順了各書的著作時代，尋出古書在各時代的面目和改變的層次。例如：二十八篇是漢武帝時的尚書，緇衣、坊記内所引的書是西漢初的尚書，孟子、墨子内所引的書是戰國時的尚書，我們只要順了這個時代次序而去蒐輯排比，則尚書本子的歷程自易明白。至於學說演變，大都和時代潮流有相互影響的關係。例如尚賢之説起於平民的打破階級制度的運動，不尚賢之説起於平民干政後時局惡化的反響，我們若能把尚賢、不尚賢的學說和尚賢、不尚賢的時代潮流對勘互校，便可明白堯舜禪讓不過是託古改制的一種，老子這部書不到戰國末年是不會出來的。又如今文學家和古文學家稱説的上古史事各有不同，我們正可從不同的説話裏尋出西漢一代的思想的遷變，和他們託古改制的理由。

以上兩類八組，是我現在想到的，希望諸君在兩類中各選一組做去：從第一類中練習考訂文籍的方法，從第二類裏練習研究問題的方法。如有我想不到而爲諸君所想到的，也希望你們提出，和我商定了做；如有須自定表格的，也請把表格畫出交我付刻。

有一件事很抱歉的，便是上學年交來的課卷至今不曾評定、發還。我這兩年中，爲了事務的繁忙，各方面的應付，弄得心亂如麻，失其故我。諸君希望我評改，實在我哪有細細斟酌的時間呢？但是我既收受了你們的課卷，我決不敢隨便棄置，等到挨過了這半年，誓必回復舊業了，到那時我自當評改好了寄給你們。至於本年實習的課業，最好寫兩份，一份自存，一份給我。我希望到了北方去靜心研究一番，編成下列各書，作爲我和諸君合作的紀念：

一　古史年表

二　古史世系表

三　古史人名索引

四　古史地名索引

五　古史地圖（分僞系統與真系統兩種）

以上五種，不限於史記，但或以整理史記的結果作爲上列五種的第一編。

六　史記材料考

七　西漢以前故事考

八　古代制度考

九　古代帝王系統考

十　西漢以前文籍考

十一　西漢以前學說派別考

這許多書如果都能編成，以後研究中國上古史的便可因得到了憑藉，而有事半功倍的便利。固然這些題目很大，竭我們數十人的力量未必能在短時間內編成，但是由我們的勉力，材料的繼長增高，是一定有把握的；一步一步的分析比較，也是做得到的。明年以後，我雖不在本校擔負教課的責任，但和你們討論商榷的事並不因此而便歇絕；只要你們有興趣，有耐性，大家都會有走不完的道路，大家都會有走長路的成績，那時的成就超過這一個草創的計畫是很平常的。敬此豫祝。

中國上古史研究講義

（燕京大學）

前言 *

一九二九年九月，顧頡剛先生應燕京大學之聘，任國學研究所研究員兼歷史學系教授，開"中國上古史研究"課。這個課程講了兩個學期，從這年十月講起，到第二年六月講畢。中國上古史研究講義就是這一時期所編的講稿。這部講義的編寫經過，他在自序中講了的，這裏就不再重復，而僅補充一些他處與講義有關的記載，讓讀者對此書有更多的瞭解。

顧頡剛先生認爲先秦至兩漢的古書中所載的古史都是傳說，其中"糅雜了許多非歷史的成分"，但二千多年來卻一直公認這些傳說爲古代史實。因此他立志要把它一個一個推翻，恢復它的傳說原貌。一九二三年，他提出"層累地造成的中國古史"觀時，就想把傳說中的古史，一部書一部書地弄清楚，他在與錢玄同先生論古史書的"前記"中說："我很想做一篇層累地造成的中國古史，把傳說中的古史的經歷詳細一說。⋯⋯但這個題目的範圍太大

---

* 原載中國上古史研究講義書首，中華書局，1988 年 11 月。

了，像我這般没法做專門研究的人，簡直做不成功。因此，我想分了三個題目做去：一是戰國以前的古史觀，二是戰國時的古史觀，三是戰國以後的古史觀。後來又覺得這些題目的範圍也廣，所以想一部書一部書地做去，如詩經中的古史、周書中的古史、論語中的古史。我想若一個月讀一部書，一個月做一篇文，幾年之後自然也漸漸地做成了。”可見一部書一部書地考辨古史傳說，是他創立“層累地造成的中國古史”觀時就有的想法，但在以後長達六年的時間裏，這個想法一直没有能實現。到燕京之後借着講課的機會才把它做出來。因此這部中國上古史研究講義實際上就是一部層累地造成的中國古史。但他並不是只用傳統的考據方法一部書一部書地把其中的古史傳說孤立地考證它產生的時代，而是進一步用歷史進化論的方法探索這些傳說產生的時代背景和承前啟後的演變過程，以證明二千多年來公認的古代史實是由不同歷史時期的古史傳說演變而成的，所以他説：“我編輯這份講義的宗旨，期於一反前人的成法，不説哪一個是，哪一個非，而只就它們的發生時代的先後尋出它們的承前啟後的痕跡來，又就它們的發生時代背景求出它們的異軍突起的原因來。我不想取什麼，丟什麼，我只想看一看這一方面的史説在這二三千年之中曾起過什麼樣的變動。老子云‘以輔萬物之自然而不敢爲’，又云‘萬物並作，吾以觀復；夫物芸芸，各歸其根’，這便是我使用的方法。我想，待到它們的來源和變動都給我們知道了之後，於是它們在史實上的地位可以一個一個地推翻，而在傳說上的地位可以一個一個地建設了。這是我的研究這學問的大目的，而這編講義乃是個造房屋的草圖。”（自序一）既然這些公認的古史事實都是傳説，就不存在“哪一個是，哪一個非”的問題，也不存在“取什麼，丟什麼”的問題；而只有實事求是地尋出“它們的來源和變動”，而每一個傳說的來源和演變一弄清楚，也就自然地推翻了它的史實假象，而顯露出傳說的真相。因此，這部講義是他的

"層累地造成的中國古史"觀提出之後，"收集本證旁證，一一加以説明"，以堅讀者"諸君之信"的奠基之作。

一九三〇年八月，顧先生在古史辨第二册自序中説道："現在我很想在古史辨之外更作兩部書，一是古史材料集，一是古史考。材料集是把所有的材料搜集來，分類分時編輯，見出各類和各時代中包孕的問題；古史考則提出若干較大的問題，作爲系統的研究。這是足以使得古史的材料及辨論都系統化的；不過這兩部書的完工很不容易，恐怕要遷延到我的垂老之年吧！"在這裏，他説了要作古史考，對若干較大的問題，作系統的研究；而没有具體説出那些問題，也没有跟編寫這部講義聯繫起來。但到一九三三年，顧先生在古史辨第四册序中談到古史考時則具體説了要編寫帝繫、王制、道統、經學四個考的計劃，而這個計劃則是在編寫講義時想出來的。顧先生這部講義，最初擬分作三編：甲編——舊系統的古史；乙編——新舊史料的評論；丙編——新系統的古史。後來看到陸懋德的中國上古史講義，類於他擬編的丙編，於是擬專講舊系統，去掉丙編，以乙編中評論舊史料的話合於甲編，另以三代制度史作爲乙編，分爲二編：甲編——三皇、五帝的來源，簡名爲帝繫考；乙編——三代制度的來源，簡名爲王制考。可是，在編寫這部講義的過程中，他對古史傳説的認識不斷深化，從而對考辨舊系統的古史想法也更爲全面而嚴密，於是又增加了道統、經學兩考，並把這四考合稱爲古史考。他在古史辨第四册序中説道："可是不幸得很，編了一年，甲編尚未編完，更説不到乙、丙兩編。所以然者何？只因舊系統方面，我想編四個考：一、辨古代帝王系統及年歷、事蹟，稱之爲帝繫考。二、辨三代的文物制度的由來與其異同，稱之爲王制考。三、辨帝王的心傳及聖賢的學派，稱之爲道統考。四、辨經書的構成及經學的演變，稱之爲經學考。這四種，我深信爲舊系統下的僞史的中心；倘能作好，我們所要破壞的僞史已再不能支持其壽命。

我很想作成之後合爲古史考，與載零碎文字的古史辨相輔而行。可是一件事情，計劃容易，實做甚難。帝繫、道統兩考比較還簡單；而王制和經學的内涵則複雜萬狀，非隱居十載簡直無從下手。因此，在燕大所編的上古史講義只成了帝繫考的一部分；五德終始説下的政治和歷史（清華學報六卷一期）即是這一部分中的一部分。此後爲了預備作王制考，改開了尚書研究一課，一篇篇地教讀，借它作中心而去吸收別方面的材料。”這個龐大的古史考系列，也就是顧頡剛先生心目中全面的“層累地造成的中國古史”，因此這部講義又只成了其中的一個組成部分。他的古史考雖然未能作成，但他提出的帝繫、王制、道統和經學四考，確是抓住了考辨古史傳説的中心，是他深邃、宏偉的構思，有重要的學術價值，對後人繼起考辨古史傳説有參考意義。他自己也説：“將來這方面的研究是一定有本國的同志起而繼續之的，我很願他參考我的計劃。”

　　任何重要事物的研究，從開始提出疑問、設想，到最後解決，往往要經過幾代人長期不懈的努力，考辨古史傳説的問題同樣如此。所以顧頡剛先生在我是怎樣編寫古史辨的一文中又説：“有人説：‘古史辨的時代已過去了！’這句話我也不以爲然。因爲古史辨本不曾獨佔一個時代，以考證方式發現新事實，推倒僞史書，自宋到清不斷地在工作，古史辨只是承接其流而已。至於没有考出結果來的，將來還得考，例如‘今古文問題’，這一項工作既是上接千年，下推百世，又哪裹説得上‘過去’。凡是會過去的祇有一時的風氣；……所以即使我停筆不寫了，到安定的社會裹還是會有人繼續寫的，祇有問題到了合乎事實的令人信服的結論，像僞古文尚書一案，才没有人會浪費精神去寫，這是我敢作預言的。”無論作任何研究，考辨材料的真僞、時代及其性質，總是基礎工作。因此古史傳説的考辨工作如顧先生所説的還要長期做下去。

　　此書最後三章，曾在刊物上單獨發表過：第三十二章孔子家語五帝篇，曾以王肅的五帝說及其對於鄭玄的感生說與六天說的掃除工作的篇名刊於一九三五年十一月北京大學潛社的史學論叢第二冊；加了一個“前記”，並改寫了第一段。第三十三章後期的三統說，曾用三統說的演變的篇名刊於一九三六年三月的浙江省立圖書館的文瀾學報第二卷第一期，後面有童書業的一篇跋，又收入古史辨第七冊中編；第三十四章潛夫論，曾用潛夫論中的五德系統的篇名刊於北平研究院的史學集刊第三期，童書業也加了一篇跋，又收入古史辨第七冊中編。

　　這部講義，燕京大學曾油印發給聽“中國上古史研究”課的學生，由於印數少，很少流傳。而經過半個多世紀的幾次大刧難，留存下來的更少。第二學期講義序目油印本未刻印，後來發表在古史辨第五冊，這次據以補入，並核對了顧先生的手稿，但爲了便於翻檢，沒有按原來的順序置於第二十六章之前，而是移置於書首，並將“序”和“目”分開，第一學期講義序，改爲“自序一”，第二學期講義序改爲“自序二”，兩個學期講義的目合在一起，接着通排。書中每章原來都僅有數字順序而沒有章名，這次整理時都據目錄增加了章名。

　　顧先生的這部講義的手稿保存了下來，整理時據手稿改正了油印本刻印的差錯。後來顧先生在油印本上又作了一些增訂，也照着改正。引文的差錯，則核對原書改正。

　　　　　　　　　　王煦華　一九八八年五月三〇日

自序一

本學期的講義編到這裏，已快放寒假了，只得作一個小結束。趁這個機會，請讓我把編講義時的意見與計畫陳述一下。

中國的古史，爲了糅雜了許多非歷史的成分，弄成了一筆糊塗賬。漢以下的學者從事整理的雖很多，但這些材料太亂了，没法摸出一個頭緒來，不得不各自用了主觀去定取舍，分前後。但這樣地定了，分了，在各個人的本書裏看去似乎已很整齊，很清楚，而在古史的全體中則反而加增了一層混亂，使得於原來的糊塗賬之外更添出一筆新的假報銷來。因爲這個緣故，二千年來談到古史總是没辦法。倘使我們再用了他們的方法做下去，所得的結果不過在已失敗的古人之後更照樣地失敗一次而已。

只有司馬遷和崔述，他們考信於六藝；凡六藝所没有的，他們都付之不聞不問。這確是一個簡便的對付方法。但六藝以外的東西並不曾因他們的不聞不問而失其存在，既經有了這些東西，難道研究歷史的人可以閉了眼睛不看嗎？況且就是六藝裏的材料也何嘗都是信史，它哪裏可以做一個審查史料的精密的標準呢？所以他們的不信百家之言而信六藝，乃是打破了大範圍的偶像而崇奉小範圍的偶像，打破了小勢力的偶像而崇奉大勢力的偶像，只掙得"以五十步笑百步"的資格罷了。

我們現在受了時勢的誘導，知道我們既可用了考古學的成績作信史的建設，又可用了民俗學的方法作神話和傳説的建設，這愈弄愈糊塗的一筆賬，自今伊始，有漸漸整理清楚之望了。但是這件事業太大，牽涉到的問題太多，決不是幾個人在短時間內所可窮其究竟的。

　　前數年，我曾研究了這方面的幾個問題，又把若干篇討論文字合成一册古史辨。因此，社會上以爲我是專研究古史的，就有幾個學校邀我去任中國上古史的課；我只有遜謝。這因擔任學校的功課必須具有系統的知識，而我僅作了些零碎的研究：試問圖樣未打，模型未製，如何可以造起渠渠的夏屋來呢！若説不妨遵用從前人的系統，那是違背了我的素志，又是不願意幹的。

　　民國十六年的秋天，我到廣州中山大學。到的時候已開課了，功課表上已排上我的"中國上古史"了，而且選課的人也選定了。這一急真把我急得非同小可：這事當怎麼辦呢？沒有辦法，只得不編講義而專印材料，把許多人的零碎文字鈔點出來，約略組成了一個系統。那時所印的材料分作五種：

　　甲種——上古史的舊系統，以史記秦以前的本紀、世家爲
　　　　　　代表；
　　乙種——史記本紀、世家所根據的材料及其他真實的古史材
　　　　　　料（其實這兩類不應合在一起）；
　　丙種——虛僞的古史材料，古代的神話傳説與宗教活動的
　　　　　　記載；
　　丁種——古史材料的評論；
　　戊種——豫備建立上古史新系統的研究文字。

這樣地教了一年，搜集到的材料不能算少，但自問把這些材料系統化的能力還差得遠；而且範圍太大，一個人也不能同時注意到許多方面。所以第二學年開始的時候，就改講了別種功課。

　　本年到燕京大學來，也同中山大學一樣，"中國上古史研究"的課目早公布了。幸而我有了以前一年的豫備，不致像那時般發慌。但前年編的是些零碎材料，沒有貫穿的，又以粵校印刷方便，故可充分點印，現在則不該如此，亦不能如此了。計畫的結果，擬就舊稿改爲較有系統的叙述。後來想，前年分作五種，只以先讀史記致然；現在則分作三編就够了。這三編是：

甲編——舊系統的古史；

乙編——新舊史料的評論；

丙編——新系統的古史。

因爲有此計畫，故講義的首頁便寫作"甲編"；並擬在甲編中分作夏前和夏後兩部分，故以夏前部分寫作"甲編之上"。那時計算時間，每一編只佔到兩個月多，這"甲編之上"只可講一月餘，所以我竭力地把篇幅節縮，起首數章寫得很簡單。

不久，看見本校陸懋德先生所編的中國上古史講義，他是專從信史一方面講的，類於我擬編的丙編。我想，那很好了，我在新系統的古史方面既無切實的把握，又幸有陸先生在前，我樂得藏拙了。於是擬專講舊系統，去掉丙編，又以乙編中評論舊史料的話合於甲編，另以三代制度史作爲乙編，而爲：

甲編——三皇五帝的來源，簡名爲帝繫考；

乙編——三代制度的來源，簡名爲王制考。

這因舊系統裏，虛偽的史事叢集於帝繫和王制兩類之中：三皇五帝，人和事都不真；三代文物，則人雖真而事多假。如能把這兩種問題作成較有系統的說明，對於審查舊史料之道亦可謂思過半矣。我於是想把"甲編之下"也擱着了（這方面的偽史不多，和三皇、五帝材料的質量相差太遠，不講也不算缺典）；既無"之下"，自然這"之上"二字就可塗掉了。

可是過了些日子，事實又逼迫我變更計畫了。三皇五帝一問題的講義，開頭固甚簡單，但後來忍不住了，漸漸地放手了；開頭每章只寫幾百字的，到近來每章都成一萬字了。這樣的下去，到這一學年之末不過把甲編講完而已（如緯書、道書、劉歆、王肅、河圖、洛書、皇極經世、外紀、前編、路史、繹史等等都是很大的題目，如不趕緊，恐怕到這一學年之末還講不完呢），哪有餘力再寫乙編。若說節省字數，又覺得這個問題牽涉太多，如不收集本證旁證，一一加以說明，怕要看不明白，即使看得明白也無以能堅諸君之信。而且我們這一課定名爲"研究"，大可借着討論史料的真僞問題使得它研究化，正不必但以灌輸常識了事。所以現在的決定，連這"甲編"兩字也删去了。

至於原意放在乙編中討論的問題，如分州，封國，建官，制爵，改正朔，易服色，封禪，巡狩，賦税，喪服……等等，擬於下學期每星期三的一小時裏在黑版上寫些出來。

我編輯這份講義的宗旨，期於一反前人的成法，不説哪一個是，哪一個非，而只就它們的發生時代的先後尋出它們的承前啟後的痕跡來，又就它們的發生時代的背景求出它們的異軍突起的原因來。我不想取什麽，丢什麽，我只想看一看這一方面的史説在這二三千年之中曾起過什麽樣的變動。老子云："以輔萬物之自然而不敢爲。"又云："萬物並作，吾以觀復；夫物芸芸，各歸其根。"這便是我使用的方法。我想，待到它們的來源和變動都給我們知道了之後，於是它們在史實上的地位可以一個一個地推翻，而在傳説上的地位可以一個一個地建設了。這是我的研究這門學問的大目的，而這編講義乃是個造房屋的草圖。

七年前，我和劉掞藜、胡堇人兩位先生討論古史的時候，曾説：

> 我想把胸中所有的意見詳細寫出，算做答文，與兩位先生討論下列諸項問題：(1)禹是否有天神性？(2)禹與夏有没有關係？(3)禹的來歷在何處？(4)禹貢是什麽時候做的？(5)后稷的實在如何？(6)堯、舜、禹的關係如何？(7)堯典、皋陶謨是什麽時候做的？(8)現在公認的古史系統是如何組織而成的？——以上的題目當在一二月内做畢，登入讀書雜志。(古史辨第一册九七頁)

不幸這八個題目我只做了(1)、(2)、(3)、(5)、(6)五題，讀書雜志已停刊了，劉、胡諸先生也不再和我討論了。我自己又因感到這牘下的三題（禹貢一題，堯典、皋陶謨一題，古史系統一題）內容太複雜，搜集的材料愈多而不易解決的問題也愈多，不敢輕於下筆。到今六年，永遠是一筆頓在心頭的債。加以衣食所驅，人事所困，數年來得不到一個澄心研慮的環境。每念這三個問題是不是終無作答之望，爲之焦躁欲絶。自來本校，在國學研究所中提出"堯典、皋陶謨、禹貢之著作時代"一題，得蒙通過，快慰無量。又在史學系中擔任此課，所編講義即是説明"現在公認的古史系統是如何組織而成的"一個問題。到本學年之末，這個問題當可得到一個粗略的結論了。再過多少時候，尚書中首三篇的著作時代又可研究出些結果來了。七年前許下的願有了還願的時期，怎不使我距躍三百！

這份講義是我親手編的，我當然知道裏邊的種種缺點。現在寫了出來，俾便諸君討論，也便我將來的修改：

其一，是多寡的不均。這便是上面説的，起首數章太簡單了，有許多應收進的材料不曾收進（如講詩經時未把周代金文作比較），有許多應指出的時代背景不曾指出（如孟子稱堯、舜爲帝，這帝字和戰國時勢的關係怎樣，文中未講），有許多應作説明的不曾説明（如堯典中的羲、和四宅，巡守四岳，九官出身等等）。

其二，是先後次序的不合。天問一篇應移前，呂氏春秋十二紀中的五帝應移後，已在講義中提及了。但尚有未提及的，如堯典，其中言定時成歲，言封禪巡守，皆是秦、漢間的大問題；又以"群牧"與"群后"連言，使郡縣制和封建制同時存在，也是很顯明的漢代事實。這篇書實應移後，與五帝德等駢肩纙對。

其三，是漏舉了許多書籍。尚書中除了首數篇外固然講到夏前歷史的很少，但呂刑中説着"三后"（禹、稷、伯夷），作者的古史觀念還與詩經相似，應當列於詩經之次。又如墨子，它裏面説

的古史雖沒有新奇之説，但它喜講堯、舜、禹、湯，與儒家的古
史觀念很相像，亦應列於論語、孟子之間（墨家的學説固在孟子
之前，但墨子這部書結構整齊，立了題目發揮，似出于孟子以
後）。又如講騶衍的“大九州”學説以前，應將爲大九州的基礎的
“禹之九州”先説一下，故禹貢亦應列入；講騶衍的五行學説以前
（或以後），應將爲五行説宗主的洪範説明一下，故洪範亦應列
入。又如講莊子的“快樂在古代”的學説時，老子一書也該列入，
以其中把“善爲道者”屬於“古之聖人”，又言“使民復結繩而用
之”，它的古史觀念與莊子相一致也。

　　其四，是分別部類的有疑問。此編以儒家爲中心，故分爲
“儒家以前，戰國的儒家，戰國、秦、漢間的非儒家，西漢的儒
家”四部。這是因爲漢以後的古史爲儒家所統一，遂以儒家爲主
而對於漢以前的紛紛之説作如此的分畫。但這個界限並不嚴密。
例如騶衍這人，以前是無疑地放在陰陽家裏的，董仲舒這人，以
前是無疑地放在儒家裏的，但我們既已懂得了他們的學説“斠若
畫一”之後，我們還能支配他們一列於儒家，一列於非儒家嗎？
如果把騶衍改列儒家，則承襲他的學説而又態度不明的呂氏春秋
應入何家，便成一個疑問。又如世本，它自己本沒有説是哪一
家，我因它爲史記所採用，就放在儒家裏，也覺得不安。我很想
不分家派，一律以時間先後定次第，但如果這樣，在思想的系統
上又不分明了，而且能把著作時代考得確定的有幾部書呢。所以
將來修改時究應如何排列，尚須費去一番斟酌的工夫。

　　以上四項是我自己指得出來的缺點。還有自己指不出來的缺
點，如論斷或落於主觀，以致有武斷及深文周納之處，又如引用
材料或有錯誤，以致所作的記載有不合事實之處，這都待諸君的
嚴正的批評了！

　　　　　　　　　　　　　　顧頡剛　十九，一，三。

自序二

　　這一學期所講的，是我們的古史中的一個最大的癥結。這個癥結自從發生以來，大家莫名其妙地在信奉；就是對它懷疑的人想要攻擊它，也因各方面的材料都給弄亂了，尋不到一個頭緒，無法下手。攻擊既不可能，於是編起古史來，雖明知它是荒謬，也不得不依聲學舌，照鈔一遍。

　　一方面，又因帝統即是道統，而道統是國性國本之所繫，所以這一個系統就成了國家的功令，倫理的中心，有不信的就是離經畔道，該在誅滅之列。因此，即使有人能想出方法去解開這個癥結，但在專制時代也是不敢做的。

　　因爲有這兩個原因，所以從王莽時代直到清代，這一千八百年之中，這個破綻甚多的系統卻能安穩地維持下去，統一所有的歷史書。

　　不幸清代是一個整理古文籍的時代，什麼古書都要研究，把它們的本子問題弄得一天比一天清楚。這樣一幹，許多僞書及真書中竄僞的部分就露出馬腳來了。書籍的著作時代既成了學術界中的重大問題，則書籍裏邊紀載的古代史事自然聯帶發生了問題。到了十八世紀之末，崔東壁先生（述）便把戰國以上的書和戰國以下的書分成兩組，作比較的研究。結果，他指出戰國以下的書裏所述的古代史事的無數誤謬，說明它們自覺地或不自覺地造僞的方式。他做了一部考信録，對於古史作徹底的考究，去其妄而存其真。他的考信的工具是孔子的經，因爲這些書出得早，保存的原來樣子多。凡不合於經的，即爲百家雜説，不該信它。但是經中所記的古史本不很多，如何能把百家雜説一一量度了呢？

所以他又收取了次一等的材料進去，即是解釋經書的傳記和羽翼經書的諸子。他這個工作做了四十年，把東周以上的歷史完全審查過了。這是一次大清理，自從有了這個癥結之後所不曾有過的清理。

可是，我們在這半年中所講的癥結，是經學極昌盛的時代所發生的，故這些病菌蔓延在百家雜説裏的遠不及其蔓延在經和傳記裏的多。崔先生是信經的，經以外是信傳記的，所以這個系統雖被他打了幾拳，但没有中着要害，仍無礙其生存。

又過了一百年，到十九世紀之末，康長素先生（有爲）起來，大膽作新學僞經考，把經傳中的一部分也排除出去，這纔鞭辟入裏，打碎了這個系統。這固然是他的成功，但若没有他以前的一班漢學家和今文學家專力把漢代經學的派别一一理清，把久已忘記了的今、古文問題重新提起，則他也不能獲得這個大發見。原來漢代的經學因發生時代的先後，及其發生時代的社會需要，分爲今文和古文兩大宗。今文方面，本來没有統一過。古文一派，則在劉歆的學術和王莽的政治的指導之下，自成爲一個系統，以與原有的經學爲敵；這原有的經學就被名爲今文。古文一派爲適應時勢的需要及攻擊今文家起見，不但自有其經説，亦且自有其經書，這些經書比了今文家的，除了文字異同之外，又往往有所增益，這就是他們的僞作品。康先生既特爲一書，闡明此義，於是往常看一切經傳同在孔子的意旨下的，到這時便發生了大問題。而崔先生所謂“考信於六藝”的考信錄中所收的材料是否爲真正的信史，自然也發生了問題了。

康先生告訴我們，在今文家的歷史裏，五帝只是黄帝、顓頊、帝嚳、堯、舜，没有少皞。在古文家的歷史裏，顓頊之上添出了一個少皞，又把伏羲、神農一起收入，使得這個系統裏有八個人，可以分作三皇、五帝，來證實古文家的僞經周禮裏的“三皇、五帝”。這個假設，雖由我們看來還有不盡然的地方，但已足以制世經和月令的死命了。

康先生奔走政治，對於"新學僞經"的研究工作没有繼續做下去。於是又有另一個崔先生——崔鱓甫先生（適）出來，根據了他的學説作精密的研究，著成了一部春秋復始和一部史記探源。

春秋復始的宗旨，是在撤去古文的春秋學（穀梁傳、左傳）而回復到原始的春秋學（公羊傳）。他的建設的部分是否得到孔子作春秋的本意，我們不必討論。但他的破壞的部分，把左傳中少皥的記載，社稷五祀的記載，以及漢爲堯後的記載，都以新莽時代的需要把它解釋明白，實在足使後來研究古史的人對於這些古史的來源有較深澈的瞭解。

史記探源的作意，也和上書一樣，是要探求史記未被竄亂時的原始面目的。原來史記是一部"厥協六經異傳，整齊百家雜語"的書，古代的書籍差不多都包括在裏邊；它又是作在未有古文學派之時，保存今文經説最多。古文家既造了許多僞書，又出了許多新主張，當然與史記所載的不合，所以他們連史記也要改動。崔先生這一部書，分析出史記中含有今文義的及古文義的材料，以今文義的爲其原始的文字，古文義的爲其增竄的文字。他在全書之前，作了一卷序證，立了幾個分析的標準。標準中的一個是"終始五德"。他説，這是劉歆欲明新之代漢，迫於皇天威命，非人力所能辭讓，所以造出來的。他把世經的系統排給我們看，説：如果不插入少皥，則漢不能爲火德的堯的後代，新不能爲土德的舜的後代，而漢、新也不便重演堯、舜的禪讓。這個解釋實在比了康先生的增入少皥爲要補足三皇、五帝之説精密多了，因爲從伏羲到舜爲三皇、五帝，這是後人的解釋，劉歆方且以伏羲至顓頊爲五帝呢。但崔先生説終始五德之説爲劉歆所造，託之鄒衍，我也不以爲然。如果五德説爲向來所無，則新創此説之時必不能驟然博得多數民衆的信仰，且亦不當有許多衝突的五德的歷史記載。現在王莽以前的五德記載既這樣多，而王莽時的五德系

統和鄒衍的五德系統又根本不同，可見這是冒牌的而不是創
作的。

他們這些著作，都是在歷史界裏起革命的，論理應當使通俗
的歷史大大地改觀。何以這三位先生倡導了一百餘年，我們的歷
史系統還是王莽的歷史系統，不但通俗的歷史書未改，即學者們
也不大理會呢？説是社會上不知道吧，新學偽經考已刻了七次版
子，考信録也有五種版子，史記探源也有兩種版子，其鉛印的一
種已三版：這種書實在是很普及的了；偽經考且因焚禁三次之故
而使人更注意了。説是他們的學説不足信吧，卻也沒有人起來作
大規模的反攻，除了錢賓四先生（穆）新近作了一篇劉向歆父子年
譜之外（此文刊入燕京學報第七期，將出版）。

那麼，這是什麼緣故呢？依我猜想，可分爲三種原因。

其一，這幾十年中，我國内憂外患，紛至沓來，人民憔悴，
失其有生之樂。又爲生活壓迫，只有亂忙，學問的事簡直談不
到。所以這種很可以有爲的歷史問題，雖經先輩鼓吹，但大家爲
環境所限，只能知道他們有這一回事而已，不能自己起來繼續努
力。（這是一切學問所公有的苦痛，古史學當然不能成爲例外。）

其二，他們提出的問題，幾乎牽涉全部的經學和史學。假使
我們不能知道這些經史上的問題在當時如何一點一滴地積成，到
後來如何一點一滴地拆散的歷史，則我們對於他們的結論將無法
明瞭。不幸他們的書既不能通俗化，又不甚能系統化，而今古文
的問題又太複雜，使得初學的人摸不着一個頭路。大家看着他們
的書，只知道他們在創立一種新學説，他們要如何如何而已，實
際上不易得到很深的刺戟，引起跟着他們工作的興趣。

其三，他們的治學，究竟不能脱離舊觀念，既要昌明孔學，
又要通經致用。考信録一書固然不少客觀的研究，但也不少主觀
甚重的衛道議論。凡是關於聖人的記載，説聖人壞的大都認爲
偽，反之則大都認爲真，這不够淆亂事實嗎？古文家的經文固然

是偽，但他們的經説出在今文家之後，當然有勝過今文家的地方。而且從我們看來，今文經説不過是西漢前期的經師所説的話而已，與孔子不見得能發生密切的關係。但康、崔諸先生則先已認定自己是今文家，凡今、古文經義有不合的，必揚今而抑古。甚而至於春秋時的歷史，凡左傳與公羊傳違異的，亦以公羊爲信史而以左氏爲謬説。其實他們既説國語爲左傳的前身，則左傳的記事出於古文家之前，原不當因它爲古文家改編之故，使它蒙了古文之名而與今文對壘。在這種地方，很可使人懷疑爲門户之爭而非真理之爭。又康先生是作政治運動，鼓吹變法的人，所以人家看他的書往往以爲是他當作運動的工具用的；現在變法運動既停，就成了過時貨了。

然而這三種原因，在我們大致都可避免。

第一，在這終年戰爭的國家之中，我們還能不罹鋒鏑，不受凍餒，在學校裏研究歷史，真可算得天之倖民。如果我們不起來繼續努力，還有什麽人幹？

第二，我們固然程度不彀，不能在短時間内有超越他們的成績，但把他們的學説通俗化，系統化，使得後來研究歷史的人容易摸出一個頭路來，這是可以的。我們且得做了這步工夫再説。

第三，從前人治學的最大希望是爲承接道統，古文家所以造偽經者爲此，清代的今文家所以排斥偽經者也爲此。但時至今日，孔子的勢力已遠不如前了，我們可以打破這種"求正統"的觀念而易以"求真實"的觀念了。

因爲這個緣故，所以我在這半年中編了這一份講義。

想起我自己對於這方面的研究的經過，也值得一説。當民國五年，崔觶甫先生初到北京大學時，我即上他的春秋公羊學一課。那時大學裏不行選科制，所以這一課在必修。我先前已受了章太炎先生（炳麟）的影響，深信古文家得經學之真，今文家多妖妄之説。後來購讀了新學偽經考，雖也知道今文家自有其立足點，古文家亦有不可信處，只因先入爲主，仍不能改變我的薄今文而重古文的觀念。及至上了崔先生的課，他把春秋復始和史記探源一張張發給我們，我纔領會了一個大概，因爲今文學的代表著作是公羊傳及春秋繁露，故我開始點讀。不幸讀的結果，這些漢人的迂謬的見解已非我們的頭腦所能容受了，看了只有頭痛，故對崔先生的課並無好感。那時的見解，似乎以爲我既不想作今文家，就不必理會這些。

在大學畢業之後，始見錢玄同先生。他屢屢提起今、古文問題，並以爲古文是假的，今文是口說流傳而失其真的。他以爲今文家與古文家的説話，都是一半對，一半不對；不對的是他們自己的創造，對的是他們對於敵方的攻擊。所以我們要用了今文家的話來看古文家，用了古文家的話來看今文家。如此，他們的真相就會給我們弄明白。我聽了這番話後，眼前一亮，知道倘使不用了信仰的態度去看而用了研究的態度去看，則這種迂謬的和僞造的東西，我們正可利用了它們而認識它們的時代背景。

我雖有如此存想，但今、古文的問題究竟太複雜了，單看幾部近於目錄學的書，如今古學考、新學僞經考等，是不會對於這個問題有澈底的瞭解的。但是要一部經、一部經去研究，又苦於沒有這個功夫。

自從在廈門和廣州的兩個大學裏擔任了尚書和春秋兩課，聚集了許多材料，我方纔對於今、古文問題有較深的認識。我知道我們一講到古代學術，即離不了漢學，因爲現在所有的古書都是經過漢代人的筆削的；而一研究漢學，今、古文就是一個最大的關鍵，因爲古文學發生時曾把所有的學問從頭整理一過，如果我們不把今、古文的材料分清，則未有不以古文學家整理的結果認作當初的原狀的，於是就受了他們的欺騙了。

在廣州時，又曾任上古史一課，我始把上古史的材料作系統的收集。（以前，我雖有志研究古史，但只希望作小問題的研究，並不曾想建立一個大系統而把所有的材料收來，作爲説明此系統之用。）我便把康先生辨少皞的話鈔了出來，以崔先生論終始五德的話校之，更以其他的古史系統證之，始確知世經和月令的古史系統只是王莽的古史系統，這個系統是爲他受禪的張本的。它的原理在五德説；而五德説從史記封禪書和漢書郊祀志看，則其在秦、漢間的變遷之跡歷歷可按。我有意澈底地研究五德説了，可是時間不能許我。

自從去年秋後到了本校，始得卻去數年來的無聊生活而一意研究上古史。去年既講完了"子學時代"的材料，今年將接講"經學時代"了，即想對於王莽時的五德説下些工夫。本講義世經一章，即是在寒假中寫的。開學之後，一方面接寫月令諸章，一方面爲清華學報作五德終始説下的政治和歷史一文，即把講義之文放大。自開學起到現在，已近四個月，這篇論文只寫得一半，但已把清華學報占了三分之二，不得不停止了。我非常的欣幸，這半年中竟給我專心研究了這一個古史的中心的題目！

講義編在前，論文作在後，講義所説，當然發見了許多錯誤之處。待論文出版時，再給諸君訂正吧。

這一學期的講義，我也知道太沉悶，太單調，不及去年講諸子時的有趣味。可是，漢的時代根本是個沉悶單調的時代呵！我們如果要把現在成爲常識的古史的來歷弄明白，那麼，這種討厭的東西實在有親手去檢視一次的必要。

曾有一位同學對我説：

　　有了科學，就不該有迷信。研究科學，就不必研究迷信，因爲它是無根據的妄誕的一件東西，我們枉費了精力去研究它幹嗎！就如世經，完全是迷信的一個代表，它的主要點是依據着什麼五德五行，相勝相生的把戲而出的。我們要去研究它，證實它，批駁它，的確是一樁徒勞而無益的事情！經過我們研究以後的它，早已被我們證實出假來了；更經過許多名人，如崔述、崔適、康有為等，駁得劉歆走頭不是路了！那本來是無關重要的。

這位同學的意思是很好，可惜他對於常識和學問的分別沒有想清楚。凡是科學家所考定的真的事實，一般人應當都明白的，喚做常識。無論什麼好的壞的，真的假的，對於這一大堆材料，認定了一個目標，畫出了一個範圍，而加以研究的，喚做學問。中國的上古史，有多少真的，我們應當信它，這是常識範圍內的事。中國的上古史，究竟有多少真的，有多少假的，又有多少真假未分清的，我們應當研究它，這是學問範圍內的事。所以"有了科學，就不該有迷信"，這就常識而言，很說得通。"研究科學，就不必研究迷信"，這就學問而言，則很說不通。為什麼？迷信是一件東西，也是在科學家應當研究的範圍之內的。所以扶乩、巫祝、卜筮、星相，雖應由政府下令禁止，但心理學家還要收集了這種材料去研究變態心理學。上古時代的各種生活儀式，在文明種族間早失去了，但社會學家還要到野蠻民族中去搜求了而研究古代社會。難道他們有嗜痂之癖，幹這種不值得幹的事嗎？不，這正因學問的目的在求知，與常識的目的在致用的有別；我們在學問上本來只當問然不然，不當問善不善呵！

而且，世經的基礎建築於迷信上，這是我們的話，一般人正以為這是真歷史呢。試看去年商務印書館的中學本國史教科書因不載三皇、五帝而被禁，北平某文化機關的圖書館，主其事者不許購入崔東壁遺書，可見這種迷信的勢力還是很大。我們就是退一百步，說我們研究學問的目的不在求知而在致用，試問我們還是一聲不響，讓人家去迷信世經的歷史系統好呢？還是繼續了崔、康諸先生的腳步而前進，使得一般人的常識因此而改變，不去迷信世經的系統為好呢？如果說是後者好，那麼，研究的事怎可説是徒勞無益。

　　並且，這種五德五行，相勝相生的把戲，對於上古史固然是假，對於漢代的史還是真的。漢代的社會是一個以陰陽五行爲中心思想的社會，這種把戲就是那個社會的真實産物。試問我們要研究漢代思想及其在上古史上所發生的影響，我們能不理會這套把戲嗎？這正如卜筮星相者所講的話固然是假話，但他們自己的生活卻是真的生活，他們的假話就是他們的真生活的反映（如何可以騙得人相信，如何可以多騙取金錢，如何可以安度他自己的生活……）。他們也是社會上的一部分，我們如果作社會調查，對於這種真生活不當去調查清楚嗎？

　　以上的話，不是但與這位同學責善，也是希望消除一般人的誤解，因爲在這科學落伍的中國，做研究工作的人太少，一般人得不到觀感，這種誤解是最容易發生的。

　　　　　　　　顧頡剛。十九，六，五，於燕京大學。

　　這講義是講中國上古史中的天子諸侯繼承的舊系統的；分爲上下兩部分：上一部分講夏以前的舊系統，下一部分講夏以後的舊系統。

一　詩經（商、周的祖先）

　　在我們現在看得見的最古的書裏，要尋求上古時代帝王繼承的很明白的系統，是尋不出來的。

　　我們信得過的最古的書，是詩經。裏邊許多是東周人做的，也許有些是西周人做的。

詩商頌的玄鳥是東周時宋國人做的，說他們的祖先的來源，是：

> 天命玄鳥，降而生商。

大雅的生民是周朝（西周或東周，尚未考定）人做的，說他們祖先的來源，是：

> 厥初生民，時維姜嫄。生民如何？克禋克祀，以弗無
> 子。履帝武敏歆，攸介攸止，載震載夙，載生載育，時維
> 后稷。

魯頌的閟宮是魯僖公時人做的，因爲魯與周本是一家，所以也說他們的祖先后稷：

> 赫赫姜嫄，其德不回。上帝是依。無災無害，彌月不
> 遲，是生后稷。

這些話真不真是另一個問題；但我們可以從他們的話裏知道他們那時對於自己的祖先的觀念是這樣的。

他們那時對於自己的祖先的觀念怎麼樣呢？他們以爲祖先都是天生的；上帝特意要生出一個人來，繁衍他的種族在這世上。各個種族的祖先不同，他們以爲有的是上帝派一個天使帶下來的（如商），有的是上帝自己挑選一個女子，叫她傳種的（如周）。這便是"天子"一名的來源！

這種故事的詳細情形，我們不能知道了。從這些零碎的材料裏，我們可以得到上面說的一個概要，知道他們不承認始祖的前一代是人，知道他們不承認和別的種族有公同的祖先。

二　詩經(禹)

但他們在始祖之外，還説起一個古人——禹。
商頌長發中説：

> 濬哲維商，長發其祥。洪水芒芒，禹敷下土方，外大國是疆，幅隕既長，有娀方將，帝立子生商。

又殷武篇也説：

> 天命多辟，設都于禹之績。

在這兩條上，可見商人承認禹的時代在上帝"立子生商"之前，承認商人立國的地方本來是禹的地方。
魯頌閟宮説：

> ……是生后稷。降之百福：黍稷重穋，稙稺菽麥；奄有下國，俾民稼穡。有稷有黍，有稻有秬；奄有下土，纘禹之緒。

又小雅信南山云：

> 信彼南山，維禹甸之。

大雅韓奕云：

> 奕奕梁山，維禹甸之。

大雅文王有聲云：

> 豐水東注，維禹之績。

在這四條裏，可見周、魯的人也承認禹的時代在他們的始祖后稷之前，而且是一個甸山、治水、奄有下土、俾民稼穡的人。

我們從詩經裏，知道商、周兩族都以禹爲古人，比他們自己種族還古的人；禹又是一個極偉大的人，作成許多大工程，使得他們可以安定地居住在這世上。

在西周和東周，關於商、周兩民族的始祖以外的古史傳說，當然還有。但我們在詩經裏，只見他們謳歌最多，贊歎最熱烈的，惟有禹一個人，可以曉得禹是他們那時的古史中的惟一主要人物。

三　論語

論語是私家著述的最早的一部書。據歷來學者的考定，這是曾子的門人們記的，已當戰國的初期了。

論語中講的古史，禹以外多出了堯、舜，堯、舜的時期在禹之前，堯、舜的地位在禹之上。現在鈔出幾段：

> 子貢曰："如有博施于民而能濟衆，何如，可謂仁乎？"
> 子曰："何事于仁，必也聖乎！堯、舜其猶病諸！"（雍也）
> 子路問君子。子曰："……修己以安百姓。修己以安百

姓，堯、舜其猶病諸！"（憲問）

這是把堯和舜連稱的。又：

> 子曰："巍巍乎舜、禹之有天下也而不與焉！"（泰伯）

這是把舜和禹連稱的。又：

> 子曰："大哉堯之爲君！巍巍乎唯天爲大，唯堯則之！
> 蕩蕩乎民無能名焉！巍巍乎其有成功也！焕乎其有文章！"
> 舜有臣五人而天下治。……
> 子曰："禹，吾無間然矣！菲飲食而致孝乎鬼神；惡衣
> 食而致美乎黻冕；卑宫室而盡力乎溝洫。禹，吾無間然矣！"

這三章都在泰伯篇之末，都詠歎這三個人的功績；其排列的方式
是"堯—舜—禹"。從這些方面，我們可以知道這三個古王的年代
次序。

這便是戰國諸子公同用的方式。舉了論語，別種書可以不
説了。

但堯與舜，舜與禹，時代隔開多少呢？他們三人有什麽關係
呢？以上幾條還没有説，而論語末一篇——堯曰——卻説得很
清楚：

> 堯曰："咨，爾舜！天之歷數在爾躬！允執其中！四海
> 困窮！天禄永終！"舜亦以命禹。

從此可知堯與舜，舜與禹，都是同時代的人，他們因爲"天之歷
數"所在，互相交替了。這便是戰國以來極流行的"禪讓説"。不

過據前代學者研究的結果，這許是戰國後人插入的。我們姑且不管這是不是論語的原本，拿了來代表戰國時的古史系統總是可以的。

於是我們可以假定：截至論語的時代，古史系統還不甚久遠。在三代以前，他們只説起堯、舜、禹，而且這三個人是同時代的。

四　孟子

孟子是戰國中期的人。在他的書裏説到的古史，和論語差不多；但是有一些不同，就是多出了"帝"的名詞。

帝，是什麼？是上帝，是"帝立子生商"之帝，是"履帝武敏歆"之帝。但到了孟子裏就不作上帝解而作人王解了。它説：

> 帝使其子九男二女百官倉廩備，以事舜於畎畝之中。（萬章上）
>
> 舜尚見帝，帝館甥于貳室，亦饗舜。（萬章下）
>
> 大舜有大焉，……自耕稼陶漁以至爲帝，無非取于人者。（公孫丑上）

它稱堯，稱舜，都爲帝，可見帝是他們的階位。至於堯、舜稱帝，何以禹不稱帝呢？可惜它没有提起。

他們禪讓的情形，孟子中也説得最明白。萬章上篇講：

> 萬章曰："堯以天下與舜，有諸？"
>
> 孟子曰："否，天子不能以天下與人。"

"然則舜有天下也孰與之?"

曰:"天與之!"

"天與之者,諄諄然命之乎?"

曰:"否,天不言,以行與事示之而已矣!"

曰:"以行與事示之者如之何?"

曰:"天子能薦人於天,不能使天與之天下。……昔者堯薦舜於天而天受之,暴之於民而民受之,故曰:'天不言,以行與事示之而已矣!'"

曰:"敢問'薦之於天而天受之,暴之於民而民受之',如何?"

曰:"使之主祭而百神享之,是天受之。使之主事而事治,百姓安之,是民受之也。天與之,人與之,故曰'天子不能以天下與人'。舜相堯,二十有八載,非人之所能爲也,天也。堯崩,三年之喪畢,舜避堯之子於南河之南。天下諸侯朝覲者不之堯之子而之舜,訟獄者不之堯之子而之舜,謳歌者不謳歌堯之子而謳歌舜,故曰天也。夫然後之中國踐天子位焉。……"

這段的禪讓説雖和論語堯曰篇的有些不同,但是更精密了。第一步是堯薦舜於天,第二步是舜相堯二十八年,有很好的成績,天也受了,民也受了,然後第三步堯崩之後,他隱居起來,諸侯百姓硬把他拉做了天子。

二千餘年來,中國的文化統一在儒教之下,而孟子是儒教中的亞聖,所以他這一段話便成了古代的史實。如果我們能彀跳出儒教的範圍,瞧瞧論語以前的記載,那麼這種美滿的禪讓,這種"天人合作"的世界,真不知從何説起呢。

戰國以前,禹在古史中雖甚佔地位,但他的世系和代號都没有説明白。論語末篇雖説他受舜禪,而禪了之後怎麼樣呢?他更禪給哪一個呢？也沒有說。到了戰國時，纔說明白了，所以孟子中有下列一段記載：

> 萬章問曰：“人有言，‘至于禹而德衰，不傳於賢而傳於子’，有諸?”
>
> 孟子曰：“否，不然也！天與賢則與賢，天與子則與子。昔者舜薦禹於天，十有七年，舜崩。三年之喪畢，禹避舜之子於陽城。天下之民從之，若堯崩之後不從堯之子而從舜也。禹薦益於天，七年，禹崩。三年之喪畢，益避禹之子於箕山之陰。朝覲訟獄者不之益而之啟，曰：‘吾君之子也！’謳歌者不謳歌益而謳歌啟，曰：‘吾君之子也！’……”（萬章上）

在這段上，可見禹是啟的父親，是夏代的開國之君。又可見他所以把傳賢的局面改做傳子的局面，也是出於天意。

至於古時的人物，孟子裏有一段集合的記載。滕文公上篇，孟子對許行的徒弟陳相説：

> 當堯之時，天下猶未平，洪水橫流，氾濫於天下，草木暢茂，禽獸繁殖，五穀不登，禽獸偪人，獸蹄鳥跡之道交于中國。堯獨憂之，舉舜而敷治焉。舜使益掌火，益烈山澤而焚之，禽獸逃匿。禹疏九河，瀹濟、漯而注諸海，決汝、漢，排淮、泗而注之江，然後中國可得而食也。……后稷教民稼穡，樹藝五穀；五穀熟而民人育。……使契爲司徒，教以人倫，父子有親，君臣有義，夫婦有別，長幼有序，朋友有信。

這一番話，把玄鳥降下來的商人的祖契，姜嫄和上帝合生的周人的祖后稷，以及在商、周兩族祖先之前的偉人禹，兩個人帝堯、舜，還有一個似乎是秦人的始祖益（史記説秦祖柏翳，佐舜調馴禽獸），歸到一條綫上，把這一個時候的歷史縮得短，放得廣，實在是一件極可注意的事情。其一，以前許多年中發生的古史傳説到此只共同佔着一個短時期了。其二，這時候的儒者只注意這一段短時期中的古史，至於堯以前的情形怎麽樣，他們是不聞不問的。

五　堯典

在孟子書中曾提及堯典這部書。但現存的堯典似乎充滿着秦、漢統一區宇的氣味。究竟現在的堯典是孟子所見的原本呢？還是把孟子所見的改作的呢？還是漢人另外作成的呢？這個問題我們一時不能解答。

堯典中的古史系統，和孟子中的古史系統最相近：它已把許多古人集合在一個短時期内，但它還不曾想伸展到洪水以前的世界。我們現在把這篇鈔録在下面，俾便和孟子的話相印證：

曰若稽古：帝堯曰放勳，欽明文思安安，允恭克讓，光被四表，格於上下。克明俊德：以親九族，九族既睦；平章百姓，百姓昭明；協和萬邦，黎民於變時雍。

乃命羲、和欽若昊天，曆象日月星辰，敬授人時。

分命羲仲，宅嵎夷，曰暘谷：寅賓出日，平秩東作；日中，星鳥，以殷仲春；厥民析，鳥獸孳尾。

申命羲叔，宅南交：平秩南訛，敬致；日永，星火，以正仲夏；厥民因，鳥獸希革。

分命和仲，宅西，曰昧谷：寅餞納日，平秩西成；宵中，星虛，以殷仲秋；厥民夷，鳥獸毛毨。

申命和叔，宅朔方，曰幽都：平在朔易；日短，星昴，以正仲冬；厥民隩，鳥獸氄毛。

帝曰："咨，汝羲暨和！朞，三百有六旬有六日，以閏月定四時，成歲。允釐百工，庶績咸熙！"

帝曰："疇咨若時登庸？"放齊曰："胤子朱啟明。"帝曰："吁，嚚訟，可乎！"

帝曰："疇咨若予采？"驩兜曰："都，共工方鳩僝功！"帝曰："吁，靜言庸違，象恭滔天！"

帝曰："咨，四岳！湯湯洪水方割，蕩蕩懷山襄陵，浩浩滔天，下民其咨。有能俾乂？"僉曰："於，鯀哉！"帝曰："吁，咈哉！方命圮族。"岳曰："异哉！試可，乃已。"帝曰："往欽哉！"九載，績用弗成。

帝曰："咨，四岳！朕在位七十載，汝能庸命巽朕位？"岳曰："否德忝帝位。"曰："明明揚側陋。"師錫帝曰："有鰥在下，曰虞舜。"帝曰："俞，予聞；如何？"岳曰："瞽子，父頑，母嚚，象傲；克諧以孝，烝烝乂，不格姦。"帝曰："我其試哉！女于時，觀厥刑于二女。"釐降二女于嬀汭，嬪于虞。帝曰："欽哉！"

慎徽五典，五典克從。納于百揆，百揆時敘。賓于四門，四門穆穆。納于大麓，烈風雷雨弗迷。

帝曰："格汝舜！詢事考言，乃言厎可績，三載；汝陟帝位！"舜讓于德，弗嗣。正月上日，受終于文祖。

在璿璣玉衡，以齊七政。

肆類于上帝，禋于六宗，望于山川，遍于群神。輯五瑞，既月，乃日覲四岳群牧，班瑞于群后。

歲二月，東巡守，至于岱宗，柴，望秩于山川；肆覲東后，協時月，正日，同律度量衡，修五禮——五玉，三帛，二生，一死，贄——如五器。卒，乃復。五月，南巡守，至于南岳；如岱禮。八月，西巡守，至于西岳；如初。十有一月，朔巡守，至于北岳；如西禮。歸，格于藝祖，用特。

五載一巡守；群后四朝。敷奏以言；明試以功；車服以庸。

肇十有二州；封十有二山；濬川。

象以典刑；流宥五刑。鞭作官刑；撲作教刑；金作贖刑。眚災肆赦；怙終賊刑。欽哉，欽哉，惟刑之恤哉！

流共工于幽州；放驩兜于崇山；竄三苗于三危；殛鯀于羽山：四罪而天下咸服。

二十有八載，帝乃殂落。百姓如喪考妣：三載，四海遏密八音。

月正元日，舜格于文祖。詢于四岳；闢四門；明四目；達四聰。咨十有二牧，曰："食哉惟時，柔遠能邇，惇德允元而難任人：蠻夷率服！"

舜曰："咨，四岳！有能奮庸熙帝之載，使宅百揆，亮采惠疇？"僉曰："伯禹作司空！"帝曰："俞，咨，禹！汝平水土，惟時懋哉！"禹拜稽首，讓于稷、契暨皋陶。帝曰："俞，汝往哉！"帝曰："棄！黎民阻飢；汝后稷，播時百穀！"

帝曰："契！百姓不親，五品不遜；汝作司徒，敬敷五教，在寬！"

帝曰："皋陶！蠻夷猾夏，寇賊姦宄；汝作士，五刑有服，五服三就，五流有宅，五宅三居，惟明克允！"

帝曰："疇若予工？"僉曰："垂哉！"帝曰："俞，咨，垂！汝共工！"垂拜稽首，讓于殳、斨暨伯與。帝曰："俞，往哉！汝諧！"

帝曰："疇若予上下草木鳥獸？"僉曰："益哉！"帝曰：

"俞，咨，益！汝作朕虞！"益拜稽首，讓于朱、虎、熊、羆。帝曰："俞，往哉！汝諧！"

帝曰："咨，四岳！有能典朕三禮？"僉曰："伯夷！"帝曰："俞，咨，伯！汝作秩宗，夙夜惟寅，直哉惟清！"伯拜稽首，讓于夔、龍。帝曰："俞，往欽哉！"

帝曰："夔！命汝典樂，教胄子，直而溫，寬而栗，剛而無虐，簡而無傲；詩言志，歌永言，聲依永，律和聲，八音克諧，無相奪倫，神人以和！"夔曰："於，予擊石拊石，百獸率舞！"

帝曰："龍！朕堲讒説殄行，震驚朕師；命汝作納言，夙夜出納朕命，惟允！"

帝曰："咨，汝二十有二人！欽哉，惟時亮天功！"

三載考績；三考，黜陟幽明：庶績咸熙。分北三苗。

舜生三十徵庸；三十在位；五十載陟方乃死。

這篇文字，寫古代的一班名人聚在虞廷上蹌蹌濟濟，相揖相讓的樣子，真足以表現一個很燦爛的黃金時代。堯、舜時的政治所以給後來人認爲理想中的最高標準者，就因爲有了這篇大文章，可是篇首明言"曰若稽古"，足見它並没有冒稱堯、舜時的記載。又它把"地平天成"的成績都歸到舜的身上，使得堯只成一個無用的好人，是和論語不同而和孟子極相像的。這原是説故事的恒例。試看三國演義，只爲要竭力表章諸葛亮的智謀，便把劉備寫成了一個忠厚有餘而才幹不足的人了。

六　荀子

在孟子後數十年，儒家的大師是荀子。他的書裏所説起的古史，和孟子中所説也差不多。但孟子説：

> 五霸者，三王之罪人也。

他只提出春秋時代的五霸和夏、商、周時代的三王，組成兩個集團；至於三王以前，他便没有什麽集合的稱謂。荀子卻不然，他説：

> 誥誓不及五帝；盟詛不及三王；交質子不及五霸。

他在三王和五霸之上更堆上了一座"五帝"了。
五帝是哪五個人呢？他没有説起。他在非相篇裏説：

> 帝堯長，帝舜短。

又説：

> 五帝之外無傳人。非無賢人也，久故也。

在這裏，他當然以帝堯和帝舜歸入五帝的一組中的。至於堯、舜以外的三個帝我們還是從別種書裏去尋吧。

七　史記封禪書（五帝）

在史記封禪書中，説起秦國祭祀的上帝。節錄如下：

> 秦襄公既侯，居西陲，自以爲主少皥之神，作西畤，祠白帝，其牲用騮駒、黃牛、羝羊各一云。
>
> 秦文公夢黃虵自天下屬地，其口止于鄜衍。文公問史敦，敦曰：“此上帝之徵，君其祠之！”於是作鄜畤，用三牲，郊祭白帝焉。
>
> 秦宣公作密畤于渭南，祭青帝。
>
> 秦靈公作吳陽上畤，祭黃帝；作下畤，祭炎帝。
>
> 櫟陽雨金，秦獻公自以爲得金瑞，故作畦畤櫟陽而祀白帝。
>
> 漢興，高祖……二年，東擊項籍而還入關，問：“故秦時上帝祠何帝也？”對曰：“四帝，有白、青、黃、赤帝之祠。”高祖曰：“吾聞天有五帝；而有四，何也？”莫知其説。於是高祖曰：“吾知之矣，乃待吾而具五也！”乃立黑帝祠，命曰北畤。

在這幾段文字裏，可見秦國的上帝是分顏色的。末條云“有白、青、黃、赤帝之祠”，而赤帝之名爲前數條所未言，但有“秦靈公作下畤，祭炎帝”的話，可見炎帝就是赤帝。（此文於青、黃、赤三帝只説了一次創祠，而白帝共有三次創祠，頗可疑。所云“秦襄公居西陲，自以爲主少皥之神，祠白帝”，又云“櫟陽雨金，秦獻公自以爲得金瑞，祀白帝”，皆與秦、漢間五德終始説相應。

疑當時秦公隨意分色立祠，後人乃以五德説附益之耳。）

我們讀此，須得記着：黃帝、炎帝是秦國的上帝，和青帝、白帝們是同類的。

八　國語（包左傳）

國語這部書的著作人和著作年代都不明瞭。司馬遷所説的"左丘失明，厥有國語"，及"左丘明無目"，是關於這書著作人的唯一的材料，但是這人的生平絶不可知。漢書藝文志有國語二十一篇，題"左丘明著"，又有新國語五十四篇，題"劉向分國語"。原本只有二十一篇，爲什麼一經劉向之手就有五十四篇之多呢？劉向的著述完全傳下來，爲什麼這一部書絶没有人提起呢？按春秋左氏傳一書也説是左丘明作的，但是劉歆以前没有這句話，劉歆又因爭立左氏傳於學官而爲諸儒所抨擊，所以很有人疑心左丘明只有國語一部書，春秋左氏傳乃是劉歆把國語中的一大半析附春秋經文而成的，故所謂五十四篇的國語直是左丘明原本，而所謂二十一篇的國語乃是左傳采用以外的殘餘。（參考劉逢禄左氏春秋考證及康有爲新學僞經考。）依我看來，這話頗可信據。

上面引的論語、堯典、孟子、荀子，都是儒家的著作，它們説起的古史可以代表儒家的古史觀。但國語（包左傳）是和儒家學説没有關係的，所以它裏邊説起的古史便很不同了，它不願至堯、舜時就停止，它要説到洪水以前很遠很遠的。

國語所説的史事的信實的程度，和三國演義差不多，事件是真的，對於這件事情的描寫很多是假的。又它經過了漢代人的竄亂，當然裏邊説的古代史事雜糅着漢代的成分。現在尚未能判別清楚，姑且一起鈔了。

　　昔少典娶于有蟜氏，生黃帝、炎帝。黃帝以姬水成，炎帝以姜水成，成而異德，故黃帝爲姬，炎帝爲姜。二帝用師以相濟也，異德之故也。（晉語四）

　　炎帝爲火師，姜姓其後也。（左傳哀九年）

這是把黃帝、炎帝從上帝的位子上拉下來，一齊做了少典的兒子，把周朝時最大的兩族分配給他們，做他們的子孫的。（還有白帝、青帝，不知他們爲什麼不一齊拉了下來。）

　　黃帝之子二十五人，其同姓者二人而已。唯青陽與夷鼓皆爲己姓。青陽，方雷氏之甥也。夷鼓，彤魚氏之甥也。其同生而異姓者，四母之子別爲十二姓。凡黃帝之子二十五宗，其得姓者十四人，爲十二姓：姬、酉、祁、己、滕、箴、任、荀、僖、姞、儇、依是也。唯青陽與蒼林氏同于黃帝，故皆爲姬姓。（晉語四）

這一段和上引的一段是出於一人（司空季子）之口的，但這段比了上面一段複雜得多——黃帝的子孫不止姬姓了，還有任、姞等十一姓。但是，這段的文實在錯誤得可以。（一）既云“其得姓者十四人，爲十二姓”，然則當有三人同一姓，或四人同二姓的，何以但有兩人是同姓的呢？這還不奇，乃至（二）前云“惟青陽與夷鼓皆爲己姓”，後又云“唯青陽與蒼林氏同于黃帝，故皆爲姬姓”，然則同姓的是己姓呢？還是姬姓呢？青陽這個人是同於夷鼓而姓己呢？還是同於蒼林氏而姓姬呢？短短一段文，錯得這樣利害，可見講“黃帝子孫”故事的人實在是胸無定見，逞口瞎説。

　　昔共工棄此道也，……欲雍防百川，墮高堙庳以害天下。……禍亂並興，共工用滅。其在有虞，有崇伯鯀播其淫

心，稱遂共工之過，堯用殛之于羽山。其後伯禹念前之非
度，……共之從孫四嶽佐之，高高下下，疏川導滯。……皇
天嘉之，祚以天下，賜姓曰姒，氏曰有夏；……祚四嶽國，
命以侯伯，賜姓曰姜，氏曰有呂。……此一王四伯豈繄多
寵，皆亡王之後也！……有夏雖衰，杞、鄫猶在。申、呂雖
衰，齊、許猶在。唯有嘉功以命姓受祀，迄于天下。及其失
之也，必有慆淫之心間之。……夫亡者豈繄無寵，皆黃、炎
之後也！（周語下）

這一段太子晉的話要説明白一個意思，就是：不順天地，不和民
神的，雖黃、炎之後必亡，例如共工和鯀；其順天地，和民神
的，雖已亡了的可以復興，例如禹和四嶽。其中所説的世系，灼
然可知的是：

共工——四嶽——齊、許

伯鯀——伯禹——有夏——杞、鄫

末了，他又説"皆黃、炎之後"；而哪個是黃系，哪個是炎系，他
沒有説明。高誘注説："鯀，黃帝之後也。共工，炎帝之後也。"
如果他説的話不錯，則炎帝爲姜姓之先（與晉語相同），共工和四
嶽也是他的後代；黃帝的子孫不止十二姓，還有皇天賜給伯禹的
一個姓——姒。

　　郯子來朝，公與之宴。昭子問焉，曰："少皞氏鳥名官，
何故也？"郯子曰："吾祖也，我知之。昔者黃帝氏以雲紀，
故爲雲師而雲名。炎帝氏以火紀，故爲火師而火名。共工氏
以水紀，故爲水師而水名。太皞氏以龍紀，故爲龍師而龍
名。我高祖少皞摯之立也，鳳鳥適至，故紀於鳥，爲鳥師而
鳥名。……自顓頊以來，不能紀遠，乃紀於近，爲民師而命
以民事，則不能改也。"（左傳昭十七年）

從這一條上看，在黃帝、炎帝之後而王天下的有共工氏、太皞氏、少皞氏、顓頊等。他們的紀官頗含有秦、漢間"改制"的意義，所以每易一朝必把官名（也許再有別的）換過，以表示其爲新王的體制；直到顓頊以後纔把古代的成法毀壞了。

　　　海鳥曰爰居，止於魯東門之外三日。臧文仲使國人祭之。展禽曰，"越哉臧孫之爲政也！……夫聖王之制祀也，法施於民則祀之，以死勤事則祀之，以勞定國則祀之，能禦大災則祀之，能扞大患則祀之。非是族也，不在祀典。昔烈山氏之有天下也，其子曰柱，能殖百穀百蔬——夏之興也，周棄繼之——故祀以爲稷。共工氏之伯九有也，其子曰后土，能平九土，故祀以爲社。黃帝能成命百物以明民共財，顓頊能修之，帝嚳能序三辰以固民，堯能單均刑法以儀民，舜勤民事而野死，鯀鄣洪水而殛死，禹能以德修鯀之功，契爲司徒而民輯，冥勤其官而水死，湯以寬治民而除其邪，稷勤百穀而山死，文王以文昭，武王去民之穢，故有虞氏禘黃帝而祖顓頊，郊堯而宗舜，夏后氏禘黃帝而祖顓頊，郊鯀而宗禹，商人禘舜（高誘注："舜，當爲嚳，字之誤也。禮祭法曰'商人禘嚳'。"）而祖契，郊冥而宗湯，周人禘嚳而郊稷，祖文王而宗武王。幕，能帥顓頊者也，有虞氏報焉。杼，能帥禹者也，夏后氏報焉。上甲微，能帥契者也，商人報焉。高圉、太王，能帥稷者也，周人報焉。凡禘、郊、祖、宗、報，此五者國之典祀也。……無功而祀之，非仁也！"（魯語上）

在這一段裏，雖只説崇德報功的祭祀，沒有明説他們這班古人的祖孫父子的系統，但看"周人……郊稷，祖文王而宗武王"及"高圉、太王，能帥稷者也，周人報焉"的話，可見所謂各代祭祀的古人實即對於他們本朝有功德的祖先。於是可以列出他們的系統來（凡有疑義的都以虛綫表之）：

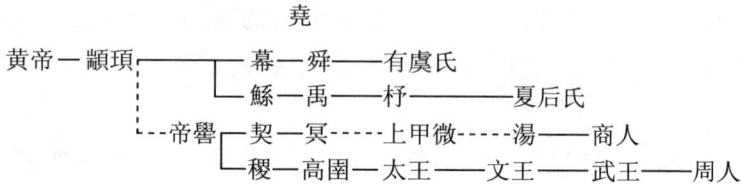

```
                        堯
                 ┌── 幕 ── 舜 ──── 有虞氏
黄帝 ── 顓頊 ┤
            │    └── 鯀 ── 禹 ── 杼 ──────── 夏后氏
            ┊
            ┊        ┌── 契 ── 冥 ---- 上甲微 ---- 湯 ── 商人
            ┊┄ 帝嚳 ┤
                     └── 稷 ── 高圉 ── 太王 ── 文王 ── 武王 ── 周人
```

這樣的排列，使得黃帝之後成爲兩系：虞、夏爲一系，商、周爲一系。虞、夏是否同系，我們沒有材料，姑且不説。至於商、周的祖先，我們在詩經上看到，一個是天命玄鳥降生的，一個是上帝憑依了姜嫄而生的，如何可以合做帝嚳的兒子呢？——除非帝嚳是上帝，纔有這樣大的權力！還有一件事情應該注意，在這個系統之外，烈山氏和共工氏是有天下，伯九有的。共工氏，書上見得還多；烈山氏則僅此一見。

　　荊子熊嚴生子四人：伯霜、仲雪、叔熊、季紃。叔熊逃難於濮而蠻，季紃是立。……是天啓之心也，……且重、黎之後也。夫黎爲高辛氏火正，以淳燿敦大，天明地德，光照四海，故命之曰祝融，其功大矣。夫成天地之大功者，其子孫未嘗不章，虞、夏、商、周是也。虞幕，能聽協風以成樂物生者也；夏禹，能單平水土以品處庶類者也；商契，能和合五教以保于百姓者也；周棄，能播殖百穀蔬以衣食民人者也：其後皆爲王公侯伯。祝融，亦能昭顯天地之光明以生柔嘉材者也：其後八姓於周未有侯伯。佐制物於前代者，昆吾爲夏伯矣，大彭、豕韋爲商伯矣；當周未有。己姓昆吾、蘇、顧、溫、董，董姓鬷夷、豢龍，則夏滅之矣。彭姓彭祖、豕韋、諸稽，則商滅之矣。禿姓舟人，則周滅之矣。妘姓鄔、鄶、路、偪陽，曹姓鄒、莒，皆爲采衛。或在王室，或在夷狄，莫之數也，而又無令聞，必不興矣。斟姓無後。

融之興者其在芈姓乎？芈姓夔越，不足命也。蠻芈，蠻矣。
唯荊實有昭德，若周衰其必興矣！姜、嬴、荊芈，實與諸姬
代相干也。姜，伯夷之後也。嬴，伯翳之後也。伯夷，能禮
於神以佐堯者也；伯翳，能議百物以佐舜者也：其後皆不失
祀，而未有興者。周衰，其將至矣！（鄭語）

這是周衰之後，虎視眈眈的諸外族要求繼周而興的一種呼聲。楚
國本是蠻族，經它這樣一講，他們的歷史就很長久了，直到虞、
夏之前的高辛氏之世了。（此文與帝繫姓所記楚事相表裏，又可
見古史系統之伸長半由於各強國之自己擡高其家世，故全錄之，
讀者可舉一以反三也。）至齊爲伯夷之後，秦爲伯翳之後，他們又
都逮事堯、舜，也足見堯典中人物的來歷。

　　　　任、宿、須句、顓臾，實司太皞與有濟之祀，以服事諸
夏。（左傳僖廿一年）
　　　　六人叛楚，即東夷。秋，楚成大心、仲歸帥師滅六。
冬，楚公子燮滅蓼。臧文仲聞六與蓼滅，曰："皋陶、庭堅，
不祀忽諸！……"（左傳文五年）
　　　　夔子不祀祝融與鬻熊，楚人讓之。（左傳僖廿六年）
　　　　陳，顓頊之族也。……自幕至于瞽瞍無違命，舜重之以
明德，實德于遂，遂世守之。及胡公不淫，故周賜之姓，使
祀虞帝。（左傳昭八年）
　　　　昔爽鳩氏始居此地（齊），季萴因之，有逢伯陵因之，蒲
姑氏因之，而後太公因之。（左傳昭二十年）
　　　　宋、衛、陳、鄭皆火，梓慎登大庭氏之庫以望之。（左
傳昭十八年）
　　　　昔有仍氏生女，黰黑而甚美，光可以鑑，名曰玄妻。樂
正后夔取之，生伯封，實有豕心，……謂之封豕。有窮后羿

滅之，夔是以不祀。（左傳昭廿八年）

　　惠公蠲其大德，謂我諸戎是四嶽之裔胄也，毋是翦弃，賜我南鄙之田。……我諸戎飲食衣服不與華同，贄幣不通，言語不達。（左傳襄十四年）

　　昔有過澆殺斟灌，以伐斟鄩，滅夏后相。后緡方娠……歸于有仍，生少康焉。……澆使椒求之，逃奔有虞，爲之庖正。……虞思於是妻之以二姚而邑之綸。……以收夏衆，遂滅過、戈，復禹之績。（左傳哀元年）

　　夏書曰："惟彼陶唐，帥彼天常，有此冀方。今失其行，亂其紀綱，乃滅而亡。"（左傳哀六年）

在以上許多零碎材料裏，可以明白現在古史中的多少重要人物，如太皥唎，皋陶唎，祝融唎，夔唎，都來自各國的祖先，與商契、周棄相等。但也有同樣的祖先，卻被人們忘卻了的，像有濟、庭堅（舊説即皋陶，非）、虞遂、季蒍，在國語上一見之外便不提起了。可見他們有幸有不幸，他們地位的高下完全靠着講故事人的口愛説不愛説。至於四嶽，説是齊的祖先，也説是戎的祖先，或者姜即是羌吧？又如唐虞，通常都看作很短的兩代，是盡於堯、舜二人之身的，但從這上面看，陶唐是到夏時纔滅亡的，有虞則從幕到瞽瞍，到舜，到遂，到思，一直傳下來，他們的國命不知至何時纔終訖。這明明白白是兩個國，和夏后氏同存在的兩個國，何嘗在統一的國家之下互相禪讓！就是舜，也何嘗"發于畎畝之中"呵！又如許多"氏"（像有仍氏，大庭氏，蒲姑氏），林林總總的立着，也可約略見出那時的不統一的樣子。

　　國語所記的各國世系，凡出力寫的恐怕都是"有所爲而爲"的，至於無意中説到的地方，或者很有些真材料，爲別種書裏所看不見的。這種材料，我們要注意搜羅着，要和我們常看見的史書（如史記、通鑑綱目前編、綱鑑易知録）比較着，研究它們爲什麼會得不同：史記等是這樣的整齊，而國語竟這樣的歷亂？

九　楚辭（離騷、九歌、九章）

楚辭，是一部楚國的詩歌集。是不是屈原一手做的，或是一大部分楚國流行的無名氏的詩歌和一小部分屈原的作品相糅雜的，這問題還沒有解決。但若我們寬泛一點講，這書的全部是戰國、秦、漢間的楚人所作，可以無疑義，所以我們便可在裏邊抽出戰國、秦、漢間的楚人的上古史觀來。（本來前代學者所承認的上古史只是魯國人的和漢代人的。國語頗軼出這個範圍，惜不知這書的著作地點在哪裏。惟有楚辭可以決定是楚國的，拿來比較魯國的古史便很可見出兩地傳說的特異。）

離騷經的第一句就是：

帝高陽之苗裔兮，朕皇考曰伯庸。

屈原是楚國的王族，他自稱爲帝高陽之苗裔，可見早有人把楚國的世系挂在帝高陽的名下了。帝高陽這名，我們在前邊還沒見過（我們見過的是帝堯、帝舜、黃帝、炎帝、帝嚳），不知道是誰。就是記載楚事最多的國語，也不過說楚國是祝融之後，而祝融是高辛氏的火正，沒有捧他爲古帝的雲礽，（高陽氏是有的，見左傳文十八年，但沒有稱他爲帝，也沒有說他和楚國有什麼關係。）爲什麼屈原要說自己是帝高陽的苗裔呢？於此可見戰國時的古史系統實在伸展得很快，楚辭比了國語，時代並不後了多少，然而楚國的祖先卻已變了：從前只在某帝駕前做官，現在自身就是帝了！這多麼濶氣！（即此可以證明，周衰之後，楚國有統一天下的資格。）

楚辭中還有一個特別的名詞，爲從前所未見而堪與孟子中的
"帝"配對的，是"皇"。

這個"皇"字在詩經中本是常見的，但只是動詞（"繼序其皇
之"）、形容詞（"皇矣上帝"，"皇祖后稷"）、感歎詞（"於皇來
牟"），沒有用作名詞的。（周頌執競的"上帝是皇"朱熹解作"上帝
之所君"，是當作名詞用的；但試問還像一句話嗎?）

然而到了楚辭中，這"皇"字明白用作名詞了。離騷經云：

> 忽吾行此流沙兮，遵赤水而容與。麾蛟龍以梁津兮，詔
> 西皇使涉予。

九歌之一爲東皇太一，其詞云：

> 吉日兮辰良，穆將愉兮上皇。

它稱了西皇，又稱東皇，又稱東皇爲上皇，大約因爲"帝"已用作
人王的位號，再拿來稱呼上帝嫌於惑亂，所以改用了訓"美"訓
"大"而又慣用作天神的形容詞的"皇"（用"皇"來形容上帝的，如
大雅抑的"肆皇天弗尚"，吕刑的"皇帝哀矜庶戮之不辜"；用"皇"
來形容祖先的，如周頌閔予小子的"於乎皇考"，"念兹皇祖"）來
稱呼上帝了。（"上皇"，即"上帝"的變名。）

九章的橘頌中也有一句説到"皇"的：

> 后皇嘉樹，橘徠服兮。受命不遷，生南國兮。

這個"后皇"向來解爲楚王，似乎應當作人王解；但看下面一句
"受命不遷，生南國兮"，就知道也是説的上帝。人王能命令橘樹

永遠生在南國而不遷徙嗎？

古書上，"皇后"這個名號是有的（書顧命"皇后憑玉几"指的是人王，魯頌閟宮的"皇皇后帝"指的是上帝），"后皇"卻没有。這因爲"后"是名詞，"皇"是形容詞，形容詞應當放在名詞前邊的緣故。這裏卻倒轉來用，可見作者確認"皇"字可以替代"帝"字，所以把通常用的"后帝"（例如左傳的"后帝不臧"）改作"后皇"了。

我們讀了楚辭，應當牢牢地記着："皇"字用作上帝之稱是始見於楚辭的。他們所以不稱"上帝"而稱"上皇"，不稱"后帝"而稱"后皇"的原因，恐怕由於"帝"名已慣用於人王，嫌神人之無別，便換了一個字來專稱上帝呵。

一〇　楚辭（天問）

楚辭中有一篇很特別的東西專講古史的，是天問。這是很長的史詩，是古代僅有的一篇史詩；全篇皆爲發問，或問宇宙的構成，或問人事的因果，一共有一百八十餘問。如果那時有一個古史專家，一定要給他問倒。這篇的作者向説爲屈原，據我看來，似乎應在離騷、九章諸篇之前，因爲離騷等篇説"皇"，説"帝高陽"，説"重華"，説"宓妃"，這裏邊都没有提起。這裏邊説了邃古之後，就説到鯀和禹，後來雖也説到堯、舜，但遠不及説鯀、禹的熱鬧，頗有詩經以後，論語以前之風。又其中稱人王曰"后"（"啟代益作后"，"鼓刀揚聲后何喜"），稱上帝曰"帝"（"帝降夷羿"，"稷維元子，帝何竺之"），亦曰"后帝"（"何獻蒸肉之膏而后帝不若"，"緣鵠飾玉，后帝是饗"），這也是和詩、書相同而和孟子、離騷等大異的。所以我疑心這篇文字是作於戰國之初的；現在湊編講義的方便，放在此地，未免冤了它呢！

今把天問中所説關於從邃古到夏以前的，節鈔在下面：

曰：遂古之初，誰傳道之？

上下未形，何由考之？

冥昭瞢闇，誰能極之？

馮翼惟像，何以識之？⋯⋯

圜則九重，孰營度之？

惟茲何功，孰初作之？

斡維焉繫？天極焉加？

八柱何當？東南何虧？

九天之際，安放安屬？

隅隈多有，誰知其數？

天何所沓？十二焉分？

日月安屬？列星安陳？

出自湯谷，次于蒙汜，

自明及晦，所行幾里？

夜光何德，死則又育？

厥利維何而顧菟在腹？⋯⋯

何闔而晦？何開而明？

角宿未旦，曜靈安藏？

不任汩鴻，師何以尚之？

僉曰何憂，何不課而行之？

鴟龜曳銜，鯀何聽焉？

順欲成功，帝何刑焉？

永遏在羽山，夫何三年不施？

伯禹腹鯀，夫何以變化？

纂就前緒，遂成考功，

何續初繼業而厥謀不同？

洪泉極深，何以寘之？

地方九則，何以墳之？

應龍何畫？河海何歷？

鯀何所營？禹何所成？

康回憑怒，地何故以東南傾？

九州安錯？川谷何洿？

東流不溢，孰知其故？

東西南北，其修孰多？

南北順橢，其衍幾何？

崑崙縣圃，其居安在？

增城九重，其高幾里？

四方之門，其誰從焉？

西北辟啟，何氣通焉？

日安不到？燭龍何照？

羲和之未揚，若華何光？

何所冬煖？何所夏寒？

焉有石林？何獸能言？

焉有虬龍，負熊以游？

雄虺九首，儵忽焉在？

何所不死？長人何守？

靡蓱九衢，枲華安居？

靈蛇吞象，厥大何如？

黑水玄趾，三危安在？

延年不死，壽何所止？

鯪魚何所？鬿堆焉處？

羿焉彃日？烏焉解羽？

禹之力獻功，降省下土方，

焉得彼嵞山女而通之於台桑？

閔妃匹合，厥身是繼，
胡爲嗜不同味而快黿飽？
啟代益作后，卒然離蠥，
何啟惟憂而能拘是達？
皆歸躲籲而無害厥躬，
何后益作革而禹播降？……
阻窮西北，巖何越焉？
化爲黃熊，巫何活焉？
咸播秬黍，莆雚是營，
何由並投而鮌疾脩盈？……
舜閔在家，父何以鰥？
堯不姚告，二女何親？……
舜服厥弟，終然爲害，
何肆犬豕而厥身不危敗？……
簡狄在臺嚳何宜？
玄鳥致貽女何喜？……
稷維元子，帝何竺之？
投之於冰上，鳥何燠之？
何馮弓挾矢，殊能將之？
既驚帝切激，何逢長之？……

這許多句子雖有讀不懂的，但天問對於上古史料的貢獻已不少
了。如：

　　（1）它使我們知道古人對於自然界現象的想像與解釋（從
"上下未形"到"曜靈安藏"）。儒家對於宇宙來源問題向來是
不談的（漢儒雖談，只是五行術數之説，並非對於自然界的
觀察），所以我們不能從他們的書裏知道古人對於這方面的
觀念。這一篇很供給了些材料與我們。

（2）它使我們知道較早的鯀、禹故事（從"不任汩鴻"到"鮌疾脩盈"）。禹的故事是戰國以前的一件最大的故事，不幸後來給舜的故事罩過了，漸漸銷沈下來。現在流傳的古籍，大都是戰國以後的，它們已把禹的面目改換了，成爲孔、孟的道統中人了。天問中所説的禹還是一個上天下地，移山倒海的人，所説的鯀還是一個給上帝厭禁在山裏的人。（天問中的"帝"均指上帝，見上説。此云"帝何刑焉"，與書洪範中的"帝乃震怒，……鯀則殛死"相同，是上帝的責罰，與堯、舜無干。至云"永遏在羽山，夫何三年不施"，頗有唐人古嶽瀆經所説的"禹獲淮渦水神名無支祈，頸鎖大械，鼻穿金鈴，徙之淮陰龜山之足，俾淮水永安"的意味。）這還保存得古代民衆傳説的真相。

（3）從"九州安錯"到"烏焉解羽"插在禹的故事中，這並非雜説地理，乃是陳述禹的平水土的事實和禹跡之所屆，與山海經同一意味。在這些話上，可見禹的平水土的故事原是奇奇怪怪，充滿着魑魅魍魎的色彩的，決不會像禹貢這樣平實。至於"洪泉極深，何以寘（填）之"的問，亦足見在禹的故事中，他的治水的方法原是講壅塞的，並不像孟子及國語中所説的疏導。（海内經云："鯀竊帝之息壤以堙洪水，不待命；帝令祝融殺鯀于羽郊，……命禹卒布土以定九州"，與天問所言同義。只因鯀的得罪上帝由於"竊"而不在於"堙"，故禹得了上帝的命令之後就堙填成功了。）

（4）堯、舜的故事，這篇裏説得很少，可見在作天問的時候，堯、舜在傳説中的勢力還不及禹大，也没有與禹發生關係。

（5）天問言"簡狄在臺嚳何宜"，已把玄鳥的故事和嚳發生關係，如史記所言。但没有稱"帝嚳"，當在五帝之説未興以前。又言后稷"帝何竺之"，不説嚳，可見他還没有把商、周兩民族併成一家。

從以上諸點看來，天問這一篇是古史傳説中很重要的一篇。有了這一篇，使我們可以分清楚戰國時代的古史傳説的界限：自天問以上是神話的，由天問而下乃人化了；在作天問的時候，黄帝、炎帝的神話還不曾傳到楚國，但過了不久，黄帝、炎帝便成爲最古的人王，各國的祖先了。

一一　山海經

司馬遷在大宛列傳的贊語裏説：

> 禹本紀言河出崑崙；崑崙，其高二千五百餘里，日月所相隱避爲光明也；其上有醴泉瑶池。今自張騫使大夏之後也，窮河源，惡睹本紀所謂崑崙者乎！故言九州山川，尚書近之矣；至禹本紀、山海經所有怪物，余不敢言之也。

他的審查史料以合於儒家學説的爲標準，而儒家學説中的古史以德化爲中心，所以天問、禹本紀、山海經等書，他都不願講。（只有國語，他曾採用了一些，因爲這一些的神話意味比較薄弱。）禹本紀不久就失傳了（漢書藝文志已不著録），我們不能知道裏邊説的古史怎樣，很可惜。山海經則至今流傳。其中山經和海經各成一體系；海經又可分爲兩組，一組爲海外四經與海内四經，一組爲大荒四經與海内經。這兩組的記載是大略相同的，它們共就一種圖畫作爲説明書，所以可以説是一件東西的兩本記載。至於這書的著作時代，亦只能説得寬泛一點，是在戰國、秦、漢之間。（戰國的書籍都到了漢代始由不固定的而變爲固定，在不固定的時候容易隨時插入新材料，所以時代極難考定。）

在海經裏，很有許多關於古人世代系統的材料，比了國語和天問，更要說得恢奇譎怪。現在從大荒經和海內經中摘鈔在下面：

有中容之國：帝俊生中容。

有司幽之國：帝俊生晏龍；晏龍生司幽；司幽生思士，不妻，思女，不夫。

有白民之國：帝俊生帝鴻；帝鴻生白民。

有黑齒之國：帝俊生黑齒。

東海之渚中，有神，人面，鳥身，珥兩黃蛇，踐兩黃蛇，名曰禺䝞。黃帝生禺䝞；禺䝞生禺京。禺京處北海，禺䝞處東海，是爲海神。

帝舜生戲；戲生搖民。（以上大荒東經）

大荒之中有不庭之山，……有人三身。帝俊妻娥皇生此三身之國。

有季禺之國：顓頊之子。

帝俊生季釐，故曰季釐之國。

有緇淵：少昊生倍伐，倍伐降處緇淵。

有載民之國：帝舜生無淫，降載處，是謂巫載民。

有國曰顓頊，生伯服。

鯀妻士敬；士敬子曰炎融，生驩頭。

驩頭人面，鳥喙，有翼，食海中魚。……有驩頭之國。

東南海之外，甘水之間，有義和之國。有女子名曰義和，方浴日于甘淵。義和者，帝俊之妻，生十日。（以上大荒南經）

有國名曰淑士：顓頊之子。

有西周之國：……有人方耕，名曰叔均。帝俊生后稷，稷降以百穀。稷之弟曰台璽，生叔均。叔均是代其父及稷播百穀，始作耕。

有北狄之國：黃帝之孫曰始均，始均生北狄。

有榣山：其上有人，號曰太子長琴。顓頊生老童；老童生祝融；祝融生太子長琴，是處榣山，始作樂風。

顓頊生老童；老童生重及黎。帝令重獻上天，令黎卬下地。下地是生噎，處于西極，以行日月星辰之行次。

有女子方浴月。帝俊妻常羲，生月十有二，此始浴之。

有壽麻之國：南嶽娶州山女，名曰女虔，女虔生季格；季格生壽麻。壽麻正立無景，疾呼無響。

大荒之中，有山名曰大荒之山，日月所入。有人焉，三面，是顓頊之子。三面一臂。三面之人不死。

有互人之國，人面，魚身。炎帝之孫名曰靈恝，靈恝生互人，是能上下于天。（以上大荒西經）

有叔歜國：顓頊之子。

有毛民之國。……禹生均國；均國生役采；役采生脩鞈。脩鞈殺綽人；帝念之，潛爲之國，是此毛民。

有人珥兩黃蛇，把兩黃蛇，名曰夸父。后土生信；信生夸父。

有人名曰犬戎。黃帝生苗龍；苗龍生融吾；融吾生弄明；弄明生白犬；白犬有牝牡，是爲犬戎。

有國曰中輪：顓頊之子。

西北海外，黑水之北，有人有翼，名曰苗民。顓頊生驩頭；驩頭生苗民。（以上大荒北經）

黃帝娶雷祖，生昌意。昌意降處若水，生韓流。韓流擢首，謹耳，人面，豕喙，麟身，渠股，豚止；取淖子曰阿女，生帝顓頊。

西南有巴國：太皞生咸鳥；咸鳥生乘釐；乘釐生後照，

後照是始爲巴人。

　　伯夷父生西嶽；西嶽生先龍；先龍是始生氐羌。

　　炎帝之孫伯陵；伯陵同吳權之妻阿女緣婦。緣婦孕三年，是生鼓、延、殳，始爲侯。鼓、延是始爲鍾，爲樂風。

　　黃帝生駱明；駱明生白馬，白馬是爲鯀。

　　帝俊生禺號；禺號生淫梁；淫梁生番禺，是始爲舟。

　　番禺生奚仲；奚仲生吉光，吉光是始以木爲車。

　　少暤生般，般是始爲弓矢。

　　帝俊賜羿彤弓素矰以扶下國，羿是始去恤下地之百艱。

　　帝俊生晏龍，晏龍是爲琴瑟。

　　帝俊有子八人，是始爲歌舞。

　　帝俊生三身；三身生義均，義均是始爲巧倕，是始作下民百巧。

　　后稷是播百穀；稷之孫曰叔均，是始作牛耕。

　　炎帝之妻赤水之子聽訞生炎居；炎居生節並；節並生戲器；戲器生祝融；祝融降處于江水，生共工；共工生術器；術器首方顛，是復土壤，以處江水。

　　共工生后土；后土生噎鳴；噎鳴生歲十有二。（以上海內經）

諸位看見我鈔了這一大篇，或者要笑道，"像這樣的荒唐之言，還值得我們去研究嗎!"如果有這種意見，我一定反對。因爲我們對於從前人的説話，信仰是一種態度，研究又是一種態度。前代學者所以不能把歷史學建設得好，就因爲他們的學問的基礎建築在信仰上，必須好的纔肯信，不好的便不肯信。至於我們現在的學問的基礎則建築在研究上，好的要研究，不好的也要研究，在研究的時候無論什麼材料都是平等的。況且這種材料在歷史上也自有它的地位。以前我們把儒家的古籍看慣了，只覺得古人真是這樣道貌儼然的，古事真是這樣有條有理的。不知這類的古人古事，都是民衆建立偶像於先，而儒者乃選取其中的有力者用了自己的思想改變他們的外貌於後。我們只看見後來的一幕，沒有看見前面的一幕，遂至上了他們的當，以爲後來的一幕是實事而前面的一幕是謊話。不知倘使沒有這些謊話，也就不會有這種所謂實事。這些荒唐之言，當然沒有這回事，但當時的民衆是確有這種想像，這種信仰的。論起實事來，民衆的和儒家的都不真。論起傳説來，民衆的卻是第一次的面目而儒家的已是第二次的面目了。即如上面所舉，羲和是帝俊的妻，生了十個日頭，在甘淵中把她的兒子太陽洗了，我們若是信堯典爲實錄的，一定駁道："堯典上明説堯命羲、和欽若昊天，敬授民時，羲、和是四個人，非一個人；這四個人是男子，非女子：山海經上的話豈非荒謬！"但我們若是懂得古史傳説很多由神話演進的，則我們真很痛快，竟在山海經中找到了堯典裏的人物的老家了。（假使堯典記的真是實事，那麼山海經所説自然荒謬絶倫。不幸有種種理由可以確定堯典起得甚後，所以山海經的話是民衆對於宇宙的想像所構成的謊話，而堯典的話是儒者用了民衆的謊話加以"人化、聖化"的謊話。所以離騷經所説的"吾令羲和弭節兮，望崦嵫而勿迫"，根據的是民衆的謊話（崦嵫，日所入之山；這是説，要太陽走得慢，叫羲和的竹鞭子不要打）；而王莽命劉歆做羲和的官，根據的是儒者的謊話。

一二　史記騶衍傳

史記的孟子荀卿列傳裏講起騶衍。這也是戰國思想界中一個大人物。他所著的書固然沒有傳下來，但他的學説和古史很有重要關係。這只要看史記的話可以明白：

> 騶衍睹有國者益淫侈，不能尚德，……乃深觀陰陽消息
> 而作怪迂之變，終始大聖之篇，十餘萬言。其語閎大不經，
> 必先驗小物，推而大之，至于無垠：——
>
> 先序今以上至黃帝，學者所共術，大並世盛衰，因載其
> 機祥度制，推而遠之，至天地未生，窈冥不可考而原也。
>
> 先列中國名山大川通谷禽獸，水土所殖，物類所珍，因
> 而推之，及海外，人之所不能覩。
>
> 稱引天地剖判以來，五德轉移，治各有宜，而符應
> 若茲。
>
> 以爲儒者所謂中國者，於天下乃八十一分居其一分耳。
> 中國名曰赤縣神州。赤縣神州內自有九州，禹之序九州是
> 也，不得爲州數。中國外如赤縣神州者九，乃所謂九州也。
> 於是有裨海環之。人民禽獸莫能相通者，如一區中者，乃謂
> 一州。如此者九，乃有大瀛海環其外，天地之際焉。
>
> ——其術皆此類也。然要其歸，必止乎仁義節儉，君臣
> 上下六親之施；始也濫耳。
>
> 王公大人初見其術，懼然顧化；其後不能行之。……

在以上這些話中，可見他的學說都是就現有狀態放大和放長的。
史記所舉的四條——（一）從黃帝推到天地未生；（二）從中國推到
人所不能覩的海外；（三）歷代的五德轉移及其符應；（四）裨海環
着的九州和大瀛海環着的大九州——兩條屬於歷史，兩條屬于地
理。漢書藝文志的陰陽家中有鄒子四十九篇，鄒子終始五十六
篇，可惜早已失傳，無從知道這四個綱要的詳細情形。但這四條
中，只有第四條的學說後來衰息，在他種書裏找不到相類的話
（好在這一條史記中已大略說明白了）；其餘三條，我們還可以尋

出些別種材料來作爲解釋，並可以知道他的學説後來發生過怎樣大的影響。

“先列中國名山大川通谷禽獸，水土所殖，物類所珍；因而推之，及海外，人之所不能覩”，這很像現存的五藏山經及海外經。例如南山經云：

> 南山經之首曰䧿山，其首曰招摇之山，臨于西海之上。多桂，多金玉。有草焉，其狀如韭而青華，其名曰祝餘，食之不飢。有木焉，其狀如榖而黑理，其華四照，其名曰迷榖，佩之不迷。有獸焉，其狀如禺而白耳，伏行人走，其名曰狌狌，食之善走。麗麔之水出焉，而西流注于海。其中多育沛，佩之無瘕疾。

這是説明名山大川及“水土所殖，物類所珍”的。又如海外南經云：

> 貫匈國在其東，其爲人匈有竅。交脛國在其東，其爲人交脛。不死民在其東，其爲人黑色，壽不死。岐舌國在其東。……三首國在其東，其爲人一身三首。

這都是“人之所不能覩”的。山經説的是中國，還參雜以真實的山川；海外經則完全出於想像。其想像的海外人，大都是把中國人的肢體增減而成。（三首，三身，長臂，長股，是增加的；一臂，一目，無臂，無腸，是減少的。）這很使我們知道，他們所説的雖奇怪，但仍是從他們的理性中計畫來的。

從黄帝推到天地未生，我以爲可以用下面的兩種材料作爲代表：

有"始"者，有未始有"有始"者，有未始有夫"未始有'有始'"者。

有"有"者，有"無"者，有未始有"有、無"者，有未始有夫"未始有'有、無'"者。

所謂有"始"者，繁憤未發，萌芃牙櫱，未有形埒根垓，無無蠕蠕，將欲生興而未成物類。

有未始有"有始"者，天氣始下，地氣始上，陰陽錯合，相與優游競暢于宇宙之間，被德含和，繽紛蘢蓯，欲與物接而未成兆朕。

有未始有夫"未始有'有始'"者，天含和而未降，地懷氣而未揚，虛無寂寞，蕭條霄霏，無有仿佛，氣遂而大通冥冥者也。

有"有"者，言萬物摻落根莖，枝葉青蔥苓蘢，崔蒀炫煌，蠉飛蠕動，蚑行噲息，可切循把握而有數量。

有"無"者，視之不見其形，聽之不聞其聲，捫之不可得也，望之不可極也，儲與扈冶，浩浩瀚瀚，不可隱儀揆度而通光耀者。

有未始有"有、無"者，包裹天地，陶冶萬物，大通混冥，深閎廣大，不可爲外，析豪剖芒，不可爲内，無環堵之宇而生有無之根。

有未始有夫"未始有'有、無'"者，天地未剖，陰陽未判，四時未分，萬物未生，汪然平靜，寂然清澄，莫見其形。

這是見於淮南子俶真訓的（莊子齊物論中也有相類的話，但未發揮如此之暢）。又：

上古之時，人民少而禽獸衆，人民不勝禽獸蟲蛇。有聖

人作，搆木爲巢以避群害；而民悦之，使王天下，號曰<u>有</u>
<u>巢氏</u>。

民食果蓏蚌蛤，腥臊惡臭，而傷害腹胃，民多疾病。有
聖人作，鑽燧取火以化腥臊；而民悦之，使王天下，號曰<u>燧</u>
<u>人氏</u>。

這是見於<u>韓非子五蠹篇</u>的。這兩段古史説，一則講得玄之又玄，
一則推見社會進化的階段，都出於知識階級的理想，決没有參加
民衆們的成分。（民衆們所要求的，只在奇怪，不在合理。）<u>騶衍</u>
要把古代的歷史，從<u>黄帝</u>推上去，直到天地未生的窈冥之際，或
許類於上面説的一套（也説不定上面説的一套是從<u>騶衍</u>的書裏鈔
下來的），因爲用理智造作古史應當有這些話，這些話是和上幾
章引的<u>天問</u>和<u>大荒經</u>等説的古史建立於神話上的有很顯著的
不同。

至於“五德轉移，治各有宜，而符應若兹”，這方面的材料特
別多，留給後來的影響也特別大。<u>史記封禪書</u>云：

自<u>齊威</u>、<u>宣</u>之時，<u>騶子</u>之徒論著終始五德之運（集解引
<u>如淳</u>曰：“今其書有五德終始，五德各以所勝爲行”）；及<u>秦</u>
帝而<u>齊</u>人奏之，故<u>始皇</u>采用之。……<u>騶衍</u>以陰陽主運（集解
引<u>如淳</u>曰：“今其書有主運，五行相次轉用事，隨方面爲
服”）顯於諸侯，而<u>燕</u>、<u>齊</u>海上之方士傳其術（按，上言<u>燕</u>有
<u>宋毋忌</u>等爲方僊道，故此與<u>齊</u>之<u>騶衍</u>合言之）不能通，然則
怪迂阿諛苟合之徒自此興，不可勝數也。

可見他的學説結果之壞，<u>秦</u>、<u>漢</u>間人早已明白。然則他的“論著
終始五德之運”是怎樣的呢？<u>吕氏春秋應同篇</u>中有很詳的記載：

凡帝王者之將興也，天必先見祥乎下民。

黃帝之時，天先見大螾大螻。黃帝曰："土氣勝！"土氣勝，故其色尚黃，其事則土。

及禹之時，天先見草木秋冬不殺。禹曰："木氣勝！"木氣勝，故其色尚青，其事則木。

及湯之時，天先見金刃生於水。湯曰："金氣勝！"金氣勝，故其色尚白，其事則金。

及文王之時，天先見火，赤烏銜丹書集于周社。文王曰："火氣勝！"火氣勝，故其色尚赤，其事則火。

這便是所謂"五德轉移，符應若茲"。下面它還説：

代火者必將水，天且先見水氣勝。水氣勝，故其色尚黑，其事則水。

這是向快要代周的秦説法的。但它還沒有説明秦的符應。到秦併天下之後，就有人上條陳了。封禪書説：

秦始皇既併天下而帝，或曰："黃帝得土德，黃龍地螾見。夏得木德，青龍止於郊，草木暢茂。殷得金德，銀自山溢。周得火德，有赤烏之符。今秦變周，水德之時。昔秦文公出獵，獲黑龍，此其水德之瑞。"

始皇聽了這番有憑有據的話，就做出一番"似因而實創"的事來。秦始皇本紀説：

推終始五德之傳，以爲周得火德，秦代周，德從所不勝，方今水德之始。改年始朝賀皆自十月朔，衣服旄旌節旗

皆上黑，數以六爲紀，符法冠皆六寸，而輿六尺，六尺爲
步，乘六馬。更名河曰德水，以爲水德之始。剛毅戾深，事
皆決於法，刻削毋仁恩和義，然後合五德之數。於是急法，
久者不赦。

自從這個五行説侵入了歷史的範圍，成爲"五德終始説"後，不獨
在秦在漢在新都大顯其權威，而且在古代史中也着實做過許多搗
亂的行爲。到現在，翻開古代史來，隨處都是霉爛的五行色彩和
呆板的五行式的排列。這是後話，暫且不提。

　　總合以上事實，騶衍的學説確有開拓胸襟的地方，但他的
"五德終始説"實在留下一種極不好的影響：阿諛之徒想迎合君上
就用它做工具，君上想愚弄人民也就用它做工具，古史家想把一
班虛無縹緲的古帝王傅合在堅實的基礎上也就用它做工具。這諒
來在他創造這套玩意兒的時候所沒有想到的。

一三　呂氏春秋

　　在以前的講義裏，我們知道最古的人帝是黃帝（郯子講少皞
氏鳥名官的理由首舉"黃帝氏以雲紀"，展禽講祭法亦首言"有虞
氏禘黃帝而祖顓頊"，騶衍推至天地未生，"先序今以上至黃帝，
學者所共術"）。但是到了戰國後期，大家覺得僅僅止於黃帝有些
不滿足了，很想再堆幾個人上去。上面舉的騶衍的宇宙觀，他要
伸得長，放得廣，雖則書已失傳，不能知道他所定的古史系統如
何，但看韓非子所舉的有巢氏和燧人氏的名字用了學者的理想所
構成的，也許是這一套。惟有巢氏們和黃帝的關係，書上還没有
說起。到了呂氏春秋，我們纔尋出一個確實放在黃帝上面的人

帝——神農氏。

呂氏春秋是呂不韋集合了他的門下的賓客們作的，著作地點在秦，著作時期在秦始皇八年（序意篇曰：“維秦八年，歲在涒灘”）。這是戰國末年的一座智識的寶庫。

神農這個人，我們在以前還没有聽見過。孟子中固然有一句“爲神農之言者許行”，但這“神農”二字是一個人名呢？還是一種農作的方法呢？還是善於爲農的人的通稱，與“良工”，“碩儒”相等的呢？（呂氏春秋季夏紀云：“無發令而干時，以妨神農之事。水潦盛昌，命神農將巡功舉大事則有天殃。”高誘注云：“神農能殖嘉穀，……後世因名其官爲神農。”然則神農亦可作官名。）書上没有説明，我們不能知道。

到了呂氏春秋，我們纔知道神農實是一個人，他是古代的一個帝王。他的事蹟有下列數條：

夙沙之民自攻其君而歸神農。（用民）

昔者神農氏之有天下也，時祀盡敬而不祈福也，其於人也忠信盡治而無求焉。（誠廉）

神農之教曰：“士有當年而不耕者，則天下或受其饑矣。女有當年而不績者，則天下或受其寒矣。”（愛類）

神農十七世有天下，與天下同之也。（慎勢）

他是在黄帝之前的：

故耳之欲五聲，目之欲五色，口之欲五味，情也；雖神農、黄帝其與桀、紂同。（情類）

無訝無訾，一龍一蛇，與時俱化而無肯專爲，……物物而不物於物，……此神農、黄帝之所法。（必己）

然而以理義斷削，神農、黄帝猶有可非，微獨舜、湯。

（離俗覽）

　　爲天下及國，莫如以德，莫如行義，……此神農、黄帝
之政也。（上德）

他是在五帝之前的：

　　變化應求而皆有章，因性任物而莫不宜當，彭祖以壽，
三代以昌，五帝以昭，神農以鴻。（執一）
　　神農師悉諸；黄帝師大撓；帝顓頊師伯夷父；帝嚳師伯
招；帝堯師子州支父；帝舜師許由。（尊師）

我們看了以上這些材料，可以説：在吕氏春秋這個時代，古帝王
中時代最前，地位最高的，無過於神農了。但這原是騶衍以前
"學者所未術"的呵！
　　吕氏春秋供給我們的上古史的知識，不僅黄帝之前有神農而
已，又有一個最新出、最奇突的名詞，便是"三皇、五帝"。
　　帝，我們看見的已不少了：孟子和堯典中有帝堯、帝舜，國
語中有炎帝、黄帝、帝嚳，楚辭中有帝高陽，山海經中有帝俊、
帝鴻，荀子中有五帝。我們看熟了。皇，楚辭中有東皇、西皇、
上皇、后皇，我們也記得是專稱上帝的。爲什麽還有三皇呢？爲
什麽三皇竟和五帝合稱，又從天上降到地下來呢？爲什麽三皇在
五帝之前，竟是"首出御宇"的人王呢？這是一個大問題，我們不
要輕易放過。
　　關於這方面的材料，有以下諸節：

　　天地大矣，生而弗子，成而弗有，萬物皆被其澤，得其
利，而莫知其所由始，此三皇、五帝之德也。（貴公）
　　夫取于衆，此三皇、五帝之所以大立功名也。（用衆）

夫孝，三皇、五帝之本務而萬事之紀也。（孝行覽）

“三皇、五帝”這個名詞，書中一共提起了三次。五帝是怎樣的五個人，它是說明的。除上面所引的尊師一節外，還有古樂篇中的：

> 昔黃帝令伶倫作爲律。……帝顓頊令飛龍作效八風之音。……帝嚳命咸黑作爲聲歌。……帝堯立，乃命質爲樂。……帝舜乃令質修九招、六列、六英以明帝德。

這依然是“黃帝——帝顓頊——帝嚳——帝堯——帝舜”這樣的排列着。這個系統，和魯語中展禽的話最相近，而和周語中太子晉的話，晉語中司空季子的話，左傳中郯子的話頗不同，因爲他們說到黃帝時一定連帶說及炎帝，而這裏卻毅然決然地把炎帝撒開了。所以撒開的理由是否由於湊成五帝的不方便，或是對他已經失去了信仰，我們不能知道。

至於三皇是怎樣的三個人，呂氏春秋的作者沒有說。他們常把神農放在黃帝之前，是否看他作三皇之一，也沒有說。我們只能空洞地知道“三皇”這一名，和讀荀子時只能空洞地知道“五帝”這一名一樣。

我們作古史研究到了此地，應當發生幾個疑問了，便是：論語中只說三代（如“周監于二代”，“行夏之時，乘殷之輅，服周之冕”，“夏后氏以松，殷人以柏，周人以栗”等，都以夏、商、周三代並舉），孟子中則有“三王”和“五霸”，荀子中又有“五帝”，呂氏春秋中於“五帝”之外更有“三皇”，爲什麼古代帝王系統的排列法老是“三、五；三、五”？爲什麼一樣的有天下之君，最早的稱“皇”，後來的改稱“帝”，更後的又改稱“王”？爲什麼露臉最早的是三王，較後的乃是三王以前的五帝，最後的倒是五帝以前的三皇？

這種問題，並非單有我們會發，就是戰國時人也會發。所以呂氏春秋裏亟要説明爲什麼"帝降爲王"，而云：

> 昔舜欲旗古今而不成，既足以成帝矣。禹欲帝而不成，既足以正殊俗矣。（諭大）
>
> 昔有舜欲服海外而不成，既足以成帝矣。禹欲帝而不成，既足以王海內矣。（務大）

可見他們的意思，必須"旗古今，服海外"的纔可爲"皇"（?），否則只可成"帝"，再差一點只可稱"王"了。這是説明名號不同由於道德和能力的不同；正如孟子對於"德位合一説"的疑問，説益、伊尹、周公的不有天下爲的是繼世有天下的人不像桀、紂的壞，説仲尼的不有天下爲的是没有天子薦之於天，全由於機會的不同。在戰國時候，大家聽了這些解釋也就滿意了；但是我們呢？

一四　呂氏春秋（十二紀中的五帝）

在呂氏春秋中還有一些話和後來人承認的古代帝王系統有大關係而在本書裏卻甚可疑的，是十二紀中的五神和五帝。文云：

> 孟春之月，日在營室，昏參中，旦尾中。其日甲乙。其帝太皞；其神勾芒。……
>
> 仲春之月，日在奎，昏弧中，旦建星中。其日甲乙。其帝太皞；其神勾芒。……
>
> 季春之月，日在胃，昏七星中，旦牽牛中。其日甲乙。

其帝太皞；其神勾芒。……

　　孟夏之月，日在畢，昏翼中，旦婺女中。其日丙丁。其帝炎帝；其神祝融。……

　　仲夏之月，日在東井，昏亢中，旦危中。其日丙丁。其帝炎帝；其神祝融。……

　　季夏之月，日在柳，昏心中，旦奎中。其日丙丁。其帝炎帝；其神祝融。……

　　中央土。其日戊己。其帝黃帝；其神后土。……

　　孟秋之月，日在翼，昏斗中，旦畢中。其日庚辛。其帝少皞；其神蓐收。……

　　仲秋之月，日在角，昏牽牛中，旦觜觿中。其日庚辛。其帝少皞；其神蓐收。……

　　季秋之月，日在房，昏虛中，旦柳中。其日庚辛。其帝少皞；其神蓐收。……

　　孟冬之月，日在尾，昏危中，旦七星中。其日壬癸。其帝顓頊；其神玄冥。……

　　仲冬之月，日在斗，昏東壁中，旦軫中。其日壬癸。其帝顓頊；其神玄冥。……

　　季冬之月，日在婺女，昏婁中，旦氐中。其日壬癸。其帝顓頊；其神玄冥。……

這十二紀是把十二個月的天象、地文、神道、祭祀、數目、聲律、臭味、顏色、政事、禁忌……一切按五行方式分配的，和漢人的洪範五行傳相同。自從騶衍"覩有國者益淫侈，不能尚德"，思納之於軌物之中，"乃深觀陰陽消息"而倡導陰陽五行說，使得無論什麼事情都得到它的固定的秩序。適值戰國之末，一二強國有了統一天下的趨勢，一班學者忙着制禮作樂，豫備統一後的設施，便接受了這個陰陽五行說，拿了它的方式來創造制度，於是有十二紀中的齊齊整整的一大套。（荀子非十二子篇云：“略法先王而不知其統，猶然而材劇志大，聞見雜博，案往舊造説，謂之五行，甚僻違而無類，幽隱而無説，閉約而無解。……子思唱之，孟軻和之。世俗之溝猶瞀儒嚾嚾然不知其所非也，遂受而傳之。”案子思書無傳，不知怎樣，若孟軻則孟子七篇現在，其中毫無五行氣息，而荀子乃以五行之説冤枉他，何也？大約因孟軻是騶人，和騶衍的地方相近，他的弟子或有些聞騶衍之風而悦之者，所以孟軻和騶衍的學説，遠處的人便分不清了。）制禮的事倘要斟酌社會情形而定，本來是極難的；現在有了這樣整整齊齊的一個方式，只要你會排列，便立刻可有一個大規模的計畫出現，豈不使得一班投機的政治學家要大歡迎大使用起來。秦、漢間出來的禮制所以特別富於陰陽五行的氣味，就因爲這個緣故。吕氏春秋的十二紀所以會得由好事的禮家鈔合爲月令，置入禮記，説爲周公所作，也就爲了這個緣故。

如今我們再把這主管十二個月的五帝和五神看一下：

春天三個月，是帝太皞，神勾芒管的；

夏天三個月，是帝炎帝，神祝融管的；

中央（不屬於哪一季，但每一季中都割出一部分來；看現在的黄歷，在立春、立夏、立秋、立冬之前都有“土王用事”十八天，即是這個），是帝黄帝，神后土管的；

秋天三個月，是帝少皞、神蓐收管的；

冬天三個月，是帝顓頊、神玄冥管的。

這幾個帝的名字，我們在前數章都已看見，雖則除了黄、炎之外還没有冠上帝號。幾個神的名字，左傳上也都提起：

夫物物有其官，官脩其方，朝夕思之。……官宿其業，其物乃至；若泯棄之，物乃坻伏，鬱湮不育。故有五行之官，是謂五官，實列受氏姓，封爲上公，祀爲貴神。……木

正曰勾芒，火正曰祝融，金正曰蓐收，水正曰玄冥，土正曰
后土。……少皞氏有四叔：曰重、曰該、曰脩、曰熙，實能
金、木及水；使重爲勾芒，該爲蓐收，脩及熙爲玄冥；世不
失職，遂濟窮桑。此其三祀也。顓頊氏有子曰犁，爲祝融。
共工氏有子曰勾龍，爲后土。此其二祀也。……（左傳昭公
二十九年）

這一段晉史蔡墨的話和呂氏春秋所記的若合符節，本來可以增加
十二紀中的帝神的信實的程度。不幸左傳有劉歆竄亂的嫌疑，這
幾句話也頗有竄亂的痕跡，所以我們還是不能信它。按，少皞這
人，郯子自言是他的祖先，與太皞爲任、宿諸國祖先的相同，他
們二人都出在東方小國，和西方本無關係。今以太皞屬木屬東屬
春，以少皞屬金屬西屬秋，地位雖擡高不少，但他們本來一夥兒
的到此不得不"勞燕分飛"了。（左傳定四年："分魯公以大路大
旂，……因商、奄之民，命以伯禽，而封於少皞之虛"，可證魯
地即少皞原地。而封禪書云："秦襄公居西陲，自以爲主少皞之
神，作西畤祀白帝"，則從東轉西了。蓋秦居西方主金德，及少
皞爲金德之帝諸説，都是五行説進步之後產生的。）這是一件。淮
南子時則訓是鈔十二紀的，卻沒有"其帝……其神……"的話。十
二紀裏自有"其祀户"（春），"其祀竈"（夏），"其祀中霤"（中央），
"其祀門"（秋），"其祀行"（冬）的話，這便是白虎通裏所説的"五
祀"，和左傳所説的以勾芒等爲"五祀"，名同而説異。若十二紀
中既以所祀之勾芒等神爲五祀，又以所祀之户竈等爲五祀，不是
重複了或衝突了嗎？這是第二件（此崔觶甫先生史記探源説）。至
於所以有此竄亂之故，等以後講到新莽一朝的古史觀時再討
論罷。

十二紀中有了這些文字之後，少皞的勢力就大增了，他不但
自己佔了一個帝位，並且他的四個兒子佔了三個神位。向來地位

很低的太皥，這時也跳起來了，佔了帝的首座了。已經被黃帝們排擠掉的炎帝這時復了辟。那"以水紀官"的共工自身雖没有着落，幸虧他的兒子還做得一個神。

上一章裏，我們説過，從尊師和古樂兩篇看，五帝的系統是：

(1)黃帝——(2)帝顓頊——(3)帝嚳——(4)帝堯——(5)帝舜。

現在從十二紀看，五帝的系統是：

(1)太皥——(2)炎帝——(3)黃帝——(4)少皥——(5)顓頊。

這兩張榜只有黃帝和顓頊是一致入選的，其餘六人則此有彼無，此無彼有。但是就把黃帝和顓頊看來卻也不同：第一個系統是顓頊緊接黃帝的，第二個系統是顓頊與黃帝之間夾着少皥一代的。究竟哪一個對呢？吕氏春秋序意篇云：

　　　嘗得學黃帝之所以誨顓頊矣："爰有大圜在上，大矩在下；汝能法之，爲民父母。"

這幾句話頗像論語中的"堯曰咨爾舜"一段文和僞大禹謨的"人心惟危"十六字。可見本書的作者實是把顓頊繼承黃帝的，並不知道其間曾有少皥一代。這也是十二紀中有竄亂的一證。(也許有人説，這個排列法只是五行的次序，不是帝王相承的系統。但有了五行的次序之後，帝王相承的系統就跟着走了；而且竄亂十二紀的目的即在於改變帝王相承的系統，理由俟下面詳説。)

上列兩個五帝系統，都是很重要的。第一系統所支配的時代，從戰國末起，至西漢末止，約得二百五十年。第二系統所支配的時代，從西漢末起，到現在止，凡一千九百餘年。這兩個系統都出於吕氏春秋這部書上，也是怪巧的一件事。

　　我鄭重的聲明：這一章原不應列在這裏，以淆亂舊史系統演變的程序；只因這一個支配力最強最久的五帝系統出在這部書上，又是被錄入禮記的，大家看作呂氏原文，所以趁講到呂氏春秋的方便，就接寫下去了。將來修改時，還是要把次序移易的。

一五　史記秦始皇本紀（三皇）

　　呂氏春秋作成了十八年，秦王政便削平六國，統一天下了。於是他命令丞相、御史道：

　　　　寡人以眇眇之身，興兵誅暴亂，賴宗廟之靈，六王咸伏其辜，天下大定。今名號不更，無以稱成功，傳後世。其議帝號！

丞相王綰、御史大夫馮劫、廷尉李斯等都說：

　　　　昔者五帝地方千里，其外侯服、夷服諸侯或朝或否，天子不能制。今陛下興義兵，誅殘賊，平定天下，海内爲郡縣，法令由一統，自上古已來未嘗有，五帝所不及。臣等謹與博士議曰：古有天皇，有地皇，有泰皇；泰皇最貴。臣等昧死上尊號，王爲“泰皇”。……

秦王批道：

　　　　去“泰”著“皇”，采上古“帝”位號，號曰“皇帝”。……
　　（秦始皇本紀）

這便是"皇帝"一名的來歷。這便是"三皇、五帝説"的鼓吹的效果。而我們讀呂氏春秋時所起的"三皇是怎樣的三個人"的疑問也在這裏得到答案了：他們是天皇、地皇、泰皇；並没有神農氏在内。

我們對於天皇、地皇這兩個名詞好生面善。西周時人説"皇天上帝"（見尚書）；東周時人説"皇天后土"（見左傳）。現在"天皇"之名就是從"皇天"倒轉來的，"地皇"之名就是從"后土"翻譯來的，恐怕依舊是天地之神罷？泰皇之名，前雖未聞，但楚辭九歌中有東皇太一，"泰"和"太"古字是通的，也許是他。如果這個猜想不錯，則他到這時已由東皇升做了泰皇了。凡是用"泰"作名位的形容詞的都含有最高的意思，如周的第一個王是太王，齊的第一個公是太公，東方的最高的山是泰山。李斯們説"泰皇最貴"，"泰"確是尊貴的稱呼呵！

不但此也，"泰"字在戰國、秦、漢間常和別的名詞合成一個術語。例如：

> 易有太極，是生兩儀。（易繫辭傳）
> 太上貴德，其次務施報。（禮記曲禮）
> 神合乎太一；……精通乎鬼神。（呂氏春秋勿躬）
> 有太易，有太初，有太始，有太素。太易者，未見氣也。太初者，氣之始也。太始者，形之始也。太素者，質之始也。（列子天瑞）
> 登太皇，馮太一，玩天地於掌握之中。（淮南子精神訓）

從這些地方看來，這"泰"字所作的形容詞都帶有神聖高邁的意味，很像西周時所用的"皇"字。（"泰""皇"二字都是形容詞，但合起來可以成一最高古的帝的名稱，正如"太"、"上"二字都是形容詞，但合起來可以成一道教教主的名稱——如太上感應篇中的

“太上”。)

在秦始皇本紀裏，我們只能知道三皇的權威比五帝爲大，在三皇中以泰皇爲最貴。除此之外，它再没有説什麼了。我們要尋三皇的材料，在緯書以後固然很多，但已經換了一番面目，即泰皇也已改稱爲人皇。所以我們要看没有大變樣子時的三皇，只能在西漢的材料裏找去，這似乎只有封禪書和淮南子有些説起的，但又不稱爲天皇、地皇而稱爲天一、地一，泰皇也改稱爲泰一和泰帝了。漢書郊祀志道（封禪書文同，但因史記略有脱誤處，故舉此）：

亳人謬忌奏祠泰一方，曰：“天神貴者泰一，泰一佐曰五帝。古者天子以春秋祭泰一東南郊，日一太牢七日；爲壇，開八通之鬼道。”於是天子（漢武帝）令太祝立其祠長安城東郊，常奉祠如忌方。

其後人上書言“古者天子三年一用太牢，祠三一：天一、地一、泰一”。天子許之，令太祝領祠之於忌泰一壇上，如其方。……

上遂郊雍，至隴西，登空桐，幸甘泉，令祠官寬舒具泰一祠壇，祠壇放亳忌泰一壇，三陔；五帝壇環居其下，各如其方；黄帝西南，除八通鬼道。泰一所用如雍一時物，而加醴棗脯之屬，殺一犛牛，以爲俎豆牢具；而五帝獨有俎豆醴進；其下四方地爲腏，食群神從者及北斗云。……祭日以牛，祭月以羊、彘特。泰一祝宰則衣紫及繡；五帝各如其色；日赤，月白。十一月辛巳朔旦冬至昧爽，天子始郊拜泰一；朝朝日，夕夕月，則揖；而見泰一如雍郊禮。……

其秋，爲伐南越，告禱泰一。以牡荆畫蟠日月北斗登龍，以象太一三星；爲泰一鋒旗，命曰靈旗，爲兵禱，則太史奉以指所伐國。……

　　初，天子封泰山，泰山東北阯，古時有明堂處，處險不敞。上欲治明堂奉高旁，未曉其制度。濟南人公玉帶上黃帝時明堂圖。……於是上令奉高作明堂汶上，如帶圖。及是歲修封，則祠泰一、五帝於明堂上坐，合高皇帝祠坐對之。……

　　明年，幸泰山。以十一月甲子朔旦冬至日，祀上帝于明堂。後每修封，其贊饗曰："天增授皇帝泰元神策，周而復始。皇帝敬拜泰一！"

從以上這些記事看來泰一之祀是極盛於漢武帝時的。那時的泰一是在三一之中，又在三一之外的。他是天神，是上帝，是統屬五帝和北斗、日、月的。他的位置之高，等於現在的玉皇大帝。

淮南子中也說：

　　太微者，太一之庭也。紫宮者，太一之居也。（天文訓。史記天官書亦云："中宮天極星，其一明者，太一常居也。"）
　　昆侖之丘，或上倍之，是謂涼風之山，登之而不死。或上倍之，是謂懸圃，登之乃靈，能使風雨。或上倍之，乃維上天，登之乃神，是謂太帝之居。扶木在陽州，日之所曣；建木在都廣，眾帝所自上下。（地形訓）

它說天上的幾個星座是太一的宮庭，又說從昆侖丘上天可以直到太帝之居，又在太帝之下著"眾帝"，表明太帝是許多天帝中最高的，都可和"天神貴者泰一，泰一佐曰五帝"及"泰皇最貴"等話相印證。

　　這樣看來，泰皇（或太帝，太一）是純粹的一個上帝了嗎？這也不然，那時確有人替他編造些事跡的。郊祀志說：

　　聞昔泰帝興神鼎一；一者一統，天地萬物所繫象也。黄帝作寶鼎三，象天地人。禹收九牧之金，鑄九鼎，象九州。

　　泰帝使素女鼓五十絃瑟，悲。帝禁不止，故破其瑟爲二十五絃。

在這兩條裏，可見泰帝是一個生人，他是在禹和黄帝之前作帝王的。

　　他究竟是神呢？還是人呢？真使我們没法下斷語了。我的意思，以爲既有五帝，斯有冠於五帝之前的泰帝；既有三皇，斯有冠於三皇之前的泰皇；既有上帝，斯有人帝；既有上皇，斯有人皇：他們高興稱他爲帝就稱帝，高興稱他爲皇就稱皇，高興把上帝拉下世間來就拉，高興把人帝捧上天去也就捧；在這個時候，大家嘴裏的古史和神話是不分的，不是他們不肯分，實在他們也想不到分。

　　他們既經辛辛苦苦造起了這種偶像，爲什麽後來就不聽見人家提起，以至於消失了呢？看郊祀志，便可知道他們在西漢時受過兩次打擊：

　　　　其一，成帝二年，丞相匡衡等奏請廢諸妄造之祠，於是孝武所立的薄忌太一和三一之屬皆罷。

　　　　其二，匡衡免官後，甘泉泰時（即上面記的太一祠壇）旋復。至平帝元始五年，王莽奏徙甘泉泰時于長安的南郊，上尊稱曰“皇天上帝泰一”，和北郊的“皇地后祇”相對，從此以後，大家只記得“皇天上帝”，把末尾的“泰一”忘失了，回復到東周時祭祀皇天后土的老樣子。

　　我們讀史到這種地方，應當覺悟時勢的變遷和古史傳説的變遷的關係的密切。戰國時，製造古史成了狂熱，帝呀，皇呀，日出而不已，出得愈後的佔的地位愈高。到了秦、漢，"車同軌，書同文，行同倫"，各方面都趨於統一，不容異說紛紜，所以古史傳說也就漸漸地收束起來；如三一，如泰帝，本是戰國時人沒有造完工的，這時雖靠了帝王之力在神靈中佔得一個地位，但在民間和學術界卻再不能得到深切的信仰了。一朝儒者得勢，便立刻把它廢除，或把它合併。固然他們傳衍的時間也有二百年左右，並不比黃帝、炎帝們在戰國時經歷的時間爲少，但黃帝、炎帝們已在這個短時期內打好堅實的基礎，而他們則還是些若存若亡的人物。相形之下，真要歎他們遭值的不幸了！

一六　史記封禪書（封禪的故事）

自從騶衍一輩人講帝王易代由於五德轉移，在轉移的時候必有祥瑞符應以表示新王的受命，於是有"封禪説"出現。

"封禪"二字合爲一名，不見於經典。堯典中有"封十有二山"之文；書大傳注云："封，亦壇也。"風俗通義云："禪，謂壇墠。"可見封禪二字之義都是祭壇。但戰國末年的人用這二字成爲一名時便另有一種意思，而西漢時人用這名時又另有一種意思。

史記封禪書裏記着管仲的一段話（這當然是不真的，因爲齊國人的喜説管仲正如魯國人的喜説周公。騶衍一班人出在齊國，所以管仲就會講封禪了），可以明白封禪一名在戰國末年的意義。

古之封禪，鄗上之黍，北里之禾，所以爲盛；江、淮之間，一茅三脊，所以爲藉也。東海致比目之魚，西海致比翼之鳥，然後物有不召而自至者十有五焉。

這是說如果帝王要封禪，一定要有比目魚、比翼鳥、三脊茅……和其他十五種祥瑞的東西然後可以舉行，可見舉行這個大典並非人力所能爲。這些東西爲什麼要出來，出來之後又爲什麼要封禪呢？史記說明道：

> 自古受命帝王曷嘗不封禪，……未有睹符瑞見而不臻乎泰山者也。

因爲帝王新受天命，所以天有符瑞出現；而這個受命之君便應到泰山去築壇而祭以答謝上天的好意。這是戰國末年的人設想的"真命天子"出來時應有的神和人的交通感應的一種儀式。

到了漢代，天位已定，不必去希望有什麼新受命的天子出來了，所以封禪的意義也隨着改變：

> 少君言上曰："祠竈則致物；致物而丹砂可化爲黃金；黃金成，以爲飲食器，則益壽；益壽，而海中蓬萊仙者乃可見；見之，以封禪，則不死，黃帝是也。……"
>
> 齊人公孫卿……有札書，曰："黃帝得寶鼎宛朐，……僊登於天。"……因嬖人奏之；上大悅，乃召問卿。對曰："受此書申公。……申公，齊人，與安期生通，受黃帝言，無書；獨有此鼎書，曰：'漢興，復當黃帝之時。'曰：'漢之聖者在高祖之孫且曾孫也。寶鼎出而與神通，封禪。封禪七十二王，唯黃帝得上太山封。'申公曰：'漢主亦當上封，上封則能僊登天矣！……'"於是天子曰："嗟乎，吾誠得如黃帝，吾視去妻子如脫躧耳！"
>
> 齊人丁公年九十餘，曰："封禪者，合（漢書作'古'）不死之名也。……"（俱見封禪書）

在這幾段裏，可見漢武帝時的方士口中的封禪便是皇帝的鍊丹求仙，而這一班方士也多是齊人。

封禪書説：

> 自齊威、宣之時，騶子之徒論著終始五德之運。……宋毋忌、正伯僑、充尚、羨門高……皆燕人，爲方僊道。……而燕、齊海上之方士傳其術不能通，然則怪迂阿諛苟合之徒自此興，不可勝數也。

以上幾句話是對於兩種封禪説的來源的最好的説明。必須受命的帝王然後得封禪，這是主張終始五德之運的騶衍一派人的説法。封禪則能僊登天，這是爲方僊道的羨門高以後的一派人的説法。看齊人講神仙的這樣多，則燕學的普及於齊從可知了。

自從封禪説由齊人奏給了秦始皇，於是他就做了第一個實行封禪的人（正如他的依據水德改制度，依據"三皇、五帝説"稱皇帝，是他自以爲因襲而實際上卻是創造）。封禪書云：

> 即帝位三年，東巡郡縣，祠騶嶧山，頌秦功業。於是徵從齊、魯之儒生博士七十人，至乎泰山下。諸儒生或議曰："古者封禪，爲蒲車，惡傷山之土石草木；埽地而祭，席用葅稭，言其易遵也。"始皇聞此議各乖異，難施用，由此絀儒生；而遂除車道，上自太山陽，至巔，立石頌秦始皇帝德，明其得封也；從陰道下，禪於梁父。……

第二個實行封禪的是漢武帝。封禪書云：

> 天子既聞公孫卿及方士之言，黃帝以上封禪皆致怪物，與神通，欲放黃帝以上接神仙人蓬萊士，……而頗採儒術以

文之。群儒既已不能辨明封禪事，又牽拘於詩、書古文而不能騁。上爲封禪祠器示群儒，群儒或曰："不與古同。"徐偃又曰："太常諸生行禮，不如魯善。"周霸屬圖封禪事。於是上絀偃霸，而盡罷諸儒不用。

秦、漢時的齊、魯儒生這樣地喜歡講封禪，而到了實行這個典禮的時候總是"議各乖異"而至爲皇帝所罷絀，爲的是什麼？就爲這件事本是空中樓閣，雖在天下剛統一的時候有用它來點綴昇平的需要，但是陰陽家講了，神仙家也來講，魯的儒家也來講，講的人太多，七嘴八張，以致皇帝摸不着頭路，不得不把他們攆走了而後已。這是從僞制度變成真制度時的應有的苦惱！

　　於是我們又要說到古史了。在封禪說之下生出來的古史有兩種：其一是七十二代的帝王受命封禪的故事，其二是黃帝成仙的故事。上一種故事是從封禪的第一義中（答謝天命）生出來的；下一種故事是從封禪的第二義中（上封登天）生出來的。

　　先說第二種故事。以前講黃帝，說他是人帝的也有，說他是天帝的也有，但沒有說他求僊的。因爲他如果是天帝固用不着求僊，就是人帝也本由天上降下來，死了當然回到天上，也用不着去要求上天。自從研究方僊道的一班燕人說一個凡胎只要經過了許多時候的修鍊就會變成僊人，而秦皇、漢武雖稱了"皇帝"卻肯把自己的身分降低，不看自己是天人而仍看自己是凡人，於是急切求不死的方法，而黃帝不死的故事於以應運而發現。封禪書中引申公的話道：

　　　黃帝時萬諸侯，而神靈之封居七千。天下名山八而三在蠻夷，五在中國；中國華山、首山、太室、太山、東萊。此五山，黃帝之所常游，與神會。黃帝且戰且學僊；患百姓非其道者，乃斷斬非鬼神者。百餘歲，然後得與神通。……其後黃帝接萬靈明廷。……黃帝採首山銅，鑄鼎於荆山下。鼎既成，有龍垂胡髯下迎黃帝。黃帝上騎，群臣後宮從上者七十餘人，龍乃上去。餘小臣不得上，乃悉持龍髯。龍髯拔墮，墮黃帝之弓。百姓仰望黃帝既上天，乃抱其弓與胡髯號。故後世因名其處曰鼎湖，其弓曰烏號。

又説：

> 濟南人公玉帶上黃帝時明堂圖。明堂圖中有一殿，四面無壁，以茅蓋；通水圜宮垣；爲複道；上有樓，從西南入，命曰昆侖，天子從之入以拜祠上帝焉。
> 方士有言黃帝時爲五城十二樓以候神人於執期，命曰迎年。……
> 公玉帶曰：“黃帝時雖封太山，然風后、封巨、岐伯令黃帝封東太山，禪凡山，合符，然後不死焉。”

在這種空氣之下，就造成了司馬遷所謂“百家言黃帝，其文不雅馴，薦紳先生難言之”的許多文字。（封禪書云：“或曰：‘自古以雍州積高，神明之隩，故立畤郊上帝，諸神祠皆聚云。蓋黃帝時嘗用事，雖晚周亦郊焉。’其語不經見，搢紳者不道。”也是這個意思。）

至於第一種故事，則封禪書中既引管仲的話道：

> 古者封泰山，禪梁父者七十二家。

又引孔子的話道：

> 孔子論述六藝傳，略言易姓而王，封泰山禪乎梁父者，

七十餘王矣。

照這樣説，自從遠古到周代，受命之王竟有七十餘個之多。但我們從夏、商、周推上去，無論用何種五帝説、三皇説，或把許多衝突重複的系統集合在一起，總填不滿這七十餘的空格。這個數目實在放得太遠了，恐怕驥衍從黃帝推到天地未生時還不至這樣的夥多罷。

然而我們看下去，不免又爽然了。孔子説了"七十餘王"之後便説"其俎豆之禮不章，蓋難言之"；管子説了"七十二家"之後便説"夷吾所記者十有二焉"。他們雖敢喊出七十餘的數目來，卻不敢説出這七十餘王的名號。此無他，一時還沒有這許多耳。可是就是管子所記得的"十有二"個已足使我們增廣見聞了。他説：

> 昔無懷氏封泰山，禪云云。虙羲封泰山，禪云云。神農封泰山，禪云云。炎帝封泰山，禪云云。黃帝封泰山，禪亭亭。顓頊封泰山，禪云云。帝倍封泰山，禪云云。堯封泰山，禪云云。舜封泰山，禪云云。禹封泰山，禪會稽。湯封泰山，禪云云。周成王封泰山，禪社首。皆受命，然後得封禪。

這一個帝王受命和朝代傳衍的系統，三代（禹、湯、周成王）是我們早知道的。五帝（黃帝、顓頊、帝倍、堯、舜）雖不是早知道，但這些名字從論語到國語已全提及，而且這個系統到呂氏春秋也固定了。神農，我們雖知道得很後，但在呂氏春秋中也出面了。現在何來此無懷氏和虙羲二人，竟毫無愧怍地高踞在五帝和神農的前邊而算是古代的帝王？

虙羲一名，我們在前邊提起的許多書中都未見過。只有楚辭的大招裏曾説：

代、秦、鄭、衛，鳴竽張只。伏戲駕辨，楚勞商只。謳和陽阿，趙簫倡只。

“伏戲”與“虙羲”同音，當是一人。但單看大招，只能證明伏戲是一種樂調的創作者，只能證明他的駕辨之曲曾和楚的勞商（“勞商”與“離騷”爲雙聲，當是一名，游國恩先生說），趙的陽阿，以及代、秦、鄭、衛之曲同爲戰國、秦、漢間流行的樂調，並不能證明他是一個古帝王。（大招裏有一句“小腰秀頸，若鮮卑只”，陸侃如先生云：“鮮卑邑於紫蒙之野（在今奉天西南部），名叫東胡。初與匈奴對峙；當秦、漢之際，被冒頓打敗了，就移居鮮卑山（在今奉天西北部），改稱鮮卑。……在戰國時人的作品，如何能有這名稱？……”——大招招魂遠游的著者問題。這可見大招的著作時代實在不早。）

離騷中又有一句“吾令豐隆乘雲兮，求虙妃之所在”。虙妃當是虙羲之妃或虙羲之女。但僅僅有這一句，也不足以證明他是神農氏以前的古帝王。

惟有戰國策卻明白承認虙羲是神農以前的王者。趙策二寫趙武靈王駁趙造諫用胡服的話道：

古今不同俗，何古之法！帝王不相襲，何禮之循！宓戲、神農，教而不誅。黃帝、堯、舜，誅而不怒。及至三王，觀時而制法，因事而制禮。……

這確是“宓戲——神農——黃帝——堯——舜”這樣排列的。然而戰國策之作已在秦併天下之後，虙羲的出世實在是夠遲的了。他的事蹟怎樣，封禪書、戰國策都沒有講起。我們只能空洞地知道那時曾有這一個新系統。

至於無懷氏這個古帝，我們真慚愧，在故紙堆中不但找不出他的事蹟，連引用這個名字的也找不出來。有之則是從封禪的十二代中鈔了去的。

一七　莊子

於是我們要講到莊子了。莊子這部書，通常都因莊子與惠施爲友，而惠施是梁惠王時的相（司馬彪説），故把這書的時代放得很早。但莊子是什麽時候人是一個問題，莊子這部書是什麽時候所編的又是一個問題。就説莊子這個人早，未必這部書也早。因爲這部書是集合道家或與道家性質相近的許多單篇論文而成的，古時的一篇文就是現在的一種書，所以莊子實在是一部“道家叢書”，和易十翼之爲“易學叢書”，大小戴記之爲“禮學叢書”一樣。

莊子這部書，以前懷疑的人很多；但他們只敢懷疑它的外篇和雜篇而不敢懷疑它的內篇。最近傅斯年先生從莊子天下篇裏發見齊物論爲慎到所作（天下篇云：“慎到棄知去己，……舍是與非，……故曰至於若無知之物而已，無用賢聖，夫塊不失道”，均與齊物論宗旨合；至云“齊萬物以爲首”，則齊物的篇名已直揭出來了）。容肇祖先生又從史記中“慎到著十二論”一語證明齊物論爲慎到的十二論之一。這個發見確是很精當的，所以他們雖未正式作文發表，我已在這裏引用了。按史記孟子荀卿列傳云：

> 慎到，趙人；田駢、接子，齊人；環淵，楚人：皆學黃、老道德之術，因發明序其指意。故慎到著十二論，環淵著上下篇，而田駢、接子皆有所論焉。

“黃、老”是漢初的名詞，慎到一班人據史記説是“齊之稷下先生”，與淳于髡同時，則尚在戰國中期，爲什麼他們竟會學起黃、老之術來呢？可見他們的思想和漢初的道家很相像（也許漢初的道家是導源於這一班人的），所以司馬遷便把他們誤認了。在這種情勢之下，他們的著作自有被收入莊子的可能。又陸德明經典釋文叙錄云：

> 莊生宏才命世，辭趣華深。……後人增足，漸失其真。故郭子玄云：“一曲之才妄竄奇説，若閼奕、意修之首，危言、游鳧、子胥之篇，凡諸巧雜，十分有三。漢書藝文志，‘莊子五十二篇’，即司馬彪、孟氏所注是也。言多詭誕，或似山海經，或類占夢書，故注者以意去取。”其内篇衆家並同，自餘或有外而無雜。……

在這一段裏，可見莊子這部書到西漢之末劉向們作七略的時候，類似山海經和占夢書的東西已經一齊堆進了；直到郭象注本始大加删削，把五十二篇縮成三十三篇。但是他只去掉陰陽術數的文字而已；其他作道家之言的還完全保存着。因此，我們可以説：莊子各篇的著作時代，從戰國中期起，到西漢末年止，約經過了三百四十年。所以我們不能把這部書裏的古史材料劃一地放在某個短時期之内，只能從這些材料裏總看出一個道家的古史觀念。道家是發源於戰國而大成於西漢初葉的，所以我們可以除掉其中與戰國時古史系統相同的，而單抽出近於西漢初葉的古史系統的來講。

第一，這部書中也有“三皇、五帝”：

> 故夫三皇、五帝之禮義法度不矜於同而矜於治。故譬三皇、五帝之禮義法度其猶柤棃橘柚邪，其味相反而皆可於口。（天運）

余語女：三皇、五帝之治天下，名曰治之而亂莫甚焉！（同）

第二，這部書中也有泰皇（但不稱爲"泰皇"而稱爲"泰氏"）：

有虞氏不及泰氏。有虞氏其猶藏仁以要人，亦得人矣而未始出於非人。泰氏其臥徐徐，其覺于于……其知情信，其德甚真，而未始入於非人。（應帝王）

第三，這部書中也有伏羲氏：

仲尼聞之曰："古之真人，……伏戲、黃帝不得友。……"（田子方）

夫道有情有信，無爲無形，……伏戲得之以襲氣母。（大宗師）

我們既在以前數章裏知道了古史系統成立的經過，再來看這些材料，便可知道以上各篇的出現已在古史系統大定之後。但是，它不僅有這些而已，還有許多古帝王是在我們以前所講的許多書中所絕沒有提起的。

夫道，……狶韋氏得之以挈天地。（大宗師）

狶韋氏之囿；黃帝之圃。（知北游）

以狶韋氏之流觀今之世，夫孰能不波！（外物）

孔子曰："彼假脩渾沌氏之術者也，……治其內不治其外……"（天地）

南海之帝爲儵；北海之帝爲忽；中央之帝爲渾沌。儵與忽時相與遇於渾沌之地，渾沌待之甚善。儵與忽謀報渾沌之

德，曰："人皆有七竅以視聽食息，此獨無有。嘗試鑿之！"日鑿一竅；七日而渾沌死。（應帝王）

夫赫胥氏之時，民居不知所爲，行不知所之，含哺而熙，鼓腹而游。（馬蹄）

孔子窮于陳、蔡之間……而歌猋氏之風。（山木）

故有焱氏爲之頌曰："聽之不聞其聲，視之不見其形。……"（天運）

夫徇耳目内通而外於心知，鬼神將來舍，而況人乎！是萬物之化也，禹、舜之所紐也，伏戲、几蘧之所行終，而況散焉者乎！（人間世）

冉相氏得其環中以隨成。（則陽）

容成氏曰："除日無歲，無内無外。……"（則陽）

子獨不知至德之世乎？昔者容成氏、大庭氏、伯皇氏、中央氏、栗陸氏、驪畜氏、軒轅氏、赫胥氏、尊盧氏、祝融氏、伏羲氏、神農氏，當是時也，民結繩而用之，甘其食，美其服，樂其俗，安其居。（胠篋）

以上一大批古帝王名氏——豨韋氏、渾沌氏、赫胥氏、有焱氏、几蘧、冉相氏、容成氏、伯皇氏、中央氏（從"中央之帝爲渾沌"一語看來，或即渾沌氏）、栗陸氏、驪畜氏、軒轅氏、尊盧氏——都是很生疏的。不曉得他們是封禪泰山的七十二代中的人物呢？還是騶衍從黃帝推到天地未生時推出來的呢？還是由道家一派人逐步逐步地增添而成的呢？

自從莊子裏有了這些古代帝王，使得我們的古史系統又憑空增高了不少。但我以爲莊子所給與我們的帝王名氏遠不及它給與我們的古代觀念爲重要。它給與我們的古代觀念是什麽？是那時人怎麼快樂，這快樂遠非現代人所能得到。換句話説，就是它提倡復古；它説如果能彀復古，那麼我們就是最快樂的人了。老子中提倡這種思想只是説理的，它則更舉古代的事情作爲證明，使得聽到的人格外感得親切，所以它的影響比老子還大。現在鈔出幾條看一下：

老聃曰："……余語女三王、五帝之治天下！黃帝之治天下，使民心一；民有其親死，不哭，而民不非也。堯之治天下，使民心親；民有爲其親殺其殺，而民不非也。舜之治天下，使民心競；民孕婦十月生子，子生五月而能言，不至乎孩而始誰，則人始有夭矣。禹之治天下，使民心變；人有心而兵有順，殺盜非殺，人自爲種而天下耳，是以天下駭，儒、墨皆起……"（天運）

古之人在混芒之中，與一世而得澹漠焉。當是時也，陰陽和靜，鬼神不擾，四時得節，萬物不傷，群生不夭；人雖有知，無所用之：此之謂至一。當是時也，莫之爲而常自然。逮德下衰，及燧人、伏戲始爲天下，是故順而不一。德又下衰，及神農、黃帝始爲天下，是故安而不順。德又下衰，及唐、虞始爲天下，興治化之流，澆淳散樸，離道以善，險德以行，然後去性而從於心；心與心識，知而不足以定天下，然後附之以文，益之以博；文滅質，博溺心，然後民始惑亂，無以反其性情而復其初。（繕性）

古者禽獸多而人民少，於是民皆巢居以避之，晝拾橡栗，暮棲木上，故命之曰有巢氏之民。古者民不知衣服，夏多積薪，冬則煬之，故命之曰知生之民。神農之世，臥則居居，起則于于，民知其母，不知其父，與麋鹿共處，耕而食，織而衣，無有相害之心，此至德之隆也。然而黃帝不能致德，與蚩尤戰於涿鹿之野，流血百里。堯、舜作，立群臣。湯放其主；武王伐紂。自是之後，以强陵弱，以衆暴寡，湯、武以來皆亂人之徒也！（盜跖）

這種"一代不如一代"的歷史觀，在作者固是希望人民"歸真返樸"的一團誠意，但是既已進化了的社會如何可以再現初民時代的生活（初民時代的生活是否真的快樂又是一個問題），徒然留在書本上，使得一班士流永遠夢想羲皇時人的生活而時時發出復古的呼聲，或屏棄一切世務而自度其隱逸的生涯。二千年來，大家一想到皇古，誰不有一莊子所寫的幻影立於目前，於是今苦而古樂就成了正統的古史觀念了！唉！

我們讀了儒家的書，堯、舜的禪讓爲的是愛民，湯、武的征誅也爲的是愛民，愛民是古帝王的一成不變的主義。再讀道家的書，神農之世是"臥則居居，起則于于"的，泰氏之世又是"其臥徐徐，其覺于于"的，古帝王的一成不變的主義乃是無思無爲了。究竟哪一個是真事實呢？以前的史家兼容並包，説頭上幾個帝王是無思無爲的，後來幾個帝王便勤民愛民了。這没有別的原因，只爲儒家的古史系統短，道家的古史系統長，使得古史家爲了顧全這個高遠的系統，只能於上一段採用道家説，到下一段時始能採用儒家説耳。

再有一件事也是值得注意的，便是莊子中對於黄帝的態度。

莊子中對於黄帝固有詆毁，如上面所舉的"黄帝不能致德"和"黄帝始爲天下，是故安而不順"。但這是由於黄帝上面堆積的人太多了，他們爲要説明"一代不如一代"的歷史觀，只得把黄帝壓了下去。至單稱黄帝的，則常把他捧得很高，以爲他是真能瞭解道家的道理，提倡道德的主義的。如：

> 知北游於玄水之上，登隱弅之丘，而適遭無爲謂焉。知謂無爲謂曰："予欲有問乎若：何思何慮則知道？何處何服則安道？何從何道則得道？"三問而無爲謂不答也。非不答，不知答也。
>
> 知不得問，反於白水之南，登狐闋之上，而睹狂屈焉。

知以之言也問乎狂屈。狂屈曰："唉，予知之！將語若，中欲言而忘其所欲言。"

知不得問，反於帝宮，見黃帝而問焉。黃帝曰："無思無慮始知道。無處無服始安道。無從無道始得道。"

知問黃帝曰："我與若知之，彼與彼不知也，其孰是邪？"黃帝曰："彼無爲謂真是也；狂屈似之；我與汝終不近也！"

"夫知者不言，言者不知，故聖人行不言之教。道不可致，德不可至，仁可爲也，義可虧也，禮相偽也，故曰'失道而後德，失德而後仁，失仁而後義，失義而後禮，禮者道之華而亂之首也'，故曰'爲道者日損，損之又損以至於無爲，無爲而無不爲也'。……故萬物一也，是其所美者爲神奇，其所惡者爲臭腐；臭腐復化爲神奇，神奇復化爲臭腐：故曰通天下一氣耳，聖人故貴一。"……

狂屈聞之，以黃帝爲知言。（知北游）

因爲黃帝説的話即是道家的話，和老聃之言一鼻孔出氣，所以漢初有"黃、老"一個名詞，把他們二人作爲道家的代表。這個道家的黃帝出在神仙家的黃帝之前，所以上一章裏所講的方士口中的黃帝成仙的故事應當都是漢武帝以後發生的，而莊子裏的黃帝則戰國時已造成了。堪笑黃帝這人，起初是上帝，後來變成好戰的人王，後來又變成談玄説妙的道家，最後乃變成修道登天的仙人。時代潮流怎樣變，他的人格也怎樣變，從戰國到西漢約四百年，他總是一個站在時代前面的人物，這真可稱爲"聖之時者"了！

一八　淮南子

西漢初葉出了一部大著作——淮南子。淮南子是淮南王劉安招集賓客們編成的。漢書卷四十四淮南王傳云：

> 淮南王安，爲人好書，鼓琴，不喜弋獵狗馬馳騁。亦欲以行陰德，拊循百姓，流名譽。招致賓客方術之士數千人，作爲内書二十一篇，外書甚衆；又有中篇八卷，言神仙黄白之術，亦二十餘萬言。

又卷三十六劉向傳云：

> 上（宣帝）復興神仙方術之事，而淮南有枕中鴻寶苑祕書（顏師古注：“鴻寶苑祕書並道術篇名，藏在枕中，言常存録之，不漏泄也”），書言神仙使鬼物爲金之術，及鄒衍重道延命方，世人莫見。而更生（向）父德，武帝時治淮南獄，得其書。更生幼而讀誦，以爲奇，獻之，言黄金可成。上令典尚方鑄作事，費甚多，方不驗。……

可見這枕中鴻寶苑祕書是淮南中篇的一部分。但漢書藝文志中卻没有中篇，只有：

> 淮南内二十一篇；
> 淮南外三十三篇（師古注：“内篇論道，外篇雜説”）；
> 淮南雜子星十九卷（在數術略天文家）。

到現在，連外篇也失掉了，只有高誘注的內篇存着。高氏的序裏講：

> 初，安爲辨達善屬文，……孝文皇帝甚重之，詔使爲離騷賦；自旦受詔，日早食已。上愛而祕之。天下方術之士多往歸焉。於是遂與蘇飛、李尚、左吳、田由、雷被、毛被、伍被、晉昌等八人及諸儒大山、小山之徒，共講論道德，總統仁義而著此書：其旨近老子，淡泊無爲，蹈虛守靜，出入經道；……及古今治亂存亡禍福，世間詭異懷奇之事。其義也著；其文也富；物事之類無所不載，然其大較歸之於道。

讀此，可知淮南子的內篇是以道家之說爲主而略佐以儒家之說；又雜載許多西漢初葉的物事的。所以這本書在西漢初葉的材料上的價值不減於呂氏春秋在戰國末期的材料上的價值。當呂氏春秋著作的時候，陰陽五行說正在盛行，所以它裏邊有許多陰陽家的古史說；當淮南子著作的時候，道德之說又正在盛行，所以它裏邊有許多道家的古史說。

我們須知道：自秦燔詩、書，更經過楚、漢爭衡的大亂以來，儒家已甚衰微。在它衰微的時候，道家便大盛了。所以西漢的初葉，是道家學說獨霸的時代，五行與神仙兩派輔之。淮南王劉安是一個好流名譽的人，又是一個好爲文辭的人，又是一個好言神仙使鬼物的人，所以那時的智識階級便集合在他的門下，而那時所有的智識也便集中在他的書裏了。他在位的年代，據漢書諸侯王表，是立於文帝十六年（耶穌紀元前一六四年），死于武帝元狩元年（紀元前一二二年）；淮南子的著作，便在此四十二年之中。這也和呂氏春秋一樣，有清楚的年代可以給我們做一個測量時代意識的標準的。

淮南子內篇的古史觀，和莊子所說的最相近，也是把最快樂的時代放在最古的。如本經訓的話：

　　太清之始也，和順以寂漠，質真而素樸，閑靜而不躁，推而無故；在內而合乎道，出外而調於義，發動而成於文，行快而便於物；其言略而循理，其行侻而順情，其心愉而不偽，其事素而不飾。是以不擇時日，不占卦兆，不謀所始，不議所終；安則止，激則行；通體於天地，同精於陰陽，一和於四時，明照於日月，與造化者相雌雄。是以天覆以德，地載以樂，四時不失其叙，風雨不降其虐，日月淑清而揚光，五星循軌而不失其行。當此之時，玄玄至碭而運照，鳳麟至，蓍龜兆，甘露下，竹實滿，流黃出而朱草生，機械詐偽莫藏於心。

　　逮至衰世，鐫山石，鍥金玉，擿蚌蜃，消銅鐵而萬物不滋；刳胎殺夭，麒麟不游，覆巢毀卵，鳳凰不翔；鑽燧取火，構木爲臺，焚林而田，竭澤而漁，人械不足，畜藏有餘，而萬物不繁，兆萌牙卵胎而不成者處之太半矣。積壤而邱處，糞田而種穀，掘地而井飲，疏川而爲利，築城而爲固，拘獸以爲畜，則陰陽繆戾，四時失叙，雷霆毀折，雹霰降虐，氛霧霜雪不霽，而萬物燋夭；菑榛穢，聚埒畝，芟野菼，長苗秀，草木之句萌銜華戴實而死者不可勝數。乃至夏屋宮駕，縣聯房植，橑檐榱題，雕琢刻鏤，喬枝菱阿，夫容芰荷，五采爭勝，流漫陸離，脩掞曲挍，夭矯曾橈，芒繁紛挐，以相交持，公輸、王爾無所錯其剞劂削鋸，然猶未能澹人主之欲也。是以松柏箘露夏槁，江、河、三川絕而不流，夷羊在牧，飛蛩滿野，天旱地坼，鳳皇不下，句爪居牙，戴角出距之獸於是鷙矣。民之專室蓬廬，無所歸宿，凍餓飢寒死者相枕席也。及至分山川谿谷，使有壤界，計人多少衆寡使有分數，築城掘池，設機械險阻以爲備，飾職事，制服等，異貴賤，差賢不肖，經誹譽，行賞爵，則兵革興而分爭，生民之滅抑夭隱，虐殺不辜而刑誅無罪於是生矣。

這洋洋一大篇都是痛罵物質文明和政治組織的，他們以爲社會的進化便是痛苦的增加。這原是大亂以後的一種憤激之談，對於戰國時人信任知力和技巧的一個大反動。但這種人生觀影響到古史上，便像戴了藍眼鏡看出來的東西沒有不藍的了，古史是一切受支配於這個系統了。上章已經舉出了莊子中的許多例，現在再舉淮南子的：

昔容成氏之時，道路鴈行列處，託嬰兒於巢上，置餘糧於畮首，虎豹可尾，虺蛇可蹍，而不知其所由然。（本經訓）

昔者神農之治天下也，神不馳於胷中，智不出於四域，懷其仁誠之心，甘雨時降，五穀蕃植。……其民樸重端愨，不忿爭而財足。……當此之時，法寬刑緩，圄圉空虛，而天下一俗，莫懷姦心。（主術訓）

故不言之令，不視之見，此伏犧、神農之所以爲師也。（主術訓）

夫聖人者，……消知能，脩太常，隳肢體，絀聰明，大通混冥，解意釋神，漠然若無魂魄，使萬物各復歸其根，則是所脩伏犧氏之跡而反五帝之道也。（覽冥訓）

昔者黄帝治天下而力牧、太山稽輔之，以治日月之行律，治陰陽之氣，節四時之度，正律曆之數，……田者不侵畔；漁者不爭隈。道不拾遺；市不豫賈；城郭不關，邑無盜賊；鄙旅之人相讓以財。狗彘吐菽粟於路而無忿爭之心。於是日月精明，星辰不失其行，風雨時節，五穀登孰，虎狼不妄噬，鷙鳥不妄搏，鳳皇翔於庭，麒麟游於郊，青龍進駕，飛黄伏皁；諸北儋耳之國莫不獻其貢職。然猶未及虙戲氏之

道也。（覽冥訓）

　　當舜之時，有苗不服，於是舜脩政偃兵，執干戚而舞
之。（齊俗訓）

下面一段是把古今的治亂作爲系統的叙述，而也和莊子一樣，把
伏羲、神農一齊壓下去的：

　　至德之世，甘暝于溷澖之域而徙倚于汗漫之宇，……是
以聖人呼吸陰陽之氣，而群生莫不顒顒然仰其德以和順。當
此之時，……渾渾蒼蒼，純樸未散；……是故雖有羿之知而
無所用之。及世之衰也，至伏羲氏，其道昧昧芒芒然，吟德
懷和，被施頗烈，而知乃始昧昧晽晽，皆欲離其童蒙之心而
覺視於天地之間；是故其德煩而不能一。乃至神農、黄帝，
剖判大宗，竅領天地，……枝解葉貫，萬物百族，使各有經
紀條貫，於此萬民睢睢盱盱然莫不竦身而載聽視；是故治而
不能和下。棲遲至於昆吾夏后之世，嗜欲連於物，聰明誘於
外，而性命失其得。施及周室之衰，澆淳散樸，雜道以僞，
儉德以行，而巧故萌生。周室衰而王道廢，儒、墨乃始列道
而議，分徒而訟，於是博學以疑聖，華誣以脅衆，弦歌鼓
舞，緣飾詩、書，以買名譽於天下，繁登降之禮，飾紱冕之
服，聚衆不足以極其變，積財不足以贍其費，於是萬民乃始
慲觟離跂，各欲行其知僞以求鑿枘於世，而錯擇名利。是故
百姓曼衍於淫荒之陂而失大宗之本。——夫世之所以喪性
命，有衰漸以然，所由來者久矣！是故聖人之學也，欲以返
性於初而游心於虛也！（俶真訓）

他們因爲要提倡一種“返性於初而游心於虛”之學，所以要説出許
多古初的事情作爲修養的目標。他們因爲要證明“世之所以喪性

命，有衰漸以然，所由來者久矣"的一個見解，所以一定要説成一代不如一代，從無名氏到伏羲、神農時道德低落了多少，從伏羲、神農到堯、舜時道德又低落了多少。其實，他們何嘗真知道古初，也何嘗定要戲侮黃帝、堯、舜，他們只想向"博學以疑聖，華誣以脅衆"的儒、墨之徒作一致命的攻擊。他們因爲儒、墨之徒都喜歡"託古改制"，而結果弄得一團糟，所以他們起來"託古改人生觀"，把對方的古制説得一錢不值。這兩方面所鼓吹的"古"都曾經迷蒙了許多時候的人。到現在，我們纔清切地知道，他們的主張都是受的時代的影響，都是當時救弊的方術，但他們所説的古人古事則是同樣的不可信。

懂得了淮南子中的古史中心，那麽老子和莊子中的古史中心也很明白了，老子和莊子的著作時代也不煩言而解了。

淮南子中還有許多古史材料，有的足以證成前舉各書所説的，有的足以使我們得到新的見聞的。關於第一項的材料，如泰帝，已見於前了；又如：

> 尚古之王，封于泰山，禪于梁父，七十餘聖，法度不同。非務相反也，時世異也。（齊俗訓）
> 泰山之上有七十壇焉，而三王獨道。（繆稱訓）

這是足以證成封禪的古史説的。又如：

> 凡鴻水淵藪，自三百仞以上，二億三萬三千五百五十里，有九淵；禹乃以息土填洪水以爲名山。（地形訓）

這是足以證成天問的"洪泉極深，何以寘之"和海内經的"鯀竊帝之息壤以堙洪水"的話的。

至於這部書裏的"上古新聞"，有以下這許多。其一，是"二

皇":

　　　　泰古二皇得道之柄，立於中央；神與化游，以撫四方。
是故能天運地滯，輪轉而無廢，水流而不止，與萬物終始。
（原道訓）
　　　　昔二皇，鳳皇至於庭；三代，至乎門；周室，至乎
澤。……德彌精，所至彌近。（繆稱訓）
　　　　古未有天地之時，惟像無形，窈窈冥冥，芒芠漠閔，澒
濛鴻洞，莫知其門。有二神混生，經天營地，孔乎莫知其所
終極，滔乎莫知其所止息。於是乃別爲陰陽，離爲八極。剛
柔相成，萬物乃形；煩氣爲蟲，精氣爲人。（精神訓）

我們以前只曾聽説三皇，沒有聽説二皇。淮南子裏説的二皇，從
繆稱訓看，自是三代以上的帝王；從原道訓看，又像是天神。精
神訓的二神，不知是否即二皇：看"經天營地，孔乎莫知其所終
極，滔乎莫知其所止息"等話，似與二皇的"能天運池滯，輪轉而
無廢，水流而不止"的意義一樣。看它先説"未有天地，莫知其
門"，又説"別爲陰陽，萬物乃形"，則二神竟是開天闢地的神。
高誘於二皇注云，"指説陰陽"，於二神注云，"陰陽之神也"，這
或者確是當初用二數來定名的本意。
　　其二，是女媧。女媧之名，我們在天問中已見過，但它只説
"女媧有體，孰制匠之？"並不很重視她，或者是同女嬃、女岐（均
見楚辭）差不多的，只是一個有名的女子而已。但在淮南子中，
她很明白地是一個帝王了：

　　　　伏戲、女媧不設法度而以至德遺於後世，何則？至虛無
純一而不一嘐喋苟事也。（覽冥訓）

不但此也，她還是一個改造天地的具有神性的人王：

> 往古之時，四極廢，九州裂，天不兼覆，地不周載，火爁炎而不滅，水浩洋而不息，猛獸食顓民，鷙鳥攫老弱。於是女媧鍊五色石以補蒼天，斷鼇足以立四極，殺黑龍以濟冀州，積蘆灰以止淫水。蒼天補，四極正，淫水涸，冀州平，狡蟲死，顓民生。……陰陽之所壅沈不通者竅理之，逆氣戾物傷民厚積者絕止之。當此之時，臥倨倨，興眄眄，……侗然皆得其和，莫知所由生。……當此之時，禽獸蝮蛇無不匿其爪牙，藏其螫毒，無有攫噬之心。考其功烈，上際九天，下契黃壚。……（覽冥訓）

古人有這樣的大功，而到淮南子中方得顯揚，這是什麼緣故？

其三，是共工的觸不周之山。流共工於幽州，我們已在孟子和堯典中讀到了；共工欲壅防百川而致滅，國語中也敘述了。這裏卻有一則新的神話：

> 昔者共工與顓頊爭爲帝，怒而觸不周之山，天柱折，地維絕。天傾西北，故日月星辰移焉。地不滿東南，故水潦塵埃歸焉。（天文訓）
> 昔共工之力，觸不周之山，使地東南傾，與高辛爭爲帝，遂潛于淵，宗族殘滅，繼嗣絕祀。（原道訓）

女媧有能力補天，共工便有能力傾天，可稱無獨有偶。天文訓說共工與顓頊爭爲帝，原道訓又說共工與高辛爭爲帝，高辛與顓頊恐怕是一個人吧？

其四，是炎帝爲竈神。

今世之祭井竈門户箕箒臼杵者，非以其神爲能饗之也，特賴其德煩苦之無已也。……故炎帝（帝下似脱一字）於火而死爲竈，禹勞天下而死爲社，后稷作稼穡而死爲稷，羿除天下之害而死爲宗布。此鬼神之所以立。（氾論訓）

黄帝嘗與炎帝戰矣；顓頊嘗與共工爭矣。炎帝爲火災，故黄帝禽之；共工爲水害，故顓頊誅之。（兵略訓）

炎帝“爲火師而火名”，炎帝與黄帝異德，這是我們已知道的。至於他爲竈神，他因放火害人而爲黄帝所擒，這確是一種新聞。（炎帝爲竈神，也許是真的事實；但非炎帝死爲竈，乃竈神生爲炎帝耳。）

其五，是伏羲、神農的制作。

易之乾、坤足以窮道通意也，八卦可以識吉凶，知禍福矣，然而伏羲爲之六十四變。（要略）

神農之初作琴也，以歸神。（泰族訓）

古者民茹草飲水，采樹木之實，食嬴蜁之肉，時多疾病毒傷之害。於是神農乃始教民播種五穀，相土地宜燥溼肥墝高下，嘗百草之滋味，水泉之甘苦，令民知所辟就。當此之時，一日而遇七十毒。（脩務訓）

自從我們見到了伏羲的名氏之後，只知道他的道德比黄帝們好，還不曾知道他的具體的事實。到這裏，始曉得他是研究八卦而爲之重卦的。但這一件事，頗有儒家之徒把伏羲從道家的範圍裏拉過去的嫌疑。神農教民耕織，吕氏春秋中早已提起；就是單看他的名氏，這個意義亦已活現。但到了淮南子時，他也被服文雅而作琴了，且遍嘗百草的滋味而作藥師了。

然而淮南子這部書，到底是一班聰明的門客做的，所以一方面雖把古事說得天花亂墜，一方面還是自己折自己的壁腳：

> 昔者神農無制令而民從；唐、虞有制令而無刑罰；夏后氏不負言；殷人誓；周人盟。逮至當今之世，忍詢而輕辱，貪得而寡羞，欲以神農之道治之則其亂必矣。（氾論訓）

作者雖還沒有打破“一代不如一代”的見解，但他已知道“復古”是不可能的事了。

> 世俗之人多尊古而賤今，故爲道者必託之於神農、黄帝而後能入說。亂世闇主高遠其所從來，因而貴之。爲學者蔽于論而尊其所聞，相與危坐而稱之，正領而誦之。（脩務訓）
> 故三代之稱，千歲之積譽也；桀、紂之謗，千歲之積毀也。（繆稱訓）

這簡直把戰國、秦、漢間的古史傳說一椎打碎了！知道了這一義，我們的古史還有什麼可說的呢？

一九　漢書藝文志

秦始皇三十四年，置酒咸陽宮。博士七十人前爲壽。僕射周青臣進頌，說郡縣制好；博士淳于越起來爭辨，以爲封建制好。始皇把這兩個理由發下去議。丞相李斯奏道：

> 五帝不相復，三代不相襲，各以治，非其相反，時變異也。今陛下創大業，建萬世之功，固非愚儒所知。且越言，

乃三代之事，何足法也！異時諸侯並爭，厚招游學。今天下已定，法令出一，百姓當家則力農工，士則學習法令辟禁。今諸生不師今而學古，以非當世，惑亂黔首！

丞相臣斯昧死言：古者天下散亂，莫之能一，是以諸侯並作，語皆道古以害今，飾虛言以亂實；人善其所私學以非上之所建立。今皇帝併有天下，別黑白而定一尊。而私學相與非法教，人聞令下則各以其學議之，入則心非，出則巷議，夸主以爲名，異取以爲尚，率群下以造謗。如此弗禁，則主勢降乎上，黨與成乎下。禁之便！

臣請史官非秦記皆燒之。非博士官所職，天下敢有藏詩、書百家語者，悉詣守尉雜燒之。有敢偶語詩、書，棄市。以古非今者，族。吏見知不舉者，與同罪。令下三十日不燒，黥爲城旦。所不去者，醫藥、卜筮、種樹之書。若有欲學法令，以吏爲師。（秦始皇本紀）

始皇照准了，那時的書就這樣地拉雜燒燬了。

這是戰國文化的一次大摧殘。這是古代史料的一個不可計數的大損失。從此以後，大家所得見的商、周和戰國的歷史只是一些"燼餘"罷了。我們固然知道這是李斯爲求統一的完成（從武力統一到思想統一）的不得已的處置，但我們不能原恕他的毀滅古代文化的大罪。

可是，他所毀滅的只有民間的藏書罷了；詩、書百家語還是博士官所職的，這一個全份還保留在皇家。到了項羽入關，燒秦宮室，火三月不滅，纔把這僅存的一份也燒掉了。（康長素先生新學僞經考謂秦雖焚書，六經未嘗亡缺，舉秦、楚、漢間許多儒學的人爲證，但這僅足證明這班讀書的人不曾死完而已，並不足以證明秦的焚書令沒有發生效力。又舉始皇本紀中"若有欲學法令，以吏爲師"一語，李斯列傳中錄此文無"法令"二字，以爲人民無論要學什麼都可向吏去學，但吏所懂得的除了法令之外還有什麼，而且藏的詩、書百家語都要燒燬，若仍許人去學習不是多此一舉了嗎？又舉沛公至咸陽，蕭何先入收秦丞相御史律令圖書藏之，謂已由蕭何保存着，然蕭何只收取丞相御史兩個衙門裏的簿籍以備行政的稽考而已，並沒有收取博士所藏以求知古事也。）

　　漢興之後，惠帝除挾書之律；文帝令鼂錯到伏生處受尚書，又使博士作王制；河間獻王好儒學，山東諸儒多從之游；淮南王廣集賓客，講論道德：戰國的餘燼於是復燃。到武帝時：

　　　　敕丞相公孫弘廣開獻書之路。百年之間，書積如山。（文選注三十八引劉歆七略）
　　　　外則有太常、太史、博士之藏；內則有延閣、廣內、祕室之府。（如淳漢書藝文志注引七略）

到成帝時：

　　　　以書頗散亡，使謁者陳農求遺書於天下。詔光祿大夫劉向校經傳諸子詩賦，步兵校尉任宏校兵書，太史令尹咸校數術，侍醫李柱國校方技。每一書已，向輒條其篇目，撮其指意，錄而奏之。（漢書藝文志）

後來劉向死了，劉歆接下去幹。他們父子二人編成了兩部書，劉向的是七略別錄二十卷，劉歆的是七略七卷（見隋書經籍志）。這是中國目錄學的開山之祖。

　　西漢的皇室用了二百年的力量，把許多古文籍和近代著作合在一起，總共有三萬三千餘卷，這在當時已是一件很不容易的事情。不幸王莽篡位，劉玄起兵把他殺了，劉玄做了一年皇帝，赤眉又打進長安，把他殺了，把長安的宮室市里一齊燒了，長安成了一座空城，這三萬卷的書也就完了。

　　戰國的書給秦始皇燒了，我們只能空發嗟歎，不能知道實在的損失有多少。西漢的書給赤眉燒了，劉向父子所編的目録唐以後也失傳了，但我們還有一部根據了七略而作的漢書藝文志在手裏，可以估計這一次的損失。

　　我們現在正講三皇、五帝，講到西漢了，而漢書藝文志裏便有不少的那些最古時候的書，我們大可輯出一個“西漢時的三皇、五帝們的書目”來。

　　　　（一）泰一：
　　　　　　太壹兵法一篇（兵，陰陽）
　　　　　　泰壹雜子星二十八卷（數術，天文）
　　　　　　泰壹雜子雲雨三十四卷（同）
　　　　　　泰一陰陽二十三卷（數術，五行）
　　　　　　泰一二十九卷（同）
　　　　　　泰壹雜子候歲二十二卷（數術，雜占）
　　　　　　泰壹雜子十五家方二十二卷（方技，神僊）
　　　　　　泰壹雜子黃冶三十一卷（同）
　　　　（二）天一：
　　　　　　天一兵法三十五篇（兵，陰陽）
　　　　　　天一六卷（數術，五行）
　　　　　　天一陰道二十四卷（方技，房中）
　　　　（三）宓戲：
　　　　　　宓戲雜子道二十篇（方技，神僊）
　　　　（四）神農：
　　　　　　神農二十篇（諸子，農家）
　　　　　　神農兵法一篇（兵，陰陽）
　　　　　　神農大幽五行二十七卷（數術，五行）

　　　神農教田相土耕種十四卷（數術，雜占）

　　　神農黃帝食禁七卷（數術，經方）

　　　神農雜子技道二十三卷（方技，神儒）

（五）黃帝

　　　黃帝四經四篇（諸子，道家）

　　　黃帝銘六篇（同）

　　　黃帝君臣十篇（同）

　　　雜黃帝五十八篇（同）

　　　黃帝泰素二十篇（諸子，陰陽家）

　　　黃帝説四十篇（諸子，小説家）

　　　黃帝十六篇（兵，陰陽）

　　　黃帝雜子氣三十三篇（數術，天文）

　　　黃帝五家曆三十三卷（數術，曆譜）

　　　黃帝陰陽二十五卷（數術，五行）

　　　黃帝諸子論陰陽二十五卷（同）

　　　黃帝長柳占夢十一卷（數術，雜占）

　　　黃帝内經十八卷（方技，醫經）

　　　又　外經三十九卷（同）

　　　泰始黃帝扁鵲俞拊方二十三卷（方技，經方）

　　　神農黃帝食禁七卷（複見神農條）

　　　黃帝三王養陽方二十卷（方技，房中）

　　　黃帝雜子步引十二卷（方技，神儒）

　　　黃帝岐伯按摩十卷（同）

　　　黃帝雜子芝菌十八卷（同）

　　　黃帝雜子十九家方二十一卷（同）

（六）黃帝諸臣：

　　　力牧二十二篇（諸子，道家）

　　　力牧十五篇（兵，陰陽）

風后十三篇（同）

風后孤虛二十卷（數術，五行）

封胡五篇（兵，陰陽）

鬼容區三篇（同）

孔甲盤盂二十六篇（諸子，雜家。原注：“黃帝史，
　　或曰夏帝孔甲。”）

（七）顓頊：

顓頊曆二十一卷（數術，曆譜）

顓頊五星曆十四卷（同）

（八）堯、舜：

堯舜陰道二十三卷（方技，神僊）

（九）務成子（堯臣，舜師）：

務成子十一篇（諸子，小説家）

務成子災異應十四卷（數術，五行）

務成子陰道三十六卷（方技，房中）

（十）禹：

大帠三十七篇（諸子，雜家。説文：“帠，古文禹。”
　　“帠”當即“帠”字之誤。）

山海經十三篇（數術，形法）

（十一）其他夏以前之古人：

容成子十四篇（諸子，陰陽家）

容成陰道二十六卷（方技，房中）

蚩尤二篇（兵，形勢）

風鼓六甲二十四卷〔數術，五行。“風鼓”，葉德輝
　　謂是“共鼓”之誤（世本“共鼓、貨狄作舟船”，宋
　　衷注，“黃帝二臣名也”），王先謙謂是“風后”
　　之誤。〕

天老雜子陰道二十五卷（方技，房中。張衡同聲歌曰

"素女爲我師，……天老教軒皇"，當即其人。)

以上許多古聖人總共著了一千一百餘卷書。其中黃帝一人幾乎佔了一半(四百四十九卷)，泰一、天一和神農也着實不少(泰一一百九十卷，神農九十二卷，天一六十五卷)。再分類算去，則分量最多的是五行(一百六十九卷)，其次是神僊(一百五十七卷)，又次是房中(一百十一卷)，又次是道家(一百卷)，又次是兵陰陽(八十九卷)，又次是醫術(醫經和經方兩類共八十七卷)，又次是曆譜(六十八卷)。我真不解：爲什麼古聖人的著作從太古傳到西漢經歷千萬年會得這樣地完整，而西漢到今日只有二千年卻除了黃帝內經和山海經兩部書之外已全失了？又爲什麼古聖人所注意研究的大都是些術數方技，他們對於治國平天下的大道理反不及對於採陰補陽的房中術的注意？

　　這些古書都失傳了。我們抱着這一個書單還可窺見這一班古聖人在西漢一代的社會中所作的活動；我們還可窺見西漢一代的人民所要求古聖人給予他們的智識是這幾個門目，他們所信仰的古聖人是這幾個人，這些古聖人各個主管的門目是這幾樣。

二〇　　五帝德

　　從這部講義的第七章到第十九章，我們海闊天空地講：講秦國如何有白、青、黃、赤四個上帝；講炎帝、黃帝如何生了許多子孫，虞、夏、商、周如何都是黃帝的後代；講古代曾有許多帝王叫做什麼氏，什麼氏；講形容詞的"皇"如何忽然變成了名詞，作爲上帝的稱謂；講禹的平水土的故事，天問中有怎樣特殊的叙述；講古人世代的系統，山海經裏有怎樣奇怪的記錄；講騶衍們如何把歷史放得長，把疆域放得廣，把朝代和制度一切分配在五行的型式裏；講五帝之上如何還叠起一個神農來；講這"皇"字如何又變成了人王的稱謂而有"三皇、五帝"一名；講五帝與五神如何分掌着五時；講三皇如何地疑人疑鬼；講三皇之外如何又出來了二皇；講黃帝如何與老子合伙變成了道家，又如何從道家轉成了神仙；講無懷氏和伏羲如何更叠在神農的上面；講共工如何傾天和女媧如何補天；講莊子和淮南子中如何描寫古代的安樂的生活；講漢書藝文志中如何有一大批的上古聖人的著述：真是五花八門，熱鬧極了。這種熱鬧，是我們以前讀儒家的書——論語、孟子、荀子、堯典——時所不曾感到的。

現在，我們回復講儒家了。我們要看儒家如何自固其壁壘而排斥這種非儒家的材料；我們又要看儒家如何受了時代潮流的衝盪而終不能自固其壁壘。

大戴禮記的第六十二篇是五帝德，第六十三篇是帝繫。這兩篇本是單行的，後來採入禮記。既經採在禮記裏當然被認爲儒家的著作。但史記五帝本紀的贊裏説：

> 太史公曰：學者多稱五帝，尚矣。然尚書獨載堯以來；而百家言黃帝，其文不雅馴，薦紳先生難言之。孔子所傳宰予問五帝德及帝繫姓，儒者或不傳。

言下大有不信任這兩篇的意思。實在因爲堯和舜二人，堯典言之，論語言之，孟子言之，已爲儒家所公認無疑；至於五帝，則只有"五帝"這一個集團的名詞見於荀子，至於黃帝什麼，某帝什麼，不但論語、孟子中不見，即很後出的荀子亦未嘗見。何況黃帝，給道家説，給陰陽家説，給神仙家説，給醫家説，又給天文律曆家説，説得太不雅馴了，真使人不能信了。五帝德和帝繫姓兩篇雖説是"孔子所傳"，但其中都説到堯以前，都説到黃帝，違背了儒家的説話的成例，破壞了儒家的古史的斷限，所以"儒者或不傳"了。然而司馬遷是作五帝本紀的，這篇本紀終究是採用五帝德和帝繫姓作骨幹的。他爲什麼又要信任它們呢？他舉出理由道：

> 余嘗西至空峒，北過涿鹿，東漸於海，南浮江、淮矣，至長老皆各往往稱黄帝、堯、舜之處，風教固殊焉。……予觀春秋國語，其發明五帝德、帝繫姓章矣；顧弟弗深考，其所表見皆不虛。書缺有間矣，其軼乃時時見於他説。非好學深思，心知其意，固難爲淺見寡聞道也。余並論次，擇其言尤雅者，故著爲本紀書首。

他説明第一個原因是爲到各處游歷時都聽得長老講黄帝、堯、舜的故事，足證黄帝是實有其人其事的；第二個原因是爲國語中的話足以發明這兩篇，也足以證明這些記載是不虛的。他用了這二重證據法——民間故事和書本記載——證明五帝雖不爲儒者所稱道，儒書所記錄，依然不失其信實的價值；不過荒唐的傳説是應當刪去而已。司馬遷是儒家的信徒，他作史記是想繼承孔子的六經的，到後世，他的書也確實成了史學界的權威，所以黄帝們闖進了史記之後，他們在歷史上的地位就鞏固了；好像堯、舜們因論語等書的記錄而佔得鞏固的歷史地位一樣。

因爲這個緣故，五帝德和帝繫姓兩篇在中國歷史上具有極大的關係。

五帝德文云：

> 宰我問於孔子曰："昔者予聞諸榮伊，言黄帝三百年。請問黄帝者人邪，抑非人邪？何以至于三百年乎？"
>
> 孔子曰："予，禹、湯、文、武、成王、周公可勝觀邪！夫黄帝尚矣，女何以爲？先生難言之！"

　　宰我曰："上世之傳，隱微之說，卒業之辨，闇忽之意，非君子之道也，則予之問焉固矣！"

　　孔子曰："黃帝，少典之子也，曰軒轅。生而神靈；弱而能言；幼而徇齊；長而敦敏；成而聰明。治五氣；設五量；撫萬民；度四方。教熊羆貔貅貙虎，以與赤帝戰于阪泉之野，三戰然後得行其志。黃黼黻衣，大帶黼裳；乘龍扆雲。以順天地之紀，幽明之故，死生之說，存亡之難。時播百穀草木；淳化鳥獸昆蟲；歷離日月星辰；極畋土石金玉；勤勞心力耳目；節用水火材物。生而民得其利百年；死而民畏其神百年；亡而民用其教百年：故曰三百年。"

　　宰我曰："請問帝顓頊？"

　　孔子曰："五帝用說，三王用度。女欲一日辨聞古昔之說，躁哉予也！"

　　宰我曰："昔者予也聞諸夫子曰：'小子無有宿問！'"

　　孔子曰："顓頊，黃帝之孫，昌意之子也，曰高陽。洪淵以有謀；疏通而知事；養材以任地；履時以象天；依鬼神以制義；治氣以教民；潔誠以祭祀。乘龍而至四海：北至于幽陵；南至于交趾；西濟于流沙；東至于蟠木。動靜之物，小大之神，日月所照，莫不砥礪。"

　　宰我曰："請問帝嚳？"

　　孔子曰："玄囂之孫，蟜極之子也，曰高辛。生而神靈，自言其名。博施利物，不於其身。聰以知遠；明以察微。順天之義；知民之隱。仁而威；惠而信；修身而天下服。取地之財而節用之；撫教萬民而利誨之；歷日月而迎送之；明鬼神而敬事之。其色穆穆；其德俟俟。其動也時；其服也士。春夏乘龍；秋冬乘馬；黃黼黻衣。執中而獲天下。日月所照，風雨所至，莫不從順。"

　　宰我曰："請問帝堯？"

孔子曰："高辛之子也，曰放勳。其仁如天；其知如神。就之如日；望之如雲。富而不驕；貴而不豫。黄黼黻衣；丹車，白馬。伯夷主禮；龍、夔教舞；舉舜、彭祖而任之。四時，先民治之。流共工于幽州，以變北狄；放驩兜于崇山，以變南蠻；殺三苗于三危，以變西戎；殛鯀于羽山，以變東夷。其言不貳；其德不回。四海之内，舟輿所至，莫不説夷。"

宰我曰："請問帝舜？"

孔子曰："蟜牛之孫，瞽瞍之子也，曰重華。好學孝友，聞于四海。陶漁事親。寬裕温良。敦敏而知時；畏天而愛民；恤遠而親近。承受大命，依于倪皇。叡明通知，爲天下王。使禹敷土，主名山川，以利於民；使后稷播種，務勤嘉穀，以作飲食；羲、和掌歷，敬授民時；使益行火，以辟山萊；伯夷主禮，以節天下；夔作樂以歌籥，舞和以鐘鼓；皋陶作士，忠信疏通，知民之情；契作司徒，教民孝友，敬政率經。其言不惑；其德不慝。舉賢而天下平。南撫交趾、大教；□(西)鮮支、渠搜、氐、羌；北山戎、發、息慎；東長夷、鳥夷、羽民。舜之少也惡顇勞苦；二十以孝聞乎天下；三十在位嗣帝所，五十乃死，葬于蒼梧之野。"

宰我曰："請問禹？"

孔子曰："高陽之孫，鯀之子也，曰文命。敏給克濟。其德不回；其仁可親；其言可信。聲爲律；身爲度；稱以上士。亹亹穆穆，爲綱爲紀。巡九州；通九道；陂九澤；度九山。爲神主；爲民父母。左準繩；右規矩。履四時；距四海。平九州；戴九天。明耳目，治天下。舉皋陶與益以贊其身。舉干戈以征不享不庭無道之民。四海之内，舟車所至，莫不賓服。"

孔子曰："予，大者如説，民説至矣。予也非其人也！"

宰我曰："予也不足誠也，敬承命矣！"

他日，宰我以語人。有爲道諸夫子之所。孔子曰："吾欲以顏色取人，於滅明邪改之。吾欲以語言取人，於予邪改之。吾欲以容貌取人，於師邪改之。"宰我聞之，懼不敢見。

這篇文字實在平庸得很，糊塗得很。它說起聰明來，則黃帝是"幼而徇齊，長而敦敏"的，顓頊是"洪淵以有謀，疏通而知事"的，帝嚳是"聰以知遠，明以察微"的，帝堯是"其知如神"的，帝舜是"叡明通知"的，禹是"敏給克濟"的。說起道德來，則帝嚳是"其色穆穆，其德俟俟"的，帝堯是"其言不貳，其德不回"的，帝舜是"其言不惑，其德不愿"的，禹是"其德不回，其言可信"的。說起愛民來，則黃帝是"撫萬民"的，顓頊是"治氣以教民"的，帝嚳是"撫致萬民而利誨之"的，帝舜是"畏天而愛民，恤遠而親近"的，禹是"爲民父母"的。說起應天時來，則黃帝是"歷離日月星辰"的，顓頊是"履時以象天"的，帝嚳是"歷日月而迎送之"的，帝堯是"四時先民治之"的，帝舜是"敦敏而知時"的，禹是"履四時"的。說起有天下來，則黃帝是"度四方"的，顓頊是"日月所照，莫不砥礪"的，帝嚳是"日月所照，風雨所至，莫不從順"的，帝堯是"四海之內，舟輿所至，莫不說夷"的，禹是"四海之內，舟車所至，莫不賓服"的。說起衣服來，則黃帝是"黃黼黻衣"的，帝嚳是"黃黼黻衣"的，帝堯也是"黃黼黻衣"的。說起車駕來，則黃帝是"乘龍扆雲"的，顓頊是"乘龍而至四海"的，帝嚳也是"春夏乘龍"的。總之，它把五帝和禹說成了一樣的德性，一樣的儀容，一樣的思想，一樣的功業。我們讀了它，髣髴到佛殿上去看三世佛，到道觀裏去看三清天尊，只感到他們的共同的尊嚴的型式而感不到他們各人的個性。這樣一篇文字，哪裏值得宰我問急了孔子纔回答，哪裏值得宰我告人了孔子便發怒，以致他們師生二人斷絕了關係？

　　這一大篇空話（其實連空話也沒有說好，它翻來覆去只有這幾句話，只有這幾個字，僅可稱爲濫調）的古史，竟會給古代的大史家司馬遷所信任而採入史記，不能不算是一件奇事。我再三揣測這原因，覺得只有一個假設可用：五帝的傳說到司馬遷時代已經發生了三百年左右了，在傳說裏，在文籍裏，業已根深柢固，但只是偏於神話的，奇蹟的，或道家口氣的，司馬遷不願用；惟有五帝德中的五帝是完全站在儒家的立場上的，與論語、孟子中說的堯、舜、禹、湯最相近，可以說是在一種方式之下的，所以雖很空洞，卻是僅有的一篇，遂被採用了。（只有“乘龍”的話近於神仙家言，依然不雅訓，所以史記裏便把這些文字刪去了。）

　　我們讀了這一篇應當注意：這篇中所說的五帝是黃帝、帝顓頊、帝嚳、帝堯和帝舜。這個名單和魯語中所說的“黃帝能成命百物以明民共財，顓頊能修之，帝嚳能序三辰以固民，堯能單均刑法以儀民，舜勤民事而野死”的次序一樣，和呂氏春秋尊師篇中所說的“黃帝師大撓，帝顓頊師伯夷父，帝嚳師伯招，帝堯師子州支父，帝舜師許由”的次序也一樣。可知這一個五帝系統是從戰國到秦、漢一直沿用的。

　　再有兩件事情也要注意。其一，它說黃帝爲少典之子；顓頊爲黃帝之孫，昌意之子；帝嚳爲玄囂之孫，蟜極之子；帝堯爲高辛之子；帝舜爲蟜牛之孫，瞽瞍之子；禹爲高陽之孫，鯀之子。這樣清楚的世代系統，我們在以前尚未見過。待下面講帝繫姓時當一併討論。

　　其二，它說黃帝曰軒轅，顓頊曰高陽，帝嚳曰高辛，帝堯曰放勳，帝舜曰重華，禹曰文命，每一個人都有兩個名號。放勳，我們在孟子裏已見到了：

　　　　當堯之時，天下猶未平。……堯獨憂之，舉舜而敷治焉。舜使益掌火，……禹疏九河，……后稷教民稼穡，……
使契爲司徒。……放勳曰：“勞之，來之，匡之，直之，輔
之，翼之，使自得之，又從而振德之！”（滕文公上）

這一段放勳的話放在堯、舜命官之後，這個名號頗有屬堯的可能，
所以堯典之首已有“帝堯曰放勳”的話了。重華，楚辭中也有：

依前聖以節中兮，喟憑心而歷茲。濟沅、湘以南征兮，
就重華而陳詞。（離騷）
駕青虯兮驂白螭，吾與重華游兮瑤圃。（九章涉江）
重華不可遻兮，孰知余之從容？（九章懷沙）

作者沒有說明重華是誰，而且孟子曾云，“舜，東夷之人也”，他
到沅、湘的南面去看舜也覺得不像。但山海經中有一條，卻說：

湘水出舜葬東南陬，西環之，入洞庭下。（海內東經下
附錄之水經）

則湘水邊上是有舜墓的。加上本篇所說的“葬于蒼梧之野”，則舜
與南方發生關係也很顯明。我們姑且信了重華是舜罷。軒轅，我
們在莊子裏也見了：

昔者容成氏、大庭氏、……軒轅氏、……伏羲氏、神農
氏：當是時也，民結繩而用之。（胠篋）

莊子中是常說黃帝的，爲什麼沒有“黃帝曰軒轅”的表示呢？莊子
中是常把伏羲、神農加在黃帝之上的，爲什麼這個軒轅氏卻在伏
羲、神農之上呢？所以五帝德把黃帝和軒轅兩個名號合在一起，

在我們所看見的書裏還是第一次。高陽，我們所見的是：

> 昔高陽氏有才子八人，……天下之民謂之八愷。（左傳
> 文十八年）
> 帝高陽之苗裔兮。（離騷）

左傳和離騷兩種書裏都沒有說高陽即顓頊；而且左傳在"高陽氏
有才子"之外更有"顓頊氏有不才子"之文，如果算是一個人，難
道言及才子時則稱爲高陽，言及不才子時則稱爲顓頊嗎？這是說
不過去的。高辛，書上說到的頗多：

> 高辛氏有才子八人，……天下之民謂之八元。（左傳文
> 十八年）
> 昔高辛氏有二子，伯曰閼伯，季曰實沈，……日尋干
> 戈，以相征討。后帝不臧，遷閼伯于商丘，主辰，……遷實
> 沈于大夏，主參。（左傳昭元年）
> 鳳皇既受詒兮，恐高辛之先我。（離騷）

它們也都沒有說高辛即帝嚳。其實，我們與其說高辛是帝嚳，還
不如說高辛是顓頊，因爲我們得到下列兩個證據：

> （一）黎爲高辛氏火正。（國語鄭語）
> 　　　顓頊命火正黎司地以屬民。（楚語）
> （二）昔共工……與高辛爭爲帝。（淮南子原道訓）
> 　　　昔者共工與顓頊爭爲帝。（天文訓）

火正黎兩見於國語，而一云其君高辛氏，一云其君顓頊；共工與
人爭爲帝兩見於淮南子，而一云與爭者高辛，一云與爭者顓頊：

有這兩個證據，不夠使我們承認高辛即顓頊嗎？何以五帝德竟以高辛屬之於帝嚳也？至禹的文命一號，則我們還不曾找到它的根源，不敢斷説。

　　綜合以上的話，五帝每人有兩個名號，疑非古誼；尤其是帝嚳之爲高辛與舊説不合。我的猜想，以爲那時的人嫌古帝王太多了，所以把他們合併了幾個，使得量減少而質增加。這個方法不一定是五帝德的作者所創造；不過經他很整齊地寫了出來，加以史記的引用，遂成了決定不移之説耳。

二一　帝繫

　　我們在國語裏，曾看見許多國家的世系，像：

　　　陳，顓頊之族也。（左傳昭八年）

　　　炎帝爲火師，姜姓其後也。（左傳哀九年）

　　　任、宿、須句、顓臾，風姓也，實司太皞與有濟之祀。（左傳僖二十一年）

　　　臧文仲聞六與蓼滅，曰："皋陶、庭堅不祀忽諸！"（左傳文五年）

　　　夔子不祀祝融與鬻熊，楚人讓之。（左傳僖二十六年）

　　　戎子駒支……對曰："……我諸戎是四嶽之裔胄也……"。（左傳襄十四年）

　　　姜，伯夷之後也。嬴，伯翳之後也。（國語鄭語）

在這些材料上，可見他們一個民族有一個民族的始祖。至於這些始祖有沒有相互的關係，以上許多條中沒有説到。但國語中有一處頗有將許多民族合到一個始祖之下的趨勢：

> 凡黃帝之子二十五宗，其得姓者十四人，爲十二姓：
> 姬、酉、祁、己、滕、箴、任、苟、僖、姞、儇、依是也。
> 唯青陽與蒼林氏同於黃帝，故皆爲姬姓。（國語晉語四）

本來一個姓有一個始祖的，到這裏十二個姓合起來只有一個始祖
了。這是民族發源説的一種大改變！

這條所説的十二姓，可惜現存史書中的材料太少，不足以證明
在這一説之下結合了哪幾個民族。崔述補上古考信録（卷上）云：

> 十二姓之見於傳者，姬、祁、己、任、姞五姓而已。然
> 皆相爲昏姻。后稷取於姞；王季取於任。春秋時，晉之欒與
> 祁昏，魯之孟與己昏；而姬、劉，祁、范，乃世爲昏姻。皆
> 無譏者。果同祖也，可爲昏乎？若同祖者易其姓而即可爲
> 昏，則吳之孟子何譏焉？

他不知道，造出這一説的人正要使得相爲昏姻的異姓合成一個始
祖的子孫，所以從前用來分別"民族"的姓到這時竟變成了分別
"德"的工具了。

可是，國語裏雖想把許多民族合到黃帝的系統之下，它還是
把黃帝和炎帝一齊提的。如：

> 昔少典娶于有蟜氏，生黃帝、炎帝。黃帝以姬水成，炎
> 帝以姜水成；成而異德，故黃帝爲姬，炎帝爲姜。（晉語四）
> 昔共工棄此道也，……禍亂並興，共工用滅。其在有
> 虞，有崇伯鯀播其淫心，……堯用殛之于羽山。……夫亡者
> 豈繄無寵，皆黃、炎之後也！（周語下）

看它的意思，似乎把那時的許多民族分成兩大系統：夏、周等爲黃帝系，齊、許等爲炎帝系；又把黃帝、炎帝都算作少典之子。如是，紛紛擾擾的許多諸夏和四夷的天然的界限都給打破，大家是一家人了！這是在戰國的大時勢下所應有的鼓吹。

但這種學說到了被史記所採用的帝繫姓，又變了一副面目了；它是只認識黃帝，不記得炎帝了。國語裏的世代系統是斷片的，到帝繫姓便成爲一整篇了。這是零碎的世代傳説的總整理；這是構造古史系統的大成功。

帝繫姓（史記有"姓"字；大戴記没有）文云：

少典産軒轅，是爲黃帝。

黃帝産玄囂。玄囂産蟜極。蟜極産高辛，是爲帝嚳。帝嚳産放勳，是爲帝堯。

黃帝産昌意。昌意産高陽，是爲帝顓頊。顓頊産窮蟬。窮蟬産敬康。敬康産句芒。句芒産蟜牛。蟜牛産瞽瞍。瞽瞍産重華——是爲帝舜——及産象敖。

顓頊産鯀。鯀産文命，是爲禹。

黃帝居軒轅之丘，娶于西陵氏。西陵氏之子謂之嫘祖氏，産青陽及昌意。青陽降居泜水。昌意降居若水。

昌意娶于蜀山氏。蜀山氏之子謂之昌濮氏，産顓頊。

顓頊娶于騰奔氏。騰奔氏之子謂之女禄氏，産老童。

老童娶于竭水氏。竭水氏之子謂之高緺氏，産重黎及吴回。

吴回産陸終。

陸終氏娶于鬼方氏。鬼方氏之妹謂之女隤氏，産六子：孕而不粥，三年，啟其左脅，六人出焉。其一曰樊，是爲昆吾。其二曰惠連，是爲參胡。其三曰籛，是爲彭祖。其四曰萊言，是爲云鄶人。其五曰安，是爲曹姓。其六曰季連，是爲芈姓。

季連産附祖氏。

附祖氏産穴熊。

季連之裔孫鬻融。九世至于渠。

渠有子三人。其孟之名爲無康，爲句亶王。其中之名爲紅，爲鄂王。其季之名爲疵，爲越章王。

昆吾者，衛氏也。參胡者，韓氏也。彭祖者，彭氏也。云鄶人者，鄭氏也。曹姓者，邾氏也。季連者，楚氏也。

帝嚳卜其四妃之子而皆有天下。上妃，有邰氏之女也，曰姜嫄氏，産后稷。次妃，有娀氏之女也，曰簡狄氏，産契。次妃，陳鋒氏之女也，曰慶都氏，産帝堯。次妃，娵訾氏之女也，曰常儀氏，産帝摯。

帝堯娶于散宜氏。散宜氏之子謂之女皇氏。

帝舜娶于帝堯。帝堯之子謂之女匽氏。

鯀娶于有莘氏。有莘氏之子謂之女志氏，産文命。

禹娶于塗山氏。塗山氏之子謂之女憍氏，産啟。

這篇文字，很顯明地分爲三段：

第一段講五帝和禹的世系，完全和五帝德的話符合。

第二段講楚的世系，與國語所説的"重黎之後"，離騷所説的"帝高陽之苗裔"的話也大略相同。（國語所云"其後八姓"則與此篇所云女隤六子頗有出入。）

第三段講了商、周與帝堯、帝摯同出于帝嚳，又講堯、舜、鯀、禹的昏姻。下一事無甚關係；上一事則關係甚大。這三段東西我很疑心當初是獨立的三篇，至少第二段是單行的；後來併合在一起，或者是取第二段加上首尾，冠以新名的。這第二段是楚國的族譜，其中有許多人是沒有經過傳説的煊染的，恐怕從老童、吳回以下確是真的史實。至第一段則以五帝和夏聯成一個系統，第三段則以帝嚳和商、周聯成一個系統。這兩段再合起來，則五帝和三王沒有不是一族的人，而且有的是親兄弟，有的是同祖同曾祖的兄弟叔姪，都不是很疏遠的宗族呢。

爲易於明瞭計，畫出兩個世系圖來：

第一圖（楚世系）：

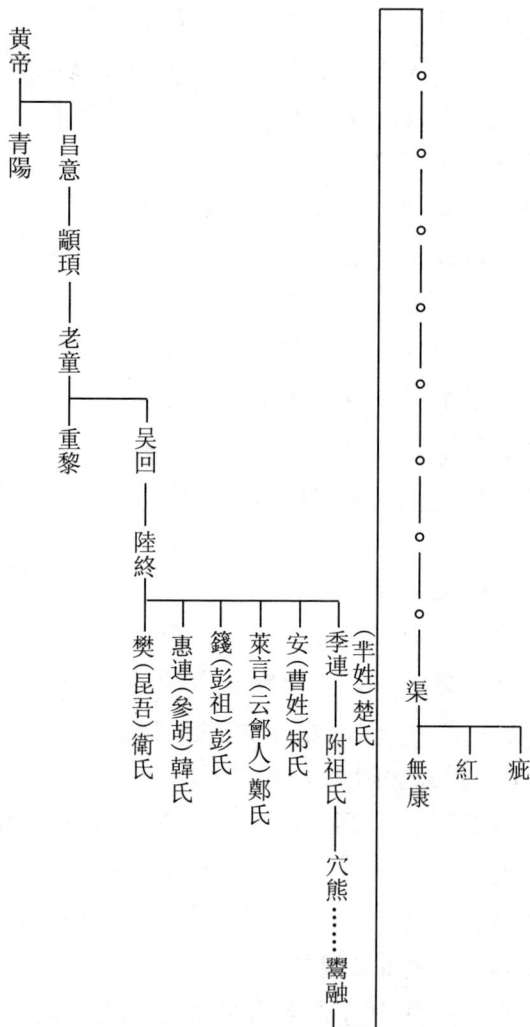

```
黃帝┬─青陽
    └─昌意─顓頊─老童┬─重黎
                    └─吳回─陸終┬─樊（昆吾）衛氏
                              ├─惠連（參胡）韓氏
                              ├─籛（彭祖）彭氏
                              ├─萊言（云鄶人）鄭氏
                              ├─安（曹姓）邾氏
                              └─季連（羋姓）楚氏
                                 附祖氏─穴熊……鬻融
```

```
○
│
○
│
○
│
○
│
○
│
○
│
○─渠┬─無康
    ├─紅
    └─疵
```

第二圖（五帝、三王世系）：

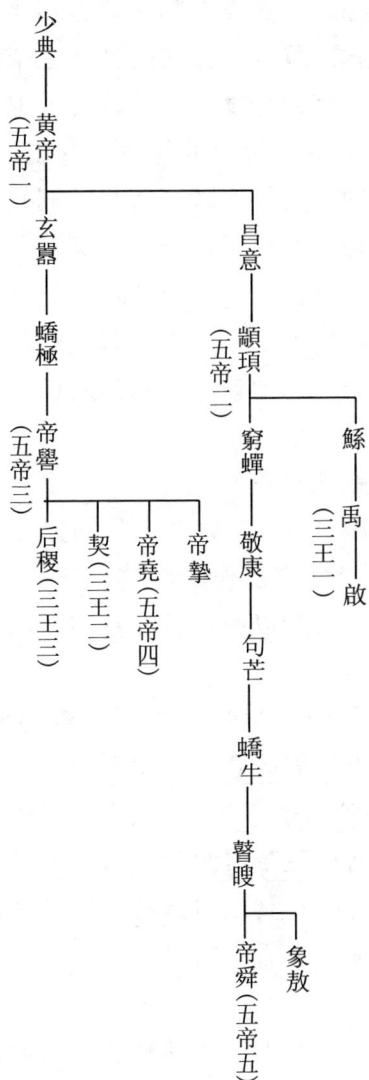

少典
——
黃帝
（五帝一）
——
玄囂　　　　　　　　昌意
——　　　　　　　　——
蟜極　　　　　　　　顓頊
——　　　　　　　（五帝二）
帝嚳　　　　　　　　——
（五帝三）　　　　窮蟬　　　鯀
——　　　　　　　　——　　　——
后稷（三王三）　契（三王二）　帝堯（五帝四）　帝摯　敬康　禹（三王一）
　　　　　　　　　　　　　　　　　　　　　　——　　　——
　　　　　　　　　　　　　　　　　　　　　　句芒　　啟
　　　　　　　　　　　　　　　　　　　　　　——
　　　　　　　　　　　　　　　　　　　　　　蟜牛
　　　　　　　　　　　　　　　　　　　　　　——
　　　　　　　　　　　　　　　　　　　　　　瞽瞍
　　　　　　　　　　　　　　　　　　　　　　——
　　　　　　　　　　　　　　　　　　　　帝舜（五帝五）　象敖

看了這兩個圖，可知二十年前的新黨開口就說"中國四萬萬同胞都是黃帝子孫"的原因，因爲帝繫篇中早已把中國古代有天下之君盡數歸到黃帝的一個系統之下來了。

不過，它不談炎帝總似一個缺典。國語裏把共工和齊、許和戎都算作炎帝的子孫，可見炎帝的一族也不小。這一篇竟忍心把他撇去，和呂氏春秋的尊師、古樂兩篇及五帝德中説及五帝總把炎帝除外很相類。它們爲什麼會得這樣呢？據我猜想，是因爲炎帝這一族在戰國時太不佔勢力的緣故。共工的治水傳説雖盛行，但他的結果是滅亡的。戎，到戰國時早已同化於諸夏了。許，是被滅於楚了。齊，是被篡於田成子了。其他姜姓之國，如申，如州，如萊，在春秋時都已亡了。炎帝這一族既這等衰微，他們自己不能爲祖先鼓吹，別人也自然瞧不起他們的祖先了。呂氏春秋是戰國末作的，五帝德和帝繫姓是到漢初出現的，它們不把炎帝放在心目間自是當然的事。

此外，還有幾點應討論的：

其一，國語中説楚爲"重黎之後"，但此篇卻説是吳回之後。關於這一點，史記楚世家已作一解釋，云："共工氏作亂，帝嚳使重黎誅之而不盡。帝乃以庚寅日誅重黎，而以其弟吳回爲重黎後，復居火正爲祝融。"

其二，在第一圖中，黃帝之二子名青陽與昌意；在第二圖中，黃帝之二子名玄囂與昌意。究竟青陽、玄囂、昌意是黃帝的三子呢？還是玄囂即青陽，黃帝仍只有二子呢？關於這一點，史記是主張次説的，所以五帝本紀説："嫘祖爲黃帝正妃，生二子：其一曰玄囂，是爲青陽；其二曰昌意。"這種文獻不足徵之説，它的是非是没法判定的。但看國語中説：

> 黃帝之子二十五人，其同姓者二人而已。唯青陽與夷鼓皆爲己姓。青陽，方雷氏之甥也。夷鼓，彤魚氏之甥也。其同生而異姓者，四母之子別爲十二姓。……唯青陽與蒼林氏同于黃帝，故皆爲姬姓。（晉語四）

則黃帝之妃有四人，子有二十五人之多，帝繫篇所記乃是極不完備的呢。

其三，它説周的祖先后稷是帝嚳的元妃之子，商的祖先契是帝嚳的次妃之子，而帝堯是帝嚳的第三妃之子。這和禮記所云"商人禘嚳而祖契，周人禘嚳而郊稷"大致相同；和天問的"簡狄在臺嚳何宜"也略同。但禮記没有説堯和嚳的關係而天問也没有説堯、稷和嚳的關係。把唐、商、周盡數算作帝嚳之子而且説得這樣明白的，這是初見。我們要是單看這一個系統還不覺得什麼異樣，但一比較之下就見出衝突的劇烈了。歐陽修帝王世次圖序説：

> 稷、契於高辛爲子，乃同父異母之兄弟。今以其世次而下之，湯與王季同世。湯下傳十六世而爲紂；王季下傳一世而爲文王，二世而爲武王。是文王以十五世祖臣事十五世孫紂，而武王以十四世祖伐十四世孫而代之王。何其謬哉！

這是一件事。還有一件事，我們讀玄鳥，知道是"天命玄鳥，降而生商"的，讀生民，知道是"厥初生民，時維姜嫄，……履帝武敏歆"而後生后稷的，商、周兩族的祖先各爲神所生而非人所生；那麼，我們對於帝繫篇的話還能相信嗎？然而司馬遷卻是信了，他信了詩經又信帝繫，於是把這兩種不同的記載混合起來而成爲下列的文字：

> 殷契母曰簡狄，有娀氏之女，爲帝嚳次妃。三人行浴，見玄鳥墮其卵；簡狄取吞之，因孕生契。（殷本紀）
> 周后稷……母有邰氏女，曰姜原。姜原爲帝嚳元妃。姜原出野，見巨人跡，心忻然説，欲踐之；踐之而身動如孕者。居期而生子。……（周本紀）

詩經裏毫没有帝嚳的痕跡，但經他一用，“天命玄鳥”和“履帝武
敏歆”就都成了帝嚳的家事了，姜嫄也不是“厥初生民”的人了。
他不想想，既有神聖的帝嚳做她們的丈夫，何必再借重玄鳥卵和
巨人跡的靈感而生子呢！這是時代潮流造成的新傳説對於舊傳説
的壓迫，這種壓迫的情態便在司馬遷的筆下表現了出來。

　　其四，它説舜是黄帝的八世孫，其上七代是瞽瞍、蟜牛、句
芒、敬康、窮蟬、顓頊、昌意。這也與舊説不合。國語説：

　　　　有虞氏禘黄帝而祖顓頊。……幕，能帥顓頊者也，有虞
　　氏報焉。（魯語上）
　　　　夫成天地之大功者，其子孫未嘗不章，虞、夏、商、周
　　是也。虞幕，能聽協風以成樂物生者也。……（鄭語）
　　　　陳，顓頊之族也。……自幕至于瞽瞍無違命，舜重之以
　　明德。（左傳昭八年）

看以上幾條，幕是虞的開國之君；虞的世系圖中，在顓頊之下，
瞽瞍之上，應當有幕的一代很明白。爲什麽帝繫篇裏卻不見他的
踪影呢？韋昭没有辦法，就在國語内注道：

　　　　幕，舜後虞思也，爲夏諸侯。（魯語注；鄭語注略同）

國語明明説虞幕有成樂的大功，故其子孫得章顯。章顯者何？虞
舜有天下也。現在因帝繫中没有幕，便把他放到舜後去，然則他
的子孫章顯的是誰呢？至於左傳中史趙一段話，先説幕，次説瞽
瞍，又次説舜，作注的人再不能像韋昭一般地亂講了，所以孔穎
達的疏裏只得説：

　　　　幕是舜先，不知去舜遠近也。帝繫云：“顓頊生窮蟬，

窮蟬生敬康，敬康生句芒，句芒生蟜牛，蟜牛生瞽瞍”，亦不知幕於蟜牛以前是誰名字之異也。

看他這樣講，大有用“顓頊曰高陽，帝嚳曰高辛”的方式來解決這問題的意思了。只因孔氏生得遲了一點，還不敢像戰國、秦、漢間人的膽大，直斷曰“窮蟬（或敬康等）曰幕”，而只説“不知是誰名氏之異”。即此可知，許多僞古史的構成，有的固是有意造僞，有的卻並不要造僞，只想把兩種不同的材料解釋得相同，因而僞史就陸續出來了。司馬遷用了帝繫姓的材料加入玄鳥和生民裏是這樣；韋昭和孔穎達不敢違背帝繫姓的話而把虞幕放在舜後或説爲窮蟬們的別名也是這樣。

其五，它説堯和禹是黃帝四世孫，舜是黃帝八世孫。要是没有別的材料比較，我們也不覺得怎樣刺眼。不幸堯、舜、禹的故事傳下來的太多了，他們的關係也太密切了，遂使我們一比較之下平添了許多笑柄。歐陽修道：

　　據書及諸説，云堯壽一百一十六歲，舜壽一百一十二歲，禹壽百歲。堯年十六即位，在位七十年，年八十六，始得舜而試之；二年乃使攝政。時舜年三十；居試攝通三十年而堯崩。舜服堯喪三年畢，乃即位；在位五十年而崩。方舜在位三十三年，命禹攝政；凡十七年而舜崩。禹服舜喪三年畢，乃即位；在位十年而崩。

　　由是言之，當堯得舜之時，堯年八十六，舜年三十。以此推而上之，則是堯年五十七，已見四世之玄孫生一歲矣！舜居試攝及在位通八十二年，而禹壽百年。以禹百年之間推而上之，禹即位及居舜喪通十三年，又在舜朝八十二年，通九十五年，則當舜攝試之初年，禹纔六歲。是舜爲玄孫年三十時已見四世之高祖方生六歲矣！

　　至於舜娶堯二女，據圖爲曾祖姑。雖古遠世異，與今容有不同，然人倫之理乃萬世之常道，必不錯亂顛倒之如此！（帝王世次圖後序）

　　年壽之説本無可徵，但帝繫篇的世次之説如果是可信的，則堯、舜、禹原非疏族，似乎幾代之間還不應當參差如此。至舜娶兩個曾祖姑母作夫人，確甚離奇。孟子説："使契爲司徒，教以人倫，……長幼有序。"倘使這件事是真的，那麽，舜自身已太不遜了，契的"敬敷五教"還有什麽效用呢！

　　綜合以上的話來看，帝繫篇中除了楚國世系一段無甚疵病之外，其餘簡直七穿八洞，東倒西歪。這樣的一篇文字居然能騙倒了二千多年的人，真不能不説是它的幸運了！

二二　世本

　　班固作司馬遷傳贊，説明史記取材所本，有下面一段話：

　　自古書契之作而有史官，其載籍博矣。至孔氏纂之，上繼唐堯，下訖秦繆。唐、虞以前，雖有遺文，其語不經，故言黃帝、顓頊之事未可明也。及孔子因魯史記而作春秋，而左丘明論輯其本事以爲之傳，又纂異同爲國語。又有世本，録黃帝以來至春秋時帝王公侯卿大夫祖世所出。春秋之後，七國並爭，秦兼諸侯，有戰國策。漢興，伐秦定天下，有楚漢春秋。故司馬遷據左氏、國語，采世本、戰國策，述楚漢春秋；接其後事，訖於天漢。（漢書卷六十二）

在這一段裏，他先説孔子編纂尚書只到唐堯，唐、虞以前的遺文是不經的，黃帝、顓頊的事是未可明的。又説世本一書從黃帝叙述起，其所錄爲"帝王公侯卿大夫祖世所出"，亦爲司馬遷所採用。可見世本這部書雖違背了孔子的家法，但在古史上是頗有地位的。漢書藝文志春秋類中載：

　　世本十五篇。（古史官記黃帝以來訖春秋時諸侯大夫。）

隋書經籍志的譜系類中的記載卻不同：

　　世本王侯大夫譜二卷
　　世本二卷（劉向撰）
　　世本四卷（宋衷撰）

宋衷的世本，我們已知道是他的世本注了。劉向的世本，不知怎樣。世本王侯大夫譜，和漢書所説的世本相同，或者即是原書；但只兩卷，和十五篇的分量相差太遠，疑是其一部分。

　　這部書到宋代已失傳了。清代輯錄這書的有錢大昭、孫馮翼、洪飴孫、秦嘉謨、茆泮林、張澍諸家。他們搜錄逸文很不少。我們看了這些逸文，可以知道這書是不限於記載帝王公侯卿大夫的世系的，很像一部歷史的類書。茆泮林云：

　　其書舊目不可復得。今可識者——
　　世本有帝繫篇，見書序正義及釋玄應一切經音義二十三。
　　有世本本紀，見春秋穀梁襄二十五年疏，史三代世表索隱；左襄二十一年正義引世本記，"記""紀"同也。
　　有世本世家，見左桓三年、閔二年、襄二十一年、二十九年、定元年正義，史田齊世家索隱。

有傳，見史魏世家索隱。

有譜，見隋經籍志。

又有氏姓篇，見左隱十一年正義及史秦本紀集解。

有居篇，見史吳世家、魏世家索隱。

有作篇，見周禮及禮記鄭注。禮正義亦云“世本有作篇”。

又當有謚法一篇，見沈約謚法序。

照他所説的看來，世本一書有帝繫篇、本紀、世家、傳、譜、氏姓篇、居篇、作篇、謚法篇等等，它的記載是多方面的；而史記的分爲“本紀、表、書、世家、列傳”五種體裁或亦取法於此。尚書序正義曰“大戴記帝繫出于世本”，則我們在前面讀過的帝繫姓一篇即是世本中的一部分了。

這部書的著作者是誰呢？漢書藝文志説爲古史官，是未定其人的。皇甫謐帝王世紀説爲左丘明（顏氏家訓引），這不過因爲左丘明是古代最有名的史家，所以把這書的著作權奉贈與他罷了，實在毫無證據。顏之推既不敢違背皇甫謐的武斷而又見書中材料與此説不相容，故云：

> 史之闕文，爲日久矣。加復秦人滅學，董卓焚書，典籍錯亂。……世本，左丘明所書，而有“燕王喜”、“漢高祖”。……皆由後人所羼，非本文也。（顏氏家訓書證篇）

但劉知幾則不以此説爲然，直云：

> 楚、漢之際有好事者録自古帝王公卿大夫之世，終乎秦末，號曰世本十五篇。（史通古今正史篇）

他把這書的著作時代老實放在楚、漢之際了。(隋書經籍志説，"漢初得世本"，也不肯把它放得太前。)所以我們現在把這書放在漢初，和五帝德、帝繫姓等比類而觀，是不錯的。

它的帝繫篇，我們不用討論了。(只有一點和上章所引帝繫不同，是説到少昊，這問題待以後再論。)它的本紀、世家、傳、譜等，就我們看得見的材料説，大體和史記所載世系相同。間有不同的，茆泮林云：

春秋正義云："今之世本與遷言多有不同。"如世本陳無利公，見左桓十一年正義；韓無列侯，趙無武公，田齊無悼子及侯剡，見史索隱。大抵……轉寫訛脱。孔穎達諸儒得此失彼，往往以爲未可據信，其實非原書之失也。(序)

謚法篇，現在也失傳了。這書的重要文字，是作篇、居篇、氏姓篇，因爲後來的歷史書裏所説的古聖人的制作，古帝王的都邑和氏姓，大半由此書來。我們要追尋這些記載的來源，不可不先知道這部書的一個大略。

我們正講三皇五帝，所以現在只鈔三皇五帝時代的作、居、氏姓。

(甲)作篇：
燧人出火。(按，世本原書今已亡佚，所録各條本應注明出處；惟以字數太多，不適於寫入講義，故省去之。)
伏羲制儷皮嫁娶之禮。　伏羲作琴。　伏羲作瑟。
句芒作羅。(一作"芒作網"。)
神農作琴。　神農作瑟。
女媧作笙簧。
隨作笙。　隨作竽。

祝融作市。

蚩尤以金作兵器。

宿沙作煮鹽。

黃帝造火食。　黃帝見百物始穿井。　黃帝作斾。　黃帝作冕旒。

黃帝使羲和作占日，常儀作占月，臾區占星氣，伶倫造律呂，太橈作甲子，隸首作算數，容成作調歷。

沮誦、蒼頡作書。　沮誦、蒼頡爲黃帝左右史。

史皇作圖。

胡曹作冕。　胡曹作衣。

伯余作衣裳。

夷作鼓。

伶倫作磬。

尹壽作鏡。

於則作扉履。

巫咸作筮。　巫咸作醫。　巫咸作銅鼓。

共鼓、貨狄作舟。

垂作鐘。　垂作規矩準繩。　垂作銚。　垂作耒耜。垂作耨。

揮作弓。

牟夷作矢。

雍父作杵臼。

胲作服牛。

相土作乘馬。

臘作駕。

顓頊命飛龍氏鑄洪鐘。

堯修黃帝樂爲咸池。

無句作磬。

堯使禹作宮室。

后益作占歲。

化益作井。

堯造圍棊，丹朱善之。

烏曹作博。

鯀作城郭。

皋陶作五刑。　　咎繇作耒耜。

伯夷作刑。

舜作簫。

夔作樂。

敤首作畫。

這篇文字的原來排列的方式不可知了。各種輯本的次序雖互有異同，但都依據着宋衷的注裏所說的時代。例如句芒注爲伏羲臣則置於伏羲之後，蚩尤注爲神農臣則置於神農之後。現在雖知道宋注的不對，一時也沒有好辦法，姑且因仍了它。（例如胲與相土，宋衷都注爲黃帝臣，實則時代都够不到。説詳易繫辭章下。）

　　（乙）居篇：

黃帝都涿鹿；涿鹿在彭城南。

若水，允姓國；昌意降居爲侯。

舜居嬀汭，在漢中西城縣。

夏禹都陽城，在大梁之南。又都平陽，或在安邑，或在晉陽。

　　（丙）氏姓篇：

炎帝，姜姓。

許、州、向、申，姜姓也，炎帝後。

有熊氏之後爲詹葛氏。

　　鄄氏，玄鄄之後。

　　玄氏，黃帝臣玄壽。

　　女氏：天皇封弟瑰於汝水之陽，後爲天子，因稱女皇；其後爲女氏。夏有女艾，商有女鳩、女方，晉有女寬，皆其後也。

　　融姓，古天子祝融氏之後。

　　融夷氏：祝融後，董父之胤，以融夷爲氏。

　　偪陽，妘姓，祝融之孫，陸終第四子求言之後。

　　婼，姬姓之國；黃帝之子昌意降居若水爲諸侯，此其後也。

　　己姓出自少昊。

這些話並不是世本的作者造出來的，乃是他把當時的傳說集合起來的。關於氏姓方面，我們在國語裏已看到不少。制作的故事，呂氏春秋中也有很多，例如：

　　黃帝令伶倫作爲律。……黃帝又命伶倫與榮將鑄十二鐘以和五音，……命之曰咸池。

　　帝顓頊……乃令飛龍作效八風之音，命之曰承雲。

　　帝嚳命咸黑作爲聲歌，……有倕作爲鼙鼓鐘磬吹苓管壎篪鞉椎鐘。

　　帝堯立，乃命質爲樂。……瞽叟乃拌五弦之瑟作以爲十五弦之瑟，命之曰大章。

　　舜立，命延乃拌瞽叟之所爲瑟，益之八弦，以爲二十三弦之瑟。（以上古樂）

　　蚩尤作兵。（蕩兵）

　　奚仲作車，蒼頡作書，后稷作稼，皋陶作刑，昆吾作陶，夏鯀作城，此六人者所作當矣。（君守）

大橈作甲子，黔如作虜首（此語不可解，畢沅謂或是"隸首作算數"之誤，或是"黔如作蔀首"之誤），容成作厤，羲和作占日，尚儀作占月，后益作占歲，胡曹作衣，夷羿作弓，祝融作市，儀狄作酒，高元作室，虞姁作舟，伯益作井，赤冀作臼，乘雅作駕，寒哀作御，王冰作服牛，史皇作圖，巫彭作醫，巫咸作筮。此二十官者，聖人之所以治天下也。（勿躬）

看了這幾段，可以知道世本中的材料有好許多是從呂氏春秋鈔去的。還有與淮南子相同的，如"神農作琴"之類。只因漢初的古籍現在存留的太少，所以我們不能一一指出世本的話的根據來。

世本不是一部造僞的書；乃是一部整理僞史的書，爲僞史作宣傳的書，使僞史成爲史實的書。（如夏都安邑，是現在人公認的史實，但他們的根據只在這部書上，這可見它的宣傳的功效。）

二三　春秋繁露

漢武帝初即位，詔丞相、御史、列侯、中二千石、二千石諸侯相舉賢良方正直言極諫之士。但他們舉到了之後，丞相衛綰就奏說這班賢良們有治申、商、韓非、蘇秦、張儀之言的，恐怕他們從政之後會把國政弄壞，請都罷去；武帝照辦了。這時御史大夫趙綰、郎中令王臧都是篤好儒術的，他們要立明堂，要草定巡狩、封禪、改歷服色的法典。但是做不好，所以請於武帝，派使者安車蒲輪，束帛加璧，迎了他們的老師申公來。申公是魯國人，詩經專家，這時年已八十餘了。

不幸武帝的祖母竇太后是一個喜老子言而不愛儒術的人，她看見趙綰等氣燄日大，就借端加罪他們，他們在獄中自殺了。於是他們所興作的事業一齊停止。直到武帝六年，竇太后崩後，儒家方得着擡頭的機會。

元光元年（武帝第七年，公元前一三四），又令郡國舉賢良文學之士，到的百餘人，策問治道，以董仲舒爲首；他答對的便是歷史上最有名的"天人三策"。他的説話全是根據的春秋義。其第三對中説道：

> 春秋大一統者，天地之常經，古今之通誼也。今師異道，人異論，百家殊方，指意不同，是以上無以持一統，法制數變；下不知所守。臣愚以爲諸不在六藝之科，孔子之術者，皆絶其道，勿使竝進。邪辟之説滅息，然後統紀可一而法度可明，民知所從矣。（漢書卷五十六董仲舒傳）

這又是李斯請焚書的口氣了。不過他們二人的宗旨有些不同：李斯是想把詩、書和百家語一起去掉，使得人民只能學法令；而董仲舒則是要表章六藝，罷斥百家語，使得人民只能修孔子之術，國家也即以孔子之術爲法度的基礎。漢書説：

> 自武帝初立，魏其武安侯（竇嬰、田蚡）爲相而隆儒矣。及仲舒對册，推明孔氏，抑黜百家，立學校之官，州郡舉茂材孝廉，皆自仲舒發之。（董仲舒傳）

可見在武帝初年，作儒術運動的人已多，這個運動到董仲舒對策之後而成功。有了這一度的成功，於是六藝就成了士子進身的途徑了。漢書説：

> 自武帝立五經博士，開弟子員，設科射策，勸以官禄，

訖於元始（平帝建元，公元元年），百有餘年，傳業者寖盛，
支葉蕃滋，一經說至百餘萬言，大師衆至千餘人，蓋禄利之
路然也。（儒林傳贊）

因爲有了這一班博士和弟子員的宣傳，又新開了一個禄利之門，
只有學習五經的可以踏進去，把士子的生計問題解決了，於是漢
初極盛的道家不得不日就衰頽而儒家便坐穩了學術的正統。

董仲舒的著作，漢書傳中説：

仲舒所著皆明經術之意，及上疏條教，凡百二十三篇。
而説春秋事得失，聞舉、玉杯、蕃露、清明、竹林之屬復數
十篇，十餘萬言。皆傳於後世。

照這條看來，在百二十三篇之外又有聞舉等數十篇。但漢書藝文
志則但有“董仲舒百二十三篇”，没有别的。不知是本傳的誤析
呢，還是藝文志的誤合呢。現在傳下來的春秋繁露一書只有十七
卷，八十二篇，可知缺失已多；且用蕃露一篇之名爲其全書之
名，包括玉杯、竹林等篇，更不是他的原意。

董仲舒是提倡儒術的，是請漢武帝罷斥百家的，論理，他的
書裏總應當全是儒家的話了。可是，翻開他的書來，滿紙是陰陽
五行之説。要是依了司馬談論六家要指的話，把陰陽和儒分成兩
家，那麽，還是請他到陰陽家的隊裏去的好。不信，請看以下諸
篇目：

陽尊陰卑第四十三　　　陰陽位第四十七
陰陽終始第四十八　　　陰陽義第四十九
陰陽出入第五十　　　　天地陰陽第八十一
五行第三十八　　　　　五行之義第四十二

其他在篇名上雖不寫明陰陽五行而實際卻是講陰陽五行的尚很多。我們若是承認論語、孟子、荀子等書爲儒家學説的標準的，我們還能承認他的學説是屬於儒家的嗎？但是，漢武帝時的儒家是確是如此的了。所以竇太后不喜趙綰、王臧的提倡儒術，就責讓武帝道："此復欲爲新垣平也！"（漢書儒林傳申公條；新垣平，文帝時方士，以詐伏誅，見郊祀志。）以我猜想，大約騶衍雖好爲閎大不經之語，而其歸宿在乎"仁義節儉，君臣上下六親之施"，説不定他竟是一個齊之儒者。後來荀子非十二子篇中所罵的"案往舊造説，謂之五行"的一派，大概也就是這一班人。董仲舒是廣川人（今河北省深縣、冀縣一帶），離齊甚近，他受這一個學派的陶冶是不足奇的，他受燕、齊方士的同化也是很可能的。漢書本傳説：

> 仲舒治國，以春秋災異之變推陰陽所以錯行，故求雨閉諸陽，縱諸陰；其止雨反是。（按：今春秋繁露內有求雨、止雨兩篇。）……
>
> 遼東高廟、長陵高園殿災，仲舒居家推説其意。草稿未上，主父偃候仲舒，私見，嫉之，竊其書而奏焉。上召視諸儒，仲舒弟子呂步舒不知其師書，以爲大愚。於是下仲舒吏，當死。詔赦之。仲舒遂不敢復言災異。

他擅長的求雨止雨諸法術，不是新垣平等方士的拿手戲嗎？高廟、長陵之災，他的推説竟使有志"步舒"的弟子以爲大愚，這不是太滑稽了嗎？所以我覺得那時的儒者和方士倒没有什麽分別；而道家的見識則確在他們之上，看莊子和淮南子可知。（淮南子的内篇與中篇所以必須分開，就因劉安門下的道家與方士本來分開的緣故。）直至宣帝以後，張敞、匡衡一班富有理智的儒者出來，方始把儒家中的怪誕之説漸漸清了出去。這些東西被清之後，只得改變方針，依附了道家而生存，成就了後世的道教。

如今我們看春秋繁露中所説的古史怎樣。

春秋繁露一部書裏，講到的古史並不多，但卻有幾種新的方式把古史支配了。這便是他在三代改制質文（第二十三篇）中所表現的。文云：

春秋曰：“王正月。”傳曰：“王者孰謂？謂文王也。曷爲先言‘王’而後言‘正月’？王正月也。”

何以謂之“王正月”？曰：王者必受命而後王。王者必改正朔，易服色，制禮樂，一統于天下，所以明易姓非繼人，通以己受之於天也。王者受命而王，制此月以應變，故作科以奉天地，故謂之“王正月”也。

王者改制作科奈何？曰：當十二色，歷各法而（按：“而”當作“其”）正色，逆數三而復。絀三之前曰五帝，帝迭首一色，順數五而相復。禮樂各以其法象其宜，順數四而相復。咸作國號，遷宮邑，易官名，制禮，作樂。

故湯受命而王，應天變夏作殷號，時正白統，親夏，故虞，絀唐謂之帝堯，以神農爲赤帝，作宮邑於下洛之陽，名相官曰尹，作濩樂，制質禮以奉天。

文王受命而王，應天變殷作周號，時正赤統，親殷，故夏，絀虞謂之帝舜，以軒轅爲黄帝，推神農以爲九皇，作宮邑於豐，名相官曰宰，作武樂，制文禮以奉天。……

故春秋應天作新王之事，時正黑統，王魯，尚黑，絀

夏，親周，故宋，樂宜親招武，故以虞録親，樂制（疑當作
"制爵"）宜商，合伯子男爲一等。

以上的話，是要證明孔子作春秋的宗旨爲的是應天作新王，所以
春秋開頭的"王正月"就是改制。制怎麼改呢？這是有一定的格式
的。格式有三種，第一爲"三統"，是逆數三而相復的（以寅、丑、
子爲序，故曰逆數）；第二爲"五帝和九皇"，是順數五和九而相
復的；第三爲"四法"，是順數四而相復的。今分説如下：

三統是什麼？這是和騶衍的五德終始説相類的一種對於帝王
興廢的解釋，説朝代的更換係承着一定的次序，分爲黑統、白
統、赤統，以次推嬗，終而復始。夏爲黑統，殷爲白統，周爲赤
統；春秋作新王之事則復爲黑統。這三個統有什麼分別呢？篇
中説：

> 然則其略説奈何？曰：三正以黑統初。正日月朔于營
> 室；斗建寅。天統氣始通化物，物見萌達。其色黑，故朝正
> 服黑，首服藻黑，正路輿質黑，馬黑，大節綬幘尚黑，旗
> 黑，大寶玉黑，郊牲黑。犧牲角卵。冠于阼；昏禮迎于庭；
> 喪禮殯于東階之上。祭牲黑牡；薦尚肝。樂器黑質。法不刑
> 有懷任新産；是月不殺。聽朔廢刑發德，具存二王之後也。
> 親赤統，故日分平明，平明朝正。
>
> 正白統奈何？曰：正白統者，曆正日月朔于虛；斗建
> 丑。天統氣始蜕化物，物始芽。其色白，故朝正服白，首服
> 藻白，正路輿質白，馬白，大節綬幘尚白，旗白，大寶玉
> 白，郊牲白。犧牲角繭。冠于堂；昏禮迎于堂；喪事殯于楹
> 柱之間。祭牲白牡；薦尚肺。樂器白質。法不刑有身懷任；
> 是月不殺。聽朔廢刑發德，具存二王之後也。親黑統，故日
> 分鳴晨，鳴晨朝正。

正赤統奈何？曰：正赤統者，歷日月朔于牽牛；斗建子。天統氣始施化物，物始動。其色赤，故朝正服赤，首服藻赤，正路輿質赤，馬赤，大節綏幘尚赤，旗赤，大寶玉赤，郊牲騂。犧牲角栗。冠于房；昏禮逆于戶；喪禮殯于西階之上。祭牲騂牡；薦尚心。樂器赤質。法不刑有身重懷，藏以養微；是月不殺。聽朔廢刑發德，具存二王之後也。親白統，故日分夜半，夜半朝正。……

其謂統三正者，曰：正者正也，統致其氣，萬物皆應而正。凡歲之要，在正月也。法正之道，正本而末應，正內而外應，動作舉錯靡不變化隨從，可謂法正也。……

讀此，可知三統之說出於三正。"三正"與"五行"並舉，見於墨子引禹誓及今本甘誓。但三正若係指夏、殷、周三種曆法，則禹或啟討伐有扈氏時，那時還沒有殷、周二正，而他的誓師文中已以"怠棄三正"爲理由，豈非說得太早了呢？董仲舒說，不然，建寅，建丑，建子三種曆法是夏以前本來有的，夏、商、周三代不過順着三統的次序沿用罷了。但如此，則禹或啟討伐有扈氏時，那時的正朔是寅正，他如有不奉正朔之罪也只能責斥他的怠棄寅正，怎能說"怠棄三正"而強迫他連丑正子正也一齊奉守了呢？可見這班人造僞書僞史造得發昏了，纔會說出這種不合理的話來。

我們讀了上一段文字，又可知道三統說的用處不但在改正朔，一切的禮制也都跟着變，而三種顏色的更迭直使一切的器服都成了"清一色"。在這個法典上面，使我們明白了史記中的幾段記載：

湯乃改正朔，易服色，上白。（殷本紀）
孔子曰，"殷路車爲善"，而色尚白。（殷本紀贊）
九年，武王……東觀兵，至于盟津。……渡河，中流，

白魚躍入王舟中；武王俯取以祭。既渡，有火自上復于下，
至于王屋，流爲烏，其色赤，其聲魄云。（周本紀）

因爲殷是白統，所以那時的服色是上白的，路車的色也是白的。
因爲周是赤統，所以武王渡河之後就獲得了赤烏之瑞。因爲殷亡
於周，所以白魚會躍入武王的舟中。三種顏色是三統國命的象
徵，其徵驗如此。但是，有一點很可疑。騶衍一班人所說的五德
終始，是黃帝土，夏木，殷金，周火，秦水。三統說固與這一說
不同，而殷白周赤卻與殷金周火無殊。則史記中這幾段記載是出
於五德說的呢，還是出於三統說的呢，成了一個疑問。而且在古
史學上是先有五德說呢，還是先有三統說呢，也覺得應當研究
了。〔從本講義上看，是先有五德說的；但崔觶甫先生則以爲三
統說是孔子傳下來的真正春秋學說，五德說則是劉歆們僞造了竄
入史記的騶衍傳和封禪書的（見史記探源）。他的話，我以爲理由
不充足。他站在今文家的立場上，一切以公羊傳、春秋繁露、何
休公羊傳解詁的說話爲標準，凡不合這個標準的則都算作劉歆僞
造。其實那時人說古事本來沒有標準，所以漢武帝的策問裏就說
"今子大夫待詔百有餘人，或道世務而未濟，稽諸上古而不同；……
將所由異術，所聞殊方歟？"而董仲舒的對策裏也說"今師異道，
人異論，百家殊方，指意不同"。三統之說，我以爲是用三正說
作骨幹而又截取了五德說的一大半而作成的。五德說以殷爲金，
以周爲火，以繼周者（秦）爲水。三統說便以殷爲白，以周爲赤，
以繼周者（春秋）爲黑。兩兩相對，勦襲之跡顯然；不過限於三正
之數，不得不把土德的黃和木德的青犧牲掉而已。〕
　　怎樣叫做四法呢？這是說制度有四類，一類叫做商，一類叫
做夏，一類叫做質，一類叫做文，也是相次用事的。這"夏"和
"商"並非代名，乃是一類制度的總名。這四類制度又歸屬於"主
天"和"主地"兩項。所以舜是"主天法商而王"的，禹是"主地法夏

而王"的，<u>湯</u>是"主天法質而王"的，<u>文王</u>是"主地法文而王"的。
再轉過來，<u>孔子</u>作春秋，以春秋當新王，也是和<u>舜</u>一樣地"主天
法商而王"了。（故上面有"春秋以<u>虞</u>録親，樂制宜商"的話。）這四
類制度的分別，篇中也説得很詳細：

何謂再而復，四而復？春秋<u>鄭忽</u>何以名？春秋曰：伯、
子、男，一也，辭無所貶。何以爲一？曰：<u>周</u>爵五等，春秋
三等。春秋何三等？曰：王者以制，一商，一夏，一質，一
文。商質者主天，夏文者主地。春秋者主人（按："人"應作
"天"），故三等也。

主天法商而王，其道佚陽，親親而多仁樸。故立嗣予
子；篤母弟；妾以子貴。昏冠之禮字子以父；別眇夫婦對坐
而食；喪禮別葬；祭禮先膟；夫妻昭穆別位。制爵三等；禄
士二品。制郊宫明堂員；其屋高嚴侈員；惟祭器員。玉厚九
分；白藻五絲。衣制大上；首服嚴員。鸞輿尊蓋法天列象；
垂四鸞。樂制鼓；用錫儛，儛溢員。先毛血而後用聲。正刑
多隱；親戚多諱。封禪于尚位。

主地法夏而王，其道進陰，尊尊而多義節。故立嗣予
孫；篤世子；妾不以子稱貴號。昏冠之禮字子以母；別眇夫
婦同坐而食；喪禮合葬；祭禮先烹；婦從夫爲昭穆。制爵五
等；禄士三品。制郊宫明堂方；其屋卑污方；祭器方。玉厚
八分；白藻四絲。衣制大下；首服卑退。鸞輿卑法地周象
載；垂二鸞。樂設鼓；用纖施儛，儛溢方。先烹而後用聲。
正刑天法。封壇于下位。

主天法質而王，其道佚陽，親親而多質愛。故立嗣予
子；篤母弟；妾以子貴。昏冠之禮字子以父；別眇夫婦對坐
而食；喪禮別葬；祭禮先嘉疏；夫婦昭穆別位。制爵三等；
禄士二品。制郊宫明堂内員外樀；其屋如倚靡員樀；祭器

橢。玉厚七分；白藻三絲。衣長前袩；首服員轉。鸞輿尊蓋備天列象；垂四鸞。樂桯鼓；用羽籥僸，僸溢橢。先用玉聲然後烹。正刑多隱；親戚多赦。封壇于左位。

主地法文而王，其道進陰，尊尊而多禮文。故立嗣予孫；篤世子；妾不以子稱貴號。昏冠之禮字子以母；別眇夫婦同坐而食；喪禮合葬；祭禮先秬鬯；婦從夫爲昭穆。制爵五等；禄士三品。制郊宫明堂内方外衡；其屋習而衡；祭器衡，同作秩機。玉厚六分；白藻三絲。（按："三"應作"二"。）衣長前袩；首服習而垂流。鸞輿卑備地周象載；垂二鸞。樂縣鼓；用萬僸，僸溢衡。先烹而後用樂。正刑天法。封壇于左位。（按："左"應作"右"。）

四法脩于所，故祖于先帝。故四法如四時然，終而復始，窮則反本。四法之天（按："之"應作"則"），施符授聖人。王法則性命，刑乎先祖，大昭乎王君。

故天將授舜主天法商而王，祖錫姓爲姚氏。至舜，形體大上而員首，而明有二童子；性長於天文，純於孝慈。

天將授禹主地法夏而王，祖錫姓爲姒氏。至禹，生發於背，形體長長，足肵疾行，先左，隨以右，勞左佚右也；性長於行，習地明水。

天將授湯主天法質而王，祖錫姓爲子氏，謂契母吞玄鳥卵生契。契先發於胸；性長於人倫。至湯，體長專小，足左扁而右便，勞右佚左也；性長於天光，質易純仁。

天將授文王主地法文而王，祖錫姓姬氏，謂后稷母姜原履天之跡而生后稷。后稷長於邰土，播田五穀。至文王，形體博長，有四乳而大足；性長於地文勢。

故帝使禹、皋論姓，知殷之德陽德也，故以子爲姓；知周之德陰德也，故以姬爲姓。故殷王改文以男書子；周王以女書姬。故天道各以其類動，非聖人孰能明之！

在以上一大段中，我們可以看出它的支配古史的方式是陰和陽相次着轉。在主天（陽）的時候器物的形狀都是圓的（或橢圓的）；在主地（陰）的時候則都是方的（或長方的）。在主天的時候數目多奇，親屬多分；在主地的時候則數目多偶，親屬多合。這樣的取象於陰陽，雖事實上未必如此，但在形式上還講得過去。至於法商，法夏，法質，法文的四分法，就是形式上也講不通了。文質二名怎麼講，我們是知道的；夏商二名怎麼講，我們不知道，他也沒有説。況且所謂"商尚質，周尚文"云者，乃因周的時代晚於商，他們的器物備於商，禮節繁於商，故謂之"文"；若照這篇所説，則商、周的禮樂制度原是差不多的，周與夏的制度更相像，然則商的質在哪裏，周的文在哪裏呢？所謂"周監于二代，郁郁乎文哉"將從何説起呢？又，禹因主地法夏而王，故其代號曰夏；然則湯是主天法質而王的，爲什麼他的代號不叫做"質"，又爲什麼他的代號竟取了非他所法的"商"呢？總之，這種的排列法，形式是整齊極了，内容是荒謬極了！

最後，我們講到這篇中所説的五帝和九皇。三王、五帝、三皇，如本講義前邊所引的各説，固然很多矛盾衝突之點，但各家都自以爲在這些名號之下有一定的人物，這一點很一致。到了董仲舒，他卻定了一個圓融的方式，以爲這些名號是跟着時代變遷的；好像人家的"高祖"、"曾孫"之類，是隨着輩分推移的。所以他説：

> 春秋曰："杞伯來朝。"王者之後稱公，杞何以稱伯？春秋上絀夏，下存周，以春秋當新王。
> 春秋當新王者奈何？曰：王者之法必正號：絀王謂之帝，封其後以小國，使奉祀之；下存二王之後以大國，使服其服，行其禮樂，稱客而朝。故同時稱帝者五，稱王者三，所以昭五端，通三統也。

是故周人之王，尚推神農爲九皇，而改號軒轅謂之黃帝，因存帝顓頊、帝嚳、帝堯之帝號，紬虞而號舜曰帝舜，録五帝以小國；下存禹之後于杞，存湯之後于宋以方百里，爵號公，皆使服其服，行其禮樂，稱先王客而朝。

春秋作新王之事，變周之制，當正黑統，而殷、周爲王者之後，紬夏，改號禹謂之帝，録其後以小國，——故曰“紬夏，存周，以春秋當新王”，——不以杞侯，弗同王者之後也。稱“子”又稱“伯”何？見殊之小國也。

黃帝之先謚，四帝之後謚，何也？曰，帝號必存五：帝代首天之色，號至五而反。周人之王，軒轅直首天黃號，故曰黃帝云。帝號尊而謚卑，故四帝後謚也。

帝，尊號也，録以小何？曰，遠者號尊而地小，近者號卑而地大，親疏之義也。……

通天地、陰陽、四時、日月、星辰、山川、人倫，德侔天地者稱皇帝。天祐而子之，號稱天子。故聖王生則稱天子；崩遷則存爲三王；紬滅則爲五帝；下至附庸，紬爲九皇；下極其爲民。有一謂之三代，故雖絶地，廟位祝牲猶列於郊，號宗于代宗；故曰聲名魂魄施於虚，極壽無疆。

這是説，有一個新王起來，他要封前二代之王的後人爲公，連自己的一代合成三王；又改號這三王前的五代之王爲帝，是爲五帝，封他們的子孫以小國；再把這五帝的前一代之王去了帝號，改號爲九皇（從新朝倒數上去，至五帝的前一代，是第九代，故曰九皇；不是有九個皇），封他的後裔爲附庸。朝代愈古則先王的名號愈尊，而其子孫的勢力愈縮小，這是儒家的親疏和尊卑之義。

於是，我們可以畫出一個圖來表明他的意思：

```
春秋
周
殷     1 ┐
夏     2 ├殷三王
虞     3 ┘
唐     1 ┐
嚳     2 │
顓頊   3 ├殷五帝
軒轅   4 │
神農   5 ┘
□□(注)──殷九皇
```

```
1 ┐
2 ├周三王
3 ┘
1 ┐
2 │
3 ├周五帝
4 │
5 ┘
──周九皇
```

```
1 ┐
2 ├春秋三王
3 ┘
1 ┐
2 │
3 ├春秋五帝
4 │
5 ┘
──春秋九皇
```

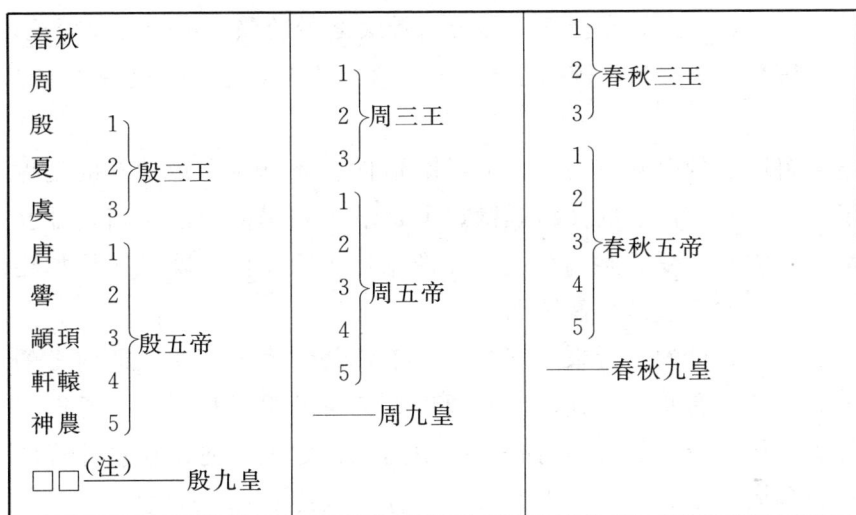

(注)此應是庖犧；但本書無明文，不敢擅補。

照這圖看來，今所稱爲三王、五帝的人物都是依着周人的制度説的。如用了孔子作春秋的眼光來看，從秦、漢人的時代來講，則都應移下一位。又可知道神農的所以被喚作赤帝，只因他是殷的五帝的首一帝；軒轅的所以被喚作黃帝，也因他是周的五帝的首一帝。若照孔子的制度説來，則神農已落於九皇之外，軒轅已在九皇的地位而不能復稱爲黃帝，顓頊卻有被喚作白帝的資格了。又可知道當周人之王，曾有封夏、商之後以大國，軒轅、顓頊、嚳、唐、虞之後以小國，神農之後以附庸的一件事。這件事在經師們是確有證據的。禮記説：

> 武王克殷反商，未及下車而封黃帝之後於薊，封帝堯之後於祝，封帝舜之後於陳；下車而封夏后氏之後於杞，投殷之後於宋。（樂記）

史記也説：

　　　　武王追思先聖王，乃襃封神農之後於焦，黃帝之後於祝，
帝堯之後於薊，帝舜之後於陳，大禹之後於杞。（周本紀）

這兩書所説的雖互有不同，但封國這件事總算照了董仲舒的話做
了，不像三統四法的文獻無徵。可是顓頊和嚳兩代的後裔爲什麽
都不封呢？又夏後應爲大國，舜後應爲小國，杞與陳是否恰如這
個比例，似乎也是一個疑問。

　　照帝繫篇的話看來，五帝、三王都是一家人，後王即前王的
後裔。就説有些是疏族，但如顓頊與黃帝的祖孫相授受，堯與嚳
的父子相授受，無論如何必不能説是二代之王，何以在董仲舒的
圖裏各成了獨立的一代呢？又何以各須封其後以小國呢？

　　自從發見了"皇"的名詞之後，楚辭中有"東皇、西皇"，呂氏
春秋中有"三皇"，淮南子中有"二皇"，現在董仲舒的書中又有
"九皇"，這是一件很有趣味的事。三皇有三人，二皇有二人，九
皇乃只有一人，這也是很特別的。這個名詞極少見，但似是在漢
武帝時已通用，故封禪書説：

　　　　天子既聞公孫卿及方士之言，……欲放黃帝以上接神仙
人蓬萊士，高世比德於九皇，而頗採儒術以文之。

又鶡冠子中也有説起這個名詞的：

　　　　泰一者，執大同之制，調泰鴻之氣，正神明之位者也。
故九皇受傅，以索其然之所生。……九皇殊制而政莫不效
焉，故曰泰一。（泰鴻）
　　　　泰一之道，九皇之傅，請成於泰始之末。（泰録）

封禪書對於"九皇"這個名詞未下解釋，不知道是不是和董仲舒所

説的一樣。鶡冠子的"九皇"講得迷離得很，看不明白它的真義。
鈔在這裏，以見這個名詞是曾經流行過的。（鶡冠子一書，大約
是輯合零碎的漢人文字而成，未必漢以後人偽造。）

以上的種種，董仲舒曾於本篇中作一結論，道：

> 故王者有不易者，有再而復者，有三而復者，有四而復
> 者，有五而復者，有九而復者。

他所謂不易的是什麼？就是他開頭所謂"王者必受命而後王；王
者必改正朔，易服色，制禮樂，一統於天下"。至於"再而復"以
下，他雖沒有詳晰地排列出來，但我們既經明白了他的排列的方
式，不妨替他畫出一個詳晰的表來。

代　號	三統			四　　　法	對於前代王者的態度				
	統	正	德	所主與所法	所存前二王之後		所紲又前六王之後		
					親者	故者	五帝末一帝	五帝首一帝	九皇
神農	黑	寅	陰	主地法文	未詳	未詳	未詳	未詳	未詳
軒轅	白	丑	陽	主天法商	神農	未詳	未詳	未詳	未詳
顓頊	赤	子	陰	主地法夏	軒轅	神農	未詳	未詳	未詳
嚳	黑	寅	陽	主天法質	顓頊	軒轅	神農	未詳	未詳
唐	白	丑	陰	主地法文	嚳	顓頊	軒轅	未詳	未詳
虞	赤	子	陽	主天法商	唐	嚳	顓頊	未詳	未詳
夏	黑	寅	陰	主地法夏	虞	唐	嚳	未詳	未詳
殷	白	丑	陽	主天法質	夏	虞	唐	神農（赤帝）	未詳
周	赤	子	陰	主地法文	殷	夏	虞	軒轅（黃帝）	神農
春秋（王魯）	黑	寅	陽	主天法商	周	殷（宋）	夏	顓頊	黃帝
復數	三而復	再而復		四而復	三　而　復（合新王言）		五而復		九而復

這樣一排，春秋以前的各代的制度，只要對照了三統四法的賬單，俱可一目瞭然，豈非一件大快事！本來神農、黃帝之世的制度遠不及周代的清楚知道，如今好在三統與四法之制是固定的，能彀怎樣知道周代便可照樣知道神農、黃帝之世了。如果我們更能尋出封禪泰山的七十二王的名册，我們也可排出這七十二王的會典來了。他們儘不必有遺文留與後人，只要把他們的次序傳了下來，便可顯示他們的一切；這與算命先生的只要知道了某一個人的生辰八字便可推出他的過去未來的一切是一樣的。

研究歷史到了這種地步，真可謂"金碧樓臺，彈指立現"了。漢書中說董仲舒三年目不窺園，虧他關了門會想出這樣的一個古史系統來！但要是說他完全出於幻想，他一定不服，他明明在篇中隨處舉出春秋經上的證據的：

（一）從"王正月"（隱公元年）上見出受命之王的必改正朔，易服色，制禮樂；又見出春秋應天作新王之事。

（二）從"杞伯來朝"（莊公二十七年）上見出春秋的紬夏爲五帝，改封其後以小國；又見出五帝之前有九皇。

（三）從"鄭忽出奔衛"（桓公十一年）上見出春秋的制爵三等，又見出歷代王者有陰陽兩種德和商、夏、質、文四種法。

從極簡單的春秋經，極平常的記事文裏會搜出這樣一套極綿密的古代史來，真使我們對於他的善於推演的手腕不勝驚服。騶衍的"必先驗小物，推而大之至于無垠"的方術，他是得了真傳了！朱熹道：

　　春秋難看，此生不敢問。
　　春秋，某煞有不可曉處，不知是聖人真箇說底語否？
　　學春秋者多鑿說。後漢五行志注載漢末有發范明友奴冢，奴猶活，——明友，霍光女婿，——說光家事及廢立之

際，多與漢書相應。某嘗說與學春秋者曰，今如此穿鑿說亦
不妨，只恐一旦有於地中得夫子家奴，出來說夫子當時之意
不如此爾！（均見朱子語類卷八十三）

董仲舒的古史系統，究竟孔子曾經夢想過沒有？看朱熹這番話，
實在使我們疑惑起來了。

二四　史記

我們既已知道許多戰國、秦、漢間的古史傳說，於是對於司
馬遷的史記裏所記的上古史事可以作一個概括的批評了。

司馬遷是西漢中葉最有學問的人。他的父親司馬談是武帝初
年的太史令，曾"學天官於唐都，受易於楊何，習道論於黃子"；
他論陰陽、儒、墨、名、法、道德六家的要指，是推重道家的。
他卒後，司馬遷便繼任他的職司。自從秦始皇焚書，項羽燒秦宮
室之後，無數的圖書已散亡了。後來，

漢興，蕭何次律令，韓信申軍法，張蒼爲章程，叔孫通
定禮儀，則文學彬彬稍進，詩、書往往間出矣。自曹參薦蓋
公言黃、老，而賈誼、晁錯明申、商，公孫弘以儒顯。百年
之間，天下遺文古事靡不畢集太史公。（太史公自序）

他既生值文化發達的時候，有了很好的家學，又居了全國文化中
心的官職，再加以他的好游的習性，

二十而南游江淮，上會稽，探禹穴，闚九疑，浮於沅、

湘，北涉汶、泗，講業齊、魯之都，觀孔子之遺風，鄉射
鄒、嶧，戹困鄱、薛、彭城，過梁、楚以歸。……奉使西征
巴、蜀以南，南略邛筰昆明，（自序）

親見過許多歷史遺蹟，民情風俗，於是激動了著書的志願。那時
是道家漸衰，儒家日盛的當兒，他也感染了這個風氣，想效法孔
子。孔子是編尚書，作春秋，借歷史書以發揮其思想見解的，所
以他説：

先人有言：“自周公卒，五百歲而有孔子；孔子卒後，
至於今五百歲，有能紹明世，正易傳，繼春秋，本詩、書、
禮、樂之際？”意在斯乎！意在斯乎！小子何敢讓焉！（自序）

他實在忍不住要挺起身子來肩着周公、孔子的道統了。於是他

罔羅天下放失舊聞，王跡所興，原始察終，見盛觀衰，
論考之行事，略推三代，録秦、漢，上記軒轅，下至于兹，
著十二本紀。

既科條之矣，竝時異世，年差不明，作十表。

禮樂損益，律曆改易，兵權，山川，鬼神，天人之際，
承敝通變，作八書。

二十八宿環北辰，三十輻共一轂，運行無窮，輔拂股肱
之臣配焉，忠信行道以奉主上，作三十世家。

扶義俶儻，不令己失時，立功名於天下，作七十列傳。

凡百三十篇，五十二萬六千五百字。……略以拾遺補
蓺，成一家之言；厥協六經異傳，整齊百家雜語。藏之名
山，副在京師。（自序）

這是古代所不曾有過的一部大著作。這是中國第一部"究天人之際，通古今之變"的整個歷史記載。自從有了這部書，於是向來的斷片的叙述，口傳的故事，都歸到一個總匯，在這個總匯中各各得了它們的地位了。這不是司馬遷的天才與學力有絕勝人處是做不到的。

他做的書，本來沒有書名。漢書中稱它，於藝文志則爲太史公；於楊惲傳則爲太史公記，於宣元六王傳則爲太史公書。到了隋書經籍志，又稱它爲史記。從此以後，史記便成了這部書的定名了。

史記的著作，據王靜安先生的太史公繫年考略，是漢武帝太初元年（公元前一〇四）動手的，那時他四十二歲。做了七年，爲李陵降匈奴，他去保他，下獄受了腐刑。他憤恨得要自殺，只爲書尚未成，不惜忍辱活着。但從此以後，他不做太史令而做中書令了，中書令是宦官的職司，跟着皇帝走的，而漢武帝又最喜巡游，所以他得不到安閒著書的生活。這部書大約終究沒有做完。漢書司馬遷傳説："十篇缺，有録無書。"他死了之後，起來續補的人很多。見於本書的，是"褚先生少孫"。見於藝文志的，有"馮商所續太史公七篇"。見於劉知幾史通的更多了：

> 史記所書，年止漢武；太初以後，闕而不録。其後劉向，向子歆，及諸好事者若馮商、衛衡、揚雄、史岑、梁審、肆仁、晉馮、段肅、金丹、馮衍、韋融、蕭奮、劉恂等相次撰續，迄於哀、平間，猶名史記。（古今正史篇）

所以史記這部書實在是極不完整的。但別人的續補猶可，他們不過增加事實而已；一動了劉歆的手，便很可怕了，因爲他是古文學派的首領，自有本派製造的貨色，他不想增加真實的歷史而想增加本派的聲援。於是史記裏便蒙着一層古文學派的色彩了！這方面的竄附，康長素先生的史記經說足證僞經考已指出了一些，崔適甫先生的史記探源更是一部專門研究這個問題的著作。

現在，我們試從史記裏抽出司馬遷的上古史觀來。在這個工作中，我們暫且不全遵了史記探源的作者所給與我們的結論，因爲有些地方我們也覺得他太過分了。

第一，史記起於黃帝，黃帝以前略而不言。這不是他不知道黃帝以前還有伏羲、神農一班有名的古王，他曾説：

> 神農氏世衰，諸侯相侵伐。（五帝本紀）
> 伏羲至純厚，作易八卦。（自序）

他又在封禪書中詳列了巫者、陰陽家、方士們的上古史説，遠到無懷氏和泰帝。但是他毅然地以黃帝爲斷限，黃帝以前付之不聞不問。這在現在看來固然很平常，而在西漢中葉敢於如此，確實有些膽氣。要是換了別一個人來做，匪特伏羲、神農須立本紀，就是泰皇、天皇也要立本紀；匪特他們須立本紀，蚩尤、共工也要立世家，鬼容區、務成子也要立列傳了。

第二，史記的紀年起於周共和，共和以前只列世表。這不是他不知道共和以前的年數，他曾説：

> 予曾讀諜記，黃帝以來皆有年數。（三代世表）

我們看漢書藝文志春秋類中也列着“太古以來年紀二篇”，足見他如果要排出一個整齊完密的全史年表來並不是不可能的事。但他毅然地説：

> 稽其曆譜諜，終始五德之傳，……咸不同乖異。夫子之弗論次其年月，豈虛哉！（三代世表）

因其不同乖異，得不到一個究竟，所以寧可缺着，這樣地信信疑疑，是何等的精神！

　　第三，凡是上古的事情，他都不勉强充做知道，有可疑的則直加以删芟。所以他説：

　　　夫學者載籍極博，猶考信於六藝。詩、書雖缺，然虞、夏之文可知也。堯將遜位，讓于虞舜。舜、禹之間，嶽牧咸薦，乃試之於位。典職數十年，功用既興，然後授政，示天下重器，王者大統，傳天下若斯之難也。而説者曰："堯讓天下於許由，許由不受，恥之，逃隱。及夏之時，有卞隨、務光者。此何以稱焉？"太史公曰，余登箕山，其上蓋有許由冢云。孔子序列古之仁聖賢人，如吴太伯、伯夷之倫，詳矣。余以所聞由、光義至高，其文辭不少概見，何哉？

用這種嚴正的態度來批評歷史材料的，自古以來他還是第一個。許由這個人，戰國、秦、漢時的傳説盛極了，司馬遷並且在箕山上看見他的墳墓，實在是不應不信的了。但他因爲尚書裏没有他，禪讓的事情也不應當這樣輕率，又他雖名高而没有文辭傳下來，所以決定不睬。他的打破傳統信仰的膽量不該欽佩嗎？試看後來，哪部高士傳中没有許由，正式的歷史書裏也常常提起他的名字，這就可以知道司馬遷的眼光是如何的卓絶了。其他各篇中打破傳統信仰的話還有許多，録出如下：

　　　學者多稱五帝，尚矣。然尚書獨載堯以來；而百家言黄帝，其文不雅馴，薦紳先生難言之。（五帝本紀）
　　　五帝、三代之記，尚矣。自殷以前，諸侯不可得而譜。周以來乃頗可著。（三代世表）
　　　神農以前，尚矣。蓋黄帝考定星曆，建立五行，起消

息，正閏餘。（曆書）

農工商交易之路通，而龜貝金錢刀布之幣興焉，所從來久遠。自高辛氏之前尚矣，靡得而記云。故書道唐、虞之際，詩述殷、周之世，……以禮義防於利。（平準書）

故言九州山川，尚書近之矣。至禹本紀、山海經所有怪物，余不敢言之也。（大宛列傳）

自古帝王將建國受命，興動事業，何嘗不寶卜筮以助善。唐、虞以上，不可記已。自三代之興，各據禎祥。（龜策列傳）

夫神農以前，吾不知已。至若詩、書所述虞、夏以來，……使俗之漸民久矣。（貨殖列傳）

維三代尚矣，年紀不可考，蓋取之譜牒舊聞本于茲。（自序）

他一說到上古，就歎一聲“尚矣”，於是接着說這“不可記”了，這“不可考”了，“吾不知”了，“余不敢言”了。這種老實承認不知道的態度，比了“博學而不窮”，“一物不知以爲深恥”的儒者自以爲萬事萬物都能明白，雖是文獻無徵之世也可用了排列法來排出它的制度來的，要光明磊落了多少？

司馬遷以前，講古史的人多極了。淮南子云：“世俗之人多尊古而賤今，故爲道者必託之於神農、黃帝而後能入說。”這是古史時時有推陳出新的說法的總原因。騶衍之術，“先序今以上至黃帝，大竝世盛衰，因載其禨祥度制推而遠之，至天地未生”，這又是整整齊齊的古代制度的出現的一個主要原則。這種古史說充滿在戰國、秦、漢間人的口頭和書上。三代以前固然是“尚矣”，但惟其因爲它“尚矣”，所以纔有話說，纔有說不盡的話。我們一看漢書藝文志裏的“三皇五帝們的書目”，便可知道在司馬遷之世是時代愈古則材料愈多的。他竟以六藝爲標準，合於這個標準的收進來，不合於這個標準的打出去，於是這一大堆燦爛奪目的古代材料便都成了歷史上的異端外道了。這非有大魄力的人是辦不到的。

如果有人説：司馬遷的時代本是表章六藝的時代，他以六藝爲標準有什麼奇怪呢？用了這個標準，自然捨得丟掉唐、虞以上的材料，更有什麼了不得呢？我的答語是"言不可若是其幾也！"漢武帝固然是表章六藝的人，但他的理想中的最高成就是什麼？不是"接神仙人蓬萊士，高世比德於九皇"嗎？董仲舒固然是請罷黜百家的人，但他的肚子裏裝滿的是什麼？不是"陰陽，五行，三統，四法"嗎？他固然讀的是六藝中的春秋，但會得從"王正月"上推出改制作科的條例來，而確定春秋是"應天作新王，正黑統，王魯"的，會得從"杞伯來朝"上看出"周人之王，尚推神農爲九皇而改號軒轅謂之黃帝"的，會從"鄭忽出奔衞"上尋出"王者以制，一商，一夏，一質，一文"的。他嘴裏唸的固是六藝之文，但心裏想的卻是六藝所不曾有的東西，這纔是西漢時人的聰明！司馬遷不肯收受這時代所給與他的聰明，而只會讀死書，只會讀平凡的書，於是讀了六藝之文就真用它來支配古史了。這在今日，自然可以替他加上"爲歷史而治歷史"的美號，但在那時人看來，很容易給他"其愚不可及"的批評呵！

我已讚够了他了。可是一個人終究是人，不是超人，所以雖以司馬遷的執拗，敢特立於時代之外，也免不了受些時代的影響。他在五帝本紀説：

黃帝……有土德之瑞，故號黃帝。

這便是五德説下的説話。又高祖本紀贊云：

夏之政忠；忠之敝，小人以野，故殷人承之以敬。敬之敝，小人以鬼，故周人承之以文。文之敝，小人以僿，故救僿莫若以忠。三王之道若循環，終而復始。周、秦之間，可謂文敝矣。秦政不改，反酷刑法，豈不謬乎！故漢興，承敝易變，得天統矣。朝以十月；車服黃屋左纛。

這又是三統説下的説話了。不過他説"朝以十月"卻是不合於三統説的。董仲舒説春秋是黑統，用了那時人的"孔子作六經，爲漢制法"的眼光看來，漢即是黑統。司馬遷説"夏之政忠"，又説周之政文，救文之敝"莫若以忠"，又説漢"承敝易變，得天統"，則亦承認漢與夏的統是相同的。夏爲黑統，則漢亦當爲黑統。但夏是"建寅"的，三正是以寅，丑，子相循環的，爲什麼漢卻以十月爲正，變成了"建亥"呢？説到這裏，應當追溯秦的制度。秦始皇本紀云：

> 始皇推終始五德之傳，以爲周得火德，秦代周，德從所不勝。方今水德之始，改年始朝賀皆自十月朔，衣服旄旌節旗皆上黑。

他的"上黑"似乎與黑統有關，但這乃是五德説下的黑而非三統説下的黑。五德説下的曆法不是三正的，説不定竟是五正，故夏寅，殷丑，周子，秦便建亥了。到了漢滅了秦，

> 張蒼爲計相時，緒正律曆。以高祖十月始至霸上，因故秦時本以十月爲歲首，弗革。推五德之運，以爲漢當水德之時，尚黑如故。（張丞相列傳）
>
> 漢興，高祖曰"北畤待我而起"，亦自以爲獲水德之瑞。雖明習曆及張蒼等咸以爲然。是時天下初定，方綱紀大基，高后女主皆未遑，故襲秦正朔服色。（曆書）

不論張蒼主張"朝以十月"，或高祖主張"朝以十月"，反正漢的正朔是鈔襲秦的；而秦的正朔則由五德説來，這是極明顯的事實。五德説與三統説本不相容，爲什麼司馬遷在這一點上倒弄糊塗了，把"朝以十月"與"三王之道若循環"合爲一事呢？

　　於此，我敢作一個假定：三統説是西漢時的改曆運動者所主張的學説，這個學説是依傍了五德終始説而造出來的。自秦以十月爲歲首，漢因仍不改，大家感覺着不便，於是託古而提倡夏時。因爲孔子曾説過"行夏之時"一句話，所以就在這句話上生發出來。其一，説孔子到杞國去尋得夏時。論語八佾篇云：

　　　　子曰："夏禮，吾能言之，杞不足徵也。……文獻不足故也。足，則吾能徵之矣。"

這是説杞國的文獻不足，不能就彼徵證夏代的制度，原是很清楚的一句話。但到了禮記的禮運篇裏就改變了樣子了：

　　　　子曰："我欲觀夏道，是故之杞；而不足徵也，吾得夏時焉。……"

照它這樣説，然則孔子到了杞國，雖不足徵證夏道，還得着一部夏時回來。（"夏時"所以加上書名標號者，以對下面的"之宋得坤乾"而知。）司馬遷在夏本紀的贊裏也説：

　　　孔子正夏時，學者多傳夏小正云。

這夏小正不知是否即禮運中所謂夏時，他也説是孔子傳下來的。其二，説孔子作春秋即用夏時。這便是董仲舒説的：

> 春秋應天作新王之事，時正黑統。
>
> 三正以黑統初，正日月朔于營室，斗建寅。

春秋本來用周正，所以左傳中記晉事（晉用夏正）每每與經相差兩月（如卓子之弑，傳在僖九年十一月，經在十年春；晉、秦戰于韓，傳在僖十五年九月，經在是年十一月）。被董仲舒這樣一講，於是春秋經也是用的夏正了。

自從孔子尋得了夏時，又在春秋中用了夏正，一班儒者就説，曆法是三正循環的，周之後是應當建寅，與夏同道的。經他們宣傳之後，而漢武帝遂有改正朔的事，真成了受命的王者：

> 太初元年，……夏五月，正曆，以正月爲歲首。（武帝紀）
>
> 漢興，……以北平侯張蒼言，用顓頊曆；……而朔晦月見，弦望滿虧，多非是。至武帝元封七年，漢興百二歲矣，大中大夫公孫卿、壺遂、太史令司馬遷等言曆紀壞廢，宜改正朔。是時御史大夫兒寬明經術，上乃詔寬曰：“與博士共議。……”皆曰：“帝王必改正朔，易服色，所以明受命於天也。……推傳序文，則今夏時也。……臣愚以爲三統之制，後聖復前聖者，二代在前也。今二代之統絕而不序矣，唯陛下發聖德，宜考天地四時之極則，順陰陽以定大明之制，爲萬世則！”……遂詔卿、遂、遷，與侍郎尊大、典星射姓等議造漢曆。（漢書律曆志）

他們這一次竟造成功了。自有了這次的成功，而黑統的寅正沿用了二千餘年，直到清亡纔廢。這是司馬遷們的大功績！三統説本來爲了改曆運動而造出來的，曆已改了，改得好了，還有什麼用處呢，這個學説便像敲門磚似地拋去了。所以漢以後還有應用五德説的帝王，三統説便不聽得再提起了。

其次，我們試把史記所建設的古史批評一下。史記對於建設秦以前的歷史所根據的材料大約如下：

（一）詩——如據玄鳥、生民以説稷、契之母，據公劉、緜以説公劉、古公亶父、文王等。

（二）書——如據堯典、皋陶謨、禹貢以説堯、舜、禹，據湯誓以説湯，據西伯戡黎以説紂，據牧誓以説武王，據金縢、無逸以説周公等。（但他逢到尚書中難解釋的文字，如盤庚、大誥等，雖甚重要，卻不採了。）

（三）周書（今稱逸周書）——如據克殷、度邑以説武王、周公等。

（四）春秋——散入周本紀、諸國世家及十二諸侯年表中。

（五）國語——如於五帝本紀錄黄帝二十五子，八元、八愷及四凶族，於周本紀錄祭公謀父諫征犬戎，龍漦生褒姒等。諸世家所載，不可勝數。

（六）世本——諸本紀、世家中之王侯名號及世次，十二諸侯年表中之紀年，及夏本紀贊中的“禹爲姒姓，其後分封用國爲姓，故有夏后氏、有扈氏、有男氏、斟尋氏、彤城氏、褒氏、費氏、杞氏、繒氏、辛氏、冥氏、斟氏、戈氏”等文，皆取自此書。

（七）五帝德——除篇中“乘龍”等文外，全録入五帝本紀。

（八）帝繫姓——散入五帝、夏、殷、周諸本紀及楚世家中（楚世家之文略有不同，蓋併合國語而成）；又三代世表的前半段亦全取之。

（九）孟子——如五帝本紀中“堯崩，舜讓辟丹朱於南河之南”一段、“瞽瞍焚廩”一段，周本紀中“古公去豳，止岐下”一段，皆取諸此。

（十）戰國諸子——如“舜耕歷山，漁雷澤，陶河濱”的事大約取於韓非子，“紂作炮烙之刑”的事大約取於吕氏春秋等。

（十一）戰國策——如周本紀的“共太子死，無適立”事，秦本紀的“秦武王欲車通三川以闚周室”事，皆取自此書。其他見六國表、諸國世家及諸列傳的不可悉數。

（十二）秦紀——大約如秦本紀中所叙之先代世系，秦始皇本紀所附録之諸先公先王年代葬地等皆出自此書。

（十三）封禪説——如五帝本紀中所載黄帝“登丸山，獲寶鼎，迎日推策”等都是漢武帝時提倡封禪的人的説話。

（十四）五德説及三統説——如上章及本章所舉。

（十五）民間傳説——如五帝本紀贊云：“余嘗西至空峒，北過涿鹿，東漸于海，南浮江、淮矣，至長老皆各往往稱道黄帝、堯、舜之處，風教固殊焉。”這是説他到的這些地方是聽得長老們談黄帝堯舜的故事的。但他因此便誤認他自己所到的地方即黄帝所到的了，故言黄帝“未嘗寧居：東至于海，西至于空桐，南至于江，北逐葷粥而邑于涿鹿之阿”。

（十六）後人攙雜進去的材料——如殷本紀的“湯既勝夏，欲遷其社，不可作夏社”，周本紀的“罷兵西歸，行狩，記政事，作武成”等等都是書序之文。書序是古文學派假造出來以反對博士們的“尚書爲備”的話的，非司馬遷時代所應有。此事已由廖季平、崔觶甫兩先生考證明確。

以上十六項，除了末一項與司馬遷無關之外，其餘皆爲他編録古史時所根據的。這許多書，大一半是我們現在看得見的，似乎這個工作並不繁重。但一想到這部講義的第七章到第十九章的熱鬧的情狀，有不感受寂寞者乎？只因司馬遷甘守寂寞，於是這一班在熱鬧場中活動的人物便被他一齊攆走了。從此以後，這班人物固然還偷偷地進來了幾個，但在歷史界中總不能佔着重要的地位。（只有伏羲、神農因易繫辭傳的表章，没有失勢。）

最後，我們把史記中的古代各個王侯的先世列一總表，和帝繫姓的表比較一下。史記中所叙的世系，我們以前没有看見過的，是秦的先世：

　　秦之先，帝顓頊之苗裔孫曰女脩。女脩織，玄鳥隕卵，女脩吞之；生子大業。

　　大業取少典之子曰女華。女華生大費，與禹平水土。已成，帝錫玄圭。禹受曰："非予能成，亦大費爲輔。"帝舜曰："咨，爾費，贊禹功！其賜爾皁游，爾後嗣將大出！"乃妻之姚姓之玉女。大費拜受。佐舜調馴鳥獸，鳥獸多馴服。是爲柏翳；舜賜姓嬴氏。

　　大費生子二人：一曰大廉，實鳥俗氏；二曰若木，實費氏。

　　其玄孫曰費昌。子孫或在中國，或在夷狄。費昌當夏桀之時，去夏歸商，爲湯御，以敗桀于鳴條。

　　大廉玄孫曰孟戲、中衍，鳥身人言。帝太戊聞而卜之使御，吉，遂致使御而妻之。

　　自太戊以下，中衍之後遂世有功，以佐殷國，故嬴姓多顯，遂爲諸侯。

　　其玄孫曰中潏，在西戎，保西垂。生蜚廉。

　　蜚廉生惡來。惡來有力，蜚廉善走，父子俱以材力事殷紂。周武王之伐紂，並殺惡來。是時蜚廉爲紂石北方，還，無所報，爲壇霍太山而報得石棺。銘曰："帝令處父不與殷亂，賜爾石棺以華氏！"死，遂葬於霍太山。

　　蜚廉復有子曰季勝。季勝生孟增。孟增幸於周成王，是爲宅皋狼。

　　皋狼生衡父。衡父生造父。造父以善御幸於周繆王，得驥、温驪、驊駵、騄耳之駟，西巡狩，樂而忘歸。徐偃王作亂，造父爲繆王御，長驅歸周，一日千里以救亂。繆王以趙城封造父，造父族由此爲趙氏。

自蜚廉生季勝，已下五世至造父，別居趙，趙衰其後也。

惡來革者，蜚廉子也，早死；有子曰女防。女防生旁皋。旁皋生太几。太几生大駱。大駱生非子。以造父之寵，皆蒙趙城姓趙氏。

非子居犬丘，好馬及畜，善養息之。犬丘人言之周孝王，孝王召使主馬于汧、渭之間，馬大蕃息。孝王欲以爲大駱適嗣。申侯之女爲大駱妻，生子成爲適。申侯乃言孝王曰："昔我先酈山之女爲戎胥軒妻，生中潏，以親故歸周，保西垂；西垂以其故和睦。今我復與大駱妻，生適子成。申、駱重婚，西戎皆服，所以爲王；王其圖之!"於是孝王曰："昔柏翳爲舜主畜，畜多息，故有土，賜姓嬴。今其後世亦爲朕息馬，朕其分土爲附庸，邑之秦，使復續嬴氏祀，號曰秦嬴。"亦不廢申侯之女子爲駱適者以和西戎。（秦本紀）

秦的世系，我們在以前所引的書裏只看見"嬴，伯翳之後也"及"伯翳，能議百物以佐舜者也"兩句話（鄭語），想不到在史記裏竟有這樣詳備的一篇記録，而又使我們知道秦和趙是同源的，他們的祖先也是由玄鳥降生的。這是一個大創獲！照他的話，我們可以列出一個世系圖來了：

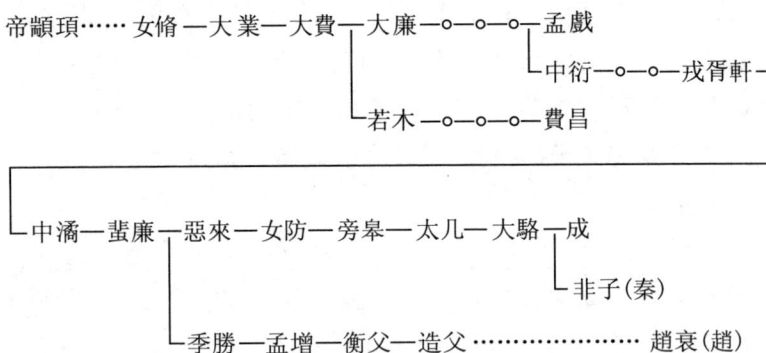

```
帝顓頊……女脩─大業─大費─大廉─○─○─○─孟戲
                    │          └中衍─○─○─戎胥軒
                    └若木─○─○─○─費昌

  ┌────────────────────────────────────────────
  │
  └中潏─蜚廉─惡來─女防─旁皋─太几─大駱─成
            │                          └非子(秦)
            └季勝─孟增─衡父─造父…………趙衰(趙)
```

這個世系固然未必完全可信，但比了說周后稷爲帝嚳之子，而后稷到文王不過十四代的，要近情多了。篇中一則說"費昌子孫或在夷狄"，再則說"中潏在西戎"，三則說"酈山之女爲戎胥軒妻"，四則說"申駱重婚，西戎皆服"，五則說"不廢申侯之女子爲駱適者以和西戎"，秦之自承爲戎亦甚明白矣。但開頭"帝顓頊之苗裔孫"一語，疑出於戰國時的"四海一家"的風習，不是原來有的。又云"大業取少典之子曰女華"，此少典不知是國是人。倘使是人，則他原是炎帝、黃帝的父親，離舜世已十代，如何還能把他的女兒嫁與大業，生出大費來做舜的輔佐呢？至於大費號柏翳，他的官職是佐舜調馴鳥獸，又與禹同平水土，則很像是孟子和堯典等篇中的益：

> 舜使益掌火；益烈山澤而焚之，禽獸逃匿。（孟子滕文公）
> 禹曰："洪水滔天，浩浩懷山襄陵，下民昏墊。予乘四載，隨山刊木；暨益奏庶鮮食。……"（皋陶謨）
> 帝曰："疇若予上下草木鳥獸？"僉曰："益哉！"帝曰："俞，咨，益，汝作朕虞！"（堯典）

"益"與"翳"同音，或者是傳誤的吧？益有稱做伯益的（呂氏春秋云"伯益做井"），柏翳也有寫作伯翳的（國語云"嬴，伯翳之後也"），這更相近了。

史記中對於南邊的越，北邊的胡，都歸到夏的系統之下：

> 越王句踐，其先禹之苗裔而夏后帝少康之庶子也，封於會稽，以奉守禹之祀。文身斷髮，披草萊而邑焉。（越王句踐世家）
> 閩越王無諸及越東海王搖者，其先皆越王句踐之後也，

姓騶氏。（東越列傳）

匈奴，其先祖夏后氏之苗裔也，曰淳維。（匈奴列傳）

這樣一來，諸夏的界限就不限於中國而廣被於四表了。（這大約也是戰國時人的説話，不過我們到了史記中纔看見罷了。）

現在把史記中所説的各國先世畫一個簡明的圖在下邊：

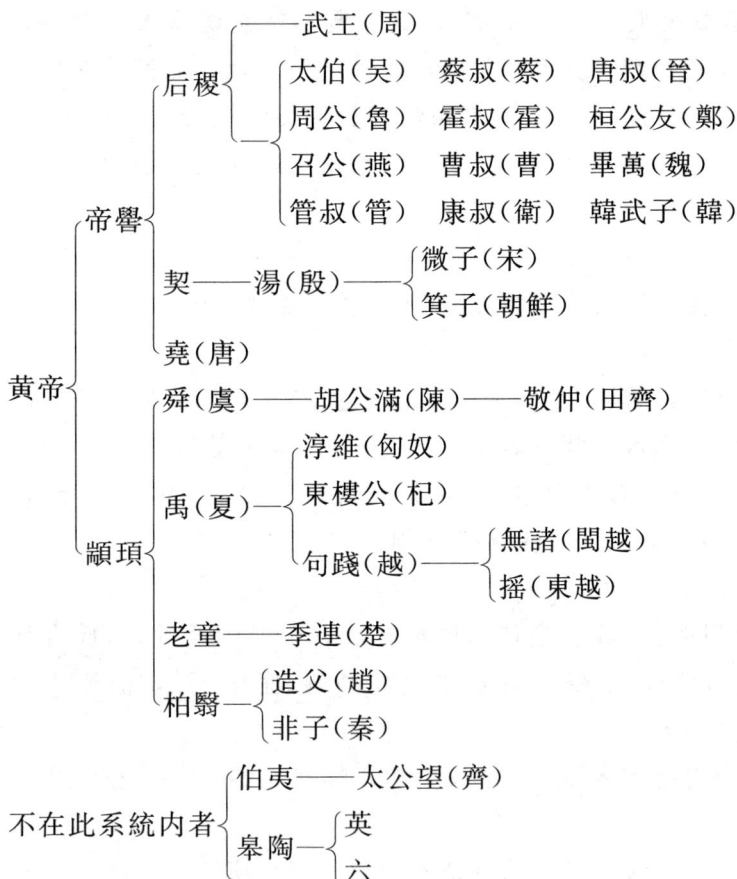

```
                      ┌── 武王（周）
                      │  ┌ 太伯（吳）  蔡叔（蔡）  唐叔（晉）
                 后稷 ┤ ┤ 周公（魯）  霍叔（霍）  桓公友（鄭）
                 │    │ │ 召公（燕）  曹叔（曹）  畢萬（魏）
        帝嚳 ┤        └ └ 管叔（管）  康叔（衛）  韓武子（韓）
        │    │                   ┌ 微子（宋）
        │    ├ 契 ── 湯（殷）┤
        │    │                   └ 箕子（朝鮮）
        │    └ 堯（唐）
  黃帝 ┤
        │        舜（虞）── 胡公滿（陳）── 敬仲（田齊）
        │                         ┌ 淳維（匈奴）
        │                 禹（夏）┤ 東樓公（杞）
        │                         │              ┌ 無諸（閩越）
        顓頊 ┤                    └ 句踐（越）┤
             │                                  └ 搖（東越）
             │    老童 ── 季連（楚）
             │                ┌ 造父（趙）
             └    柏翳 ┤
                          └ 非子（秦）

                      ┌ 伯夷 ── 太公望（齊）
  不在此系統内者 ┤              ┌ 英
                      └ 皋陶 ┤
                                └ 六
```

從以上的圖看來，其不在黃帝的系統内的，英、六已於春秋時亡了，太公的齊也於戰國初亡了。凡是春秋時的諸夏以外的國家（如楚、秦），戰國時的新興的國家（如田齊、韓、趙），以及秦、漢時中國以外的國家（如匈奴、閩越），已經統統拉過來和向來的諸夏（夏、商、周）併作一族人了。果真如此，則春秋時的"尊王攘夷"的口號更何從喊起？戰國時的"用夏變夷"的事業不是早已完全成功了嗎？

二五　易傳[*]

　　周易這部書，以前的儒家是不大過問的。論語中雖有"五十以學易，可以無大過矣"一句話，但這是古論語（古文學派的論語本子）的文字，若魯論語則作"五十以學，亦可以無大過矣"（見經典釋文）。錢玄同先生説：

　　　　漢高彪碑，"恬虛守約，五十以學"，即從魯論。我以爲論語原文實是"亦"字，因秦、漢以來有"孔子贊易"的話，故漢人改"亦"爲"易"以圖附合。（古史辨第一册中編）

以前的人有説孔子作卦爻辭的，有説孔子作易傳的，實在都是渺茫得很。但卦爻辭雖與孔子無關，卻是一部古書。它裏邊稱引的故事都是商代及周初的（見我所作周易卦爻辭中的故事一文），可信爲西周時的著作。不過它原來只是一部占卜的書，沒有聖人的大道理在内。自從戰國後期給儒者表章了（這表章的儒者我以爲是騶衍一派提倡陰陽五行的人），纔在六藝中佔得一個地位，和春秋成爲孔門中帶有神祕性的兩種經典。荀子、禮記、淮南子等

---

[*] 原載燕大月刊第六卷第三期，1930 年 10 月，題論易繫辭傳中觀象制器的故事；又載古史辨第三册。

就引用它來論事，像引用詩和書的句子一樣了。

易傳共有七種：彖傳、象傳、繫辭傳、文言傳、説卦傳、序卦傳、雜卦傳。因爲彖傳、象傳、繫辭傳各有二篇，七種傳共有十篇，所以漢以後人又稱爲“十翼”。史記太史公自序裏曾引司馬談的兩段話：

> 易大傳：“天下一致而百慮，同歸而殊塗。”
>
> 有能紹明世，正易傳，繼春秋，本詩、書、禮、樂之際？

足徵在司馬談之世已有易傳了。但孔子世家裏有一句：

> 孔子晚而喜易、序、彖、繫、象、説卦、文言。

卻頗可疑。康長素先生新學僞經考辨之云：

> 説卦、序卦、雜卦三篇，隋志以爲後得，蓋本論衡正説篇河内後得逸易之事。法言問神篇“易損其一也，雖慝知闕焉”，則西漢前易無説卦可知。揚雄、王充嘗見西漢博士舊本，故知之。説卦與孟京卦氣圖合，其出漢時僞託無疑。序卦膚淺，雜卦則言訓詁，此則歆所僞竄，并非河内所出。宋葉適嘗攻序卦、雜卦爲後人僞作矣（習學記言）。歆既僞序卦、雜卦二篇，爲西漢人所未見，又於儒林傳云“費直徒以彖、象、繫辭十篇文言解説上下經”，此云“孔氏爲之彖、象、繫辭、文言、序卦之屬十篇”，又叙“易經十二篇”而託之爲“施、孟、梁丘三家”，又於史記孔子世家竄入“孔子晚而喜易、序、彖、繫、象、説、卦、文言”，顛倒眩亂。學者傳習，熟於心目，無人明其僞竄矣！（漢書藝文志辨僞）

他说序卦、雜卦並出劉歆僞竄固然没有確實的證據，但現存的易傳不是漢初的舊本那是可以知道的。王充論衡正説篇云：

> 孝宣皇帝之時，河内女子發老屋，得逸易、禮、尚書各一篇奏之。宣帝下示博士，然後易、禮、尚書各益一篇。

隋書經籍志云：

> 及秦焚書，周易獨以卜筮得存，唯失説卦三篇。後河内女子得之。

無論漢宣帝時新加入的是説卦等三篇，或但説卦一篇，要之司馬遷是不會看見十翼的全份的。

易傳不出於孔子，也不是一人的手筆，歐陽修的易童子問裏已説得很透澈：

> ……繫辭、……文言、説卦而下，皆非聖人之作；而衆説淆亂，亦非一人之言也。……文言曰："元者，善之長也；亨者，嘉之會也；利者，義之和也；貞者，事之幹也"，是謂乾之四德。又曰："乾元者，始而亨者也；利貞者，性情也"，則又非四德矣。謂此二説出于一人乎，則殆非人情也。繫辭曰："河出圖，洛出書，聖人則之"，所謂圖者，八卦之文也，神馬負之，自河而出，以授于伏羲者也；蓋八卦者，非人之所爲，是天之所降也。又曰："包犧氏之王天下也，仰則觀象于天，俯則觀法于地，觀鳥獸之文與地之宜，近取諸身，遠取諸物，於是始作八卦"，然則八卦者是人之所爲也，河圖不與焉。斯二説者已不能相容矣，而説卦又曰："昔者聖人之作易也，幽贊于神明而生蓍，參天兩地而倚數，

觀變于陰陽而立卦”，則卦又出于蓍矣。八卦之説如是，是
固何從而出也？謂此三説出於一人乎，則殆非人情也。人情
常患自是其偏見，而立言之士莫不自信；其欲以垂乎後世，
惟恐異説之攻之也：其肯自爲二三之説以相牴牾而疑世，使
人不信其書乎！故曰非人情也。凡此五説者，尚不可以爲一
人之説，其可以爲聖人之作乎！……至于“何謂”“子曰”者，
講師之言也；説卦、雜卦者，筮人之占書也：此又不待辨而
可以知者。（卷下）

近來馮芝生先生（友蘭）也説：

易之彖、象、文言、繫辭等是否果係孔子所作，此問
題，我們但將彖、象等裏的哲學思想與論語裏的比較，便可
解決。

我們且看論語中所説孔子對于天之觀念：

子曰：“獲罪於天，無所禱也！”（八佾）

夫子曰：“予所否者，天厭之！天厭之！”（雍也）

子曰：“天生德於予，桓魋其如予何！”（述而）……

子曰：“吾誰欺？欺天乎？”（子罕）

子曰：“噫！天喪予！天喪予！”（先進）……

據此可知論語中孔子所説之天完全係一有意志的上帝，
一個“主宰之天”。

但“主宰之天”在易象、象等中沒有地位。我們再看易中
所説之天：

大哉乾元，萬物資始，乃統天。雲行雨施，品物流
形。……（乾彖）

天地以順動，故日月不過而四時不忒。（豫彖）

反復其道，七日來復，天行也。……（復彖）

天地感而萬物化生。（咸象）

天地之道，恒久而不已也。（恒象）……

天尊地卑，乾坤定矣。……在天成象，在地成形，
變化見矣。是故剛柔相摩，八卦相盪。鼓之以雷霆，潤
之以風雨。日月運行，一寒一暑。……（繫辭）

這些話究竟是什麼意思，我們暫不必管。不過我們讀了以
後，我們即覺在這些話中有一種自然主義的哲學；在這些話
中決沒有一個能受"禱"，能受"欺"，能"厭"人……之"主宰
之天"。這些話裏面的天或乾，不過是一種宇宙力量，至多
也不過是一個"義理之天"。

　　一個人的思想本來可以變動，但一個人決不能同時對于
宇宙及人生真持兩種極端相反的見解。如果我們承認論語上
的話是孔子所說，又承認易象、象等是孔子所作，則我們即
將孔子陷于一個矛盾的地位。……

　　孔子所講，本只及日用倫常之事。……至其對于宇宙，
他大概完全接受傳統的見解。蓋孔子只以人事爲重，此外皆
不注意研究也。所以他說："未能事人，焉能事鬼！……未
知生，焉知死！"（燕京學報第二期孔子在中國歷史中之地位）

他們都說得很明白了，孔子決不是易傳的作者，易傳的作者也決
不止一個人。我們知道，道家是提倡自然主義的，道家是發生於
戰國而極盛於漢初的。我們又知道，周易的加入儒家的經典是戰
國末年的事，易傳中有幾篇是漢宣帝時纔出來的。那麼，我們可
以斷說：那發揮自然主義的易傳的著作時代，最早不能過戰國之
末，最遲也不能過西漢之末，這七種傳是公元前三世紀中逐漸產
生的；至其著作的人，則大部分是曾受道家深刻的暗示的儒者。

　　我們既知道了易傳的時代，便可抽出其中所提起的古史了。
易傳中講古史的只有一段文字，但這一段文字卻是非常重要的：

　　古者包犧氏之王天下也，仰則觀象於天，俯則觀法於地，觀鳥獸之文與地之宜，近取諸身，遠取諸物，於是始作八卦以通神明之德，以類萬物之情。作結繩而爲罔罟，以佃以漁，蓋取諸離。

　　包犧氏没，神農氏作。斲木爲耜，揉木爲耒，耒耨之利以教天下，蓋取諸益。日中爲市，致天下之民，聚天下之貨，交易而退，各得其所，蓋取諸噬嗑。

　　神農氏没，黄帝、堯、舜氏作。通其變，使民不倦；神而化之，使民宜之。易窮則變，變則通，通則久，是以自天祐之，吉無不利。黄帝、堯、舜垂衣裳而天下治，蓋取諸乾、坤。刳木爲舟，剡木爲楫，舟楫之利以濟不通，致遠以利天下，蓋取諸渙。服牛乘馬，引重致遠以利天下，蓋取諸隨。重門擊柝以待暴客，蓋取諸豫。斷木爲杵，掘地爲臼，臼杵之利，萬民以濟，蓋取諸小過。弦木爲弧，剡木爲矢，弧矢之利以威天下，蓋取諸睽。

　　上古穴居而野處；後世聖人易之以宫室，上棟下宇以待風雨，蓋取諸大壯。古之葬者厚衣之以薪，葬之中野，不封不樹，喪期無數；後世聖人易之以棺椁，蓋取諸大過。上古結繩而治；後世聖人易之以書契，百官以治，萬氏以察，蓋取諸夬。（繫辭下傳）

這一段記載的意思是説：我們所有的日用器物都是伏羲（包犧）、神農、黄帝、堯、舜這一班聖人看了易六十四卦的卦象而制作的，而六十四卦的本根的八卦則是伏羲仰看了天，俯看了地，又看了許多鳥獸人物的儀態而造出來的。這就是説一切的物質文明都發源於易卦，没有易卦則聖人便想不出這種種東西來。所以繫辭傳又説：

易有聖人之道四焉：以言者尚其辭，以動者尚其變，以制器者尚其象，以卜筮者尚其占。

用易於卜筮，我們在國語裏可以看見許多。用易於言，我們在荀子和禮記裏也可見到不少。用易於動，書裏雖没有記載，但看邲之戰，知莊子引了師卦初爻的"師出以律，否臧凶"一語以見晉師之將敗（左傳宣公十二年），可見一個將帥如要得勝，應當記着"師出以律"這句話而後動；這也是可以有的一件事。至於用易於制器，除了繫辭傳中這一段話以外，別種書裏毫無記載，並且連類似的話也没有。

聖人看了易象而制器是怎樣一件事呢？照繫辭傳中的話推測起來，是把許多東西分配在八卦之下，再把重叠的兩卦看作這兩件東西合在一起時的樣子，如果能從此得到一個解悟，一件新器具就可以産生出來了。爲要明白這些制作的故事，我們應取説卦傳讀一下：

乾爲天；爲圜；爲君；爲父；爲玉；爲金；爲寒；爲冰；爲大赤；爲良馬；爲老馬；爲瘠馬；爲駁馬；爲木果。

坤爲地；爲母；爲布；爲釜；爲吝嗇；爲均；爲子母牛；爲大輿；爲文；爲衆；爲柄；其於地也爲黑。

震爲雷；爲龍；爲玄黄；爲旉；爲大塗；爲長子；爲決躁；爲蒼筤竹；爲萑葦；其於馬也爲善鳴，爲馵足，爲作足，爲的顙；其於稼也爲反生；其究爲健，爲蕃鮮。

巽爲木；爲風；爲長女；爲繩直；爲工；爲白；爲長；爲高；爲進退；爲不果；爲臭；其於人也爲寡髮，爲廣顙；爲近利市三倍；其究爲躁卦。

坎爲水；爲溝瀆；爲隱伏；爲矯輮；爲弓輪；其於人也爲加憂，爲心病，爲耳痛；爲血卦；爲赤；其於馬也爲美脊，爲亟心，爲下首，爲薄蹄，爲曳；其於輿也爲多眚；爲通；爲月；爲盜；其於木也爲堅多心。

離爲火；爲日；爲電；爲中女；爲甲胄；爲戈兵；其於人也爲大腹；爲乾卦；爲鼈；爲蟹；爲蠃；爲蚌；爲龜；其於木也爲科上槁。

艮爲山；爲徑路；爲小石；爲門闕；爲果蓏；爲閽寺；爲指；爲狗；爲黔喙之屬；其於木也爲堅多節。

兌爲澤；爲少女；爲巫；爲口舌；爲毀折；爲附決；其於地也爲剛鹵；爲妾；爲羊。

這是把宇宙間的許多東西分爲八類，而以乾、坤等八個卦每卦統率一類；好像五行家把宇宙間的東西分成五類而以五行統率之似的。我們懂得了這個，便可知道所謂

　　舟楫之利，……蓋取諸渙

者，因爲渙卦的象是䷺，上卦是巽，下卦是坎，巽爲木，坎爲水，木在水上，便是舟楫，所以黄帝們看了這個卦象就會造出舟楫來了。又可知道所謂

　　上古結繩而治；後世聖人易之以書契，蓋取之夬

云者，因爲夬卦的象是䷪，上兌下乾，兌爲口舌，乾爲金，古代的筆是刀筆，屬於金類的，聖人看了這個卦象，發明了上面説，下面寫的方法，就成爲書契了。

但我們僅僅懂得了這些卦象是不足以完全説明聖人觀象制器的方法的，我們還須懂得“互體”。何謂互體？凡卦爻二至四，三至五，兩體交互，也可各成一卦，故一卦中含有四卦。如上面

説的

　　　重門擊柝以待暴客，蓋取諸豫，

豫的象是☷☳（震、坤），其二爻至四爻爲☶（艮），其三爻至五爻爲☵（坎），所以豫卦的意義不盡於原始的震、坤二卦，更須索之於重卦中所涵的艮、坎二卦。因此，我們要知道"重門擊柝以待暴客"的意義，一定要把震、坤、艮、坎四卦的象兼而求之，方得完全明白。九家易（集荀爽、京房等的易説而成）道：

　　　豫，……下有艮象；從外示之，震復爲艮（按：這是説把震卦倒轉來看）：兩艮對合，重門之象也。柝者，兩木相擊以行夜也。艮爲手，爲小木，又爲持；震爲足，又爲木，爲行；坤爲夜：即手持二木夜行擊柝之象也。坎爲盜暴；水暴長無常，故以待暴客。既有不虞之備，故取諸豫矣。（李鼎祚周易集解卷十五引）

他們説明黃帝們想出重門擊柝的經歷，宛然目覩，何等難能可貴！

　　但我們若要完全明瞭繫辭傳中這篇古史，僅僅懂得看卦象，看互體，還嫌不夠，一定要懂得"卦變"。何謂卦變？一卦六爻，如果把其中的兩爻掉換一下，這一個卦便會變做別一個卦。例如復的卦象爲☷☳，如果把初爻移到二爻去，就成了☷☵（師）了；又把初爻移到三爻去，就成了☷☶（謙）了。……但卦雖變了，還可用了所變的卦來解釋原卦，因爲原卦和變卦中包含的陰陽爻是相等的，卦義自有互相補足的可能。知道了這一義，便可看

　　　斲木爲耜，揉木爲耒……蓋取諸益

這句話了。益的卦象爲䷩（巽、震）；其互體則爲䷁（坤）䷳（艮）；如更把初爻和四爻互易，即成爲否（䷋），又得了乾、坤二卦。故虞翻道：

> 否四之初也。巽爲木，爲入；艮爲手；乾爲金：手持金以入木，故斲木爲耜。……艮爲小木，手以撓之，故揉木爲耒。……坤爲田；巽爲股進退；震足動耜，艮手持耒，進退田中，耕之象也。（周易集解卷十五引）

説得多麼切實，耕田的樣子完全在益卦裏表現出來了。又

> 日中爲市，致天下之民，聚天下之貨，交易而退，各得其所，蓋取諸噬嗑

的解釋也是這般。噬嗑的卦象爲䷔（離、震）；其互體爲䷳（艮）和䷜（坎）；其卦變以初爻與五爻相易，亦爲否（䷋——乾、坤）。故虞翻云：

> 否五之初也。離象正上，故稱日中也。艮爲徑路；震爲足，又爲大塗。否乾爲天，坤爲民，故致天下民之象也。坎水艮山，群珍所出，聚天下貨之象也。震升坎降，交易而退，各得其所。（同上）

也是説得絲毫不漏。又：

> 服牛乘馬，引重致遠以利天下，蓋取諸隨，

隨象爲䷐（兌、震）；其互體爲䷳（艮）和䷸（巽）；其卦變以初爻與

上爻相易，亦爲否（☷——乾、坤）。故虞翻云：

> 否、乾爲馬，爲遠；坤爲牛，爲重。坤初之上爲引重；乾上之初爲致遠。艮爲背，巽爲股；在馬上，故乘馬。巽爲繩，繩束縛物；在牛背上，故服牛。（同上）

我鈔到這裏，不禁歎一口氣道：八卦是怎樣一件神妙的東西呵！這陰陽的卦畫會得把宇宙間的東西全都收了進去；還不算，更會從互體和卦變上把各種東西的相互關係闡明詳盡至此，伏羲氏真不愧爲首出御世的聖王了！

但是，不幸得很，纔一贊歎，我胸中的疑竇已起來了。伏羲氏畫八卦這一件事情，我們在較古的書裏雖不曾見過，但淮南子中有“八卦可以識吉凶，……伏羲爲之六十四變”的話，史記中有“伏羲至純厚，作易八卦”的話，可見伏羲畫卦重卦之説在西漢初年是已存在了的。至於伏羲、神農、黃帝、堯、舜們依據了卦象而制作的東西是何等的驚天動地，利用厚生，何以我們尚沒有在商、周以至戰國，甚至西漢的書裏見過一面呢？我們在前面讀過一部專記古人創作的書——世本，爲什麼這些觀象制器的事情它都沒有記載呢？爲什麼它記載的這些事物的創作者都不是這幾個人呢？不信，我們試把繫辭傳和世本兩書的記載列成一個比較表：

繫辭傳	世本作篇
庖犧氏作八卦	無
庖犧氏作罔罟	句芒作羅（一云“芒作網”）
神農氏作耒耜	垂作耒耜，作耨（又“咎繇作耒耜”，“鯀作耒耜”）
神農氏作市	祝融作市
黃帝、堯、舜（原文未指定哪一個人，只得此如寫）作舟楫	共鼓、貨狄作舟
黃帝、堯、舜作服牛乘馬	胲作服牛；相土作乘馬；胲作駕

續表

繫辭傳	世本作篇
黃帝、堯、舜作重門擊柝	無（但有"鯀作城郭"）
黃帝、堯、舜作臼杵	雍父作杵臼
黃帝、堯、舜作弧矢	揮作弓；牟夷作矢
後世聖人作宫室	堯使禹作宫室
後世聖人作棺槨	無
後世聖人作書契	沮誦、蒼頡作書

伏羲、神農們的觀象制器是古代極重大的事，爲什麽在這個比較表裏，兩書所載竟全然異樣，凡易繫辭中所給與伏羲、神農們的，世本竟一一地送給了別個人呢？注世本的宋衷對於這個問題没法解決了，只得寫道：

> 勾芒，伏羲臣。垂，神農臣。共鼓、貨狄，二人並黃帝臣。胲，黃帝臣。相土、膠，皆黃帝臣。雍父，黃帝字（一本引作"黃帝臣"）。揮，黃帝臣。牟夷，黃帝臣。沮誦、蒼頡，黃帝之史官。

這樣一解釋，足見伏羲、神農們雖非親手制作，也是命令他們的臣下制作的，繫辭傳和世本的話並不衝突。他的圓謊的本領可謂甚大。不過古人固然有許多死無對證，聽你安排的，但也有證據鑿確，不聽你支配的。即如作服牛的胲，王靜安先生證明他即是甲骨文中的王亥，商人的先祖，他的時代便只縠得到夏而縠不到黃帝時。相土亦商的先祖，商頌裏説"相土烈烈，海外有截"，則那時商的國勢已盛，也不會過早。一個漏洞現了出來，其他的話的信用自然倒地了。宋衷的拉攏式既不可用，那麽，我們對於這兩部書的不同應當怎樣去解釋呢？依我想來，我們可以先作兩個假設，再加研究：

（1）繫辭傳的話是錯誤的，故不爲世本的作者所承認；

（2）作世本時尚無繫辭傳，亦無類於繫辭傳的説話，故世本的作者只記其自己所傳聞的。

這第一個假設，我以爲不能成立。世本的作者所記的事，大一半是根據傳説來的，其小半則出於作者的附會。根據傳説的，如本講義二十二章所引的呂氏春秋與世本比較之文。出於附會的，如詩小雅中有"伯氏吹壎，仲氏吹篪"之句（何人斯），而此篇是漢儒解作蘇公刺暴公的，便説："塤（壎），暴辛公所造；蘇成公作篪"，這是很可笑的。作者對於引用的材料拉來便算，絕不曾做過一番精密的考據功夫。如今繫辭傳中這一段話既説得這樣地冠冕堂皇，這班聖人所制作的東西又是十分切合百姓日用的，假使給他看見，他一定全盤承受，決不會深閉固拒，僅僅説些"伏羲、神農作琴瑟，黃帝作冕旒"的話。現在他不説，足見他沒有看到。世本的時代已經够後了，繫辭傳中這一段話的時代乃更在其後。

其次，我們來看史記。司馬遷作史記，是"考信於六藝"的，是"厥協六經異傳"的，凡是經書裏所有的材料，除了詰屈聱牙不易解釋的之外，他總是儘量地使用。繫辭傳又是他看見的，他曾在自序裏引過"天下一致而百慮，同歸而殊途"一語（繫辭下傳）。如何他對於這一段與古史極有關係的文字竟忘記了呢？就算他不願把伏羲、神農列入本紀，但黃帝、堯、舜是他尊信的，如何他不把他們的觀象制器的故事記入了呢？

繫辭傳中有了這段神聖的故事，而特別注重古人制作的世本竟不理會它，網羅古今史事，且特別注重六藝的史記也不理會它。它爲什麽會得這樣孤另另地没有人緣？

説到這裏，我們只得研究它的來路了。

淮南子氾論訓中有一段話，意義和它很相合，只是沒有指明制器的聖王，也沒有説起制器的人是取象於易卦。現在也列出一個表來比較一下：

淮南子	繫辭傳
古者民澤處復穴，冬日則不勝霜雪霧露，夏日則不勝暑蟄蚊蝱；聖人乃作爲之築土構木以爲宮室，上棟下宇以蔽風雨，以避寒暑，而百姓安之。	上古穴居而野處；後世聖人易之以宮室，上棟下宇以待風雨，蓋取之大壯。
古者剡耜而耕，摩蜃而耨，……民勞而利薄，後世爲之耒耜耰鉏，……民逸而利多焉。	神農氏作，斲木爲耜，揉木爲耒，耒耨之利以教天下，蓋取諸益。
古者大川名谷衝絶道路，不通往來也；乃爲窬木方版以爲舟航。	黃帝、堯、舜氏作……刳木爲舟，剡木爲楫，舟楫之利以濟不通，致遠以利天下，蓋取諸渙。
故地勢有無得相委輸，乃爲艱蹞而超千里，肩荷負擔之勤也，而作爲之揉輪建輿，駕馬服牛，民以致遠而不勞。	服牛乘馬，引重致遠以利天下，蓋取諸隨。
爲摯禽猛獸之害傷人而無以禁御也，而作爲之鑄金鍛鐵以爲兵刃，猛獸不能爲害。	弦木爲弧，剡木爲矢，弧矢之利以威天下，蓋取諸睽。

在這比較之下，可見這兩段文字不但意義全同，即所用成語亦多相同；不過繫辭傳的詞句寫得簡潔些，並且每一事替它在易卦裏尋出一個根據而已。照以前人的說話，繫辭傳是孔子作的，前於淮南子約三百五十年，其出於淮南子的襲用可無疑義。但淮南王是一個信仰易學的人，他曾聘善爲易者九人，做成一部淮南道訓，一名淮南九師書（見漢書藝文志及劉向別錄）；就是淮南子中也引用易文不少。假使他們那時的易傳裏已有這章文字存在，他們爲什麼不把它引來做自己立說的佐證呢？爲什麼說到創作的人只言"聖人"而不言神農、黃帝，只言"後世"而不言"後世聖人"呢？可見淮南子中寫這段文字的意思只要說明時代愈後則器物愈完備，困難愈減少的一個觀念；一到了繫辭傳中那一章的作者的

手裏，便借他來説明卦象的神奇，以爲一切文明皆發源於卦象，當伏羲畫卦之時已蘊藏了無數制器的原理，遂開神農、黃帝時的燦爛的文化：它們的論點是不同的。

但是，細想起來，繫辭傳的話頗不合理。因爲照它説，制器之理既全具於卦象，則畫卦之後馬上可以推演出許多新東西來，而伏羲是畫卦的人，他早已把卦象卦變弄清楚，看明白了，爲什麼他只把這個方法使用了一次，作成了罔罟之後就停手，不再造船以便捕魚，乘馬以便打獵呢？神農既會觀象而制耒耜，爲什麼不再觀象而制杵臼，使田裏出産的五穀可以舂掉了秠皮呢？若説制器之理雖具而不顯明，必待觀象者的徐生妙悟，則卦象之用尚有未盡，伏羲、神農們也不能推爲聰明叡智的聖人了。況且黃帝、堯、舜之後也不乏聖人，何以再沒有觀象而制器的呢？夏以下也屢有新器出來，何以再沒有從易象裏推演而成的呢？

於此可見所謂"以制器者尚其象"本是莫須有的事。這很明顯，制器時看的象乃是自然界的象而不是卦爻的象。例如造船，一定是看見了木頭浮在水面而想出來的。倘單看渙卦，則但知木在水上而已，這不沉的德性如何可以看得出來。何況易卦中既有木在水上的渙（䷺），還有水在木上的井（䷯），爲什麼聖人看了井卦的象不因其要沉入水底而輟其制作呢？若説聖人是知道木性不沈的，故不因觀了井象而不作，那麼，他便不必因觀了渙象而始悟出造船的道理來了。

再有，這章中説的聖人觀了某卦的象故制出某種的器，細想起來也很可笑。因爲六十四卦是由最簡單的陰陽爻排列而成，這卦和那卦本沒有嚴密的界限；加以互體和卦變的一搬動，更可由人顛之倒之地瞎講，講得頭頭是道了。不信，請讓我玩一套把戲給諸君看。它説：

日中爲市，致天下之民，聚天下之貨，交易而退，各得其所，蓋取諸噬嗑。

舟楫之利，……蓋取諸渙。

這是十分確定的事實了。但我説：不對！

日中爲市，乃取諸渙。

爲什麼？因爲渙象爲☴☵（巽、坎），其互體爲☳（震）和☶（艮），其卦變以二爻與四爻相易爲☶（否——乾，坤）。我可以遵照了易學先師的方法而斷之曰：

巽爲近利市三倍，"爲市"之象也。坎爲通，"交易"之道也。震爲大塗，艮爲徑路，通都之人循大塗而來會，僻邑之人則行小徑而至也。乾爲天，日麗乎天，故曰"日中"。坤爲地，萬物之所從出，故曰"致天下之貨"。巽又爲進退，交易則進，既畢則退也。

這樣説來，倒也着實"像煞有介事"，於是神農氏只得隨順了我的話，看了渙卦之象而作市了！倘使我們又要把黄帝作舟楫的事説成取象於噬嗑，也很方便。因爲這卦的象是☲☳（離、震），其互體爲☶（艮）和☵（坎）：艮爲木，坎爲水，已可把它説成舟楫；而震爲龍，離爲鼈、蟹、蠃、蚌，都是水族，乘舟入水豈不是效法於此種動物呢！

寫到這裏，真使我短氣了！易理的圓融如此，想要把它應用的如何可以捉住它的確實的意義？照那樣講，只要看了一個卦儘够造出無數東西來了，爲什麼古先聖王只能於一卦之下制成一件東西呢？許多卦中既有同樣的象存在，爲什麼他們只會取了這一卦的象而失掉了那幾卦的象呢？費了聖人的許多心思制成了幾件東西，然而世本中沒有記載，所記載的古聖人的制作都不是由觀象來的，除了繫辭傳這一章之外再沒有同樣的故事，可見圓融得無路不通的實際上卻是一無所通。

　　然則，這一章文字是什麽時候出來的呢？關於這個問題，我們應先看象傳。象傳是最早用"象"去解釋易卦辭的。它說：

　　　　雲（☵），雷（☳），屯。
　　　　山（☶）下出泉（☵），蒙。
　　　　上天（☰）下澤（☱），履。
　　　　地（☷）中有山（☶），謙。
　　　　澤（☱）滅木（☴），大過。
　　　　風（☴）行地（☷）上，觀。
　　　　明（☲）出地（☷）上，晉。
　　　　雷（☳）雨（☵）作，解。
　　　　火（☲）在水（☵）上，未濟。

它以☰爲天，以☷爲地，以☳爲雷，以☵爲水，爲雲，爲雨，爲泉，以☶爲山，以☴爲風，爲木，以☲爲火，爲明，以☱爲澤，意義甚爲簡單，所取之象都是自然界中最重大的幾件東西，並没有像説卦傳那樣的細碎複雜。這可見象傳爲原始的説卦傳，而説卦傳乃是進步的象傳，其間時代相差頗久。到了京房、荀爽一班經師出來，最喜歡弄這種玩意兒，於是又添了許多東西進去。陸德明經典釋文於説卦傳末注云：

　　　　荀爽九家集解本，乾後更有四：爲龍，爲直，爲衣，爲言。坤後有八：爲牝，爲迷，爲方，爲囊，爲裳，爲黃，爲帛，爲漿。震後有三：爲王，爲鵠，爲鼓。巽後有二：爲楊，爲鸛。坎後有八：爲宮，爲律，爲可，爲棟，爲叢棘，

爲狐，爲蒺藜，爲桎梏。離後有一：爲牝牛。艮後有三：爲
鼻，爲虎，爲狐。兌後有二：爲常，爲輔頰。（卷二）

照這樣子做下去，大可做成一部卦象字典了。這個風氣始於西漢
而極盛於東漢。到了三國，雖然還有虞翻等張其軍，而王弼作易
注，便完全把它推翻了。他説：

　　言者所以明象，得象而忘言；象者所以存意，得意而忘
象。猶蹄者所以在兔，得兔而忘蹄；筌者所以在魚，得魚而
忘筌也。……得意在忘象；得象在忘言。故立象以盡意而象
可忘也；重畫以盡情而畫可忘也。是故觸類可爲其象，合義
可爲其徵。義苟在健，何必馬乎！類苟在順，何必牛乎！爻
苟合順，何必坤乃爲牛！義苟應健，何必乾乃爲馬！而或者
定馬于乾，案文責卦。有馬無乾，則僞説滋蔓，難可紀矣。
互體不足，遂及卦變。變又不足，推致五行。一失其原，巧
愈彌甚。縱復或值而義無所取，蓋存象忘意之由也。忘象以
求其意，義斯見矣！（周易略例明象）

這是他對於漢代易學的一個大破壞。他的易注不注繫辭傳、説卦
傳諸篇。他的弟子韓康伯補注此數篇，於説卦傳卦象一大段亦不
注，而於繫辭傳中觀象制器一章則注云：

　　離，麗也。罔罟之用必審物之所麗也。魚麗于水，獸麗
于山也。
　　噬嗑，合也。市人之所聚，異方之所合。設法以合物，
噬嗑之義也。
　　渙者，乘理以散通也。
　　隨，隨宜也。服牛乘馬，隨物所之，各得其宜也。

　　睽，乖也。物乖則爭興，弧矢之用所以威乖爭也。

　　宮室壯大於穴居，故制爲宮室取諸大壯也。

　　夬，決也。書契所以決斷萬事也。

他不以卦象解釋而以卦名的意義解釋，似乎也講得過去；但他對於作耒耜所取的益就沒法講了，所以他不注。其實，當初聖人若是觀了卦名而制器的，則繫辭傳中也不應説"以制器者尚其象"而應説"以制器者尚其名"了。況且舟楫的制作，與其説是觀了渙的卦名而來，何如説觀了既濟的卦名爲更適當呢？所以王弼的一派在易學上雖有破除迷妄的功績，但對於這一章文字實在不曾講得妥貼。

　　所以然者何？因爲這一章文字的基礎是建築於説卦傳的物象上的，是建築於九家易的互體和卦變上的。必須用了物象、互體、卦變等等來講，纔能講得出神入化，見得伏羲、神農一班聖人的睿明通知。若依王弼的忘象求意之説，除了根本推翻之外沒有別法。所以我們可以下一句斷語，説：在沒有説卦傳之前，沒有互體和卦變説之前，這章文字是不會出現的。

　　説卦傳出於象傳之後，我們知道了。互體和卦變之説是什麼時候起來的呢？書上沒有提起。我們現在看得見的聚集漢代易説最完全的要推唐李鼎祚的周易集解，這是對於王弼的"忘象的"易學起的反動，而輯集虞翻、荀爽等"存象的"三十餘家之書而成的。書中又引九家易。經典釋文云：

　　　　荀爽九家集注十卷：不知何人所集。稱荀爽者，以爲主故也。其序有荀爽、京房、馬融、鄭玄、宋衷、虞翻、陸績、姚信、翟子玄。……（序錄）

這九個人中，京房是西漢人，荀爽、馬融、鄭玄是東漢人，宋衷以下是三國人。可見這存象一派，京房爲其先覺。漢書儒林傳云：

> 京房，受易梁人焦延壽。延壽云嘗從孟喜問易。會喜死，房以爲延壽易即孟氏學。翟牧、白生不肯，皆曰非也。至成帝時，劉向校書，考易説，以爲諸家易説皆祖田何、楊叔、丁將軍，大誼略同；唯京氏爲異，黨焦延壽，獨得隱士之説，託之孟氏，不相與同。……由是易有京氏之學。

這又可見京房是自己開闢一個新學派而託之於孟喜的，與漢代傳統的易學特別不同。漢書藝文志易類載：

> 孟氏京房十一篇，
> 災異孟氏京房六十六篇，

就是他一手造成的學説。自從他自出主張，變更師法，一時風從，於是打倒了易學正統的施讐、楊何、梁丘賀諸人而獨霸，所以經典釋文記易學書籍只能從孟喜、京房起（第一部子夏易傳是假的），九家易輯録三國以前的易説也只是能從京房起了。互體和卦變是東漢的易學家的專業，而這一派是以京房爲宗師的，那麼，這幾種方法的來源便不難指定了。

施讐、楊何們的遺説雖無傳，猜測起來，其講易當如彖傳、象傳之類，不甚有詭異的意味。自京房起來，用了種種纖巧的方式，把一部易經講得天花亂墜。人情愛新奇而厭平凡，所以他們的易説就佔着絕對的優勢了。

繫辭傳中這一章，它的基礎是建築於説卦傳的物象上的，是建築於九家易的互體和卦變上的。我們既知道説卦傳較彖傳爲晚出，既知道説卦傳與孟、京的卦氣圖相合，又知道京房之學是託之於孟氏的，又知道京房是漢元帝時的人，那麼，我們可以斷説：繫辭傳中這一章是京房或是京房的後學們所作的，它的時代不能早於漢元帝。因爲它出在西漢的後期，所以世本的作者不能見它，史記的作者不能見它，其他早一些的西漢人也都不能見它。因爲它出在西漢的後期，所以它可以採取了淮南子中的"去害就利"的一段話來做它的底本，又可以搶奪了世本作篇中的許多人的制作來獻與伏羲、神農等幾個最有名的古帝王。

這個結論或者有人看了要問：繫辭傳一書不是司馬遷的父親已引過嗎？爲什麼這章文字會到漢元帝後始出現呢？就説是京房一班人假造的，然易經的本子尚有施讐、梁丘賀諸家，這僞作的一章即使僥倖插進了孟喜一家的本子，如何可以遍僞他家而盡欺天下之目呢？我説：古書的被人竄亂是常有的事情，一篇之書，大體不僞而部分僞的，所在多有，最顯著的如"孔子生"的插入春秋，百篇書序的插入史記，都是。繫辭傳雖可爲司馬談所見，而伏羲們觀象制作的一章儘不妨到西漢後期纔出來。至於周易經傳的本子，因京房之學日盛，遂使他的本子成爲定本，新出漢石經可見。〔經典釋文云："'劓刖'，京作'劓劊'。"（困）去年洛陽發見漢石經殘石，"劓刖"正作"劓劊"，故知東漢學官定本即是用京房的。〕京房本立爲定本，載在石經，這不觳統一別的本子嗎？

這章的著作者及其著作時代，我們已大略考定了。至於他爲什麼要僞作這一章，上面還沒有説得詳盡。我以爲這僞作的意義有三：其一，是要擡高易的地位，擴大易的效用；其二，是要拉攏神農、黄帝、堯、舜入易的範圍；其三，是要破壞舊五帝説而建立新五帝説。

易既入於六藝，立於學官，當然一班治易的人要把它説得神通廣大，纔可替本書佔身分，也替自己佔身分。春秋本是一部簡明的記事書，他們尚且可以把它講出許多奧妙。何況易，陰陽爻是可以排列成許多方式的，卦爻辭是在可解不可解之間的，要附會起來當然更容易。所以第一步説易卦及卦辭、爻辭是講宇宙觀和人生觀的，於是成了彖傳、象傳、繫辭傳等。第二步説宇宙間的萬事萬物都是受支配於八卦的，一個卦可以作爲無數事物的象徵，於是成了説卦傳。第三步説世間的文明都是從易裏推演出來的，古聖人所以能毅制作即是懂得了這個推演的方法，於是成了繫辭傳中這一章。有了這一章，而繫辭傳中所謂"開物成務"，所謂"立成器以爲天下利"，所謂"百姓日用而不知"，都得到了實際的證明了。這是僞作者的第一義。

易與伏羲的關係，在西漢初年已説起。他們發生關係的緣故，大約因爲易的偶像成立的時候正是伏羲的偶像成立的時候（戰國末，西漢初），故於無意中湊合了。（好像堯、舜的傳説發達時正值儒家興起，黃帝的傳説發達時正值道家和神仙家興起，所以他們就做了這幾派的教主。）但易的境域裏僅僅有個伏羲還嫌不熱鬧，而且伏羲又不是儒家所十分崇拜的，應當再拉幾個有名的聖王進去纔是。恰好那時傳説中的古史系統是把伏羲安放在神農、黃帝、堯、舜們的上面的，於是便把神農、黃帝、堯、舜一齊請進，叫他們跟了伏羲的腳步走，而後聖聖傳心，易的地位便更尊嚴了。這是僞作者的第二義。

五帝之説，自戰國以迄西漢，都確定爲"黃帝—顓頊—帝嚳—堯—舜"。但堯、舜爲有儒家的捧場，黃帝爲有道家及神仙家的捧場，他們的勢力歷久不衰。至顓頊與帝嚳二人則偶像之成係因其爲各民族的祖先（看上章史記中各國先世表可知）；到了西漢，民族既融合爲一，没有這個偶像的需要，又没有思想家替他們開出些新國土來，他們的勢力不由得不日就衰落了。然而那時的伏羲、神農的傳説起得不久，正在社會上風行，惟以五帝久已定局，三皇也没有改組的消息，他們得不到一個正統的地位。本章的作者看準了這一點，大膽起一次革命，推戴伏羲、神農，放逐顓頊、帝嚳，使五帝的組織變成"伏羲—神農—黃帝—堯—

舜"，個個都是當時有實力的。因爲他推戴的是"大的新鬼"，放逐的是"小的故鬼"，所以輿論翕然，不聞異議，而伏羲、神農的寶座遂至今不撤了。這是僞作者的第三義。

（十九年度第一學期講義完）

二六　世經

我們講上古史講到這裏，一個最後的大難關已截住了我們的去路。如果我們打得通這一關，以下便勢如破竹，再沒有大困難了。要知根由，且得從頭說起。

我們在上邊知道，戰國時的騶衍曾經創立了一種"五德轉移說"，他說從天地剖判以來，各代的帝王在受命的時候都是得到了五行中的某一德的符應，而後以他自己所占的德定出各種制度的。他的書雖失傳了，但我們從呂氏春秋裏，從史記封禪書裏，知道黃帝得土德，夏得木德，殷得金德，周得火德，繼周者應得水德。又知道五德轉移的次序是"從所不勝"的：木可尅土，故夏代了黃帝；金可尅木，故殷代了夏……。因爲這樣，所以秦始皇併了天下之後，就自居於水德，服色尚黑，數以六爲紀，年始自十月朔，事皆決於法。

我們應記着，這個五德轉移說雖至秦始皇時已經確立，但朝代的推嬗之數甚少，從黃帝到周不過四代，連了秦也不過剛湊滿五德之數；自從天地剖判以來，這五德的轉移還不曾複演過一次。看來那時是把"五帝"這一組一起納在黃帝的土德裏的，故三代雖分占三德而五帝只合占一德。所以然之故，大約因爲相傳五帝同出於黃帝，傳世又不多，不妨看成一代也。

這件事在秦朝沒有問題。大家相信：周是火德；秦代周，水剋火，秦應是水德。

自從漢滅了秦，問題就起來了。秦併了天下之後直到亡國不過十五年，就是從周亡算起也不過四十九年，這水德之運太短了，算不算呢？

有的說不算。故——

> 漢興，高祖曰："北畤待我而起"，亦自以爲獲水德之瑞。雖明習曆及張蒼等咸以爲然。……故襲秦正朔服色。（史記曆書）

但是到了文帝時，就有人樹起異議來。第一個是賈誼。史記賈生傳云：

> 賈生以爲漢興至孝文二十餘年，天下和洽而固，當改正朔，易服色，法制度，定官名，興禮樂。乃悉草具其事儀法，色尚黃，數用五，爲官名，悉更秦之法。

這是承認秦爲水德，漢滅秦，土剋水，漢應爲土德的。秦爲水德故尚黑；漢爲土德故尚黃。水德之數以六爲紀；土德之數以五爲紀。他雖"悉更秦之法"，實際上乃與秦的制度同是以五德說爲變法的標準的。這是文帝初年的事。史記上說，他擬出了這些制度之後，文帝以初即位，謙讓未遑，沒有實行。賈誼在朝好發議論，丞相周勃等討厭了，在文帝前說他的壞話，把他攆走了。

過了十餘年，又有一個人起來，繼續這個"改德運動"。史記封禪書說：

> 魯人公孫臣上書曰："始秦得水德，今漢受之。推終始

傳，則漢當土德。土德之應黃龍見。宜改正朔，易服色，色尚黃。”

他把五德轉移說講得更清楚了。因爲第一個得土德的黃帝，他的符應是“黃龍地螾見”的，所以第二次得土德的漢，其符應也應當有“黃龍見”。這個符應雖還沒有出來，但他豫言是會得顯現的。

不幸這時候的丞相恰恰是那位主張水德的張蒼，所以他碰了一鼻子的灰。封禪書道：

是時丞相張蒼好律曆，以爲“漢乃水德之始。故河決金堤，其符也。年始冬十月，色外黑內赤（服虔曰‘十月陰氣在外，故外黑；陽氣尚伏在地，故內赤也’），與德相應。如公孫臣言，非也！”罷之。

張蒼依舊把秦踢出了五德之外，而以漢爲水德之始。他的惟一的證據是河決金堤。因爲他官居丞相，所以他勝利了。

但是，公孫臣終於靠了他的運氣（也許靠了他的詭計）戰勝了張蒼。文帝十五年，黃龍真的在成紀出現了。公孫臣的豫言既獲得了應驗，於是文帝召他拜爲博士，與諸生草改曆服色事。張蒼自黜，所欲論著皆不成。從此以後，漢的國運就確定爲土德了。

班固於郊祀志贊中說：

漢興之初，庶事草創，唯一叔孫生略定朝廷之儀。若乃正朔、服色、郊望之事，數世猶未章焉。至於孝文，始以夏郊。而張蒼據水德，公孫臣、賈誼更以爲土德，卒不能明。孝武之世，文章爲盛。太初改制，而兒寬、司馬遷等猶從臣、誼之言，服色、度數遂順黃德。彼以五德之傳從所不勝，秦在水德，故謂漢據土而克之。

讀此，可見當時一切的禮制完全以五德說爲中心，照水德做時應當這樣，照土德做時又應當那樣；因爲有此爭論，所以漢朝的服色、度數直到武帝時纔得規定。而當時主張水德的僅有一張蒼，主張土德的不但有賈誼、公孫臣，且有兒寬、司馬遷等，可見那時承認短時間的秦佔有一德的居多。張蒼的書十六篇在漢書藝文志陰陽家，賈誼的書五十八篇，兒寬的書九篇在儒家，可惜現在都不傳（賈誼新書是後人僞造的），不能知道他們的學說的究竟。司馬遷的史記裏，關於他的五德說的主張也看不到什麼，只在張丞相列傳的贊裏有"張蒼文學律曆爲漢名相，而紬賈生、公孫臣等，言正朔、服色事而不遵明，用秦之顓頊曆，何哉？"一句話。

至于太初改制一件事，即本講義第二十四章中所述的。這事本從三統說出發，與五德說不見有何關係。照我看來，這兩說實相衝突。但很奇怪，漢書武帝紀中也說：

> 太初元年……夏五月，正曆，以正月爲歲首，色上黃，數用五，定官名，協音律。

則那時竟是以三統說正曆，而以五德說易服色、度數的。（如果用了董仲舒的三統說易服色，則漢爲建寅的黑統，色應上黑，不應上黃。）漢代人的行事爲什麼會得這樣滑稽，真使我們不解。

兒寬與司馬遷用了三統說而改曆，史書具有明文。至於他們用了五德說而易服色、度數，則僅見於班固的一贊。不知道是他們真有這種主張呢；還是因爲他們創議改曆，而易服色、度數正與改曆同時，遂使後人誤認爲一事呢？

我們看了以上的記叙，可以知道：漢的成爲土德，是醞釀於文帝時而實現於武帝太初元年（公元前一〇四）的。

照我們想，這事既醞釀了七十餘年，又經國家頒爲法典，已是十分確定的了；自天地剖判以來，五德之序，黃帝土，夏木，殷金，周火，秦水，漢復爲土，已是不能改移的事實了。

可是，事情常有出乎意料之外的，到了西漢之末，漢爲土德之説又給人推翻了！

我們若要明白漢的土德何以會得給人推翻，應當先看董仲舒的兩篇文章。春秋繁露第五十八篇爲五行相勝，第五十九篇爲五行相生。相勝篇説的是木勝土，金勝木，火勝金，水勝火，土勝水，原與我們上面講的一律。但"五行相生"則上面尚未講過。他説：

> 天地之氣合而爲一，分爲陰陽，判爲四時，列爲五行。行者行也，其行不同，故謂之五行。五行者五官也，比相生而間相勝也。……東方者木；……木生火。南方者火；……火生土。中央者土；……土生金。西方者金；……金生水。北方者水；……水生木。

讀此，可知五行的次序有兩種排列法：

（甲）相勝——土←木←金←火←水（←土）

（乙）相生——木→火→土→金→水（→木）

五行的排列法既有這兩種，難道歷史的排列法就不該有這兩種嗎？所以歷史的製造家起意了。

我們既經知道了這個五行相生的系統，再來看一下王莽的世系：

> 莽自謂黃帝之後。其自本（顏師古注："述其本系。"當是書名）曰：黃帝姓姚氏；八世生虞舜。舜起嬀汭，以嬀爲姓。至周武王封舜後嬀滿於陳，是爲胡公。十三世生完；完字敬仲，奔齊，齊桓公以爲卿，姓田氏。十一世，田和有齊國；三世，稱王。至王建，爲秦所滅。項羽起，封建孫安爲濟北

王。至漢興，安失國；齊人謂之王家。（漢書元后傳）

照這樣説，王莽是田安的後裔，田安是田敬仲的後裔，田敬仲是舜的後裔，舜是黄帝的後裔。陳侯、齊王，僅是諸侯，没有什麽大關係；至黄帝與舜則都是有天下的。王莽爲兩代聖帝的子孫，甚足引爲自己的光寵也。

話説王莽的姑母是漢元帝的皇后，自從元帝死後，成帝重用他的母舅們，王氏一家聲勢赫奕。王莽從成帝末年柄國政，權勢日重，便圖謀篡漢。他的篡位的手續，第一步是效法周公輔成王，第二步是效法舜受堯禪。因爲平帝和孺子嬰都是幼小的君，由得他播弄，所以他做了安漢公又做攝皇帝，以至做真皇帝。因爲他的始祖黄帝是土德，所以他的有天下也自居於土德。

可是，問題就出來了。漢爲土德是已經確定了的事實，如何他做了繼漢的天子依然是土德呢？若説木尅土，他自己應爲木德，又何以解於他的始祖黄帝之爲土德呢？黄帝之爲土德是顯明在稱號上的，不可改的，他爲黄帝的裔孫的一件事是他自己用作宣傳的，又是不願改的，然則將以何種方法獲得他的繼漢而有天下的證據呢？

其次，問題又來了。他因爲自己是舜的後裔，故要效法唐、虞的禪讓，使得祖先的神聖的故事再在自己身上複演一番。這不但是自身的光榮，也是吸收民衆信仰的一個好方法。可是以前的五德説是不把唐、虞算在裏邊的，現在應當用什麽方法使得唐、虞也佔了五德之運，見得自己的代漢是有前定的意義呢？

黄帝的德，虞舜的位，如何可以與王莽代漢的事聯貫在一點上，見出他們的祖孫關係的親切和歷史事實複演的前定？這是一個難題目。

不過難題目到了漢朝人的手中是不難的，因爲他們敢於改變已確定的事實。

　　那時有一個最有學問的人，名喚劉歆。他曾於成帝時和他的父親劉向校過中祕書，編成了一部七略。他曾於哀帝時請立左氏春秋、毛詩、逸禮、古文尚書於學官，和五經博士大鬧過一次。他曾於平帝時爲王莽典文章，治明堂辟雍，封紅休侯。他酷好左氏春秋，始引傳文以解經，轉相發明，左氏傳便有了章句。他懂得天文律曆之學，究其微眇，著有三統曆及三統譜。

　　他是當時智識界的領袖，新皇帝王莽的親信，所以王莽的難題目就是他的難題目。他在當時"運籌帷幄"的情狀，固然沒有人記錄下來；但是在一部左傳裏，一部漢書律曆志（此篇根據劉歆的三統曆而成）裏，儘够告訴我們這些消息了。

　　左傳中有下列三段記事：

　　　　晉人患秦之用士會也，……乃使魏壽餘僞以魏叛者，以誘士會。執其帑於晉，使夜逸，請自歸于秦。秦伯許之。履士會之足於朝。秦伯師于河西；魏人在東。壽餘曰："請東人之能與夫二三有司言者，吾與之先。"使士會。士會辭曰："晉人，虎狼也；若背其言，臣死，妻子爲戮，無益于君，不可悔也！"秦伯曰："若背其言，所不歸爾帑者，有如河！"乃行。……既濟，魏人譟而還。秦人歸其帑。其處者爲劉氏。（文公十三年）

　　　　范宣子曰："昔匄之祖，自虞以上爲陶唐氏，在夏爲御龍氏，在商爲豕韋氏，在周爲唐杜氏，晉主夏盟爲范氏。"（襄公二十四年）

　　　　有夏孔甲擾于有帝，帝賜之乘龍，河、漢各二，各有雌雄。孔甲不能食而未獲豢龍氏。有陶唐氏既衰，其後有劉累，學擾龍于豢龍氏，以事孔甲，能飲食之。夏后嘉之，賜氏曰御龍，以更豕韋之後。龍一雌死，潛醢以食夏后；夏后饗之。既而使求之，懼而遷於魯縣。范氏其後也。（昭公二

十九年）

這三段記事粗看似乎很平常，但裏邊卻藏着一句"劉氏出于堯後"
（即"漢爲堯後"）的話。左傳裏説他們這一族出於陶唐氏；在夏代
已以劉爲氏；後改氏唐杜；又改氏士；到士會，他的留於秦的一
部分家屬仍改爲劉氏，其歸晉的以受封於范爲范氏。漢高祖就是
留秦一部分的子孫了，所以左傳正義説：

> 會子在秦，不被賜族，故自復累之姓爲劉氏。秦滅魏，
> 劉氏徙大梁。漢高祖之祖爲豐公，又徙沛，故高祖爲沛人。
> （文公十三年）

我們根據了這些話，可以畫出一個劉氏的世系圖來：

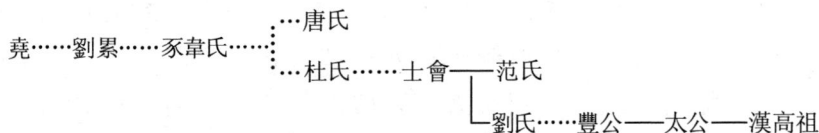

```
                         …唐氏
堯……劉累……豕韋氏……     
                         …杜氏……士會——范氏
                                    └劉氏……豐公——太公——漢高祖
```

漢高祖的一族，出於士會，出於劉累，出於堯，似乎也沒有
什麽奇怪。可是這句話是王莽以前的人所没有聽見過的。我們看
漢書禮樂志中所載的郊祀歌、房中歌等，宣揚漢德，誇辭甚多，
但從没有提起過這一件事。爲什麽在詩三百篇中，商人要誇玄
鳥，周人要誇后稷，而漢人不誇這最有名的先祖堯呢？所以左傳
中有了這些記載，連最肯盲從的經師也反對起來。賈逵説：

> 五經家皆無以證圖讖明劉氏爲堯後者，而左氏獨有明
> 文。（後漢書賈逵傳）

這就是説：言劉氏爲堯後的只有左傳和圖讖，五經家則都不承認
這一説的。左傳成於劉歆之手；圖讖則起於哀、平間，極盛於王

莽時的。這一説的來源也就可想而知了。又孔穎達左傳正義云：

> 炫（隋劉炫）於“處秦爲劉”謂非丘明之筆，“豕韋、唐杜”
> 不信元愷（杜預）之言，己之遠祖數自譏訐。（襄二十四年）

則劉炫寧可自己失去堯的子孫的光榮而指斥“其處者爲劉氏”一語爲非左傳的本文了。但孔穎達雖笑劉炫的譏訐遠祖，實在他自己對於“其處者爲劉氏”一語也是不信的。他説：

> 伍員屬其子於齊，使爲王孫氏者，知己將死，豫令改族。……士會之帑在秦不顯，於會之身復無所辟，傳説處秦爲劉氏，未知何意言此。討尋上下，其文不類，深疑此句或非本旨。蓋以爲漢室初興，損棄古學，左氏不顯於世，先儒無以自申。劉氏從秦徙魏，其源本出劉累，插注此辭，將以媚於世。明帝時，賈逵上疏云：“五經皆無證圖讖明劉氏爲堯後者，而左氏獨有明文。”竊謂前世藉此以求道通，故後引之以爲證耳。（文公十三年）

他説“未知何意言此”，這個意，我們是知道了。他説漢室初興時，先儒因左氏不顯於世，故插注此辭，將以媚漢，我們也敢説他看錯了時代了。這句話不是媚漢，乃是媚新；不是求古學之道通，乃是求新室帝業之成功。換句話説，只因王莽是舜後，所以漢就不得不成爲堯後了。這句話的宗旨，以圖表之，是：

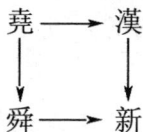

堯 ——→ 漢
↓　　　　↓
舜 ——→ 新

崔觶甫先生説：

　　　　劉歆欲明新之代漢迫於皇天威命，非人力所能辭
　　讓。……新之當受漢禪，如舜之當受堯禪也。（史記探源序
　　證）

　　這是直探他們——王莽和劉歆——的作僞的本旨的一個大發見。
　　　　如此，新之代漢在經典裏是有根據的了。但他們在五德的關
　　係上怎樣呢？照以前所說，
　　　　　（土）　黃帝——舜——新
　　是決定了的。如果加上堯和漢，應爲下式：
　　　　　（?）　?　——堯——漢
　　　　　（土）　黃帝——舜——新
　　定了這一式，就要發問了：堯和漢應居什麼德呢？堯之上，黃帝
　　之前，應請哪一人居此位呢？
　　　　先看第一問。依照上面五行次序的排列法，在土德前面的有
　　　　　（相勝）　水←—土
　　　　　（相生）　火—→土
　　的兩說。然則漢德將仍用張蒼說而爲水德，讓新去尅它呢？還是
　　改爲火德，讓它去生了新呢？或者他們想，新的代漢應由禪讓，
　　不由征伐，和舜的代堯一樣，當相生而不當相勝，所以結果便成
　　了下列的方式：
　　　　　（火）　?　——堯——漢
　　　　　（土）　黃帝——舜——新
　　照這樣看，堯和漢都確定爲火德了！漢的土德經歷了一百年，到
　　這時不得不變了！堯本與其他四帝合在土德內的，到這時也不得
　　不獨據一德了！
　　　　因爲漢爲堯後，漢爲火德的兩說起得甚晚，所以史記的高祖
　　本紀對於高祖的先世沒說什麼，只在贊裏講：

夏之政忠，忠之敝小人以野，故殷人承之以敬。敬之敝小人以鬼，故周人承之以文。文之敝，小人以僿，故救僿莫若以忠。三王之道若循環，終而復始。周、秦之間可謂文敝矣。……漢興，承敝易變，使人不倦，得天統矣！……

而班固卻於漢書的高帝紀贊中道：

是以頌高祖云：漢帝本系，出自唐帝。降及于周，在秦作劉。涉魏而東，遂爲豐公。……由是推之，漢承堯運，德祚已盛。斷蛇著符，旗幟上赤，協于火德。自然之應，得天統矣！

司馬遷和班固一樣地説漢高祖"得天統"，但司馬氏説他得天統的緣故在於救周、秦間的文敝，而班氏説他得天統的緣故則在於承堯運，協火德。他們二人相去不過百餘年，漢的立國的根據已從三統説的"忠"改到五德説的"火"了！

說到"斷蛇著符"的事，我們該引漢書高帝紀的文一讀。（史記也有，自是竄入。）文云：

高祖被酒，夜徑澤中，令一人行前。行前者還報曰："前有大蛇當徑，願還！"高祖醉曰："壯士行，何畏！"乃前，拔劍斬蛇；蛇分爲兩，道開。行數里，醉困臥。後人來至蛇所，有一老嫗夜哭。人問嫗何哭？嫗曰："人殺吾子。"人曰："嫗子何爲見殺？"嫗曰："吾子，白帝子也，化爲蛇當道。今者赤帝子斬之，故哭。"人乃以嫗爲不誠，欲苦之。嫗因忽不見。後人至，高祖覺，告高祖。高祖乃心獨喜，自負；諸從者日益畏之。

這是漢高祖的受命之徵。這是漢爲火德的最切實的證明。但是如果真有這件事，漢之爲火德在高祖未起兵時已確定了，爲什麼漢滅了秦，高祖反自以爲"北畤待我而起"而居於水德呢？爲什麼張蒼以河決金堤而謂"漢乃水德之始"呢？爲什麼要待文帝十五年黄龍見於成紀而後定爲土德呢？可見西漢末葉以前還没有這件故事，所以大家還想不到漢之可以爲火德。

説到漢爲赤帝子，秦爲白帝子，就又有一個問題出現。秦不是自居於水德的嗎？水之色黑，他當爲黑帝子，爲什麼他竟成了白帝子呢？再説漢之所以爲火德，原爲要它生出新的土德來，爲什麼在漢前的秦竟是金德，又適用了相勝的規則，而使秦、漢、新的一個系統成爲"金←──火──→土"呢？

我對於這個問題的臆見，以爲五行可作多種方式的排列，正和八卦一樣。他們那時玩慣了這種把戲，或是唯意所欲，或是這幾種説法原有幾個不同的來源，皆未可知。如果我們對於這個問題必要作一解釋，可以説：漢滅秦，故爲火尅金；漢禪新，故爲火生土；這乃是用了傳國的不同的方式來分别它們的生或勝的。這一説没有經過通盤的籌算，只就幾百年内的事情想了一下，作如此的分配而已。至於秦以被火德的漢所滅而成爲金德，尚有他方面的故事可證。郊祀志云：

> 秦襄公既侯，居西陲，自以爲主少皞之神，作西畤，祠白帝。
> 櫟陽雨金，秦獻公自以爲得金瑞，故作畦畤櫟陽而祀白帝。

這樣的"西─白─金"的系統的分列，確與五行説十分合拍。但秦襄公在春秋前，秦獻公亦在戰國初，恐怕那時五行之説還没有起來呢！而且秦國既經有了這些故事，秦之爲金德亦甚明白矣，爲什麼還要推本於秦文公的獲黑龍而自居於水德呢？恐怕襄公、獻公的"自以爲"就是西漢末葉的人的"自以爲"吧。

第一問既經作答了，我們再來看第二問。王莽、劉歆們已把堯和漢説做了火德，成爲

（火）　？　　——堯——漢
（土）　黃帝——舜——新

的局面，這空白的一格當然要填滿了纔是。新是出於黃帝和舜的，王莽已經屢次的宣言了。漢是出於堯的，也已在左傳裏安排好了。堯是出於誰的呢？他承受的德是誰開頭的呢？關於前一事，帝繫篇中早已明白規定，堯是黃帝之玄孫；史記五帝本紀中也這樣地寫了。那麼，舜是黃帝之八世孫，仍秉黃帝的土德，爲什麼黃帝之四世孫堯卻不秉黃帝之德而另成爲火德呢？説到這裏，是無話可説了。他們只得承認這是德的異同，正如黃帝與炎帝同爲少典之子，卻"成而異德"一樣。

關於後一事，要問堯之前誰是火德，大家一想就想得到，是炎帝。因爲火德的意義的表現於他的名號上，比了土德的黃帝還要顯著。雖然許多書裏説到炎、黃總把他們算作同時代人，但這正和堯、舜的同時代一樣，不妨各據一德。因此，他們就作成下式的排列：

（火）　炎帝——堯——漢
（土）　黃帝——舜——新

這樣一排，堯就承受了炎帝的德運了。自從天地剖判以來，到這個時候，土德複演了三次，火德也複演了三次。

可是，堯在舜前，漢在新前，是大家都知道的，已確定的，至於炎帝的有天下如何在黃帝之前呢？書上沒有記載，如何可以使得大家相信呢？這一個難問題又接着發生了。

他們（我代）説："不妨！我們有移花接木的本領。呂氏春秋裏，莊子裏，淮南子裏，史記裏，繫辭傳裏，不是都把神農放在

黃帝上面的嗎？春秋繁露裏，不是説湯受命而王，曾推神農爲赤帝嗎？神農在黃帝之上，又曾做過赤帝，這正合於做黃帝的前一代的資格。我們若把他和炎帝接合起來，豈不是將火德的名義和在黃帝前的地位都歸到了一個人的身上了呢！"於是大書特書曰：

　　　　炎帝神農氏

經這樣一排，而後戰國、秦、漢間陸續出現的神農事蹟全給炎帝收受了！這時的炎帝，再不是國語中的炎帝，再不是淮南子中的炎帝，也再不是史記中的炎帝了。

　　他們這樣的偷天換日的手段，固然可以瞞過一班庸衆，但終於騙不了一二思考精密的學者。所以譙周考古史，就以爲炎帝與神農各是一人（左傳正義引）。到崔述作補上古考信錄，更痛快地説：

　　　　史記五帝本紀曰："軒轅氏之時，神農氏世衰；諸侯相侵伐，暴虐百姓，而神農氏弗能征。"又曰："炎帝欲侵陵諸侯；軒轅乃修德振兵，以與炎帝戰于阪泉之野。三戰，然後得其志。"夫神農氏既不能征諸侯矣，又安能侵陵諸侯？既云世衰矣，又何待三戰然後得志乎？且前文言衰弱，凡兩稱神農氏，皆不言炎帝。後文言征戰，凡兩稱炎帝，皆不言神農氏。然則與黃帝戰者自炎帝，與神農氏無涉也。其後又云"諸侯咸尊軒轅爲天子，代神農氏"，又不言炎帝。然則帝於黃帝之前者自神農氏，與炎帝無涉也。

　　　　封禪書云："古者封泰山，禪梁父者七十二家，而夷吾所記者十有二焉。……神農封泰山，禪云云。炎帝封泰山，禪云云。……"夫十有二家之中既有神農，復有炎帝，其爲二人明甚，烏得以炎帝爲神農氏也哉！……

　　　　要之，自司馬遷以前未有言炎帝之爲神農者，而自劉歆以後始有之。

這真是一個理直氣壯的駁詰，可惜不能起劉歆於地下而面質之。

　　火德與土德的三回複演已確定了，於是他們要排出一個全史的五德系統來了。排列的方式如下：

（木）	1？	6？	11？
（火）	2 炎帝神農氏	7 堯	12 漢
（土）	3 黃帝	8 舜	13 新
（金）	4？	9？	
（水）	5？	10？	

排了之後一看，又有無數的難題來了：

　　其一，炎帝以前尚空一位，請誰坐？

　　其二，自黃帝至堯，尚空三位，請誰坐？

　　其三，自舜至漢，中空三位，而實際上有夏、商、周、秦四代，應當如何分配？

這又須他們費一番考慮的功夫了。

　　第一問題似乎最易解決。炎帝既與神農合爲一人，那麼儘可請神農以前的天子作炎帝以前的天子。神農以前的天子，誰呢？這也是一想就想得出來的，是伏羲，因爲在莊子、淮南子、封禪書、戰國策、易繫辭傳等書裏都早已告知我們了。所以這第一位就請伏羲氏坐了下去。

　　第三問題稍難一點。實際上有四代，但只留得三個位子，豈不是要“二桃殺三士”了嗎？好在這是請坐的而不是搶坐的，權在請坐的人的手裏，由得他進退。所以他們仍用張蒼的老法子，把秦剔了出去。這樣一來，第九位爲夏，第十位爲商，第十一位爲周，就規定了。

　　可是以前講五德的人都說夏爲木德，商爲金德，周爲火德；其符瑞有青龍、銀山、赤鳥等。現在因湊付五德的系統而使夏變成了金德，商變成了水德，周變成了木德；人家若問有什麽佐證時將何以回答呢？因爲這樣，所以有替他們各各造出些新符瑞的需要。

　　不幸那時的書亡佚太多，我們不能直接看見他們替夏、商、周造出的新符瑞。（漢書律歷志中所錄世經引有考德，顏師古注謂是考五帝德之書，其中對於五德之運當有新説，可惜失傳了。）猶幸讖緯書中頗有這一類的話。讖緯是發源於西漢末而盛行於東漢的，把劉歆們手造的歷史保存在裏邊是很可能的事。現在鈔出幾條看一下：

　　　　禹，白帝精，以星感。修紀山行見流星，意感栗然，生似戊文禹。（太平御覽卷八十二引尚書緯帝命驗）
　　　　周文王爲西伯。季秋之月甲子，赤雀銜丹書入豐、鄗，止于昌户；乃拜稽首受取，曰：“姬昌，蒼帝子。亡殷者紂也。”（太平御覽卷二十四引尚書中候）
　　　　夏，白帝之子。殷，黑帝之子。周，蒼帝之子。（禮記大傳正義引春秋緯元命苞）

　　照這樣講，夏、商、周的五德之運便適應於相生的系統了。（他們於周的符瑞所以還肯説赤雀者，因爲那時今文泰誓列於尚書，其中明言赤烏，壓没不了，故姑存之，列之於不重要的地位。）

　　夏金，殷水，周木，既已定了，可是秦得水德的證據也太多，始皇本紀有之，封禪書有之，歷書有之，要完全推翻這件事實倒也不便。於是想出一個“閏位”的辦法來，説秦雖水德，但是他的水德是介於周木和漢火之間的，失了他的固有的行次，所以要敗滅。又説他是“任知刑以强”的，只能算“伯（霸）”而不能算“王”。於是秦的一代就不爲正統而爲閏統，不爲“秦王”而爲“秦伯”了。

　　閏統的辦法有没有先例呢？他們看國語，有這樣一段：

　　昔共工氏棄此道也，……欲壅防百川，墮高堙庳以害天
下。……禍亂並興，共工用滅。（周語下）

看淮南子，又有這樣兩段：

　　昔者共工與顓頊爭爲帝，怒而觸不周之山，天柱折，地
維絕。……地不滿東南，故水潦塵埃歸焉。（天文訓）
　　昔共工之力，觸不周之山，使地東南傾，與高辛爭爲
帝，遂潛于淵，宗族殘滅，繼嗣絕祀。（原道訓）

他們想：共工與水既是這樣有關係，當然可以把他算做水德了。
他的力可以觸不周之山而使地東南傾，其任力而不任德也可知
了。他與顓頊或高辛爭爲帝，以致宗族殘滅，可見這帝業是沒有
成功的。這三個條件都與秦相符合，自然可把共工作爲秦的先
例。但"木火之間"從天地剖判以來共有三次：秦已坐定第三次
了，共工應該放在第一次或第二次呢？第二次在堯前，他們或者
以爲堯典中的共工是堯的臣子，又無叛逆憑據，不應與國語和淮
南子中的共工混同（漢書古今人表就分作兩人），所以便把這爭帝
不成的共工放到第一次去，而成爲：

	（第一次）	（第二次）	（第三次）
（木）	伏羲氏	□□	周
（閏水）	共工	（無）	秦
（火）	炎帝神農氏	堯	漢

的形式。（但如此，他的時代又在顓頊和高辛之前，不能與他們
爭爲帝了。好在這是小節，不妨歸之於古史傳説的紛歧。至於有
大關係的五德次序是定得妥當了。）

　　然而，秦是統一天下的，共工若從未做過帝王將不足與秦相
配，所以也須把他說成一個統一天下的君主。但若竟把他說成

"王天下"，那又違背了閏位的決定了，必得把他説成似王非王，然後可與"秦伯"對舉。於是他們創造些新證據，如下：

> 共工氏之伯九有也，其子曰后土，能平九土。（魯語上）
> 共工氏有子曰勾龍，爲后土。（左傳昭公二十九年）
> 共工氏以水紀，故爲水師而水名。（左傳昭公十七年）

如此，則共工氏自身是"伯九有"的，與秦極似。其子勾龍又是"能平九土"的，多少與統一天下有些關係。至於"爲水師而水名"，其開國規模又已定了。所差的，不過他只成了"伯"而已。

第一，第三問題都解決了，只賸下第二問題。這第二問題是最難解決的。第三問題因爲多出了一位，可以增加一個閏位來處置他，並可請了共工作陪客。現在第二問題的難處，不患在多而患在寡了。

黃帝之後，堯之前，有幾個人呢？我們從國語未被竄的看是只有顓頊和帝嚳二人；從呂氏春秋看也只有顓頊和帝嚳二人；從封禪書中管仲的一段話看也只有顓頊和帝嚳二人；從五帝德、帝繫姓，以及史記五帝本紀看，都只有顓頊和帝嚳二人。兩個人怎麼可以佔據這三個位子？真是一個沒辦法的問題。

但是，沒辦法的問題到了漢人的手中是會得有辦法的，因爲他們敢於創造典故。

他們於是翻出帝繫篇一瞧（我猜想），知道顓頊是黃帝之孫，帝嚳是黃帝之曾孫，堯是黃帝之玄孫，從黃帝到堯四代卻只有三帝，大可補入"黃帝之子"一帝，來填滿這個空白而成爲：

（土）	黃帝	第三位
（金）	黃帝之子（未定其人）	第四位
（水）	顓頊	第五位
（木）	帝嚳	第六位

（火）　堯　　　　　　　　　　　第七位

這樣一安排，全史的五德系統都定了。顓頊與嚳，向來附屬於黃帝土德之內的，現在一據水德，一據木德，都打破了前史的紀錄。但黃帝之子，國語中説有二十五人，其知名的有夷鼓、青陽、蒼林氏三人；加上帝繫所記，又有玄囂、昌意二人。就算用了司馬遷的“其一曰玄囂，是爲青陽”的説法，其知名的尚有四人。這帝位應當送給誰呢？他們在高文典册中找來找去（也是我猜想），結果在周書（今稱逸周書）嘗麥解裏找得一段文字：

　　　昔天之初，誕作二后，乃設建典，命赤帝分正二卿，命蚩尤于宇，少昊以臨四方，司□□上天未成之慶。蚩尤乃逐帝，爭于涿鹿之河，九隅無遺。赤帝大懾，乃説于黃帝，執蚩尤，殺之于中冀。……乃命少昊清司馬鳥師以正五帝之官，故名曰質，天用大成，至于今不亂。

他們想，少昊名清，又當黃帝之時，或者就是黃帝之子青陽吧？他有“天用大成，至于今不亂”的大功，也具備了爲帝的資格了。他們又在國語裏找到一段文字：

　　　昔帝鴻氏有不才子，掩義隱賊，好行凶德，……天下之民謂之渾敦。少皞氏有不才子，毀信廢忠，崇飾惡言，……天下之民謂之窮奇。顓頊氏有不才子，不可教訓，不知話言，……天下之民謂之檮杌。此三族也，世濟其凶，增其惡名，以至于堯；堯不能去。（左傳文公十八年）

他們想，少皞氏列於帝鴻氏和顓頊氏的中間，如果帝鴻氏可以解爲黃帝（後來賈逵、鄭玄和杜預都釋帝鴻爲黃帝；但我們以前讀山海經時知道帝鴻爲帝俊之子，非黃帝），則少皞氏在黃帝與顓項的中間，非有天下之主而何！非後於黃帝而先於顓頊的有天下之主而何！於是這第四位就給少昊氏（昊與皞通）坐定，他現成地享有了金德之運。

他們既經請了少昊插入五帝的組合裏而有成爲"六帝"的趨勢，在古史界中是怎樣的一件大事。可是關於少昊的材料太少，他既沒有給戰國人鼓吹過，也沒有經秦、漢人的宣傳，這地位如何可以站得住呢？於是他們的偷天換日的手段又施展了。

第一，他們在國語裏加進一段顓頊受帝業於少皞的故事。在鈔錄這一段文字之前，我們先須讀一讀史記的太史公自序：

> 昔在顓頊，命南正重以司天，北正黎以司地。唐、虞之際，紹重、黎之後，使復典之，至于夏、商，故重、黎氏世序天地。其在周，程伯休甫其後也。當周宣王時，失其守而爲司馬氏。司馬氏世典周史。

這原是司馬遷自叙其世系，誇揚其門第之言。但給劉歆一班人瞧見了，就把這段文字改頭換面，寫成下面一段文字：

> 昭王問於觀射父曰："周書所謂'重、黎實使天地不通'者，何也？若無然，民將能登天乎？"對曰："非此之謂也。古者民神不雜。民之精爽不攜貳者，……則明神降之，在男曰覡，在女曰巫，是使制神之處位次主而爲之牲器時服。而後使先聖之後之有光烈而能知山川之號，高祖之主，宗廟之事，……而敬恭明神者以爲之祝。使名姓之後能知四時之生，犧牲之物，……上下之神，氏姓之出，而心率舊典者爲之宗。於是乎有天地神民類物之官，是謂五官，各司其序，不相亂也。民是以能有忠信；神是以能有明德。……及少皞之衰也，九黎亂德：民神雜糅，不可方物；夫人作享，家爲

巫史。……禍災薦臻，莫盡其氣。顓頊受之，乃命南正重司
天以屬神，命火正黎司地以屬民，使復舊常，無相侵瀆，是
謂‘絕地天通’。其後三苗復九黎之德，堯復育重、黎之後不
忘舊者使復典之，以至于夏、商，故重、黎氏世叙天地而別
其分主者也。其在周，程伯休父其後也。當宣王時，失其官
守而爲司馬氏；寵神其祖以取威于民，曰：‘重寔上天，黎
寔下地。’遭世之亂而莫之能禦也。……”（楚語下）

這一大段文字的來源有三處。其一是尚書呂刑。抽取了裏邊的
“乃命重、黎絕地天通”一語而大做文章。其二是史記自序，整段
地鈔進去，可謂熟讀司馬氏家譜。其三是山海經的大荒西經，摘
了“帝令重獻上天，令黎卬下地”一語，説是出於司馬氏的宣傳。
其他巫呵，覡呵，祝呵，宗呵，説得非常透澈，這是因爲劉歆在
王莽持政時做了“羲和”，又“治明堂”，又“典儒林史卜之官”，這
些典制是他很熟諳的緣故。他主張“絕地天通”，或者他有感於王
莽時圖讖之盛，競作符命封侯，使人心不安，覺得“神人雜糅”的
不及“絕地天通”的好，也未可知。
　　我們何以知道這一段文字是假造的呢？這有幾種理由。太史
公自序之言如果是司馬遷鈔自國語，則九黎亂德，重、黎正之，
三苗亂德，重、黎之後又正之，這正是司馬氏先代的兩件光榮的
功績，自序裏爲何忘了？重上天，黎下地，也是司馬氏家傳的兩
件神聖的故事，自序裏爲何也忘了？這還不奇，顓頊之王天下，
受自少皞，國語之文明白如此，何以五帝本紀裏竟缺了少皞一
代？這還不奇，巫、覡、祝、宗這些制度，國語裏口口聲聲説是
古代確定的。故前云“各司其序，不相亂也”，下即云“少皞之衰，
九黎亂德”，亂，即亂此巫、覡、祝、宗所司之序也。下又云“使
復舊常，無相侵瀆”，復，即復此巫、覡、祝、宗所司之序也。
下又云“三苗復九黎之德”，則又亂此矣。下又云“堯復育重、黎

之後不忘舊者使復典之"（史記無"不忘舊者"四字），則又復此矣。這樣的一個自古以來確定的制度，這樣的一個亂了兩回又復了兩回的舊典，在古代宗教史上是何等重要的材料，爲什麽司馬遷作封禪書時卻不録一字呢？爲什麽班固作郊祀志時卻又完全收進了呢？此無他，司馬遷在劉歆前，還不知道有這些事；而班固生劉歆後，濡染已久，便不得不上他的老當耳。（崔觶甫先生以疑五德終始説出於劉歆所造，故以封禪書爲"妄人録漢書郊祀志"。其實五德終始説源遠流長，證據繁多，其變遷之跡亦自可尋，必不能把它一起卸在劉歆的肩上。至封禪書不録郊祀志，則這一條乃是一個確證。曆書中有此段話，其爲僞竄自不待言。）

第二，他們在左傳裏又加進一段郯子説祖德的故事。在鈔録這一段文字之前，我們也可把左傳中幾段零碎話先讀一下：

> 任、宿、須句、顓臾，風姓也，實司太皥與有濟之祀。（僖廿一年）

> 武王克商，成王定之，選建明德以藩屏周。……分魯公以大路、大旂，……因商奄之民，命以伯禽，而封于少皥之虛。（定四年）

任國在今濟寧縣，宿與須句都在今東平縣，顓臾在今費縣（據春秋大事表），距魯都（今曲阜縣）均不逾二百里。看左傳此文，這幾個小國的先祖有名太皥的，有名有濟的。成王封伯禽爲魯公，其地爲少皥的舊址。少皥與太皥的名義相承，也有爲那時東方小民族的一個祖先的可能。所以劉歆們又在左傳中插入一段：

> 秋，郯子來朝，公與之宴。昭子問焉，曰："少皥氏鳥名官，何故也？"郯子曰："吾祖也，我知之！昔者黄帝氏以雲紀，故爲雲師而雲名。炎帝氏以火紀，故爲火師而火名。

共工氏以水紀，故爲水師而水名。……我高祖少皞摯之立也，鳳鳥適至，故紀于鳥，爲鳥師而鳥名。鳳鳥氏，歷正也。玄鳥氏，司分者也。伯趙氏（伯勞），司至者也。青鳥氏，司啟者也。丹鳥氏，司閉者也。祝鳩氏，司徒也。鴡鳩氏，司馬也。鳲鳩氏，司空也。爽鳩氏，司寇也。鶻鳩氏，司事也。五鳩，鳩民者也。五雉爲五工正，利器用，正度量，夷民者也。九扈（青雀）爲九農正，扈民無淫者也。自顓頊以來，不能紀遠，乃紀於近，爲民師而命以民事，則不能故也。"（昭公十七年）

郯國在今郯城縣，離曲阜二百餘里。曲阜如真爲少皞之虛，郯子也未嘗没有爲少皞子孫的可能。可是這一段話，實在不能使人相信。他説少皞立於黄、炎之後，可見他確定少皞是有天下者的一代。下面又説"自顓頊以來"，可見他又以少皞置於顓頊之上，和國語中的"顓頊受之"有同樣的意義。總之，他確認少皞爲黄、炎以後，顓頊以前之一代，在這段文字中已明白寫出，這在劉歆之前是没有人主張過的。至於一大批"鳥官"，掌曆法的獨多，且地位也特高，大概因爲劉歆自己明曆法，且任羲和之官，借以自重也。

這段文字的根據在哪裏？我以爲也出在嘗麥解。那篇説"乃命少昊清司馬鳥師以正五帝之官"，即是"以鳥名官"一事的來歷。那篇説"故名曰質"，質之去聲爲摯，即是"少皞摯"一名的來歷。

自從國語中有了"及少皞之衰也，……顓頊受之"的一段紀載，左傳中又有了"少皞摯之立也，鳳鳥適至，故紀于鳥，……自顓頊以來，不能紀遠"的一段紀載，而後少皞之爲顓頊以前的天子乃得了堅實的基礎。

但是，漢人雖愚，歷史的系統裏忽然加進一個嶄新的"古帝"也不會立時信奉的。所以東漢初年的賈逵（他的父賈徽是劉歆的弟子；他傳父業，故爲古文學專家）他對章帝説：

> 五經家皆言顓頊代黄帝而堯不得爲火德。左氏以爲少昊代黄帝，即圖讖所謂帝宣也。如令堯不得爲火，則漢不得爲赤。其所發明，補益實多。（後漢書卷三十六本傳）

即此可知當時的經學家還不承認黄帝、顓頊之間曾有少皞一代；賈逵們要維持這個偶像猶須借重於圖讖，更須借重於"堯不得爲火則漢不得爲赤"的威嚇的話來聳動人主的聽聞。又可見賈逵所云"其所發明，補益實多"者，即左傳中發明了漢爲堯後和顓頊繼少昊後諸説之後，其補益於漢家的五運曆數者乃甚多也。

到了東漢的中葉，這個新古帝的偶像依然没有得到普遍的承認。所以張衡於順帝時曾條上司馬遷、班固所叙與典籍不合者十餘事，其一事云：

> 帝繫："黄帝産青陽、昌意。"周書曰："乃命少皞清。"清即青陽也。今宜實定之。（後漢書卷五十九本傳，章懷太子注引衡集）

可知少皞即青陽這一件事，經劉歆的學派宣傳了一百餘年，還不曾得到"實定"。

自從古文學派戰勝了今文學派，把今文家的遺説剗除略盡，然後這個新古帝的偶像在初成立時所受的各方反對的痕跡看不見了。自從通學者起來，雜糅今古，亂攪一陣，然後這個新古帝的來源也弄糊塗了。反對的痕跡既看不見，來源又弄糊塗，於是這件事纔"實定"了！幾個作史的人和無數讀史的人習非成是，以爲這是固有的事實，於是再没有懷疑的聲浪了！這樣平安地把人騙了一千七百餘年，到康長素先生作新學僞經考，始發其覆，説道：

> 考五帝無少皥之説。……按（逸周書嘗麥解），蚩尤爲古
> 之諸侯，而少皥與蚩尤爲二卿，同受帝命，則少皥亦古之諸
> 侯，與蚩尤同，非五帝，更非黄帝之子甚明。
>
> 劉歆欲臆造三皇，變亂五帝之説，以與今文家爲難，因
> 躋黄帝于三皇而以少皥補之。……又懼其説異于前人，不足
> 取信，於是竄入左傳、國語之中。……而不知其猶有逸周書
> 遺文不能彌縫也。夫出於一己者則較若畫一，偶見他書者輒
> 判然不同，其爲己所私造尚待辨耶！
>
> 歆又竄之史記曆書中曰，“少皥氏之衰也”，即國語楚語
> 之文。史記紀五帝用大戴禮世本之説；若左傳、國語有少皥
> 事，史公於二書素所引用，何以遺之？其爲僞竄益無疑矣。
> 如謂本紀據大戴，不兼他書，則八愷等説固兼左傳矣。如
> 左、國有少皥，斷無不兼及也。（文十八年，“少皥氏有不才
> 子”，與縉雲氏並稱。縉雲氏非古天子，則少皥未可據以爲
> 天子；殆即逸周書所稱之類。五帝本紀亦有此語，今皆不必
> 斷爲竄僞。）（史記經説足證僞經考）

劉歆如果看見這篇駁文，他應當痛悔當時疏忽，把帝繫、五帝
德、五帝本紀忘記改竄了！（也許他曾想到改竄，只爲“五帝”一
名所限，不便改成六帝，因而縮手，亦未可知。）

如今再回説到前邊。他們既把這三個難題解決，全史的五德
系統表就可以列出來了：

（木）	1	伏羲氏	6	帝嚳	11	周
（火）	2	炎帝神農氏	7	堯	12	漢
（土）	3	黄帝	8	舜	13	新
（金）	4	少皥	9	夏		

　　（水）　　　5　顓頊　　　　10　商

這個表既定，於是從伏羲氏到王莽一十三代都着着實實地納入五德的模型裏，遞次發生了"相生"的關係，又各自與五代以前的王者發生了"同德"的關係了。倘使我們問：歷史是什麼？他們將回答：歷史是天命的紀述。倘使我們再問：天命是什麼？他們將再答：天命是五德的循環。說到這裏，人是沒有權力的了，就是上帝也不曾有權力，權力乃集中在五德的運行上。這也可以說是一種自然主義！

　　寫到這兒，想起了夏穗卿先生（曾佑）的一段話：

　　　　蓋自上古至春秋，原爲鬼神術數之世代，乃合蚩尤之鬼道與黃帝之陰陽以成之，皆初民所不得不然。（三苗信鬼乃最初之思想；黃帝明曆律，乃有術數，則稍進矣；其後乃合二派而用之。）至老子驟更之，必爲天下所不許。……孔子雖學於老子，而知教理太高，必與民智不相適而廢，於是去其太甚，留其次者；故去鬼神而留術數。（中國歷史教科書第一篇，第二章，第九節）

他這番話固然很有見解，但我們知道他是錯了。照我們的觀察，則春秋以上是鬼神之世，戰國是打破鬼神之世，漢代是術數之世，魏、晉是打破術數之世。所謂"去鬼神而留術數"，何嘗是孔子的見解，乃是漢代儒者的見解耳。上面寫的五德系統表，是術數之表現於歷史方面的最顯著的，非在漢代不會構成此系統，亦非至漢學倒壞時不會打破此系統也。

　　他們造了這張表，看一下，又有一個問題起來了。在這張表裏，別人都是單名，惟獨"炎帝神農氏"是個複名。假使照着這個樣子不變，豈非全表的名氏的長短太不勻稱了呢。所以應請大家陪着他把姓氏拉得一樣長纔好。這是很可能的，因爲五帝德裏原

寫着"黄帝曰軒轅，顓頊曰高陽，帝嚳曰高辛"，而"軒轅氏"、
"高陽氏"、"高辛氏"諸名亦已沿用於莊子、國語、史記諸書了。
現在用來稱他們爲：

> 黄帝軒轅氏，
>
> 顓頊高陽氏，
>
> 帝嚳高辛氏，

豈不是與"炎帝神農氏"之名就成了相同的形式。至於堯稱"陶唐"
見於史記（左傳中屢稱爲"有陶唐氏"或"陶唐氏"，未知果爲原文
否），舜稱"有虞氏"見於莊子，而"夏后氏"之名見於論語，所以
就稱他們爲：

> 帝堯陶唐氏，
>
> 帝舜有虞氏，
>
> 伯禹夏后氏（後來漢書古今人表稱爲"帝禹夏后氏"）。

商、周、漢、新的時代太近，本來沒有氏號，不便加了。所困難
的，就是伏羲氏有下名而無上名，少皞有上名而無下名（如稱爲
少皞氏則亦但有下名而無上名），應當如何替他們增補了呢？

難題既又來，於是他們的移花接木的本領便再施展一次。

他們想，少皞之外不是還有一個太皞嗎？就從這個名字上
看，已可知其在少皞之前。少皞既作了天子，他也未便向隅。既
經伏羲氏上面缺着一名，請他去頂補就是了。於是

> 太皞伏羲氏

這一名出現了！但他們想，"庖犧氏之王天下"，繫辭傳中早寫
明，太皞則但爲任、宿諸國的祖先，書本上還沒有他作天子的明
文；馬上推戴，似乎還嫌鹵莽。於是又在郯子的"鳥名官"一答内
加了一句

> 太皞氏以龍紀，故爲龍師而龍名，

顯見得他和黃帝們一樣地有天下的。好在伏羲畫八卦有龍馬負圖的傳説，正可説他得了龍瑞，故以龍紀官。這樣一製造，這兩個名號更覺密合了。（但龍馬負圖的傳説，説不定即是劉歆們造了出來以證實"太皥氏以龍紀"這件事的。）

太皥既經安排定了，他們再商量補足少皥名氏的辦法。要一個"□□氏"，古書裏多得很，僅僅莊子一書已可找出二十個來，要湊湊場面原不爲難。但少皥得居於古帝中第四位，以金德王，事出偶然，毫無的據，容易給人窺破。他們感到應當替他找出一點"以金德王"的根據的需要，所以不在古書裏檢出一個"□□氏"，而逕自杜撰了一個"金天氏"，使他的金德直接從名氏上表現出來，像炎帝、黃帝的從帝號上表現他們的火德、土德一般，於是

　　　少皥金天氏

一名又成立了！（他們尚爲他想出許多金德的證據，下章再詳叙。）

這個整齊的名氏已造成了，如何插入古書裏呢？好在左傳是他們的勢力範圍，可以隨意增訂的，他們便在昭元年傳內淡淡地着了一筆：

　　　昔金天氏有裔子曰昧，爲玄冥師。

又在昭二十九年傳中寫上：

　　　少皥氏有四叔，曰重，曰該，曰修，曰熙，實能金木及水。使……修及熙爲玄冥，世不失職，遂濟窮桑。

讓這兩段文字，以"玄冥"一名的聯絡，遙相策應，見得"少皥氏"就是"金天氏"，而金天氏一名也就在古文籍中得到了根據。

伏羲氏和少皞的名氏都造完成了，古帝王的稱號已全備了。他們的本領真高，這兩個譚名一直沿用下去，沒有被人戳穿。直到崔述，始在補上古考信録中略略指出其破綻：

> 蓋自史記以前，未有言庖羲風姓，爲龍師者，亦未有言太皞畫八卦，作網罟者。然則庖羲氏之非太皞也明矣。
>
> 金天氏之名見於春秋傳，但云"裔子爲玄冥師"而已，未言爲少皞也。……少皞氏之子雖嘗爲玄冥，然烈山氏之子柱爲稷，周棄亦爲稷；顓頊氏之子黎爲火正，高辛氏之子闕伯亦爲火正，則玄冥一官亦不必少皞氏之子孫而後可爲也。

因爲他沒有抓住這件事情的中心問題（這個中心問題必待清末幾個研究今古文問題的人出來纔會明白），所以他的駁詰的力量只打在這一説的表面。

他們既把古史系統用五行系統排好了，把古帝王的名氏在一個模型裏製成同樣的了，於是寫清他們的五德轉移表的最後定本如下：

（木）	1	太皞伏羲氏	6	帝嚳高辛氏	11	周
（火）	2	炎帝神農氏	7	帝堯陶唐氏	12	漢
（土）	3	黃帝軒轅氏	8	帝舜有虞氏	13	新
（金）	4	少皞金天氏	9	伯禹夏后氏		
（水）	5	顓頊高陽氏	10	商		

這一張表，他們造成功的時候，一定拊掌稱快道："新室的代漢有了歷史的根據了，證明得千真萬確了！誰敢反抗的，即是'威侮五行'，應當'恭行天罰，勦絶其命！'"

於是，他們宣布他們所作的世經（原書已亡，漢書律曆志録之，當是轉録三統曆的）：

世經：

春秋昭公十七年：“郯子來朝。”傳曰：“昭子問少昊氏鳥名何故，對曰：‘吾祖也，我知之矣！昔者黃帝氏以雲紀，故爲雲師而雲名。炎帝氏以火紀，故爲火師而火名。共工氏以水紀，故爲水師而水名。太昊氏以龍紀，故爲龍師而龍名。我高祖少昊摯之立也，鳳鳥適至，故紀于鳥，爲鳥師而鳥名。’”言郯子據少昊受黃帝，黃帝受炎帝，炎帝受共工，共工受太昊；故先言黃帝，上及太昊。稽之於易，炮犧、神農、黃帝相繼之世可知。

太昊帝：易曰：“炮犧氏之王天下也。”言炮犧繼天而王，爲百王先首。德始於木，故爲帝太昊。作罔罟以田漁，取犧牲，故天下號曰炮犧氏。

祭典曰：“共工氏伯九域。”言雖有水德，在火木之間，非其序也。任知刑以彊，故伯而不王。秦以水德，在周漢木火之間。周人遷其行序，故易不載。

炎帝：易曰：“炮犧氏没，神農氏作。”言共工伯而不王，雖有水德，非其序也。以火承木，故爲炎帝。教民耕農，故天下號曰神農氏。

黃帝：易曰：“神農氏没，黃帝氏作。”火生土，故爲土德。與炎帝之後戰于阪泉，遂王天下。始垂衣裳，有軒冕之服，故天下號曰軒轅氏。

少昊帝：考德曰：“少昊曰清。”清者，黃帝之子青陽也。是其子孫名摯立。土生金，故爲金德。天下號曰金天氏。周遷其樂，故易不載，序於行。

顓頊帝：春秋外傳曰：“少昊之衰，九黎亂德；顓頊受之，乃命重、黎。”蒼林昌意之子也。金生水，故爲水德。天下號曰高陽氏。周遷其樂，故易不載，序於行。

帝嚳：春秋外傳曰：“顓頊之所建，帝嚳受之。”清陽玄嚚之孫也。水生木，故爲木德。天下號曰高辛氏。帝摯繼之，不知世數。周遷其樂，故易不載。周人禘之。

　　唐帝：帝繫曰："帝嚳四妃，陳豐生帝堯。"封於唐。蓋高辛氏世衰，天下歸之。木生火，故爲火德。天下號曰陶唐氏。讓天下於虞；使子朱處于丹淵，爲諸侯。即位七十載。

　　虞帝：帝繫曰："顓頊生窮蟬；五世而生瞽叟；瞽叟生帝舜。"處虞之媯汭。堯嬗以天下。火生土，故爲土德。天下號曰有虞氏。讓天下於禹；使子商均爲諸侯。即位五十載。

　　伯禹：帝繫曰："顓頊五世而生鯀；鯀生禹。"虞舜嬗以天下。土生金，故爲金德。天下號曰夏后氏。繼世十七王，四百三十二歲。

　　成湯：書經湯誓，湯伐夏桀。金生水，故爲水德。天下號曰商；後曰殷。……凡殷世繼嗣三十一世，六百二十九歲。

　　……武王：書經牧誓，武王伐商紂。水生木，故爲木德。天下號曰周室。……周凡三十六王，八百六十七歲。

　　秦伯：……五世，四十九歲。

　　漢高祖皇帝：著紀，伐秦繼周。木生火，故爲火德。天下號曰漢……

以下記新代漢的事，當有一大段崇論宏議，可惜王莽不久敗滅，便被班固刪去了。(律曆志序曰："刪其僞辭，取正義著于篇。")

　　我們在這一篇書裏可以知道，他們作世經時所根據的史書有下列諸種：

　　一，春秋左氏傳

　　二，易繫辭傳

　　三，祭典(即小戴禮記中之祭法)

　　四，考德(顏師古注："考德，考五帝德之書也。")

五，春秋外傳（即國語）

六，帝繫（即帝繫姓）

七，書經

八，書序

九，周書

十，禮記

十一，春秋

十二，史記（以上五書之文，本講義未録）

十三，著紀（漢書藝文志春秋類有漢著記百九十卷；顏師古注：“若今之起居注。”）

此外關於曆的引用書籍，有殷曆、春秋曆、三統曆、四分曆等。

他們取漢的世系於著紀，取商、周、秦的世系於書經、書序、周書、禮記、春秋、史記，取唐、虞、夏的世系於帝繫，取唐以上的世系於左傳、國語、易傳、祭典、考德；而又貫以五行相生之序，成爲極整齊，極有條理的一套。

現在我們單把他們的唐以上的世系所根據的材料審查一下。繫辭傳中“庖犧氏之王天下也”一大段爲京房學派所僞造，出於西漢中葉以下，在上一章裏已證明了。左傳、國語，經劉歆一輩人的僞竄，尤其是世經所引用的“少昊摯之立也”，“少昊之衰，顓頊受之”這兩章，爲要湊足五德系統而造作，上面也已説過了。祭法本是鈔襲魯語而成，其所謂“共工氏伯九域”即用魯語的話。那時春秋内外傳（他們目左傳爲春秋内傳，目國語爲春秋外傳）全在劉歆的掌握之中，要怎樣增改就怎樣增改。既改國語，併改祭法，是很容易的事。考德一書，除這裏所引的一語之外，別地方再也沒有見過。這書既考五帝之德而又特著少皡，與諸舊説不同，足徵其亦出於劉歆們的手筆。所以這五部書是沒有一部可靠的，這些材料是都出於西漢末葉的。

我們讀了世經，覺得有幾個問題可以提出討論：

其一，它以郯子所言的古帝王爲逆數，這是故作疑陣，爲眩亂學者耳目之用的。崔述駁它，謂"太皞、少皞不同姓，若其時又不相及，則何爲皆以皞名？而太皞紀官爲龍，少皞紀官爲鳳，亦似相比然者"。我們現在懂得了這個系統的成立的歷史，則此可不辨。

其二，它以易繫辭傳一段文字爲主；凡這一段所沒有的則爲尋出其不載的原因。故於共工云"周人遷其行序"，於少昊、顓頊、帝嚳云"周遷其樂"。但繫辭傳所記原是觀象制器的事，與行序和樂有什麼關係呢？而且遷了行序和樂，難道就可革掉他的世次，不承認他是一代嗎？帝嚳的世次已爲周人所革了，爲什麼又要去褅他呢？

其三，它既説"少昊曰清，清者黃帝之子青陽也"，是已確認少昊爲黃帝子。乃又云"是其子孫名摯立"，忽以少昊帝爲青陽之子孫。所以然者何？因爲青陽向不説爲有天下，一旦令其繼黃帝即位，難免給人破壞，所以滑頭一點，説得似是而非。如有人出來反對，便可説："我本沒有説是黃帝之子呵！"還有一個理由見下帝摯條。

其四，它説，"顓頊帝，蒼林昌意之子也"，這也是一個創聞。黃帝之子，國語有夷鼓、青陽、蒼林氏，帝繫有玄囂、昌意，它們説的各不相關。自史記説"玄囂是爲青陽"，而兩個併成了一個。這裏又説"蒼林昌意之子"，而兩個又併爲一個。假使要照"炎帝神農氏"的辦法，顓頊的父親大可被稱爲"昌意蒼林氏"了。只可憐賸下一個夷鼓，沒有人替他合伙。

其五，它於帝嚳之下寫"帝摯繼之，不知世數"，似乎是作者特別慎重，多聞闕疑。其實不然。從前把古代看得很短，故騶衍們排五德符應，夏以前只共佔一德；而帝繫中排帝王世次，自五帝的第一代到末一代，總共不過九世。到這時候，對於這個古史系統要求放長了；放長的辦法是以一德拆成數德，一代拆成數代。故此篇於黃帝則云"與炎帝之後戰于阪泉"，見得炎帝傳了若干代纔到黃帝。於少昊則云"黃帝之子青陽，是其子孫名摯立"，見得黃帝傳了若干代纔到少昊。於顓頊則云"少昊之衰，顓頊受之"，見得少昊傳了若干代纔到顓頊。於帝摯則云"帝摯繼之，不知世數"，見得帝嚳傳了若干代纔到帝堯（於帝堯云"高辛氏世衰，天下歸之"，亦即此意）。他們爲什麼要這樣改？就爲五德既須複演三次，則曩之五帝不得不各據一德，但若祖孫父子分佔數德又似乎五德之運轉得太快了，故把以前所説的一人拉長爲一代，而"世衰""不知世數"等話就寫出來了。可是，漏洞總是掩蓋不盡的。顓頊既爲蒼林昌意之子，無論蒼林昌意是一人或二人，顓頊總是黃帝之孫。從黃帝至少昊已歷若干代了，少昊之後又歷若干代，而顓頊始得即天子之位，他何以這樣老壽，眼看他的姪，姪孫，曾姪孫，玄姪孫……一代一代地過去呢？又既曰帝摯繼帝嚳不知世數矣，既曰高辛氏世衰，天下歸堯矣，那麼堯之距嚳也甚遠了，爲什麼又云"帝嚳四妃，陳豐生帝堯"，堯還是嚳的兒子呢？故即用世經之文自相對勘，也是七穿八洞的。於此可見製造假古董實在不是一件易事，雖以劉歆的才能也不能不露出破綻來。

這篇世經是中國上古史材料中最重要的一件。二千年來的傳統的上古史記載（從緯書、帝王世紀直到中華民國的歷史教科書）以及一班人的上古史觀念，誰不受它的支配！雖是從我們的眼光裏看出來是七穿八洞的，但要是我們生早了多少年，我們未必能看出；就是看出了也未必敢這樣説。這便叫做權威，叫做偶像！

班固作郊祀志贊云：

太初改制，而兒寬、司馬遷等猶從臣、誼之言，服色、度數遂順黄德。彼以五德之傳從所不勝，秦在水德，故謂漢據土而克之。劉向父子以爲"帝出于震"，故包羲氏始受木德。其後以母傳子，終而復始。自神農、黄帝下歷唐、虞、三代，而漢得火焉。故高祖始起，神母夜號，著赤帝之符，旗章遂赤，自得天統矣。昔共工氏以水德間于木火，與秦同運，非其次序，故皆不永。由是言之，祖宗之制蓋有自然之應，順時宜矣。

在這一段贊裏，差不多已把劉歆的作僞事實指了出來。"自神農、黄帝下歷唐、虞、三代而漢得火"的系統，以及"高祖始起，神母夜號，著赤帝之符"的故事，必須待劉向父子尋出了"帝出于震"的話，又尋出了"以母傳子"的方法之後始得證明，則其來源亦可知矣。

但他説劉向父子定此系統，則我還不禁爲劉向呼寃。新學僞經考的最後一卷爲劉向經説足證僞經考，其序云：

考劉歆僞經之學，必以劉向爲親證。……歆任校書，向亦任校書；凡歆所見之書，向亦見之，歆不能出向外也。以向説考歆，無不鑿枘：向則今學説也，歆則古學説也，則真僞具白矣。歆早料天下將以向之説攻之，故於僞造左傳則云向不能難，於僞造周官則云向不能識，所以拒塞天下之口者防之早密矣。夫向之陳外家封事也折王氏，而歆以宗室子佐莽篡漢；向之尊述六經也守孔學，而歆以世儒業而抑儒篡孔；向之持守魯詩也奉元王，而歆以作僞經而誣父悖祖：其爲臣、爲弟、爲子果何如也？今採向傳及五行志、説苑、新序、列女傳，屬門人新會梁啓超刺取經説與歆僞經顯相違忤者，錄著於篇，倘以歆之説爲可信乎，則向説其反僞耶，非歟？

從僞經考這一卷書看來，劉向與劉歆雖屬父子，又同是學界宗師，而其學説的確很不同。蓋劉向還是西漢的舊式學者，劉歆則恃其才辨，以求開一新派，他們父子自相牴牾，實爲應有之事。但劉向是當時人望，故劉歆發表他自己的主張時可以利用他的父親的牌子做自己的擋箭牌。即如五德轉移説之改換“相勝”爲“相生”，其基礎實建築於王氏代劉氏上；劉向對於王鳳等的擅權已經痛哭流涕了，如何肯幫助王莽去取得代漢的符應呢！何況哀帝元年，向已死了，他又怎能豫爲王莽留下這代漢的符應呢！所以用了五行相生的系統作帝王推嬗的系統，這是劉向所不知道的、想不到的。但劉歆恐怕自出主張要受人攻擊，就託爲他的父親的遺説。這樣一來，大家可以知道，王之代劉，事已早定，並非王莽作了攝皇帝之後而始爲即真之謀了！

至“帝出于震”一句話，出於易説卦傳。説卦傳中以五行之説定八卦的方位，以震位於東方，爲起點。東方主春，爲萬物之所從出，故上帝子孫之王天下者亦應以此爲始。這個方位，八卦如此，明堂亦如此，五德之運亦如此。究其原理，實出於京房們的卦氣圖，也是西漢中葉以後的學問。

古帝王的系統定了，世經公布了，於是王莽就作出以下這些事來了：

> 梓潼人哀章學問長安，……見莽居攝，即作銅匱爲兩檢，署其一曰“天帝行璽金匱圖”，其一署曰“赤帝行璽某傳予黃帝金策書”——某者，高皇帝名也。……衣黃衣，持匱至高廟以付僕射。僕射以聞。戊辰，莽至高廟，拜受金匱神嬗。……下書曰：“予以不德，託于皇初祖考黃帝之後，皇始祖考虞帝之苗裔。……皇天上帝隆顯大佑，成命統序、符契、圖文、金匱、策書，神明詔告，屬予以天下兆民。赤帝漢氏高皇帝之靈承天命，傳國金策之書。予甚祇畏，敢不欽

受！以戊辰直定，御王冠，即真天子位，定有天下之號曰
新。其改正朔，易服色，變犧牲，殊徽幟，異器制。以十二
月朔癸酉爲建國元年正月之朔。以雞鳴爲時。服色配德上
黃。犧牲應正用白。使節之旄幡皆純黃，其署曰'新使五威
節'。以承皇天上帝威命也！"

始建國元年正月朔，……順符命去漢號焉。……莽乃策
命孺子曰："咨爾嬰！昔皇天右乃太祖，歷世十二，享國二
百一十載，曆數在于予躬。詩不云乎：'侯服于周，天命靡
常。'封爾爲定安公，永爲新室賓。於戲，敬天之休，往踐乃
位，毋廢予命！"……讀策畢，莽親執孺子手，流涕歔欷曰：
"昔周公攝位，終得復子明辟。今予獨迫皇天威命，不得如
意！"哀嘆良久。……

策曰："……帝王之道相因而通；盛德之祚百世享祀。
予惟黃帝、帝少昊、帝顓頊、帝嚳、帝堯、帝舜、帝夏禹、
皋陶、伊尹，咸有聖德假于皇天，功烈巍巍，光施于遠。予
甚嘉之，營求其後，將祚厥祀。惟王氏，虞帝之後也，出自
帝嚳；劉氏，堯之後也，出自顓頊。"於是封姚恂爲初睦侯，
奉黃帝後；梁護爲修遠伯，奉少昊後；皇孫功隆公千奉帝嚳
後；劉歆爲祁烈伯，奉顓頊後；國師劉歆子疊爲伊休侯，奉
堯後；媯昌爲始睦侯，奉虞帝後；山遵爲褒謀子，奉皋陶
後；伊玄爲褒衡子，奉伊尹後。漢後定安公劉嬰位爲賓；周
後衛公姬黨，更封爲章平公，亦爲賓。殷後宋公孔弘，運轉
次移，更封爲章昭侯，位爲恪；夏後遼西姒豐，封爲章功
侯，亦爲恪。四代古宗，宗祀于明堂，以配皇始祖考虞帝。
周公後褒魯子姬就，宣尼公後褒成子孔鈞，已前定焉。……

莽曰："予之皇始祖考虞帝受嬗于唐。漢氏初祖唐帝，
世有傳國之象。予復親受金策於漢高皇帝之靈。惟思褒厚前
代，何有忘時！漢氏祖宗有七，以禮立廟于定安國。其園寢

廟在京師者，勿罷祠，薦如故。……"

　　秋，遣五威將王奇等十二人班符命四十二篇于天下：德
祥五事，符命二十五，福應十二，凡四十二篇。其德祥言
文、宣之世，黄龍見于成紀，新都高祖考王伯墓門梓樹生枝
葉之屬；符命言井石金匱之屬；福應言雌雞化爲雄之屬。其
文爾雅，依託皆爲作説，大歸言莽當代漢有天下云。（漢書
王莽傳）

這真是一齣有趣的喜劇！他們所信守奉行的神聖事業，就是他們
自己"嚮壁虚造"的。正如演劇，在臺上做得髣髴真有其事，可歌
可泣，而走到戲房裏去看，則是一個個裝點起來，本没有這
件事。

　　從以上録出的幾段王莽傳中的話看來，我們又可以知道下列
幾件事實：

　　　其一，漢與新之禪讓，非孺子嬰傳授與王莽，乃漢高祖
傳授與王莽，亦即是赤帝傳授與黄帝。故哀章所作之銅匱，
題爲"赤帝行璽邦傳予黄帝金策書"；莽受嬗後所下書，亦云
"赤帝漢氏高皇帝之靈承天命，傳國金策之書"，又云"予復
親受金策於漢高皇帝之靈"。這或者因孺子嬰太幼，不足行
禪讓之事，或因哀章的銅匱上這樣署了便這樣幹，皆未
可知。

　　　其二，王莽的改制的方式，依用的是三統説中的白統和
五德説中的土德。他的土德由黄帝的名號上來，已見上説。
故"服色配德上黄，使節之旄幡皆純黄"。他的白統則是承接
漢的黑統而來。故春秋繁露云"歷各法其正色，逆數三而
復"，漢以黑統建寅，他遂以白統建丑了（"以十二月朔癸酉
爲建國元年正月之朔"）。春秋繁露云"正白統者……郊牲白……
鳴晨朝正"，他也"以雞鳴爲時，犧牲應正用白"了。這與漢

武帝太初元年的改制，以三統說正時日而以五德說易服色的相同。可見兼包多種不同的學說而同時應用，不嫌衝突，在漢代是常常有的。

其三，"黃龍見于成紀"，這是漢代定爲土德的符應。現在漢既改爲火德，土德給他據了，這個符應也就被他搶過去了。

其四，他說"惟王氏，虞帝之後也，出自帝嚳；劉氏，堯之後也，出自顓頊"，而以皇孫功隆公千奉帝嚳後，劉歆爲祁烈伯（這當是另一劉歆，那個劉歆已封爲嘉新公了），奉顓頊後，這是一件極奇特的事情。從帝繫看，從史記看，以至於從世經看，堯爲帝嚳之子，舜爲顓頊六世孫，甚明白，爲什麼現在倒過來了？這或者因爲漢在新前，漢祖堯在新祖舜前，堯、舜的上代亦應堯祖在舜祖前，遂有此改定，亦未可知。

其五，他封漢後劉嬰爲定安公，周後姬黨爲章平公，位爲賓，這是合於繁露所云"下存二王之後以大國，使……稱客而朝"的。他又謂"殷後宋公孔弘，運轉次移，更封爲章昭侯"。殷後本爲公，以在三王之前，降而爲侯，這也和繁露所云"絀王謂之帝，封其後以小國"的相同。可見他的封國着實應用三統說。

其六，他的封國，除皋陶、伊尹、周公、宣尼，幾個古名臣的後人之外，所封的古帝王之後如下：

黃帝——姚恂——侯

少昊——梁護——伯

顓頊——劉歆——伯

帝嚳——王千——公

帝堯——劉叠——侯

虞帝——嬀昌——侯

夏————姒豐————侯　﹜恪
殷————孔弘————侯　　﹜宗祀明堂，配虞帝。
周————姬黨————公　﹜賓
漢————劉嬰————公

在此表内，以近古數代列爲賓恪，配事虞帝，是應用春秋家的“親、故”之義的。其以二王之後（周、漢）封公，二王以前封侯，最前數代封伯，這是應用春秋家的“親疏之義”的。至黃帝之後不封伯而封侯，帝嚳之後不封侯而封公，各升一級者，當以黃帝與帝嚳俱爲王莽所自認的直系的祖先之故。如果不升級，則同時應封伯者三，應封侯者五，應封公者二，其中或暗寓了“三皇、五帝、三王”的意義也未可知。因爲照繁露的説法，漢以顓頊爲五帝的首一帝，現在運轉次移，帝嚳當然應升補顓頊的地位而居五帝之首了。

從以上幾件事情看來，王莽時的古史没有不受三統説和五德説的支配的；我們一定要先瞭解了三統説和五德説的系統，纔可瞭解王莽時的制度及其和古史的關係。

王莽的心願達到了，迫於皇天威命而做了皇帝了。可是他太喜歡變更制度，像他的喜歡變更歷史一樣，弄得百姓愁苦死者什六七，怨氣冲天，各處叛變，於是這一位自謂土德而兼白統的真命天子就在即真後第十五年上給亂兵殺死了！

天下事往往有出於意表的。王莽的帝業雖失敗，然而王莽的篡位的方式没有失敗，劉歆的篡位的學問也没有失敗。不但没有失敗，而且成爲後世的正則。我們試看漢以下的篡國，從魏文帝直到宋藝祖，他們雖不是堯、舜的子孫，卻也要效法唐、虞的禪讓，就見得王莽們的遺澤之遠了。

這還不奇，因爲他們是順着王莽們的方向走的，不過“依樣畫葫蘆”而已。還有利用了他們創造的僞古史，逆着他們的方向走，而竟得成功，纔算奇了。這便是光武帝的以“赤伏符”受命。

後漢書光武帝紀云：

　　世祖光武皇帝，諱秀，字文叔，南陽蔡陽人，高祖九世
之孫。……莽末，天下連歲災蝗，寇盜蜂起。……宛人李通
等以圖讖説光武云：“劉氏復起，李氏爲輔。”光武初不敢當，
然獨念兄伯升素結輕客，必舉大事，且王莽敗亡已兆，天下
方亂，遂與定謀，……起於宛。……

　　於是諸將議上尊號。……光武先在長安時，同舍生彊華
自關中奉赤伏符曰：“劉秀發兵捕不道，四夷雲集龍鬭野，
四七之際火爲主。”群臣因復奏曰：“受命之符，人應爲大。
萬里合信，不議同情。周之白魚，曷足比焉！今上無天子，
海内淆亂，符瑞之應昭然著聞，宜答天神以塞衆望！”光武於
是命有司，設壇場於鄗南千秋亭五成陌。六月己未，即皇帝
位，燔燎告天。……其祝文曰：“皇天上帝，后土神祇，眷
顧降命，屬秀黎元，爲人父母；秀不敢當。……讖記曰：
‘劉秀發兵捕不道，卯金脩德爲天子。’秀猶固辭，至于再，
至于三。群下僉曰：‘皇天大命不可稽留！’敢不敬承！”於是
建元爲建武，大赦天下。……

　　二年春正月，……壬子，起高廟，建社稷於洛陽，立郊
兆於城南。始正火德，色尚赤。……

　　論曰：皇考南頓君初爲濟陽令，以建平元年十二月甲子
夜生光武於縣舍，有赤光照室中。……及始起兵，還春陵，
遠望舍南，火光赫然屬天，有頃不見。……其王者受命信有
符乎！

王莽所以要把漢説成火德，原是要證明“漢氏初祖唐帝，世有傳
國之象”，然後可以有“赤帝傳予皇帝金策書”而已。不料光武就
利用了這一點，把漢説成了真的火德，把他自己説成了真的火德

的皇帝，於是漢的火德不是讓國之象而變成興國之徵了！王莽們費盡心機，想出此義，徒然便宜了別人，這不是"苦恨年年壓金綫，爲他人作嫁衣裳"嗎？

再有一件事情可以附帶説的。古文學之所以盛行於東漢，也就靠了左傳上的"漢爲堯後"的明文。因爲必須照了左傳所説，堯始得爲火，漢始得爲赤，光武的受命之符始可與經典相應。自賈逵明揭此義，於是章帝就——

令逵自選公羊嚴、顔諸生高才者二十人，教以左氏。

八年，乃詔諸儒各選高才生受左氏、穀梁春秋、古文尚書、毛詩。由是四經遂行於世。皆拜逵所選弟子及門生爲千乘王國郎，朝夕受業黄門署，學者皆欣欣羨慕焉。（賈逵傳）

孔穎達所謂"媚世"，所謂"藉此以求道通"，賈逵是真的做了。因爲他肯這樣做，所以古文學就靠了帝王的提倡而風行起來。范曄在本傳的論裏説：

鄭（鄭興，也是左傳和三統曆的專家）、賈之學行乎數百年中，遂爲諸儒宗。……賈逵能附會文致，最差貴顯。世主以此論學，悲矣哉！

不過我們寬恕一點，也不必把這改變學風的責任加在賈逵身上。光武的帝業的基礎既建築於王莽時的僞史上，而王莽時的僞史又伏匿在古文學的經典裏，古文學的風行於東漢是早定的事了，沒有賈逵難道別人就想不出這個意思來嗎？

光武帝以圖讖得國，故甚信奉它。中元元年（公元五六）宣布圖讖於天下。東漢一代，此學最盛。這種書的中心問題不外乎帝王的"感生"和"受命"，與五德之説甚相同；但其徵象不限於五德的符應，乃與五德之説甚相異。它興盛了，於是五德便衰息了。三統説本起於改曆運動，夏曆大家用了覺得方便，也就不想改了。固然還有幾代是模仿漢代的方式來改變制度的，有如：

> 景初元年春正月壬辰，山茌縣言黃龍見。於是有司奏以爲魏得地統，宜以建丑之月爲正。三月，定曆改年爲孟夏四月；服色尚黃；犧牲用白；戎事乘黑首白馬，建大赤之旗；朝會建大白之旗。（三國志魏明帝紀）
>
> 開皇元年……六月癸未，詔以初受天命，赤雀降祥；五德相生，赤爲火色。其郊及社廟，依服冕之儀；而朝會之服、旗幟、犧牲，盡令尚赤。（隋書文帝紀）

看了這些，似乎五德三統之説還在漢以後的政治上活躍。其實這不過奉行故事，點綴開國規模而已，並沒有熱烈的信仰存在。因爲這種事情早失了民衆的信仰，所以既不能使人心鼓舞，也不能使禮家起什麼異同的爭辨。

不信，試舉一例。我們看，最早的五德説是這樣的：

> 黃帝得土德，黃龍地螾見。夏得木德，青龍止于郊，草木暢茂。殷得金德，銀自山溢。周得火德，有赤烏之符。秦文公出獵，獲黑龍，此其水德之瑞。（封禪書）

這是説，得了某一種德則見某一種顏色的祥瑞；祥瑞的顏色甚單純，祥瑞的種類甚簡少。但是經了圖讖的鼓吹之後，漸漸地踵事增華，祥瑞的顏色不單純了，祥瑞的種類不簡少了。即以魏文帝爲例。宋書符瑞志云：

> 文帝始生，有雲青色，員如車蓋，當其上終日。……延

康元年三月，黃龍又見。……十月，饒安言白虎見。八月，石邑言鳳凰集，又有麒麟見。十月，漢帝禪位于魏。

照這樣看，一個帝王受了命即有諸種不同顏色的祥瑞出現，到底上帝給予他的是哪一種德呢？因爲東漢以後的帝王受了圖讖的影響，貪求祥瑞之多，五德説中的祥瑞沒有不要的，所以五德説就被拆散了。

再舉一例。東漢之後，依照劉歆之説，火生土，有天下者應爲土德。我們看，魏的年號有黃初，吳的年號有黃武，又有黃龍，蜀先主的受命之徵亦爲“黃龍見武陽赤水”，似乎各國都承認自己據有土德了。但細察一下，亦殊未然。魏的年號又有青龍了；吳的年號又有赤烏了。魏未受禪之際，太史丞許芝條魏代漢見讖緯於魏王曰：

易傳曰：“聖人受命而王，黃龍以戊己日見。”七月四日戊寅黃龍見，此帝王受命之符瑞最著明者也。（裴松之注引獻帝傳）

這可見黃龍的出現，但爲受命而王的符瑞，並非土德之應的符瑞。這個意義，與西漢人的信仰大不同了。魏既如此，蜀呢？

或傳聞漢帝見害，先主乃發喪制服，追謚曰孝愍皇帝。是後在所並言眾瑞。……太傅許靖……等上言，“曹丕篡弒，湮滅漢室；……人鬼忿毒，咸思劉氏。……間黃龍見武陽赤水，九日乃去。孝經援神契曰：‘德至淵泉則黃龍見。’龍者君之象也。……大王當龍升登帝位也。……伏惟大王出自孝景皇帝，中山靖王之胄，……宜即帝位以纂二祖，紹嗣昭穆，天下幸甚！”（蜀志先主紀）

照五德説講，先主爲漢室中興之主，漢爲火德，則亦宜自承爲火德，以收民望。乃他們提起了符瑞，只有説黄龍，不言赤帝子，赤伏符或赤烏等等；所言之黄龍又但以爲“君之象”，不言土德，與上舉的許芝所引易傳語合。可見當時人意想中的黄龍，但爲普泛的君主的象徵，並不含有五德意味。後世的君主和黄龍特別有關係，衣服、房屋，以及其他的用具，處處用黄龍作圖案畫，即是由這種信仰來的。推其源，乃在戰國末年人説的“黄帝得土德，黄龍地螾見”一語上。怎麽大家忘記了地螾呢？怎麽大家忘記了黄龍是與地螾同類的呢？

二七　月令等（五帝五神）

劉歆們在世經裏既造成了這一個五行相生的古史新系統，於是四面放播流言，塗改舊籍，以爲己説的佐證。他們在複演三次的五德終始中，最出力宣傳的是第一次的五個帝。他們把這五個帝去掉了“□□氏”的下名，而單取其“□□”的上名，成爲：

（木）　太昊
（火）　炎帝
（土）　黄帝
（金）　少昊
（水）　顓頊

這一個集團。又給這五個帝配上了五個佐，先在左傳内插下證據，這個證據就放在“陶唐氏後有劉累”的一章裏：

秋，龍見于絳郊。魏獻子問於蔡墨曰：“吾聞之，蟲莫知於龍，以其不生得也。謂之知，信乎？”對曰：“人實不知，非龍實知！"……（中叙劉累豢龍事）……獻子曰："今何故無之？"對曰："夫物，物有其官；官脩其方，朝夕思之。一日失職，則死及之；失官不食。官宿其業，其物乃至。若泯棄之，物乃坻伏，鬱湮不育。故有五行之官，是謂五官；實列受氏姓，封爲上公，祀爲貴神。社稷五祀，是尊是奉。木正曰句芒，火正曰祝融，金正曰蓐收，水正曰玄冥，土正曰后土。龍，水物也。水官棄矣，故龍不生得。……"獻子曰："社稷五祀，誰氏之五官也？"對曰："少皡氏有四叔，曰重，曰該，曰脩，曰熙，實能金木及水。使重爲句芒，該爲蓐收，脩及熙爲玄冥；世不失職，遂濟窮桑：此其三祀也。顓頊氏有子曰犁，爲祝融；共工氏有子曰句龍，爲后土：此其二祀也。后土爲社。稷，田正也。有烈山氏之子曰柱，爲稷，自夏以上祀之。周棄亦爲稷，自商以來祀之。"（昭公二十九年）

這一大段記載，借了龍見於絳郊的一件事，以引起魏舒的問和晉史蔡墨的答。蔡墨先説古有豢龍氏，故龍可生得；次説古有五行之官，其名爲句芒、祝融、蓐收、玄冥、后土，掌管五類之物，只爲後世的君主棄去了水官，所以水物的龍便無生致之事；又説做這五個官的人，是少皡氏的四子，顓頊氏的一子，共工氏的一子，他們生時做五行之官，死後就做五官之神了。

這些説話，在我們沒有從事五德終始説的研究時是不發生問題的。但現在呢，我們可以説它爲了要添出五帝的輔佐而杜造的了。它的不可信的理由，大約如下：

第一，世本中説"句芒作羅"，可見句芒是人名而非官名。

第二，左傳云"夔子不祀祝融與鬻熊"（僖二十六年）。海內經云"戲器生祝融"（炎帝之玄孫）。可見祝融亦爲人名而非官名。

第三，帝繫云“老童娶于竭水氏，生重黎及吳回”，可見重黎是一個人的名字。史記楚世家云“楚之先祖出自帝顓頊高陽，……高陽生稱，稱生卷章，卷章生重黎。重黎爲高辛居火正，甚有功，能光融天下，帝嚳命曰祝融。共工氏作亂，帝嚳使重黎誅之而不盡，帝乃以庚寅日誅重黎而以其弟吳回爲重黎後，復居火正爲祝融”。這一段文字中雖以重黎之父爲卷章，與帝繫有異（老與卷，童與章，俱形似，當是書寫之誤），但以重黎爲一個人，以重黎爲吳回之兄，這是和帝繫一致的。爲什麼到了左傳這段話裏，重、黎卻分爲兩個人呢？就算照了太史公自序“昔在顓頊，命南正重以司天，北正黎以司地”的話，説分重、黎爲兩人是“古已有之”的，但何以重不與黎同居火正，亦不與黎分居南北正，而獨改居了木正呢？又何以不與黎同號祝融而別爲句芒呢？又何以不與黎同爲顓頊氏之子而別爲少皞氏之子呢？一人分作二人，一父分作二父，一職分做二職，一號分做二號，這都是很可怪的事！

第四，西山經云：“㟠山，神蓐收居之。”晉語云：“虢公夢在廟，有神人面白毛虎爪，執鉞立於西阿。……覺，召史囂占之。對曰：‘如君之言，則蓐收也，天之刑神也。’”可見蓐收乃神名而非官名。

第五，后即王也，人中最貴的爲后，神中最貴的亦爲后。在戰國以前的書籍中，“后土”之名與“后帝”“后稷”的方式相同，同爲最尊貴的神祇：后帝是天的后，后稷是稼穡的后，后土是土地的后。“后土”又與“皇天”同用：春秋時人設誓，每曰“皇天后土實式憑之！”皇天是天神，后土是地神。自從帝繫中把后稷拉做了帝堯的胞弟，作堯典的人又以后稷爲虞廷的稷官，而云“棄，汝后稷”，於是神名或人名的后稷遂變成了官名。左傳中插入了這一段，於是后土也變成了官名了。其實，倘使后稷與后土真是古代的官名，戰國以前的人還會用它來稱呼那時最尊貴的神祇嗎？

第六，這段文字中既云"土正曰后土"，是后土即土正的別名。下邊又云"后土爲社"，則土正、后土、社，三者竟是異名而同物。魏舒所問的"社稷五祀"，別社稷於五祀之外，合計共有七個祀典；而此云"土正曰后土，后土爲社"，則只賸了六個。要是后土是人名，他以一身兼兩職尚説得過去；没奈何它是官名，怎麽一官可以跨兩祀呢？

綜合以上的話看來，可知他們所以把這段文字插入左傳中不過是爲少皞氏和共工氏圖謀在古書裏多佔據些地位，藉以增加全史五德系統表的佐證。現在把他們的根據及其附益的次序，試爲説明如下：

第一步，他們看見楚世家中有"重黎爲高辛居火正，……帝嚳命曰祝融"之語，心想火不是五行之一嗎？火有火正之官，則金木水土不應各有其官嗎？於是"五行之官"出現了。他們又想，火正命曰祝融，則其他四行之官不是都應有稱號的嗎？於是雜湊古代的人神之名而成的句芒、蓐收等一組稱號也出現了。

第二步，他們看見太史公自序中有"顓頊命南正重以司天，北正黎以司地"的話，心想重和黎既分作兩人，又分作兩正，自然又可使他們分居五行之官的兩官了。故於他們竄入國語的楚昭王問於觀射父一段文中即云"顓頊受之，乃命南正重司天以屬神，命火正黎司地以屬民"，黎遂得獨居火正。但"南正"與"北正"是相對成文的，"南正"與"火正"卻不相對了。故僞左傳中更進一步，命重爲木正，黎爲火正，使他們在五德中各居了一德。

第三步，他們既在全史五德系統表中硬添了一位少皞，又硬以共工居於閏位，不幸他們二人在經典中的地位太薄弱，故必得設法替他們造出些證據來。重黎是顓頊氏之子，這是久有記載的。現在重、黎既已分作二人，就可把重送給少皞氏了，於是有"少皞氏有四叔，重爲句芒"的話。少皞是以金德王的，任金正蓐收的自當屬於他的一門，於是有"該爲蓐收"的話。少皞是號金天氏的，金天氏是有裔子爲玄冥師的，於是有"脩及熙爲玄冥"的話。（他官都是一人居之，爲什麼玄冥卻命兩人做呢？予意，王莽時以"易卦六子"震、巽、坎、離、艮、兌解釋"六宗"，説不定即以此六人解釋"六子"。原文見後。）而少皞氏的四子遂"世不失職"了。"共工氏之伯九有也，其子曰后土，能平九土，故祀以爲社"，這是他們已插入國語，並插入禮記祭法的（祭法中"九土"作"九州"）。但后土不像個人名，故現在便在僞左傳中再寫一句"共工氏有子曰句龍，爲后土；后土爲社"，而共工氏之子遂以句龍爲名而以后土爲官了。

這是我猜想的晉史蔡墨的話的構成的層次。

自有此文，而五德之帝與五行之官可作下式的排列：

（木）　　太昊——句芒

（火）　　炎帝——祝融

（土）　　黃帝——后土

（金）　　少皞——蓐收

（水）　　顓頊——玄冥

這又是一個新方式了。自從有了這個新方式，他們又可分頭進行了。

其一，他們把這個系統插在月令裏，使得這五帝和五祀管理着"五時"。（時只有四，不夠分配，他們便想出方法，在立春、立夏、立秋、立冬之前都劃出十八天來，歸給中央，就是後世黃曆上喚作"土王用事"的。）

孟春(仲春、季春)之月……其帝太皞，其神句芒。

孟夏(仲夏、季夏)之月……其帝炎帝，其神祝融。

中央土……其帝黃帝，其神后土。

孟秋(仲秋，季秋)之月……其帝少皞，其神蓐收。

孟冬(仲冬，季冬)之月……其帝顓頊，其神玄冥。

月令之文，收錄的地方很多，吕氏春秋有之(十二紀)，小戴禮記有之(月令)，逸周書有之(月令解)。這五帝五神就有了三處的根據地了。

月令一篇，康長素先生是根本不信的。他説：

此志(隋書經籍志)獨稱"戴聖又删大戴之書爲四十六篇，謂之小戴記；漢末馬融遂傳小戴之學。融又足月令一篇，明堂位一篇，樂記一篇，合四十九篇"。是二戴相傳經師之學皆無月令、明堂位、樂記可見。蓋月令、明堂位僞作於劉歆，樂記亦歆所改竄者。……禮記樂記正義引別録作"四十九篇"。別録爲歆所作，則四十九篇之名定於歆無疑。特密傳至馬融注小戴記始大顯。鄭康成受業於融，爲之作注。千餘年來，鄭注立於學，學者自少習鄭氏，忘月令、明堂位、樂記之所出。賴此志述其源流，猶能見竄僞之跡耳。(新學僞經考卷十一)

他這段話所根據的只是隋書經籍志中月令等三篇爲馬融增足之語。至於月令爲劉歆僞作的證據，他没有舉出來。惟他對於王莽傳中"三皇象春，五帝象夏"之語所作的評論，則頗可補充這個理由。他道：

按，今學無三皇名。唯春秋繁露三代改制質文篇云：

"故聖王生則稱天子；崩遷則存爲三王；紬滅則爲五帝；下至附庸，紬爲九皇；下極其爲民。"……史記五帝本紀以黃帝、顓頊、帝嚳、唐堯、虞舜爲五帝，實依大戴禮五帝德、帝繫姓及世本，蓋孔門相傳之説。……歆緣易繫辭有伏犧、神農事，僞周官僞造"外史掌三皇、五帝之書"，左傳文十八年、昭十七年、二十九年、定四年竄入少皥，漢書律曆志載歆世經以太昊帝、炎帝、黃帝、少昊帝、顓頊帝、帝嚳、唐帝、虞帝爲次，暗寓三皇、五帝之叙。而月令"孟春盛德在木，其帝太皥；孟夏盛德在火，其帝炎帝；中央土，其帝黃帝；孟秋盛德在金，其帝少皥；孟冬盛德在水，其帝顓頊"，與世經相應。左傳、月令、律曆志大行，於是三皇之説興，少昊之事出，五帝之號變。……自是僞孔安國尚書序、皇甫謐帝王世紀、孫氏注世本，並以伏犧、神農、黃帝爲三皇、少昊、高陽、高辛、唐、虞爲五帝，實本之世經也。（新學僞經考卷六）

這一段話，粗看似乎不錯；但一加思考，其中顯然容有兩個系統：

　　　　甲——以太昊、炎帝、黃帝、少昊、顓頊爲五帝（月令之本於世經者）。

　　　　乙——以伏犧、神農、黃帝爲三皇；少昊、高陽、高辛、唐、虞爲五帝（尚書序等之本於世經者）。

這兩個系統雖同出於世經，但一以太昊至顓頊爲五帝，一以少昊至虞舜爲五帝，内容全不相同。周官中固有"三皇、五帝"之文，但三皇爲誰，未經解釋。世經中則完全没有説到三皇。月令，王莽曾徵通知其意者詣公車，戴記之篇出於馬融所增亦有明文，其中的五帝即全史五德終始表中的最上一層的人物，這個系統爲劉歆所僞造自屬可信。至伏犧等爲三皇，少皥等爲五帝，則出於漢以後的經師的曲解，這一說與劉歆所説的很不合，不能使劉歆代負其責任也。

因爲他舉出的劉歆僞造月令的證據只有五帝之名與世經相應一事，所以崔觶甫先生就以爲月令非僞造，只有"其帝……其神……"十句是劉歆竄入的。他説：

> 劉歆欲明新之代漢迫於皇天威命，非人力所能辭讓，乃造爲終始五德之説，……增吕氏春秋十二紀，於春曰，"其帝太皥，其神句芒"；於夏曰，"其帝炎帝，其神祝融"；於中央曰，"其帝黄帝，其神后土"；於秋曰，"其帝少皥，其神蓐收"；於冬曰，"其帝顓頊，其神玄冥"：凡十句。月令因之。適案，淮南時則訓録自十二紀，無此十句。（天文訓有之，當是後人竄入；不然，何以此篇與之異？）可見吕氏本亦無之；今有者，歆所竄入也。紀又曰，"春祀户；夏祀竈；中央祀中霤；秋祀門；冬祀行"，此白虎通所謂五祀也。左昭二十九年，以句芒，祝融，蓐收，玄冥，后土爲五祀，與此紀五神之名同而五祀之説異，可證其爲歆説。猶之黄帝、顓頊、帝嚳、堯、舜，乃孔子所謂五帝；此紀去帝嚳、堯、舜，而列太皥、炎帝於黄帝之前，增少皥於黄帝之後，以爲五帝，則五帝之説亦異。（史記探源卷一序證）

他明白宣言，月令中除掉這"其帝太皥"等十句之外是不假的，因爲淮南子時則訓録自十二紀而無此十句，可作旁證。康氏説月令爲僞，他的證據只在這十句與世經及左傳相應。現在崔氏既證明這十句非月令本有之文了，月令就不假了。

但是，我覺得康氏的證據雖不充足，而他的主張確不錯：月令是全部僞的，"其帝太皥"等十句是本來有的。這有幾種理由：

第一，月令所記，全爲明堂布政之事；而明堂布政實始新莽。"明堂"這個名字，不見於詩、書、易、春秋，而始見於孟子。齊宣王要毀明堂，問孟子，孟子説這是王者之堂，因宛轉以"王政"開導宣王。這是孟子説話的慣例（例如因梁惠王的沼而言文王的靈沼，以達其"與民偕樂"的本意；因齊宣王的雪宮而言徵招、角招之樂，以達其"憂樂以天下"的本意）。他所以要説"明堂者，王者之堂也"，其意只要激起齊宣王的"王政可得而聞與"之一問，藉以暢陳其心目中的王道而已。這正與他説"桓、文之事，後世無傳；無已，則王乎"，以求激起宣王的"德何如則可以王矣"的問語是一樣的。故在這篇對答的話中但言文王治岐之法，與公劉好貨，太王好色的事，絶未道及明堂。假使明堂確爲王者之堂，又確曾於此行過王政的，孟子哪裏肯置而不言，以致自己的説話絲毫不切題呢？所以我們對於這個明堂，只須看作一所古建築就得。自從戰國末年起了封禪説，把七十二代的帝王都拉到泰山去封禪，於是秦、漢的皇帝會常到泰山，而泰山之下的明堂會給他們光顧。漢書武帝紀曰："元封元年夏四月癸卯，登封泰山，降坐明堂。"他這一坐，就坐出事情來了。到明年，"濟南人公玉帶上黃帝時明堂圖，明堂圖中有一殿，四面無壁，以茅蓋，通水圜宮垣，爲複道，上有樓，從西南入，命曰昆侖，天子從之入以拜祀上帝焉。於是上令奉高作明堂汶上，如帶圖。及五年修封，則祠太一、五帝於明堂上坐，令高皇帝祠坐對之，祠后土於下房，以二十太牢。天子從昆侖道入，始拜明堂如郊禮"（封禪書）。讀此可知那時的明堂是一個祀神的地方，正像謬忌的太一壇一般。（封禪書曰："亳人謬忌奏祀太一方，曰天神貴者太一，太一佐曰五帝；古者天子以春秋祭太一東南郊，用太牢，七日爲壇，開八通之鬼道。"）在這明堂裏，五帝是有了，后土也有了。但這明堂在汶上而不在都城，與皇帝還沒有發生密切關係。大約就從那個時候起，明堂給方士和儒者們所鼓吹，它遂成一理想中的宗教和政治的最高機關，它的權威便漸漸擴大。到平帝元始四年夏，安漢公(王莽)奏立明堂辟雍於長安，交給劉歆等辦理(見平帝紀及歆、莽傳)，於是明堂真的移到都城中去了，成爲帝王宮室的一部分了。後來始建國四年及天鳳四年王莽兩次授諸侯茅土，就都在明堂中舉行。這正和月令及明堂位所記的相印合。所以從明堂的演進史上看，月令的制度必到平帝間纔能出現；否則它僅作郊祀之用，必不能與帝王的全部生活發生關係。又明堂本來用作祀五帝及后土等神的，故"其帝……其神……"之文儘可存在，不必後來竄入。

　　第二，月令所記氣候，與夏小正記的很相同。例如正月：

（夏小正）	（月令）
正月啟蟄	蟄蟲始振
鴈北鄉	鴻雁來
魚陟負冰	魚上冰
時有俊風	東風解凍
獺獸祭魚	獺祭魚
初昏參中	昏參中

夏小正是用寅正的，月令亦是用的寅正。我曾於本講義第二十三及二十四章中說明夏小正是漢武帝時改曆運動者託古的書，爲寅正作鼓吹者。自有太初元年的改制，始有真正的寅正。月令既亦用寅正，其文與夏小正類同，又以明堂制度爲主，其出現的時代必不會早於夏小正。若呂氏春秋，尤無錄月令之理。因爲秦未併天下時如果早用寅正，則已得其最適合的曆法，統一之後不當改用亥正了。如果他們必依五德終始說而改曆，則呂氏春秋的作者不是不知道五德終始說的，

他作書之時，"天且先見水氣勝"了，他爲什麼不先規定了亥正的月令呢？

第三，史記呂不韋列傳云："呂不韋乃使其客人人著所聞，集論以爲八覽、六論、十二紀。"又十二諸侯年表云："呂不韋……亦上觀尚古，刪拾春秋，集六國時事，以爲八覽、六論、十二紀，爲呂氏春秋。"因爲他的書以覽爲首，論和紀在覽之後，所以太史公自序云："不韋遷蜀，世傳呂覽"；與任少卿書亦然。他稱呂氏春秋爲呂覽，特舉其居首者言之，這是很明白的一件事。但現在的呂氏春秋卻以"紀、覽、論"爲次，與司馬遷所見的不同，故梁玉繩云："似非本書序次。"畢沅非之，以爲此書所以名春秋，即由十二紀錄月令而來。但是，古書的序文是都放在全書之末的，爲什麼呂氏春秋的序意一篇卻列在紀之末，覽之前呢？即此可見古本自以紀置論後，後來倒了轉來，無意中把這篇序插在中間了。序意篇云："凡十二紀者，所以紀治亂存亡也，所以知壽夭吉凶也"，可知紀的文字仍是偏於議論方面。又述黃帝誨顓頊的"大圜在上，大矩在下"，亦即紀中圜道篇之旨。它爲什麼對于爲十二紀宗主的月令不道一字呢？所以我以爲起於有始覽，終於序意，這是呂氏春秋的始末。每一覽爲八篇，每一論爲六篇，每一紀爲四篇，以偶數遞降，這是呂氏春秋的篇目。通部皆議論之文，不雜制度的記載，這是呂氏春秋的體裁。現在始於孟春紀，以序意置有始覽前，這是失了它的始末。增月令之文，使每一紀成爲五篇，獨用奇數，且冠於偶數八六之前，這是失了它的篇目。以明堂的制度分析入十二紀，以音律的制度作音律篇，這是失了它的體裁。（序意當爲十二紀的末一篇；今以插入音律篇之故，多出了一篇，遂只得屏序意於篇數之外了。）

因爲有了以上三項理由——（一）明堂爲天子宮室始於西漢末，

(二)與夏小正均爲寅正，而寅正是漢武帝時制定的，（三)呂氏春秋本不以十二紀居首，十二紀亦不録月令——故吾敢謂月令全篇文字皆王莽時所作，蓋以呂氏春秋名"春秋"，喜其可以利用，乃升十二紀於首，遂敷陳理想中之明堂制度，勦襲夏小正之文，而作十二月的月令，冠於十二紀之首。又録入淮南子，爲時則訓。後來又録入逸周書，爲月令解。後來又爲馬融編入小戴禮記，爲月令。

其二，他們把這個系統插在淮南子時則訓裏，使得這五帝和五祀管理着"五方"。

> 五位：東方之極，自碣石山過朝鮮，貫大人之國，東至日出之次，榑木之地，青土、樹木之野，太皥、句芒之所司者萬二千里。……

> 南方之極，自北户孫之外，貫顓頊之國，南至委火、炎風之野，赤帝、祝融之所司者萬二千里。……

> 中央之極，自昆侖東絶兩恒山，日月之所道，江、漢之所出，衆民之野，五穀之所宜，龍門、河濟相貫以息壤堙洪水之州，東至于碣石，黄帝、后土之所司者萬二千里。……

> 西方之極，自昆侖絶流沙、沈羽，西至三危之國，石城、金室、飲氣之民，不死之野，少皥、蓐收之所司者萬二千里。……

> 北方之極，自九澤窮夏晦之極，北至令正之谷，有凍寒、積冰、雪雹、霜霰、漂潤、群水之野，顓頊、玄冥之所司者萬二千里。……

他們把全世界分配給五帝和五神，而"中國"則獨在黄帝和后土之治下。所以黄帝和后土雖在時令上所管的是四時的膡餘，但在地方上所管的確是一大片膏沃之野，這大足傲四帝了。

　　我們讀此，可以知道在時則訓的十二月月令中所以沒有"其帝……其神……"之文，正因要把他們放到後邊去管理五方，爲避去重複計，不得不如此，不是月令本無此文也。崔先生據以定呂氏春秋等之十句爲增竄，殊未是。

　　我們讀此，又可知道史記封禪書中所謂

　　　　秦襄公既侯，居西垂，自以爲主少皞之神，作西畤，祠白帝，

這一段話是怎樣來的。因爲在五帝分治五方的系統中，西方是該爲少皞主管的，秦居西方，應當遵守了這個系統而請他爲神主，所以春秋以前的秦襄公就聽了西漢末年人的話而作西畤，祀起白帝來了！

　　再有一處，他們雖沒有加入五帝，卻把句芒等幾位神靈請進去的，這便是山海經中的海外經。在海外經四篇之末，有下列四段：

　　　　南方祝融，獸身，人面，乘兩龍。
　　　　西方蓐收，左耳有蛇，乘兩龍。
　　　　北方禺彊，人面鳥身，珥兩青蛇，踐兩青蛇。
　　　　東方句芒，鳥身人面，乘兩龍。

這除了北方不曰玄冥之外，其餘都和時則訓說的一樣。我們怎麼知道這四條是竄入的，不是海外經原有之文呢？因爲這經的記載是一件一件地前後銜接起來的，例如：

　　　　有神人二八連臂爲帝司夜於此野。……
　　　　畢方鳥在其東。……

讙頭國在其南。……

厭火國在其國南。……

三珠樹在厭火北，生赤水上。……

三苗國在赤水東。……

貫國在其東。……（海外南經）

那時所以這樣記載，因爲經是圖的説明，作者順着圖的次序一件件地寫下去，自然彼此銜接。又經雖分爲四篇，而圖只一幅，故各篇亦可相接。現在，西經（從西南到西北）末倒數第二行云“長股之國在雄常北”，北經（從西北到東北）首云“無䏿之國在長股東”，明明這兩個國在圖上是緊接的。爲什麽西經的末行卻是“西方蓐收……”把這一段文字隔斷了呢？我們試把這前後數行一齊寫出看一下：

肅慎之國在白民北，有樹名曰雄常。……

長股之國在雄常北。……

西方蓐收，左耳有蛇，乘兩龍。

無䏿之國在長股東。……

鍾山之神……在無䏿之東。……

這不是很明顯地露出竄亂的痕跡嗎？我們在讀了時則訓的“五位”之文之後再讀它，對於這個竄亂的原因就不必討論了。

其三，他們把這個系統插在洪範五行傳裏，使得這五帝和五祀兼管着“五時”和“五方”。

東方之極，自碣石東至日出、榑木之野，帝太皞，神句芒司之。自冬日至數四十六日，迎春于東堂。……

南方之極，自北户南至炎風之野，帝炎帝，神祝融司之。自春分數四十六日，迎夏于南堂。……

中央之極，自昆侖至太室之野，帝黃帝，神后土司之。土王之日，禱用牲，迎中氣于中室。……

西方之極，自流沙西至三危之野，帝少暭，神蓐收司之。自夏日至數四十六日，迎秋于西堂。……

北方之極，自丁令北至積雪之野，帝顓頊，神玄冥司之。自秋分數四十六日，迎冬于北堂。……

洪範五行傳是把洪範中的九疇納入一貫的系統而又加以"六沴"的災異的徵兆的，把九疇說完了也就完了。劉向所敷演的五行傳記也是如此（見漢書五行志）。他們偏加上了這樣一大段，使得洪範五行傳的後半竟成了月令五行傳，這不是僞竄是什麽！

其四，他們把這個系統插在淮南子天文訓裏，使得這五帝和五祀不但兼管着"五時"和"五方"，而且兼管了"五星"。

何謂五星？東方，木也；其帝太暭，其佐句芒，執規而治春；其神爲歲星；其獸蒼龍。……

南方，火也；其帝炎帝，其佐朱明，執衡而治夏；其神爲熒惑；其獸朱鳥。……

中央，土也；其帝黃帝，其佐后土，執繩而制四方；其神爲鎮星；其獸黃龍。……

西方，金也；其帝少昊，其佐蓐收，執矩而治秋；其神爲太白；其獸白虎。……

北方，水也；其帝顓頊，其佐玄冥，執權而治冬；其神爲辰星；其獸玄武。……

在這一段裏，爲什麽句芒等不稱"其神"而稱"其佐"？只因歲星等五星上稱"其神"了，只得換了一個"佐"字以相調劑。但這個"佐"

字卻很合式。在漢武帝時，謬忌奏祠太一方，曰，“天神貴者太一，太一佐曰五帝”。到這時，有了這個新系統，成了“天神貴者五帝，五帝佐曰五神（或五祀，或五佐）”了。這是西漢時神祇的演進的經歷。

他們變來變去，萬變不離其宗，因爲這個問題的中心即在五德終始系統表上。我們懂得了這個系統表，再來看這些記載，自然它的來源與其組織方法可以不言而喻，觸手而解。

王莽、劉歆們計畫定了這種方式，竄改好了各種古書，當然要“見諸行事”的，所以平帝元始五年，王莽奏言：

> 謹案：周官“兆五帝於四郊，山川各因其方”。今五帝兆居在雍五時，不合於古。又日月雷風山澤，易卦六子之尊氣，所謂“六宗”也，星辰水火溝瀆，皆六宗之屬也，今或未特祀，或無兆居。謹與太師光、大司徒宮、羲和歆等八十九人議，皆曰：天子父事天，母事地。今稱天神曰皇天上帝泰一，兆曰泰時；而稱地祇曰后土，與中央黃靈同，又兆北郊，未有尊稱，宜令地祇稱皇地后祇，兆曰廣時。易曰：“方以類聚，物以群分。”分群神，以類相從，爲五部，兆天地之別神。中央帝（以下面“南方炎帝”比例之，“帝”上應有“黃”字，今脱）黃靈后土時，及日廟、北辰、北斗、填星、中宿、中宮於長安城之未地兆。東方帝太昊青靈句芒時，及靁公、風伯廟，歲星、東宿、東宮於東郊兆。南方炎帝赤靈祝融時，及熒惑星、南宿、南宮於南郊兆。西方帝少皞白靈蓐收時，及太白星、西宿、西宮於西郊兆。北方帝顓頊黑靈玄冥時，及月廟、雨師廟、辰星、北宿、北宮於北郊兆。（漢書郊祀志）

這便是把分時，分地，分星的五帝和五神作一個實地的支配；但五神又不稱曰祀、曰神、曰佐，而曰"靈"了，他們又記帶着一大群小鬼神了。本來地祇稱"后土"，到這時始以與黃靈同號，不足以表示尊崇，而改號爲皇地后祇了。本來六宗沒有特祀，到這時帶着一大群"六宗之屬"而得其廟兆了。本來五帝廟在雍，不在長安，到這時便遵從了周官的制度，兆五帝於四郊了。這是用了五行的系統，把古今的神祀作一次總整理。這是用了五德終始的系統，請居首層的五德之帝管轄着世界的一切。但假使月令、周官等書已早有了，這些"不合於古"的制度何以必待王莽柄政而始予改正呢？這是我們應當懷疑的。

　　史書上説此奏既報可，於是長安旁諸廟兆時甚盛了，莽又言：

> 帝王建立社稷，百王不易。……聖漢興，禮儀稍定；已有官社，未立官稷。

遂於官社後立官稷，以夏禹配食官社，后稷配食官稷（郊祀志）。但史記封禪書上有云：

> 自禹興而修社祀；后稷稼穡，故有稷祠：郊社所從來尚矣。

可見社是祀禹的，稷是祀后稷的。爲什麼到了王莽時，禹與后稷都成了"配食"而不爲主神呢？這只要一讀左氏昭二十九年傳就可明白：

> 共工氏有子曰句龍，爲后土；……后土爲社。……有烈山氏之子曰柱，爲稷。

原來社神已請句龍做了，稷神已請柱做了，古史系統伸展得太長了，禹和后稷時代已後，不得不退就"配食"之位了！

有了五靈，再有社稷，這就叫做"社稷五祀"。左傳上一大段的話，到這時纔真實地顯現！

二八　讖緯

現在，我們可以講到讖緯了。

讖，是豫言。緯，是對經而言的：經爲直的絲，緯爲橫的絲。故緯是解經的書，是演經義的書；而讖與經則可以說没有關係。不過因爲緯的説經多屬非常異義，太不循軌道，與"故訓傳"的性質不同，所以讖與緯在名義上雖有分別，而實際上卻没有什麽嚴密的界限。

讖的起源甚早。在現存的史書裏可以找到的最早的材料是下面這一段：

> 趙簡子疾，五日不知人；大夫皆懼。醫扁鵲視之。出，董安于問。扁鵲曰："血脈治也，而何怪！在昔秦繆公嘗如此，七日而寤。寤之日，告公孫支與子輿曰：'我之帝所，甚樂。吾所以久者，適有學也。'帝告我：'晉國將大亂，五世不安。其後將霸，未老而死。霸者之子且令而國男女無別。'公孫支書而藏之。秦讖於是出矣。獻公之亂，文公之霸，而襄公敗秦師於殽而歸縱淫，此子之所聞。今主君之疾與之同，不出三日，疾必閒；閒必有言也。"
>
> 居二日半，簡子寤，語大夫曰："我之帝所，甚樂，與百神游於鈞天，廣樂九奏萬舞，不類三代之樂，其聲動人

心。有一熊欲來援我，帝命我射之，中熊，熊死。又有一羆來，我又射之，中羆，羆死。帝甚喜，賜我二笥，皆有副。吾見兒在帝側，帝屬我一翟犬，曰：'及而子之壯也以賜之。'帝告我：'晉國且世衰，七世而亡。嬴姓將大敗周人於范魁之西，而亦不能有也。今余思虞舜之勳，適余將以其胄女孟姚配而七世之孫。'"董安于受言而書藏之。……

　　他日，簡子出，有人當道，辟之不去。從者怒，將刃之。當道者曰："吾欲有謁於主君。"從者以聞。簡子召之，曰："譆，吾有所見子晰也！"當道者曰："屏左右，願有謁。"簡子屏人。當道者曰："主君之疾，臣在帝側。"簡子曰："然，有之！子之見我我何爲？"當道者曰："帝令主君射熊與羆皆死。"簡子曰："是且何也？"當道者曰："晉國且有大難，主君首之。帝令主君滅二卿，夫熊與羆皆其祖也。"簡子曰："帝賜我二笥，皆有副，何也？"當道者曰："主君之子將克二國於翟，皆子姓也。"簡子曰："吾見兒在帝側，帝屬我一翟犬，曰'及而子之長以賜之'，夫兒何謂以賜翟犬？"當道者曰："兒，主君之子也。翟犬者，代之先也。主君之子且必有代。及主君之後嗣，且有革政而胡服，併二國於翟。"簡子問其姓而延之以官。當道者曰："臣野人，致帝命耳。"遂不見。簡子書藏之府。（史記趙世家）

這一大段神話活現出一幅推背圖來。簡子射死熊羆，是滅范氏、中行氏的象徵。帝賜二笥，是克兩個子姓的國的象徵。兒在帝側，帝屬一翟犬，是簡子的子據有代國及其後嗣革政而胡服的象徵。這都是上帝的命令，但上帝卻不明白說出，而用了同音同義同類的東西來暗示其意義，逼得人們去深思，這纔有趣呢。秦穆公上天，把上帝的話記了出來，於是有了秦讖。趙簡子上天，把上帝的話記了出來，也應當喚作"趙讖"了。

在秦始皇本紀裏，又有兩條類似的記載。

其一云：

> 燕人盧生使入海，還，以鬼神事，因奏録圖書曰："亡秦者胡也。"始皇乃使將軍蒙恬發兵三十萬人北擊胡。

其二云：

> 使者從關東夜過華陰平舒道，有人持璧遮使者曰："爲吾遺滈池君！"因言曰："今年祖龍死。"使者問其故，因忽不見，置其璧去。使者奉璧，具以聞。始皇……退言曰："祖龍者，人之先也。"使御府視璧，乃二十八年行渡江所沈璧也。

這也以隱語爲豫言。但只有隱語而没有上帝旁邊的人下凡來解釋是不容易懂的，故"亡秦者胡"意指胡亥而始皇以爲北胡，"今年祖龍死"意指始皇而始皇以爲人之祖先。盧生所奏的讖唤作"圖書"，當是有圖又有書的。

讖言不盡由上帝降下，亦有爲時人所造作，在始皇本紀中即有此類記載：

> 有墜星下東郡，至地爲石。黔首或刻其石曰"始皇帝死而地分"。始皇聞之，遣御史逐問，莫服；盡取石旁居人誅之。因燔銷其石。

要不是他們知道這是黔首刻上去的，豈不又成了天上掉下來的讖書嗎？

西漢時，以方士和儒生的鼓吹，使得讖書在社會上更增加勢力。看漢書郊祀志及眭兩夏侯京翼李傳等篇可知。事情太多，今不舉。

到了王莽時，這種風氣更利害了。王莽傳云：

> 武功長孟通浚井，得白石，上圓下方，有丹書著石，文曰"告安漢公莽爲皇帝"。符命之起，自此始矣。莽使群公以白太后，……令安漢公居攝踐阼，如周公故事。

這纔不假借隱語而直揭其官階與姓名了。其後，

> 齊郡臨淄縣昌興亭長辛當一暮數夢，曰："吾天公使也。天公使我告亭長曰：'攝皇帝當爲真。即不信我，此亭中當有新井。'"亭長晨起視亭中，誠有新井，入地且百尺。
>
> 天風起塵冥，風止，得銅符帛圖於石前。文曰："天告帝符，獻者封侯。承天命，用神令。"

在這種空氣中，到底起來了哀章，完成了王莽的篡位之業：

> 哀章學問長安，素無行，好爲大言。見莽居攝，即作銅匱爲兩檢……書言王莽爲真天子，皇太后如天命。圖書皆書莽大臣八人，又取令名王興、王盛，章因自竄姓名，凡爲十一人，皆署官爵爲輔佐。……衣黃衣，持匱至高廟。……戊辰，莽至高廟，拜受金匱神嬗。

因爲他們做得太多了，太顯明了，這戲法就拆穿了：

> 是時爭爲符命封侯。其不爲者，相戲曰："獨無天帝除書乎？"司命陳崇白莽曰："此開姦臣作福之路而亂天命，宜

絕其原！"莽亦厭之，遂使尚書大夫趙並驗治，非五威將率所班，皆下獄。

於是這位用了符命造成的皇帝自己禁起符命來了。可是這個風氣已經造成，遏制不住，後來的光武帝也便以赤伏符受命。

光武帝即位之後，尊信圖讖，宣布於天下。他用了皇帝的威力去強迫一班人信從圖讖，曾有以下幾件故事：

> 是時帝方信讖，多以決定嫌疑。譚（桓譚）上疏曰："凡人情忽於見事而貴於異聞。觀先王之所記述，咸以仁義正道爲本，非有奇怪虛誕之事，蓋天道性命，聖人所難言也。……今諸巧慧小才伎數之人，增益圖書，矯稱讖記，以欺惑貪邪，詿誤人主，焉可不抑遠之哉！……"帝省奏不悅。其後有詔會議靈臺所處，帝謂譚曰："吾欲讖決之，何如？"譚默然良久，曰："臣不讀讖。"帝問其故，譚復極言讖之非經。帝大怒曰："桓譚非聖無法！"將下斬之。譚叩頭流血，良久乃解。（後漢書桓譚傳）
>
> 帝嘗問興（鄭興）郊祀事，曰："吾欲以讖斷之，何如？"興對曰："臣不爲讖。"帝怒曰："卿之不爲讖，非之耶？"興惶恐曰："臣於書有所未學而無所非也。"帝意乃解。興數言政事，依經守義，文章溫雅；然以不善讖故，故不能任。（後漢書鄭興傳）

那時的人，不善讖就不能做大官，不信讖就犯了死罪。這是推廣圖讖的一個好方法。

王莽和光武帝既均以圖讖得國，"上有好者，下必有甚焉者矣"，故那時的豫言的讖書就像春草一般地怒苗起來。甚而至於光武中興之業初成時已自言漢家之亡及其亡之之人。華陽國志云：

公孫述移檄中國，稱引圖緯。世祖報曰："西狩獲麟讖曰'乙子卯金'，即以未歲授劉氏，非西方之守也。'光廢昌帝，立子公孫'，即霍光廢昌邑王，立孝宣帝也。……'漢家九百二十歲，以蒙孫亡；受以丞相，其名當塗高'，高豈君身耶？"

可是事實上告知我們的，從漢高祖元年（公元前二〇六）到漢獻帝末年（二二〇），只有四百二十六年，還不到西狩獲麟讖上的一半。光武這種舉動，或者含有宣傳作用，使人見得漢家雖終亦滅亡，但天定的歷數尚久，還是不要早起覬覦之心吧。

這種潮流侵入了經學界，就成爲許多種的緯書。緯書這類書，相傳起得甚早。例如隋書經籍志云：

孔子既叙六經以明天人之道，知後世不能稽同其意，故別立緯及讖以遺來世。其書出於前漢。有河圖九篇，洛書六篇，云自黃帝至周文王所受本文。又別有三十篇，云自初起至於孔子，九聖之所增演以廣其意。又有七經緯三十六篇，並云孔子所作。……

照這樣講，緯書竟與讖同是九聖增演的了。但下文又説：

然其文辭淺俗顛倒舛謬，不類聖人之旨。相傳疑世人造爲之後，或者又加點竄，非其實録。起王莽好符命，光武以圖讖興，遂盛行於世。……俗儒趨時，益爲其學，篇卷第目轉加增廣。言五經者皆憑讖爲説；唯孔安國、毛公、賈逵之徒獨非之，相承以爲妖妄，亂中庸之典，故因漢魯恭王、河間獻王所得古文，參而考之以成其義，謂之古學。

然則緯書確是王莽光武以後起來的。那時只有頭腦清醒的古文學家反對它，以它爲妖妄，自己的古文學裏不收進這些材料（雖是爲了要立左傳也肯援引圖讖中的帝宣以證成左傳中的少皥，又肯援引赤伏符的“四七之際火爲主”以證成左傳中的漢爲堯後之説）。但是隋書説孔安國、毛公們非之則不對，因爲孔的書傳，毛的詩傳，就是古文學家僞造的。實際上反對讖緯的只有東漢初年桓譚、鄭興、賈逵一班人，因爲在他們之世剛是讖緯極盛的時候，有創立一個古文學派而與之角立的需要。

　　古文學派既在智識階級中佔有相當的勢力，而讖緯之書又是“開姦臣作福之路而亂天命”的，所以在六朝時，石季龍就把它禁了，苻堅也把它禁了，宋武帝也把它禁了，魏孝文帝、梁武帝、隋文帝都把它禁了。他們禁得很嚴，私學的要殺，或私藏的也要殺。而禁得最厲害的一次要算隋煬帝所做的。隋書經籍志云：

　　　　煬帝即位，乃發使四出，搜天下書籍，與讖緯相涉者皆焚之，爲吏所糾者至死。自是無復其學。祕府之内亦多散亡。

以此之故，唐代人看得見的已經没有幾種了，極盛一時的讖緯就風流雲散了。到現在，只有易緯八種是完全的。但是，倘使明初不修永樂大典，清人又不編四庫全書，這八種緯書也一例亡滅了。

　　所幸的，讖緯書雖亡滅，而斷簡殘篇尚留存得不少；就是没有一字傳下來的，各家書目裏或猶留得它的名題。所以自明以來，作輯佚的工作的人頗不少。他們根據了十三經注疏、白虎通德論、後漢書、續漢書律曆志、宋書符瑞志、太平御覽、册府元龜、陶弘景真誥、葛洪抱朴子、阮孝緒七錄（原書已亡，見他書徵引），賈思勰齊民要術、李淳風乙巳占、張彥遠歷代名畫記、李善文選注、羅苹路史注……等書分類輯錄，使我們仍得窺見這些書的原來樣子，這是可以感謝的事情。這班著作者及其書名，大略如下：

  （一）明孫瑴古微書三十六卷。

  （二）清朱彝尊經義考內"毖緯"五卷（自二六三卷至二六七卷，專記讖緯書的名目。）

  （三）清黃奭漢學堂叢書中"通緯"五十六種。

  （四）清趙在翰七緯三十六卷（此書專輯正緯）。

  （五）清馬國翰（或章宗源）玉函山房輯佚書中"緯書類"四十種。

  （六）清孔廣林所輯鄭玄通德遺書中尚書中候六卷。

  （七）清袁鈞所輯鄭氏遺書中尚書中候一卷，尚書五行傳注一卷。

此外，刊寫完全的"易緯八種"的，有武英殿聚珍板本（根據的是永樂大典本）、四庫全書本、古經解彙函重刻殿本等，而趙在翰的七緯亦把它收入。

  我們根據了以上諸書，可以寫出一個讖緯的總目錄來。雖是讖與緯很不易分別，而且名目甚雜亂，說不定一名誤分成幾名，但我們在屢次禁絕之後還能知道這許多東西，已經是不容易的事了。

  （甲）河圖、洛書：

   圖書祕記（十七篇。見漢書藝文志數術略天文類。）

   河圖洛書（二十四卷，目錄一卷。）

   河圖（二十卷。）

   河圖龍文（以上三種見隋書經籍志。）

河洛内記（七卷。見抱朴子。）

河圖括地象（古微書——下簡稱"微"；漢學堂叢書——

　　下簡稱"漢"。）

河圖括地象圖（原十一卷。漢。）

河圖始開圖（"圖"，一作"篇"。微；漢。）

河圖絳象（"絳"，一作"緯"。微；漢。）

河圖稽曜鉤（微；漢。）

河圖帝覽嬉（微；漢。）

河圖挺佐輔（微。）

河圖握矩起（一無"握"字；"起"，一作"記"。微。）

河圖稽命曜（"曜"，一作"徵"。微；漢。）

河圖會昌符（微；漢。）

河圖帝紀通（一作"通帝紀"。微；漢。）

河圖考曜文（一作"考靈曜"。微；漢。）

龍魚河圖（一作"河圖龍魚徵記"。原一卷。微；漢。）

河圖提劉（一作"提劉篇"。微；漢。）

河圖真鉤（一作"真紀鉤"。微；漢。）

河圖著命（一作"著命苞"。微；漢。）

河圖祕微篇（"微"，一作"徵"。微；漢。）

河圖要元篇（一無"篇"字。微；漢。）

河圖玉版（微。）

河圖赤伏符（漢。）

河圖聖洽符（漢。）

河圖讖（漢。）

河圖説徵示（一無"示"字。漢。）

河圖皇參持（漢。）

河圖闓苞受（漢。）

河圖天靈（漢。）

河圖叶光紀（"紀"，一作"圖"，一作"篇"。漢。）

河圖合古篇（漢。）

河圖錄運法（見路史注。）

河圖記命符（見抱朴子。）

河圖帝視萌（見帝王世紀。）

河圖期運授（見太平御覽。）

河圖內元經（見真誥。）

河圖八文（見乾鑿度。）

洛書（漢。）

洛書甄曜度（"甄"，一作"乾"。微；漢。）

甄曜度讖（微；漢。）

洛書錄運期（"期"，一作"法"。微。）

錄運期讖（微。）

洛書靈準聽（"準"，一作"准"。微，漢。）

洛書摘六辟（"六"，一作"亡"。微；漢。）

洛書寶號命（"號"，一作"予"。見宋書符瑞志。）

洛書稽命曜（見太平御覽。）

孔子河洛讖（微。）

老子河洛讖（見南齊書符瑞志。）

（乙）易：

易緯（宋均注本九卷；鄭玄注本八卷。鄭注今存，即下
列乾鑿度至坤靈圖各種。）

易緯乾坤鑿度（二卷。易緯八種本。蒼頡注。）

易緯乾鑿度（二卷。同上。鄭玄注。）

易緯稽覽圖（二卷。同上。同上。）

易緯辨終備（一卷。同上。同上。"終"，一作"中"。）

易緯通卦驗（二卷。同上。同上。一作"通卦驗玄圖"。）

易緯乾元序制記（一卷。同上。同上。）

易緯是類謀（一卷。同上。同上。“是”，一作“筮”。）

易緯坤靈圖（一卷。同上。同上。）

易九厄讖（微。）

易河圖數（微。）

易中孚傳（“傳”，一作“經”。微。）

易運期（微。）

易萌氣樞（微；漢。）

易通統圖（漢。）

元皇介

垂皇策

萬形經

乾文緯

坤鑿度

考靈經

制靈圖

希夷名

含文嘉（亦名“瑞文”。）

稽命圖

墳文

八文大籀

元命包（以上十三名，俱見乾坤鑿度中太古文目。其大半，經義考俱録入易緯内；亦有不録者，未詳其意。今全録之。）

地靈母經（女媧著。）

易靈緯（炎帝、黄帝著。“易”，一作“考”。）

含靈孕（以上三種見乾坤鑿度下卷。）

易緯卦氣圖（出於孟喜易經章句。）

易内戒（見抱朴子。）

易狀圖（見名畫記。）

易傳太初篇（見蔡邕明堂論。）

易天人應（見全祖望讀易別録。）

（丙）尚書：

尚書緯（三卷，一作六卷。鄭玄注，即下列數種。見隋
　　書經籍志。）

尚書璇璣鈐（鄭玄注。微；漢；七緯；玉函山房輯佚
　　書——下簡稱“玉”。）

尚書考靈曜（同上。微；七緯；玉。）

尚書刑德做（“做”，一作“放”。微；漢；七緯；玉。）

尚書帝命驗（一作“命令驗”。宋均、鄭玄注。微；漢；
　　七緯；玉。）

尚書運期授（微；漢；七緯；玉。）

尚書帝驗期（“驗”，一作“命”。微。）

尚書五行傳（即尚書大傳中之一部分。鄭玄注；袁鈞輯
　　鄭氏佚書本——下簡稱“佚”。微。）

尚書洛罪級（見隋書經籍志。趙在翰以爲是讖。）

尚書鉤命決（趙在翰謂是孝經緯之譌。）

洪範緯（微。）

尚書中候（五卷，一作八卷。宋均、鄭玄注，即下列諸
　　篇。微；玉；孔廣林輯通德遺書本——下簡稱
　　“遺”；佚。）

中候勑省圖（鄭玄注。微；玉；遺；佚。）

中候握河紀（同上。同上。）

中候運衡（同上。同上。“衡”，一作“行”；“衡”下一有
　　“篇”字。）

中候考河命（同上。同上。）

中候題期，立象（同上。玉；遺；佚。）

中候儀明篇（同上。微；玉；遺；佚。"儀"，一作"義"；一無"篇"字。）

中候苗興（同上。玉；遺；佚。）

中候契握（同上。同上。）

中候洛予命（同上。微；玉；遺；佚。）

中候稷起（同上。同上。）

中候我應篇（同上。玉；遺；佚。一作"我應瑞"；一作"我膺"；一無"篇"字。）

中候洛師謀（同上。同上。）

中候合符后（同上。同上。）

中候摘洛戒（同上。微；玉；遺；佚。"摘"，一作"摛"；"戒"，一作"貳"。）

中候霸免（同上。玉；遺；佚。）

中候準讖哲（同上。微；玉；遺；佚。一作准讖哲。）

中候覬期（同上。玉；遺；佚。）

（丁）詩：

詩緯（十八卷，一作十卷。宋均注，即推度災以下諸種。漢。）

詩緯圖（一卷。）

詩推度災（微；漢；七緯；玉。）

詩汎曆樞（微；七緯；玉。"汎"，一作"氾"。）

詩含神霧（微；漢；七緯；玉。）

（戊）禮：

禮緯（三卷。鄭玄注，即以下三篇。漢。）

禮含文嘉（原三卷。宋均、鄭玄注。微；漢；七緯；玉。）

禮稽命徵（微；漢；七緯；玉。）

禮斗威儀（宋均注。微；七緯；玉。）

禮記默房（宋均注二卷；鄭玄注三卷。）

禮稽命曜（見太平御覽。）

禮元命包（見杜佑通典。）

禮瑞命記（見王充論衡。趙在翰疑爲逸禮篇名，未必是
緯書。）

（己）樂：

樂緯（三卷。宋均注，即下列三篇。漢。）

樂動聲儀（宋衷注。微；七緯；玉。）

樂稽曜嘉（微；七緯；玉。）

樂叶圖徵（微；漢；七緯；玉。"叶"，一作"協"。）

樂五鳥圖（一卷。見七録。）

（庚）春秋：

春秋緯（三十卷；一作三十八卷。宋均注，即以下諸
種。漢。）

春秋演孔圖（微；漢；七緯；玉。）

春秋元命苞（同上。"苞"，一作"包"。）

春秋文耀鈎（同上。"耀"。一作"曜"。）

春秋運斗樞（同上。）

春秋感精符（同上。）

春秋合誠圖（同上。）

春秋考異郵（同上。）

春秋保乾圖（同上。宋衷注。）

春秋漢含孳（微；七緯；玉。）

春秋佐助期（微；漢；七緯；玉。）

春秋握誠圖（同上。"誠"，一作"成"。）

春秋潛潭巴（同上。）

春秋説題辭（同上。以上十三篇，趙在翰謂是春秋之
正緯。）

春秋命歷序（微；漢；玉。）

春秋孔録法

春秋考曜文（見藝文類聚。）

春秋包命（見七録；隋志二卷。趙在翰謂是春秋元命包之誤。）

春秋句命決（見路史注。趙在翰謂是孝經緯句命決之誤。）

春秋含文嘉（見白虎通。趙在翰謂是禮緯含文嘉之誤。）

春秋括地象（見隋杜公瞻編珠。趙在翰謂是河圖括地象之誤。）

春秋玉版讖（見宋書符瑞志。）

春秋文義（見白虎通。）

春秋內事（四卷；一作六卷。宋均注。微；漢；玉。）

春秋祕事（十一卷。見七録。）

春秋録圖（見李善文選注。）

春秋災異（十五卷。漢末郗萌集圖緯讖雜占爲五十篇。見隋書。）

春秋少陽篇（見論語疏。）

春秋撰命篇（見公羊傳疏。以上八種，趙在翰謂皆是讖類。）

（辛）孝經：

孝經句命決（原六卷。宋均注。微；漢；七緯；玉。“句”，一作“鉤”。）

孝經援神契（原七卷。同上。同上。以上二種，趙在翰謂是孝經正緯。）

援神句命解詁（十二篇。後漢翟酺著；一云酺弟子杜真著。）

孝經雜緯（十二卷，一作五卷。宋均注。見隋志。）

孝經緯（漢。）

孝經威嬉拒（微；漢。）

孝經讖（玉。）

孝經讖圖（十二卷。見名畫記。）

孝經元命苞（一卷。見七録。）

孝經内事（一卷。宋均注。見隋志。）

孝經内事圖（二卷。見七録。微；漢；玉。"事"，一作
　　"記"。）

孝經内記星圖（一卷。見唐志。）

孝經内事星宿講堂七十二弟子圖（一卷。見七録。）

孝經古祕援神（二卷。見七録。）

孝經古祕（玉。）

孝經古祕圖（一卷。見七録。）

孝經右祕（漢。）

孝經左右握（二卷。見七録。）

孝經左契（微；漢；玉。）

孝經右契（同上。）

孝經中契（微；玉。）

孝經左右契圖（一卷。見七録。）

孝經契（漢。）

孝經雌雄圖（原三卷。漢；玉。）

孝經異本雌雄圖（二卷。見七録。）

孝經分野圖（一卷。同上。）

孝經口授圖（一卷。同上。）

孝經應瑞圖（一卷。見舊唐志。）

孝經河圖（玉。）

孝經元辰（二卷。見唐志。）

孝經皇義（一卷。宋均著。見册府元龜。）

皇靈孝經（一卷。）

孝經章句（漢；玉。）

孝經中黃讖（見宋書符瑞志。）

孝經錯緯（晉郭瑀著。自孝經元命苞以下二十餘種，趙
　　在翰謂皆讖屬。）

（壬）論語：

論語讖（八卷；一作十卷。宋均注，當即下列八種。
　　“讖”，一作“緯”。）

論語比考讖（宋均注。微；漢；玉。）

論語撰考讖（同上。同上。）

論語摘輔象（同上。同上。）

論語摘衰聖（同上。同上。一作“論語摘衰聖承進讖”；
　　又“衰”或作“襃”，或引作“襄”。）

論語陰嬉讖（同上。同上。）

論語素王受命讖（同上。漢；玉。）

論語糾滑讖（同上。同上。“糾”，一作“紀”。）

論語崇爵讖（同上。同上。）

（癸）總說及未詳所屬者：

書易詩孝經春秋河洛緯祕要（一卷。見七錄。）

五帝鉤命決圖（一卷。見隋志。）

靈命本圖（一卷。）

辨靈命圖（一卷。以上二種見名畫記。）

內讖解說（二卷。後漢楊統著。見益部耆舊傳。）

遁甲開山圖（漢。）

孔老讖（十二卷。）

尹公讖（四卷。）

劉向讖（二卷。）

雜讖書（二十九卷。）

　　堯戒舜禹(一卷。)

　　孔子王明鏡(一卷。)

　　郭文金雄記(卷一。)

　　王子年歌(一卷。)

　　嵩高道士歌(一卷。以上九種，見隋志引七錄。)

在煨燼之餘的斷簡殘編中掇拾出來的尚有這洋洋一大篇目錄，那麼，倘使不遭若干次焚禁之殃，它的滋生和蔓延的力量將有多少大？這豈不是一個可以驚人的數目嗎！

　　以上的目錄，我們固然不能加以精密的估計(因其中必有重複及脫漏)，但亦不妨作一粗疏的百分數，看出哪些方面是爲多量的讖緯所附着的。

　　　　(甲)河圖洛書　　　　　　二二・八

　　　　(乙)易　　　　　　　　　一六・一

　　　　(丙)尚書　　　　　　　　一三・四

　　　　(丁)詩　　　　　　　　　二・二

　　　　(戊)禮　　　　　　　　　三・五

　　　　(己)樂　　　　　　　　　二・二

　　　　(庚)春秋　　　　　　　　一三・〇

　　　　(辛)孝經　　　　　　　　一五・七

　　　　(壬)論語　　　　　　　　四・四

　　　　(癸)總説及未詳所屬者　　六・七

　　　　合計　　　　　　　　　　一〇〇・〇

在這個表裏，可見讖緯以河圖、洛書爲最多，幾佔全數四分之一。易次之。孝經又次之。尚書又次之。春秋又次之。其他皆不多。所以然之故，因爲河出圖，洛出書，本是一段神話(神話如何，下面再講)，毫無實物，只要你會得海闊天空般瞎講，不論什麽都可以算作河圖、洛書範圍內的東西。至於易，是三聖傳心的；尚書，是記載古事的；孝經和春秋又是孔子的真傳(緯書中説孔子曾講過"吾志在春秋，行在孝經"的話），所以依附着的讖緯也就不少了。

　　但是，我覺得我們所見的讖緯的分量不即是當時所有的讖緯的分量。我們所見的讖緯，很多是鄭玄、宋均注的；因爲有了他們的注，各家書中援用遂多。這些都是高等的讖緯，其所記述比較合於理性，故能爲士大夫們所不棄。至於下等的讖緯，早散失了。這種東西是愚民所爲，既經成爲風氣，一時數目必多。可惜爲經師和文人所輕視，全不能保存下來，給我們瞧一瞧。

　　我們在上邊的目錄中再可以知道一件事，便是在漢書藝文志中著錄的只有圖書祕記和尚書五行傳兩種。上一種在天文類，雖有"圖書"之名，並不能斷定它是讖緯。下一種本是尚書大傳的一部分，我們説它與緯書的性質相同，開緯書之源則可，説它即是緯書則不可。所以在漢志裏，我們可以説沒有緯書。漢志是根據七略的，讖緯諸書如果在劉向、歆父子們校書的時候已具備了，則即使不見於六藝略亦將見於數術略，何以他們一切不收呢？向、歆父子的思想學術，讖緯書與之印合的甚多；況且那時的校書也並無"別黑白而定一尊"的成見，房中術、劾鬼術諸書尚連篇累牘地登載，必不會獨苛於讖緯：爲什麼讖緯諸書竟一切不被收呢？所以我們可以説，他們不錄讖緯書，沒有別的原因，只因那時沒有這種東西，這種東西是在向、歆父子校書之後纔出現的。到唐人編錄隋書經籍志時，讖緯書業已經過許多次的焚禁了，又苦不能詳知其目了。我們明白了這個情形，則不但乾坤鑿度書端所寫的——

　　　庖犧氏先文，
　　　　公孫軒轅氏演古籀文，
　　　　　蒼頡脩爲上下二篇

的話不可信，即隋書經籍志所謂——

> 前漢有河圖九篇，洛書六篇，云自黃帝至周文王所受本
> 文。又別有三十篇，云自初起至於孔子，九聖之所增演以廣
> 其意。又有七經緯三十六篇，並云孔子所作，

把這些東西移到孔子及前漢時的亦不可信。零碎的"讖"固然早已
有之，但其具有緯的形式，以書籍之體制發表之者，當始於王莽
之後。至於"緯"的一名，西漢人從未提起過，其起於東漢時亦無
疑義。四庫提要説：

> 緯者，經之支流，衍及旁義。史記自序引易"失之毫釐，
> 差以千里"，漢書蓋寬饒傳引易"五帝官天下；三王家天下"，
> 注者均以爲易緯之文，是也。

這似乎緯書已在司馬遷以前存在了的。可是，緯書出在西漢之
後，它不能引用西漢人所作的易傳嗎？何以見得這一定是司馬遷
們引的緯書呢？

緯書至什麼時候止？陳振孫直齋書録解題云：

> 易緯七卷。……其間推陰陽卦直至唐元和中，蓋後世術
> 士所附益也。按七緯之名無乾元序制。

可見緯書中的材料也有甚後插入的。

我們從以上許多話中可以歸納出讖緯書的時代：它至早不能
過王莽，至遲可以到唐；其中的材料大部分是東漢初期的。於是
我們可以在讖緯書中抽出它們所記載的古史，而觀察東漢初期的
人的古史觀念。（這一派的思想起於齊學，恐怕騶衍應做他們的

老祖師。下面所録的他們的古史説，自當有戰國以來沈澱在下層
而至此時方透露的，本不能説它完全是西漢末和東漢初的思想和
傳説。但是，這許多材料，哪些是戰國的，哪些是秦、漢間的，
哪些是西漢的，哪些是漢、新間的，哪些是東漢的，本文上固没
有説明，我們也苦於旁證不足，無從判別。所以只得把它的出現
時代算作它的發生時代。將來研究較深，或能理出一個頭緒來，
分別其年代的先後，也未可知。）

其一，天地開闢之説，我們以前在講騶衍及淮南子時曾鈔出
些，但他們關於這方面的學説實在太空洞。現在，緯書中就有具
體的記述了：

> 自開闢至獲麟，二百二十七萬六千歲；分爲十紀，每紀
> 爲二十六萬七千年；凡世七萬六百年：一曰九頭紀，二曰五
> 龍紀，三曰攝提紀，四曰合雒紀，五曰連通紀，六曰叙命
> 紀，七曰循蜚紀，八曰因提紀，九曰禪通紀，十曰疏仡紀。
> （春秋命歷序；路史前紀引。）
>
> 天地開闢，甲子冬至，日月若懸璧，五星若編珠。（尚
> 書中候；初學記等引。）
>
> 天地開闢，曜滿舒光，勞而不圖。（尚書緯考靈曜；文
> 選注引。）

其二，三皇之説，以前我們在史記秦始皇本紀、封禪書和漢
書郊祀志中知道是天皇、地皇、泰皇，或稱爲天一、地一、泰
一。現在，泰皇在緯書裏失了勢了，人皇抵了他的缺了：

> 天地初立，有天皇氏十二頭，淡泊無所施爲而俗自化。
> 木德王。歲起攝提。兄弟十二人，立各一萬八千歲。
>
> 地皇十一頭，火德王。一姓十一人，興于熊耳、龍門等

山，亦各萬八千歲。

人皇九頭，提羽蓋，乘雲車，使風雨，出陽谷，分九河。（以上均春秋命歷序；藝文類聚及路史等引。）

人皇出於提地之國，九男，九兄弟相似，別長九國。離艮地精女出爲之后。（同上；太平御覽引。）

人皇氏依山川地土之勢，裁度爲九州，謂之九囿。九囿各居其一而爲之長。人皇居中州以制八輔。……凡一百五十世；合四萬五千六百年。（同上；路史引。）

天皇、地皇、人皇兄弟九人，分爲九州，長天下。（春秋緯；御覽引。）

天皇於是斟元陳樞以立易威。（春秋緯保乾圖；路史注引。）

讀此可知人皇即九頭紀，九頭紀是以九州之説爲其背景的。天皇以木德王，地皇以火德王，與相生的五德系統合；而人皇以何德王則没有説。

但三皇之説，緯書中也有不説是天、地、人三皇的：

三皇：虙戲、燧人、神農。虙者別也；戲者獻也，法也。虙戲始別八卦以變化天下，天下法則咸伏貢獻，故曰"虙戲"也。燧人始鑽木取火，炮生爲熟，令人無復腹疾，有異於禽獸，遂天之意，故曰"遂人"也。神農，神者信也，農者濃也。始作耒耜，教民耕種，美其衣食，德濃厚若神，故爲"神農"也。（詩緯含文嘉；風俗通義等引。）

伏羲、女媧、神農，是三皇也。（春秋緯運斗樞，風俗通義等引。）

伏羲、女媧、神農爲三皇。（春秋緯元命苞；文選注引。）

　　　三皇三正：伏義建寅，神農建丑，黃帝建子。（禮緯稽命徵；古微書引。）

　　這些説中的三皇各不相同：詩緯説是伏義、燧人、神農；春秋緯説是伏義、女媧、神農；禮緯説是伏義、神農、黃帝。惟亦有相同之點，則它們均以伏義居三皇之首，又均以神農收入三皇之內也。

　　其三，五色之帝，我們以前在史記封禪書裏也見到，但沒有很多的叙述。現在，緯書中這一類的材料卻是最多的了：

　　　帝者承天立五府，以尊天重象也：赤曰文祖，黃曰神斗，白曰顯紀，黑曰玄矩，蒼曰靈府。五府者，唐、虞謂之天府，夏謂之世室，殷謂之重屋，周謂之明堂，皆祀五帝之所也。（尚書緯帝命驗；御覽古微書等引。）

　　　太微宮有五帝座星。蒼帝春起受制，其名靈威仰。赤帝夏起受制，其名赤熛怒。白帝秋起受制，其名白招拒。黑帝冬起受制，其名汁光紀。黃帝季夏六月土受制，其名含樞紐。（春秋緯文耀鉤；周禮疏引。）

　　　東宮蒼帝，其精爲青龍。南宮赤帝，其精爲朱鳥。西宮白帝，其精爲白虎。北方黑帝，其精爲玄武。中宮大帝，其尊北極星，含元出氣，流精生一。（同上；史記索隱引。）

　　　天有五帝，五星爲之使。（春秋緯元命苞；開元占經引。）

　　　歲星帥五精聚於東方七宿，蒼帝以仁良溫讓起。熒惑帥五精聚於南方七宿，赤帝以寬明多智起。填星帥五精聚於中央，黃帝以重厚聖賢起。太白帥五精聚於西方七宿，白帝以勇武誠信起。五星從辰星聚於北方，黑帝起。以宿占國。（春秋緯運斗樞；開元占經引。）

赤熛怒之神爲熒惑，位南方，禮失則罰出。鎮，黃帝，含樞紐之精，其體璇璣中宿之分也。（春秋緯文耀鉤；史記索隱引。）

蒼帝之爲人，望之廣，視之專，長九尺一寸。赤帝之爲人，視之豐，長八尺七寸。（春秋緯合誠圖；初學記引。）

赤帝銳頭。黑帝大頭。（樂緯葉圖徵；御覽引。）

黃帝冠黃文。白帝冠白文。黑帝冠黑文。（春秋緯葉圖徵；初學記引。）

蒼帝起，蒼雲扶日。赤帝起，赤雲扶日。黃帝起，黃雲扶日。白帝起，白雲扶日。黑帝起，黑雲扶日。（洛書靈準聽；初學記等引。）

蒼帝將亡則麒麟見泄。黃帝將亡則黃龍墜。玄帝將亡則靈龜執。白帝將亡則虵有足伏如人。（春秋緯合誠圖；開元占經引。）

赤帝亡，五郡陷。黑帝亡也狼胡張。黃帝亡也黃星墜。白帝亡也五殘出。蒼帝亡也大禮彗星出。（尚書緯運期授；開元占經引。）

赤帝之滅日消小。（春秋緯天命苞；開元占經引。）

黑帝亡，二日並照。（尚書緯考靈曜；御覽引。）

黑帝治八百歲，運極而授木。蒼帝七百二十歲而授火。（春秋緯保乾圖；文選注引。）

蒼帝之始二十八世。滅蒼者翼也；滅翼者斗；滅斗者虛；滅虛者房：五星之精。（春秋緯感精符；公羊疏引。）

蒼帝之治八百二十歲，立戊午蔀。……白帝之治六十四世，其亡也枉矢射參。（尚書緯運期授；詩正義及御覽引。）

照前邊說的看來，五帝是天上太微宮中的五座星，不是人王。但也各有其世數，歲數，以及五德之運。滅亡之徵，似乎又是人王。所以然者何？這些緯書的作者是把天神和人王的界限打通了的。他們覺得人間的五帝（全史五德系統表所列）和天上的五帝（太微宮五星）是一非二。降則在地，神即人也；陟則在天，人即神也。所以他們説的蒼帝，是歲星、天皇、太皡、帝嚳、周王的一個集合的名詞；他們説的赤帝，也是熒惑、地皇、炎帝、帝堯、漢皇的一個集合的名詞。所以蒼帝、赤帝……都不是某一人的專名。

其四，因爲他們有了這種天人合一的信仰，所以就有許多的感生之説出現。但感生之説是發生得很早的，商頌的玄鳥，大雅的生民，把商、周兩民族都算作上帝降生的了。就是秦，也有"玄鳥隕卵"的故事見於史記秦本紀。緯書中的記載，固不能説是西漢後發生的思想，但其用了五行相生的系統來支配感生説，則確是西漢末年的學説所造成的事實。今爲便於對照起見，把全史五德系統表再鈔一遍在這裏。

（木）1 太皡伏羲氏	6 帝嚳高辛氏	11 周
（火）2 炎帝神農氏	7 帝堯陶唐氏	12 漢
（土）3 黄帝軒轅氏	8 帝舜有虞氏	（注）
（金）4 少皡金天氏	9 伯禹夏后氏	
（水）5 顓頊高陽氏	10 商	

　　　　（注）不書"13 新"者，因緯書起時，新已亡滅，緯書中更無爲王氏作宣傳之辭也。

於是緯書中的感生説可以照了這個次序排列起來了：

1. 太皡伏羲氏（木）：

　　大跡出雷澤，華胥履之，生宓犧。（詩緯含神霧；御覽等引。按：説卦傳曰："帝出乎震。"震爲雷，故其地爲雷澤。）
　　華胥履跡，怪生皇犧。（孝經緯鉤命決；御覽等引。）

2. 炎帝神農氏(火)：

　　少典妃安登游于華陽，有神龍首感之於常羊，生神農：
人面，龍顏。好耕，是謂神農，始爲天子。(春秋緯元命苞；
路史注等引。)
　　(附)赤龍感女媧。(詩緯含神霧；北堂書鈔引。按：此
條未明言感而生者爲誰。惟春秋緯既以女媧次伏羲之後，則
亦認女媧爲赤帝，感而生者或即女媧。如其非也，則作者之
意當爲赤龍感女媧而生神農也。)

3. 黃帝軒轅氏(土)：

　　大電繞北斗樞，照郊野，感附寶而生黃帝。(詩緯含神
霧；初學記等引。)
　　附寶出，降大靈，生帝軒。(孝經緯鉤命決；御覽引。)

4. 少皥金天氏(金)：

　　黃帝時大星如虹，下流華渚，女節夢接，意感而生白帝
朱宣。(春秋緯元命苞；文選注引。按，此雖未明言少皥，
但黃帝時生的白帝，舍少皥外更無他人；故賈逵云"左氏以
爲少昊代黃帝，即圖讖所謂帝宣也"。)

5. 顓頊高陽氏(水)：

　　搖光如蜺，貫月正白，感女樞，生顓頊。(詩緯含神霧；
初學記等引。按，水色黑，此云正白，似不合；然湯亦水
德，乃云"扶都見白氣貫月，感黑帝生湯"，此正與之同。他

們所以如此，當自有一種解釋，但我們不知道耳。）

6. 帝嚳高辛氏（木）：

　　未見。（按：各帝皆有感生之文而此獨缺，蓋偶未被引，遂致失傳也。）

7. 帝堯陶唐氏（火）：

　　慶都與赤龍合昏，生赤帝伊祁，堯也。（詩緯含神霧；初學記等引。）

　　堯母慶都，有名於世，蓋火帝之女，生於斗維之野，常在三河之東南。天大雷電，有血流潤大石之中，生慶都。長大，形像火帝，常有黃雲覆蓋之。夢食，不飢。及年二十，寄跡伊長孺家；無夫。出觀三河之首，常若有神隨之者。有赤龍負圖出，慶都讀之，云"赤受天運"。下有圖，人衣赤光，面八彩，鬚髮長七尺二寸，兌上豐下，署曰"赤帝起誠天下寶"。奄然陰風四合，赤龍與慶都合婚，有娠；龍消不見。既乳堯，貌如圖表。及堯有知，慶都以圖予堯。（春秋緯合誠圖；御覽等引。）

8. 帝舜有虞氏（土）：

　　姚氏縱華感樞。（尚書緯帝命驗；初學記引。按，此句之義爲姚氏感樞星而生重華。）

　　握登見大虹，意感而生舜于姚墟。（詩緯含神霧；御覽引。）

9. 伯禹夏后氏（金）：

　　禹，白帝精，以星感。修紀山行，見流星，意感栗然，生姒戎文禹。（尚書帝命驗；御覽引。）

　　夏，白帝之子。（春秋緯元命苞；禮記正義引。）

　　命星貫昴，修紀夢接生禹。（孝經緯鉤命決；御覽引。）

10. 商（水）：

　　契母有娀浴于玄丘之水，睇玄鳥銜卵過而墜之。契母得而吞之，遂生契。（詩緯推度災；古微書引。）

　　玄鳥翔水，遺卵于流。娀簡狄吞之，生契，封商。（尚書中候；御覽引。）

　　扶都見白氣貫月，感黑帝生湯。（詩緯含神霧；御覽引。）

　　殷，黑帝之子。（春秋緯元命苞；禮記正義引。）

11. 周（木）：

　　蒼耀稷生感跡昌。（尚書中候稷起；詩正義引。）

　　周本后稷；姜原游閟宮，其地扶桑，履大人跡而生后稷。（春秋緯元命苞；御覽等引。）

　　周，蒼帝之子。（同上；禮記正義引。）

　　姬昌，蒼帝之精，位在房心。（同上，初學記引。）

　　太任夢長人感己，生文王。（詩緯含神霧；御覽引。）

　　孔子案錄書，含觀五常英人，知姬昌爲蒼帝精。（春秋緯感精符；御覽引。）

　　孔子曰：扶桑者，日所出，房所立，其耀盛。蒼神用事，精感姜原，卦得震。震者動而光，故知周蒼。（春秋緯元命苞；文選注等引。）

12. 漢（火）：

含始吞赤珠，刻曰"玉英生漢皇"。後赤龍感女媼，劉季興。（詩緯含神霧；藝文類聚引。）

庶人爭權，赤帝之精。（春秋緯文耀鉤；御覽引。宋均注："庶人，項羽、劉季也。"）

劉媼夢赤鳥如龍，戲己，生執嘉。執嘉妻含始游雒池，赤珠上刻曰："玉英，吞此者爲王客。"以其年生劉季爲漢皇。（春秋緯握誠圖；史記正義及御覽引。）

（附）孔子：

孔子母徵在游於大澤之陂，睡，夢黑帝使請己。己往，夢交；語曰："女乳必於空桑之中。"覺則若感，生丘於空桑之中。故曰玄聖。（春秋緯演孔圖；藝文類聚等引。）

丘，水精，治法爲赤制功。（春秋説；公羊疏引。）

黑龍生爲赤，必告示象使知命。（同上；同上。）

叔梁紇與徵在禱尼丘山，感黑龍之精以生仲尼。（論語撰考讖；禮記正義引。）

孔子所以會成黑帝之子，並不是把他算作"介於木（周）火（漢）之間"的閏統，乃是從三統説的黑統來的。當漢武帝時，一班儒者爲"夏時"作鼓吹，説夏是黑統，商是白統，周是赤統，三統循環，周後應復爲黑統；而孔子作春秋以當新王，用夏時，即他自居於黑統。"玄聖"之號，大約即於是時發生。他既爲黑統，又號玄聖，約定俗成，匪伊朝夕，故雖在五行相生的感生説中亦只得成爲黑帝之子了。

我們借着記載感生説的機會，可以討論一個有趣的問題了。

在玄鳥和生民裏，使我們知道殷、周二民族對於他們的祖先的觀念如下圖：

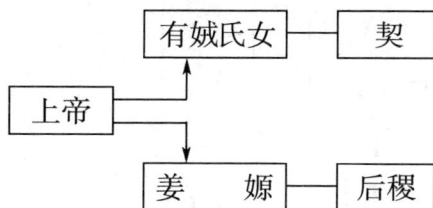

這都因尊重祖先和誇揚自己的民族，所以冒充爲上帝的子孫。但到了戰國，許多民族爲統一的要求而有結合在一個系統之下的趨勢，於是又有帝繫姓中的一段話出現：

> 帝嚳卜其四妃之子而皆有天下。上妃，有邰氏之女也，曰姜嫄氏，産后稷。次妃，有娀氏之女也，曰簡狄氏，生契。……

有了這段文字而東方民族的商和西方民族的周成了同父昆弟，姜嫄和簡狄也成了同夫之婦了。他們的關係如下圖：

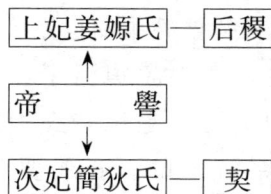

詩經裏寫的由玄鳥降生的契和履跡而生的后稷，到這時都有父了！這是古史傳説的一個大改變。

從這個系統再發展出去，成了五帝、三王同源説：

```
         ?  ←  黄帝  →  嫘祖氏
                 （五帝一）

       玄囂              昌意  →  昌濮氏

                                顓頊（五帝二）

姜嫄氏 — 帝嚳 — 簡狄氏   慶都氏        窮蟬        鯀
         （五帝三）

 后稷          契      堯           舜          禹
（三王三）   （三王二）（五帝四）   （五帝五）  （三王一）
```

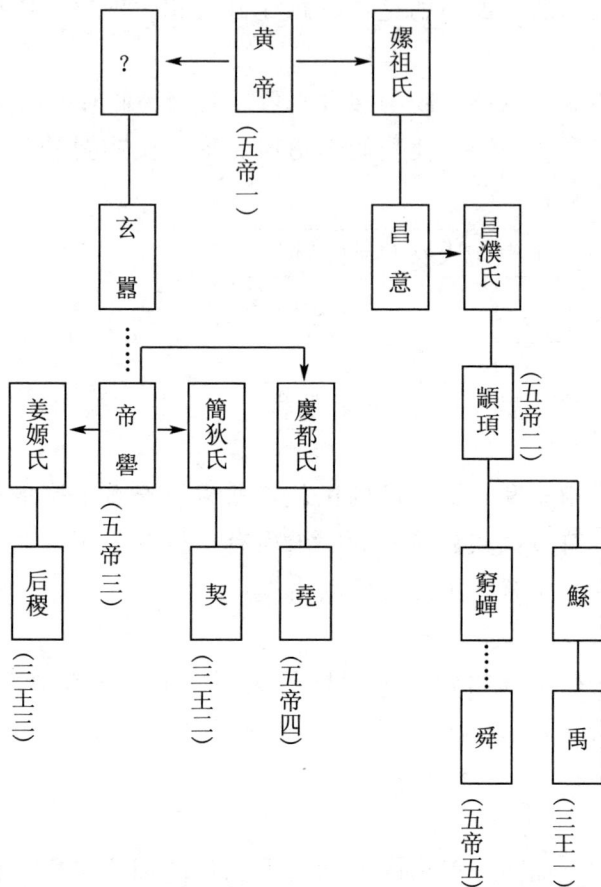

感生之説到了這時，可謂完全打破。所以後來，就是五行色彩極濃重的世經也不能不承認帝繫姓中的世系。

可是，到緯書出現，感生説復活了，帝繫姓中的世系又被打倒了！而且感生説的復活不是像詩經中的零碎故事似的，是有組織的，是在一個系統下的。我們要替它畫起圖來，應如下式：

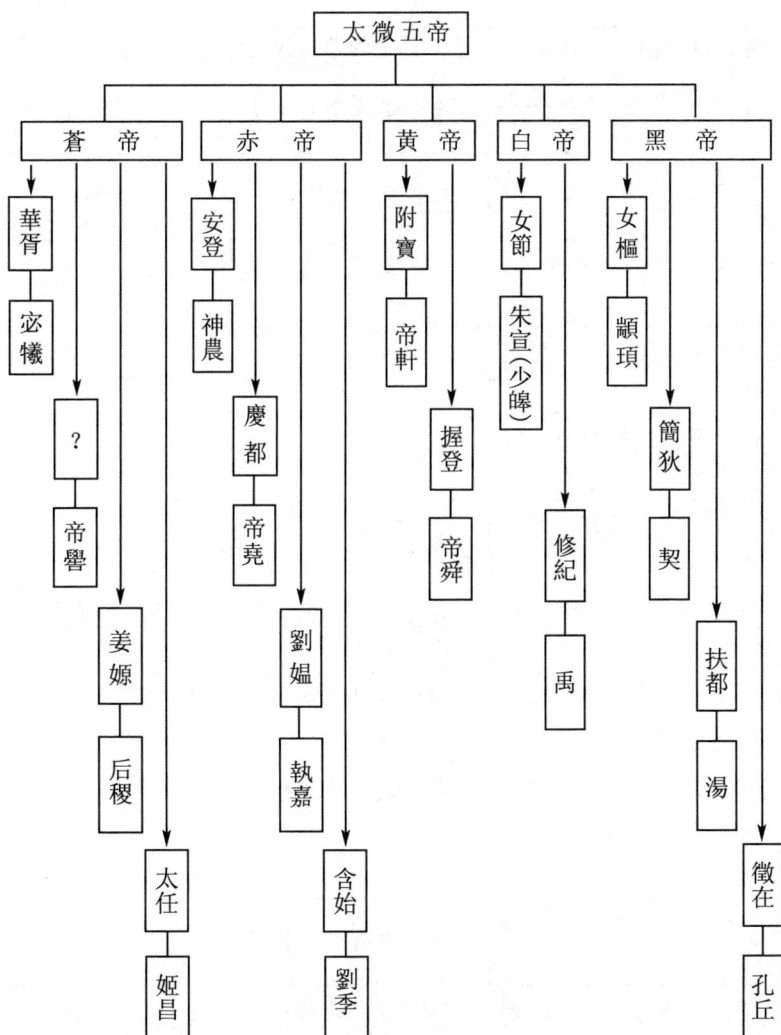

我們得到了這個結論，試把以前的世系說和它作一個比較表，如下：

緯書以前的世系說	緯書中的感生說	附記
未見	華胥履雷澤之大跡生伏羲	此即用姜嫄生后稷之方式。

續表

緯書以前的世系説	緯書中的感生説	附記
少典娶于有蟜氏生炎帝（國語）	安登感神龍生神農	春秋緯亦言"少典妃安登"。
少典娶于有蟜氏生黃帝（國語）	附寶感大電生帝軒	
黃帝娶嫘祖氏産青陽（帝繫）	女節夢接大星生朱宣（少皞）	
黃帝之子青陽，其子孫名摯（世經）		
黃帝娶嫘祖氏産昌意；昌意娶昌濮氏産顓頊（帝繫）	女樞感摇光生顓頊	
黃帝傳二世至蟜極；蟜極産帝嚳（帝繫）	未見	
帝嚳娶慶都氏，産帝堯（帝繫）	慶都無夫，與赤龍合婚而生堯	緯書以有夫爲無夫，此條最顯。
黃帝傳七世至瞽瞍；瞽瞍産帝舜（帝繫）	握登感大虹（或樞星）而生舜	
顓頊産鯀；鯀産禹（帝繫）	修紀感流星生禹	
帝嚳次妃簡狄氏産契（帝繫）	簡狄吞玄鳥卵生契	
主癸卒，子天乙立，是爲成湯（史記）	扶都感黑帝生湯	
帝嚳上妃姜嫄氏産后稷（帝繫）	姜嫄履大人跡而生后稷	
高祖父曰太公，母曰劉媼（史記）	劉媼夢赤鳥生執嘉；執嘉妻含始吞赤珠生劉季	緯書中，高祖的世系伸長了一代。

把這兩種説一比較，顯見得上一説要把向來無父的説成有父（如契、后稷），下一説要把向來有父的説成無父（如堯、執嘉）。他

們都是先有了學說的系統而後把史事配上去的，所以千萬年間發生的事實會得受範於完全不同的兩個模型。郭沫若先生説：

> 中國有史以前之傳説，其可信者如帝王誕生之知有母而不知有父，而且均係野合，這是表明社會的初期是男女雜交或血族群婚。（卜辭中之古代社會）

我覺得這句話説得未免太早些。中國有史以前的社會，或男女雜交，或血族群婚，都是可以有的事，但這個問題的材料決不能取自感生説，因爲感生説的目的只在説明帝王是天神的化身，他借了一個女子的肉體而下凡，並不是説帝王的母親與人雜交，故不可知其父。否則，漢高祖的祖母夢赤鳥而生執嘉，其母又夢赤珠而生他，難道到了周、秦之間還是一個男女雜交或血族群婚的社會嗎？

其五，帝王之生既爲天神的化身，帝王之成功也應當出於天的意志，所以就有了"受命"之説。受命説也是起得很早的。我們看詩經，就有以下許多話：

> 古帝命武湯，正域彼四方。（商頌玄鳥）
> 湯降不遲，聖敬日躋，……帝命式于九圍。（商頌長發）
> 文王受命，有此武功：既伐于崇，作邑于豐。（大雅文王有聲）
> 昊天有成命，二后受之。（周頌昊天有成命）

看尚書，又有以下這許多：

> 天休于寧王（寧，應作文；下同），興我小邦周。寧王惟卜用，克綏受茲命。（大誥）

天乃大命文王，殪戎殷，誕受厥命。（康誥）

在昔上帝割申勸寧王之德，其集大命于厥躬。（君奭）

像這類的話不知多少。凡是真的詩、書之文而又說到國家大事的，其思想無不爲"受命"的一個中心觀念所支配。可是他們說的受命的話雖多，而所記的受命的事實卻甚空洞。甚至於說"上天之載，無聲無臭"（大雅文王），不啻自己揭穿了内幕。但也有幾段說得"活靈活現"的，如：

　　皇矣上帝，臨下有赫，監觀四方，求民之莫。……乃眷西顧，此維與宅。……帝省其山，柞棫斯拔，松柏斯兌。……維此王季，帝度其心；王此大邦，克順克比。……帝謂文王："無然畔援，無然歆羨，誕先登于岸！"……帝謂文王："詢爾仇方，同爾兄弟，以爾鉤援，與爾臨衝，以伐崇墉！"（大雅皇矣）

在這一篇詩裏，上帝是十分人格化的。他俯看四方只有周國爲好，他就西行到周，替他們培養好了樹木，又指示王季和文王以作君的方法，又詔告文王以伐崇的陣容。經他處處輔導之後，文王遂得成就了王業。

　　這是一個有說話有動作的上帝了。可是這些說作只有王季和文王看到聽到，他對於一班民衆依然是"無聲無臭"。民智日開，專在帝王口中講出來的上帝不再能吸收全部民衆的信仰了，所以戰國時就有"封禪說"出現，主張帝王受命時應有實物作證據。這實物的證據喚作"符瑞"；有了這個受命的符瑞而成功，纔能舉行封禪的典禮。

　　史記封禪書說：

齊桓公既霸，會諸侯於葵丘而欲封禪。管仲曰：“古者封泰山禪梁父者七十二家，……皆受命然後得封禪。”桓公曰：“寡人北伐山戎，過孤竹，西伐大夏，涉流沙，……九合諸侯，一匡天下，諸侯莫違我，昔三代受命亦何以異乎！”於是管仲睹桓公不可窮以辭，因設之以事曰：“古之封禪，鄗上之黍，北里之禾，所以爲盛；江、淮之間，一茅三脊，所以爲藉也。東海致比目之魚，西海致比翼之鳥，然後物有不召而自至者十有五焉。今鳳凰麒麟不來，嘉穀不生，而蓬蒿藜莠茂，鴟梟數至，而欲封禪，毋乃不可乎！”於是桓公乃止。

這段話當然不是真的齊桓和管仲的話（大夏、流沙，決非春秋時的齊君所能到），但總是戰國人的。在這一段話裏，可見要行封禪的典禮，一定要先受命，又要東海致比目魚，西海致比翼鳥，以及鳳凰、麒麟、嘉穀……等十五件符瑞不召而自至，方可辦得。他雖沒有說明受命與符瑞的關係，但同爲封禪典禮的必要條件，則即說這些符瑞爲受命的徵應，亦無不可。

但這些符瑞是一律的。無論是誰，只要去封禪，就已具備了這些符瑞了。到騶衍創立五德轉移説，以爲五德各有其符應，於是受命的符瑞始有五種固定的方式。見於封禪書的最早的一段，就是本講義中常常引用的：

　　秦始皇既併天下而帝，或曰：“黃帝得土德，黃龍地螾見。夏得木德，青龍止於郊，草木暢茂。殷得金德，銀自山溢。周得火德，有赤鳥之符。……昔秦文公出獵，獲黑龍，此其水德之瑞。”

有了這五種方式，於是每一個帝王起來時，就有他的某德之運之下的符瑞出現。有了這個某德的符瑞，就可説受命於天，到泰山去封禪了。可惜商、周之初還不曾有這些故事，不然，“銀自山溢”和“赤烏之符”倘使編入詩、書裏，豈不是把“皇矣”的上帝更點綴得有聲有色嗎？

自從有了騶衍之説，經歷了三百年，到緯書出現，這受命的符應真被講得如火如荼。今也依了帝王的次序，鈔在下面：

1. 黄帝（土德）：

黄帝之將興，黄雲升於堂。（春秋緯演孔圖；藝文類聚等引。）

鳳凰銜圖置帝前，黄帝再拜受。（春秋緯元命苞；詩正義引。）

2. 堯（火德）：

堯游河渚，赤龍負圖以出，赤如綈狀。龍没圖在。（春秋緯元命苞；文選注引。）

赤龍負圖以出河，見。堯與太尉舜等百二十人集發，藏之大麓。（春秋緯運斗樞；御覽引。）

堯坐舟中，與太尉舜臨觀。鳳皇負圖授堯，以赤玉爲匣，長三尺八寸，厚三寸，黄金檢，白玉繩，封兩端，其章曰“天赤帝符璽”五字。（春秋緯合誠圖；初學記等引。）

3. 舜（土德）：

仲尼曰：吾聞帝堯率舜等游首山，觀河渚。乃有五老游河渚。一老曰：“河圖將來告帝期。”二老曰：“河圖將來告帝謀。”三老曰：“河圖將來告帝書。”四老曰：“河圖將來告帝圖。"五老曰："河圖將來告帝符。"有頃，赤龍銜玉苞，舒圖刻版，題命可卷，金泥玉檢，封盛書威，曰："知我者重瞳也。"五老乃爲流星，上入昂黃。姚視之，龍没圖在。堯等共發，曰："帝樞當百，則禪于虞。"堯唱然歎曰："咨汝舜，天之歷數在汝躬！允執其中！四海困窮！天禄永終！"乃以禪舜。（論語比考讖；藝文類聚等引。）

舜之將興，黃雲升于堂。（春秋緯演孔圖；御覽引。）

舜以太尉受號，即位爲天子。五年二月，東巡狩。至於中月，與三公諸侯臨觀河洛。有黃龍五采負圖出，置舜前，豐入水而前去。圖以黃玉爲匣，如櫃，長三尺，廣八寸，厚一寸，四合而有户，白玉檢，黃金繩，芝爲泥，封兩端，章曰"天黃帝符璽"五字，廣袤各三寸，深四分，鳥文。舜與大司空禹，臨侯望博等三十人集發，圖玄色而緹狀，可舒卷，長三十二尺，廣九寸，中有七十二帝地形之制，天文位度之差。（春秋緯運斗樞；御覽等引。）

4. 禹（金德；黑統）：

天命以黑，故夏有玄珪。（禮緯稽命徵；禮記正義引。）

文命之見侯期門，靈龜穴處，玄龍御雲。（春秋緯演孔圖；御覽等引。）

5. 湯（水德；白統）：

天乙在亳，夏桀迷惑，諸鄰國綴負歸德。東觀乎洛，降三分沈璧，退立，榮光不起，黃魚雙躍出，躋于壇，黑鳥以雄隨，魚亦止，化爲黑玉，赤勒，曰"玄精天乙受神符"。伐桀，克。三年，天下悉合。（尚書中候洛予命；御覽等引。）

天命以白，故殷有白狼銜鈎。（禮緯稽命徵；禮記正義引。）

湯里七十，内懷聖明。夏民不康，天果命湯。白虎戲朝；白雲入房。（春秋緯演孔圖；藝文類聚等引。）

6. 文王、武王等（木德；赤統）：

周文王爲西伯。季秋之月甲子，赤雀銜丹書入豐鄗，止于昌户，乃拜稽首，受取，曰：“姬昌，蒼帝子；亡殷者紂也。”（尚書中候我應；御覽等引。）

火離爲鳳凰，銜丹書入于文王之都。文王既得丹書，於是稱王，改正朔，誅崇侯虎。（春秋緯元命苞；詩正義等引。）

天命文王以九尾狐。（同上；文選注引。）

天命以赤，故周有赤雀銜書。（禮緯稽命徵；禮記正義引。）

武王赤烏穀芒，應周尚赤。（同上；詩正義引。）

渡于孟津，太子發升于舟。中流，受文命，待天謀，白魚躍入於王舟。王俯取魚，魚長三尺，赤文有字，題目下名授右，曰“姬發遵昌”。授右之下猶有一百二十餘字。王維退，寫成以二十字，魚文消。（尚書中候合符后；御覽等引。）

武王觀于河、洛，沈璧，禮畢且退。至于日昧，榮光並塞，青雲浮洛，赤龍臨壇，銜玄甲之圖，吐之而去。（同上；初學記等引。）

周公踐阼理政，與天合志，萬序咸得，休氣充塞。……周公差應沈璧于河。至于日昃，榮光汨河，青雲浮至，青龍仰玄甲臨壇上躋，止圖滯。周公視其文，言周世之事，五百之戒，與秦、漢事。（尚書中候擿洛戒；開元占經等引。）

7. 漢高祖（火德）及孔子（黑統）：

　　孔子夜夢三槐之間，豐、沛之郡，有赤煙氣起，乃呼顏淵、子夏侶往觀之。驅車到楚西北范氏之街，見前芻兒捶麟，傷其前左足，束薪而覆之。孔子曰："兒，汝來！汝姓爲誰？"兒曰："吾姓爲赤誦，字時喬，名受紀。"孔子曰："汝豈有所見乎？"兒曰："吾有所見，一禽如廬羊，頭上有角，其末有肉，方，以是西走。"孔子曰："天下已有主也！爲赤劉。陳項爲輔。"……兒發薪下麟視孔子，孔子趨而往，茸其耳，吐書三卷。孔子精而讀之，圖廣三寸，長八寸；每卷二十四字。其言赤劉當起，曰："周亡，赤氣起，火曜興；玄丘制命帝卯金。"（孝經右契；搜神記等引。）

　　孔子作春秋，制孝經，既成，使七十二弟子向北辰磬折而立，使曾子抱河洛事北向。孔子齋戒，簪縹筆，衣絳單衣，向北辰而拜，告備于天曰："孝經四卷，春秋河洛凡八十一卷，謹已備。"天乃洪鬱起白霧摩地，赤虹自上下化爲黃玉，長三尺，上有刻文。孔子跪受而讀之，曰："寶文出，劉季握。卯金刀，在軫北。字禾子，天下服。"（同上；北堂書鈔等引。）

　　卯金刀，名爲劉。中國東南出荊州。赤帝後，次代周。（春秋緯演孔圖；後漢書注引。）

　　經十有四年春，西狩獲麟。赤受命，蒼失權。周滅火起，薪采得麟。（春秋緯漢合孳；公羊疏引。）

　　孔子曰："丘覽史記，援引古圖，推集天變，爲漢帝制法，陳叙圖籙。"（同上；同上。）

　　丘，水精，治法爲赤制功。（同上；同上。）

黑龍生爲赤，必告示象使知命。（同上；同上。）

玄丘制命，帝卯行也。（春秋緯演孔圖；文選注引。）

孔子之胸，有文曰"制作定，世符運"。（同上；白孔六帖等引。）

得麟之後，天下血書魯端門曰："趣作法！孔聖没，周姬亡，彗東出，秦政起，胡破術，書紀散；孔不絶。"子夏明日往視之，血書飛爲赤鳥，化爲白書，署曰"演孔圖"，中有作圖制法之狀。（同上；公羊疏等引。）

孔子論經，有鳥化爲書，孔子奉以告天。赤爵書上，化爲黄玉，刻曰"孔提命，作應法"。（同上；御覽等引。）

從以上許多條看來，我們可以歸納出緯書中的受命説的幾種方式：

甲，沿襲相生的五德轉移説而定出各色的符應。如黄帝的黄雲；堯的赤龍、赤玉；舜的黄雲、黄龍、黄玉；湯的黑鳥、黑玉；周的青雲、青龍。

乙，沿襲三統説（或相勝的五德轉移説）而定出各色的符應。如禹的玄珪、玄龍；湯的白虎、白狼、白雲；周的赤雀、赤龍、丹書。

丙，他們新發明的河、洛的圖書，定爲受命的必要條件。凡是一個新天子，或將做天子的，一定要"臨觀河、洛"（他們不到泰山去封禪了！想來因泰山離東、西漢的國都太遠，不若河、洛的近便的緣故）。他們收受圖書的手續如下：

　　1 臨觀河、洛，沈璧行禮。

　　2 榮光起，某德之色的雲浮至。

　　3 某德之色的龍（或鳳皇，或魚，或雀）負圖出（或化圖，或銜書）；龍没而圖在。

　　4 圖是用某德之色的玉爲匣的，其封泥上蓋的印章

　　　　是"天某帝符璽"五字(某帝之某，即某德之色)。

　　5 拿匣子打開，其中有卷着的圖，寫着天地的祕密。

　　6 應當禪讓的於是行禪讓禮；應當征伐的於是興師
　　　　征伐。

　　這可稱爲最有具體表現性的受命！

　　丁，漢高祖的受命之符是孔子替他收受的，春秋末"西
狩獲麟"，麟是木德的象徵，被獲則木德盡而火德起，故孔
子感麟而作春秋，爲赤劉制法。春秋作成後，天上又有漢的
受命之符掉下來。

天人之應，親切如此！凡是作到天子的，其有天上的根據又如
此！可是，這種符應何其與王莽時的符應相類呢？王莽傳云：

　　　　天風起，塵冥。風止，得銅符帛圖於石前，文曰："天
　　告帝符，獻者封侯。承天命，用神令！"

　　　　哀章……見莽居攝，即作銅匱爲兩檢，署其一曰"天帝行
　　璽金匱圖"，其一署曰"赤帝行璽某(邦)傳予黃帝金策書"……
　　書言"王莽爲真天子，皇太后如天命"。……戊辰，莽至高
　　廟，拜受金匱神嬗，……下書曰："……皇天上帝隆顯大佑，
　　成命統序，符契圖文，金匱策書，神明詔告，屬予以天下兆
　　民。赤帝漢氏高皇帝之靈，承天命，傳國金策之書。予甚祇
　　畏，敢不欽受！以戊辰直定，御王冠，即真天子位。"

王莽特不幸而敗亡罷了。倘使他成功，這"銅符帛圖"和"銅匱兩
檢"豈不成了黃龍送來的最真實的受命之符？這受帝之符放在世
上，傳之子孫，大家可以看得，比了詩、書中的上帝但有君主替
他傳話的豈不更可信據了嗎？

　　於此，我要講幾句題外的話。論語中孔子自歎的"鳳鳥不至，
河不出圖，吾已矣夫！"和易繫辭傳中所說的"河出圖，洛出書，

聖人則之”，一定要在緯書出現之後纔能發生意義，這兩句話應非古本的論語和易傳所可有。此事當在下面敘述“河圖、洛書”的專章時詳論之，今姑發凡於此。

其六，在感生説和受命説中，他們對於相生的五德轉移的系統雖有時並不嚴格地刻畫，但大體上總是遵守的；現在還有一種“多瑞説”，固然也從五德説出發，但結果反足以打破五德説，因爲他太貪多了，具備一德的天子也要包羅其他四德的祥瑞了。現在鈔出幾條：

> 人君乘土而王，其政太平，則日五色無主，月圓而多耀，填星黃而多暉，宮星黃大，其餘六星輝光四起，祥風至，甘露降，嘉穀並生，蒙水出於山，河海夷晏，而遠方獻其珠英，篔竹紫脱爲之常生，鳳皇集於苑林。
>
> 君乘木而王，其政昇平，則日黃而青暈，月清明，海夷，草木豐茂，山車垂句，福草生于廟中，松柏爲常生，有人參生，東海、南海輸以蒼烏。
>
> 君乘火而王，其政頌平，則日黃中而赤暈，日赤明，祥風至，地生朱草，梧桐楸豫章梓爲常生，南海輸以文狐駁馬。
>
> 君乘金而王，其政象平，則日黃中而白暈，月白明，太白揚光，嘉雨時至，芳桂蘭芝常生，黃銀見，紫玉見於深山，江海出大貝明珠，麒麟在郊。
>
> 君乘水而王，其政和平，則日黃中而黑暈，月黑明，辰揚光，景星見，醴泉出，河潔，江海著其神象，龜被文而見，北海輸以白鹿。（禮緯斗威儀；開元占經等引。）

本來某一德的天子只能取得一瑞或二瑞，現在竟多至十餘瑞了。本來所得之瑞必與其德的顏色相應，現在居水德的可以得白鹿，居金德的可以得紫玉了。但這裏所講的祥瑞還是與五德不甚差池的。更有一種多瑞説，則超出於五德之數以外。其説如下：

　　王者德至於天，則日抱戴，斗極明，日月光，甘露降，黃氣抱日，輔臣納忠。

　　德至於地則華苹感，嘉禾生，莢蓂起，秬鬯出。

　　德至八方則祥風至。

　　德至山陵則山出木根車，澤出神馬，陵出黑丹，澤皋出萐蒲。

　　德至淵泉則黃龍見，醴泉涌，河出龍圖，洛出龜書，江生大貝，海出明珠。

　　德至草木則朱草生，木連理，芝草生。

　　德至鳥獸則鳳皇來，鸞鳥舞，麒麟臻，白虎動，狐九尾，雊白首，白烏下，白鹿見。（孝經緯援神契；禮記正義、藝文類聚等引。）

這裏所説的祥瑞，與上面所説的五德之王的祥瑞大略相同，但不必某德之王纔可有某瑞，只要一個王的德及到哪裏，那邊即可有祥瑞顯現。感生和受命的符瑞，只有開國之君纔有，繼體守文之君是得不到的。現在這種多瑞説，凡是天子，只要他德能及物，便什麼都可具備，這就很適宜於繼體守文之君的享受了；所以這種學説起來之後就風靡於一時。我們試看：

　　章帝元和二年，鳳皇三十九、麒麟五十一、白虎二十九、黃龍四、青龍、黃鵠、鸞鳥、神馬、神雀、九尾狐、三足烏、赤烏、白兔、白鹿、白鵞、白鵲、甘露、嘉瓜、秬秠、明珠、芝英、華平、朱草，木連理實，日月不絕。載於史官，不可勝紀。（東觀漢紀）

曰若稽古帝魏，武哲欽明文思，……故靈符頻繁，衆瑞
仍章，通政辰修，玉燭告祥，和風播烈，景星揚光，應龍游
於華澤，鳳鳥鳴于高岡，麒麟依于囿籍，甜虎類于垌疆；鹿
之麌麌，載素其色；雉之朝雊，亦白其服；交交黃鳥，信我
中雷，儦儦嘉苗，吐穎田疇。（魏何晏瑞頌；藝文類聚引。）

讀此可知在東漢、三國之時，一說到祥瑞，就是開出一大篇鳳
皇、麒麟、白虎、黃龍的賬。這和五德說的符應極相反，而和傳
說中的管仲所告齊桓公的封禪說，說必須有了十五種祥瑞始得封
禪的卻甚相似。自從這原始的封禪說（在五德說未發生以前的符
瑞說）復活，而五德說便漸漸地被打消了！

這種多瑞說對於古史的影響怎樣呢？我們也可在緯書裏尋出
許多材料來：

伏羲德洽上下，天應以鳥獸文章，地應以河圖洛書。
（禮緯含文嘉；藝文類聚等引。）

神農修德作耒耜，地應以醴泉，天應以嘉禾。（同上；
御覽等引。）

黃帝軒轅提象配永循機，天地休通，五行期化，鳳皇巢
阿閣讙樹，麒麟在囿，鸞鳥在儀。（尚書中候握河紀；詩正
義等引。）

帝堯即政七十載，祇德匪懈，景星出翼，鳳皇止庭，朱
草生郊，嘉禾孶連，甘露潤液，醴泉出山。（同上；御覽
等引。）

文命盛德，俊乂在官，則朱草生郊，醴泉出山。（尚書
中候立象；御覽引。）

曰若稽古周公旦，欽惟皇天順踐祚，即攝七年，歸政于
成王，太平，制禮作樂而治，鸞鳳見，蓂莢生，嘉禾莖長五

尺，三十五穗。（尚書中候攟洛戒；詩正義及御覽等引。）

　　成、康之隆，醴泉湧出。（春秋命歷序；後漢書注等引。）

有了這一方面的鼓吹，於是造成了宋書符瑞志的三大卷紀載。

　　其七，帝王既是天帝感生，自當有許多特別的相貌，爲常人所不能有的。這一類的信仰，在戰國時已甚普遍。例如：

　　　　文王十尺；湯九尺。（孟子告子）
　　　　禹跳，湯偏，堯、舜參牟（眸）子。（荀子非相）

但孟子卻説：“何以異於人哉，堯、舜與人同耳！”荀子也説：“相人，古之人無有也，學者不道也！”則相術起得甚遲，且爲儒者所羞稱可知。然而一到讖緯書中，孟子、荀子所聽得的堯、舜、禹、湯的異相又成了平平無奇了，有更奇的出現了。現在也依了帝王的次序，寫出如下：

　　1. 伏羲：

　　　　伏羲大目，是謂舒光。（春秋緯演孔圖；漢學堂引清河郡本）。
　　　　伏羲龍狀。（春秋緯元命苞；北堂書鈔引。）
　　　　伏羲龍身牛首，渠肩達掖，山準日角，奯目珠衡，長九尺有一寸，望之廣，視之專。（春秋緯合誠圖；廣博物志等引。）
　　　　伏羲虎鼻山準。（論語摘輔象；緯略引。）

　　2. 神農：

神農長八尺有七寸，宏身而牛頭，龍顏而大脣；懷成鈐，戴玉理。（孝經緯援神契；廣博物志引。）

有神人名石年，蒼色大眉，……號皇神農。（春秋緯命歷序；御覽等引。）

女登生神農，人面龍顏。（春秋緯元命苞；御覽引。）

3. 黃帝：

黃帝龍顏。（春秋緯元命苞；初學記等引。）

黃帝名軒轅，北斗神也，以雷精起，胸文曰"黃帝子"。（河圖始開圖；漢學堂引清河郡本。）

黃帝身逾九尺，坿函挺朶，脩髯華瘤，河目隆顙，日角龍顏。（孝經緯援神契；廣博物志引。）

4. 顓頊：

顓頊駢幹，上法月參。（春秋緯元命苞；御覽等引。）

5. 帝嚳：

帝嚳駢齒，上法月參。（春秋緯演孔圖；漢學堂引清河郡本。）

6. 堯：

堯眉八采，是謂通明。（春秋緯元命苞；藝文類聚等引。）

堯鳥庭，荷勝，八眉。（孝經緯援神契；御覽引。）

7. 舜：

舜目重童，是謂無景；上應攝提，以象三光。（春秋緯
演孔圖；漢學堂引清河郡本。）

舜目四童，謂之重明。（同上；御覽等引。）

舜長九尺，太上員首，龍顏日衡，方庭甚口，面頤亡
髦，懷珠握褒，形卷婁，色黶露，目瞳重曜。（洛書靈准聽；
路史引。）

8. 禹：

禹身長九尺有六，虎鼻河目，駢齒鳥喙，耳三漏，戴成
鈐，襄玉斗，玉骭履己。（洛書靈准聽；路史等引。）

有人大口，耳參漏，足履己，戴鉤鈐，懷玉斗。（同上；
御覽等引。注：“有人，謂禹也。……或以爲有黑子如玉斗
也。”又引姚氏云：“禹胸有墨如北斗。”）

禹耳三漏，是謂大通。（春秋緯演孔圖；路史等引。）

禹虎鼻。（孝經緯援神契；御覽等引。）

9. 湯：

黑帝子湯長八尺一寸，或曰七尺，連珠庭，臂三肘。
（洛書靈准聽；御覽等引。注：“額前曰庭。”）

湯臂四肘，是謂神剛。（春秋緯元命苞；御覽等引。）

10. 文王、武王：

蒼帝姬昌日角鳥鼻，身長八尺二寸。（洛書靈准聽；御

覽等引。）

　　文王龍顏，柔肩望羊。（春秋緯元命苞；御覽引。注：
"柔肩，言象龍膺曲起。"）

　　文王四乳，是謂含良。……武王駢齒，是謂剛强。（同
上；北堂書鈔等引。）

　　文王四乳，是謂至仁。……武王望羊，是謂攝揚。（春
秋緯演孔圖；漢學堂引清河郡本。）

作讖緯的人是相信"正氣爲帝，閒氣爲臣"的，故其得閒氣的名臣
也有各各不同的儀表。如：

　　倉頡四目，是謂並明。（春秋緯演孔圖；御覽等引。）
　　皋陶鳥喙，是謂至誠。（同上；漢學堂引清河郡本。）
　　伊尹大而短，赤色而髯，好偃而下聲。（同上；御
覽引。）

有了這些記載，於是後人畫起圖來，堯就有八條眉了，倉頡就有
四隻眼睛了。我們看，南京孝陵藏着的明太祖畫像，下顎特別的
長，長得非人間所有，或者就是這裏所謂"龍顏"，爲受命的皇帝
所應有之相吧？

　　但他們最出力描寫的乃是孔子，孔子具有五十種異相。我們
試看下文：

　　孔子長十尺，海口，尼首，方面，月角，日準，河目，
龍顙，斗脣，昌顏，均頤，輔喉，駢齒，龍形，龜脊，虎
掌，駢脅，修肱，參膺，圩頂，山臍，林背，翼臂，注頭，
阜胅，堤眉，地足，谷竅，雷聲，澤腹，修上趨下，末僂後
耳，面如蒙倛，手垂過膝，耳垂珠庭，眉十二采，目六十四

理，立如鳳峙，坐如龍蹲，手握天文，足履度字，望之如
仆，就之如升，視若營四海，躬履謙讓，腰大十圍，胸應
矩，舌理七重，鈞文在掌，胸文曰"制作定，世符運"。（春
秋演孔圖；漢學堂引清河郡本。）

還有許多莊嚴妙相，恕我不鈔了。我自恨不會畫圖，不能照他們
說的畫出；不然，我們可以看看，在他們的想像中，孔子尚像不
像一個人。

其八，我們既經知道了讖緯書中的天地開闢說、三皇說、太
微五帝說，以及人世帝王的感生、受命、祥瑞、異相諸說，於是
我們可以知道他們的古史系統是"三皇——五帝——三王"的。這
除了呂氏春秋有這個傾向之外，在西漢人的書中是沒有見到的。
西漢人的書中，淮南子只說"二皇"，春秋繁露則說"九皇、五帝、
三王"，史記則但有"五帝、三王"而沒有五帝以前的那一套。就
是劉歆的世經，也但在史記的五帝之上加了伏羲和神農二人，沒
有說三皇。現在，讖緯書中把"三皇、五帝"的系統確立了。其文
如下：

三皇百世計神元書；五帝之世受錄圖。（尚書緯璇機鈐；
白虎通等引。）

孔子曰："三皇設言民不違；五帝畫象世順機；三王肉
刑揆漸加；應世點巧姦偽多。"（公羊傳襄二十八年解詁引；
疏云"孝經緯文"。）

三皇無文；五帝畫象；三王明刑；應世以五。（孝經緯
援神契；白虎通等引。）

三皇步；五帝驟；三王馳；五伯騖。（孝經緯鉤命決；
白虎通等引。）

對於這一個古史系統，清末的今文學家是極端反對的。康長素先生之說已見前引（第二十七章，頁三〇二至三〇三），我又另在他的一本筆記上見有一則，云：

> 呂覽孝行覽長攻，“豈能跨五湖、九江而有吳哉”。說苑、國語作“三江”，此作“九江”。知“九皇”之改爲“三皇”者多矣。

他的意思，以爲古書中“三皇”這個名詞多半是從“九皇”改來的。因爲他是董仲舒的信徒，所以信守了春秋繁露的說話。崔觶甫先生之說則見於他所著的春秋復始中箴何篇（因爲何休的公羊解詁雜引讖緯，所以箴砭他一下），云：

> 案：大戴記五帝德：“孔子曰‘五帝用記，三王用度’”，史記本紀始五帝、次夏、次殷、次周，然則稽古至五帝尚已，無所謂三皇也。三皇之目，始於周官外史“掌三皇、五帝之書”。鄭君引左氏注之曰：“楚靈王所謂三墳五典。”按：左氏、周官皆古文家言；孰爲三皇，惟見於緯書，亦無定說。……案：緯書爲古文支流；此孝經緯也，今文家不應闌入。例以大戴記引孔子之言五帝，上不及三皇，則此文列三皇於五帝之前，必非孔子之言甚明。

我們固然不必像他們這樣，斷定有了緯書之後纔有三皇，三皇只是古文家的學說（因爲我們在秦始皇本紀中已見三皇之名，呂氏春秋所言之三皇度非僞竄），但三皇之加入儒家經典由古文家言的左傳、周官及緯書始，是西漢末的事情，這是我們可以相信的。

其九，緯書中的古史系統，除了“三皇、五帝”之外，再有

"十紀"之説，也見於前（頁三三四）。這十紀的詳細組織，如下：

　　天地開闢，萬物渾渾，無知無識。陰陽所憑，天體始於北極之野，地形起於崑崙之虛，日月五緯俱起牽牛。四萬五千年，日月五緯一輪轉。天皇出焉，號曰防五，兄弟十三人繼相治。乘風雨，夾日月以行。定天之象，法地之儀，作干支以定日月度，共治一萬八千歲。天皇被蹟在柱州崑崙山下。

　　次後，地皇出，黑色面碧，號曰文悦。兄弟十一人，興於龍門熊耳山。共治一萬九千歲。

　　次後，人皇出焉，駕六羽，乘雲谷口。兄弟九人相象以別，分治九州。人皇治中輔，號曰握元。共治四萬一千六百歲。

　　九頭紀時，有臣無官位尊卑之别。

　　次後五龍紀，父子五人分治五方。長爲角龍，木仙也，號曰柔成。次爲徵龍，火仙也，號曰耀屏。三爲商龍，金仙也，號曰剛蟾。四爲羽龍，水仙也，號曰翔陰。父爲宮龍，土仙也，號曰合離。其神後司於四時。（以上春秋緯命曆序，均見漢學堂引清河郡本。）

　　皇伯、皇仲、皇叔、皇季、皇少，五姓同期，俱駕龍，周密與神通，號曰五龍。（命曆序；文選注等引。）

　　有人黃頭大腹，出天齊政，三百四歲爲神，次之，號曰皇神，出淮，駕六飛羊，三百歲，五葉，千五百歲。（同上；初學記等引。）

　　次民氏，是爲次是民。次是民沒，元皇（一作"六皇"）出，天地易命，以地紀，穴處之世終矣。（同上；同上。）

　　辰放氏，是謂皇次屈，渠頭四乳，駕六蜚麢，出地邭而從日月。（同上；同上。）

古初之人，卉服蔽體。次民氏没，辰放氏作，時多陰風，乃教民擽木茹皮以禦風霜，絇髮闚首，以去靈雨，而人從之，命之曰“衣皮之人”。（同上；古微書引。）

辰放六頭四乳，在位二百五十年。離光次之，號曰皇談，銳頭日角，駕六鳳皇出地衡，在位五百六十歲。（同上；初學記引。）

次後有人五色長肘，號曰有巢，治五百九十歲。轚温次之，號曰遂皇，冬則穴居，夏則巢處，燔物爲食，使民無腹疾，治五百三十歲。忽彰次之，號曰庖犧。（同上；漢學堂引清河郡本。）

女媧氏没，大庭氏王，有天下五鳳異色。次有柏皇氏、中央氏、栗陸氏、驪連氏、赫胥氏、尊盧氏、祝融氏、混沌氏、昊英氏、有巢氏、葛天氏、陰康氏、朱襄氏、無懷氏，凡十五代，皆襲庖犧之號。自無懷氏已上，經史不載，莫知都之所在。（遁甲開山圖；御覽等引。）

柏皇氏，是爲皇伯，登出榑桑日之陽，駕六龍而上下，以木紀德。（命曆序；文選注等引。）

有人蒼色大眉，名石年，戴玉理，始立地形，甄度四海。（注：“謂神農也。”）治五百三十年而流絾紀作。（同上；漢學堂引清河郡本。）

炎帝號曰大庭氏，傳八世，合五百二十歲。（同上；禮祭法疏等引。）

（神農）禪于謀泯，號曰榆罔，治五十四年。軒提次之，號曰帝壽鴻，即軒轅，有熊之子也，興于窮山軒轅之丘。治百有五年而其孫顓頊次之，號曰高陽。治七十四年而岌夋次之，號曰帝嚳辛。治七十九年而放勳次之，號曰伊祈。治九十八年而禪于重華，號曰舒昌，亦曰都君。治五十三年而禪于文命，號曰戎禹。凡十有四世，治四百七十三年。（同上；

漢學堂引清河郡本。）

　　黃帝一曰帝軒轅，傳十世，二千五百二十歲。次曰帝宣，曰少昊，一曰金天氏，則窮桑氏，傳八世，五百歲。次曰顓頊，則高陽氏，傳二十世，三百五十歲。次是帝嚳，即高辛氏，傳十世，四百歲。（同上；禮祭法疏等引。）

這一個系統的材料，雖是像破甑一樣，拼湊不全，但這些零塊依然是很重要的。我們看，從天皇起，直到帝嚳，都有世數年數，這是我們以前看見過的嗎？五帝德、五帝本紀，以五帝一人爲一代，又没有年數，不必提了。就是以五帝一人傳數代的世經，它也但有説：

　　黃帝……與炎帝之後戰于阪泉，遂王天下。

　　清者，黃帝之子青陽也；是其子孫名摯立；……天下號曰金天氏。

　　少昊之衰，……顓頊受之。

　　帝嚳，……帝摯繼之，不知世數。

　　唐帝，……蓋高辛氏世衰，天下歸之。

它不但不敢説年數，就是世數也不敢定，只説了些"世衰"，"之後"，"其子孫"等等囫圇吞棗的話。但是命曆序的記載卻彌補了這個缺憾了。我們就把上面寫的開出一篇賬來：

（代號）	（世數）	（年數）
天皇	一三	一八·〇〇〇
地皇	一一	一九·〇〇〇
人皇	九	四一·六〇〇
皇神	五	一·五〇〇
辰放氏	一	·二五〇

離光	一	·五六〇
有巢	一	·五九〇
燧皇	一	·五三〇
庖犧	一六	?
神農	八	·五二〇（一作五三〇）
軒轅	一〇	二·五二〇（一作一〇五）
少昊	八	·五〇〇
顓頊	二〇	·三五〇（一作七四）
帝嚳	一〇	·四〇〇（一作七九）
帝堯	一	·〇九八（世經作七〇）
帝舜	一	·〇五三（世經作五〇）
禹	一四（世經作一七）	·四七三（世經作四三二）

這比世經中記載的古代世次清楚了多少？宜乎給後來的編纂古史者採用了！於是古史系統又作很長的伸展了。

命曆序中說，“自開闢至獲麟二百二十七萬六千歲，分爲十紀，每紀爲二十六萬七千年（按二數不合，必有一誤），凡世七萬六千年”。我們現在所有的“十紀”的史料固然不完全，但亦可試爲排比：

1. 九頭紀：

　　倘使以人皇一代概九頭紀（因人皇兄弟九頭），則僅四萬一千六百年，相差太遠。如把天、地、人三皇合爲一紀，亦僅七萬八千六百年，不過當一紀中的一世。

2. 五龍紀：

　　世數有宮龍、角龍、徵龍、商龍、羽龍一說及皇伯、皇仲、皇叔、皇季、皇少一說；年數未詳。但三皇有三十三人，年數幾尚差十分之九，那麼，五龍紀只有五人，其不够可知。

3. 攝提紀，

4. 合雒紀，

5. 連通紀，

6. 序命紀，

7. 修飛紀（修，一作循），

8. 回提紀（回，一作因），

9. 禪通紀：

以上七紀，材料既少，且不著明某帝在某一紀，故無從分別。只能從神農條"治五百三十年而流紇紀作"一語上知道以上七紀是以神農終的。這七紀因上面總叙之數有異，故有一·八六九·〇〇〇和一·五九三·二〇〇兩數；可是我們知道的帝王只有皇神、次是民、元皇、辰放氏、離光、有巢、遂皇，及伏羲十六代，神農八世，試問這幾個人如何撑滿這一百數十萬年？

10. 流紇紀（流，一作疏；紇，一作仡，一作訖）：

這一代因自黄帝而下，載籍可徵；雖有參差，大體上總不甚遠，故可加以考核。今按，這幾代的年數，命曆序中有兩説（少的一説無少昊，多的一説有之），今且從多的一説。這一説自黄帝到夏末，共四千三百九十四年。夏以後依照世經，商凡六百二十九年，周凡八百六十七年，除去獲麟至周末二百二十五年，得一千二百七十一年。加上命曆序中商以前的年數，共計五千六百六十五年。雖説比現在所傳的黄帝以來年數長得多（依照傅運森先生世界大事年表，自黄帝元年到獲麟只有二千二百十六年），但是比了命曆序所定每紀年數僅得四十七分之一。再有四十六分，到了哪裏去了？

即此可見命曆序的作者自己撒了謊也圓不攏來。我們固然可以佩服他的想像力之強，敢於説出這樣的大話；但終究應當哀憐他的造偽史的本領不高，不會像諸佛名經一般，造出千萬個古帝王名氏來，把這個久遠的歷史系統撐足了。

其十，讖緯書中對於古史的叙述既這樣多，在系統的材料之外，自有許多新奇可喜的故事，可作我們的談助的。今也鈔出許多，如下：

有巨靈者，遍得元神之道，故與元氣一時生混沌。（遁甲開山圖；御覽等引。）

有巨靈胡者，遍得坤元之道，能造山川，出江河。（同上；文選注等引。）

巨靈與元氣齊生，爲九元真母。（同上；路史注引。）

仇夷山四絶孤立，太昊之治，伏犧生處。（同上；御覽等引。）

石樓山在琅邪，昔有巢氏治此山南。（同上；初學記等引。）

麗山氏分布元氣，各生次序，産生山谷。（同上；御覽等引。）

（伏羲氏）禪於伯牛，錯木作火。天乃大流火，赤爵銜之。（河圖始開圖；漢學堂引清河郡本。又引宋均注云：“伯牛，即燧皇也。”）

息孫而後傳授天老氏，而後傳授於混沌氏，而後授天英氏，而後傳無懷氏，而後傳授中孫炎帝神農氏。……而後傳烈山氏，而後授三孫帝釐氏；次授老孫氏。（乾坤鑿度卷上）

天有太極，地有太壇。黄帝曰：“天地宜盡闔，地道距水澈。”女媧斷定足，其隤一址。坤母運軸，而後大央氏、百庭氏、大元氏立。（同上，卷下）

女媧氏命娥陵氏制都梁管以一天下之音，命聖氏爲班管以合日月星辰，名曰充樂。又命隨作笙簧。（春秋緯保乾圖；古微書引。）

黃帝攝政時，有蚩尤兄弟八十一人，並獸身人語，銅頭鐵額，食沙石子，造立兵仗，刀戟大弩，威振天下，誅殺無道，不仁不慈。萬民欲令黃帝行天子事。黃帝以仁義不能禁止蚩尤，遂不敵，乃仰天而歎。天遣玄女下授黃帝兵信神符，制伏蚩尤，以制八方。蚩尤没後，天下復擾亂不寧。黃帝遂畫蚩尤形像以威天下，天下咸謂蚩尤不死，八方萬邦皆爲珍伏。（龍魚河圖；史記正義等引。）

顓頊有三子，生而亡去，爲疫鬼。一居江水，是爲瘧鬼。一居漢上，是爲魃鬼。一居宮室區隅，善驚人，是爲小鬼。（禮緯稽命徵；説郛本。）

風后，黃帝師；又化爲老子，以書授張良。（詩緯；史記索隱引。）

西王母於太荒之國得益地圖，慕舜德，遠來獻之。（尚書緯帝命驗；玉海引。）

王母之國在西荒，凡得道授書者皆朝王母於崑崙之闕。（同上；御覽引。）

伏犧樂爲立基。神農樂爲下謀。祝融樂爲祝續。（孝經緯鉤命決；禮記正義等引。）

黃帝樂曰咸池。帝顓頊樂曰五莖。帝嚳曰六英。堯曰大章。舜曰大招。禹曰大夏。殷曰大濩。周曰勺，又曰大武。（樂緯協圖徵；初學記等引。）

孔子求書，得黃帝元孫帝魁之書，迄於秦穆公，凡三千二百四十篇，斷遠取近，定可以爲世法者百二十篇：以百二篇爲尚書，十八篇爲中候。（尚書緯璇機鈐；尚書正義等引。）

垂皇策者犧；卦道演德者文；成命者孔。（易緯乾鑿度；易正義引。）

蒼牙靈；昌有成；孔演明經。（易緯乾坤鑿度。）

昔孔子受端門之命，制春秋之義，使子夏等十四人求周
史記，得百二十國寶書。九月，經立。（春秋緯説題辭；公
羊疏引。）

孔子作春秋，一萬八千字。九月而書成，以授游、夏之
徒，游、夏之徒不能改一字。（春秋緯；公羊疏引。）

孔子曰：“吾志在春秋，行在孝經。”以春秋屬商，以孝
經屬參。（孝經緯鈎命決；藝文類聚等引。）

像這類的話很多，今姑鈔出二十餘條。這些條中，有的不曾發生
什麽影響（如巨靈），有的卻已成爲天經地義了（如孔子删書）。

讖緯書中所説的古史的方式、種類，及其中心問題，大略
如上。

至於它是哪一學派的産物，近來頗有爭論。例如上舉崔觶甫
先生的話，説“緯書爲古文支流，今文家不應闌入”，一方面以古
文家自任的章太炎先生（炳麟）則又排斥緯書爲今文家的荒謬思想
的結晶。照我看來，則它的思想是今文家的，它的五德系統是古
文家的。它確實是今文家的嫡系，因爲董仲舒、京房、翼奉、劉
向一班大師的思想莫不如此；從這一班人的思想出發，應當匯成
這樣大的一個尾閭。至於它所以用古文家的五德系統，乃是因爲
東漢開基之時早已遵從了古文家的學説而定爲火德了，火德是漢
家的功令，作緯書的人爲要遵守功令，便不得不跟了古文家的古
史系統跑了。不然的話，它既是古文的支流，鄭興、賈逵一班古
文學家爲什麽要起來反對呢？

東漢一代是讖緯的全盛時代。所以當時興禮樂，定制度，莫
不從讖緯上出發。現在鈔出幾篇文字，以見它在政治上的氣燄。

尚書璇璣鈐曰：“有帝漢出，德洽作樂，名太予。”今且
改郊廟樂曰太予樂，太樂官曰太予樂官，以應圖讖。樂詩曲

操，以俟君子。（明帝詔；文選注引東觀漢記。）

　　朕聞古先聖王先天而天不違，後天而奉天時。河圖曰：
"赤九會昌，十世以光，十一以興。"又曰："九名之世，帝行
德，封刻政。"朕以不德，奉承大業，夙夜祇畏，不敢荒
寧。……尚書璇璣鈐曰："述堯世，放唐文。"帝命驗曰：
"順堯考德，題期立象。"且三、五步驟，優劣殊軌；況予頑
陋，無以克堪，雖欲從之，末由也已。每見圖書，中心惡
焉。間者以來，政治不得，陰陽不和，災異不息，癘疫之
氣流傷于牛，農本不播。夫庶徵休咎，五事之應咸在，朕
躬信有闕矣，將何以補之？……春秋保乾圖曰："三百年斗
曆改憲。"史官用太初鄧平術，有餘分一，在三百年之域，
行度轉差，浸以謬錯，璇璣不正，文象不稽。……今改行
四分，以遵于堯，以順孔聖。……（章帝詔；續漢書律曆志
等引。）

　　維建武三十有二年二月，皇帝東巡狩，至于岱宗，柴，
望秩于山川，班于群神，遂覲東后。……蕃王十二，咸來助
祭。河圖赤伏符曰："劉秀發兵捕不道，四夷雲集龍鬭野，
四七之際火為主。"河圖會昌符曰："赤帝九世，巡省得中，
治道則封誠合，帝道孔矩則天文靈出，地祇瑞興。帝劉之
九，會命岱宗。誠善用之，姦偽不萌。赤漢德興，九世會
昌，巡狩皆當。天數扶九，崇經之常。漢大興之道，在九世
之王。封于泰山，刻石著記；禪于梁父，退省考五。"河圖合
古篇曰："帝劉之秀，九名之世，帝行德，封刻政。"河圖提
劉子曰："九世之帝方明聖，持衡矩，九州平，天下予。"雒
書甄曜度曰："赤三德，昌九世，會修符，合帝際，勉刻
封"。孝經鉤命決曰："子誰行，赤劉用，帝三建，孝九會，
修專茲竭，行封岱青。"……皇天眷顧皇帝，以匹庶受命。……
誅討十有餘年，罪人則斯得，黎庶得居爾田，安爾宅。……

在位三十有二年，年六十二，乾乾日昃，不敢荒寧。……皇帝唯慎河圖雒書正文，是月辛卯柴，登封泰山，甲午禪于梁陰，以承靈瑞，以爲兆民。永兹一宇，垂于後昆。……（張純泰山刻石文；續漢書祭祀志等引。）

在政治上既如此，在歷史上自可知。凡是後來受了讖緯書的影響作成的歷史文字，以下當逐件指出。現在先把崔述考信錄提要中一段話鈔在下面，藉作本章的結論和下數章的發凡。

　　先儒相傳之説，往往有出于緯書者。蓋漢自成、哀以後，讖緯之學方盛，説經之儒多采之以注經。其後相沿，不復考其所本，而但以爲先儒之説如是，遂靡然而從之。如龍負河圖，龜具洛書，出於春秋緯。黄帝作咸池，顓頊作五莖，帝嚳作六英，帝堯作大章，出於樂緯。諸如此類，蓋不可以悉數。即禘爲祭其始祖所自出，亦緣緯書之文而遞變其説者。蓋緯書稱三代之祖出於天之五帝，鄭氏緣此，遂以禘爲祭天，而謂小記“禘其祖之所自出”爲“禘其始祖之所自出”。王氏雖駁鄭氏祭天之失而仍沿“始祖所自出”之文，由是始祖之前復別有一祖在，豈非因緯書而誤乎！余幼時嘗見先儒述孔子言云，“吾志在春秋，行在孝經”，稽之經傳，並無此文。後始見何休公羊傳序，唐明皇孝經序有此語，然不知此兩序本之何書。最後檢閲正義，始知其出於孝經緯鉤命決也。

　　大抵漢儒之説本於七緯者不下三之一；宋儒頗有核正，然沿其説者尚不下十之三。乃世之學者動曰：“漢儒如是説，宋儒如是説，後生小子何所知而妄非議之！”嗚乎，漢儒之説果漢儒所自爲説乎？宋儒之説果宋儒所自爲説乎？蓋亦未嘗考而已矣！嗟夫，讖緯之學，學者所斥而不屑道者也；讖緯之書之言則學者皆遵守而莫敢有異議：此何故哉？此何故哉？吾莫能爲之解也已！

二九　白虎通德論（三皇五帝）

我們看古代史說，從戰國諸子起，到東漢讖緯止，誄奇詭譎，變化不窮，真可謂極天下之大觀。但造僞史而至於讖緯，已到了最高點了。從此以後，人們對於古代的事實，就整理之功多而創作之業寡了。

我們既經明白了世經和月令的古史系統，既經認識了讖緯書中的古史方式，從此研究東漢以下許多人所作的古史記載，好像坐了下水的船，在短時間內可以看盡長途的風景了。

東漢章帝建初四年（公元七九），校書郎楊終疏請論定五經。後漢書卷四十八本傳云：

> 終又言：“宣帝博徵群儒論定五經於石渠閣。方今天下少事，學者得成其業，而章句之徒破壞大體。宜如石渠故事，永爲後世則。”於是詔諸儒於白虎觀（宮殿名），論考同異焉。會終坐事繫獄，博士趙博、校書郎班固、賈逵等以終深曉春秋，學多異聞，表請之。終又上書自訟。即日貰出，乃得與於白虎觀焉。

又同書卷四十班固傳云：

> 天子會諸儒講論五經，作白虎通德論，令固撰集其事。

又卷三章帝紀云：

> 四年……十一月壬戌詔曰：“蓋三代導人，教學爲本。漢承暴秦，褒顯儒術，建立五經，爲置博士。其後學者精進，雖曰承師，亦別名家。……中元元年詔書：‘五經章句煩多，議欲減省。’至永平元年，長水校尉鯈（樊鯈）奏言：‘先帝大業當以時施行。’欲使諸儒共正經義，頗令學者得以自助。……於戲，其勉之哉！”於是下太常，將、大夫、博士、議郎、郎官及諸生、諸儒會白虎觀，講議五經同異。使五官中郎將魏應承制問，侍中淳于恭奏帝親稱制臨決，如孝宣甘露石渠故事。作白虎議奏。

可見這事是楊終發起（但光武帝及明帝時已有此議），章帝贊成舉行的。當時趙博、賈逵、楊終等若干人同議，章帝稱制臨決；命班固撰集其事，就成爲白虎通德論一書。他們所討論的問題是五經學說的同異，所以這書是一部欽定的“經學概論”。那時距光武即位已五十五年了。

我們現在就從這部書裏，抽出東漢中葉前的欽定的古史説：

第一，他們論“皇、帝、王”的名號，云：

> 帝王者何？號也。號者功之表也，所以表功明德，號令臣下也。德合天地者稱帝，仁義合者稱王，別優劣也。禮記謚法曰：“德象天地稱帝；仁義所生稱王。”帝者，天號；王者，五行之稱也。

> 皇者何謂也？亦號也。皇，君也，美也，大也，天人之總，美大之稱也。時質，故總稱之也。號之爲皇者，煌煌人莫違也。煩一夫，擾一士以勞天下者，不爲皇也。不擾匹夫匹婦故爲皇。故黃金棄于山，珠玉捐于淵，巖居穴處，衣皮

毛，飲泉液，吮露英，虛無寥廓，與天地通靈也。

　　號言爲帝何？帝者諦也，象可承也。王者往也，天下所歸往。鉤命決曰："三皇步，五帝趨，三王馳，五伯騖。"

他們以爲"皇"只能出在沒有物質文明的時代，"帝"只能出在不以仁義號召的時代。我們以前讀過莊子和淮南子的，可以知道這種"道德一代不如一代"的人生觀實取自道家的學說。但他們解釋"帝"字謂"象可承也"，確是帝字的原義（見吳大澂帝字説）；又説"帝者天號"，可見人王稱帝是借來用的。又解釋"皇"字謂"美大之稱"，這也是皇帝的原義，此字本來只是形容詞而非名詞，看詩、書之文可知。

　　第二，他們論"三皇、五帝"的人物，道：

　　三皇者何謂也？謂伏羲、神農、燧人也。或曰伏羲、神農、祝融也。

　　古之時未有三綱六紀，民人但知其母，不知其父；能覆前而不能覆後；臥之詓詓，行之吁吁；飢即求食，飽即棄餘；茹毛飲血而衣皮葦。于是伏羲仰觀象于天，俯察法于地，因夫婦，正五行，始定人道，畫八卦以治下。下伏而化之，故謂之伏羲也。

　　謂之神農何？古之人民皆食禽獸肉。至於神農，人民衆多，禽獸不足。於是神農因天之時，分地之利，制末耜，教民農作，神而化之，使民宜之。故謂之神農也。

　　謂之燧人何？鑽木燧取火，教民熟食，養人利性，避臭去毒，謂之燧人也。

　　謂之祝融何？祝者屬也，融者續也。言能屬續三皇之道而行之，故謂祝融也。

　　五帝者何謂也？禮曰："黃帝、顓頊、帝嚳、帝堯、帝舜，五帝也。"易曰："黃帝、堯、舜氏作。"書曰："帝堯、帝舜。"

黃者，中和之色，自然之性，萬世不易。黃帝始作制度，得其中和，萬世常存，故稱黃帝也。

謂之顓頊何？顓者專也，頊者正也。能專正天人之道，故謂之顓頊也。

謂之帝嚳何？嚳者極也。言其能施行窮極道德也。

謂之堯者何？堯猶嶢嶢也。至高之貌，清妙高遠，優游博衍，衆聖之主，百王之長也。

謂之舜者何？舜猶僢僢也。言能推信堯道而行之。……

五帝無有天下之號何？五帝德大能禪，以民爲子，成于天下，無爲立號也。

或曰：唐，蕩蕩也。蕩蕩者，道德至大之貌也。虞者樂也，言天下有道人皆樂也。論語曰："唐、虞之際。"

帝嚳有天下，號曰高辛。顓頊有天下，號曰高陽。黃帝有天下，號曰有熊。有熊者，獨宏大道德也。高陽者，陽猶明也，道德高明也。高辛者，道德大信也。

在這一篇裏，可知他們論三皇，是不採緯書中的"天皇、地皇、人皇"之說的；論五帝，是不採世經中的少昊的。這不是他們反時代，也不是緯書和世經沒有勢力。只因三皇之說，緯書中本有數說，而在此數說中以言伏羲、神農者爲多，所以白虎通的三皇，依然是取的緯書說。至五帝中無少昊，乃是爲"五"數所限，加入少昊則便成六帝，所以只得維持大戴記及史記之說了。（關於這一問題，後來的人就想出方法來處置，詳下數章。）

在這一篇裏，又使我們感覺到一種新的臭味，就是三皇、五帝之名，他們都用訓詁來解說。伏羲，是下伏而化之。顓頊，是專正天人之道。帝嚳，是窮極道德。堯，是嶢嶢。舜，是僢僢。

唐，是道德至大。虞，是人皆樂。……這是以前所没有聽見過的。以前何以没有？只因帝王之名，有意義的如庖犧、神農，一看就明白，不必解釋。無意義的（或不可知其意義的）如顓頊、帝嚳，也没法解釋出意義來。但是到了東漢，雖不能解釋的也完全解釋了。他們爲什麼會得這樣鈎心鬥角？只因東漢是訓詁學極發達的時代，是孕育賈逵、服虔、許慎、馬融、鄭玄……一班訓詁大家的時代，在這時代中，不創造新材料而專解釋舊材料，所以訓詁就是"萬應靈丹"，無施不可的了。但此風實開於西漢之季的古文學家。我們只要把那時立於學官的韓詩外傳和劉歆爭立於學官的毛詩傳一比較，就可明白。爾雅更是一部西漢末年的"訓詁總彙"。

第三，因爲他們看古帝王的名號都含有他的道德上的意義，所以説到"帝王制謚"時也是這一套話：

黃帝先"黃"後"帝"者何？古者質，生死同稱，各持行合而言之。美者在上，黃帝始制法度，得道之中，萬世不易；後世雖聖，莫能與同也。後世德與天同，亦得稱帝；不能制作，故不得復稱黃帝。

帝者天號也。以爲堯猶謚；顧上世質直，死後以其名爲號耳。所以謚之爲堯何？爲謚有七十二品，禮謚法記曰，"翼善傳聖謚曰堯，仁聖盛明謚曰舜。……"

經這樣一講，"黃""堯""舜"諸名又可當作謚法用了。

第四，他們論五帝、三王之樂，道：

禮記曰："黃帝樂曰咸池。顓頊樂曰六莖。帝嚳樂曰五英。堯樂曰大章。舜樂曰簫韶。禹樂曰大夏。湯樂曰大濩。周樂曰大武象，周公之樂曰酌，合曰大武。"

黃帝曰咸池者，言大施天下之道而行之，天之所生，地之所載，咸蒙恩施也。顓頊曰六莖者，言和律呂以調陰陽，莖著萬物也。帝嚳曰五英者，言能調和五聲以養萬物，調其英華也。堯曰大章者，大明天地人之道也。舜曰簫韶者，舜能記堯之道也。……

這裏所引的禮記，大小戴記中都無此文。但樂緯叶圖徵有之，可見當著作白虎通的時代已經承認緯書爲“記”了。他們把咸池講作“咸蒙恩施”，把六莖講作“莖著萬物”，簡直是硬嵌字，好像現在商舖裏一定要把店號嵌入門聯裏一樣，不管它通不通。但此篇中説到五帝，也沒有少昊，可見他還插不進這個系統。

第五，他們論五方的五帝、五神，道：

位在東方，其色青。……其帝太皞，太皞者大起萬物擾也。其神句芒，句芒者物之始生，芒之爲言萌也。……

位在南方，其色赤。……其帝炎帝，炎帝者太陽也。其神祝融，屬續也。……

其位西方，其色白。……其帝少皞，少皞者少斂也。其神蓐收，蓐收者縮也。……

其位在北方。……其帝顓頊，顓頊者寒縮也。其神玄冥，玄冥者入冥也。……

土爲中宮。……其帝黃帝。其神后土。

在這個系統裏，是把太皞、少皞們一起承認了。（所不可解的，同樣一個“皞”字，在太皞則講作“起”，在少皞則講作“斂”。）可見世經的系統所以能彀維持下去，實在靠了月令的系統。五方五色之帝，自漢高祖以來早已定了，但沒有名字。劉歆們於造成世經的系統之後，把第一次五德終始的五個帝配入月令，並加上五個輔佐；平帝時建五時於長安，便這樣實定了。大家見神位上這樣寫了，也就以爲這是真實的事，没有疑問。但世經的系統卻爲根深蒂固的"五帝"一名所限制，從黃帝到舜的一組人物裏若加進了少皞勢必成爲六帝，没法安排，所以只得不顧了。倘使没有月令爲少皞撑門面，世經的系統或要倒壞亦未可知。

第六，他們説到封禪，也和史記封禪書有些不同：

王者易姓而起必升封泰山，何？報告之義也。始受命之日，改制應天，天下太平，功成封禪以告太平也。所以必於泰山何？萬物之始，交代之處也。必於其上何？因高告高，順其類也。故升封者，增高也；下禪梁甫之基，廣厚也；皆刻石紀號者，著己之功跡以自效也。……或曰："封者，金泥銀繩。"或曰："石泥金繩，封之以印璽。"（按，此即讖緯書中所言河圖洛書的由來。）

故孔子曰："升泰山，觀易姓之王，可得而數者七十餘君。"……三皇禪於繹繹之山，明己成功而去，有德者居之，繹繹者無窮之義也。五帝禪於亭亭之山，亭亭者制度審諦，道德著明也。三王禪於梁甫之山，梁者信也，甫者輔也，信輔天地之道而行之也。

本來管子所説的十二代帝王，除了黃帝、禹、周成王之外，都是禪云云的，現在他們重新規定，三皇有三皇的禪處，五帝有五帝的禪處，三王又另有其禪處了。

第七，他們講聖人的異表，道：

傳曰："伏羲日禄衡，連珠大目，山准龍狀，作易八卦以應樞。黃帝龍顏，得天匡陽；上法中宿，取象文昌。顓頊戴干，是謂清明；發節移度，蓋象招摇。帝嚳駢齒，上法月参；康度成紀，取理陰陽。堯眉八彩，是謂通明；曆象日月，璇璣玉衡。舜重瞳子，是謂滋涼；上應攝提，以象三光。"

禮説曰："禹耳参漏，是謂大通；興利除害，決河疏江。皋陶馬喙，是謂至誠；決獄明白，察于人情。湯臂三肘，是謂柳翼；攘去不義，萬民咸息。文王四乳，是謂至仁；天下所歸，百姓所親。武王望羊，是謂攝揚；盱目陳兵，天下富昌。周公背僂，是謂强俊；成就周道，輔于幼主。孔子反宇，是謂尼甫；德降所興，藏元通流。"

聖人所以能獨見前覩，與神通精者，蓋皆天所生也。

這裏所謂"傳"，不知是哪一部書；但其文均見於元命苞、援神契、演孔圖、文燿鉤諸緯，當然即指緯書。至"禮説"之文則均見於禮緯含文嘉，可知即指含文嘉。在那時，緯書已經稱"記"稱"傳"且稱"經説"了，王莽時造符命的餘波已經闖進經學界了。使無古文學派起來，把它們趕出，這幾部經書（我們眼光中的幾部古史書）真不知要被他們攪成什麼樣子。

從以上的記載裏，使我們知道：章帝欽定的經學概論，其所承受的時代思潮有兩大支：一支是讖緯，一支是訓詁。

三〇　風俗通義（三皇五帝）

東漢之末，有一個博學的世家子弟，名喚應劭。靈帝中平六年（公元一八九），拜爲泰山太守（事蹟見後漢書卷四十八）。他的著述很多，其中有一部風俗通義，宗旨在於"辨物類名號，釋時俗嫌疑"。第一卷爲皇霸，以"三皇、五帝、三王、五伯、六國"

爲次，實是一篇秦以前的歷史總載。現在把三皇、五帝兩章鈔在下面：

三皇：

春秋運斗樞說："伏羲、女媧、神農，是三皇也。皇者天，天不言，四時行焉，百物生焉。三皇垂拱無爲，設言而民不違，道德玄泊，有似皇天，故稱曰皇。皇者，中也，光也，弘也。含弘履中，開陰陽，布剛上，含皇極，其施光明，指天畫地，神化潛通，煌煌盛美，不可勝量。"

禮號謚記說："伏羲，祝融，神農。"

含文嘉記："虙戲、燧人、神農。伏者，別也，變也。戲者，獻也，法也。伏羲始別八卦以變化天下，天下法則咸伏貢獻，故曰伏羲也。燧人取鑽木取火，炮生爲熟，令人無復腹疾，有異於禽獸，遂天之意，故曰燧人也。神農，神者信也，農者濃也；始作耒耜，教民耕種，美其衣食，德濃厚若神，故爲神農也。"

尚書大傳說："遂人爲遂皇，伏羲爲戲皇，神農爲農皇也。遂人以火紀，火，太陽也，陽尊，故託遂皇於天。伏羲以人事紀，故託戲皇於人。蓋天非人不因，人非天不成也。神農悉地力種穀疏，故託農皇於地。天地人道備而三五之運興矣。"

謹按：易稱"古者伏羲氏之王天下也，仰則觀象於天，俯則觀法於地，始作八卦以通神明之德，以類萬物之情。結繩爲網罟，以佃以漁。伏羲氏沒，神農氏作。斲木爲耜，揉木爲耒，耒耜之利以教天下。日中爲市，致天下之民。通其變，使民不倦。神而化之，使民宜之。"唯獨敘二皇，不及遂人。遂人功重於祝融、女媧，文明大見。大傳之義，斯近之矣。

在這一章裏，他鈔出了四個三皇系統，其中兩個是緯書中的，兩個也出在接近緯書的書上。這四個系統，伏羲、神農二人均同，其一人則或謂是女媧，或謂是祝融，或謂是燧人。其次序則三個系統均以伏羲居首，神農居末；惟尚書大傳則以遂人居伏羲之前。尚書大傳還有一個特別的地方，就是以遂人爲遂皇，託之於天；伏羲爲戲皇，託之於人；神農爲農皇，託之於地：隱隱以天皇、地皇、人皇拍合這三個人。這是在兩種很不相同的三皇系統之下所應有的布置。但此説似乎沒有什麽勢力；這因天、地、人三皇，緯書中講得太怪誕了，使得最肯盲從的儒者也不能相信。

應劭的意思，是相信含文嘉及尚書大傳的。他以爲遂人比祝融和女媧的功都大，應當列於三皇之數。但他因此疑易傳只記伏羲、神農二皇爲缺典了，他不知道作易傳的時候還想不到把他們送入三皇的組合裏呢。

五帝：

易傳、禮記、春秋、國語、太史公記：黃帝、顓頊、帝嚳、帝堯、帝舜，是五帝也。

謹按：易，尚書大傳，天立五帝以爲相，四時施生，法度明察，春夏慶賞，秋冬刑罰；帝者任德設刑以則象之，言其能行天道，舉錯審諦。黃帝始制冠冕，垂衣裳，上棟下宇以避風雨，禮文法度，興事創業。黃者光也，厚也，中和之色德，四季與地同功，故先黃以別之也。顓者專也，頊者信也，言其承易文之以質，使天下蒙化皆貴貞愨也。嚳者考也，成也，言其考明法度，醇美嚳然，若酒之芬香也。堯者高也，饒也，言其隆興煥炳，最高明也。舜者推也，循也，言其推行道德，循堯緒也。

在這一章裏，可惜他只舉了幾部書名，沒有按書寫出其文。猜想起來，易傳，大約即指觀象制器那一章；但此章若除去伏羲、神農，則只膌了黃帝、堯、舜三帝。禮記，大約即指大戴記的五帝德和帝繫，小戴記的祭法等。在那些篇裏確是以黃帝、顓頊、帝嚳、帝堯、帝舜爲五帝的。春秋，不知指的是什麼。如指的是春秋繁露，則其五帝與上同。倘指左傳，則其中不僅這五帝，還有一個少昊。國語，如指的是魯語中展禽論祭爰居一章，則其系統與祭法同；倘涉及楚語中觀射父論重黎一章，則其中也有少昊了。太史公記，大約指的是五帝本紀及三代世表，其系統也完全與五帝德等相同。他總結此等書中的五帝說而曰"黃帝、顓頊、帝嚳、帝堯、帝舜，是五帝也"，可見到了東漢之末，少昊這個人還不能插入五帝的系統裏去。這是何等悲哀的一件事情！

　　應劭解釋的五帝名義，與白虎通又不全同。例如帝嚳，白虎通云"嚳者極也，言其能施行窮極道德也"，此卻說"嚳者考也，成也，言其考明法度，醇美嚳然，若酒之芬香也"。各說得似乎有理，但教我們信從哪一說好呢？這是訓詁家的神祕！

　　他對於封禪之說，是沿襲白虎通而小變之的。他道：

　　　　三皇禪于繹繹，明己功成而去，德者居之。繹繹者，無所指斥也。五帝禪于亭亭，德不及於皇。亭亭名山，其身禪予聖人。三王禪于梁父者，信父者子，言父子相信與也。

我們只要看梁父一名，白虎通說爲"信輔天地之道而行之"，風俗通說爲"父子相信與"，就可知道東漢的訓詁學家解釋文字是怎樣的隨便了。清代學者奉爲正統的許慎說文解字和鄭玄諸經注，就是那時的訓詁學說的結晶，我們還能相信它嗎？

三一　孔氏尚書傳序等(三皇五帝)

我們在以上兩章裏，可以知道從東漢初的白虎通德論到東漢末的風俗通義，他們所開列的三皇、五帝的系統，三皇一組裏苦於少了一個人，故當時人要把遂人，或女媧，或祝融去填滿它；五帝一組則因人已滿座，世經中雖加了一個少昊，但在東漢一代二百年中終被擯於門外。

遂人雖有使民熟食的大功，但不見於經典。女媧雖見於禮記明堂位，但只有"女媧之笙簧"一語，與"垂之和鍾，叔之離磬"同列，不見得是一個了不得的古皇。祝融，則見於國語的是：

> 夫黎爲高辛氏火正，以淳耀敦大，天明地德，光照四海，故命之曰祝融，其功大矣。(鄭語)

見於史記的是：

> 重黎爲帝嚳高辛居火正，甚有功，能光融天下，帝嚳命曰祝融。共工氏作亂，帝嚳使重黎誅之而不盡，帝乃以庚寅日誅重黎，而以其弟吳回爲重黎後，復居火正爲祝融。(楚世家)

即左氏傳中也說：

> 火正曰祝融。……顓頊氏有子曰犂，爲祝融。(昭公二十九年)

祝融只是一個官號，而且做祝融的重黎及吳回都是帝嚳的臣子，還毂不到五帝，如何可以躐等而爲三皇！因此之故，用遂人、女媧、祝融去補足三皇，都覺得不大妥當。

一方面，左氏傳在東漢已風行了，郯子來朝的一章，大家已讀得爛熟了。黃帝之後，顓頊之前，應當有個少皡，可以説是不容懷疑的事實；爲什麼在五帝系統裏，他總是沒有分呢？

三皇不足，增之而於心不安。五帝有餘，缺之而於心亦不安。這是東漢以下的經師和史家所感到的煩悶。

他們對於這個煩悶將如何地排除呢？

於是鄭玄注尚書中候敕省圖云：

> 德合北辰者皆稱"皇"，運斗樞："伏羲、女媧、神農，爲三皇也。"德合五帝坐星者稱帝，則黃帝、金天氏、高陽氏、高辛氏、陶唐氏、有虞氏是也。實六人而稱五者，以其俱合五帝坐星也。女媧修伏羲之道，無所改作。（詩譜疏、書序疏引。）

他毅然把少皡金天氏收入五帝裏去。他説，只要德合五帝坐星的便是五帝，五帝不必限定五人。於是少皡在他的保護之下就坐上了五帝的寶位，而五帝也變成了"六帝"。

稍後於鄭玄的譙周，他對於這個問題也想出了一種簡便的解決方法。他在古史考內講：

> 伏羲、神農、黃帝爲三皇。少昊、高陽、高辛爲五帝。（史記五帝本紀索隱引。）

這是把五帝的有餘補三皇的不足的。自有此説，而少昊遂靦然據了五帝的首座。這一説最適合於世經的系統，所以比鄭玄所説還佔優勢。後來僞孔安國尚書傳序即云：

> 古者伏犧氏之王天下也，始畫八卦，造書契，以代結繩之政，由是文籍生焉。伏羲、神農、黃帝之書，謂之三墳，言大道也。少昊、顓頊、高辛、唐、虞之書，謂之五典，言常道也。至于夏、商、周之書，雖設教不倫，雅誥奧義，其歸一揆。是故歷代寶之，以爲大訓。八卦之説，謂之八索，求其義也。九州之志，謂之九丘，丘，聚也，言九州所有，土地所生，風氣所宜，皆聚此書也。春秋左氏傳曰：“楚左史倚相能讀三墳、五典、八索、九丘”，即謂上古帝王遺書也。先君孔子生於周末，覩史籍之煩文，懼覽者之不一，遂乃定禮樂，明舊章，删詩爲三百篇，約史記而爲春秋，讚易道以黜八索，述職方以除九丘；討論墳、典，斷自唐、虞以下，訖于周，芟夷煩亂，翦截浮辭，舉其宏綱，撮其機要，足以垂世立教，典謨訓誥誓命之文凡百篇，所以恢弘至道，示人主以規範也。帝王之制，坦然明白，可舉而行。

他以三墳屬之於伏犧、神農、黃帝，以五典屬之於少昊、顓頊、高辛、唐、虞，隱隱把這八個人分列爲三皇、五帝，實與譙周之説一鼻孔出氣。惟三墳既言大道，五典既言常道，自當“歷代寶之，以爲大訓”；何以孔子“討論墳、典，芟夷煩亂”，竟把三墳完全删掉，五典亦僅留了唐、虞二典呢？難道他看伏犧、神農、黃帝、少昊、顓頊、高辛之書全是些“煩亂浮辭”，無宏綱之可舉，機要之可撮嗎？

到了唐初，孔穎達著尚書正義，對於僞孔尚書傳序作很詳盡的解釋，云：

　　案左傳上有三墳、五典，不言墳是三皇之書，典是五帝之書。孔知然者，案今堯典、舜典是二帝二典，推此二典而上，則五帝當五典，是五典爲五帝之書。今三墳之書在五典之上，數與三皇相當，"墳"又大名，與"皇"義相類，故云三皇之書爲三墳。

　　孔君必知三皇有書者，案周禮外史職掌三皇、五帝之書，是其明文也。鄭玄亦云："其書即三墳五典。"但鄭玄以三皇無文，或據後録定。孔君以爲書者記當時之事，不可以在後追録；若當時無書，後代何以得知其道也。此亦孔君所據三皇有文字之驗耳。

　　鄭玄注中候，依運斗樞以伏犧、女媧、神農爲三皇。又云："五帝坐，帝鴻、金天、高陽、高辛、唐、虞氏。"知不爾者，孔君既不依緯，不可以緯難之。又易興作之條不見有女媧，何以輒數。……既不數女媧，不可不取黃帝以充三皇耳。

　　又鄭玄數五帝何以六人？或爲之説云："德協五帝座，不限多少，故六人亦名五帝。"若六帝，何有五座。而皇指大帝，所謂耀魄寶，止一而已；本自無三皇，何云三皇！豈可三皇數人，五帝數座，二文舛互，自相乖阻也！

　　其諸儒説三皇，或數燧人，或數祝融，以配犧、農者；其五帝皆自軒轅，不數少昊：斯亦非矣。又燧人，説者以爲伏犧之前。據易曰"帝出於震"，震，東方，其帝太昊。又云"古者包犧氏之王天下也"，言古者制作莫先於伏犧，何以燧人厠在前乎？又祝融，乃顓頊以下火官之號，金天以上百官之號，以徵五經，無云祝融爲皇者。縱有，不過如共工氏。共工有水瑞，乃與犧、農、軒、摯相類，尚云霸其九州；祝融本無此瑞，何可數之乎！左傳曰"少昊之立，鳳鳥適至"，於月令又在秋享食，所謂白帝之室者也：何爲獨非帝乎！故孔君以黃帝上數爲皇，少昊爲五帝之首耳。……

　　案今世本、帝繫及大戴禮五帝德，並家語宰我問、太史公五帝本紀，皆以黃帝爲五帝。此乃史籍明文，而孔君不從之者，孟軻曰："信書不如其無書，吾於武成取二三策而已。"言書以漸染之濫也；孟軻已然，況後之説者乎！又帝繫、本紀、家語、五帝德皆云："少昊即黃帝子青陽是也。顓頊，黃帝孫，昌意子。帝嚳高辛氏爲黃帝曾孫，玄囂孫，蟜極子。堯爲帝嚳子。舜爲顓頊七世孫。"此等之書説五帝而以黃帝爲首者，原由世本經於暴秦，爲儒者所亂，家語則王肅多私定，大戴禮、本紀出於世本，以此而同。蓋以少昊而下皆出黃帝，因此謬爲五帝耳。亦由繫辭以黃帝與堯、舜同事，故儒者共數之焉。

　　孔君今者意以月令春曰太昊，夏曰炎帝，中央曰黃帝，依次以爲三皇。又依繫辭，先包犧氏王；没，神農氏作；又没，黃帝氏作：亦文相次，皆著作見於易，此三皇之明文也。月令秋曰少昊，冬曰顓頊，自此爲五帝。然黃帝是皇，今言帝不云皇者，以皇亦帝也，別其美名耳。太昊爲皇，月令亦曰"其帝太昊"，易曰"帝出于震"是也。又軒轅之稱黃帝，猶神農之云炎帝，神農於月令爲炎帝，不怪炎帝爲皇，何怪軒轅稱帝！

這一大篇爲僞孔作解釋，可謂無微不至。他是先立了"少昊必爲五帝"的一個前提而後發議論的。所以五帝德、帝繫、世本的不載少皞是爲秦的儒者所亂，史記的不載少皞是誤沿了世本。又用了易繫辭傳來駁鄭玄及諸儒之説，以爲把女媧、燧人、祝融入三皇，是易所不許的。又駁鄭玄以五帝爲六人之説，以爲如用太微五星來分配五帝，則五星之上只有大帝一星，不能再有三皇。又據月令，以爲少皞明是秋帝，且左傳中明有他的即位之文，何得不列爲五帝之一。照他説，女媧、燧人、祝融，既必排去，帝繫、世本等以黃帝入五帝又出於秦儒的竄亂，則黃帝應爲三皇，少皡應爲五帝，僞孔之説自成定論，不容懷疑了。

可是，僞孔説伏羲等人的書爲三墳，少昊等人的書爲五典，是看作一件確定的事實的，正義則云：

> 孔（僞孔）推此二典（堯典、舜典）而上，則五帝當五典，是五典爲五帝之書。今三墳之書在五典之上，……故云三皇之書爲三墳。孔君必知三皇有書者，案周禮外史職掌三皇五帝之書，是其明文也。

然則三皇之書爲三墳，五帝之書爲五典，經傳本無其文而是僞孔推出來的。三皇有書，亦無確據，不過是跟了周禮説着而已。又他説：

> 帝繫、本紀、家語、五帝德皆云："少昊即黃帝子青陽是也……。"

這真是"當面説鬼話"。帝繫等書只云青陽爲黃帝子，何嘗説少昊即青陽呢！

此外，再有一種五帝説，見於尚書序正義：

> 梁主云："書起軒轅，同以燧人爲皇。其五帝自黃帝至堯而止。知帝不可以過五。故曰，舜非三王，亦非五帝，與三王爲'四代'而已。"

這是因五帝加了少昊，變成六帝，覺得太牽强，遂把舜擠出五帝之外的。但這一説亦非毫無根據，因爲禮記裏常把"虞、夏、商、周"一起稱引，似乎虞與三代的關係深過五帝。例如：

　　有虞氏瓦棺，夏后氏墍周，殷人棺椁，周人牆置翣。
（檀弓）
　　鸞車，有虞氏之路也。鉤車，夏后氏之路也。大路，殷
路也。乘路，周路也。（明堂位）
　　米廩，有虞氏之庠也。序，夏后氏之序也。瞽宗，殷學
也。頖宮，周學也。（同上）

又大戴記中有一篇四代，論虞、夏、商、周四代之政刑；又有一
篇虞戴德，論人民何以戴舜之德。大約當時禮家私造"禮制史"
時，上及虞而止，因以虞、夏、商、周合稱"四代"。現在五帝的
系統裏既多出了一人，梁主（未知是否梁武帝，待考）遂想出這個
調停的方法，把虞舜拉出來，送入"四代"的組合裏去，以合於禮
家的學説。這樣，巧是很巧，可惜又給"三王"一個名詞擋住，不
能變作"四王"。他只得很強悍地説：

　　舜非三王，亦非五帝，與三王爲"四代"而已。

可憐得很，舜既出了五帝，又不收入三王，只在五帝和三王之間
不上不下地半空弔着，他真是一個畸零者了！故正義駁之曰：

　　詩之爲體，不雅則風。除皇以下，不王則帝。何有非王
非帝，以爲何人乎？典、謨皆云"帝曰"，非帝如（而）何！

　　總之，自有少昊以後，爲了位置的困難，使得三皇、五帝、
三王的人選和範圍各各起了震動和變化。這是古史界中值得注意
的一個問題。今把以上三説，列爲一表：

學　説 古史系統	鄭　玄　説	譙周及僞孔説	梁　主　説
三 皇	伏　　羲 女　媧 神　農	伏　　羲 神　農 黄　帝	伏　　羲 燧人 神　農
五 帝	黄　　帝 少昊 顓頊 帝嚳 堯 舜	少　　昊 顓頊 帝嚳 堯 舜	黄　　帝 少昊 顓頊 帝嚳 堯
三 王 或 四 代	夏 商 周	夏 商 周	舜 夏 商 周
總計	十二人	十一人	十二人

三二　孔子家語五帝篇[*]

　　上一章是用緯書中的三皇、五帝説與五帝德等篇中的五帝説
合起來整理的；整理的結果並不能建立一個共信的標準，只是各
走各的路。

　　現在還有一個古史系統，是把世經、月令及左傳的説話合攏
來整理的。這三種書都出於劉歆之手，所以這個系統可稱爲劉歆

---

[*]　原載史學論叢第二册，1935 年，題王肅之五帝説及其對於鄭玄之感生
　　説與六天説之掃除工作。

的古史系統。做這個工作的是王肅，載這個學說的是孔子家語。

　　孔子家語，名義上是孔子的弟子所記，甚至可說爲論語所由出。但我們先看了戰國、秦、漢間的許多書，再來看它，顯見它是把戰國、秦、漢間許多書中關於孔子事實的記載亂鈔一陣而編成。即如五帝說，其中凡有兩篇，一篇是整整地把大戴記中的五帝德鈔進去，一篇則即承劉歆的學說而新撰的。這兩個五帝系統：

　　（一）五帝德——黃帝、顓頊、帝嚳、堯、舜，

　　（二）五帝——太皞、炎帝、黃帝、少皞、顓頊，

截然不同，然而會得並存於家語，會得並出於孔子之口（一對宰我說，一對季康子說），會得成爲聯接的兩篇（五帝德第二十三，五帝第二十四），這豈非大怪事！

　　家語何以知爲王肅所作？這在他的孔子家語解自序上早已說明白了：

　　　　鄭氏學行五十載矣。自肅成童始志於學而學鄭氏學矣。然尋文責實，考其上下，義理不安，違錯者多，是以奪而易之。然世未明其歆情，而謂其苟駁前師以見異於人。乃喟然而嘆曰：“豈好難哉，予不得已也！聖人之門方壅不通，孔氏之路枳棘充焉，豈得不開而辟之哉！若無由之者，亦非予之故也。”是以撰禮經申明其義，及朝論制度，皆據所見而言。孔子二十二世孫有孔猛者，家有其先人之書，昔相從學，頃還家方取以來，與予所論有若重規叠矩。……斯皆聖人實事之論，而恐其將絕，故特爲解以貽好事之君子。

他因鄭玄之學義理不安，所以自己起來奪而易之；恰好他的弟子孔猛從家裏帶了一部家語來，翻開一看，與自己爲了奪易鄭玄之學而倡的學說完全一樣：這是何等奇巧呵！他的心如何與聖人之

心相合呵！

　可是這等奇巧的事是不容易給人相信的。所以這書一出來，鄭康成的弟子馬昭馬上就説：

　　　今家語係王肅增加，非劉向校録之舊。（玉海引）

後來顏師古注漢書，於藝文志"孔子家語"條亦注云：

　　　非今所有家語。

這個問題到了清代中葉而完全解決，孫志祖作家語疏證，范家相作家語證僞，逐篇逐章尋出其依據，並指出其割裂改竄的痕跡，於是這一宗造僞書的案件就判定了。

　所以我們對於孔子家語，只須當作王肅的學説看便得。

　五帝德一篇，是他整整地鈔來的，我們可以不管。五帝一篇，是他把零碎材料鈔輯成的，我們應該讀一下：

　　　季康子問於孔子曰："舊聞五帝之名而不知其實。請問何謂五帝？"

　　　孔子曰："昔丘也聞諸老耼曰：'天有五行：木、火、金、水、土；分時化育以成萬物。其神謂之五帝。古之王者易代而改號，取法五行。五行更王，終始相生，亦象其義。故其爲明王者而死配五行。是以太皥配木，炎帝配火，黃帝配土，少皥配金，顓頊配水。'"

　　　康子曰："太皥氏，其始之木何如？"

　　　孔子曰："五行用事，先起於木。木，東方，萬物之初皆出焉。是故王者則之而首以木德王天下。其次則以所生之行轉相承也。"

　　康子曰："吾聞句芒爲木正，祝融爲火正，蓐收爲金正，玄冥爲水正，后土爲土正。此則五行之主，而不亂稱曰'帝'者，何也？"

　　夫子曰："凡五正者，五行之官名。五行佐成上帝而稱五帝。太皞之屬配焉，亦云帝，從其號。昔少皞氏之子有四叔，曰重、曰該、曰修、曰熙，實能金木及水。使重爲句芒，該爲蓐收，修及熙爲玄冥。顓頊氏之子曰黎，爲祝融。龔工氏之子曰句龍，爲后土。此五者，各以其所能業爲官職，生爲上公，死爲貴神；别稱五祀，不得同帝。"

　　康子曰："如此之言，帝王改號，於五行之德各所統，則其所以相變者皆主何事？"

　　孔子曰："所尚則各從其所王之德次焉。夏后氏以金德王而尚黑，大事歛用昏，戎事乘驪，牲用玄。殷人以水德尚白，大事歛用日中，戎事乘翰，牲用白。周人以木德王尚赤，大事歛用日出，戎事乘騵，牲用騂。此三代之所以不同。"

　　康子曰："唐、虞二帝，其所尚者何色？"

　　孔子曰："堯以火德王，色尚黃。舜以土德王，色尚青。"

　　康子曰："陶唐、有虞、夏后、殷、周，獨不得配五帝，意者德不及上古邪？將有限乎？"

　　孔子曰："古之平治水土及播殖百穀者衆矣，唯句龍兼食於社，而棄爲稷神，易代奉之，無敢益者，明不可與等。故自太皞以降，逮于顓頊，其應五行而王。數非徒五而配五帝，是其德不可以多也。"

這篇文字的來源凡有四處：

（一）左傳昭二十九年，蔡墨論社稷及五祀之文。（見本講義頁二九七至二九八）

（二）月令中五帝五神之文。（見本講義頁三〇二）

（三）世經中五行相生説。（見本講義頁二八二至二八三，及二八六至二八七頁之漢書郊祀志贊）

（四）禮記檀弓上篇夏、殷、周三色的制度説。

前三條，我們在上數章裏已講得多了，可以不煩言而解。下一條，上邊尚未講起，現在先把原文寫出來看一下：

> 夏后氏尚黑，大事斂用昏，戎事乘驪，牲用玄。殷人尚白，大事斂用日中，戎事乘翰，牲用白。周人尚赤，大事斂用日出，戎事乘騵，牲用騂。

這一段話，我們在讀了董仲舒的三代改制質文篇之後去看它，原是很簡單很明白的三統説，毫無疑問。因爲夏是黑統，殷是白統，周是赤統，故其制度的顏色也一切跟了它走。鄭玄注云：

> 昏時亦黑，馬黑色曰驪。玄，黑類也。
> 日中時亦白。翰，白色馬也。易曰：“白馬翰如。”
> 日出時亦赤。騵，騢馬（赤馬）白腹。騂，赤類。

這本來可以不發生問題的（發生問題的乃是三統説的本身）。但家語中鈔了這一段話，卻大有問題來了。

> 康子曰：“如此之言，帝王改號，於五行之説各所統，則其所以相變者皆主何事？”

這幾句話晦塞得很。王肅自己注道（正文是王肅作，注亦王肅作；正如僞古文尚書，經與注出於一手）：

> 怪木家而尚赤，所以問也。

這一句話，就把他的心事直揭出來了。周，在騶衍的五德説中是火德，在三統説中是赤統，兩者原可拍合；但在劉歆們的五德説中卻是木德。周尚赤，是漢的禮家公認的事實。周爲木德，又是東漢以來的史家所信守的歷史。那麼，周既爲"木家"，乃不尚青而"尚赤"，這個矛盾將如何地解釋，使得它不衝突呢？這是東漢後的經學家感到的煩悶，而王肅就自己起來肩了這個解釋的責任。他説：

> 孔子曰："所尚則各從其所王之德次焉。"

這句話依然很晦澀，他注云：

> 木次火，而木家尚赤者，以木德義之著，修其母，兼其子。

這句話雖也有費解的地方，但"修其母，兼其子"一語的意義尚爲顯明。漢書郊祀志贊云：

> 劉向父子以爲"帝出于震"，故包羲氏始受木德。其後以母傳子，終而復始。

他們把五行相生看作子母相生：前一行爲母，後一行爲子。故木之次爲火，即木爲母而火爲子。周爲木德而尚赤者，蓋修其木母，兼其火子也。這雖覺可笑，還算講得通。但下面呢？

> "夏后氏以金德王而尚黑，大事歛用昏，戎事乘驪，牲用玄。殷人以水德尚白，大事歛用日中，戎事乘翰，牲用白。周人以木德王，尚赤，大事歛用日出，戎事乘騵，牲用騂。此三代之所以不同。"

這一段文字，鈔襲了檀弓之文，又把世經中夏、殷、周的五德之數加了進去。我們在上邊知道，夏尚黑，殷尚白，周尚赤，是由三統説來的；夏以金德王，殷以水德王，周以木德王，是由五行相生説下的五德説來的。來歷不同，如何可以併作一談呢？但他竟把這兩個不同的學説合到一個系統裏去了！

他的注裏，凡檀弓所有之文，都把鄭玄的注鈔了進去。惟於"殷人以水德尚白"一語之下則獨抒己見，云：

> 水家尚青而尚白者，避木家之尚青。

這句話的下半截頗不易解，但上半句卻可知。他説，根據"修母兼子"的辦法，殷爲水德，應以木德爲子；木色青，然則它應尚青。爲什麼它不尚青而尚白呢？是爲"避木家之尚青"的緣故。

在騶衍和劉歆的五德説中，凡得某德的即尚某德之色，這是很明顯的事實。故既爲木家，即應尚青。但王肅爲要使三代的三統之色合於世經的五德之色，故因周之木家而尚赤，創了"修其母，兼其子"的原則出來。夏尚黑，夏爲金德，金生水，水色黑，這個學説是可以適用的。只有殷以水德而尚白無法解釋，他的"避木家之尚青"一語也不可解，因爲在王肅的學説中，木家是應尚赤的，用不到水家的迴避。

這個問題，我們暫且擱着。

五行的五色是青、黄、黑、白、赤，黑、白、赤三色已給金、水、木三德據了，尚有青、黄二色如何處置呢？於是家語云：

> 康子曰：“唐、虞二帝，其所尚者何色？”孔子曰：“堯以火德王，色尚黄。舜以土德王，色尚青。”

根據劉歆之説，堯是火德王的，火生土。根據王肅自己的學説，堯修火母而兼土子，色應尚黄。故此文中所言的堯毫無問題。惟舜爲土德而尚青，則比了殷爲水德而尚白更爲難解。因爲殷之母爲夏金，其尚白雖不能説是“修母兼子”，尚可説爲“修子兼母”。至舜之土德，其母爲堯火，其子爲夏金，他的青色從何處來？説是帝嚳的木吧，那是舜德的祖母。説是周的木吧，那是舜德的曾孫。難道他是“修子兼祖母”或“修母兼曾孫”嗎？

但這在王肅是有理由的。他注道：

> 土家宜尚白。土者，四時之主，王於四季。五行用事先起木，色青。是以木家避土，土家之所尚白。

這末一句話依然不易懂，好在上幾句話還算明白。他説，舜爲土德，土德之子爲金，所以他本應尚白。但土是四行之主，王於四季的（看月令可知），而五行用事則先起於木，故土德之色應尚青。

於是我們可以知道，上邊所謂“避木家之尚青”者，“木家”蓋“土家”之訛文，因爲土家應尚青，故水家不得不避之而尚白。殷之所以不兼其子，所以“大事斂用日中，戎事乘翰，牲用白”者，正以避舜色之尚青耳。

説到這裏，而“木家避土”一語也可以知道是錯誤的，“木家”

應是"水家"的訛文；"土家之所尚白"一語也可知道是錯誤的，"尚白"應是"尚青"的訛文。因爲水家避土，故土家可以尚青了。這未必是王肅寫錯，大半因他的學說太迂曲了，不易使人懂得，故後來鈔寫的人把它改了或弄錯了。

王肅的五色終始説既給我們理了出來，現在便可列出一表，使得它的意義更清楚些：

五　德	世　次	所尚色	所以尚此色的緣故
火	堯	黄	土爲火子，兼修其子，故尚黄。
土	舜	青	土爲四時之主，五行用事先起於木，故尚青。
金	夏	黑	水爲金子，兼修其子，故尚黑。
水	商	白	本應尚其子木之青，因避土家尚青，故改尚白。
木	周	赤	火爲木子，兼修其子，故尚赤。

看此，可知他以"兼修其子"爲常例，而以土、水二德爲特例。其所以成爲特例的理由，只因土爲四時之主，而四時以木起，不得不尚青，遂奪水德所應尚之色而有之；水德之色既被奪，也就不得不改以土德所應尚之色爲自己的所尚色了。

這似乎是很有理由的；但我們知道了它的由來，原是説穿了不值半文錢。他只因夏尚黑，周尚赤，都與其在相生的五德説中所佔之德間了一行，故造出了"兼修其子"的原則，而定爲尚其所生之德。不幸殷之尚白是三統論者早已規定的事實，不能使得它改而尚青，故又想出土德爲四時主的理由，教土德不去尚白而去尚青，於是賸下的白色可以送給水德，定爲殷之所尚了。這何嘗是水德之色被奪，乃是土德之色被奪呢！倒果爲因，迷蒙了觀者的眼，這是王肅的作僞的本領。

崔述於補上古考信録後論中説：

　　　且衍之説雖誣，然殷尚白，周尚赤，猶有可附會之端。
（頡剛案：此視三統説發生在騶衍的五德説之前，故謂騶衍
附會殷之白統而定殷爲金德，附會周之赤統而定周爲火德。
從我們看，則適得其反。）若歆所説，周爲木德，則何爲不尚
青而尚赤也？乃强爲之解曰："尚其德所生也。"不尚其德而
尚其德所生，有是理乎！而殷又不尚其所生而尚其所由生，
此又何説焉？

我前讀此段時頗不明白，以爲劉歆在世經中只説了周爲木德，並
没有説周爲木德而尚赤，他不當擔負這個矛盾的責任。現在知
道，崔氏是誤以王肅之説當作劉歆之説了。但崔氏所謂"殷不尚
其所生而尚其所由生"，則王肅亦無此説，他只説了殷應尚的青
色爲土德所奪而已。

　　然則"尚其所由生"這一句話從哪裏出來的呢？這是出在春秋
緯感精符上的。文云：

　　　十一月建子，天始施之端，謂之天統周正，服色尚赤，
襪物萌色赤也。十二月建丑，地始化之端，謂之地統殷正，
服色尚白，襪物牙色白。正月建寅，人始化之端，謂之人統
夏正，服色尚黑，襪物生色黑也。此三正律者，亦以五德相
承。……周以天統服色尚赤者，陽道尚左，故天左旋，周以
木德王，火是其子，火色赤，左行用其赤色也。殷以地統服
色尚白者，陰道尚右，其行右轉，殷以水德王，金是其母，
金色白，故右行用其白色。夏以人統服色尚黑者，人亦尚
左，夏以金德王，水是其子，水色黑，故左行用其黑色。
（五行大義論律呂引）

這也是把三統説和五德説的衝突調和的，然而比王肅之説更進了

一步。王肅對於殷之尚白無法解釋，只想出了土德奪其尚青之説，把它混過，實在很牽強。它卻想出天統與人統爲左旋，地統爲右旋之説，使夏、周尚其子色，殷尚其母色，比王説自然得多了。緯書的著作時代本自西漢末迄唐，經歷約八百年，王肅是三國魏人，這一段感精符的話疑是三國以後的人受了王肅的影響而對於這個問題所作的更精密的解釋。

即此可知，"尚其所生"雖非劉歆之説而尚出於王肅，至"尚其所由生"則又非王肅之説而直出於緯書。崔氏不加辨察，把這兩説的責任一起推在劉歆身上；我們應當替他呼寃。以專精古史如崔氏，對於這個問題尚且捉摸不住，這個問題是如何雜亂而複雜呵！

在這篇文字裏，還有一個重大問題。鄭玄的五帝説，我們在前面看見的是"德合五帝坐星者稱帝"，但是他的學説還有許多很奇怪的論調。王肅是有志奪易鄭玄之學的，所以他在這一篇裏也借了孔子的話來駁他。此事説來話長，爲要明白，只得從頭講起。

上帝，我們在詩、書等較古的書裏看，只有一個。但秦國的上帝，據史記封禪書説，卻有白帝、青帝、黃帝、炎帝四個。到漢高祖，又立了一個黑帝，共有五個。因爲秦、漢是統一的國家，所以四帝及五帝就成了當時祭祀的法典。但到漢武帝時，五帝之上又出來了一個泰一。封禪書云：

　　　亳人謬忌奏祠泰一方，曰："天神貴者泰一，泰一佐曰五帝。……"於是天子令太祝立其祠長安城東郊，常奉祠如忌方。

其後武帝在甘泉立泰畤及在汶上作明堂，也都這樣辦。封禪書云：

　　　　上……幸甘泉，令祠官寬舒具泰一祠壇，祠壇放亳忌泰
　　一壇，三陔；五帝壇環居其下，各如其方。……泰一祝宰則
　　衣紫及繡；五帝各如其色。
　　　　上令奉高作明堂汶上，……祠泰一五帝於明堂上坐。

後來王莽把泰畤等遷到長安，又是這樣辦。漢書郊祀志云：

　　　　稱天神曰皇天上帝泰一，兆曰泰畤。……中央（黃）帝黃
　　靈后土畤，……東方帝太昊青靈句芒畤，……南方炎帝赤靈
　　祝融畤，……西方帝少昊白靈蓐收畤，……北方帝顓頊黑靈
　　玄冥畤……。

他的泰一五帝的系統和漢武帝時的並沒有兩樣，不過他替他們加
上了許多名字，且更爲五帝加上了五個佐，弄成了整整齊齊的
一套。
　　因爲王莽們造成了這一個系統，所以月令裏也就照樣寫：

　　　　孟春（仲春、季春）之月，……其帝太皞，其神句芒。……
　　孟夏（仲夏、季夏）之月，……其帝炎帝，其神祝融。……中
　　央土，其帝黃帝，其神后土。……孟秋（仲秋、季秋）之
　　月，……其帝少皞，其神蓐收。……孟冬（仲冬，季冬）之
　　月，其帝顓頊，其神玄冥。

這一段裏，所差的只是沒有一個五帝以上的上帝。這是因爲作者
把五帝分配五時，無法容納這位最高的上帝之故，並不是有意或
無意把他漏掉。但月令中也有“天子乃以元日祈穀于上帝”（孟春）
及“令民無不咸出其力以共皇天上帝……之神……以爲民祈福”
（季夏）之語。按照王莽所言“稱天神曰皇天上帝泰一”，則此“上

帝”與“皇天上帝”均即指五帝以上的上帝可知。

　　與月令同時出現的是周官。在這書裏，也有關於上帝與五帝連稱的記載：

　　　　王大旅上帝則張氈案，設皇邸；朝日祀五帝則張大次小
　　　次，設重帟重案。（天官掌次）
　　　　王之吉服，祀昊天上帝則服大裘而冕；祀五帝亦如之。
　　（春官司服）

這制度與漢武及王莽所定的一模一樣，所以雖有“周官”之名，實在是個“漢制”。

　　在另一方面，研求天文的人也在星座裏規定了“天皇大帝”及“五帝”的星辰。甘公星經云：

　　　　天皇大帝……一星在鉤陳口中。又有五帝內座五星，在
　　　華蓋下。（五行大義引）

又史記天官書云：

　　　　太微，三光之廷。匡衛十二星，藩臣，西將，東相，南
　　　四星執法。中端門。門左右掖門。門內六星諸侯。其內五
　　　星，五帝坐。

這所天帝的宮殿好不莊嚴！

　　到緯書興起之後，一方面接受王莽時的歷史，一方面接受天文家的學說，創出了許多新奇可喜的天帝人帝説。例如：

　　　　天皇大帝，北辰星也，含元秉陽，舒精吐光，居紫宮

中，制御四方，冠有五采。（春秋合誠圖；初學記引。）

紫宮，天皇耀魄寶之所理也。（春秋佐助期；史記索隱引。）

東方青帝靈威仰，木帝也。南方赤帝赤熛怒，火帝也。中央黃帝含樞紐，土帝也。西方白帝白招拒，金帝也。北方黑帝汁光紀，水帝也。（河圖；五行大義引。）

五府者，五帝之廟：蒼曰靈府，赤曰文祖，黃曰神斗，白曰顯矩，黑曰玄紀。（尚書帝命驗；史記索隱引。）

帝者諦也，象上可承五精之神。五精之神實在太微。（孝經援神契；禮記正義引。）

天子皆五帝之精寶，各有題叙，以次運相據起；必有神靈符紀，使開階立隧。（春秋演孔圖；初學記等引。）

到這時，五帝的名字更多了（例如金帝，秦只有白帝一名，王莽時又有帝少昊一名，緯書中則更有白招拒與顯矩二名），在五帝之上的這位上帝也有了耀魄寶一個名號了。至天人合一的信仰，看人間的五帝即是天上的五帝，這在王莽時已如此（他自承爲黃帝）；緯書中更充滿了這種氣味。

鄭玄是東漢末的一位經學大家，他是混合今古文的"通學者"。他承受以前的一切。他不像古文學家的菲薄緯書。所以他注禮記云：

（月令"令民無不咸出其力以共皇天上帝……以爲民祈福"）皇天，北辰耀魄寶，冬至所祭于圜丘也。上帝，太微五帝。

（又"天子乃以元日祈穀于上帝"）上帝，太微之帝也。

（又"天子乃薦鞠衣于先帝"）先帝，太皥之屬。

（又"其帝太皥，其神句芒"）此蒼精之君，木官之臣，自古以來著德立功者也。（下炎帝等略同，不再舉。）

（明堂位"魯君孟春……祀帝于郊"）帝，謂蒼帝靈威仰也。昊天上帝，魯不祭。

（禮器"魯人將有事於上帝"）上帝，周所郊祀之帝，謂蒼帝靈威仰也。魯以周公之故，得郊祀上帝，與周同。

（喪服小記"王者禘其祖之所自出，以其祖配之"）禘，大祭也。始祖感天神靈而生，祭天則以祖配之。

（大傳"禮，不王不禘。王者禘其祖之所自出，以其祖配之"）凡大祭曰禘。自，由也。大祭其先祖所由生，謂郊祀天也。王者之先祖皆感太微五帝之精以生，蒼則靈威仰，赤則赤熛怒，黃則含樞紐，白則白招拒，黑則汁光紀，皆用正歲之正月郊祭之，蓋特尊焉。孝經曰"郊祀后稷以配天"，配靈威仰也；"宗祀文王於明堂以配上帝"，汎配五帝也。

又注周官云：

（小宗伯"兆五帝於四郊"）兆，爲壇之營域。五帝：蒼曰靈威仰，太昊食焉。赤曰赤熛怒，炎帝食焉。黃曰含樞紐，黃帝食焉。白曰白招拒，少昊食焉。黑曰汁光紀，顓頊食焉。黃帝亦於南郊。

（大宗伯"以玉作六器以禮天地四方"）此禮天以冬至，謂天皇大帝在北極者也。禮地以夏至，謂神在混淪者也。禮東方以立春，謂蒼精之帝，而太昊、句芒食焉。禮南方以立夏，謂赤精之帝，而炎帝、祝融食焉。禮西方以立秋，謂白精之帝，而少昊、蓐收食焉。禮北方以立冬，謂黑精之帝，而顓頊、玄冥食焉。

（春官典瑞"四圭有邸，以祀天旅上帝"）祀天，郊天也。上帝，五帝。所郊亦猶五帝；殊言"天"者，尊異之也。

在這些注裏，充滿了緯書中的太微五帝説和五精感生説。這在現在看來，固然不值一笑；但我們在讀了緯書之後再去讀它，則這些荒謬思想正是東漢時代的流行病，不能把這個責任歸給他的。

　　不過，這些注裏又微微把月令及緯書等的原來樣子改變了。月令中的"帝"本來只是太皞們，他因有緯書的成見在胸，所以把"上帝"釋爲"太微之帝"，把"先帝"釋作"太皞之屬"。本來合一的人帝和天帝，他則分開了。又"皇天上帝"本來是一個名詞，是一個五帝之上的上帝，看王莽所云"皇天上帝泰一"可知；但他把"皇天"釋作北辰耀魄寶，把"上帝"釋作太微五帝，把它腰斬了。這因在他的心目中有以下的一個圖，作他的注解的骨幹，所以他到處把材料這樣地配合起來：

　（大帝）　　（五精之帝）　　（五精之君）　（五官）

$$
\text{天皇大帝耀魄寶}\begin{cases}
\text{蒼帝靈威仰} ———— \text{太昊} ———— \text{句芒} \\
\text{赤帝赤熛怒} ———— \text{炎帝} ———— \text{祝融} \\
\text{黃帝含樞紐} ———— \text{黃帝} ———— \text{后土} \\
\text{白帝白招拒} ———— \text{少昊} ———— \text{蓐收} \\
\text{黑帝汁光紀} ———— \text{顓頊} ———— \text{玄冥}
\end{cases}
$$

在這個圖裏，月令中的五帝、五神的地位是降低了。月令本沒有説五帝之上更有五天帝，緯書雖爲五天帝各立新名，但也沒有説月令的五帝是配食於他們的。現在他既捨不得緯書，也捨不得月令，把兩個近於重複的系統變成了一個上下相承的系統，這是他應負的責任了。

　　其次，他把"天"及"皇天"釋作"天皇大帝"，自然可以。但他不應把孝經的"郊祀后稷以配天"的"天"另釋作"靈威仰"。我也知道他的意思，周是木德，所應郊祀者爲蒼帝，所以后稷所配食的應爲靈威仰。（后稷還沒有資格配耀魄寶呢！）但同樣的名詞爲什麼可以作異樣的解釋？而且"郊祀后稷以配天，宗祀文王於明堂以配上帝"，靈威仰既給后稷配去了，文王所配的上帝將爲赤熛

怒等四帝，不是他本德的蒼帝了，這是講得通的嗎？所以他的學
說雖有淵源，仍有太過隨情之弊。

王肅雖也是一個通學者，但他的思想比較接近於古文學家。
他反對讖緯，他只要抱着幾部經記。對於上面的問題，他有兩個
主張：第一是沒有所謂五精感生説；第二是不承認五帝之外再有
五天帝。這都是和鄭玄立於反對的地位的。

他的一家之言的聖證論（用孔子的話來證明自己的學説，故
曰聖證）已失傳了。幸而禮記祭法篇的正義裏雜引了他的許多話，
我們還能窺見他的學説的一斑：

> （祭法"有虞氏禘黃帝而郊嚳，祖顓頊而宗堯"）案聖證論
> 以此"禘黃帝"是宗廟五年祭之名，故小記云："王者禘其祖
> 之所自出，以其祖配之。"謂虞氏之祖出自黃帝，以祖顓頊配
> 黃帝而祭，故云"以其祖配之"。依五帝本紀，黃帝爲虞氏九
> 世祖；黃帝生昌意，昌意生顓頊，虞氏七世祖。以顓頊配黃
> 帝而祭，是"禘其祖之所自出，以其祖配之"也。

這段話看來似乎很平常，但實際是針對了鄭玄的感生説而講的。
鄭氏大傳注云：

> 凡大祭曰禘。……大祭其先祖所由生，謂郊祀天也。王
> 者之先祖皆感太微五帝之精以生，蒼則靈威仰，赤則赤熛
> 怒，黃則含樞紐，白則白招拒，黑則汁光紀，皆用正歲之正
> 月郊祭之，蓋特尊焉。

是他以王者之先祖爲感太微五帝之精而生，而禘則爲祭此太微五
帝的禮。王肅反之，以王者之先祖爲人類所生，禘則爲祭此先祖
以前之祖的禮。雖是很講不通（祖之所自出若是人類，則仍應稱

祖，如虞氏七世祖顓頊與九世祖黃帝只差兩世，實在在"祖"的名詞上不應有分別，爲什麼以顓頊爲"祖"而以黃帝爲"祖之所自出"呢?)，但在他的理性上不容有靈威仰等荒謬的名詞存在，所以想出另一種解釋來把鄭玄的學說掃除，這一點苦心是我們應當原諒他的。再看下去：

> 故肅難鄭云："案：易'帝出乎震'。震，東方，生萬物之初，故王者制之，初以木德王天下；非謂木精之所生。五帝皆黃帝之子孫，各改號代變而以五行爲次焉；何太微之精所生乎！又郊祭，鄭玄云'祭感生之帝'，唯祭一帝耳，郊特牲何得云'郊之祭大報天而主日'！又天，唯一而已，何得有六！又家語云：'季康子問五帝，孔子曰："天有五行，木、火、金、水及土，分時化育以成萬物，其神謂之五帝。"'是五帝(當作'上天')之佐也。猶三公輔王，三公可得稱王輔，不得稱天王。五帝可得稱天佐，不得稱上天。而鄭云(當作'玄')以五帝爲靈威仰之屬，非也。……"

這一段話，很顯明地排斥鄭玄的感生之說和六天(五天帝加一天皇大帝)之說，很顯明地擡出了孔子家語來做自己的"聖證"。家語序所謂"鄭氏學……義理不安，違錯者多，是以奪而易之"，從我們的理性看來，實在奪其所當奪。但爲了要奪鄭氏之學，特地造出一部孔子家語來，作爲自己立說的證據，則實非研究學問的忠實態度。所以要我們承認王肅的頭腦比鄭玄爲清楚則可，要我們承認王肅的學者道德勝於鄭玄則不可，因爲鄭玄雖愚，還不至造僞書。

我們既經明白了這段公案，再來看五帝篇，就可明白王肅所以造出這篇的宗旨了。本篇云：

　　天有五行，木、火、金、水、土，分時化育以成萬物；
其神謂之五帝。

注云：

　　一歲三百六十日，五行各主七十二日也。化生長育，一
歲之功，萬物莫敢不成。五帝，五行之神，佐天生物者。後
世讖緯皆爲之名字，亦爲妖怪妄言。

這是他打破"六天"之説的。他以爲天有五行，自然地運行，自然
地化育萬物。五帝只是五行之神，幫助天生萬物的，並非各占一
天。至讖緯書上的靈威仰諸名，只是妖怪之言，學者所不當信。
又云：

　　古之王者易代而改號，取法五行。五行更王，終始相
生，亦象其義。故其爲明王者而死配五行，是以太皥配木，
炎帝配火，黄帝配土，少皥配金，顓頊配水。……五行佐成
上帝而稱五帝；太皥之屬配焉，亦云帝，從其號。

注云：

　　法五行更王，終始相生，始以木德王天下。其次以生之
行轉相承。而諸説乃謂五精之帝下生王者，其爲蔽惑無可言
者也。
　　天至尊，物不可以同其號，亦兼稱上帝。上得包下，五
行佐成天事，謂之五帝。以地有五行而其精神在上，故亦爲
上帝。黄帝之屬故亦稱帝，蓋從天五帝之號。故王者雖號稱
帝而不得稱天帝，而曰天子者，蓋天子與父其尊卑相去遠

矣。曰天王者，言乃天下之王也。

這是他打破感生之説的。他以爲佐成上帝化育之功的是五行，法五行的是明王；明王死了之後配五行；五行以佐成天事稱五帝，明王從其號，故亦稱五帝。至於紛紛之説，謂五精之帝下生王者，這是蔽惑的話，也是不當信的。又云：

> 凡五正者，五行之官名。……昔少皞氏之子有四叔，曰重，曰該，曰修，曰熙，實能金木及水；使重爲句芒，該爲蓐收，修及熙爲玄冥。顓頊氏之子曰黎，爲祝融。龔工氏之子曰句龍，爲后土。此五者各以其所能業爲官職，生爲上公，死爲貴神；別稱五祀，不得同帝。

注云：

> 五祀，上公之神，故不得稱帝也。其序則五正不及五帝，五帝不及天地。而不知者以祭社爲祭地，不亦失之遠矣！且土與水火俱爲五行，是地之子也。以子爲母，不亦顚倒，失尊卑之序。

這一段本文完全鈔襲左傳，沒有什麼可以特別注意的地方。惟注中則透露他自己的主張。他以爲地與天同爲上帝，而土與水火則爲五行；句龍爲后土，是土正，是五行之官之一；后土爲社，社是屬于土行的，爲地之所生，故與地之尊卑懸殊。而一般人以爲祭社即是祭地，那是認子作母的錯誤。這個意思，不免爲王莽、劉歆所騙，因爲在他們以前，后土（或社）即是地，並無母子的關係。但要説他繼承王莽、劉歆的學説卻也未始不可。平帝元始五年，王莽奏言：

謹與……羲和歆等八十九人議，皆曰：天子父事天，母事地。今稱天神曰皇天上帝泰一，兆曰泰畤；而稱地祇曰后土，與中央黃靈同，又兆北郊，未有尊稱。宜令地祇稱皇地后祇，兆曰廣畤。（漢書郊祀志）

可見在王莽以前，地祇只稱后土；到王莽時，后土之號送給中央黃靈了，所以另立了一個皇地后祇來與皇天上帝相對。王肅這篇文字的材料既取自左傳、月令、世經，完全是劉歆的學說，所以在這段注文裏也就採用了他的話，主張把祭社和祭地分別清楚了。又云：

康子曰："陶唐、有虞、夏后、殷、周獨不得配五帝，意者德不及上古耶？將有限乎？"孔子曰："古之平治水土及播殖百穀者衆矣，唯句龍兼食于社，而棄爲稷神，易代奉之，無敢益者，明不可與等。故自太皡以降，逮于顓頊，其應五行而王，數非徒五而配五帝，是以其德不可以多也。"

這一段是說明顓頊之後所以沒有王者再配五帝的緣故，因爲五帝的數目已經滿了，不可增了。依照緯書所說，凡是王者都爲太微五帝所生，都有稱爲某帝的資格。在那時的空氣之下，所以有王莽自稱爲黃帝，公孫述自稱爲白帝，光武帝自稱爲赤帝的事實。但到了王肅，他把月令的五帝系統守得謹嚴了，顓頊之後就不許再有五帝了。

在這篇文字裏，沒有提到三皇，這也是他堅決不受緯書影響的表示。否則到了王肅之世，三皇的人物固還沒有確定，但三皇這一個名詞必須與五帝連在一起則是已確定的事了。

用了王肅的意見，我們也可以畫出一個圖來，表明他的思想的骨幹，並看他與鄭玄的觀念怎樣不同：

（上帝）	（五行）	（五帝）	（五正）
天地	木——太皞——句芒		
	火——炎帝——祝融		
	土——黄帝——后土		
	金——少皞——蓐收		
	水——顓頊——玄冥		

這是對於讖緯的大反動！這是"留術數而去鬼神"的大手筆！鄭玄所謂"六天"，所謂"德合北辰者稱皇，德合五帝坐星者稱帝"，他都用了自撰的孔子語言，摧陷而廓清之了！

附　孔子家語五帝篇單獨發表時的前記和改寫的第一段

　　民國十九年，我發表了五德終始説下的政治和歷史的前二十四章，以下還有豫擬的二十四章題目。時間真過得快，到今已五年了，尚不曾續作下去。幾個朋友屢屢問及，我答道："這並不是我的懶惰，實緣月令這篇文字的著作時代没有弄清，便成了這文的癥結。加以要想弄清月令的時代問題，那麼明堂制度問題就成了它的先決條件。最好先做一册明堂月令考，然後續艸五德終始説。"不幸近幾年中内憂外患，鬧得没有安靜日子，個人也就失卻了鎮定的心境。眼看將來的情勢，必然比現在更悲慘。無論如何，研究這種學問的興趣決跟不上"九·一八"以前濃厚，明堂、月令問題又擱下了。但要我停止這項研究，倒又不肯。没有辦法，只得寫成一點發表一點，以待後日的重編。下面的一篇原是五年前寫的，現在覆看一過，借潛社史學論叢發表。這是三國魏時代的五德説，比了劉歆的説法又變換了許多了。至於鄭、王之爭，歷代學者皆右鄭抑王，但我們如肯棄掉成見，便可見出王肅確有批判精神，他的學説比了鄭玄進步多了。

　　　　　　　二十四、三、十九夜，記於杭州。

　　自從劉歆靠了政治權勢建立了一個最有力的新古史系統之後，接着就有讖緯作者的紛紛創造古史；創造越多，牴牾也越多，於是又有東漢儒者的紛紛解釋古史。當沒有解釋時，各人的異同歸各人負責，還容易尋出它們的變遷的痕跡；一經解釋，就在"亂點鴛鴦譜"之下弄糊塗了，一件或多件的新事實又出來了。老子説的"道生一，一生二，二生三，三生萬物"，正可形容這種古史分化的狀態。但萬物不論如何變，總不離乎道；西漢以後的古史説不論如何變，也總不離乎劉歆，雖則創造者和解釋者的腦中未必印着劉歆的姓名。

三三　　後期的三統説 *

　　古史的系統，在秦、漢間如飛地伸展。騶衍的五德説本是從黃帝開頭的，到劉歆的手裏就始於伏羲氏了。五德説既已如此，三統説當然也有同樣的趨勢。

　　董仲舒在春秋繁露裏講三統，雖説是終而復始，但他只説了：

　　　湯受命而王，……時正白統；
　　　文王受命而王，……時正赤統；
　　　春秋應天作新王之事，時正黑統。

---

* 原載文瀾學報第二卷第一期，1936 年 3 月，題三統説的演變；又載古
　史辨第七册。

至於夏爲黑統，他尚未説。所以然者何？因爲三統説是影戲了五德説而成立的。在那時的五行相勝的五德説裏定湯爲金德，文王爲火德，繼周者爲水德；所以他便趁口説湯爲白統，文王爲赤統，孔子以春秋繼周爲黑統，以示與五德説相應合而不相衝突。若一提到夏，則在五德説爲木德，在三統説爲黑統，便不相容了。這是一種"託古改制"的學説初出來時所應有的遮遮掩掩的態度。

到後來，三統説通行了。大家只記得"夏、殷、周"爲三代，忘記了原始的三統説是以"殷、周、春秋"爲三代的，故云：

> 周人以至日爲正；殷人以日至後三十日爲正；夏人以日至後六十日爲正。（尚書大傳略説）

> 夏以孟春爲正；殷以季冬爲正；周以仲冬爲正。夏以十三月爲正，色尚黑，以平旦爲朔；殷以十二月爲正，色尚白，以雞鳴爲朔；周以十一月爲正，色尚赤，以夜半爲朔。（同上）

> 十一月之時，陽氣始養根株黄泉之下，萬物皆赤，赤者盛陽之氣也，故周爲天正，色尚赤也。十二月之時，萬物始牙而白，白者陰氣，故殷爲地正，色尚白也。十三月之時，萬物始達孚甲而出，皆黑，人得加功，故夏爲人正，色尚黑。（白虎通三正篇引三正記）

這裏多出了"天正、地正、人正"的名目，是董仲舒的書裏所没有的。董仲舒的書裏説：

> 三正以黑統初，……天統氣始通化物，物見萌達。
> 正白統者，……天統氣始蜕化物，物始芽。
> 正赤統者，……天統氣始施化物，物始動。

他特別標出"天統"一個名詞，把這個名詞作爲三統所公有。這個
"天"字是"自然"的意思，凡能在三統中佔得一統的，即是得到了
自然的統紀了。但到劉歆作三統曆時，便又創立了一個新學說：

夏數得天，得四時之正也。三代各據一統，明三統常合
而迭爲首，登降三統之首，周還五行之道也。故三五相包而
生。天統之正，始施於子半，日萌色赤。地統受之於丑初，
日肇化而黃；至丑半，日牙化而白。人統受之於寅初，日孳
成而黑；至寅半，日生成而青。天施復於子；地化自丑，畢
於辰；人生自寅，成於申。故曆數三統，天以甲子，地以甲
辰，人以甲申，孟仲季迭用事爲統首。三微之統既著，而五
行自青始，其序亦如之。（漢書律曆志引）

這是說，夏始自子爲天統，殷始自丑爲地統，周始自寅爲人統。
我們姑且把天地人三名放下不談，這子丑寅的次序也分明和原始
的三統說相衝突。春秋繁露和尚書大傳都說：

黑統——建寅，平明朝正。（夏、春秋）
白統——建丑，鳴晨朝正。（殷）
赤統——建子，夜半朝正。（周）

這個理由很簡單，一年十二月中的第一月和一日十二時中的第一
時是一致的，故黑統以寅月爲正月，即以寅時（平明）爲朝正；白
統以丑月爲正月，即以丑時（鳴晨）爲朝正；赤統以子月爲正月，
即以子時（夜半）爲朝正。現在劉歆卻把他們倒過來了，得天統的
夏反要"始施於子半"，且"日萌色赤"了。（若依三正記說夏爲人
正，則又何以解於"夏數得天"一語？）
　　再看，他是把三統和五行打通了講的，其次序如下：

```
天統──赤（火）
        黃（土）
地統
        白（金）
        黑（水）
人統
        青（木）
```

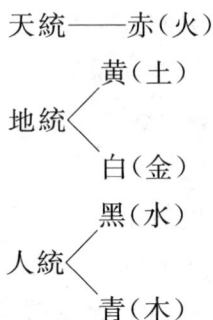

這可見他已用了五行相生説把三統説整理過了！虧他想得出拿太陽的顏色來分配這三統，更虧他想得出把太陽的顏色分成了五行的五色。可是在子半會有赤色的太陽，到寅初反而變成了黑色，這將怎麼講？所以劉歆的講三統，實在不是講三統，還是講他的五行相生説，他只要把五行相生説散播到各方面去，使得它無施不可而已。

可是，經他這樣一講，以後講三統説的雖於夏爲天統之説還不敢違背舊説而從之，但總不敢不依他的"天統、地統、人統"之説了。天皇、地皇、人皇的傳説的起來，這也是一個大原因。

緯書中，講到三統説的很多，也很有些特別的地方。如春秋緯元命苞云：

> 夏以十三月爲正，息卦受泰。殷以十二月爲正，息卦受臨。周以十一月爲正，息卦受復。（論語正義等引）

這是因京房們的卦氣圖以六十卦（除了坎、離、艮、兌四正卦）分配十二月中的二十四氣及七十二候，復爲十一月之卦，臨爲十二月之卦，泰爲正月之卦的緣故。又如春秋緯感精符云：

> 天統十一月建子，天始施之端也；謂之天統，周以爲正。地統十二月建丑，地助生之端也；謂之地統，商以爲

正。人統十三月建寅，物生之端；謂之人統，夏以爲正。
（御覽引）

這和三正記所説是大略相同的。

這些話都沒有把古史系統放長。其放長的則有以下這些：

尚書中候云：

> 高陽氏尚赤，以十一月爲正，薦玉以赤繒。高辛氏尚
> 黑，以十三月爲正，薦玉以黑繒。陶唐氏尚白，以十二月爲
> 正，薦玉以白繒。有虞氏尚赤，以十一月爲正。（通典吉禮
> 篇引）

這已把三統的古史系統度越夏、商而伸展至高陽氏了。

詩緯推度災云：

> 軒轅、高辛、夏后氏、漢，皆以十三月爲正。少昊、有
> 唐、有殷，皆以十二月爲正。高陽、有虞、有周，皆以十一
> 月爲正。

這又把三統的古史系統度越高陽氏而伸展至軒轅了。

禮緯稽命徵云：

> 舜以十一月爲正，統尚赤。堯以十二月爲正，尚白。高
> 辛氏以十三月爲正，尚黑。高陽氏以十一月爲正，尚赤。少
> 皥以十二月爲正，尚白。黃帝以十三月爲正，尚黑。神農以
> 十一月爲正，尚赤。女媧以十二月爲正，尚白。伏羲以上，
> 未有聞焉。（禮記正義及古微書引）

這又把三統的古史系統度越軒轅而伸展到女媧了。

稽命徵又云：

> 三皇三正：伏羲建寅，神農建丑，黃帝建子。至禹建寅，宗伏羲；商建丑，宗神農；周建子，宗黃帝。所謂"正朔三而改"也。（古微書引）

這更把三統的古史系統直伸展到伏羲，齊了頂了。

崔靈恩是南北朝人，先仕魏，後仕梁。他是一個禮學專家，可惜他所著的三禮義宗等書俱已失傳。杜佑通典的吉禮篇中引有他的一段話，也是關於這一個問題的：

> 若以書傳、中候文依三正記推之，則三皇、五帝之所尚可得而知也。以周人代殷用天正而尚赤，殷人代夏用地正而尚白，夏以人正代舜而尚黑，則知虞氏之王當用天正而尚赤，陶唐氏當用地正而尚白，高辛氏當用人正而尚黑，高陽氏當用天正而尚赤，少皞氏當用地正而尚白，黃帝當用人正而尚黑，炎帝當用天正而尚赤，共工氏當用地正而尚白，太皞氏當用人正而尚黑也。

他到底是學者態度，肯說"推之"，肯說"當用"，不像以前諸書把這個三統系統看成了固定的事實。他這個系統，是最遵守劉歆的世經的，所以不但少皞氏加了進去，連共工氏也加進去了。

現在把以上五説總列一表，作一比較：

代　　次	尚書中候	推度災	稽命徵（甲）	稽命徵（乙）	崔靈恩説
伏羲				黑	黑
女媧			白		

續表

代　次	尚書中候	推度災	稽命徵（甲）	稽命徵（乙）	崔靈恩説
共工					白
神農			赤	白	赤
黃帝		黑	黑	赤	黑
少暭		白	白		白
顓頊	赤	赤	赤		赤
帝嚳	黑	黑	黑		黑
唐	白	白	白		白
虞	赤	赤	赤		赤
夏		黑		黑	黑
殷		白		白	白
周		赤		赤	赤
漢		黑			

看這個表，可知這一個歷史系統自少暭以下甚爲整齊。這是因爲夏、殷、周三代的黑、白、赤三統久成了定論，從此推上去，當然有此結果。至黃帝以上所以有些紛歧之説者，乃是被三皇的問題所牽動，三皇既有異説，則編排三統的人自然也要隨着參差了。

附　後期的三統説單獨發表時
童書業的附志

謹案：三統説是三皇説的背景，顧剛師在他新著的三皇考裏雖曾提到，但因題目的關係，沒有很詳細的敍述，趁這次文瀾學報索稿的機會，就把三統説的演變詳細的發表一下。承命校讀，並屬補充意見，因將中間所未曾完全序述關於劉歆三統説的來源，謹就管見，補敘於下：

我們知道董仲舒的三統説是截取五德説的下半截造成的，所以名爲三統説，它的背景仍是五行説，而劉歆的三統説則大部份的背景卻是三才説，劉歆的學問是最駁雜的，他不安於今文家的固陋，他所創造的學説的來源往往是多方面的；他的新三統説的來源，我以爲有如下三項：（一）甘誓的三正。甘誓説"有扈氏威侮五行，怠棄三正"，這"三正"的解釋，據鄭玄説爲"天地人之正道"，僞孔也用此説；伏生大傳（这傳當然不是伏生所作）同馬融説爲"建子建丑建寅"的"三正"，蔡傳本之。據我的淺見看來，似乎以鄭玄同僞孔的説法爲是，因爲金木水火土五行同天地人三正實在是天然的巧對。三正就是三才，易繫辭傳説："有天道焉，有人道焉，有地道焉，兼三才而兩之。"説卦傳説："立天之道曰陰與陽，立地之道曰柔與剛，立人之道曰仁與義，兼三才而兩之。"又説："參伍以變，錯綜其數，通其變遂成天地之文，極其數遂定天下之象。"所謂"怠棄三正"，就是怠棄天地人三才之道；洪範説："鯀陻洪水，汩陳其五行"，"汩陳五行"也就是"威侮五行"。這甘誓的"三正"實在本與"三統"無關，尚書大傳纔把它們發生了關係，劉歆因此造出"天統地統人統"的説法來。（二）左傳的三曆説法。左傳昭公十七年梓慎説："火出於夏爲三月，於商爲四月，於周爲五月，夏數得天。""夏數得天"這句話，本來是夏曆得天時之正的意思（劉歆所謂"得四時之正"這句話本不算錯）。劉歆看見了這句話，以爲同他新的三統説相合，因此把它引了來證明夏得天統。（這句話在左傳裏是贅語，或許是劉歆竄入的，也未可知。）（三）五行相生説。關於這點，頡剛師文中已叙述明白，劉歆看董仲舒三統説裏的五行不完備，因此替他彌補起來（所謂"五行與三統相錯"）。

童書業附志。二十五年，二月，二十三日。

三四　潛夫論（五德志、志氏姓）*

　　我們的經學和古史學，都是在東漢時凝固的，而東漢一代是世經和讖緯最佔勢力的時代，所以這兩種學問都以世經和讖緯爲中心而凝固了。後來的人儘可以不信讖緯，也儘可以不知道有世經這部書，但因爲在凝固時代它們佔了中心的地位之故，隨處都受這種材料的包圍，所以每每不自覺地沿用了它們的説話。要想洗刷清楚，必須從源頭下手。

　　不必説後來，就看東漢。張衡（生於章帝建初三年［公元七八］，卒於順帝永和四年［一三九］）是東漢時最有學問，最有思想，而且是最多科學上發明的人。他製有渾天儀、滴漏、候風地動儀、指南車等儀器，又著有靈憲、算罔論、地形圖諸書。他的腦筋是何等清晰！他極不信讖緯，曾於順帝時上疏斥其妄，其言曰：

　　　　讖書始出，蓋知之者寡。自漢取秦，用兵力戰，功成業遂，可謂大事：當此之時，莫或稱讖。若夏侯勝眭孟之徒以道術立名，其所述著無讖一言。劉向父子領校祕書，閲定九流，亦無讖録。成、哀之後，乃始聞之。

　　　　尚書，堯使鯀理（“理”當作“治”，疑後人以唐高宗諱改）洪水，九載績用不成，鯀則殛死，禹乃嗣興；而春秋讖云共工理（治）水。凡讖皆云黃帝伐蚩尤；而詩讖獨以爲蚩尤敗，

---

　*　原載史學集刊第三期，1937 年 4 月，題潛夫論中的五德系統；又載古史辨第七册。

然後堯受命。春秋元命包中有公輸班與墨翟，事見戰國，非春秋時也。又言別有益州，益州之置在於漢世。其名三輔諸陵，世數可知。至於圖中，訖於成帝。一卷之書互異數事，聖人之言勢無若是，殆必虛僞之徒以要世取資。往者侍中賈逵摘讖互異三十餘事，諸言讖者皆不能説。至於王莽篡位，漢世大禍，八十篇何爲不戒？則知圖讖成於哀平之際也。

　　……此皆欺世罔俗以昧勢位，情僞較然，莫之糾禁。……宜收藏圖讖一禁絶之，則朱紫無所眩，典籍無瑕玷矣。（後漢書卷八十九本傳）

照他這樣講：他是根本不信讖緯的了；但他“條上司馬遷班固所叙與典籍不合者十餘事”，其中的兩條是：

　　（1）易稱“宓戲氏王天下；宓戲氏没，神農氏作；神農氏没，黄帝堯舜氏作”。史遷獨載五帝，不記三皇。今宜並録。
　　（2）帝繫，“黄帝産青陽昌意”。周書曰，“乃命少皥清”，清即青陽也。今宜實定之。（本傳章懷太子注引）

他不知道周官中的“三皇、五帝”與讖緯書中的“三皇、五帝”是同在一個時代背景中出現的。他又不知道左傳、國語中的“少皥”與世經中的“少皥”及讖緯書中的“帝宣”也是同在一個時代背景中出現的。（説詳頡剛所撰五德終始説下的政治和歷史，古史辨第五册；又三皇考。）他以爲史記中没有三皇，没有少皥，是司馬遷的缺失，可是他不明白，司馬遷的時代原不是讖緯的時代呵！

　　即此可知，不信讖緯書尚易，而不信讖緯書的時代所出現的歷史卻是極難的事。因爲給人們攪和而凝固了，不知道是出於讖緯的了。讖緯既然，世經亦然。

　　如今我要講的，是張衡的一個朋友名喚王符的歷史學説。他隱居不仕，著有一部潛夫論，是批評當時社會的。雖没有特别深刻的見解，但總算是能用思想的人。在這部書裏有一篇五德志，記五帝的事實；又有一篇志氏姓，記姓氏的來源。這兩篇好像大戴禮記中的五帝德和帝繫，我們可以説，他模倣了五帝德而作五德志，模倣了帝繫而作志氏姓。但他的時代是較後了，學問和方法都豐富了，所以後兩篇的材料多於前兩篇，後兩篇的系統也整齊於前兩篇。

現在爲要分析他的兩篇文字，所以先把本文鈔出逐章批評。他的五德志説：

> 自古在昔，天地開闢，三皇殊制，各樹號謚，以紀其世。天命五代，正朔三復。神明感生，爰興有國；亡於嫚以（慢易），滅於積惡。神微精以（以精），天命罔極，或皇馮依，或繼體育。太暤（皞）以前尚矣；迪斯用來，頗可紀録。雖一精思，議而復誤。故撰古訓，著五德志。
>
> 世傳三皇、五帝，多以伏羲、神農爲二皇；其一者或曰燧人，或曰祝融，或曰女媧，其是與非，未可知也。我聞古有天皇、地皇、人皇，以爲或及此謂，亦不敢明。凡斯數□，其於五經皆無正文。故略依易繫，記伏羲以來以遺後賢。雖多未必獲正，然罕可以浮游博觀，共求厥真。（據汪繼培著潛夫論箋，湖海樓叢書本。）

看了這一段引言，可知王符作這篇的時候正和司馬遷一樣，是存着“考信於六藝”的一個觀念的。他因爲三皇“於五經皆無正文”，故闕而不道。他因爲易繫從伏羲講起，故也“記伏羲以來”。所謂“故撰古訓”，所謂“共求厥真”，都是他的謹愼的表現。但看下去：

大人跡出雷澤，華胥履之，生伏羲：其相日角。世號太暭。都於陳。其德木。以龍紀，故爲龍師而龍名。作八卦。結繩爲網以漁。

後嗣帝嚳代顓頊氏：其相戴干。其號高辛。厥質神靈，德行祇肅。迎送日月，順天之則，能叙三辰以周民。作樂六英。世有才子八人：伯奮、仲堪、叔獻、季仲、伯虎、仲雄、叔豹、季貍，忠肅恭懿，宣慈惠和，天下之人謂之"八元"。

後嗣姜嫄履大人跡，生姬棄：厥相披頤。爲堯司徒；又主播種，農植嘉穀，堯遭水災萬民以濟，故舜命曰后稷。初，烈山氏之有天下也，其子曰柱，能植穀，故立以爲稷，自夏以上祀之。周之興也，以棄代之；至今祀之。

太姙夢長人感己，生文王：厥相四乳。爲西伯，興于岐，斷虞、芮之訟而始受命。武王駢齒，勝殷遏劉，成周道。姬之別封衆多：管、蔡、成、霍、魯、衛、毛、聃、郜、雍、曹、滕、畢、原、酆、郇，文之昭也；邘、晉、應、韓，武之穆也；凡、蔣、邢(邢)、茅、胙、祭，周公之胤也；周、召、虢、吳、隨、邾、方、卬、息、潘、養、滑、鎬、宮、密、榮、丹、郭、楊、逢、管、唐、韓、楊、瓠、欒、甘、鱗(鮮)虞王氏，皆姬姓也。

上邊的話固然有出於易繫辭傳的（"作八卦，結繩爲網"等），也有出於國語和左傳的（帝嚳序三辰，高辛氏八元，文昭武穆諸國等），也有出於尚書和詩經的（"農植嘉穀"，"勝殷遏劉"等），也有出於大戴禮五帝德的（"厥質神靈，迎送日月，順天之則"等），但還有一大部分是出於讖緯的（"華胥履大人跡"，"太姙夢長人感己"，"其相日角"，"其相戴干"，"厥相披頤"，"厥相四乳"，"武王駢齒"等），實在算不得謹慎。和他的朋友張衡比較起來，張衡的理性比他强的多呢！

而且還有一件極奇怪的事，他把帝嚳和姜嫄都算作伏羲的
“後嗣”了！這是他以前任何書中所沒有提起過的。不過我們在讀
了讖緯書之後：就可明白：這不是他的誕妄，乃是他把太微五帝
感生的系統當作帝王傳世的系統了！我們知道，在五行相生的五
德終始表上，伏羲、帝嚳、周都是木德；在那時人的信仰上，木
德之王都是蒼帝所生：所以王符就把這一班先後出世的木王錯認
爲世代相承的祖孫了！

> 有神龍首出常羊，感任姒，生赤帝魁隗，身號炎帝，世
> 號神農，代伏羲氏。其德火紀，故爲火師而火名。是始斲木
> 爲耜，揉木爲末耜；日中爲市，致天下之民，聚天下之貨，
> 交易而退，各得其所。
> 後嗣慶都，與龍合婚，生伊堯，代高辛氏。其眉八彩。
> 世號唐。作樂大章。始禪位。武王克殷而封其冑於鑄。
> 含始吞赤珠，剋曰“玉英生漢”。龍感女媼，劉季興。

這也是和上邊一樣，把同德的天子算作世代相承的祖孫（堯爲炎
帝後之說源導於世經，參五德終始說下的政治和歷史第十七章）。
至漢高祖爲堯的子孫，也是王莽時代極流行的傳說，這裏雖不明
說，但已爲當時確定的事實了！

> 大電繞樞炤野，感符寶，生黃帝軒轅，代炎帝氏。其相
> 龍顏。其德土行。以雲紀，故爲雲師而雲名。作樂咸池。是
> 始制衣裳。後嗣握登見大虹，意感生重華虞舜：其目重瞳。
> 事堯，堯乃禪位曰：“格爾舜，天之歷數在爾躬！允執厥中！
> 四海困窮，天祿永終！”乃受終於文祖。世號有虞。作樂九
> 韶，禪位於禹。武王克殷而封胡公媯滿於陳，庸以元女

大姬。

這也是把土德的德統算作他們的代統的。但王莽爲他們的後嗣雖漢書莽傳中一再言及，他卻不肯提了。可憐呀，王莽費了許多心力，纔創造成這個系統，但一到這系統成爲共同的信仰時，他自身反而沒有分了！

大星如虹，下流華渚，女節夢接，生白帝摯青陽，世號少暤，代黃帝氏。都於曲阜。其德金行。其立也，鳳鳥適至，故紀於鳥：鳳鳥氏，曆正也；玄鳥氏，司分者也；伯趙氏，司至者也；青鳥氏，司啟者也；丹鳥氏，司閉者也；祖鳩氏，司徒也；鴡鳩氏，司馬也；尸鳩氏，司空也；爽鳩氏，司寇也；鶻鳩氏，司事也。五鳩，鳩民者也。五雉爲五工正，利器用，夷民者也。是始作書契，百官以治，萬民以察。有才子四人，曰重，曰該，曰修，曰熙，實能金木及水，故重爲句芒，該爲蓐收，修及熙爲玄冥；恪恭厥業，世不失職，遂濟窮桑。

後嗣修紀見流星，意感生白帝文命戎禹：其耳參漏。爲堯司空，主平水土，命山川，畫九州，制九貢。功成，賜玄珪以告勳於天。舜乃禪位，命如堯詔；禹乃即位。作樂大夏。世號夏后。傳嗣子啟。啟子太康仲康更立，兄弟五人皆有昏德，不堪帝事，降須洛汭，是謂五觀。孫相嗣位，夏道浸衰。於是后羿自鉏遷於窮石，因夏民以代夏政，滅相。妃后緡方娠，逃出自竇，奔於有仍，生少康焉，……復禹之績，祀夏配天，不失舊物。十有七世而桀亡天下。武王克殷而封其後於杞，或封於繒。又封少暤之後於祁（郯？）。……

這也是把金德的德統算作少暤和禹的代統的。其中關於少暤的事情大鈔<u>左傳</u>，這因爲在<u>劉歆</u>編定<u>左傳</u>的時代即是<u>少皞</u>負了重定史統的使命而出現的時代，所以有這許多材料供給他轉鈔。只有他所説的"是始作書契，百官以治，萬民以察"的幾句話則不來自<u>左傳</u>而來自<u>易繫辭傳</u>。不過<u>易傳</u>裏只説"古者結繩而治，後世聖人易之以書契"，<u>王符</u>從何處知道這位"後世聖人"即是<u>少皞</u>呢？（據<u>世本</u>作篇，書是<u>沮誦</u>、<u>蒼頡</u>所作？）這大約因爲<u>少皞</u>氏沒有什麼制作，嫌其缺典，所以替他補上了。

> <u>摇光如月</u>正白，感<u>女樞幽房</u>之宮，生黑帝<u>顓頊</u>：其相駢幹。身號<u>高陽</u>，世號<u>共工</u>。代<u>少皞</u>氏，其德水行，以水紀，故爲水師而水名。承<u>少皞</u>衰，<u>九黎</u>亂德，乃命<u>重黎</u>討訓（不）服。歷象日月，東西南北。作樂<u>五英</u>。有才子八人：<u>蒼舒</u>、<u>隤凱</u>、<u>檮演</u>、<u>大臨</u>、<u>尨降</u>、<u>庭堅</u>、<u>仲容</u>、<u>叔達</u>，齊聖廣淵，明允篤誠，天下之人謂之"八凱"。<u>共工</u>氏有子曰<u>句龍</u>，能平九土，故號"后土"，死而爲社；天下祀之。
>
> <u>娀簡</u>吞燕卵，生子<u>契</u>，爲<u>堯</u>司徒，職親百姓，順五品。
>
> <u>扶都</u>見白氣貫月，意感生黑帝子<u>履</u>；其相二肘。身號<u>湯</u>，世號<u>殷</u>。致太平。後衰，乃生<u>武丁</u>，……能中興，稱號<u>高宗</u>。及<u>帝辛</u>而亡，天下謂之<u>紂</u>。<u>武王</u>封<u>微子</u>於<u>宋</u>，封<u>箕子</u>於<u>朝鮮</u>。……

這固然沒有"後嗣"字樣，但依上面的四例，少不得也把水德的德統算作他們的代統。在這段文裏，最爲奇怪的，是他把<u>顓頊</u>與<u>共工</u>併作一人。<u>共工</u>氏在<u>世經</u>裏本是個"伯而不王"的脚色，而<u>顓頊</u>在<u>世經</u>裏卻是水德的正統，一帝一伯，怎能合併爲一人？再看<u>淮南子兵略訓</u>云"<u>共工</u>爲水害，故<u>顓頊</u>誅之"，可見<u>共工</u>與<u>顓頊</u>兩人乃是拚個你死我活的鐵對頭，爲什麼到了這裏卻把仇人當作親家了？又<u>世經</u>以"<u>高陽</u>"爲<u>顓頊</u>有天下之號，而這裏卻把"<u>高陽</u>"算作顓頊的身號，借此便把世號改作"共工"，也是可注意的。至"以水紀，爲水師而水名"，在左傳裏原是共工氏的事，與"不能紀遠"的顓頊無關，而這裏也因共工即顓頊便變成了顓頊的事了。還有"能平九土"的后土句龍，在左傳是共工氏之子，而在共工氏與顓頊合併的辦法之下，就很自然地變作了高陽氏的後人。這段文字大大改動古史傳説到如此地步，是什麼道理呢？我以爲恐只因照左傳（昭十七年）上説：

伏羲——以龍紀，爲龍師而龍名。
神農——以火紀，爲火師而火名。
軒轅——以雲紀，爲雲師而雲名。
少皥——以鳥紀，爲鳥師而鳥名。

只有顓頊無所紀。雖是左傳上也已説明"自顓頊以來，不能紀遠乃紀於近，爲民師而命以民事"，但五帝中獨缺他一位没有靈物紀官，未免小覷了他，而且在制度上也嫌其不整齊。恰好左傳中還有"共工氏以水紀，故爲水師而水名"一句，他想，共工爲水德，顓頊亦爲水德，若把他們併作一人，豈不是顓頊的紀官就有了着落了呢？於是他不管左傳的前後文怎樣，便立刻斷章取義，直書曰："黑帝顓頊，身號高陽，世號共工，以水紀！"自從作了這樣痛快的解決之後，世經中共工閏統的糾紛固然可以不再成爲難題，而淮南子所説"共工與顓頊爭爲帝"的話就不免自己打起自己的嘴巴來了！

這真是一篇奇文。他口中儘説在"求真"的目的之下整理古史，實際上卻在"求整齊"的目的之下創造古史。他口中説的是"依易繫古訓"，而實際上卻是一個變本加厲的讖緯的信徒。我們懂得了這個，我們便知道漢人創造古史的方法。

現在我們把他的話畫出一個世系圖，表顯帝王傳代的秩序性和革命禪讓的必然性來：

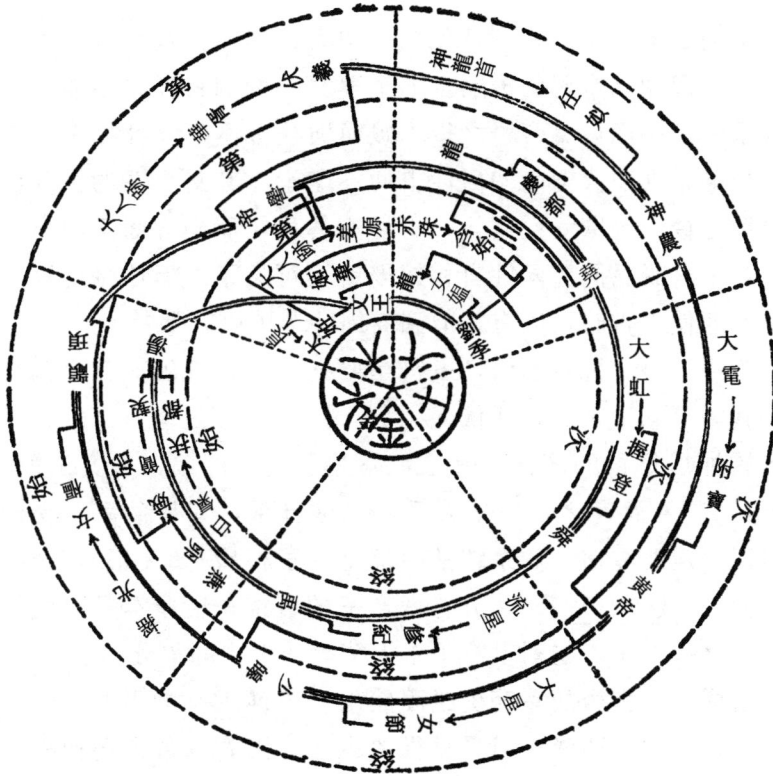

符號説明

交感
世系
代次

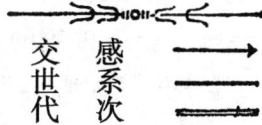

你看他排列得多麼整齊：（一）帝王禪代，是依着五德次序的；（二）帝王世系，是後五德接着前五德的，是女子承繼的（也有不是女子承繼的，如帝嚳，但所以這樣，只因讖緯中没有關於他的感生説）；（三）然而受命而王的天子，卻又來自天上的。這

第一項，世經早説明了。第三項，讖緯書中也説得多了。只有第二項，是他的獨創之説。

不過這第二項，就已不免有一個大錯誤。因爲姜嫄與太姙兩個女性如都認爲帝嚳的後嗣，則棄與文王兩個男性便不能承認其爲直系的祖孫而也爲帝嚳之後。娀簡與扶都兩個女性如都認爲顓頊的後嗣，則契與湯兩個男性也便不能承認其爲直系的祖孫而也爲顓頊之後。否則女性傳代，男性亦傳代，而兩方面又同出於一祖，若不是説爲同族同姓自相嫁娶就不可通了。但這是可以有的事嗎？即使太古時可以有，但到商周時還可以有嗎？

説到這裏，恍然解悟，王符是要把每個帝王説成有三個父親的：其一是感生之父，如伏羲之大人跡；其二是母所承之帝，如堯出於神農後嗣的慶都；其三，總是名義上的父，如文王的"以王季爲父"。簡言之，一是天系，二是母系，三是父系。受命而王的，一定要在這三個系統當中都得到了根據（如文王），至少亦要兩個（如黄帝、帝嚳），方有做帝王的資格；這原本是漢代人的受命論，以見帝王絕對没有平常人能够擠上去的福分而已。

這樣整整齊齊的一套史説固然出於東漢王符的手筆，但這種思想則實發源於西漢。漢爲堯後的説法，王莽以黄帝爲初祖和以虞帝爲始祖的事實，都是王符的歷史學説的先導者。

王符發表了這個學説之後，似乎没有發生什麽影響，這因潛夫論是一部較僻的書，非人人當讀的；而且他排得太整齊了，讖緯的成分太重了，又有幾處是顯違舊説的，容易給人看破之故。不幸得很，清代最淵博的樸學家錢大昕倒很贊同他的説法。潛研堂答問（卷九）云：

　　問："太史公三代世表謂堯、舜、禹、稷、契皆出黄帝，稷、契與堯同父，堯不能用，至舜始舉之。舜娶堯二女乃是曾祖姑。此皆昔人所疑，不審何以解之？"曰："史記叙世表本之五帝德、帝繫篇。惟王符潛夫論五德篇謂帝嚳爲伏羲之後，其後爲后稷；堯爲神農之後；舜爲黃帝後；禹爲少昊後；契爲顓頊後：少昊、顓頊不出於黃帝，堯不出於嚳，則舜無娶同姓之嫌，而稷、契之不爲堯所知亦無足怪，於情事似近之。又考春秋命歷序稱黃帝傳十世，二千五百二十歲；少昊傳八世，五百歲；顓頊傳二十世，三百五十歲；帝嚳傳十世，四百歲：然則顓頊非黃帝孫，堯亦非帝嚳子，可以正史記之謬；與潛夫論亦相合。"

司馬遷一方面承認五帝德及帝繫之説，謂堯、舜皆出於黃帝，一方面又承認堯典及孟子之説，謂舜娶堯之二女，把兩種不同作用的傳説合併起來，於是造成了舜娶曾祖姑爲夫人的笑柄，爲歐陽修等所指摘。（其實這個錯誤，在司馬遷之前的帝繫等篇已造成了。五帝德説舜"依于倪皇"，倪皇就是堯女娥皇，帝繫説"帝舜娶于帝堯之子，謂之女匽氏"，這是把各種雜説隨意湊合的必然結果。）錢大昕用了潛夫論和命歷序的話來駁帝繫説，意思固然很好，但他不想帝繫還是西漢初年的作品，而潛夫論和命歷序則是東漢的作品，在時間上已後了二三百年，王符既没有新得的材料，何從知道他的話是可信？又秦、漢間因地域的統一而種族亦有統一的趨勢，故有帝繫等書出現，把當時所有的種姓歸結於黃帝的一個系統之下；至西漢末則五行思想極盛，加以王莽圖謀篡位，用了五行的歷史系統作爲他自己做天子的護符，所以把所有的帝王和種姓分配到"五帝"（五天帝與五人帝）的系統之下：這在時代背景上也是絶端差異的。我們既明白了它們的來源之後，自然不該用帝繫的一元説來駁王符的五元説，也不能用王符的五元説來駁帝繫的一元説，因爲它們不是在一個題目之下出現的，而且任何方面都不是信史。

　　帝繫與潛夫論的帝王系統説，因時間的久遠而處在兩極端。

世經則居於它們的中間，故它雖沿用帝繫的文字，卻是貌合神離，自相牴牾，雖沒有造出新世系，而也可以暗示王符，使他造出這個五德志的世系來。所以世經之文是一元說的結束而五元說的開創。

我們讀了五德志可以明白，在王符的意想中，世界上是只有五個皇室輪流受命的。現在我們再讀他的志氏姓，看他如何把古代種族分成五部而歸之於這五個皇室：

伏羲，姓風，其後封任、宿、須朐、顓臾四國，實司太暤與有濟之祀，且爲東蒙主。魯僖公母成風，蓋須朐之女也。季氏欲伐顓臾而孔子譏之。

炎帝苗冑四嶽、伯夷爲堯典禮，折民惟刑，以封申、呂。裔生尚，爲文王師，克殷而封之齊，或封許、向，或封於紀，或封於申。申城在南陽宛北序山之下，故詩云：“亹亹申伯，王薦之事，于邑于序，南國爲式”。宛西三十里有呂城。許在潁川，今許縣是也。姜戎居伊、洛之間，晉惠公徙置陸渾。州、薄、甘、戲、露、怡，及齊之國氏、高氏、襄氏、隰氏、士强氏、東郭氏、雍門氏、子雅氏、子尾氏、子襄氏、子淵氏、子乾氏、公旗氏、翰公氏、賀氏、盧氏，皆姜姓也。

黃帝之子二十五人，班爲十二，姬、酉、祁、己、滕、葴、任、拘、釐、姞、嬛、衣氏也。當春秋，晉有祁奚，舉子薦讎，以忠直著。莒子姓己氏。夏之興，有任奚爲夏車正，以封於薛，後遷於邳。其嗣仲虺居薛，爲湯左相。王季之妃大任，及謝、章、昌、采、祝、結、泉、卑、遇、狂大氏，皆任姓也。姞氏女爲后稷元妃，繁育周先，姞氏封於燕。……姞氏之別有闞、尹、蔡、光、魯、雍、斷、密須氏。及漢河東有郅都，汝南有郅君章，姓音與古姞同而書其字異，二人皆著名當世。

少暤氏之世衰而九黎亂德，顓頊受之，乃命南正重司天以屬神，命火正黎司地以屬民，使復舊常，無相侵瀆，是謂"絕地天通"。夫黎，顓頊氏裔子吳回也，爲高辛氏火正，淳耀天明地德光四海也，故名祝融。後三苗復九黎之德，舜繼重黎之後不忘舊者羲伯復治之，故重黎氏世序天地，別其分主，以歷三代而封於程。其在周世，爲宣王大司馬，詩美"王謂尹氏，命程伯休父"。其後失守，適晉爲司馬，遷自謂其後。

祝融之孫分爲八姓，己、禿、彭、姜、妘、曹、斯、芈。己姓之嗣飂叔安，其裔子曰董父，實甚好龍，能求其嗜欲以飲食之，龍多歸焉，乃學擾龍以事帝舜，賜姓曰董，氏曰豢龍，封諸鬷川。……豢龍逢以忠諫，桀殺之。凡因祝融之子孫，己姓之班：昆吾、籍、扈、溫、董。禿姓：腜夷、豢龍，則夏滅之。彭姓：彭祖、豕韋、諸稽，則商滅之。姜姓：會人，則周滅之。妘姓之後封於鄔、會、路、偪陽。鄔取仲任爲妻，貪冒愛惢，蔑賢簡能，是用亡邦。會在河、伊之間，其君嬌貪嗇儉，減爵損祿，群臣卑讓，上下不臨，詩人憂之，故作羔裘，閔其痛悼也；匪風，冀君先教也。會仲不悟，重氏伐之，上下不能相使，禁罰不行，遂以見亡。路子嬰兒娶晉成公姊爲夫人，酆舒爲政而虐之；晉伯宗怒，遂伐滅路。荀罃武子伐滅偪陽。曹姓封於邾，邾顏子之支別爲小邾，皆楚滅之。芈姓之裔熊嚴，成王封之於楚，是謂粥熊，又號粥子；生四人，伯霜、仲雪、叔熊、季紃。紃嗣爲荆子；或封於夔，或封於越。夔子不祀祝融、鬻熊，楚伐滅。公族有楚季氏、列宗氏、鬪強氏、良臣氏、耆氏、門氏、侯氏、季融氏、仲熊氏、子季氏、陽氏、無鉤氏、蒍氏、善氏、陽氏、昭氏、景氏、嚴氏、嬰齊氏、來氏、來纖氏、即氏、申氏、訋氏、沈氏、賀氏、咸氏、吉白氏、伍氏、沈瀲氏、餘推氏、公建氏、子南氏、子庚氏、子午氏、子西氏、王孫(氏)、田公氏、舒堅氏、魯陽氏、黑肱氏、皆羋姓也。……

高陽氏之世有才子八人：蒼舒、隤凱、檮戭、大臨、尨降、庭堅、仲容、叔達，天下之人謂之"八凱"。後嗣有皋陶，事舜。……其子伯翳能議百姓以佐舜、禹，擾馴鳥獸，舜賜姓嬴。後有仲衍，鳥體人言，爲夏(殷)帝太戊御。嗣及費仲，生惡來季勝。武王伐紂，並殺惡來。季勝之後，有造父以善御事周穆王。……王封造父於趙城，因以爲氏。其後失守，至於趙夙，仕晉，卿大夫十一世而爲列侯，五世而爲武靈王，五世亡趙。恭叔氏、邯鄲氏、訾辱氏、嬰齊氏、樓季氏、盧氏、原氏，皆趙嬴姓也。惡來後有非子，以善畜，周孝王封之於秦，……以爲西陲大夫，汧秦亭是也。其後列於諸侯，□世而稱王，六世而始皇生於邯鄲，故曰趙政。及梁、葛、江、黃、徐、莒、蓼、六、英，皆皋陶之後也。鍾離、運掩、菟裘、尋梁、修魚、白冥、飛廉、密如、東灌、戜時、白巴公、巴公、巴、郯、復蒲，皆嬴姓也。

帝堯之後爲陶唐氏，後有劉累，能畜龍，孔甲賜姓爲御龍，以更豕韋之後。至周爲唐杜氏。周衰，有隰叔子違周難於晉國，生子輿，爲李(晉語作理)以正於朝，朝無闕官，故氏爲士氏；爲司空，以正於國，國無敗績，故氏司空；食采隨，故氏隨氏。士蒍之孫會佐文、襄，於諸侯無惡，爲卿以輔成、景，軍無敗政，……於是晉侯爲請冕服於王，王命隨會爲卿，是以受范，卒諡武子，武子文成晉、荊之盟，降兄弟之國，使無閒隙，是以受郇、櫟，由此帝堯之後有陶唐氏、劉氏、御龍氏、唐杜氏、隰氏、士氏、季氏、司空氏、隨氏、范氏、郇氏、櫟氏、堯氏、冀氏、穀氏、薔氏、擾氏、狸氏、傅氏。……故劉氏，自唐以下，漢以上，德著於世，莫若范會之最盛也。斯亦有修己以安人之功矣。武王克殷而封帝堯之後於鑄也。

帝舜姓虞，又爲姚，居嬀，武王克殷而封嬀滿於陳，是爲胡公。陳袁氏、咸氏、舀氏、慶氏、夏氏、宗氏、來氏、儀氏、司徒氏、司城氏，皆嬀姓也。厲公孺子完奔齊，桓公說之，以爲工正。其子孫大得民心，遂奪君而自立，是謂威王。五世而亡。齊人謂陳田矣。漢高祖徙諸田關中，而有第一至第八氏。……及莽，自謂本田安之後，以王家，故更氏云。莽之行詐，實以田常之風。敬仲之支有皮氏、占氏、沮氏、與氏、獻氏、子氏、鞅氏、梧氏、坊氏、高氏、芒氏、禽氏。

帝乙元子微子開，紂之庶兄也，武王封之於宋，今之睢陽是也。宋孔氏、祝其氏、韓獻氏、季老男氏、巨辰經氏、事父氏、皇甫氏、華氏、魚氏、而董氏、艾歲氏、鳩夷氏、中野氏、越椒氏、完氏、懷氏、不第氏、冀氏、牛氏、司城氏、冈氏、近氏、止氏、朝氏、敉氏、右歸氏、三伉氏、王夫氏、宜氏、徵氏、鄭氏、目夷氏、鱗氏、臧氏、尰氏、沙氏、黑氏、圍龜氏、既氏、據氏、磚氏、己氏、成氏、邊氏、戎氏、買氏、尾氏、桓氏、戴氏、向氏、司馬氏，皆子姓也。閔公子弗父何生宋父；宋父生世子；世子生正考父；正考父生孔父嘉；孔父嘉生子木金父；木金父降爲士，故曰"滅於宋"；金父生祁父；祁父生防叔，防叔爲華氏所偪，出奔魯，爲防大夫，故曰防叔；防叔生伯夏；伯夏生叔梁紇，爲鄹大夫，故曰鄹叔；紇生孔子。

我們讀完了這一大篇之後，它給與我們的最顯著的印象，便是裏邊只有伏羲、炎帝、黃帝、顓頊、堯、舜的世系，而沒有少皞與帝嚳的世系。少皡是西漢末年纔出頭的古帝，没有人替他編製出許多子孫來尚是意中事；帝嚳則是秦、漢間言族姓者的不祧之祖，看帝繫等書，凡是中原的族姓幾乎全掛在他的名下了，爲什麽到這一篇裏忽然不提起呢？這個原因我敢説是王符的偏心，他爲要維持其"德統即代統"之説，已把帝皡的子孫大半送與别個人了。本來從帝繫及史記看，帝嚳有四個兒子：后稷、契、帝堯、帝摯。除帝摯的後嗣無聞之外，后稷爲周，契爲商，帝堯爲唐，原都有很昌盛的子姓的。不幸被王符將帝堯送與炎帝；將契送與顓頊；只有周，還因爲木德的緣故而留與帝嚳。但周的世系已在五德志内叙述過了，所以在志氏姓裏也就無話可説了。

少皡的一系亦然。他在五德志内已説：

> 武王克殷，而封其（禹）後於杞，或封於繒；又封少暤之胄於祁。……似姓分氏：夏后、有扈、有南、斟尋、泊涓、辛、褒、費、戈、冥、繒，皆禹後也。

如此，少皡的子孫雖少，還可以用禹的子孫來補呢。

但不可解的問題又接着來了。戰國人把世上的兩個大姓——姬、姜——分配與黄帝、炎帝，故國語中説：

> 昔少典娶于有蟜氏，生黄帝、炎帝，黄帝以姬水成，炎帝以姜水成；成而異德，故黄帝爲姬，炎帝爲姜。（晉語四）

那時的人是把周的一系掛在黄帝的名下的，後來帝嚳雖成了周人的祖先（據王靜安、郭沫若兩先生的考證，帝嚳是商人的祖先），好在帝嚳自身也本算作黄帝的子孫，所以只增加了幾代，這個系統的中心還没有改變。自從劉歆重排五德系統而周乃與伏羲並爲木德，王符重排帝王世系而周乃出於伏羲，遂與土德的黄帝不生

關係。這只要他們能自圓其説，也未始不可以備一格。然而他鈔
國語的老文章，黃帝之子十二姓，仍以姬姓爲首。那麼，伏羲爲
風姓，何以姬姓之周可爲其後？黃帝之子首數姬姓，何以周人反
與之斷絶關係？這豈不是太矛盾了！王符對於這一個漏洞，自己
胸中是雪亮的，故他對於黃帝子姓之祁、己、任、姞等各爲尋出
其後嗣，而獨於姬姓不著一字。他只希望讀者的忘記，可是我們
哪裏忘記得了呵！

在這一篇中，只有顓頊的一系記載最詳，這因楚、秦、趙諸
國各有其世系的緣故。大概古帝王的世系，這一支是有十之六七
可信的，帝繫和史記如此，志氏姓亦如此，雖則顓頊一名的來源
我們尚茫無所知。其他炎帝的一系只有一個姜姓，不支不蔓，亦
有可信的理由。至於太皞之後不過取自左傳；我深疑任、宿諸國
的祖先實是有濟，太皞一名是後來加上去的。黃帝之後的姓太
多，只要看除了國語十二姓之外，王莽時又把姚、嬀二姓加了上
去(彝器中有陳侯因𦻏鐘，爲戰國田齊器，其銘文云：“昭緟高祖
黃帝”，則嬀[陳姓]或早託於黃帝之後)，或許原有的十二姓也是
這樣地一次一次加上去的。堯、舜之後本來沒有很多記載，恰巧
西漢中年以後起了漢爲堯後説及新爲舜後説，把他們裝點得很像
樣，於是這一篇的作者也就照樣鈔寫了。

本篇中還有一段很特別的記載，便是孔子的世系。孔子的世
系見於左傳的只有弗父何、正考父、孔父嘉、鄹叔紇四世；見於
史記孔子世家的，又有防叔、伯夏二世；但這篇中又多出了宋
父、世子、木金父、祁父四世。這是可信的呢？還是可疑的呢？
他没有寫出他的根據來，但我們知道他所根據的是世本。詩商頌
那篇正義引世本云：

　　宋緡公生弗甫何；弗甫何生宋父；宋父生正考甫；正考
　甫生孔父嘉，爲宋司馬，華督殺之而絶其世，其子木金父降

爲士；木金父生祁父；祁父生防叔，爲華氏所逼，奔魯，爲
防大夫，故曰防叔；防叔生伯夏；伯夏生叔梁紇；叔梁紇生
仲尼。

然而世本中雖確已有宋父、木金父、祁父三世，卻沒有世子一
代，不知王符又根據了什麼書添湊上的？到王肅作家語，因爲在
王符之後，所以更有王符所不曾知道的材料，他於本姓解云：

　　（宋）申公生緡公共及襄公熙；熙生弗父何及厲公方祀，
方祀以下世爲宋卿。弗父何生送父周；周生世子勝；勝生正
考甫；考甫生孔父嘉。五世親盡，別爲公族，故後以孔爲氏
焉。一曰，孔父者，生時所賜號也，是以子孫遂以氏族。孔
父生子木金父；金父生睪夷；睪夷生防叔，避華氏之禍而奔
魯；防叔生伯夏。伯夏生叔梁紇，曰：“雖有九女，是無
子。”其妾生孟皮，孟皮一字伯尼，有足病。於是乃求婚於顏
氏。……徵在既往廟見，以夫之年大，懼不時有男，而私禱
尼丘山以祈焉，生孔子，故名丘，字仲尼。

這比世本和王符所記的更完密了。可是細細一看，又有許多漏洞
出來。崔述説：

　　孔父爲華督所殺，其子避禍奔魯可也。防叔，其曾孫
也，其世當在宋襄、成間，於時華氏稍衰，初無構亂之事，
防叔安得避華氏之禍而奔魯乎！（洙泗考信録卷一）

世本和王符只説了“防叔爲華氏所逼奔魯”，這還較近情理，家語
則説“防叔避華氏之禍而奔魯”，這便要引起後人的質問了。孫志
祖也説：

案史記宋世家，……弗父何爲緡公世子，非煬公熙子。

案，孔子以禱尼山生，故字曰尼；孟皮何以亦字伯尼乎！梁氏玉繩曰："庶長曰孟，安得稱伯！"（家語疏證卷五）

這類錯誤，卻是家語的作者所當獨負的，爲的是他比潛夫論又踵事增華了。

綜合五德志與志氏姓的記載，作一簡表於下，表明王符心目中的古代：

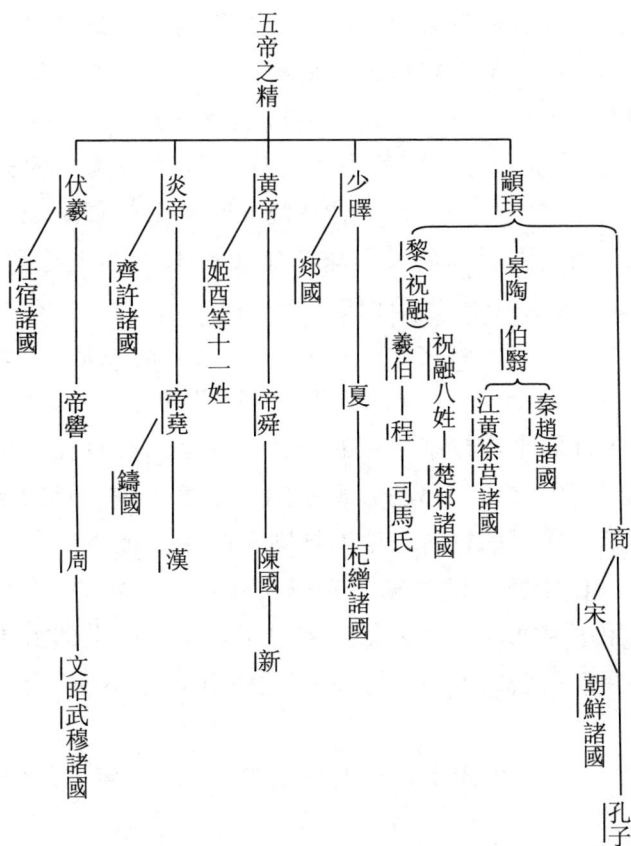

這比了帝繫的世系圖，史記的世系圖，變化到怎樣？我們可以說王符已把古史傳說整齊到無以復加的地步了！這是在漢人的編排

方式之下演進到盡頭時所必有的一境，我們不必責備王符個人用了他們的公式來臆造歷史，反正他不做時也有別人會做的。

近來學者厭倦於經今古文學的爭論，相率閉口不談這個問題，但古史問題又是非談不可，於是牽纏於漢人的雜說，永遠弄不清楚。我們自己，並不是樂意鑽向漢代家派的圈子裏去，只因知道今古文家所處的時代不同，因而他們的古史說也是不同，古史說中的若干糾紛，就是今古文的家派裏遺下的糾紛，所以我們不過是想順了今古文家的脈絡來尋求解決古史的門道而已。即如王符的說法，從我們看來原不過就劉歆們的五德終始說的更進一境，劉歆們的政治勢力雖倒而學術勢力不倒，他們所定的古史系統和五德方式風靡了東漢一代，逼得張衡、王符們都上了當。後人不明白這一部分的學術演進史，只覺得潛夫論中的話新奇可喜，可以利用來作各種解釋，於是錢大昕取來解釋舜娶堯女的故事，近日考陳侯因𦫵錞的又取來確定黃帝和舜的祖孫關係，（按這銘文中的“高祖黃帝”與下面的“𠳄𨮯桓文”爲對文，祖乃動詞而非名詞，桓、文非田齊之祖，則黃帝之“祖”也即是“仲尼祖述堯舜”之意，不必爲祖先，“高祖”猶言“上紹”也。）至於鼓吹唯物史觀的，則更好取來作母系社會的史實。要是王符實在得到了一班漢人所見不到的材料，那麼大家當然可以這樣講，無奈他所有的材料只是漢人熟習的材料，他的推斷只是用了漢人的公式充類至盡的推斷，有什麼足供援據的！現在呢，又有新的公式出現了，許多人又用了這個新公式來創造歷史了，假使後世的人再依據了他們這些新創的公式化的歷史來敘述古代，豈不使“後人復哀後人”！

　　　　　　　民國十九年五月原作，二十六年四月修改。

　　　　　　　　　　（第二學期講義完）

附　潛夫論（五德志、志氏姓）
單獨發表時童書業的跋

　　這篇大作，顧師命我校讀了兩次，我越讀越覺得他闡發得透闢；除了欽佩之外，實在無甚多話可說。我想有了這篇大文行世，總不會再有人相信漢代人憑着五行的公式而杜撰的歷史了。不過其中有一點，顧師不曾提出詳細討論，現在特加補提如下：

　　五德志說："少皞……始作書契。"顧師認爲"這大約因爲少皞氏沒有什麼制作，嫌其缺典，所以替他補上了"。案，這個問題似乎不是這樣簡單的！王符爲什麼單要把"始作書契"的事加在少皞的頭上呢？其實少皞即是契，這是陳夢家先生的發現：陳先生的根據，最重要的是世本"少昊名契"（路史注引）的記載。案，陳說甚是！我們看：左傳昭公十七年郯子云："我高祖少皞摯之立也，鳳鳥適至。"這個鳳鳥就是玄鳥！離騷說："望瑤臺之偃蹇兮，見有娀之佚女；……鳳皇既受詒兮，恐高辛之先我。"有娀女與玄鳥的關係到這裏變成有娀女與鳳皇的關係。天問說："簡狄在臺，嚳何宜？玄鳥致貽，女何喜？"可見玄鳥就是鳳。甲骨文裏更有"帝使鳳"的記載，這不分明就是"天命玄鳥"的故事嗎？少皞之立，鳳鳥（即玄鳥）適至；契之生，玄鳥（即鳳鳥）亦來；所以我們敢斷說"我高祖少皞摯之立也，鳳鳥適至"的話便是從"天命玄鳥""帝立子生商"的話變來（兩個"立"字何等相像）！又路史注引田俅子說："少昊之時，赤燕一羽而飛集戶"。燕與玄鳥也有關係，這更可證明少昊即契了。再國語鄭語說："商契能和合五教，以保于百姓者也。"僞堯典也說："契！百姓不親，五品不遜，汝作司徒，敬敷五教，在寬。"這個傳說也與少皞的傳說有關：左傳昭公十七年說少皞氏有"五鳩，鳩民者也"；又有"五雉，……夷民者也"。"五鳩"、"五雉"即是"五教"傳說的演變；"鳩民"、"夷民"

也即是“保于百姓”的傳說。可見少皞的確即是契了！

　　“契”的名字即是契刻書契之意，少皞即是契，所以有“始作書契”之說（王符之說必有所本）。又契與倉頡的傳說也有關係：陳夢家先生以是倉頡之“倉”與“商”同，倉庚鳥亦作商庚鳥。“契”、“頡”古音極近。然則契少皞倉頡即是一人，所以都爲造字之祖。

　　當夢家先生發現少皞即契與倉頡的時候，他並不曾見到潛夫論的話，這可見考據到了精密的當兒，證據只有愈來愈多的。近人多喜爲古史分化之說，這種考據法確實含有一部份的可靠性，我敬希我們的師友中人儘量利用這種方法，只是要先堵住危險的附會的路子！

　　還有一件事，我們也就趁這機會說一說。讖緯書中所以不看見帝嚳感生說，依我們的推測，有兩種可能：

　　（一）伏羲（青帝）、神農（炎帝）、黃帝、少皞（白帝）、顓頊（黑帝）五帝因月令的鼓吹而地位擡高，感生說本從五帝說來，故五帝皆有感生說。堯、舜因王莽的借重，故亦有感生說。契、稷早有感生說。禹、湯、文王因皆爲始受命之君，亦爲鄒衍們的五德終始說所擺佈而有感生說。獨帝嚳一人無此渲染，故只有他没人替他想出感生說來。

　　（二）帝嚳至漢代，地位已不高，又無鼓吹之需要，祇須放入五帝系統中已足，不必另造感生說了。

　　　　　　　　　　二十六年夏，童書業識於故都。

中國上古史講義[*]

（雲南大學）

中國一般古人想像中的天和神^{**}

在我們的觀念中，大都以爲神是没有形象的，天是不能一步一步走上去的。但在古人的想像裏便不這樣。他們以爲天上的神過的就是人間的生活，天上的神和地下的人彼此都有交通的辦法。他們怎樣的往來呢？那就是從地面上最高的地方一直往上走去。

地上那裏最高？他們説是西邊的昆侖山①。昆侖山有多少高？對於這個問題他們有兩種説法，説得少的是二千五百里②，説得多的竟有一萬一千里③。他們説昆侖山從下到上可以分作三層，下層叫作樊桐，又稱板桐；中層叫作懸圃，又稱閬風；上層叫作增城，又稱天庭④。他們説一個人只要走到中層，他就可以不死了；如果直走到上層，就真上了天了，他就是一個神了⑤。昆侖方廣八百里⑥。增城九重。昆侖上面種的小米，稱爲"木禾"，莖

---

* 1939 年 1—7 月作。雲南大學鉛印。
** 原載 1939 年 4 月 23 日昆明益世報宗教與文化新十八期。

高三丈五尺。珠樹、玉樹、琔樹、不死樹在西面；沙棠、琅玕在東面；絳樹在南面；碧樹、瑤樹在北面。旁邊有四百四十個門，這門到那門都相隔四里。又有九個井，井欄都是玉做的。還有一百畝大的宮殿，用琔玉建築的屋子⑦。還有醴泉和瑤池⑧。那邊有許多神，總稱爲"百神"⑨；有許多帝，總稱爲"衆帝"；其中地位最高的稱爲"太帝"。太帝就住在昆侖的最高處⑩。這樣看來，昆侖山是一個天國而可以從地面上走進去的。

要是一個人真有勇氣，一直上去，馬上成了神，豈不痛快。不幸世間沒有這樣便宜的事。聽說天上有天門，喚作閶闔⑪。天門有九重，每一重都有虎豹守着，它們一見下界的人走進，就跳起來把他咬死；咬死之後還有許多竪生眼睛的豺狼走來，先把尸首玩弄一回，玩厭了便抛棄在深淵裏，再到上帝面前去覆命⑫。所以雖說有路可行，究竟不容易度過這重重的難關。

不過凡人雖沒有上天的福分，但有一種人卻可上天，那就是"巫"。他們說，西邊有一座山叫做靈山，在那邊，巫咸、巫即、巫朌、巫彭、巫姑、巫真、巫禮、巫抵、巫謝、巫羅十個人就常常升天降地⑬。巫可以自由到上帝那邊，所以死了人招魂時就得請巫，而楚巫所歌的即是巫陽受了上帝的命令，下來招那離散的魂魄的故事⑭。又如夏后啟，他們說他曾把三個美女獻上天去，偷得了九辯和九歌的樂章而下來。他下來的地方叫做天穆之野，在西南海之外，高一萬六千尺⑮，比起昆侖來那就太低了。這可以說是一條近路⑯。

聽說當初人和神本都是互相往來而且是雜亂不分的，只爲蚩尤造反才把這條道路截斷了。那時蚩尤造作兵器來打黃帝，又殺死許多沒罪的老百姓，黃帝命應龍在冀州的野裏和他交戰。應龍蓄積多量的水，不料蚩尤手段更高，他請風伯、雨師相助，一霎時放出大風雨來。黃帝一看不好，又降下一個天女叫魃的，把雨止了，把蚩尤殺了。大約因爲蚩尤本是下界人，竟來侵犯了上界安寧的緣故，上帝命一個叫重的上天管天上的神，又命一個叫黎的下地管地上的民，兩方面從此斷絕交往，這件故事就叫作"絕地天通"⑰。可是這樣一來，黃帝所派的應龍上不去了，魃也上不去了。應龍不得上天，住在南極，天上沒有很多的水，所以地面上就常鬧旱災。但旱時只要畫了應龍的形像，也可以致大雨⑱。魃所住的地方，爲了她專會止雨，所以也經常犯旱，往往赤地千里。有一位叔均向上帝説了，上帝把她移置到赤水的北面去，叔均就做了田祖。魃怕叔均，見了他就逃。所以人們要趕掉這位女神時，只消祝道："請神望北走去罷！"⑲

可是他們説話並不一致。人和神雖説斷絕了往來，地面上卻儘多雜居的神。中國西部是最高的地方，高了就近天，所以神靈住居的也特別多⑳。在嶓冢山㉑的西面就有一座天帝之山，當然是上帝住的。往西去有一座峚山，那裏出産玉膏，源頭像沸水一般的燙，這是黃帝所常喝的。再西去又有一座鍾山，鍾山之神的兒子叫鼓，犯了罪給上帝殺了，魂靈化爲鵕鳥，白的頭，紅的足，黃的文。再西去又有一座槐江之山，那是上帝的菜園，神英招所管，他的樣子是馬的身，人的面，鳥的翼，虎的文。在那裏南望昆侖，只見光焰熊熊；西望大澤，那邊是后稷之神隱居的所在；北望諸毗山，那邊是槐鬼離侖住的；東望恒山，又有窮鬼住在那裏。還有一條瑤水，有天神住着，他的樣子有些像牛，可是八條腿，兩個頭，馬的尾巴。再往西南去，就是昆侖山了，這是上帝的下都，神陸吾所管，他的樣子是人的面目，虎的身體，還帶着九條尾巴。再往西去，度過流沙，是玉山，有人虎齒豹尾，蓬着頭髮戴一個玉勝，善於歌嘯，這就是西王母，管瘟疫和各種殘殺之氣的。再往西是騩山，住着的神叫耆童，他發出聲音來好像鐘磬一般地好聽。再往西去就是天山，那邊的神叫做帝江，生的六足四翼，沒有面目，專懂唱歌跳舞㉒。我們只要知道了嶓冢山的所在，就知道現在的甘肅、青海之間㉓在當時是怎樣的神出鬼没。其他各處還有好些上帝鬼神，一時也數不盡，他們各有各的奇形怪狀，在這一篇裏也講不完，不再提了。

秦國本在今甘肅天水縣一帶，後來周朝東遷之後，他們也把都城東移到現在的陝西省內，他們又向西邊開拓了許多疆土，他們的國土的一部分就在這神秘的天國裏，離上帝的下都也不算太遠，所以他們所受天國的影響比別國更深。東周之初，秦襄公就造起西時，祭祀白帝。過了十六年，秦文公到東邊打獵，行至汧、渭二水之間，看見地方很好，想要遷都，占卜一下又得吉兆，就住下了。有一夜，他做了一個夢，夢見一條黃蛇從天上直撲下來，蛇的嘴凑在鄜邑的山坡上。醒來問史敦，這是什麼。史敦答道：“這是上帝的象徵，應當祭祀的。”於是文公就造起鄜時，用三牲郊祭白帝。又過了九年，文公在陳倉山的北坡上拾到一塊鷄形的石頭，造了一所陳寶祠。陳寶之神有時一年不來，有時一年來幾次，來的時候總在夜裏，帶着流星一般的光輝；到了祠裏叫出聲來，很像雄鷄，又像野鷄。秦德公即位，特別敬重鄜時，祭一次用了三百頭牛。他還造了一所伏祠，祭伏藏之氣，説是那天萬鬼出現，應當白天閉門；又在都城的四門各殺一條狗來抵禦厲鬼。後來秦宣公在渭南造一所密時，祭青帝；秦靈公在吳陽又造了兩所時，上時祭黃帝，下時祭炎帝㉔。——從這裏可以看出，秦國的上帝不止一個，而且每一個上帝都有他的特殊的顏色。上帝之外，有神有鬼，他們也統統祭了。

上帝和鬼神既很多，他們的生活又同凡人一樣，凡人有飲食男女的本能，上帝鬼神也未嘗不喜歡吃東西㉕，談戀愛。有一位上帝叫丹朱㉖是比較放蕩的，他看上了周昭王的房后，附在她的身上和她配合了，生下的兒子就是穆王。當周惠王時，有神降在虢國的莘邑，惠王不知道他是什麼神，問內史過，內史過答道：“丹朱爲了和房后的關係，是常照顧周朝的子孫的，這回大概就是他罷？”㉗楚懷王游高唐，疲倦了，白天睡一忽兒，夢見一個美貌的婦人向他薦枕席，她自己説："我是巫山之神的女兒，早上行雲，晚上行雨，朝朝暮暮都在陽臺的下面。"楚王醒來一看，果然如此，就替她造了一所廟宇，喚作朝雲㉘，那時的巫大抵是女子做的，當延接神靈的時候，滿堂都是女巫，也就都是美人，神靈降下來便挑選了其中的一個和她親好了；可是神往來飄忽，不可久留，這位女巫剛得着新相知的樂趣又起了生別離的悲哀了㉙。黃河的神是河伯，他降下時接他的女巫和他同車出游，日暮忘歸；到了不得不分手的時候，他還把這位美人送回南浦，那滔滔的波和鱗鱗的魚都伴着送行㉚。這樣看來，所謂巫者實在是神的娼妓。神和人的情感會這等深摯，關係會這等密切，怪不得鄴縣的巫祝父老們要年年替河伯娶媳婦了㉛。

　　神們既有性生活的需要，所以他們就有了家屬，有太太，有兒女。帝俊的妻子羲和生了十個太陽㉜，另一個妻子常羲生了十二個月亮㉝。帝舜㉞的妻子登比氏生了兩個女兒，一個叫宵明，一個叫燭光，住在黃河的大澤裏，她們的光明照到周圍一百里遠㉟。還有兩位帝女，不知道是那個上帝所生，住在洞庭湖的山上，她們常到湘、澧、沅等江的深淵裏去游戲，出來進去時必然帶着狂風暴雨㊱。黃帝生禺虢，禺虢生禺京，人的面，鳥的身，耳上足上都是蛇；禺京住在北海，禺虢住在東海，都成了海神㊲。還有河伯馮夷，不知他是不是上帝的兒子，他乘了兩龍，住在二千四百尺深的從極之淵裏，這個淵就是他的都城㊳。又有處在東極的神叫折丹，處在南極的神叫不廷胡余，都管着風的出入，做調節氣候的工作㊴。雷澤裏還有雷神，龍的身子，人的頭，拍拍他的肚子就在打雷了㊵。——這樣看來，我們現在看成自然現象的，在他們那時都認爲有神掌管，這些神大都是天上的貴族。

　　當屈原懷了滿腹牢騷，發洩不出來，眼淚浪浪霑巾的時候，他忽發奇想：莫如上天散散悶罷。他正在這樣痴望時，塵風忽起，他果真乘龍駕鳳上天去了。他早晨從蒼梧動身，傍晚就到了昆侖之上的懸圃。他看見太陽快落到崦嵫山去了，叫那替太陽趕車的羲和道：“你且按下了鞭子慢慢走罷！我還要尋幾個人呢”。但羲和沒有理他。過了一天，他到東邊看太陽出來，在咸池飲了馬，在扶桑結了轡，折下若木的枝把太陽拂了一下，又逍遙地游行了。他命月御望舒先行，風伯飛廉跟着，雷師豐隆整裝，又命鳳凰日夜不停地飛騰。那時飄風帶着雲霓來迎，光彩紛紜，忽離忽合，不一會到了天門，卻是閉着，他急忙要見上帝，叫管門的快些開門，可恨那人懶洋洋地靠在門上望他，一動也不動，於是他只得折回來了。有天早上，他想渡過白水，繫馬在閬風的上面，忽然回過頭來流下眼淚，想道：爲什麼這高山上沒有女人呢？他就令豐隆乘雲去尋洛水的女神宓妃，解下一條佩帶交給蹇修送去當做見面禮；但這事給旁人破壞了，他和她又不能見面了[41]。——因爲天上的生活正同人間一樣，所以就真上了天也未必快樂。像屈原這樣的癖性，在人間是碰釘子，到了天上還是碰釘子，這有什麼辦法？

注釋：

① 那時的昆侖山，依現在推測大約就是青海省内的巴顏喀喇山，因爲山海經等書裏都説河水、黑水出於昆侖，而巴顏喀喇山正是黄河、長江的分水嶺。長江即黑水，頗有幾分可能性。不過那時的昆侖山在羌人境内，中原人也到不了，只是一種耳食之談而已。但惟其人們到不了，所以他的神秘性就更大。

② 史記大宛列傳引禹本紀。

③ 淮南子地形訓及水經河水篇。

④ 水經注河水篇引昆侖説。“懸圃”亦作“玄圃”，同音通假。

⑤ 地形訓。但爲遷就上引的昆侖説，將“凉風之山”一語删去。昆侖説把玄圃和閬風都算作中層，淮南子卻把凉風和懸圃分成兩層。“凉風”即“閬風”，同紐通假。

⑥ 山海經海内西經。

⑦ 以上都見地形訓。

⑧ 禹本紀。

⑨ 海內西經。

⑩ 以上都見地形訓。

⑪ 楚辭離騷經及地形訓等。

⑫ 楚辭招魂，參朱熹楚辭集注。

⑬ 山海經大荒西經。

⑭ 楚辭招魂。

⑮ 大荒西經，參郭璞注。

⑯ 大荒西經又云："有互人之國，炎帝之孫名曰靈恝，靈恝生互人，是能上下于天"。又海內經云："肇山，有人名曰柏高，柏高上下於此，至於天。"這些都是天地交通的例子。

⑰ 這段故事是彙合了尚書呂刑、山海經大荒西經、大荒北經，及國語楚語下而寫的。不過國語把絕地天通的人定做顓頊，說他絕地天通就是"使復舊常"，把神話人化了。其實顓頊這位人王推到原始也是一個上帝。

⑱ 大荒東經。

⑲ 大荒北經。

⑳ 史記封禪書曰："自古雍州積高，神明之隩，故立時郊上帝。"

㉑ 嶓冢山有兩處：在陝西寧羌縣的是漢水所出，在甘肅天水縣的是西漢水所出，西漢水就是嘉陵江的上游。

㉒ 以上均見山海經西次三經，惟此經所載上帝鬼神太多，未能全錄。

㉓ 西山經的天山即祁連山，祁連山為今甘、青兩省的交界。（漢書武帝紀天漢二年："與右賢王戰於天山"，顏師古注云："即祁連山也，匈奴謂天為祁連，今鮮卑語尚然"。）

㉔ 以上都見史記封禪書。秦德公祭鄜時用三百牢，司馬貞史記索隱以為"百"是"白"字的誤文。但甲骨卜辭中亦有用至三百者，索隱說不是必然。

㉕ 例如詩經小雅楚茨云："神嗜飲食。"

㉖ 山海經海內北經有"帝丹朱"之名，依山海經的體例，凡是稱帝的都是上帝，不是人王。

㉗ 國語周語上。

㉘ 文選宋玉高唐賦。

㉙ 楚辭九歌少司命，參朱氏集注。

㉚ 楚辭九歌河伯。

㉛ 史記滑稽列傳西門豹條。

㉜ 山海經大荒南經。

㉝ 山海經大荒西經。

㉞ 帝舜，郭沫若先生以爲即是帝俊，帝俊又即帝嚳，見其所著的甲骨文字研究。按禮記祭法云"商人禘嚳"，國語魯語上云"商人禘舜"，大荒南經云"帝俊妻娥皇生此三身之國，姚姓"，並可作證。

㉟ 山海經海內北經。

㊱ 山海經中次十二經。按史記秦始皇本紀三十八年云："浮江，至湘山祠，逢大風幾不得渡。上問博士曰：'湘君何神？'博士對曰：'聞之，堯女，舜之妻，而葬此。'"可見中山經中的"帝之二女"當秦始皇時已講作堯嫁與舜的二女。其實那時上帝甚多，每個上帝都不妨有二女，那裏可以一定歸到堯的名下。劉向列女傳也說，"有虞二妃者，帝堯之二女也……死於江、湘之間，俗謂之湘君、湘夫人也"。其實一個稱君，一個稱夫人，就可見得湘君是個男神。

㊲ 山海經大荒東經。

㊳ 山海經海內北經。經中作"冰夷"，今因各書上多作"馮夷"，替它改了。

㊴ 折丹見大荒東經，不廷胡余見大荒南經。

㊵ 山海經海內東經。

㊶ 楚辭離騷經。

商周間的神權政治

古人相信天上有上帝，上帝有無上的權力。王是人間的第一等人物，他到了天上還該是第一等人物，所以或說王是上帝所生，或説王死後魂升於天也做了上帝；最謙虛的想法，是王的地位有和上帝接近的資格，所以活的時候可以見到上帝，死了之後可以升到上帝那邊去，跟上帝一塊兒做事①。王和上帝既然這樣地分不開，所以王的另一種稱呼是"天子"，表明他是上帝的兒子，直接代上帝到下界來管理土地和人民的。諸侯百官和人民除了信仰這位天子之外，還應當信仰那位比天子更高超的上帝。

上帝和下民息息相關，人們必須處處聽從他的命令，不幸他是人們所瞧不見的，他的意志從何表現？他們説，不妨，有占卜的方法，在占卜時他就會表現出他的意志來。占卜的方法怎樣？他們説，用了田龜的腹甲，獸的肩胛骨和脛骨，刮磨得平滑了，先在反面用鑿子鑿成一個橢圓的孔，再用鑽子鑽出一個正圓的孔，這樣一來，鑽鑿的地方就薄了，用火在孔上一灼，甲骨的正面就裂出了綫紋，鑿的孔容易使正面裂出直紋，鑽的孔容易使正面裂出紋，成爲ㅏㅏㅏㅏ諸種形象，這叫做"兆"。上帝就在這些兆的樣子上表示出他的意見。他要我們這樣做，我們聽了他的話做了可以得福，這就是"吉"；他不要我們這樣做，我們違背了他的話做了便要得禍，這就是"凶"。我們要求好好過生活，自該趨吉避凶，趨吉避凶的方法就是捨棄了自己的主意，而遵從上帝的命令②。這是商朝人的説法。到了周朝，他們除了使用這個卜法之外，另有一種接受上帝命令的方法，叫做"筮"。筮法是拿了蓍草四十九條，排列四次，再變化十八次而成爲六十四卦中的一卦，再從卦裏去定出六爻中的一爻，就從這一爻裏看出事情的吉凶來③。因爲筮法比較卜法簡易，所以稱筮爲"易"④。因爲這是周人所發明的，所以叫做"周易"。他們占大事用卜法，占小事用筮法。如果卜了覺得還不能決定，隨後就來一次筮。卜的態度嚴重，他們認爲更容易接近上帝，所以卜和筮的結果倘有不同，那時人總覺得應該承受卜的表示⑤。

周易是十三經中的第一部經書，凡是受過舊教育的人没有不讀的，可是懂得用蓍草占筮的人太少了，我們還不容易親切看到古人使用的方法。用了甲骨的卜法也早失傳了，千幸萬幸，近四十年來在洹水邊上發現了商代都城的遺址，挖出了一二十萬片的商王占卜用的甲骨。在這上面，不但保存了鑽鑿和燒灼的痕跡，不但保存了直裂和橫裂的兆文，而且那時的史官，用小刀刻了許多文字在上面，記出占卜的日期，記出占卜的原因，還記出事後的應驗，簡直是一部商朝的歷史。我們從這些文字記載上，知道他們卜祭祀的最多，其次有卜出去和還來的，有卜打獵和捕魚的，有卜刮風和下雨的，有卜年成好壞的，有卜戰事勝敗的。總之，他們每做一件事情就得占卜。試想那時的上帝是怎樣的不怕麻煩，擔負了指示人間的一切大事和小事的責任。

商和周都認自己的一族是上帝特地降下來的，但商王就把上帝當做自己的祖先，去世的祖宗也算作上帝，周王只把自己的祖先陪配上帝，做了比上帝次一等的人物⑥，這一點卻不同。那時的天子有不方便的地方，因爲他的頭上還有上帝和祖宗監督着他；但是也有更方便的地方，每逢他自己要做什麼事情，可以不管別人的意見如何，只説上帝和祖宗要我這樣做，我便不敢不這樣做，否則上帝和祖宗要生氣的，他們要降下大災來的。説這句話時，不必拿出證據來，一般臣民也就沒法反對，只好照他的意思辦了。

像這樣的事情，我試舉幾個例。

盤庚是商代中葉的王，不知爲了什麼原因，他要遷都到殷地，他的臣子們安土重遷，齊聲拒絕。他把甘言好語來騙他們，不夠，把嚴刑峻法來逼他們，還不夠，他就請出先王先祖的神靈來嚇他們，居然給他嚇倒了。在他的公開演説裏有下面一段話⑦：

　　我想起我們先王任用你們的先人，就記掛你們，要把你們養育得好好的。現在此地不能住了，若是我還勉强住下，

先王一定要重重地責罰我，說道：“你爲什麼要這樣虐待我
的人民呢？”若是你們無數人民不肯去求安樂的生活，和我同
心遷去，先王就要重重地責罰你們，說道：“你爲什麼不跟
我的幼小的孫兒和好呢？”所以你們做了不好的事情，上天決
不饒恕你們；你們也一定沒有法子避免這個責罰！

　　我們的先王既經任用了你們的先祖先父，你們當然都是
我所蓄養的臣民。倘使你們心中存了害人的念頭，我們的先
王一定會知道，他便要撤除你們的先祖先父在上天侍奉先王
的職役；你們的先祖先父受了你們的牽累，就要拋掉你們，
不救你們的死罪了！如果你們在位的官吏之中有貪污的，他
喜歡財貨，不顧大局，你們的先祖先父就要竭力請求我們的
先王，說道：“快些定了嚴厲的刑罰給與我們的子孫罷！”於
是先王就大大地降下不祥來了！……

　　在這一段話裏我們可以知道，一個王死了之後稱爲先王，他
的權力就比活的時候更大，因爲王只管世間而先王則上天下地都
是他的勢力範圍；他的刑罰也比活的時候更辣，因爲王只能用刀
殺人而先王則可以降下大災難來害許多人陪着死。我們又可以知
道，在地面上的王國裏的君臣，死了之後到天國裏還是君臣，一
個臣子總是臣子，他在生逃不了侍奉君王的責任，死後也逃不了
侍奉先王的職役。這條索子綑得這樣緊，無論入世出世總給它綑
着，就是過了千萬年還給它綑着。

　　盤庚之後有一位名武丁的王，他是很能接近神靈的，他即位
後的頭三年，不曾開口說過一句話，常在默默地思想，一班臣子
發急了，懇求他說：“王是應該發號施令的，你永遠不說話，教
我們那裏去接受命令，辦國家的大事呢？”武丁聽了，寫出一篇文
字給他們看，寫的是“爲了怕我的才力不够治理四方，所以沒有
說話。可是我曾得一夢，夢見上帝賞給我一個治國的大賢人，現

在就把他的相貌畫出來，你們照這個樣子去尋覓罷！”臣子們拿了這個畫像到各處去訪問，居然在傅巖中找出一個人來，同畫上的一樣，這人名叫傅説，正在打杵築牆，就把他拉了回朝。武丁一見大喜，升爲上公，號爲夢父，命他早晚在旁邊規誡自己，對他說：“我像一柄刀，要用你作磨石。我像一條河，要用你作渡船。我像天旱，要用你作大雨。你一定要教我學好，不要把我棄掉！”爲了武丁用了傅説，這樣聽信他，所以國内大治，對外也表揚了赫赫的武功⑧。

當周人在西方興起的時候，也學會了這一套本領。他們説，偉大的上帝看下面的事情是很清楚的。上帝知道商國是沒有希望的了，到各處去找，只有周國是好的，於是先給他們一片岐山的荒地，讓他們開闢了住下；又替周王娶了一位賢后，讓她生出好兒子來承受天禄，國土也就大起來了。到文王時，他事奉上帝更加謹慎，上帝喜歡，對文王説：“你這樣不胡幹，不貪求，你就可先得着天下，坐在最高的位子上。”上帝又説：“我常常想念你的德行，你不自作聰明，又不改變態度，一切都遵從我的規矩，你這人真是最誠實的。”上帝又説：“你該聯合了兄弟們來對付你的仇讐，你就帶了雲梯、臨車和衝車去打崇國的城罷！”文王出兵了，他知道有上帝的保佑，精神很定，攻擊很緩，先祭上帝，再祭群神；崇國的城牆雖是非常高大而又堅固，但他縱兵一戰，就把他們滅掉了。四方之國聽到這消息，沒有敢不順從的了⑨。

文王死後，武王興兵伐紂，到了商郊牧野，商國的兵丁排的行陣黑壓壓地像一座大森林。武王向自己的部隊下令道：“你們不要有什麼疑惑，也不要有什麼害怕，上帝就在你們的跟前！”大家聽了他的話膽氣增加許多，待到兩國一交鋒，一個很大的商國就給周人打敗了⑩！

克商後二年，武王得了重病。那時天下初平，這樣一個軍事和政治的領袖實在死不得，他的弟弟周公旦尤爲憂慮，無可奈何只得求祖宗了。於是周公在一個場上築起朝南的三座壇，供了他們的曾祖太王、祖王季和父文王，再起了一座朝北的壇，他站在上面，頂了璧，捧了珪，把自己做了抵押品，上告三王。史官開讀祝文道：

你們的長孫現在犯了很厲害的病。倘說在天上的你們為了自己的不舒服要叫他上來盡扶持的責任，那麼就請你們把我代替了他罷！我很會說話，又很能幹，最適宜於服事鬼神。你們的長孫，他並不多才多藝，是不會做這些事的。

你們受命於上帝的宮庭裏，把四方完全保護了，所以你們的子孫能安居在下面，四方的人民沒有不敬畏的。唉，只要我們不失掉上帝給付的重命，也就永遠有地方來安頓你們的神靈了！

現在我就在大龜上面接受你們的命令。你們如果答應了我，我就把璧和珪獻給你們，回去等候你們的消息。若是你們不答應我，我就把璧和珪拋開了。

祝文讀罷，他分配三人同時卜了三個龜，結果是一致得到了吉兆。開了鎖鑰，把記載卜兆的書翻開一查，原來是武王和周公都得了吉兆。周公高興道：“好了，王的病不緊要了！我小子新受了三王的命令，也可以長久籌謀國事。現在等候着罷，三王是一定關心我的。”他回去，把這篇祝文安放在用金質封固的櫃子裏。隔了一天，武王的病果然好了[11]。

在這篇記載裏，我們又可以知道，周朝開國的三王雖不即是上帝，而對於人間的事情也可以幫上帝做一點主。他們在天上有時也像活人一般生病，所以武王病倒時，周公會猜想他們欠人侍候，要喚他們的長孫上天。他們愛的是玉器，所以周公可以用了珪和璧去要挾他們。

武王死後，紂子武庚又反，東方的奄國也起兵相助，逼得周朝幾乎退回老家去。周公東征三年，殺掉武庚，又滅掉奄國。他在洛陽造了一個東都，叫作王城；又在東都的附近造了一座城，叫作成周，把東方的殷遺民遷去，借此剷除他們作亂的根苗。遺民當然不願，但在武力統制之下有什麼法子違抗。他們遷去後，周公代成王向他們演說了一番，說的是：

　　你們這班遺留下來的殷人啊！你們不幸，上天降下大亂與你們，我們奉了上帝的威嚴，來執行這個責罰。你們想，我們周家本是一個小國，怎敢來奪取你們這樣的大國，我也怎敢希求這個天位，只是上天要我們這樣做，我們得到上天的幫助之後也就不得不做！

　　我聽說好久以前，上帝本讓夏人安全過日子的，不幸他們太荒唐了，逼得上帝廢掉他們，命你們的先祖成湯起來革去夏命。你們的先王，從成湯到帝乙，沒有一個不是修身敬神的，所以天就保定了殷，殷王世世代代受到上天的恩惠。直到你們的後王行爲放蕩，不顧先王的教訓，也不注意天道和民事，於是上帝不再能保護你們，他降下這大亂來了。就是四方大小諸國的喪亂，也無非他們的罪惡的天罰。

　　我們周王事奉上帝是最虔誠的，上帝有命令下來，着我們“割殷”，我們就只得完成他的命令。我們原不想和你們敵對，可是你們王家竟和我們敵對起來了，亂事就從你們那邊發動了。爲了這個緣故，所以我要把你們遷到西面來。這不是我隨意把你們搬動，乃是奉行天命，你們不得違背！我的命令發出之後是不能收回的，你們不要來埋怨我！你們知道，你們的先人傳下來的册書上明明記着“殷革夏命”，目前的事情正同那時一樣。

　　你們曾說：“殷朝肯選了夏人做官，爲什麼現在不這樣?"我並不是不肯提拔你們,我要用的是有德的人,<u>商邑</u>的情形太壞,我不敢就在那邊找來用了。我所以把你們遷到<u>洛邑</u>來,原爲哀憐你們,希望你們學好。現在的不用你們,不能説是我的錯處,只是我遵照上天的命令!

你們聽着:以前我從<u>奄國</u>班師的時候,你們本已犯了死罪。我雖然饒過你們的生命,可是我仍須奉行上天的責罰,把你們移到這遠地方來。在這裏,你們離開了原住的地方,就近做了我們的臣僕,將來你們就可恭順得多多了。

我告知你們:我爲了不忍把你們殺掉,現在再把這個命令申説一遍。我在<u>洛水</u>旁邊造起這一座大城來,就爲你們奔走服事我們的方便打算。在這裏,你們依然有自己的土地,你們一樣可以安居樂業。只要你們能敬天,天自會給你們保佑。否則豈但你們失去了現有的土地,我還要把上天的刑罰降到你們的身上!……⑫

左一個上帝,右一個上天,<u>周公</u>説這一大篇話時何等威嚴,又何等得意。可憐這班亡國奴本已動彈不得,現在又有這樣一個天大的大帽子壓下來,那敢不表示屈服。而且他們記得<u>成湯</u>受了天命來革掉<u>夏</u>命是真實的歷史記載,又那能禁止這件故事的複演。既經這樣,造反也無用,不如大家死心塌地當了奴隸算了!於是<u>殷</u>民再也翻身不轉,而<u>周朝</u>的政權就漸漸地穩定了下來。

注釋:

① 説王是上帝所生,如<u>商</u>祖<u>契</u>和<u>周</u>祖<u>后稷</u>。説王死後也做上帝,如<u>商</u>人尊他們的先王爲帝<u>甲</u>(卜辭中稱<u>沃甲</u>爲帝<u>甲</u>,<u>王國維</u>先生説,見其所著<u>殷</u>卜辭中所見先公先王考)、帝<u>乙</u>、帝<u>辛</u>。説王生時可以見上帝,如詩<u>大雅</u>皇矣篇中的"帝謂<u>文王</u>"。説王死後到上帝處去,如詩<u>大雅</u>文王篇中的"<u>文王</u>陟降,在帝左右"。

② 見朱芳圃甲骨學商史編第九卜法。史記龜策列傳中載有許多看兆文吉
　凶的方法。

③ 筮的方式，手頭無書可檢，現在就易繫辭傳中"大衍之數"一章敷衍了
　幾句，定有錯誤，俟後改正。

④ 洪範説卜兆有五種，筮兆只有二種，而易有簡易之義，故如此説。但
　易也有變易之義，説不定因它的排列法變化多端而稱爲易。

⑤ 例如左氏僖四年傳："初，晉獻公欲以驪姬爲夫人，卜之不吉，筮之
　吉。公曰：'從筮。'卜人曰：'筮短龜長，不如從長。'"

⑥ 詩周頌思文篇："思文后稷，克配彼天。"魯頌閟宮篇："皇皇后帝，皇
　祖后稷，享以騂犧，是饗是宜。"孝經聖治章："嚴父莫大於配天，則周
　公其人也。昔者周公郊祀后稷以配天，宗祀文王於明堂以配上帝。"

⑦ 見尚書盤庚中篇，全篇譯文見古史辨第二册四十五頁。

⑧ 本段記載是把國語楚語上篇作主要材料，參用史記殷本紀、書序、僞
　古文尚書説命篇諸説。"夢父"一名見於卜辭，夢父即傅説，出董作賓
　先生和丁山先生的考證，見甲骨學商史編第三，頁二。

⑨ 本段譯自詩大雅皇矣篇，參用毛傳、鄭箋、孔疏和朱傳。

⑩ 見詩大雅大明篇，參魯頌閟宮篇。

⑪ 見尚書金縢篇，全篇譯文見古史辨第二册六十八頁。

⑫ 見尚書多士篇。惟匆匆譯出，參考書籍又少，只譯了一個大意，俟將
　來校正。

德治的創立和德治學説的開展①

　　當周公向殷遺民大聲疾呼演説天命的時候，他的内心裏已起
了矛盾的情緒了，他懷疑天命了。

　　周人住在西方的時候，文化程度原不很高，所以他們一滅了
商，就完全接受商的宗教文化。他們説自己是受了上帝的命令來
作萬邦的共主，下民的最高統治者；又説商王的行爲觸怒了上

帝，所以被上帝革去了王位。這種方法本是商的列王所慣用的，不料到了那時，竟給敵人利用了去，反而逼得他們自己走頭無路。在武力統制之下，周王的得天下算是有了很正當的根據了。

不過周公旦是一個絕頂聰明人，他看得很清楚，這僅是一種對付商朝的遺民和商朝的屬國的政治作用。他想：商朝要是不得到天命固然不會傳國數百年，但如果真得到天命，爲什麽我們一起兵就把它滅掉了呢？爲什麽天命會得從夏改給了商，又從商改給了周呢？這樣看來，天命是不永存的，又是不可靠的。然則周家的後人怎樣才能用了自己的力量保持這個王位？他考慮的結果提出了一個"德"字。德的古字寫作"悳"，意思是要把心放得正直，不要走向斜路上去。他在祭祀文王的時候做了一首長詩，這詩的後半段説道："忠於周王的許多臣子們，你們想念過去的祖先嗎？你們應當修整自己的德行，使得永久可以配合上帝的命令。種種福澤都不是上帝隨便賜給的，乃是要你們自己去尋求的。你們看，當商朝滅亡之前，他們還配着上帝，但現在呢？你們只消看一看他們，就會知道天命是不容易保持的。爲了這樣，所以你們該做好事，讓好名聲宣揚出來，由上帝來量度你們。不過上天的事情，聽也聽不到，嗅也嗅不着，我們不必費心去問，惟有取法文王，讓萬邦的人民來信服我們就是了。"② 在這首詩裏，他是怎樣地明白表示了天道和人事的關係。

我們知道各個人立身處事應當仰仗自己的德，不可閉了眼睛儘聽着上天的擺布了，那麽應當怎樣去推動這個德呢？關於這問題，周公又提出了一個"敬"字。敬是警惕的意思，只要時時警惕，沒有絲毫懈怠，自己的德就會一層一層地好上去的。敬的反面就是安逸，既要進德就不該貪圖安逸。所以成王握了政權之後，周公曾用最懇切的態度向他説出一番話來：

周公説："地位高的人們應當處處不求安逸。如果先知道了稼穡的艱難再去休息，那時就會明白小民們的生存的根本了。在民間也是一樣，我們看，父母勤勤地種了多少年田，得着一點積蓄，到兒子可以吃現成飯時，他就會忘記了父母的辛苦，只管享樂和胡亂說話，甚至於瞧不起自己的父母，以爲'老輩懂得什麼'。有了這樣的兒子，這家人家還有什麼希望！

"我聽説：從前商王中宗（太戊），他的態度又莊嚴，又謙恭，又正肅，又謹慎，他用了天命來檢束自己的身子，一點也不敢胡幹，所以他在位有七十五年之久。到了高宗（武丁），他從小住在鄉間，和小民一塊過活，即位之後三年不説話，然而一開口就很合理了。那時人民安居樂業，大大小小沒有一個人出過怨言，他就坐了五十九年的王位。到了祖甲，他起初不願爲王，逃在外邊，認識了民間的情形，即位之後，對於小民儘量施恩，雖是孤零零的鰥夫寡婦也不敢欺侮，他享有國家三十三年。從此以後的商王，都是只知道尋歡作樂，不曉得小民的勞苦，不懂得稼穡的艱難，他們的壽命也縮短了，有的在位十年，有的七八年，有的五六年，有的三四年，就死掉了。

"那時我們的太王和王季，獨能慤警戒自己。傳到文王，他的精神完全注意在安民和養民上，他穿了下等的衣服，從早上起來到太陽西斜還沒有功夫吃飯，因此沒有一個人民不得安樂的。文王從不敢游玩打獵，除了正賦之外也從不敢多收一點東西，所以他受命時雖已屆中年，還做了五十年的王。

"唉，從今以後的嗣王，應當法則文王，不要貪圖舒服，不要喜歡游玩，不要收取額外的賦稅，也不要説：'今天姑且快樂一天罷！'也不要像商王紂的糊塗，只知道喝酒消磨日子。倘使還是這樣幹，不但上天不高興，人民更要咒罵呢。

"提到咒罵，又想起了故事。商朝的幾個賢王和我們的文王，有人告訴他們：'小民怨你了，罵你了。'他們總是嚴重地警惕自己的德行，別人罵他們的話，他們都承認了，說道：'這是我的錯！'他們說這話時，心裏沒有藏着一點怒氣。"

周公歎息道："唉，嗣王們想想這些故事罷！"③

像這一類的話語，周公不知道說了多少。不但周公旦說，召公奭也說。當周朝經營東都的時候，周、召二公都在那邊，召公向周公說過一大篇話：

現在皇天上帝把他的大兒子改換了，我們周王受了新命，固然有說不盡的快樂，然而也有說不盡的憂慮。唉，我們怎可以不警惕呢！

商朝原有許多聰明的先王住在天上，可以保佑他們的國家，然而因爲紂做了王，好官退去，壞官上來，百姓們過不了日子，大家扶妻抱子，呼天哀號，逃出去時又捉了回來，上天哀憐這些無告的人民，就結束了這樣一個大國的命運而轉給了我們。我們的王應當趕快修德才是！

我們的王現在雖說年輕，已是上天的大兒子了，應該查考古人的德行，視察百姓的艱難，這樣纔可以到天地的中央④來對着上帝，祭着上下的神靈，纔可以接受了天的命令來好好治理民事。我們的王應當沒有一處地方不注意自己的德行。

夏朝受了天命，經歷過多少年，我不管它，我只知道他們因爲不注意自己的德行就失掉了天命。商朝受了天命，經歷過多少年，我也不管它，我只知道他們一樣因爲不注意自己的德行就失掉了天命。現在我們的王繼續受了這樣鄭重的天命，不可不看看夏和商的過去的事實。唉，好像自己的兒子，他生出來時就教他學好，到了長大一定是一個好人了。我們的王在這初即位的時候，又到這個新地方來，正該趕速注意自己的德行，祈求上天延續天命纔是呵⑤！

他們這樣一講，夏、商傳國的長久是爲了敬德，他們的滅亡即是爲了不敬德。但我們一查甲骨文和金文，那時什麼事情都受天的支配，在商朝的文字裏還没有這個"德"字呢。可見周以前只有天負責任，人是没有力量的，周以後纔由自己負起責任來，自己弄得好，天就降福，弄不好，天就降禍，天只會跟人走了。

自從周公們在周初定下了這個立國的大法，經過多少年的宣傳鼓吹，就使得我們的古代名人個個受了德的洗禮，許許多多的故事也塗上了德的粉飾。

文王伐崇，本是帶了雲梯和臨車、衝車等武器把它打滅的。但這件故事到了後來，就成了文王的軍隊包圍了崇城三十天，崇人抵死不降，文王一時打不下，領兵回國，在國内修明德教，到他第二次進兵，到達原地時，他們就自己情情願願來投降了⑥。

本來禹攻三苗的故事是這樣：三苗大亂，上天動怒，連下了三天的血雨，夏天結冰，地震泉湧，五穀都變了樣子。那時上帝在天宫裏命禹去剿殲他們，禹親抱了天的瑞令，出師征討，有一個人面鳥身的神陪伴着他，征討的結果，地上就没有三苗的子孫了⑦。可是到了後來，這件故事也變了樣子，他們説：苗人不遵教令，帝舜命禹伐罪救民，禹會了諸侯去攻打，過了一個月，苗民還恃强逆命。益對禹説："只有德行可以動天，無論怎麼遥遠都可以用了誠意去感通。自己一滿足便會把損害招來，謙恭對人卻容易得着便宜，這是天定的道理。"禹聽了他的話，班師回朝。帝舜知道，也不責備他擅專，就大大興起德教來，又命舞人持着干和羽在朝廷的階下天天舞着。過了七十天，苗人就自來歸化了⑧。

湯伐夏，把夏王桀放逐到南巢，自己即了王位，這也是一個早有的傳説。到了德治的思想發揚光大之後，這件故事也變得不同了。他們説：湯克了夏，把桀封到中野地方，中野的人民聽得桀來了，就不顧自己的財産，相率扶老携幼，奔到湯那邊去，中野的地方空了。桀向湯請求道：“所以立國爲的是有家，所以成家爲的是有人。現在我的國已没有家，没有人了，可是你那邊多的是人，請你許我把中野地方還給了你罷！”湯道：“讓我講一個道理給你的百姓們聽。”但百姓聽了還是不答應，定要跟湯。桀自己慚愧，同他手下五百人南行千里，在不齊地方停下，不齊的百姓又奔走了。桀再遷到魯，魯人也逃淨了。桀只得又遷到南巢。另一個説法是他知道中國百姓全不要他，索性搬到海外去了。湯回到本國，三千諸侯爲了天下無主，齊到那邊開一個大會，推他做天子。那時湯退下再拜，站在侯位，向他們説道：“這是天子的位子，只有有道的人可以坐上。天下不是一家所有，只有有道的人可以享受。天下的許多事情也只有有道的人可以管理。”他把天子讓給三千諸侯，他們没有一個敢接受的。他萬不得已，才登了天子之位⑨。

這種德化的故事零碎發生的太多了，如果一個人有一個人的方式，那麼幾個人的故事合在一塊也就容易互相衝突，所以有人以爲這些有名的古人應當有一貫的主張纔好，於是想出一個方法把他們聯串了起來。

是戰國的時候了，他們説：每隔五百年光景一定有一個聖人起來，做了新王。從堯、舜到湯是五百多年，堯、舜的道，禹和皋陶們是親見而認識的，湯是從傳聞中認識的。從湯到文王也是五百多年，湯的道，伊尹和萊朱們是親見而認識的，文王是從傳聞中認識的。從文王到孔子又是五百多年，太公望和散宜生們是親見而認識的，孔子是從傳聞中認識的⑩。孔子雖没有做王，但他有王者的德，在社會上也有和王者同樣的地位，何況他作春秋就是表現天子的威權，所以他也當得一個新王。這樣一講，孔子的道即是文王的道，文王的道又即是湯的道，湯的道也即是堯、舜、禹的道，好像是一個根荄上發出來的幹和枝，所以他們把這個系統喚作"道統"。

那麼，道統的根本究竟是怎樣一個道理呢？他們又說：當堯傳位給舜的時候曾經對舜說過幾句話，這便是他的傳心的大法。堯的話是："舜呵，天定的次序現在輪到你了，你應當不偏於那一端而執持它的當中的一點，你應當知道四海的人民的困窮，你應當永遠領受上天給你的爵禄！"後來舜傳位給禹的時候，也把這幾句話向他說了⑪。因爲三個帝王都用了這幾句話做他的中心主張，所以叫做"三聖傳心"。

可是這幾句話後來又給人們改了一次，他們說道：當帝舜做了三十三年的天子，他自己覺得老了，有些怕事了，他對禹說道："上天降下洪水來警戒我，虧得你的努力，把它平了，你既勤又儉，又不驕傲，我覺得你太好了。現在天定的次序已經輪到你的身上，你應當做天子。你須記着：人心（物質的心）是危險的，道心（天理的心）是微渺的，只有精細的尋察和專一的執守，才能壓住人心而握着它的中點"⑫。這幾句話講得深奧一點，所以後來的人也就承認它確是聖人的最高原理。

我們現在，一想到古帝王，總覺得他們的面目是一例的慈祥，他們的政治是一例的雍容，就爲他們的故事都給德治的學說修飾過了，而德治的學說是始創於周公的，他所以想出這個方法來爲的是想永久保持周家的天位。從此以後，德治成了正統，神權落到旁門，二千數百年來的思想就這樣的統一了，宗教文化便變作倫理文化了。

注釋：

① 本篇大意取於郭沫若先生先秦天道觀之進展（民國二十五年商務印書館

出版)第二章天的觀念之利用。

② 譯自詩經大雅文王篇。呂氏春秋古樂篇説這首詩是周公作的，固然没有真實的證據，但把周書中周公對自己方面人説的幾篇話合看，它們的態度是一致的，現在就採用了。

③ 譯自尚書無逸篇。

④ 當時人的觀念，以爲洛邑在天地的中央，所以稱洛邑爲"土中"。

⑤ 譯自尚書召誥篇。以上數段均匆促譯成，將來得暇再改正。

⑥ 見左氏僖十九年傳及襄三十一年傳。

⑦ 見墨子非攻下篇，參尚書吕刑篇。

⑧ 見僞古文尚書大禹謨篇，按這一説本於淮南子齊俗訓。

⑨ 見逸周書殷祝解。另一説見尚書大傳。

⑩ 見孟子公孫丑下篇及盡心下篇。

⑪ 見論語堯曰篇。此篇在論語中出現時期甚遲，當已在孟子之後。

⑫ 見僞古文尚書大禹謨篇。這幾句話的原文是"人心惟危，道心惟微，惟精惟一，允執厥中"，這是宋代道學家所極尊重的句子，因爲它是道統的核心。但我們知道這話乃是從戰國時的"道經"上套來的。荀子解蔽篇云："道經曰'人心之危，道心之微'，危微之幾，惟明君子而後能知之。……故好書者衆矣，而倉頡獨傳者，壹也。……好義者衆矣，而舜獨傳者，壹也。……自古及今未嘗有兩而能精者也。"這是前三句所本。加上論語的"允執其中"，便成了很整齊的四句。可是因爲它們的來源是兩個，所以意義並不很聯貫。試問這"厥"字是什麽東西的代名詞呢？

商王國的始末 [*]

環着渤海和黄海岸，有濟水、黄河、灤河、遼河、鴨緑江、

---

[*] 原載文史雜誌第一卷第二期，1941 年 3 月 1 日。

大同江的冲積地。近年因考古學的發達，確知當新石器時代，東北區域在人種及文化上已和黄河流域聯爲一體①。

不知什麽時候，在渤海和黄海的西岸上住着一種文化較高的人民，因爲他們後來建都在商丘②，所以稱他們作"商人"；因爲他們的國家後來成爲東方最大的王國，作諸小國的共主，所以稱他們的全盛期爲"商朝"。這是我們的有史時代的開頭，我們該得大大地注意。

據商人自己説，他們這個種族是上帝降下來的。古時白茫茫一片洪水淹没了這個世界，禹費了大氣力治平之後，地面上就有一個興盛的國家，叫做有娀氏，他們的國君生了兩位美麗的姑娘，大的叫簡狄，小的叫建疵。國君寵愛她們，特地造了一座九層的瑶台，她們住在上面，飲食的時候都命人打鼓作樂。有一天，她們到河裏洗澡，一隻燕子飛來，鳴聲非常好聽，她們爭着捉它，捉住了蓋在玉筐裏。等一刻，揭開蓋來，燕子飛走了，留下一個五彩的卵。簡狄搶去吞了，她就懷了孕，原來這頭燕子是上帝派來送種子的呢。後來他生下一個兒子，取名叫契，就是商人的始祖③。

這位派燕子下來送種的上帝，他們説他名夋；後來寫了同音的字，變做帝嚳④。他們也稱夋爲"高祖夋"，表明這位上帝就是自己的始祖。像這樣的人類起源的神話，朝鮮也有，滿洲也有，可見它在環着渤海岸的各部族之間是普遍流行的，也就可以推知這些部族大有同出一源的可能⑤。

簡狄的兒子契，關於他的事蹟我們實在聽的太少了，只知道他的稱號是"玄王"，這大約因爲燕子色黑，稱爲玄鳥，而契的生命乃是玄鳥帶來的緣故。他的兒子昭明搬到商丘，國號就叫作商。昭明的兒子相土是一個有烈烈武功的國王，他開拓的地方大了，立了兩個都城，西都是原有的商，東都在泰山的附近。後來詩人詠歎他，還説他的勢力達到了"海外"。可惜這位詩人説得太簡單了，不知道所謂海外是"外"到那裏，是不是他跨過黃海而發展到了東岸的朝鮮⑥？

又傳了幾代，到王亥。他從商丘北渡黃河，帶了很多的牛羊，向高爽地方游牧去。走到易水，停留在易國裏。那位易國的君主緜臣起初待他很好，請他看跳舞，又把美貌的姑娘配給他。可是這種假殷勤終究拆穿，緜臣抓住一個機會，把他殺了，把他的牛羊群統統奪過去了。商國興師問罪，打了兩世的仗，才把緜臣殺掉，報了這個大仇⑦。

相土和王亥這兩位商王還有同樣可注意的故事，原來用馬駕車是相土發明的，用牛駕車是王亥發明的。有了這種發明，交通就漸漸便利了起來⑧。

又過了好幾代，到湯。他建都在商丘西北的亳⑨。人們說，他十分敬重上帝，他的聖德一天天的升聞到天上，上帝信任了他，便命他享有天下。他既受了上帝的寵愛，政治更好了，武功更強了，小國大國歸附他的更多了。那時有一個葛國⑩，國君不行祭祀之禮。湯去質問他不祭的理由，他道："我沒有犧牲。"湯叫人把牛羊送去，葛君自己吃了。第二次去質問的時候，他的回答是沒有黍稷，湯命令自己的人民到葛國去替他種田。少壯的辛苦耕種，老弱的來往送飯，葛君又叫人把他們的飯食搶了下來。有一個小孩提了一籃子黍和肉，不讓他們搶，就被殺死了。因為他們殺死了這個小孩，湯就出兵把葛國滅掉。那時各地的人們聽到這事，都稱讚道："湯這番舉動並不是貪佔地盤，乃是替平民報讎呀！"自從這一次打起了頭，他一共舉了十一次兵，就成為那時的最強者了⑪。

那時天下的共主是夏桀，他在自己的王國裏壓迫人民，人民咒詛他早死。桀聽得了，笑道："他們幹什麼！我是太陽，待沒有了太陽我才死呢！"湯想機會到了，就麾戈北向，先伐滅了韋、顧、昆吾⑫，把桀的與國剪除了，進一步便和夏王開戰。但他的

軍士們似乎不很願意，於是他誓師道：“聽你們講，‘夏王的不賢
和我們有什麼關涉？’你們這話是錯的。你們應該知道，我是受了
上帝的命令而出兵的！我畏懼這最高的威嚴，不敢不這樣做。現
在你們盡力幫我去執行上帝的責罰罷！你們肯去，我有大大的賞
賜；不去，我連你們的妻子都殺了！”在這樣嚴厲指揮之下，果然
把夏師打得一敗塗地。桀逃到三朡[13]，就追到三朡。桀又逃過淮
水，直奔南巢[14]，那裏離中原太遠了，他纔歇手。這是中國歷史
上“革命”的第一幕。怎麼叫做革命呢？原來夏王作天下的共主，
是數百年前上帝的命令，現在上帝又有新命令給湯了，接受了這
個新命令去革掉那個舊命令，這就叫做革命[15]。

　　自從契立了國，相土大擴國境，王亥游牧北方，經歷約十四
代，四百年，打好了這一個基業，到湯的時候才發展到了頂點。
因爲湯的武功像火一般的旺盛，所以他自號爲“武王”。在很遠的
西邊有兩種人，一種叫羌，一種叫氐，都迢迢地進來朝貢，承認
他在西方的宗主權[16]。

　　許多記載告訴我們，商是常常遷都的：湯以前移過八次，湯
以後又遷過六次[17]。他究竟爲什麼要遷，是不是游牧部落的習慣，
還是遭遇了水災？這個問題我們現在還没法回答。

　　書上説：自湯建都於亳之後，經過八代没有移動。到第九代
仲丁，他遷到囂[18]。又傳了兩代。到河亶甲，他渡河而北，建都
於相[19]。他的下一代祖乙又遷於耿[20]。住了不久，遇着水災，冲
壞了，他又遷到庇[21]。在那裏傳到第四代南庚，又渡河而東，遷
都到奄[22]。只隔了一代，到盤庚，又西渡河，都於殷[23]。從此以
後，他們住定了，直到亡國，在那邊經歷了二百七十三年。總看
這些建都的地方，都在黄河和濟水之間。殷是商朝最長久的都
城，所以後人就用了“殷”來稱商，或合稱爲“殷商”。但別人儘管
叫他們爲殷，他們自己還是稱商。這個地方在黄河的轉角上，太
行山的東邊。講到交通，是北望漳水，南望淇水，靠近的是洹

水，可說是十分方便。也有人說商末曾遷都朝歌㉔，朝歌在淇水之南。但據新發見的甲骨文看來，卻沒有這件事。大概因爲淇水之旁綠竹叢生，風景幽雅，商王蓋造幾所離宮別館在那邊，作游觀和避暑的所在呢㉕。

在他們的王國之外，有屬國，又有外邦。商人稱外邦常用"方"字。這些方的名稱，有馬方、虎方、井方、孟方、三封方等等，有好許多方現在已經找不出他們的所在地了，還有許多方我們連他們的國號都唸不出字音來了，在邦交好的時候，外邦常常送東西進來，商王也常要替他們祝福；等到邦交一壞，商王不但出師征伐，而且還在祖宗的靈前祈求降下災罰給他們㉖。現在掘出來的許多商朝的東西，裏面有鹹水貝，有鯨魚骨，由此知道他們和海上的交通是很密切的。猜想起來，這個王國當是介於現今的山東、河南、河北和山西四省之間；至於他們的宗主權所及，西邊到陝、甘，東南到蘇、皖，東邊說不定越海到朝鮮，東北一定達到遼寧。他們的聲威，既經這麼遠，所以他們的文化就取精用弘，各方面的文物都有使用的機會，他們能採南國之金，製西方之矛，捕東海之鯨，游獵於大河南北，以從事於文教的制作和武功的發揚，全東亞再沒有可與他們抗衡的國家了㉗。

湯以後武功最大的王有兩個，一個是武丁，一個是紂。武丁時有個强大的異族，喚做鬼方，他們的根據地在現今的陝、甘一帶。大概爲了他們的勢力向東進展到今山西，離商都已近，武丁便領兵征伐，一打打了三年，才把他們克服。打一回仗要用三年工夫，在古代真是一個極大的戰爭了㉘。那時商的强鄰還有四個，東面的是夷方，北面的是土方，西北面的是舌方，西南面的是羌方。武丁曾用了五千人打土方，用三千人打舌方，又曾命他的妃子名婦好的帶了一萬三千人去打羌方，顯見得羌方比別的方一概强盛。但征伐的次數，在現今已整理的材料裏，伐土方、羌方、夷方，都只有幾次，伐舌方卻有二十六次之多，又可見舌方搗的

麻煩最爲厲害。商的屬國，如沚，如戉，都在西邊時時受土方和
吾方的欺凌，他們也就時時到這宗主國來請求保護。羌方是湯時
就來朝貢的，但在武丁時曾有些小變亂，結果仍被征服了。至於
商的東方屬國，有畫，在今山東臨淄附近，有兒，即後來的郳，
他們和井方爲鄰，沒有聽說動過刀兵㉙。

　　商的末葉有一件很重要的戰史，就是紂征夷方。在紂的十
年、十五年、二十年，一共對於夷方開過三次仗。夷方就是東
夷，在今山東一帶，當古代的濟水流域，本是商的屬國，在武丁
時已鬧過，到了這時又叛變起來。紂靠了他自己的才幹高強，兵
士衆多，用了全力把東夷攻克，捉得許多俘虜而歸。可是這回表
面的勝利竟成了他後來失敗的根本原因，爲了打的太凶，把自己
的國力鬧空虛了，“螳螂捕蟬，黃雀在後”，周人乘虛而入，他再
也沒有力量去抵抗了㉚。

　　周人立國在今陝西中部，起初不過是一個部落，經了三四百
年的經營，居然成爲西方最強大的國家。商朝封他們的君主爲
“周侯”㉛，又和他們締結姻親㉜，很想把這一個強族拉到自己的
勢力範圍之下。不幸商朝有了千餘年積累的文化，大家專喜歡講
究生活的舒服，漸漸把朝氣換成了暮氣。到末年，他們上上下下
的人都愛喝酒作樂，喝得個人事不知，整夜叫鬧，甚至把白天當
作了晚上。他們的最主要的道德原是敬重鬼神，虔誠祭祀，但到
了這時候，品行的墮落甚至偷竊到祭神的犧牲了。做官的也沒有
一點綱紀，只會互相欺騙。人民又時常鬧意氣，彼此結成冤家，
全國彷彿一盤散沙㉝。就在這時候，那文化程度不很高的周國急劇
地興盛起來了，他們有很大的地盤，很富的農產，很強的武力，還
有刻苦奮鬥的精神，試問在這個老大國家裏享福慣了的人們如何擋
得住這種銳利的侵略，於是商朝就像疾風吹落葉般地結束了！

　　從契到紂，依現在所知道的共爲四十六王。商人傳位的制度
大致是兄終弟及的，一世可以不止一個人作王，所以從世數算來

一共是三十世㉞。年數現在已没法確實知道，我們猜測起來，從他們的初建國到滅亡，大約一千年是有的，從湯到紂，相傳是六百年左右㉟。因爲他們始創文字，記出了他們的事蹟，所以我們稱商朝爲有史時代的開頭㊱。

在春秋的末年，孔子爲了尋求商朝的制度，特地跑到宋國去，但結果只有帶着失望回來㊲。現在離開那時又已二千四百餘年了，孔子所能看見的東西我們也看不見了，我們對於商的歷史將如何講起？天大的幸運，四十年前商朝的甲骨卜辭發現於河南安陽，經過了長時間的發掘和研究，又加上舊傳的材料，我們方得説出一個大略。安陽就是商朝的下半段建都二百七十三年的殷地，後來叫作殷虚的。因爲這是一個長時期的都城，所以保有十二代君主的占卜遺物。爲什麼在占卜上會得保存歷史呢？原來那時的國王做一件事必先占卜，祭祀的事不用説了，就是出去、回來，走到那裏，停在那裏，經過那裏，在那裏打獵，在那裏捕魚，向那方開仗，向那方交際，都得占卜，也都得把占卜的事情刻在占卜的甲骨上，所以這些卜辭就不啻保存了他們的二百數十年的歷史。我們生在這個時代實在太幸福了，我們對於商朝歷史的知識不但超過了漢以下的史學家，而且也超過了春秋時的那位徵文考獻的孔子了㊳！

注釋：

① 本段根據傅斯年先生東北史綱第一卷古代之東北第一章（民國二十一年十月，國立中央研究院出版）。所謂考古學上的證明，係指民國十年安特生先生在遼寧省錦西縣沙鍋屯的發掘，他證明該地的文化遺物，如貝環，如彩色陶片，都和河南澠池縣仰韶村所發見的異常的合同，其結論云：“此一穴居之留遺，與彼一河南遺址，不特時代上大致同期，且正屬於同一的民族與文化的部類，即吾所謂仰韶文化也。”（見地質調查所出版之古生物誌丁種第一號第一冊）又沙鍋屯與仰韶村所出之人骨，由步達生先生比較研究，其結論亦謂此兩地居民並與今日北部中

國人爲一類（見古生物誌丁種第一號第三册）。又一九二八年日本東京帝國大學濱田耕作教授等發掘旅順之貔子窩，其結論亦謂發見之人骨與仰韶村及沙鍋屯人爲近，並謂漢武帝時之漢人東漸，乃是前此支那人伸張之重現，而武帝之成功亦正以其在該地原有相當的民族根據的緣故（見貔子窩發掘報告）。

② 商丘，今河南省東部之商丘縣。史記殷本紀云："契封於商"，是都商者始於契。荀子成相篇云："契玄王，生昭明，居於砥石遷於商"，是都商者始於契子昭明。無論如何，總是商人早年的根據地。

③ 本段根據詩商頌玄鳥及長發篇，呂氏春秋音初篇、淮南子地形訓。

④ 甲骨卜辭中常見"褮於夒"之文，王國維先生據皇甫謐"帝嚳名夋"之語，定"夋"爲"夒"字之譌文，"嚳"與"夒"聲相近，故古籍中又作"帝嚳"，說見其所作古史新證（清華大學研究講義）。

⑤ 傅斯年先生東北史綱第一卷第一章第三節朱蒙天女玄鳥諸神話所說。魏書高句麗傳云："朱蒙母……爲夫餘王閉於室中，爲日所照，……既而有孕，生一卵，大如五升。……置于暖處，有一男破殼而出，……字之曰朱蒙。"朱蒙後爲高句麗王。清太祖實錄云："天降三仙女，浴於泊，長名恩古倫，次名正古倫，三名佛庫倫。浴畢上岸，有神鵲銜一朱果置佛庫倫衣上，……甫著衣，其果入腹中，即感而成孕。……後生一男，……名布庫理雍順，……其國定號滿洲，乃其始祖也。"

⑥ 本段根據詩長發篇、左氏定四年傳、荀子成相篇。按左傳云："取於相土之東都以會王之東蒐"，杜注："爲湯沐邑，王東巡守，以助祭泰山"，故知相土東都當在泰山附近。

⑦ 本段根據楚辭天問篇、山海經大荒東經及郭璞山海經注引竹書紀年。按王亥之名不見於史記，人們早已忘卻。民國初年，王國維先生整理甲骨文字，屢見"褮於王亥"之文，加以考核，始知史記之"振"即爲其誤文，經此發見，那些散見於各書的零碎材料也就聯貫起來了。說詳其所著殷卜辭中所見先公先王考中。

⑧ 本段根據世本作篇（周禮校人注及初學記卷二十引）、荀子解蔽篇、呂氏春秋勿躬篇、管子輕重戊篇及王國維先生殷卜辭中所見先公先王考、董作賓先生甲骨文斷代研究例。（相土或作乘杜，或作乘雅；王亥或作王冰，或作胲。）

⑨ 湯都之亳，一稱北亳，在商丘西北，今山東曹縣南。説詳王國維先生三代地理小記。

⑩ 葛國，今河南寧陵縣地，在山東曹縣西南。

⑪ 本段根據詩商頌長發篇、孟子滕文公下篇。

⑫ 韋國在今河南省滑縣東南，顧國在今山東范縣東南，昆吾國在今河北濮陽縣東。這三國今日雖分割歸三省，但在地理上卻非常接近，都在當時濟水的上游。

⑬ 三朡，在今山東定陶縣。

⑭ 南巢，在今安徽巢縣東北。

⑮ 本段根據詩長發篇、書湯誓、多士篇、孟子梁惠王上篇、書序。

⑯ 本段根據詩長發、殷武篇、國語周語下。

⑰ 根據書序、史記殷本紀，及古今本竹書紀年。

⑱ 囂，亦作隞，在今河南河陰縣西北。

⑲ 相，在今河南內黃縣東南。

⑳ 耿，舊説在今山西河津縣；但是別的都城全在太行山之東，爲什麼獨有這一個遠在山之西呢？史記殷本紀，耿作邢，在今河南溫縣，當即其地。

㉑ 庇，不詳其地，大約離邢不遠。

㉒ 奄，在今山東曲阜縣。

㉓ 殷，在今河南安陽縣。

㉔ 朝歌，在今河南淇縣，北與安陽接境。皇甫謐帝王世紀謂武乙徙都朝歌。

㉕ 本段根據書序、史記殷本紀、詩大雅蕩篇（稱商爲殷商）、周書各篇（稱商爲殷）、甲骨卜辭（有商無殷）及王國維先生三代地理小記。

㉖ 根據余永梁先生柴誓的時代考（古史辨第二册頁七五）、董作賓先生甲骨文斷代研究例（慶祝蔡元培先生六十五歲紀念論文集）。

㉗ 根據李濟先生安陽最近發掘報告及六次工作之總估計（安陽發掘報告第四期，民國二十二年國立中央研究院出版）。李先生在本文中説："殷虛文化是多元的。……出土品中確可指爲原始於東方的爲骨卜、龜卜、蠶桑業、文身技術、黑陶、戈、瞿、戚、璧、瑗、琮等。確與中亞及西亞有關者，爲青銅業、空頭鏃等。顯然與南亞有關者，爲肩斧、錫、

稻、象、水牛等。這些實物都是構成殷虛文化的重要成分，已與那時的人民的日用及宗教生活發生了密切的關係，不是短時間的一個湊合。換句話説，他們的背後已經有了一大段的歷史。要是我們能把上列的諸實物每一件移動的歷史都弄清楚，我們對於殷商以前黄河流域與他處的交通也可以明白好些。"

㉘ 根據周易既濟爻辭、王國維先生鬼方昆夷獫狁考。

㉙ 根據董作賓先生甲骨文斷代研究例。邠即春秋時的小邾。

㉚ 本段根據左氏宣十二、十五，昭四、十一年傳、小臣艅尊銘、董作賓先生甲骨文斷代研究例。夷方的叛變，在周人的崛起及其克商注 19 中有一個推測。

㉛ 見董作賓先生新獲卜辭寫本後記（民國十七年中央研究院出版）。

㉜ 見詩大雅大明篇。

㉝ 以上見詩大雅蕩篇、書微子篇。

㉞ 根據董作賓先生殷代先公先王世系圖（在甲骨文斷代研究例中）。

㉟ 左氏宣三年傳云："鼎遷于商，載祀六百。"漢書律曆志下云："自伐桀至武王伐紂，六百二十九歲。"

㊱ 商代的文字因爲刻在甲骨上，所以稱爲甲骨文。那些文字大部分是象形的，寫法也没一定，往往一個字有幾十種寫法，行列的形式也極隨便，足見那時還在文字的構成途中，想來商以前是没有文字的。在發現的古物裏邊，從來不曾有過一件虞、夏時的有文字的器物，也足以證明這個假設。

㊲ 見論語八佾篇、禮記禮運篇。

㊳ 關於甲骨文字的發見和研究的經過，見董作賓先生甲骨年表（商務印書館出版）、朱芳圃先生甲骨學商史編（中華書局出版）。按安陽甲骨本散在田間，村人當作龍骨賣給藥舖，至光緒二十五年（西元一八九九），始給山東古玩商人販至北京，取得古物的價值；到今年（一九三九），整整的經過四十年。現在大批甲骨和商代銅器、陶器、石器、人獸遺骨等等，均藏在國立中央研究院歷史語言研究所中。

附前記

　　許多年來，我常想系統的編出一部"中國古代史"，給一般人看。無如北平書籍太多，研究小問題太方便，總不容許作大體的敘述。抗戰以來，許多書籍看不到了，而我們在大學裏的職業還沒有丟掉，我很想借此機會達到這一項志願，所以前年到了雲南大學，就用通俗體裁編寫上古史講義。人家笑我寫的是小説，我説：我正要寫成一部小説，本不希罕登大雅之堂。不幸流離轉徙之餘，血壓太高，身體驟壞，只寫成九章①就擱下了。現在文史雜誌累函徵文，病軀支離，實不能握筆作新東西，只得檢出舊講義塞責。讀者諸君如果覺得這個體裁可用，希望大家起來這樣寫，讓一般没福享受高等教育的國民能看我們的正史，激起他們愛護民族文化的熱忱；那些大學生呢，也可看了我們的注釋，自己去尋求史料，作深入的研究。民國二十九年十二月十三日記。

（原載文史雜誌第一卷第二期）

周人的崛起及其克商*

周人的來源和商人有些相像，也是上帝特地降下來的，但關於這個聖胎的獲得卻又別出蹊徑。他們説：古時有一個女子名喚姜嫄，她的德行爲上帝所賞識。她誠心祭祀，祈求上帝賜給她一個兒子。有一天，她在野裏走路，瞥見路上留着很大的腳印，一時高興，踏在上面走過去，就覺得肚子裏懷了孕。足月之後，很

---

① 西周的王朝原非獨立之一章，楚莊王的霸業未寫畢，故均未計在内。——編者注

* 原載文史雜誌第一卷第三期，1941 年 5 月 1 日。以後又作了一些文字上的修改。

順利地産下一個男孩。因爲這個孩子是上帝降下來的，所以他不受人間的一切傷害。有一天，她無意中把他放在一條小巷裏，没有去照管，牛和羊便跑來給他吃奶。有一次，他迷失在一座樹林裏，就有砍樹的人把他帶了出來。又有一次，他失足掉在凍冰的河上，就有鳥飛下來張開了翅膀遮護着他；等到這頭鳥飛開時，他呱的一聲哭出來，聲音很響亮，驚動了行路的人，便由他們抱起來了。到他稍微長大時，就會隨處表現他的農業天才，豆咧，麻咧，麥咧，種什麼好什麼。因爲他什麼植物都會種，並且傳下了許多好種子，所以他的子孫們上給他一個尊號，叫做“后稷”，“稷”是農作物的一種，現在的名稱是高粱，大概那時人吃的最多，所以把它當做了農作物的代表，“后”即王的異名，這個尊號譯成現代語便是“種田大王”。他死後成爲農神，他的子孫用了最隆重的儀式去祭祀他，把他配享上帝，所以田裏的收穫豐盛時，他們説他正在出力養活下民，年成壞了，又説他在天上急得跺腳，想不出什麼方法來救他的子孫①。

相傳姜嫄是有邰氏的女兒②，她的兒子后稷長大了也住在有邰，邰地在今陝西武功縣境③。周人又説自己這一族先住在杜水旁邊，後來又遷到漆水岸上。杜水在武功縣東，漆水在長安縣西，表明他們是由西向東順着渭水遷徙的④。不知道他們在漆水邊住了多少時候，傳到公亶父，他想換一個新環境，就帶了他的夫人姜女和一班人民又回頭向西，沿了渭水和雍水，走到了岐山的山腳。在那邊，他們找到一塊大平原叫作周原的，非常的肥美，連菫茶這種苦菜也帶了一些甜味兒，他喜歡極了，想定居在這裏，就和隨從的人們商量，又用了龜甲占卜，都得着滿意的表示。他們住了下來，劃分田畝的疆界，把人民安頓在各方面。本來他們住家在漆水邊時，是在窰洞裏過活的，現在遷到了這塊新地方，就聚集人衆，大興土木，這邊是宗廟，那邊是社壇，這裏是宫室，那裏是城門，一路打鼓，一路工作，把這座城布置得井井有條了。因為他們住在這塊周原上，所以他們的國號就叫做周⑤。

　　不知道又過了幾代，傳到公劉。他是一個很有作為的人，不肯安閒地住着。他勤於農業，把糧食積聚起來，等到積得很多之後，就率領人民，背了弓箭，裹了糧草，向東北行去。他們走到涇水旁邊的邠谷⑥，那裏也是一塊大平原，水泉又很多。他上山下原，揀擇適宜建都的地方，看到一處高丘，其名曰京，覺得它最好，就在那裏築起城邑來了。涇水東南流入渭水，渭水南岸就是終南山，木材最多，石料和礦產也很豐富，他派人去運，一船一船地載了來。邠地向來沒有墾闢過，他芟草刊木，新開了好多的土地。順着水泉灌溉的方便，他劃分了若干區田畝，授給人民耕種，又規定了他們的軍賦和稅法。因為他管理得很好，別處的人也去歸附他，他的人民一天比一天增多起來，連山澗裏都住滿了。人口增加之後，土地不夠分配，只得到涇水上流去再開闢新地方，周國的疆域便又擴充到汭水的外面⑦。他的都城建在京丘上，就叫作京，用久了變作都城的通名，所以後世的王都也都稱為京，或又加上一個方向，又或加上一個地名，稱為什麼京了⑧。

　　公劉時代，周國既富且強，人民都有些蓄積。九傳到了太王，國勢更盛，可是想不到碰着一個意外的打擊。原來現在的山西省境內和陝西省的東北部，當時住着一個強大的游牧部落，他們的種族名為鬼方。商王武丁處在商的全盛時代，兵精糧足，厭惡他們漸漸東侵，逼近王畿，便出兵討伐，一下子打了三年，鬼方失敗，便轉頭向西遷徙，到了涇水流域。周國正佔有了涇水流域的一塊好地方，雖說很富強，究竟還是一個小國家，無論如何沒有力量和他們抵抗的。鬼方恃強向周人索取財物，他們索一次太王就給一次，但總是填不滿他們的慾望；後來索性不要財物，而要周的土地和人民了。太王不得了，召集了自己的部下，向他們說道：“為了我住在這裏，害得狄人不斷地來胡鬧。你們不怕沒有人來做你們的君主，我現在要避開了！"他就帶了家屬，離開邠地，翻山到岐山的南麓，自己的祖宗的老地方。邠地的人民捨不得他，一家家扶老攜幼，跟隨他到了那邊。岐山土地肥沃，不比邠地差，他把國家遷去同樣可以好好過活；而且岐山南面有一條道路可通漢水的上游，那邊也是好地方，又給他們一個向南發展的機會。太王有三個兒子，大的泰伯，次的仲雍，幼的季歷。那兩位哥哥看自己的小弟弟能幹，不怕他擔負不了國家大事，就把將來的君位讓給他。他們弟兄二人帶了部屬直向南方山溝裏走去，沿着漢水到了長江，斷髮文身，和蠻人一起度日。他們的本領高強，蠻人佩服他們，齊來歸附，泰伯登時做了那邊的君主，國號爲吳。泰伯死後，仲雍繼位，後來仲雍的子孫又繼續下去，周人在南方就有了穩固的勢力⑨。因爲周的國土擴大，富力增加，所以周君也學了大國商朝的模樣，改號稱王了⑩。

季歷做了王，稱爲王季。他不但有很好的德行，而且還就成了煊赫的武功。那壓迫太王的鬼方，到了王季的手裏就報了讎了，他們的二十個狄王，在一次戰爭裏都做了周國的俘虜。後來他伐燕京之戎，不幸失利。過了兩年，他又伐余無之戎，得着一回大勝。商王文丁看他的勢力這樣蓬勃，恐怕於商不利，爲想羈縻他，命他爲"牧師"，那就是諸侯的領袖的意思。到這時，周就成了商以下的唯一大國。又過了三年，他攻打始呼之戎和翳徒之戎，也都把他們克服。這許多戎大概都在現今的山西、陝西一帶，周人的疆土，靠了這幾次武功，急劇地向東向北擴張開來。但文丁站在旁邊看着再也忍不住了，他趁王季沒有留心的時候就把他捉來殺了⑪。

爲了周國急速發展的緣故，商王不但命王季爲牧師，而且早年還送給他一位夫人，叫做太任。太任是商王畿內的摰國的姑娘，嫁到周國去着實有些和親的意味。她生的兒子名昌，就是文王。文王即位的初年，商王帝乙又把自己的少女嫁與他。他們結

婚的時候，舉行一個盛大的典禮，文王到洽水⑫和渭水的邊上去
親迎，把許多船隻聯結成爲一道很長的浮橋。這樣的大典禮使得
僻處西邊的周人大開眼界，所以後來詩人詠歌，說這位大國的姑
娘表現她的光榮，彷彿天上降下來的女神一般。但文王卻不因他
自己一來是商的外甥，二來是商的姑爺，就忘掉了他的祖和父傳
給他的使命；商王的恩禮愈重，他的願望也繼長增高。他是一個
有大幹才的人，又有許多的好輔佐，無論在實力上或德行上都足
以使人心悅誠服，所以四方的小國歸附他的很多。那時商王紂怕
他，正像以前文丁怕季歷一樣。紂也曾把他捉住了關閉在羑里，
然而一班心向他的諸侯都情願跟他一塊兒監禁，商朝沒有法子對
付，只得把他釋放了。紂在黎的地方練兵⑬，那裏是商、周二國
的邊界，目的恐怕是在整飭國防，向周國作些威脅。忽然消息報
到，東夷叛變了。他趕緊出師東伐，打了好幾年仗才得平定。可
是得到勝利之後，他們已經筋疲力盡，不暇西顧。文王乘着這個
當兒，很輕易地把黎這塊地方搶過去了。這真是給商朝一個很大
的打擊。當時商的一位大臣祖伊聽到這事，奔到王前，急忙說
道：“天子啊！我們的天命怕已終止了吧？那位西方的霸主已經
把黎打下來了！”紂也沒有辦法，只得向祖伊安慰道：“天命究竟
在我的身上，看他把我怎麼樣罷！”在文王伐黎的前前後後，他又
判斷了虞國和芮國的爭訟，取得西河兩岸的主權⑭；又趕走了畎
夷⑮，伐滅了密國，保護了阮國⑯，鞏固北面的疆土；又滅了崇
國⑰，鎮定渭水的南岸；又打下了邘國⑱，直逼商的王畿。拿現
在的省區來看，周的國境已跨有陝西、甘肅、山西、河南四省之
地；如果連泰伯、仲雍新闢的地方一塊兒算上，恐怕湖北和江西
都成了周的天下了。因爲這樣，所以後人稱讚文王，說，如果把
天下分作三份，文王倒佔有了兩份⑲。

　　當文王滅崇之後，嫌岐山下面的都城偏在西邊，不便經營東
方，就遷移到崇國的故地，灃水的旁邊，稱爲豐邑⑳。他很想在

這個新根據地上完成他的伐商大志，不幸他得病逝世了。他的長子武王繼起，爲要成就他父親的事業，自稱"太子發"，在畢地祭了天㉑，奉了文王的木主，出兵東征。他行到孟津㉒，只見四方的諸侯都帶兵前來參加。但他體察情形，似乎商朝的實力還不可輕視，深恐一擊不中反而損傷了自己的威信，即命班師回國。過了兩年，他覺得時候到了，就率領戎車三百乘㉓，虎賁三千人㉔，還帶着許多友邦和西南八個蠻族的聯軍㉕，浩浩蕩蕩，直奔商都。他們從氾水邊上㉖渡過黃河，順着太行山脈走了六天，毫無阻攔，一氣走到商都南郊的牧野㉗。明天一早，天還沒有大亮，武王就召集了所有的軍隊，他左手握定黃色的大斧，右手搖着白旄牛尾的指揮旗子，誓師道："諸位從西方來，走得辛苦了！商王紂聽信了婦人的語言，輕忽了神靈的祭祀，疏遠了自己的弟兄，包庇了外邦的罪犯，所以我要恭行上天的責罰！你們應當整齊步伐，勇敢向前，像虎、貔、熊、羆一樣的勇猛！你們勉力罷！上帝就在你們的面前，你們不可疑惑呀！"那時商的軍隊重重叠叠，像一座茂密的樹林；不過他們的兵士裏邊有許多是從東夷捉來的俘虜，他們懷着二心。那時周人的明晃晃的戰車直衝過去，勇將師尚父像天空中老鷹一樣的飛揚擊鬬，商人已招架不住，想不到他們前陣的俘虜們又忽然回轉身來殺向自己的隊伍裏去，一霎時殺得紂的十萬大兵一齊崩潰。後人形容那時流血之多，説道，戰場上血水滔滔，連舂杵都浮起來了㉘。

　　紂是一個硬漢，他不肯逃走。奔到鹿臺之上，自己放火燒死。武王舉起旗子麾進諸侯，朝着紂的尸首射了三箭，砍下了他的頭，掛在大白旗上；又把兩個自縊了的妃子的頭砍下，掛在小白旗上。他們在商都裏住了一夜，就聚集周國的許多重要人物舉行一回大祭，武王拜受天命。可是周雖克商，究竟他們初到中原，和商的人民沒有什麼關係，而且商的地方是這麼大，要馬上做新任的主人翁也有好些困難。所以武王取了商朝的許多寶物之後，覺得還不如享有東方宗主權的好，他就命令紂子武庚仍作商王，另外派了兩個自己的弟弟管叔鮮和蔡叔度幫着商王管理政事，連武庚稱爲"三監"，要他們監住商的人民，不許叛變。這樣一來，商就成了周的保護國了。箕子是紂的叔叔，只爲觸怒了紂，被編入奴隸隊裏，到這時武王放他出來，封他爲朝鮮的君主。諸事安排已畢，就收兵回轉西方。武王把周的國都遷得更東一點，在滈水邊上築了一座城，名爲鎬京㉙。他做了西土的王，武庚做了東土的王，周是天下的共主，商是半獨立的王國，武王就這樣地決定了㉚。

武王克商之後，不久逝世，他的兒子成王年紀還小。商是個有千餘年歷史的大國，那能在一時就給周人征服，所以武庚趁這機會，聯絡了徐、奄、淮夷等八個東方國家㉛，揭起反周的旗幟。那時在周朝執掌大權的是武王的弟弟周公旦，管叔、蔡叔和他雖是同胞兄弟，看他獨攬政權，也不免眼中出火，就發散謠言，説周公對於成王不懷好意；他們不去阻擋商兵，反而離間王室，周公一方面須得對付武庚的外患，一方面又要對付管、蔡的內亂，沒有辦法，只得倚仗了武力來解決。他出兵東征，經歷三年的長時間，一直打到海邊，滅了五十個國家，殺了武庚和管叔，囚禁了蔡叔，纔把這場大亂平定。這是周人第二度克商，不但克商而且連帶克了商的許多屬國和與國，周人的勢力方始真正達到東方。周公作長治久安的打算，下了一個決心，把周家的族人和姻親封建到新征服的地方。周公的弟弟康叔封本是封國在康的，現在打下了商都，就把他改封到那邊，立了一個衛國㉜。周公的長子伯禽本是封在魯的，現在打下了奄國，就把他改封到那邊，連魯這個國名也帶了過去㉝。其他商王勢力所及的地方，像齊，像燕，也都把周王室裏的重要人物分封了㉞。一時新建的國家星羅棋布，這裏且不談。再説那班反周的商遺民，自從周公用了全力把他們平定之後，他再也不肯放鬆他們了，有的發遣給新封的諸侯，做了奴隸㉟；有的驅逐到遙遠的地方，成了化外㊱；那些有勢力的和不肯妥協的呢，周公在洛陽造起一座大城市，把他們押搬到那邊去，還把一部分商朝的官吏遷到鎬京的北面，好由周朝就近監視，不讓他們作出某些的活動㊲。這時候，一個有長久歷史的大國就真的滅亡！但周公還爲保留他們的面子，把紂的老兄微子南封到他們的老家商丘，立了一個宋國，因爲微子本是投降武王的，料想他不敢反抗，也許還可以幫助周王鎮壓商遺民唎㊳。周公施展他的鐵腕實現了這許多的政策，周朝八百年的基業就穩穩地站住了㊴。

注釋：

① 本段根據詩大雅生民、雲漢、周頌思文、魯頌閟宮諸篇。生民篇中"履帝武"一語實不可解，只得採取了史記周本紀的説法。相傳后稷名棄（自左傳和史記以來都這麼説），但我不信。這個孩子是姜嫄自己去祈求來的（詩生民"克禋克祀，以弗無子"，弗即祓除之祓），爲什麼生下之後要棄去呢？所謂寘之隘巷、平林、寒冰，而終於無災無咎，都只是表示他在上帝的保護下的奇蹟，而不是説姜嫄故意丟掉了他。近來又有好多人説后稷無父而生，可證那時還是知有母而不知有父的母系社會。但那時離現在不過三千多年，母系社會似乎不會這樣地近。這無非是周人自尊其祖先以取得民衆的信仰，故託之於上帝特降而已。

② 見大戴禮記帝繫篇。世本文同，見詩生民篇正義引。但它們都把姜嫄説成帝嚳的元妃，這是附會，看生民和閟宮的本文便知。

③ 詩生民篇："即有邰家室"。正義云："此邰爲后稷之母家，其國當自有君，所以得封后稷者，或時君絶滅，或遷之他所也"，這是無可奈何的一種解釋。但何以知道后稷一定做了邰君呢？正義又引杜預云："邰，始平武功縣所治斄城是也。"

④ 詩大雅緜篇："緜緜瓜瓞，民之初生，自土沮漆。"這"民之初生"一語和生民的"厥初生民"一樣，都是説自己這一族開頭時的情形。"自土沮漆"，漢書地理志右扶風杜陽下顏師古注云："齊詩作'自杜'"，既知土當作杜，杜爲地名，即知沮爲徂誤，徂爲動詞，和緜篇的"自西徂東"，

雲漢的"自郊徂宮"諸句一例，就是説周人是從杜遷到漆的。漆爲水名，詩周頌潛："猗與漆、沮，潛有多魚"，書禹貢："漆、沮既從"，漆與沮近，故常聯文，後人因杜寫作土，不得其解，遂讀徂爲沮，以沮漆爲漆沮之倒文。杜亦水名，漢志杜陽條云："杜水南入渭"，大約就是現在的武亭河，貫麟游、扶風、武功、盩厔四縣之境而入於渭水的。漆水當在長安縣境内。水經注漆水篇引潘岳關中記云："鄠、鄗、漆、沮四水在長安西南鄠縣，漆、沮皆南注，鄠、鎬水北注。"按禹貢云："涇屬渭、汭，漆、沮既從，灃水攸同"，涇水在長安北入渭，灃水在長安南入渭，則叙述在涇、灃之間的漆、沮自必在長安附近。禹貢又云："導渭自鳥鼠同穴，東會于灃，又東會于涇，又東過漆、沮，入于河"，則漆、沮必在涇水之東可知。沮水今稱石川河，在高陵縣入渭；漆水雖不詳今名，當亦在石川河附近入渭，或即石川河的支流，周頌潛篇爲西周王者薦魚享祀之詩，而彼時取魚於漆、沮，是必如成周之灃、澗，新鄭之溱、洧，近在國都之旁者，決不能遠至岐山之下也。後人未想到此層，遂將漆水説至岐周去，以至無法解此矛盾。又有人因漢代之漆縣即今邠縣，而將漆水説在邠縣的，亦同樣不可信，因與下文"率西水滸，至於岐下"之道路不合也。

⑤ 見詩大雅緜篇。打鼓，是建築時約束工人的節奏。公亶父這個人，從孟子以來都説是太王，我覺得不對。緜篇明明説"民之初生"，足見這乃是周人歷史的第一頁（后稷降生本來是一個神話；詩中又在公亶父的名上加了一個"古"字，和尚書的"曰若稽古"相同，可見這件故事是很早的）。太王之世已到周國的興盛時期，所以他可稱王；公亶父之世還在周國的開創時期，爲了表示他是一個酋長，所以稱他爲公。如果他就是太王，而太王的尊號是後人加上去的，那麼他當時雖稱公，而子孫賦詩咏歎，歌於宗廟，也該改稱他爲王了。何況此詩開頭一句就是"緜緜瓜瓞"，足見作者是探本窮源講述周人的祖先的，決不會逕從中間的太王講起。孟子們所以説爲太王，只爲公亶父"至於岐下"，而太王則"居岐之陽"（魯頌閟宮），有這一點相像。可是住在一處的何必即爲一人？而且公亶父由漆遷岐，太王由豳遷岐，其居岐雖同，而出發之點則不同，又分明是兩個人。此意我已在"文王是紂臣嗎"（古史辨第一册頁一四七）一文中説過，但未詳闡，得暇當另作專文論之。

⑥ 邠谷，在今陝西栒邑縣，詩經作豳，孟子作邠。

⑦ 詩大雅公劉篇"芮鞫之即"，毛傳釋芮爲水厓；鄭箋釋芮爲水内，鞫爲
水外；朱熹集傳云："芮，水名，出吳山西北，東入涇。周禮職方作
汭。"朱氏之説大約由漢書地理志來，志於右扶風汧縣下云："芮水出西
北，東入涇，詩'芮阺'，雍州川也"，顏師古注："芮鞫之即，韓詩作
'芮阺'。"按此説較有據，故今從之。汭水在今甘肅東部崇信、華亭兩
縣境内。

⑧ 本段根據詩大雅公劉篇。

⑨ 本段太王遷岐事根據孟子及史記，餘説俱從徐中舒先生殷周之際史蹟
之檢討（國立中央研究院歷史語言研究所集刊第七本第二分，民國二十
五年出版）。狄人壓迫太王由於武丁伐鬼方，泰伯、仲雍逃之荆蠻爲的
是開闢南土，這都是從前人没有説過的；但把許多史料排比來看，加
上因果的推測，便覺得其事甚確。太王志欲翦商，是魯頌閟宫裏明説
的，但他正在避狄之餘，救死不遑，商、周勢力之大小又相懸絶，何
以會忽發此野心？徐先生以爲周人初盛之時，決不能和殷商作正面的
衝突，他們一定先揀抵抗力最小而又與殷商無甚關係的地方下手侵略，
以培養其國力。泰伯等經營江、漢流域應即是翦商的開端。徐先生又
因詩大雅崧高篇記周宣王封申伯于謝（今河南南陽縣）之事，而詩言"申
伯信邁，王餞于郿"，知道那時從宗周到江漢流域是經過郿縣的，郿縣
在岐山之南，有褒斜道通今陝西褒城和南鄭（即漢中）等縣而轉至漢水，
故知泰伯等逃之荆蠻即由此路。泰伯等當時應只到江、漢間，其後裔
或因楚的壓迫而遷到長江下游。

⑩ 禮記中庸説："周公成文、武之德，追王太王、王季，上祀先公以天子
之禮。"史記周本紀也稱太王爲"古公"，王季爲"公季"，表示他們當時
只稱公；又云："詩人道西伯，蓋受命之年稱王，……後七年而崩，謚
爲文王。……追尊古公爲太王，公季爲王季，蓋王瑞自太王興。似乎
太王、王季的稱王均由武王、周公的追尊。其實這都是用了後世的眼
光來看古事。古代較有勢力的國君自稱爲王是很平常的事，王國維先
生有"古諸侯稱王説"（在"三代地理小記"中），以彝器銘文如吕王鬲等
作證，説甚可信。郭沫若先生兩周金文辭大系考釋以爲春秋時鄭亦稱
王，故新鄭所出銅器有"王子嬰次之燓盧"，王子嬰次即鄭子嬰齊也。

按宣六年左傳有王子伯廖，襄八年傳有王子伯駢，皆鄭大夫，可證郭說。詩大雅皇矣篇説王季"王此大邦"，其非追稱可見。史記之説，正如其在夏、殷王者名號之上都加帝字（如啟稱帝啟，太甲稱帝太甲），到了周王，謚法之下已寫明王字（如成王），再冠不上帝字了，便説"周武王爲天子，其後世貶帝號，號爲王"（殷本紀），是一樣的彌縫曲解。

⑪ 本段根據詩大雅皇矣篇及竹書紀年。原本紀年已佚，本段所據見後漢書西羌傳及章懷太子注引文。商王殺季歷事見晉書束晳傳引紀年，呂氏春秋首時篇亦云："王季歷困而死"。諸戎所在，注家皆不詳，惟燕京之戎可知其在今山西省境内。按淮南子地形訓云："汾出燕京"，高誘注云："燕京，山名也，在太原"。水經汾水注云："燕京山，亦管涔之異名也。"管涔山在今山西省西北部，就可知道燕京之戎是住在那邊的。

⑫ 洽水在渭水的北面，源出陝西郃陽縣西北，南流入黃河。

⑬ 黎，史記周本紀作耆，殷本紀作飢，在今山西東南部的長子縣，離紂都朝歌不甚遠。周克諸戎已佔有今之山西省西部，黎地約在商的西境，距周已近。

⑭ 虞國在今山西平陸縣東北，當黃河東岸；芮國在今陝西朝邑縣，當黃河西岸。古時稱今山西、陝西間的黃河爲"西河"。

⑮ 畎夷之名，用同音異字寫出，亦爲混夷、昆夷、串夷（見詩經及孟子）。依王國維先生的鬼方昆夷玁狁考説，畎夷亦即鬼方。

⑯ 密國，史記作密須，在今甘肅靈臺縣，地當岐山的北面。阮國，在今甘肅涇川縣，當靈臺縣的北面。

⑰ 崇國，在今陝西鄠縣東。

⑱ 邘國，在今河南沁陽縣。

⑲ 本段根據詩大雅大明、緜、皇矣等篇，易泰卦、歸妹卦爻辭（説明見顧剛所作周易卦爻辭中的故事，古史辨第三冊頁十一），尚書西伯戡黎篇，左氏襄三十一年傳（紂囚文王），昭四年傳（紂蒐于黎），昭十一年傳（紂克東夷），論語泰伯（三分天下有其二），及史記周本紀。征人方（即夷方）的記載見甲骨文及金文甚多。紂蒐於黎而東夷叛，徐中舒先生殷周之際史蹟之檢討文中疑係周人勢力達到江、漢之東，故能嗾使東夷起來牽制商朝；及紂克東夷時，文王又戡黎，使商人疲於奔命，

故左傳謂“紂克東夷而隕其身”。此説亦甚有可能性，故採用之。西清續鑑甲編云：“乾隆二十有六年，臨江民耕地，得古鏡十一”，乃吳王皮難之子名者減者所作之器，臨江即今江西清江縣。一説此指劉宋所置之臨江郡而言，地當今安徽和縣。按吳國自江、漢東徙，必先至江西，次及蘇、皖。

⑳ 豐邑，在今陝西長安縣南，鄠縣的北面。

㉑ 畢，在今陝西咸陽縣北。按周本紀“武王上祭于畢”一語，索隱云：“畢星主兵，故師出而祭畢星”，是以畢爲星名。然畢地離周都甚近，文王葬在那邊，後來武王也葬在那邊，殷大夫也遷在那邊，在那邊祭天出師甚有可能，故依集解引馬融説，解作地名。

㉒ 孟津，在今河南孟縣南。

㉓ 一乘是駕着四匹馬的一輛車，每車容步卒七十二人。三百乘即二萬一千六百人。但人數的異説甚多，待後詳。

㉔虎賁，是勇士。

㉕ 尚書牧誓云：“我友邦冢君……及庸、蜀、羌、髳、微、盧、彭、濮人。”這八族所在的確實地點，現在還考不很清，只知道羌在周西，庸、盧、彭、濮在漢水流域，蜀即巴、蜀之蜀。即此可見自從泰伯南征之後，西南各族已多屬周。

㉖ 汜水，在今河南汜水縣，即虎牢關所在，亦名成皋。

㉗ 牧野，在朝歌南七十里，今河南淇縣南。

㉘ 本段根據詩大雅大明、文王有聲篇、尚書牧誓篇、左氏昭二十四年傳引太誓、孟子盡心篇、荀子儒效篇、淮南子兵略訓、史記周本紀。

㉙ 鎬京，在今陝西長安縣南，豐邑之東，灃和滈兩條水都在長安縣西，向北流入渭，見本篇④。

㉚ 本段根據詩文王有聲篇、逸周書克殷解、論語微子篇、史記周本紀。

㉛ 據逸周書作雒解、書序、呂氏春秋察微篇。

㉜ 尚書康誥篇正義引馬融曰：“康，圻内國名。”史記衛康叔世家索隱云：“康，畿内國名。宋忠曰：‘康叔從康徙封衛，衛即殷墟。……畿内之康，不知所在。’”路史國名紀戊，“康叔故城在潁川”，蓋因説文六下“邟，潁川縣”，故以爲康即邟也。按易晉卦辭云：“康侯用錫馬蕃庶”，稱康叔爲康侯。康誥云：“肆汝小子封在茲東土”，明指徙封於衛之事，

而篇題猶爲“康誥”。史記衛康叔世家云：“康叔卒，子康伯代立”，父子均以康稱，足見康是國名而非諡法。據此諸點看來，似他們封地雖遷，而國名未改，猶魯遷於奄而仍稱其國曰魯也。衛之本字作䣏（呂氏春秋中數見），䣏讀爲衣，即殷也。疑康爲其國之正名而衛則沿襲其地之舊名。

㉝ 詩魯頌閟宮篇曰：“王曰‘叔父，建爾元子，俾侯于魯，大啟爾宇，爲周室輔。’乃命魯公，俾侯于東，錫之山川，土田附庸。”此文先説侯於魯，次説侯於東，可見其受封之次序。傅斯年先生大東小東説（國立中央研究院歷史語言研究所集刊第二本第一分）謂魯之原封在今河南魯山縣，及周公平奄，乃改封於曲阜。王國維先生古史新證亦謂魯地有淹中，亦作弇中，淹與弇即奄也。

㉞ 傅斯年先生大東小東説謂燕之本字作郾，金文中皆然，其封地即今河南郾城縣，後乃遷封於薊丘。又謂齊之本國爲呂，故太公曰呂望，其子曰呂伋，水經注云：“宛西有呂城”，其地即今河南南陽縣，後乃改封於營丘。燕、魯、齊諸國之所以改封，即爲周公東征之結果。此説甚是。按史記謂武王封箕子於朝鮮，其地望不詳，或不能如今地之遠，所以改封燕於薊者，當含有監視朝鮮殷民之用意。書序云：“成王既踐奄，將遷其君於蒲姑”，蒲姑爲齊地（見左氏昭二十年傳），孟子滕文公下：“周公……伐奄三年討其君，驅飛廉於海隅而戮之”，可見商人在海隅尚有勢力，故改封呂於營丘，亦含有監視海濱殷民之用意。其所以改封魯於曲阜者，閟宮之詩曰：“保有鳧、繹，遂荒徐宅，至於海邦，淮夷蠻貊，及彼南夷，莫不率從，莫敢不諾”，尚書費誓爲魯侯誓師之辭，篇首曰：“徂茲淮夷、徐戎並興”，徐與淮夷皆爲殷之與國，移封伯禽即所以鎮壓之也。

㉟ 左氏定四年傳記祝佗之言，謂成王分魯公以殷民六族，分康叔以殷民七族。

㊱ 呂氏春秋古樂篇云：“成王立，殷民反，……周公遂以師逐之，至於江南”，是即驅之於化外也。又武王封箕子於朝鮮，或亦含有驅殷民於遠方之意。

㊲ 尚書多士篇序云：“成周既成，遷殷頑民。”左氏桓二年傳云：“武王克商，遷九鼎於雒邑，義士猶或非之。”同是一種人，商人謂之義士，周

人即謂之頑民矣。按多士篇云："周公初于新邑洛用告商王士"，多方篇云："惟爾殷侯尹民，……越惟有胥伯小大多正"，足見所遷者皆頗有地位之人，猶秦始皇之徙天下豪富於咸陽及諸田於關中也。又逸周書作雒解云："俘殷獻民，遷于九畢"，孔晁注"獻民，士大夫也"，則遷其人於咸陽之北，更在周室之肘腋下矣。

㊳　宋國，在今河南歸德縣，其地即契或昭明所都之商丘，爲商人之最先根據地。微子面縛、興櫬降武王，見左氏僖六年傳。

㊳　本段根據詩豳風東山、破斧篇，書金縢篇，左氏定四年傳，孟子滕文公下篇，史記周本紀。餘見注㉛—㊳所舉。

周室的封建及其屬邦 [*]

　　我們中國人爲什麼常把一個國叫做"國家"？現今時候，國是國，家是家，一個是公有的，一個是私有的，兩種組織分得極清，爲什麼古人卻把它們混合了？我們要說明這個問題，須知人類最早的結合形式是家族，由家族擴大開來就成爲部落。在部落時代，彼此都自給自足，雖說雞鳴狗吠之聲可以遙遙聽到，然而這一部落和那一部落不發生什麼政治經濟的關係，並沒有互相來往的必要。日子久了，有些部落因爲通婚，有些部落因爲攻打，漸漸發生了些聯絡。等到某一部落裏出了一位雄主，他用武力吞併了鄰近的部落，又用政治力量支配了別的部落，於是就有規模闊大的部落出現。由大部落再發展開來，就成立了王國。虞、夏、商、周的起來，大概都曾經過這樣的程序，這些王國的出現，並不基於人民的公意，而只是一家一姓的英勇成績。因爲這

---

[*]　原載文史雜誌第一卷第六期，1941 年 6 月 16 日。以後又作了一些文字上的修改。

樣，所以一國就是他們一家的大量擴張，土地和人民都只是他的
私有財產。他高興把自己所有的土地和人民分給他的子弟和姻戚
們時，這些土地和人民又成了他的子弟和姻戚們的私產了。他的
子弟和姻戚們承受了他的賞賜，再分給自己的手下人時，這些土
地和人民又成了他們的手下人的私產了。那時候只有私產的觀
念，無所謂公有。其實，我們倘若查考這個"公"字的來源，也何
嘗是現在所謂公共的公，乃是王公的公啊！在這種情形之下，大
國便是最大的家，小國便是次大的家，卿大夫便是再次一等的
家；家國一體，家指人衆，國指疆土，只是一事的兩面，所以家
可以叫做國，國也可以叫做家，又不妨拼合起來而叫做國家。

　　國王把自己的土地和人民分給他的子弟和姻戚叫做"封建"，
封是分割土地，建是建立國家。這個制度從什麼時候起，我們没
有材料，不能憑空説話。從商朝遺下的甲骨文看來，至少在武丁
之世已有了許多封國的事實。他把有功的武將封出去，封在什麼
地方叫做侯什麼。像封在雀的叫侯雀；又把自己的兒子封出去，
封在什麼地方叫做子什麼，像封在鄭的叫做子鄭，封在宋的叫子
宋。再有一個特別現象，就是分封他的夫人。大家知道武丁是一
位賢王，卻不曾知道他是一位多妻大家。現今在甲骨文裏所發現
的他的夫人已有五十八位之多，當然還不止這些。那得寵的夫人
一定住在宮裏陪伴他，至於失寵的呢，他就把她們分封到別地方
去，封在什麼地方叫做婦什麼，像封在龐的叫婦龐，封在邢的叫
婦邢，武丁有時叫這些女國君去祭祀，有時又叫她們去征伐，她
們領着命令往來出入於朝野之間，好像是親信的使臣似的。還有
許多鄰近的國家，屈服於商朝的威德，承認了商朝的宗主權，武
丁也就依着他們原有的國名，給他們一個侯或伯的封號，例如井
方受封爲井伯，虎方受封爲虎侯，犬方受封爲犬侯，周國受封爲
周侯。侯、伯，是他所頒給的爵位。婦、子，是他的家庭關係，
也就當作了爵位。除此以外，還有一個"男"字，看來性質和侯相

同，但地位比侯次了一等。例如武丁時的侯雀，到了武乙、文丁的時候忽然改稱爲雀男，足見這個雀國之君的地位變動了。這些封建之國對於商王的義務大約有五種：第一項是邊防，有來侵犯的便向商朝報告；第二項是征伐，遵從商王的命令去撻伐那些反叛的國家；第三項是進貢，把自己國裏的出産像龜、骨、牛、馬、象、陶器、笄具等物送到商朝去；第四項是納税，把稻、黍、麥等農業品提出幾成送到商朝去；還有一項是服役，例如商的畿内要人種田時，就可向各國徵集民夫。這樣看來，在商的後期已經有了很完備的封建制度了①。

我們現在且來討論一下這些國君的名義。爲什麼大多數的封建之君都稱作"侯"？原來侯是"射侯"的意思，"射侯"便是射箭的靶子，在皮上或布上畫了熊、虎、豹、麇、鹿諸形，樹立在遠處作爲目標，比較勝負的。射箭是當時貴族最要緊的本領，在打仗時是武力，在宴會時是游藝②。王在許多武臣裏邊選出幾個最會射箭的命他們爲侯，叫他們建國於王畿之外，替王守着四邊的疆土，這是最重大的職務。因爲侯在畿外，所以他稱作"邊侯"③。在侯的疆域裏面有時也封建了一些小國君，命他們做侯的附庸，這職位是"男"，也稱爲"侯甸男"，侯甸就是侯國的疆域④。"伯"呢，一家中的兄弟們，用伯仲叔季作排行，伯是最長的一個，因爲那時家國不分，一家之長，即是一國之長，所以就用了家中的名稱來稱呼他。侯一定建國在王畿之外，因爲畿内自有王師，用不着他們來守護；至於伯，無論是諸侯或是王朝的卿士，在畿内或在畿外，都可以使用這個稱號，不受什麼限制⑤。"子"這一名，可以稱王的兒子，也可以稱侯的兒子，倘使一個諸侯有兩個兒子，他把侯位傳給一子之後，還劃出國内一部份地方傳給另一個兒子，等於男附屬於侯，那麼這另一個兒子就不稱侯而稱子了。還有蠻夷酋長，他並不爲王守土，他的國家也不經王的封建，然而不能不用一個國君的名稱來稱呼他，也只得姑且稱他爲子⑥。

所以伯和子的初義都是家族中的親屬關係而不是爵位，因爲使用日久，忘記了原來的意義，就彷彿是爵位了⑦。

　　從上看來，侯和男是一個系統，都是封國的專號。伯和子又是一個系統，乃是家族的通名。男之對侯有主屬的關係，子之對伯有長庶的分別。在這四個稱呼之外，還有幾個名詞該注意的。其一是"公"，這是王以下國君的通名，即是"君"字的音轉，所以侯伯子男都可稱公，正和"諸侯"的意義一樣⑧。其一是"采衛"，凡是舊有小國，和王室本來不發生什麼聯繫，而疆土包圍在某一個侯國之內，他們該供職於王侯，這叫做采；他們應當屏藩侯國，這叫做衛。采衛的地位也正和男國相等，都是侯國的附庸⑨。還有一個是"侯伯"，也叫做"孟侯"，伯和孟都是首長之稱，所以這是侯中的領袖的意思。這本是天子在諸侯裏挑選一個給他任命，後來竟漸漸變成了不受天子命令而佔有強大勢力的霸主了⑩。

　　且說周武王克商之後，想把自己的勢力發展到東方，就採取了商朝的成法，封他的親弟叔鮮於管，叔度於蔡，管地扼着黃河的中流，蔡地佔據淮水的上游，叫他們監視東方諸國；不過這兩個地方雖說已在周東千里，究竟還東不了多少⑪。自從周公旦二次克商，周室的地盤纔開拓到黃河下游和濟水流域的全部，他就放開手去封建許多兄弟和姻親做諸侯，因爲多的是土地，也就不管這班貴族射箭本領怎樣了；後來成王又繼續封建。那時姬姓之國分配在黃河流域的，在今陝西境內有韓、賈、芮⑫，河南境內有焦、毛、滑、東虢、祭、原、邗、雍、凡、胙、衛⑬，山西境內有耿、郇、魏、虞⑭，河北境內有燕、邢等國⑮，其中以魏和燕爲大；分配在汾水流域的有荀、楊、霍、晉等國，其中以晉爲大⑯；分配在濟水流域的有曹、郜、茅、極、滕、魯、郕等國⑰，其中以魯爲大；分配在淮水流域的有應、沈、息、蔣等國⑱，其中似乎沒有什麼大國；分配在漢水流域的有唐、隨、聃、巴等國⑲，其中以隨爲大；此外還有封在渭水流域周國原有的疆土之内的西虢、鄻、畢等國⑳。周王室的姻親，太王的夫人是太姜，王季的夫人是太任，文王的夫人是太姒，武王的夫人是邑姜，武王的長女太姬嫁給周的陶正虞閼父的兒子滿。虞的姓是媯，所以周有天下之後，所封的異姓之國，在淮水流域的有姜姓的申、呂、許、向，有姒姓的杞，有媯姓的陳㉑；在濟水流域的有姜姓的齊、紀、州、鄣，有姒姓的鄫，有任姓的薛，有媯姓的遂㉒；在漢水流域的有姜姓的厲㉓。真個是星羅棋布，節節駐防。這些國君的名義也同商朝一樣，不是侯和男，便是伯和子，所差的只是没有女國君而已。那時新封的國家究有多少，可惜他們不曾傳給我們一張單子，一幅地圖，我們無法完全知道。我們只能照着古書偶然記下來的説，太王的子孫受封的有二國，王季的兒子受封的有二國，文王的兒子受封的有十六國，武王的兒子受封的有四國，周公的兒子受封的有六國㉔。有人説，周公封建七十一國，其中姬姓之國獨佔了五十三㉕，這話也許是可信的。又有人説，周朝封的新國一共四百多，壓服的舊國一共八百多㉖，這話怕是誇張了。總之，在這時候，周朝的疆域西到今甘肅的東頭，東到今山東半島，南到江、漢，北到遼、灤㉗，地方着實不小。他們把這一大塊土地重新整理了一次，除留下一千多里見方的疆土作爲王畿之外，一方面建立新的屏藩，一方面羈縻舊的部族，他們算是一統天下了。

　　這些受封的諸侯，在王朝都有一定的班次，不許僭越。他們每隔五年該朝見周王一次，逢到周王祭祀上帝的時候也該去助祭，借着這類的機會便把班次排列起來，教他們認識了自己和王朝的關係，也認識了國與國間的輩分的長幼，爵位的高低，希望他們遵守這個秩序，好使天下太平無事㉘。諸侯對於周王都有進貢的義務，進貢的多少照着這個班次而定，班次高的貢就重；這也不是十分固定的標準，封國在王畿之内的諸侯班次雖低，也該多貢。除了貢物之外，還有軍役和力役也應當服勞，這都叫做

"王職"㉙。諸侯平時應當每年一小聘，三年一大聘，但異族的國君住得遠的也容許他們一代來朝貢一次㉚。諸侯不經王的承認，照例不能算作正式的國君，所以新立的國君必須得着周王的册命，表示他和周王發生了君臣的關係㉛。諸侯國內的行政機關大略和王朝相同，不過規模的大小有些差別。諸侯在自己國內可以自由行使他的統治權，不受周王的干涉；但大國之卿也有由周王派去的，這大國之卿的地位就等於小國之君㉜。諸侯有了大過失，周王可以黜革他的爵位，或派兵去征討㉝。那時四邊的異族稱王的不少，就是所封的諸侯有的也稱王自娛，諸侯爲表現他們對於周王的尊敬，尊稱周王爲"天王"，表示他的崇高的威嚴是沒有匹敵的㉞。

所謂封建，不是劃出一塊土地給與這位國君就算完事，還要分給他多少人民來替他奔走服役。周人當克商之後，多的是這班亡國之民，所以就把條氏、徐氏、蕭氏、索氏、長勺氏、尾勺氏這六族殷民分給魯侯伯禽，又把陶氏、施氏、繁氏、錡氏、樊氏、飢氏、終葵氏這七族殷民分給衛侯叔封。那封在晉國的叔虞，那裏儘多戎狄之民，就把懷姓九宗的人們給他支使㉟。像這一類的事情，當時也不知有多少，現在一樣無法細說，因爲他們這樣做，所以那所封之國，統治者是一族，被統治者又是一族。種族既不同，風俗自然各別。試舉一例：社是地神，各家都得崇奉，正像後世的城隍廟和土地堂似的，遍佈於各地。但在魯國境內卻有兩種社，公室的社叫做周社，人民的社叫做亳社。亳是湯的都城，所以亳社就是商社㊱。魯的公室是周王的一族，他們祭的社是周式的；魯的人民乃是商的遺民，他們祭的社是商式的。邾、莒都是東方原有的國家，魯國伐莒，把捉到的俘虜獻給亳社，後來和邾國交戰，又把邾君益捉來獻給亳社㊲，可見魯的執政者對於當地部族是一切沿用當地的禮法和神權的。因爲魯君雖取得了那地的統治權，卻不曾改變他們原來的風俗習慣，靠了這種放任政策，居然主客相安，從來沒有引起種族的鬪爭。

有些從商代遺留下來的國家，像楚、徐等等，對於周朝並不心悅誠服，常在等待着機會起亂子。他們在國內也自稱爲王，只是屈於周人的威力，對於周王負有進貢的義務。楚國的出產有一種菁茅，祭神的時候注酒在茅上，會得漸漸兒滲下去，像真給神靈喝乾的一般，周朝祭祀時都用它，就定作楚國的貢品㊳。成王時，召集諸侯到岐山之南結盟，豎立了高大的木表，安放了神靈的祭筵，許多王弟母舅簇簇地照着班次站在台上，好不威風；楚國雖説力量不弱，究竟周人看他們是荊蠻，所以但叫這位楚君看守庭燎，不讓參加歃血之盟㊴。楚人記着這一類被輕蔑的仇恨，開始不客氣的把漢水流域的許多姬姓國家吞併了㊵。周昭王南下親征，固然南夷、東夷來朝見的有二十六國之多，終究他死在漢水之上，沒有回朝，楚國也從此不貢菁茅了㊶。周穆王時，徐王又準備反周，但沒有成事㊷。犬戎是西戎的一種，本來規定他們每傳一代對周朝進貢一次，穆王爲要他們常送東西進來，出兵征伐，結果只得着了他們的四頭白狼和四頭白鹿，自此以後他們再也不朝貢了。到了幽王之世，犬戎就和申侯等攻殺幽王，把周室的寶器統統掠走㊸。宗周殘破之後，周王東遷洛邑，那地適當楚的北境，所以楚王的野心很大，常想取周而代之。商、周的最大國寶是九鼎，楚王竟開口向周朝問起鼎的大小和輕重來，大有把它遷走的意思㊹。倘使沒有齊桓公和晉文公一班霸主出來提出"尊王攘夷"的口號，聯合了中原的諸侯抵抗他們的侵略，周王的天下也早結束了。這是後話，按下不提。

那時姬、姜、任、姒、嬀諸姓以外的國家，就現存的材料看來，大致還有十幾個姓。商是子姓，遺國有宋、戴、譚等，都在濟水流域㊺。太皥後是風姓，遺國有任、宿、須句、顓臾，都在魯國附近㊻。姞姓之國有南燕，在衛國附近㊼。曼姓之國有鄧，在呂國附近㊽。芈姓之國有楚、夔、越，曹姓之國有邾、莒，妘姓之國有鄅、郰、路、偪陽，這三姓都說是祝融氏之後，和夏代的大國昆吾，商代的大國豕韋出於一系；羋姓之國移到南方，没有碰着強大的勢力，所以他們擴展地盤越來越大，而曹、妘二姓之國大都逼近齊、魯，齊、魯是周室封建的兩個東方大國，所以他們自保不暇，只得降爲采衛小國⑭。還有一個熊姓的羅國，在漢水之旁，疑即楚之分支⑩。嬴姓之國分布的地點最廣，在淮水和濟水之間的有奄，已給周公滅了，此外還有徐、葛、江、黄，在漢水流域的有穀，在黄河上游的有梁，在渭水上游的有秦，他們這一族從極東到極西都有⑪。偃姓之國最爲集中，六、蓼、桐、舒、舒蓼、舒庸、舒鳩、英氏八個國家都在江、淮二水之間，即今安徽西部⑫。歸姓之國只有一國胡國，在六和蓼的北面⑬。此外有幾個戎狄之國也曾把他們的姓傳了下來，如赤狄姓隗，在今山西，小戎姓允，在今陝西；鄋瞞姓漆，在今山東；鼓國姓祁，在今河北⑭。其他還有許多國是不知道他們姓什麼的，還有許多姓是不知道屬於那些國的⑮。總之，除掉新封的姬、姜諸國和幾個虞、夏、商的遺裔之國而外，是都被周人看作蠻夷的。提到什麼事，總是從"内諸夏而外夷狄"的觀念出發，把兩方面分別看待⑯。其實，這些蠻夷如徐、楚、邾、莒，還是比周人先進於華夏的呢⑰。再進一步説，就是那時華夏的中心姬、姜二姓也何嘗没有不曾華化的。例如晉獻公伐的驪戎，娶的驪姬，就是姬姓之族而留滯在蠻夷的；晉人役使的姜戎，就是姜姓之族而留滯在蠻夷的⑱。更進一步説，豈僅有不曾追隨了周、齊而進於華夏的姬、姜，就是周武王的兒子叔虞封在晉國，由他們看來應當是第一等的華夏了，然而晉國建立在深山之中，爲戎狄之民所環繞，叔虞的後人竟有一部份受了他們的同化而變爲戎狄的了，例如晉獻公娶的犬戎狐姬，就是他自己的族人而戎化了的⑲。白狄姓姬，怕也是這個原因⑳。這樣看來，所謂華夏和蠻夷原没有客觀的標準，只是周人的一種政治作用的宣傳，要自家人團結起來以共同抵禦外侮而已。

注釋：

① 本段所列事實見胡福林先生卜辭所見之殷代農業文中，農業管理節，及董作賓先生五等爵在殷商（國立中央研究院歷史語言研究所集刊第六本第三分）。

② 見儀禮中鄉射禮及大射儀篇。古代的學校即是練習射箭的地方，如靜敦銘云：“王命靜司射學宮。”

③ 盂鼎銘云：“惟殷邊侯田（甸）雩殷正百辟。”

④ 周公子明保彝（亦稱矢彝、令彝）銘云：“眾諸侯，侯甸男，舍四方令。”以校尚書，知“侯甸男邦采衛”（康誥），“侯甸男衛邦伯”（酒誥），“庶邦侯甸男衛”（顧命），其侯字均當爲重文而傳寫者誤脱之。

⑤ “在王甸之稱伯者，如召伯虎，王之元老也；如毛伯，王之叔父也；芮伯，王之卿士也。在諸侯之稱伯者，如曹伯、郯伯，此王之同姓也；如秦伯、杞伯，此王之異姓也。”（傅斯年先生論所謂五等爵語。）

⑥ 諸侯封其庶子者，如西虢析出小虢，邾析出小邾，魯析出費，宋析出蕭，皆是；受封者可以稱爲叔，亦可稱爲子。吳、楚、徐等國，自稱其君曰王，春秋經稱之則皆曰子。

⑦ 本段及下段均根據傅斯年先生論所謂五等爵（國立中央研究院歷史語言研究所集刊第二本第一分）。自孟子以來都以“公、侯、伯、子、男”爲五等爵，近年金文研究發達，始知古諸侯稱號無定，五等制並不存在。傅先生此文，剖析此五個名詞不出於一個系統，其論至確。又陳槃先生春秋杞子用夷貶爵辨（左氏春秋義例辨之一篇，亦見禹貢半月刊第七卷第一、二、三合期）中搜集春秋時諸侯之雜異稱號最完備。

⑧ 傅先生論所謂五等爵文中謂“公、君、官”等名皆似一名之分化，此數名同屬見紐，公爲淺喉收音，君與官爲舌頭收音，而並爲淺喉破裂發音。

⑨ “采衛”一名見書康誥及國語鄭語。其單稱“衛”者甚多，書酒誥、顧命具有之（見本篇注④），國語周語上云“侯衛賓服”亦是。

⑩ 侯伯，如左氏僖二十八年傳：“王命尹氏……策命晉侯爲侯伯。”孟侯，

如書康誥："王若曰：孟侯，朕其弟小子封。"霸，伯之同音字。

⑪ 管國在今河南鄭縣，蔡國在今河南上蔡縣（入春秋後屢遷，後詳）。以下所釋各國今地，俱依顧棟高春秋大事表五"列國爵姓及存滅表"，顧表係根據杜預春秋釋例中之"土地名"等書，而杜書又係根據漢書地理志等書，是否必然尚有待於將來嚴格之考證。又按以下所釋各國今地俱指當時國都而言，非其全境，蓋國都尚有故城可稽，而全境則無輿圖可求也。

⑫ 韓國在今陝西韓城縣治南。賈國在今陝西蒲城縣治西南，芮國在今陝西大荔縣治南。

⑬ 焦國在今河南陝縣治南，毛國在今河南宜陽縣境。滑國在今河南偃師縣治南。東虢在今河南汜水縣境。祭國在今河南鄭縣治東北。（以上諸國在黃河南。）原國在今河南濟源縣治西北。邢國在今河南沁陽縣治西北。雍國在今河南修武縣治西。凡國在今河南輝縣治西南。胙國在今河南延津縣治北。衛國在今河南淇縣治東北，入春秋後屢遷。（以上諸國在黃河北。）

⑭ 耿國在今山西河津縣治南。郇國在今山西臨晉縣治東北。魏國在今山西芮城縣治東北。虞國在今山西平陸縣治東北。

⑮ 邢國在今河北邢台縣治，入春秋後遷。燕國在今河北薊縣境。

⑯ 荀國在今山西絳縣境。楊國在今山西洪洞縣治東南。霍國在今山西霍縣治西。晉國在今山西太原縣治北，後南遷曲沃。

⑰ 曹國在今山東定陶縣治。郜國在今山東武城縣治東南。茅國在今山東金鄉縣治西北。極國在今山東魚台縣治西。滕國在今山東滕縣治西南。魯國在今山東曲阜縣治。郕國在今山東汶上縣治北。

⑱ 應國在今河南魯山縣治東。沈國在今河南汝南縣治東南。息國在今河南息縣治。蔣國在今河南固始縣治西北。

⑲ 唐國在今湖北隨縣治西北。隨國在今湖北隨縣治。聃國在今湖北荊門縣東南。巴國相傳在今四川巴縣治。按左氏桓九年傳記巴人告楚請與鄧為好，鄧南鄾鄾人攻而奪之幣，鄧在今河南鄧縣，鄾即在鄧之南，又左哀十八年傳云："巴人伐楚，圍鄾"，亦可證巴必去鄾不遠，疑四川之巴乃另一巴國。又按左氏桓九年傳，鄧有聃甥，疑聃亡地入於鄧，聃與鄧亦相去不遠。

⑳ 西虢在今陝西寶雞縣治東。鄭國在今陝西鄠縣治東。（以上在渭水南。）
畢國在今陝西咸陽縣治北（在渭水北）。

㉑ 申國在今河南南陽縣治北。呂國在今河南南陽縣治西。許國在今河南
許昌縣治東。向國在今安徽懷遠縣治東北。杞國在今河南杞縣治，後
屢遷。陳國在今河南淮陽縣治。

㉒ 齊國在今山東臨淄縣治，紀國在今山東壽光縣治東南。州國在今山東
安丘縣治東北。郕國在今山東東平縣治東。鄫國在今山東嶧縣治東。
薛國在今山東滋陽縣治南。遂國在今山東寧陽縣治北。

㉓ 厲國在今湖北隨縣治北。

㉔ 史記吳太伯世家云：“周武王克殷，求太伯、仲雍之後，得周章，周章
已君吳，因而封之；乃封周章弟虞仲於周之北，故夏虛，是爲虞仲，
列於諸侯。”按虞即吳字，虞乃繁文。左氏僖五年傳云：“太伯、虞仲，
太王之昭也。……虢仲、虢叔，王季之穆也。”左氏僖二十四年傳云：
“管、蔡、郕、霍、魯、衛、毛、聃、郜、雍、曹、滕、畢、原、酆、
郇，文之昭也。邗、晉、應、韓，武之穆也。凡、蔣、邢、茅、胙、
祭，周公之胤也。”按昔人謂封於魯者爲周公，故傳文謂魯爲文之昭。
實則詩魯頌閟宮篇明云：“王曰‘叔父，建爾元子，俾侯於魯’”，封於
魯者實爲周公之子伯禽。即左氏定四年傳亦云：“周公相王室以尹天
下，……分魯公以大路大旂，……命以伯禽而封於少皥之虛。”周公於
周王畿內自有其封地，其後世亦繼爲周公，史記魯世家集解引譙周曰：
“以太王所居周地爲其采邑，故爲周公”，索隱曰：“周公元子就封於
魯，次子留相王室，代爲周公，其餘食小國者六人，樊、蔣、邢、茅、
胙、祭也。”其説均是。然則左氏僖公篇文，文昭應易魯爲周，周公之
胤，應增一魯方合。又召公食采於召而封國於燕，其後召與燕均世守
其祀，亦與周公後之周、魯並立者同。又晉國始封之君唐叔虞爲武王
之子，左傳中説得極多，而晉公墓銘文（見攈古錄金文三之三）云，“我
皇祖𠨲（唐）公□受大命，左右武王”，與舊説成王滅唐乃封唐叔者不
同，亦可疑。

㉕ 荀子儒效篇云：“周公……兼制天下，立七十一國，姬姓獨居五十三人
焉，周之子孫苟不狂惑者莫不爲天下之顯諸侯。”按左氏昭二十八年傳
云：“武王克商，光有天下，其兄弟之國者十有五人，姬姓之國者四十

人，皆舉親也。"一云五十三，一云五十五，數目近似，可信。

㉖ 見呂氏春秋先識覽、觀世篇。

㉗ 左氏昭九年傳記周景王之言曰："吾自夏以后稷、魏、駘、芮、岐、畢，吾西土也。及武王克商，蒲姑、商奄，吾東土也；巴、濮、楚、鄧，吾南土也；肅慎、燕、亳，吾北土也。"此文説出周初疆域之四至。魏見本篇注⑭，芮見注⑫，畢見注⑳。駘即郃，今陝西武功縣治西南。岐，即岐山。蒲姑爲齊地。商奄爲魯地。巴見注⑲。鄧即今河南鄧縣治。楚，舊説在今湖北秭歸縣。清宋翔鳳過庭録以爲"熊繹立國丹陽，在丹水之北"當即今河南西南部内鄉縣一帶地，後乃遷於秭歸。濮，舊説在今雲南東部曲靖縣一帶，按左氏文十六年傳云："麇人率百濮聚於選，將伐楚，於是申息之北門不啟。"是濮人所在必離申息不遠，當在今湖北北部。肅慎，杜注謂在玄菟北三千餘里，玄菟郡在今遼寧省北部，杜説太遠，當在今遼河流域。燕見注⑮，把這些地方綜合起來，可知周之天下，東至山東，西至陝西，北至遼寧，南至河南。又據公劉篇"芮鞫之即"芮，如爲汭水則在甘肅崇信、華亭兩縣境，又周孝王封非子於秦，秦在今甘肅清水縣境，可見周境已達甘肅東部。如再將吳國算上，則周之東南境已達今江蘇南部。

㉘ 國語魯語上記曹劌言曰："先王制諸侯，使五年四王一相朝，終則講於會以正班爵之義，帥長幼之序，訓上下之則，制財用之節。……天子祀上帝，諸侯會之受命焉。"左氏桓十年傳："齊人餼諸侯，使魯次之，魯以周班後鄭。"國語周語中云："夫狄無列於王室"，韋注："列，位次也。"

㉙ 左氏昭十三年傳記子產之言曰："昔天子班貢，輕重之列，列尊貢重，周之制也。卑而貢重者，甸服也。"國語周語上記祭公謀父之言曰："夫先王之制，邦内甸服，邦外侯服，侯衛賓服，夷蠻要服，戎狄荒服。甸服者祭，侯服者祀，賓服者享，要服者貢，荒服者王。日祭、月祀、時享、歲貢、終王。"孝經云："四海之内各以其職來祭。"祭物即貢物也。軍役，如左氏桓五年傳，王以蔡、衞、陳、虢之師伐鄭。力役，如左氏昭三十二年傳記周敬王言云："昔成王合諸侯城成周以爲東都。"

㉚ 禮記王制篇云："諸侯之於天子也，比年一小聘，三年一大聘，五年一朝。"周語上云："荒服者王，……終王"，韋注："終，謂終世也。"

㉛ 如春秋文元年經：“元年春王正月，公即位……夏，……天王使毛伯來錫公命。”

㉜ 齊之二卿國氏、高氏皆天子所命。左氏昭二十三年傳云：“列國之卿當小國之君，固周制也。”

㉝ 周語上云：“序成而有不至則修刑，於是乎有刑不祭，伐不祀，征不享，讓不貢，告不王；於是乎有刑罰之辟，有攻伐之兵，有征討之備，有威讓之令，有文告之辭。”

㉞ 春秋經稱周王均曰“天王”。

㉟ 見左氏定四年傳。

㊱ 左氏定六年傳云：“陽虎又盟公及三桓於周社，盟國人于亳社。”解釋見傅斯年先生周東封與殷遺民（國立中央研究院歷史語言研究所集刊第四本第三分）。

㊲ 見左氏昭十年及哀七年傳。

㊳ 見左氏僖四年傳。

㊴ 見國語晉語八記叔向語。

㊵ 漢陽姬姓諸國，見本篇注⑲。但因被楚吞併多在春秋前，記載缺乏，其名不著。又淮水流域姬姓諸國亦爲楚滅，諸國所在見注⑱。

㊶ 左氏僖四年傳記召陵之役，管仲代齊桓公與楚使言曰：“爾貢包茅不入，王祭不共（供），無以縮酒，寡人是徵。昭王南征而不復，寡人是問”，而楚使對曰：“昭王之不復，君其問諸水濱”，可見昭王没於南征，而其没地即在水濱。據呂氏春秋季夏紀音初篇云：“周昭王親將征荆，……還反涉漢，梁敗，王及蔡公抎（隕）於漢中”，則此水爲漢水；而史記周本紀云：“昭王南巡狩，不返，卒於江上”，則此水爲江水。究竟是漢是江，未能詳也。宗周鐘銘云：“王肇通省文、武堇疆土，南國𫝀子敢臽虐我土。王𩑶伐其至，戕伐厥都。𫝀子迺遣間來逆卲（昭）王，南夷、東夷具見廿又六邦。”此爲記昭王南伐𫝀子之辭。徐中舒先生云：“𫝀、濮古同在幫並母，擬𫝀即牧誓之濮”（殷周之際史蹟之檢討）。楚、濮接壤，疑伐𫝀即伐楚也。

㊷ 見史記趙世家。然此説未必可信，説見錢穆先生先秦諸子繫年第九十九篇宋王偃即徐偃王説。

㊸ 見國語周語上及史記周本紀。

㊹ 見左氏宣三年傳。國語鄭語記史伯之言，亦謂惟荆實有昭德，若周衰其必興矣。

㊺ 宋國在今河南商丘縣治。戴國在今河南考城縣治東南。譚國在今山東歷城縣治東南。

㊻ 任國在今山東濟寧縣治。宿國在今山東東平縣治東。須句國在今山東東平縣治。顓臾國在今山東費縣治西北。

㊼ 南燕國在今河南延津縣治東南。

㊽ 鄧國在今河南鄧縣治。

㊾ 楚國當周初在今河南内鄉縣，説見本篇注㉗；後徙湖北秭歸縣治東南。夔國在今湖北秭歸縣治東。越國在今浙江紹興縣治。邾國在今山東鄒縣治。莒國在今山東膠縣西南，後徙今莒縣。鄅當即鄅，國在今山東臨沂縣治北。鄶即檜，國在今河南密縣治東北。路，未詳。偪陽國在今山東嶧縣治南。昆吾在今河南許昌縣境，又河北濮陽縣治東亦有昆吾城。豕韋在今河南滑縣治東南。其姓，昆吾爲己，豕韋爲彭。依國語鄭語，祝融之後分八姓，而大戴禮記帝繫篇及史記楚世家則云六子。

(50) 羅國在今湖北宜城縣治西，後遷於湖北枝江縣。

(51) 奄國在今山東曲阜縣治東。徐國在今安徽泗縣治北。葛國在今河南寧陵縣治北。江國在今河南正陽縣治東南。黄國在今河南潢川縣治西。穀國在今湖北穀城縣治西北。梁國在今陜西韓城縣治南。秦國在今甘肅清水縣治，後屢遷。

(52) 六國在今安徽六安縣治。蓼國在今安徽霍丘縣治西北。桐國在今安徽桐城縣治。舒國在今安徽舒城縣治。舒蓼、舒庸、舒鳩三國約略在今安徽舒城縣與廬江縣之間。英氏在今安徽六安縣治西。

(53) 胡國在今安徽阜陽縣治西北。

(54) 赤狄有潞氏、留吁、鐸辰等部落，在今山西長治、壺關、屯留、長子諸縣境；又有甲氏，在今河北鷄澤縣境。小戎，舊説在今甘肅敦煌縣，非，其國當在秦、晉之間，故能爲秦、晉二國遷於伊川，説另詳。鄋瞞，即長狄，在今山東禹城縣一帶。鼓國，白狄之一種，在今河北晉縣治。

(55) 只知其國名而不知其姓的，如郭、庸、郎、絞、賴、項、道、柏、淮夷、不羹等等，只知有此姓而不知其屬於那些國的，如酉、滕、箴、僖、儇、依等等(諸姓見晉語四)。

(56)“内諸夏而外夷狄”一語，公羊成十五年傳，春秋家列爲三科之一。當時實例，如“魯侵杞田，晉侯使司馬女叔侯往治，弗盡歸也。晉悼夫人(杞女)愠，……叔侯曰，杞、夏餘也，而即東夷，魯，周公之後也，而睦於晉，以杞封魯猶可，……何必瘠魯以肥杞!”(左襄二十九年傳)又如魯侵邾、莒，邾、莒愬於晉，是時魯昭公赴晉盟，晉侯不見公，使叔向來辭，子服景伯對曰：“君信蠻夷之訴以絶兄弟之國，棄周公之後，亦惟君!”(左昭十三年傳)又如魯定公會齊侯于夾谷，齊人使萊人以兵刦魯侯，孔丘以公退，曰：“士兵之！兩君合好而裔夷之俘以兵亂之，非齊君所以命諸侯也！裔不謀夏，夷不亂華!”(左定十五年傳)

(57)東方文化所以能爲中國文化之中心，實由其有豐厚之積累。商代文化程度之高，近以殷虚之發掘而得證明。當時魯爲奄國，齊有蒲姑氏，皆商之與國，衛則商都，宋則商之舊都。其浸潤於商代文化者至深且久，故易代之後仍佔有文化界之領袖地位，孔、墨百家之出，事非偶然。徐、楚、邾、莒等國並爲東方舊邦，其文化程度必不弱於齊、魯、宋、衛。觀莊子天下篇言“其在於詩、書、禮、樂者，鄒(即邾)、魯之縉紳先生多能明之”，以邾與魯並舉可知。其以魯爲華夏，邾爲蠻夷，實爲當時執有統治權之周室貴族之誇辭，事實上適得其反。

(58)晉獻公伐驪戎娶驪姬，見左莊二十八年傳，驪戎在今陝西臨潼縣治東，其地密邇宗周，又爲姬姓，乃猶不免爲戎。晉襄公興姜戎敗秦師於殽，見左僖三十三年傳。姜戎本居瓜州，爲秦人所逐，晉惠公招居晉之南鄙，爲晉役使，見左襄十四年傳。是年傳又載戎子駒支之言曰：“我諸戎飲食衣服不與華同，贄幣不通，言語不達。”遷後八十年而猶如此，可見其華化之遲。

(59)見左莊二十八年傳。又國語晉語四記鄭叔詹之言曰：“同姓不婚，惡不殖也。狐氏出自唐叔，狐姬，伯行之子也，實生重耳，成而儁才。”韋注：“狐氏，重耳外家，與晉俱唐叔之後，别在犬戎者。”

(60)白狄中有鮮虞，一名中山，在今河北定縣一帶。

西周的王朝 *

　　自從公亶父和公劉奠定了周國的基業，太王、王季和文王擴大了周國的地盤，武王和周公兩度克商，連帶滅了許多商的與國，降伏了許多獨立國家，封建了許多兄弟和姻親，呼喚靈通，如臂使指，造成一個統一的局面，周王權力之大便超過了商的全盛時代。成王、康王之世，天下安寧，人民休養生息，十分舒服，聽說這四十餘年裏邊竟沒有一個人犯過罪的①。不過周家的全盛時代也只有這短短的一段，從此以後就在長期的衰弱裏挨延下去了。

　　在昭王時，南方的楚和濮就不穩起來。昭王親自帶兵征伐，不幸浮橋壞了，沉死在漢水；也許楚人追擊，全軍覆沒在那裏②。穆王時，嫌犬戎貢少，西去征討，捉到五個戎王，把戎人遷到太原③。後來徐戎又帶領了九夷伐周，兵到河上，穆王用了懷柔政策，命徐君爲東方諸侯之長，算緩和下去了④。相傳穆王最喜歡游玩，他發了一個大願，要在天下所有的道路上都印着他的車輛和馬蹄的痕跡⑤。他覓到八匹駿馬，命造父爲御⑥，長驅北行，先到河伯之都，折向西行，登崑崙山，游了懸圃，見着西王母，在瑤池上互相唱和，一直游到太陽落進去的弇山纔回來，共計走了三萬五千里路⑦。山海經上的許多西邊神祕地方，他竟一處處欣賞過。這一本記載他游歷的專書，叫做穆天子傳，又叫做周王游行記⑧。書中的話真不真是另一問題，想來穆王長征的事情總

＊　此文原爲漸漸衰亡的周王國一章之前半部分，後獨立成篇，載文史雜誌第一卷第九期，1941 年 10 月 1 日。發表後又作了一些文字上的修改。

是有過的，他喜歡跑路的嗜好也是有的。以後傳了幾代，沒有什麼大事，我們僅知道懿王遷都到犬丘⑨。到夷王時，曾命虢公率領六師去伐太原之戎，直打到俞泉，獲馬千匹。這太原之戎就是穆王所遷的犬戎⑩。後來夷王患病，久不痊愈，諸侯都奔走名山大川替他祈禱⑪，可見諸侯對他的感情實在不錯。

　　夷王之後是厲王，他卻是一位很專制的君主，又驕傲，又暴虐，又用了喜歡專利的榮夷公作卿士。人民吃的痛苦深了，不免對他批評幾句。給召穆公聽得，他就諫王道：“你這樣幹下去，人民受不住了！”厲王大怒，招了衛國的巫來，叫他們去偵察批評的人，抓到一個殺一個。人們怕死，不敢直説，彼此在路上遇見，只有縐一縐眉，瞪一瞪眼，來表示他們心頭的憤恨。厲王得意，喚召公來，對他説：“你看，他們胡説亂道是不是給我禁止了？現在他們真不敢開口了！”召公還是很忠實地勸告道：“這種辦法不過是把他們的嘴堵住而已。要堵住人民的嘴比堵住水還難。堵住了水，一天堤防沖決，傷人必然很多。堵住了嘴，那會不發生同樣的結果！這總不是長久的事體呵！”厲王仍不理會他的話。過了三年，人民再也忍耐不下去了，就自行集合打進王宮，厲王抵擋不住，逃避到汾水之旁的彘邑⑫。厲王的太子名靜，躲在召公家裏，人民聽得，想借他出氣，又把召公的家包圍了起來。召公自己思忖道：“從前我苦苦諫王，他只是不聽，結果鬧成這樣。現在倘任人民在我家裏殺死王太子，豈不成了我的報復！這萬萬使不得！”他就忍痛把自己的兒子假裝了太子，送出去給人民洩恨⑬。那時天下無主，有一個共國之君名叫和的，他很有政治幹才，諸侯推他出來代行天子的職權，所以歷史上稱這一個時期爲“共和”⑭。共和十四年，厲王在彘邑死了，共伯做了真王。恰恰這年大旱，占卜的表示是厲王作祟，好在人民的氣憤早已平了，召公就把太子靜請了出來，來安慰厲王的魂靈，諸侯們知道這是真太子，大家沒有異言，奉爲天子；共伯退回自己的國裹，逍遥自在去了⑮。

太子靜即位，是爲宣王。宣王少年遭遇艱苦，所以即位之後很肯聽信召公的説話，努力治理政事，一時頗有中興氣象。可是那時的外患又太多了，西北有戎，東南有夷，南面還有楚。召穆公是周文公以後的第一人，安內攘外，一切都有能力辦到。那時有一個噩侯聯合了南淮夷和東夷侵略東南各地，召公率領王師，把他打破⑯。乘勝進兵江、漢，畫定了周的南界⑰。後人讚美他，説他平均每天闢地一百里地⑱。奏捷之後，宣王加封召公山川土田⑲；又封自己的大舅父申伯於謝，命召公替他圈定疆土，蓄積糧食，建築城郭和寢廟，叫他鎮壓南方⑳。天下既已平靜，召公就在成周召集了宗族諸侯，謀共同的團結，開會之際，他做了一首歌詩，大意是説："一切的人沒有比自己弟兄還好的。逢什麼患難發生，只有弟兄們纔能彀互相救護；朋友呢，他們只有在旁邊空歎氣罷了。固然弟兄們也有時不睦，在自家門牆裹打起架來，可是一有外侮，就會同心抵禦了；在這時，好朋友對你有什麼幫助呢！"㉑他把周室封建的意義反覆申説，希望許多宗族諸侯團結爲一體，使得王室的地位更加鞏固。召公對百姓也很有恩惠，所以他們就常常思念他，曾作詩道："那棵茂盛的甘棠樹，大家不可剪不可砍呀，那是召伯曾在下面休息過的呀！豈但砍不得，也不可折斷了呀！豈但折不得，也不可拉彎了呀！"㉒真是説不盡的愛護之情。可惜召穆公究竟年紀大了，幫不得宣王幾年，他就去世了㉓。

厲王時戎人寇入犬丘，殺了秦仲的同族。宣王初年，命秦仲往討，不幸失利，秦仲又給他們殺死。宣王召秦仲子莊公，給與兵七千人，打了一回大勝仗㉔。自從穆王把犬戎遷到太原，夷王時已經打過一次，到宣王時又動起來了，鬧得人民妻離子散，毀了不少的室家。犬戎住在濩澤，有一年六月裹打近周的京城，直進到涇水的北面。宣王趕速命南仲和尹吉甫發兵抵抗，作了一次大規模的戰爭，纔得把他們趕回太原去㉕。那知道楚國趁着周朝疲乏的機會，也出師北向，宣王命方叔帶了三千輛戰車去交鋒，又把楚人打敗，捉到許多俘虜而歸㉖。徐國也躍躍欲試，宣王親自征討，徐人聽到這個消息，大家震動起來，一戰就平定了㉗。從以上許多戰事看來，宣王的武功也可説十分煊赫。可是周人的力量已用竭而外族的勢燄還是高漲。他曾派兵攻太原的犬戎，没有結果。聯合了晉國去打條戎和奔戎，又大敗了回來㉘。伐姜氏之戎，也是大敗㉙。喪敗之餘，他就把太原的人民點數一道，抽選出壯丁來作後備軍㉚。在他的末年雖得打破申戎㉛，但已挽回不了周王國的衰運了。

　　自從共和以後，中國方有正確的紀年史㉜。宣王在位四十六年去世，子幽王繼位㉝。幽王可算是西周列王中命運最壞的一位。在他初年，命伯士伐六濟之戎，大敗，伯士也死了㉞。戎圍犬丘，又把秦襄公的哥哥世父虜了回去㉟。二年，周的畿内發生大地震，高岸陷爲深谷，深谷升爲高陵，岐山也崩了，涇、渭、洛三川都乾竭了㊱。接連又犯着空前的長期旱災，地上不長五穀，天熱得像火燒一樣。没有一個神不曾去祭禱，犧牲不知道用了多多少少。許多人民，有的餓死了，有的逃亡到別處去了，留下來的很有限。他們對天呼號道：“昊天的上帝呵，難道你真不肯讓我們活下去了嗎？我們對你這樣的恭敬，難道你還惱怒我們嗎？”㊲在這般時候，這一個王國快要解體了，偏偏幽王聽信了卿士皇父，讓他做出許多不滿人意的事㊳，一方面幽王又寵愛褒姒，廢去申后，把申后所生的太子宜臼也連帶廢掉，改立褒姒之子伯般爲太子。宜臼逃到自己的外家去，激怒了外祖申侯，申侯就約集鄫國和犬戎連兵攻周，在驪山下面把幽王殺了，把褒姒虜了，進到京城把王室的寶物一起搶光了。不費什麼大氣力，就把宗周滅掉㊴。這是幽王十一年，從克商以來到這時約莫二百八十年光景㊵。一霎時結束了文、武、成、康的光榮。

鎬京殘破，不能再作都城，申侯就在自己國裏立了太子宜臼爲王，是爲平王。諸侯對於平王的報仇殺父的舉動也有不滿意的，幽王還有一個兒子名叫余臣，被東虢的國君翰立爲天子，因爲他建都在攜邑，稱爲攜王。那時二王並立，南北相對，經過了二十一年④。以前宣王封過他的弟王子友於鄭，爲鄭桓公，跟着幽王死在驪山，桓公的兒子武公，虧得東虢和鄶國贈送了十個邑，遷國到洛邑東面的新鄭，他下一個毒手，吞滅了贈地的虢和鄶，這一下攜王就失掉依靠。晉文侯又南來殺死攜王，平王方得作了天下共主④。這時他遷到周文公所築的東都洛邑，所以後人稱他們爲東周。汾、渭流域的王畿，他一概放棄了。平王四十九年是魯隱公的元年，這一年是相傳孔子所作的春秋經的第一年，從此入於春秋時代。在這時代中，周王雖依然高拱在諸侯的上面，但天下的重心已改換到霸主的名下了。

注釋：

① 見史記周本紀。

② 今本竹書紀年云："祭公辛伯從王伐楚，……喪六師於漢，王陟。"呂氏春秋音初篇云："周昭王親將征荆，……涉漢，梁敗。"雷學淇竹書紀年義證卷二十謂"周制，天子造舟爲梁，呂氏所謂梁即船"，此說可信。惟造舟爲梁乃是浮橋，今西北尚多有之，非天子特有之制也。

③ 見後漢書西羌傳，當出原本紀年。今本紀年文爲"十二年，毛公班、共公利、逢公固帥師從王伐犬戎，取其五王以東；秋八月，遷戎於太原。"太原，王國維先生鬼方昆夷玁狁考，據左昭元年傳"宣汾、洮，障大澤，以處太原"之文，謂太原地奄有汾、洮二水，當即漢之河東郡；疑太原之名，古代蓋兼包漢太原、西河、河東三郡地。

④ 見後漢書東夷列傳。今本紀年置於穆王十三年，云"徐戎侵洛"。

⑤ 見左氏昭十二年傳。

⑥ 見史記秦本紀及趙世家。八駿之名見穆天子傳卷一，曰"赤驥、盜驪、白義、踰輪、山子、渠黃、華騮、綠耳"。列子周穆王篇所記略同。

⑦　見穆天子傳及列子周穆王篇。弇山，郭璞注云："弇兹山，日入所也"，按離騷作"崦嵫"。列子則云"乃觀日之所入"，不著弇山。

⑧　宋晁公武郡齋讀書志云："郭璞注本謂之周王游行記。"按晉書束晳傳此書本五篇。今本六卷，其末卷乃汲冢雜書十九篇之一，記穆王美人盛姬死事。此書當是戰國時人依附山海經及穆王巡幸事而作。猶今西游記演義依附印度傳說及玄奘故事而作也。

⑨　懿王自鎬京徙都犬丘，見世本及宋衷注（史記集解引）、漢書地理志"右扶風槐里"條。犬丘在漢爲槐里縣，今爲陝西興平縣。鎬在渭南，犬丘在渭北。

⑩　見後漢書西羌傳章懷注謂引紀年。俞泉，雷學淇云："即榆次之涂水。漢書地理志，太原榆次有涂水鄉。"太原之戎即穆王所遷之犬戎，雷學淇說，見竹書紀年義證卷二十三。

⑪　見左氏昭二十六年傳。

⑫　崞今山西霍縣。厲王既居汾水之旁，故或稱之爲"汾王"，見詩大雅韓奕篇。

⑬　以上均見國語周語上。召穆公名虎，見詩大雅江漢篇。

⑭　見左氏昭二十六年傳、史記周本紀索隱引汲冢紀年、史記周本紀正義引魯連子、吕氏春秋開春論。惟史記周本紀云"召公、周公二相行政，號曰'共和'"，獨樹異說。當時周公無事蹟可見，史遷此說似出臆測。韋昭國語注對此說略加修改，謂"崞之亂，公卿相與和而修政事，號曰'共和。'"宋羅泌路史有共和辨一篇，申共伯和之說，見發揮卷二。共國，在今河南輝縣。

⑮　見莊子讓王篇釋文引司馬彪注。讓王篇"共伯得乎共首"一語，蓋襲自吕氏春秋慎人篇。共首，共山之首，在今河南輝縣治北。

⑯　見周穆公鼎銘（薛氏鐘鼎款識）。丁山先生以宰珝生敦銘及詩江漢篇校之，知是記召穆公南征事，見其所著召穆公傳（國立中央研究院歷史語言研究所集刊第二本第一分）。

⑰　見詩大雅江漢篇。

⑱　見詩大雅召旻篇。鄭箋、朱傳俱以詩中"召公"爲召康公，然康公闢土不見記載，而穆公闢土其事明著，故録之於此。

⑲　見詩大雅江漢篇。

⑳ 見詩大雅崧高篇。謝在今河南唐河縣南。詩云漢疏謂申伯先受封於申國，本近謝，後改邑於此。然觀史記秦本紀，申侯之先娶於酈山，申侯之女嫁於大駱（非子之父），而云"申、駱重婚，西戎皆服"，似申國本在周西，即今陝西西部，至宣王世以開闢南土，乃遷之於河南者。

㉑ 見詩小雅常棣篇。此詩作者有兩說：一以為周文公作，如國語周語中富辰語引；一以為召穆公作，如左氏僖二十四年傳富辰語引。二書同記一事，且為一人之語，而其異若此，甚可怪詫。今以左傳分章稱引，較為著實，且就常棣文體所言，亦與周頌異而與江漢等篇類似，與其說為作於西周之初，無寧說為西周之季，故今從左傳之說。

㉒ 見詩召南甘棠篇。召南向說為西周初年之詩，故注家皆以甘棠之召伯為召康公。然召南中明有"平王之孫"（何彼穠矣）之語，而召穆公又確為平南國之人，與召南汝墳、漢廣具有密切關係，故今不從舊說。說見傅斯年先生周頌說（中央研究院歷史語言研究所集刊一本一分）及丁山先生召穆公傳。

㉓ 丁山先生召穆公傳云"宣王十二年玁狁之難不見穆公，可知穆公之卒當在宣王十年之前。又據長術測宰珝生敦銘為宣王五、六年間作，銘文詳載召伯虎之命，知穆公之卒當在六年之後。"

㉔ 見史記秦本紀。

㉕ 見詩小雅采薇、出車、六月諸篇。采薇、出車二詩列於小雅首十篇中，故舊說謂是殷王命文王出師事；六月篇則見有"吉甫"之名，知是尹吉甫，乃定為宣王時詩。實則六月篇之"侵鎬及方"即為出車篇"往城於方"之張本，明是一事。詩篇糅雜，絕不能據今本之先後以劃分時代。例如大雅雲漢篇實與召旻篇所記係一時事（均述幽王時大旱情形），而中間卻夾入崧高、江漢等篇，說者因謂雲漢是宣王時之旱災，與此同為拘牽誣古。漢書古今人表以方叔、召虎、南仲、仲山甫同列為宣王時人，甚是，故今合之。濩澤，在今山西陽城縣西南。鎬、方皆周京。方金文作芳京，唐蘭先生周芳京考謂在今陝西郿縣，文見北京大學潛社史學論叢。按，郿在豐、鎬之北，出車篇稱"朔方"，唐說自有可能。蓋是時戎人內侵，由河至渭，由渭至涇，故得並侵鎬、方而至於涇陽也。詩玁狁即犬戎，說見王國維先生鬼方昆夷玁狁考。今本紀年定吉甫伐玁狁事於宣王五年，但未必可信，下二事同。

㉖ 見詩小雅采芑篇。詩言"顯允方叔，征伐玁狁，蠻荊來威"，知其事在玁狁戰役之後。今本紀年定爲宣王五年事。

㉗ 見詩大雅常武篇。今本紀年定爲宣王六年事。

㉘ 俱見後漢書西羌傳，章懷注謂見竹書紀年。今本紀年定伐太原之戎於宣王三十三年，伐條戎、奔戎於三十八年，係據西羌傳文推出，下三事同。

㉙ 見國語周語上，是宣王三十九年事，國語有明文。

㉚ 見國語周語上，云"宣王既喪南國之師，乃料民於太原。"韋注："喪，亡也，敗於姜戎氏時所亡也。"今本紀年定爲宣王四十年事。

㉛ 見後漢書西羌傳。今本紀年定爲宣王四十一年事。

㉜ 史記十二諸侯年表由共和元年起，以前但有世表。竹書紀年起自夏代，在諸紀年史中爲最早，惜舊本已不存，而今本乃出宋以後人綴輯竄亂，不甚可信。

㉝ 見史記周本紀。

㉞ 見後漢書西羌傳，章懷注謂見竹書紀年。今本紀年定爲幽王五年事，亦據西羌傳文推出。

㉟ 見史記秦本紀。

㊱ 見詩小雅十月之交篇、國語周語上。

㊲ 見詩大雅雲漢及召旻篇，參看本篇注㉕。

㊳ 見詩小雅十月之交篇。

㊴ 見國語鄭語、史記周本紀。"伯般"，本誤寫爲"伯服"，今依紀年文改正，詳本篇注㊶。驪山，在今陝西臨潼縣東南。犬戎由東來，故先至驪山而後毀鎬京。

㊵ 今本竹書紀年傳云："武王滅殷，歲在庚寅。二十四年，歲在甲寅，定鼎洛邑，至幽王二百五十七年。共二百八十一年。自武王元年己卯至幽王庚午，二百九十二年。"按此計算西周歷年，列爲三事，第一事自武王克殷數起，爲二八一年；第二事自成王定鼎數起，爲二五七年；第三事自武王始立之年數起，爲二九一年。但是否確實，尚有待於稽核。

㊶ 左氏昭二十六年傳云："攜王奸命，諸侯替之而建王嗣，用遷郟鄏。"疏引汲冢書紀年云："平王奔西申，而立伯盤以爲太子，與幽王俱死於戲。先是申侯、魯侯及許文公立平王於申，以本太子，故稱天王。幽

王既死，而虢公翰又立王子余臣於攜。周二王並立二十一年，攜王爲晉文公所殺，以本非適，故稱攜王。"按此係約舉紀年之文，並加說明者。褒姒子，史記作"伯服"，觀此文作"伯盤"，乃知服係般字之誤，今改正。攜，未詳所在；竊意攜王既爲東虢所立，其都自當近於東虢也。

㊷見國語鄭語、史記鄭世家及上引紀年文。鄭國原封在今陝西華縣治北。東虢在今河南廣武縣，接今鄭縣界。左隱元年傳記鄭武姜爲叔段請制邑，莊公對曰："制巖邑也，虢叔死焉"，知東虢在春秋前已爲鄭滅。鄶國在今河南密縣東北，接今新鄭縣界，詩作檜。左氏僖三十三年傳，"鄭葬公子瑕於鄶城下"，知亦於春秋前爲鄭滅。蓋東周時之鄭，即以東虢與鄶兩國之境爲其疆土也。

漸漸衰亡的周王國

東周初年，王畿的東面是鄭國，西面是西虢國，北面是晉國，南面是申、呂、許等姜姓國。平王也曾出兵戍守這幾個姜姓國家①。可是那時楚的國勢蓬勃得很，沒過多少年申和呂已變作楚的縣邑了②。晉國爲了分封庶子，激起長期的內亂，顧不到外務③。因此，東周初年的王朝政權就受了鄭和西虢的支配，這兩國的君主，輪流做了周王的卿士。鄭莊公又想獨攬朝權，常常懷疑平王偏向虢公，平王忙給自己辨解；莊公嫌他口說無憑，要求兩方面交換抵押，於是王子狐做了周的押品住到鄭國去，公子忽做了鄭的押品住到周朝來。平王死後，桓王想把政權交給虢公，那年四月，鄭國就派兵到王畿的溫邑搶割麥子，秋天又去奪取成周的穀子，簡直是強盜行爲，周和鄭就成了宠家了④。過了十三年，桓王索性免去鄭莊公的卿職；爲了莊公不朝，又命虢、陳、蔡、衛諸國參加王師和鄭國開戰。不幸周不敵鄭，王師大敗，桓王的肩上也中了一箭。莊公還要假殷勤，夜裏派人到周營去慰勞桓王們⑤，實際是給桓王一個侮辱。從此以後，周王的威信掃地了。

　　周惠王時，王室發生內亂。原因是惠王的祖父莊王寵愛王姚，王姚生子頹，也有寵，莊王命大夫蒍國作子頹的師傅。到惠王即位，奪了蒍國的莊園，蒍國忍不住氣忿，結合了不滿意於惠王的人們作起亂來。惠王奔溫，蒍國就聯絡了蘇、衛、燕等國擁立子頹爲王⑥。鄭厲公調停不下，捉住了燕國的君，請惠王住到自己的國裏⑦。過了一年，鄭厲公會同虢公，伐殺子頹；惠王酬謝他們，把虎牢以東的地方賜給鄭，酒泉地方賜給虢。鄭厲公請惠王吃飯，王賜給他一條嵌鏡的帶子；虢公也來請賞，王把飲酒的爵賜了他。想不到爲着這些些小事，鄭國又對周王不高興了⑧。過了六年，齊桓公邀合諸侯同盟於幽邑，惠王看他饒有力量，就命他爲侯伯，叫他出兵討伐衛國擁立子頹的罪⑨。桓公奉了王命，大張旗鼓去伐衛，用惠王的口氣責備了他們一頓⑩。這是齊桓公的霸業的一個基本因子，爲了他尊王，所以他更有號召諸侯的力量。

　　纔隔了三十年，周室又起一場大亂。原來鄭人怨恨周王偏向虢國，雖是西虢已被晉滅，還是舊恨難消，有一年周襄王派使臣到鄭國去請求他們放鬆了滑國，竟被他們捉了起來。襄王發怒，借了狄兵伐鄭，居然得着勝利。襄王感激狄人替他報仇，就娶了狄女隗氏爲后，那裏想到自己的弟弟子帶竟和狄后私通，襄王一氣，把她廢了。子帶作亂，引了狄兵攻王，襄王出奔到鄭的氾邑。子帶一不做二不休，帶了狄后同居於溫，儼然自立爲王。襄王派人把這事告給晉、秦諸國⑪。秦穆公帶兵駐在河上，準備送襄王回國。晉國的大夫狐偃忙勸晉文公道：「納王是大義所在，拉攏諸侯的方法沒有比這個更好的，你趕快去繼續你的祖上文侯納平王的功業罷！」於是文公辭去秦兵，親駐在陽樊地方，令右軍圍住溫邑，左軍迎接襄王，襄王回到王城，把子帶從溫邑捉出殺了。文公前去朝王，襄王用了很隆重的禮節待他，又把陽樊、溫、原、攢茅等處地方賜給他⑫。從此以後，周王便沒有了黃河以北的疆土了。

又過了三年，晉、楚戰於城濮，楚師大敗。晉文公就在踐土會諸侯結盟，襄王也親到慰勞，冊命文公爲侯伯，賞賜了許多侯伯所用的東西。他們結盟的第一句話就是"共同幫助王室"。這年冬天，文公又會諸侯於溫，召襄王前去。史官覺得他站在臣子的地位徵召君王是不可爲訓的，所以在史書上寫的是"天王狩于河陽"，算是爲打獵而去，保留了周王的體面[13]。到這時，所謂周王國實已成爲晉的保護國了。每逢晉國舉行盟會和征伐，召集諸侯時，周王也算上一份，便派一個王朝的卿大夫去參加，作周的代表[14]。所謂"挾天子以令諸侯"就是這樣的情形。後來甚至王朝的臣子不睦，周王無法處置，便叫他們到晉國去打官司[15]。晉國的大夫分了黨派，王朝的臣子要託庇他們，也只得各有攀附，等到晉大夫甲勝乙敗，甲就到王朝去聲討乙的黨援，周王只得趕緊把自己的大夫殺死，向這位晉國的甲大夫謝罪[16]。所以從實際上説來，當晉霸之初，周王還做得晉侯的臣子，後來晉國愈强，周王只可做晉大夫的臣子了。不過從另一意義看來，周王仰了晉人的鼻息也自有他的方便之處。西周時外患太多，一一須由周王自己對付，對付不了就成了幽王的亡國。到了東周，北方的狄患，南方的楚患，自有晉國去抵擋，周雖處於諸異族之間，也可以高枕而眠了。

快到春秋末年，周王室內又起了一回內亂。景王太子壽早卒，其次有子朝、猛和丐，子朝最長，景王出去打獵，驟然死了，諸子爭立。王朝的卿士單子、劉子借了晉兵立猛，但子朝也有相當實力，把猛攻殺，是爲悼王；單、劉們又立丐，是爲敬王[17]。那時兩王對立，子朝居王城，稱爲西王，敬王居狄泉，稱爲東王[18]。只因敬王是晉人所立，有强固的後援，所以終把子朝趕走了。子朝領了許多周室舊臣又帶了周的簿籍奔到楚國，派人對諸侯道："先王傳下的命令，説是王后沒有嫡子時就揀立年長的。現在太子早夭，單、劉們違背了這個命令，擅立年幼的爲王。晉人不講道理，又幫助了他們。他們這樣的行爲，諸位弟兄和甥舅們評判評判罷！”⑲隔了十年，單、劉們畢竟趁着吳王闔閭打進楚都的機會，派人到楚國去把子朝殺了⑳。

　　從春秋末年到戰國初年，周王再不講同姓弟兄和異姓甥舅這一套話了，只要那一國有勢力他就向那一國送禮，用了虛文去討好人家。越王勾踐是滅掉太伯、仲雍的後人吳王夫差的，他在平吳之後，北渡淮水，與齊、晉諸侯會於徐州，忽然也學起中原諸國的老法子來，向周朝進貢，周元王就派人賜給勾踐胙肉，命他做侯伯㉑，所以他的稱霸也算是甚有根據的。韓、魏、趙三家是分掉唐叔虞的後人晉幽公的土地的，周威烈王看他們勢力隆盛，就一一命作諸侯了㉒。田太公和是遷逐太公望的後人齊康公於海上的，魏文侯替他向周朝一請，周安王就自然的把他立爲齊侯，在周室中排上了他的位子了㉓。秦史沒有燒掉，傳到漢朝，使我們清楚知道那時秦和周的關係。在周顯王五年，顯王曾賀秦獻公，命獻公爲侯伯。九年，他又把祭祀文王、武王的胙肉送給秦孝公。二十五年，秦會諸侯於周，二十六年，他命秦孝公作侯伯，三十五年，他又把文、武的胙送給秦惠文君㉔。但是惠文君後來自己稱王，不再需要他贈送什麽侯伯的名義了。

　　戰國之初，周考王封他的弟揭於河南，繼續周公的官職，是爲西周桓公。桓公的孫惠公又分封他的小兒子班於鞏，是爲東周惠公㉕。所以戰國時所説的東西二周，就是從這王室裏分封出來的兩個國家，後來周王愈弄愈弱，傳到了末一個王，叫做赧王，他窮得沒有辦法，搬到西周君那邊去過日子㉖。到了這個時候，周王國已無疾而終了，以後的周事全是東西二周之君的事了㉗。這兩位周君和列強也有些國際往來，西周武公竟爲了秦伐韓，發生了脣齒之感，率鋭師出伊闕，截斷了秦到韓的路綫，演一回螳臂擋車的悲壯劇。秦昭王怒了，派兵攻西周，一下子就逼得武公到秦叩頭謝罪，把他的三十六個城邑和三萬人口完全獻上。昭王受了他的獻，送他回去。西周土地既失，周民也向東逃亡。過了七年，秦莊襄王連東周君也滅了㉘。從平王元年到東周君滅亡，共五百二十二年㉙。再過了二十八年，秦王政滅掉六國，進稱皇帝，天下的真正共主又出現了。

周王國靠了封建制，團結天下爲一家，外族的勢力不容易侵進來，延長她的壽命到八百多年，這不能不説是當初的政治計劃的成功。但也因他們有了封建制，權力無法集中，疆土愈割愈小，終於在這不生不死的狀態之下漸漸地消沉下去，到油乾燈盡而後已，這也該是當初創業的武王、周公所没有料到的。然而話又説回來，倘使没有武王、周公的封建，爲全中國的統一開了先路，又那會有秦始皇的成功。從前人喜歡談古帝王的道統，我們現在不談道統而談政統，那麽，武王、周公走了統一的第一階段，秦始皇就走上第二階段。周王國的漸漸衰亡，這是他們一家一姓的事情，中國的走上統一的道路，這是我們民族萬億年的事情。所以武王、周公的功業，可以説是永久存在。

注釋：

① 見詩王風揚之水篇。詩中之"甫"即吕。平王戍諸國，與宣王封申伯同一用意，皆所以防楚，非酬其立己之功也，前人説詩多誤會。

② 吕國在春秋前已爲楚滅。申國之亡不詳，但看左氏莊六年傳記"楚文王伐申"，莊三十年傳即有"申公鬭班"之名，知其國已入楚爲縣，疑即亡於莊六年。

③ 晉文侯卒，子昭侯立，封文侯之弟成師於曲沃，時爲周平王二十六年。其後曲沃日大，經六十餘年之長期内爭而併晉，時爲周僖王四年。事見左氏隱至莊傳及史記晉世家。

④ 見左氏隱三年傳。

⑤ 見左氏桓五年傳。

⑥ 見左氏莊十九年傳。

⑦ 見左氏莊二十年傳。

⑧ 見左氏莊二十一年傳。酒泉，不詳所在。

⑨ 見左氏莊二十七年經、傳。幽，不詳所在。

⑩ 見左氏莊二十八年經、傳。

⑪ 見左氏僖二十四年傳。先是鄭人入滑，滑人聽命，師還，又即衞，鄭又伐滑，王使游孫伯等如鄭請滑，鄭與周本有舊怨，增此新嫌，遂執周使。氾，在今河南襄城縣治南。

⑫ 見左氏僖二十年傳。陽樊，一名樊，在今河南沁陽縣。温，在今河南温縣。原，在今河南濟源縣東北。攢茅，在今河南修武縣北。按國語晉語四，襄王賜晉文公以"南陽、陽樊、温、原、州、陘、絺、組、攢茅之田"。韋注："八邑，周之南陽地。"水北曰陽，此皆今河南省内黄河北岸之地。

⑬ 見左氏僖二十八年傳。踐土，春秋時鄭地，在今河南廣武縣境。

⑭ 盟會之例，如春秋僖二十九年經："夏六月，會王人、晉人、宋人、齊人、陳人、蔡人、秦人，盟于翟泉。"又如襄三年經："六月，公會單子、晉侯、宋公、衞侯、鄭伯、莒子、邾子、齊世子光，己未，同盟於雞澤。"征伐之例，如左氏文三年傳："楚師圍江，晉先僕伐楚以救江。冬，晉以江故告于周，王叔桓公、晉陽處父伐楚以救江。"又如成十七年傳："夏五月，鄭太子髡頑、侯獳爲質於楚，楚公子成、公子寅戍鄭，公會尹武公、單襄公及諸侯伐鄭。"

⑮ 如左氏文十四年傳："周公閲與王孫蘇爭政，……周公將與王孫蘇訟于晉，王叛王孫蘇而使尹氏與聃季訟周公于晉。趙宣子平王室而復之。"

⑯ 如左氏哀三年傳："劉氏、范氏世爲婚姻，萇弘事劉文公，故周與范氏。趙鞅以爲討。六月癸卯，周人殺萇弘"。

⑰ 見左氏昭二十二年傳。

⑱ 見左氏昭二十三年傳記萇弘語。狄泉在今河南洛陽縣境内，值王城之東。

⑲ 見左氏昭二十六年傳。

⑳ 見左氏定五年傳。

㉑ 見史記越世家。

㉒ 見史記周本紀及趙、魏、韓各世家。

㉓ 見史記田敬仲完世家。

㉔ 見史記周本紀及秦本紀。

㉕ 見史記周本紀及索隱引世本。河南，今河南洛陽縣。鞏，今河南鞏縣。

㉖ 見史記周本紀正義、索隱引皇甫謐語。史記索隱謂"西周與東周分主政理，各居一都"，蓋揭班分周，正與三家分晉、三桓分魯同，故周王遂至貧困不堪也。

㉗ 見戰國策東周第一、西周第二，及史記周本紀。

㉘ 見史記周本紀及秦本紀。伊闕，在今河南洛陽縣治南龍門山，周之要塞。

㉙ 據史記十二諸侯年表及六國表。漢書律曆志下謂周凡三十六王，八百七十六歲，蓋連武王前言之。

齊桓公的霸業 *

　　在春秋初期的國際政治舞臺上活動的，大體説來，有齊、魯、鄭、宋、衛、陳、蔡諸國，所以那時的歷史也只是上述幾國的歷史。齊國在今山東北部，魯國在今山東南部，鄭國在今河南中部，宋國在今河南東部，衛國在今河南北部，陳和蔡都在今河南東南部，相去最遠的也不過一千里，所以當時的歷史圈可説是很小的①。

　　在這幾國中，鄭國是這時期的歷史核心。鄭的立國最遲，第一代就碰到西周的淪亡，到春秋時纔傳到第三代，所以很有新興的氣象。而且她的地位正當東周的門户，她的國君還兼做周王的卿士，手中操着王朝的權柄，更容易凌駕別國②，當平王東遷之

---

　*　原載文史雜誌第三卷第一、二期合刊（附表二種未載），1944 年 1 月 I日。以後又在文字上作了些修改。

初，諸侯中和王朝關係最深的本來還有申和晉，但申國因爲逼近強大的楚，發展不開，漸漸衰弱下去，而晉國自從分封庶子於曲沃之後，内部戰爭不息，也無暇向外發展③，所以那時候的鄭國就成爲"挾天子以令諸侯"的惟一權威者了。鄭莊公是一個梟雄人物，一翻臉便不認識人。他曾因兄弟不和，把生身的母親關禁起來；又因和桓王不睦，派兵馬去搶奪王畿的麥子和穀子，後來甚至射中了桓王的肩頭④。他一切没有顧忌，靠了他的蠻幹居然使得鄭國盛極一時。他應用遠交近攻的政策，把遠處的齊、魯拉攏得很緊⑤，而把近處的宋、衛攻打得很凶⑥。那時宋、衛也有相當實力，常常聯合出兵，有時候也會把鄭兵打敗。但鄭、齊、魯的集團卻更有力量，所以勝利就更多了。宋殤公碰到這樣的局面，他在位十年竟打了十一次仗，弄得百姓們叫苦連天，結果殤公給他的大臣殺死。宋莊公繼立，便低首下心，向鄭國講親善⑦。鄭莊公在這個時候，很有做霸主的資格，但他似乎没有考慮過這個問題。他只想趁王權衰落的機會趕快搶奪些利益，並不曾覺得當前這個時代正可以開創一個新局面，而他自己的地位也正可以做這個新局面的領導者。他死後諸子爭立，常常内亂⑧，東方諸國的重心就移到了齊襄公的身上⑨。

　　齊國建都於營丘，地方富庶，國力充盈。她東邊是萊夷，文化低落，決擋不住這一個有組織的大國，所以齊國要拓地到山東半島的東頭並不困難。不過齊的近東有一個紀國，也是姜姓，既居肘腋之間，自然更不肯輕易放過⑩。紀君娶的是魯女，所以魯和紀頗爲關切⑪。有一年，鄭國聯合了魯和紀，把齊、宋、衛諸國之師打得大敗⑫，這一下就使齊、紀問題格外緊張起來。到齊襄公即位，想把魯、紀兩國分開，就一方面與魯修好⑬，一方面對紀加緊壓迫。紀國向魯求救，魯和齊又翻了臉，兩國在奚地開戰⑭。隔了一年，魯桓公到齊國去和襄公相會，也許討論這個問題，但桓公給齊國人在車上害死了⑮。這時紀國失掉了後援，襄公就勒令他們的邢、鄑、郚三邑的居民搬走，把這些地方收歸己有⑯。跟着紀君的弟紀季爲要保存自己產業，把酅邑帶到齊國，算作她的附庸⑰。這般險惡的環境，紀君無法對付，又不願向齊投降，只得將全國交給紀季，自己逃亡出去；紀季接受之後，雙手獻與齊侯，紀國便滅亡了⑱。襄公滅掉這一個同姓之國，也覺得有些說不過去，因此他們造出一件故事，說齊和紀本是世仇，在九世以前，紀君曾向周王說了齊哀公的壞話，周王聽信，把哀公烹了，所以滅紀是爲的報復祖宗的大仇⑲。

那時鄭國諸公子爭立之亂還没有完，大臣高渠彌弒了昭公，擁立公子亹爲君。齊襄公帶了兵馬駐紮在首止地方，召鄭君前來相會，子亹不敢不從，就和高渠彌同往，襄公殺了子亹，把高渠彌車裂了⑳。衛國也內亂，衛惠公逃到齊國。襄公又邀約了魯、宋、陳、蔡諸國一同伐衛，把惠公送回國去㉑。齊襄公這樣替各國維持秩序，並不專爲自己的利益打算，着實有些霸主的作風；而且齊國在中原各國中最爲強大，也已取得了領袖的資格。可惜他們忽然發生內亂，襄公被殺死了㉒。

襄公有兩個弟弟，公子糾住在魯國，管仲和召忽伴着；公子小白住在莒國，鮑叔牙伴着。襄公死後，魯莊公便把子糾送回，不料小白走得更快，他先進齊國即了君位，那便是春秋時代的第一位霸主齊桓公。桓公即位後，立即發兵截住子糾，在乾時地方和魯開戰，把魯兵殺得大敗。可是管仲的箭法高強，桓公猛不防被他射中了一箭，幸而中在帶鈎上，不然也就送了命了。那時齊兵乘勝打到魯國，向魯人要求道：“子糾是我君的親兄弟，自己不忍下手，由你們殺死了罷！管仲和召忽是我君的讎人，一定要你們獻出來，讓我君親自洩恨！”魯人照了他們的話，召忽不願受辱自殺了，管仲卻俯首做了囚犯。齊軍的主帥鮑叔牙本是管仲的好朋友，認識他的政治天才，走到半路就解除了他的桎梏。回到齊國，又在桓公面前竭力保舉他。桓公聽信鮑叔牙的話，也就不再計較射中帶鈎的讎恨，重用管仲，一切依從他的計劃㉓。從此齊國的内政、軍政和財政都有了重大的改革，替桓公的霸業築好了堅實的基礎㉔。

桓公二年，他就起兵伐魯，報復他們送回子糾的宿怨。不過那時魯也不弱，在長勺地方把齊兵殺得大敗而逃㉕。魯國勝後，起兵侵宋㉖。齊國趁這機會，又聯合了宋來攻魯，兩國的兵駐在郎地。魯人把戰馬蒙上了虎皮，偷襲宋營，大隊隨後接應，宋師就抵擋不住了。宋師既敗，齊師也就無精打采地回了國㉗。次年，宋國起來報復，發兵侵魯。魯莊公趁他們没有結陣的時候衝殺過去，又把他們打敗㉘。宋國連敗了兩次，内部就發生變亂，閔公被殺，公子們爭立又互相斫殺㉙。齊桓公四年，邀集宋、陳、蔡、邾四國在北杏地方結會，商定解決宋國糾紛的辦法㉚。這一下，他就表現了齊襄公平定鄭、衞之亂的風度。

襄公爲了向東發展，滅掉紀國。到桓公時又向西發展，先滅了譚，繼滅了遂㉛。魯對齊雖連勝兩次，究竟國力敵不過齊，鄰近的遂國被齊滅了也很感到威脅，只得和齊國在柯地結盟㉜。傳説在這一次盟壇上，曹劌提了匕首强迫齊桓公歸還他所侵佔的魯地，桓公受了他的刼持只得答應㉝。魯是宋的敵人，齊、魯既和，宋就背叛了齊㉞。齊桓公徵了陳、曹兩國的兵伐宋，又向周室請派王師，周僖王命單伯領軍前往，宋國在這嚴重壓迫之下只得屈服了㉟。這是鄭莊公以後第一次用王命來討伐諸侯。就在這時，那位因内亂而逃出國都的鄭厲公設法復位，他看清時勢，就和齊國聯結。齊桓公趁着宋、鄭都來歸附的機會，邀了單伯和宋、鄭、衞三國之君在鄄地會盟。第二年，齊、宋、陳、衞、鄭五國之君又在鄄地會了一次㊱。有人説，這一次的集會是齊桓公霸業的開頭㊲。

不過那時諸侯的内部還没有完全和協。當齊、宋、邾三國去伐郳國的時候，鄭國就乘機侵宋，於是次年齊、宋、衞三國會師伐鄭㊳。鄭國降服之後，齊、宋、陳、衛、鄭、許、滑、滕八個國又在幽地同盟㊴，這是桓公初年規模最大的盟會，從此東方諸侯可以説完全歸集到齊國的旗幟之下了。

不過齊桓公的霸業還是無意中造成的。本來他只望繼續襄公的功業，擴大地盤，支配東方諸國而已，也同鄭莊公一樣，沒有想作開創的功夫。因此，有一個當前的機會他竟不曾抓住。原來春秋時代的霸主，實際上是應時勢的需要而開創一個新局面，表面上還是要替東周的王朝撐着西周時代的門面，所以他們提出兩個口號，一個是"尊王"，一個是"攘夷"，爲了尊王所以該維持王朝固有的秩序，爲了攘夷所以該幫同諸夏之國去抵抗異族的侵略，這是繼續實現周公封建諸侯的意義，不過支配諸侯的權力卻從周王的手裏移到霸主的手裏去了。當齊桓公十一年，王朝起了一次大亂，大夫蔿國們聯結了衛和南燕等國擁立王子穨爲王，周惠王逃到鄭國㊵。這本是給霸主的一個好題目，但齊桓公彷彿不曾聽見似的，一些沒有過問，他既不去保護惠王，也不來責備燕、衛之君。鄭厲公到了這個時候，他再不肯等候齊桓公的領導了，就挺身而起，捉住南燕的君主，又邀約虢公護送惠王回國復位，殺了子穨和許多作亂的大夫，這場安定王室的大功竟讓鄭國獨佔了去㊶。要不是鄭厲公不久便死，仗着他的手腕很可能聯合西方諸侯，奉了周王另外結成一個團體來和齊國對抗，這樣一來，春秋中期的歷史自然換了一副面目。幸而鄭、虢兩國爲了爭賞發生嫌隙，周和鄭的感情也由此破裂，厲公又去世了㊷，所以齊國得以拉攏魯國㊸，因勢又服了鄭國㊹，桓公十九年會合魯、宋、陳、鄭四國同盟於幽㊺，周惠王看齊桓公的號召力很強，派召伯廖來任命他爲"侯伯"，叫他去討伐衛國立子穨的罪。桓公奉了王命，大敗衛兵，責數了衛君的罪狀而歸㊻。到這時，桓公的稱霸纔有了正式的根據，他的統馭中原的工作也就有了正確的目標和計劃。

　　齊桓公的事業固然是團結了東方諸國成爲一個大集團，又承受了周王所命的侯伯的名義作諸國的領袖，代王室支配一切，使得西周時代的局面不致在春秋時代崩潰，但他的真正事業還不在此。原來楚國在周初本已不弱，休養生息快到四百年，蓄積更厚，周王封建在漢水北面的許多國家差不多都給他們併吞完了。所以周平王東遷之後，就在申、呂、許諸國布防，爲的是擋住他們的北侵[47]。無奈周勢已衰而楚勢方盛，竟成了拗不過來的事實。楚武王之世，打敗了隨、鄖、郧、絞，又滅了權。子文王繼位，滅了申、息、鄧，又攻入蔡，捉走蔡侯，接着又伐黃和鄭[48]。他們的勢力早從江、漢流域到了淮水流域，現在又要到黃河流域了。他們武力的銳利和兼併的急速真像商末的周人一樣，要没有人出來把這席捲世界的怒潮擋住，中國便給楚統一了。中國早些統一固然未始不好，但那時我國統一的國民性没有成熟，勉强統一不知要經過多少痛苦，而且楚國雖然是舊國，但他們處在南方，還没有很深的接受中原的文化，如果由他們來宰制中原，必然使得已經積累很高的文化受着一次大摧殘，地方雖統一而文化反低落也不是一件好事情。因此，那時的中原人很怕他們衝過來。當齊桓公即位的前三年，楚文王已伐申了；即位的後一年，楚文王又把蔡哀侯虜回去了，又四年息國亡了，又二年鄧國滅了。齊桓公結北杏之會，蔡國還來參加，從息國亡了以後蔡君再也不能來了。桓公抵抗楚國的心思，想來這時已經激動，不過估計自己的國力還是敵她不住，只好耐着。楚滅息後兩年又伐鄭，這簡直向齊桓公搶奪諸侯了。自從桓公九年以後，東方諸侯既團結爲一體，楚國又有內亂，楚成王初即位也不想向北發展[49]，中原暫得安定，桓公也不忙於會盟。到他二十年，楚令尹子元又伐鄭，可是只帶了六百乘兵車，桓公聽得這消息，就聯合了魯、宋、邾三國之師救鄭。救兵没有開到，楚兵已打進了外城。鄭國人卻會弄玄虛，索性連內城的闡門也不放下，兵士們學了楚人的

腔調，嚷着踱出城來。楚兵碰見這種奇怪情形，一時摸不着頭
路，不敢冒險前進；正在躊躇的當兒，救兵已到，他們就連夜逃
走了。鄭國人本想逃到桐丘，間諜報告道："楚軍的營幕上已棲
着烏鴉了！"大家就定心回家。這一次，楚師無功而還，齊和楚也
沒有互相接觸㊿。

　　那時蹂躪中原的異族，除了楚國之外還有戎和狄。戎人大概
住在現今山東省的北部和河北省的東部，稱做北戎，又稱做山
戎，常常東侵齊、魯，南侵曹、鄭，北侵北燕，他們的武力雖不
很厲害，究竟也不勝其騷擾[51]。狄人大概住在現今山西、陝西兩
省的北部和河北省的西部，本是游牧部落，來去飄忽，驃悍異
常，好像狂飇猛雨的襲人，叫人沒法躲避[52]。這些戎、狄部族屢
屢危害中原各國的安全，抵擋的責任當然也該由霸主齊桓公擔
負。桓公首先對付的是山戎，因爲他們常和北燕搗亂，便起兵北
伐，直打到孤竹國，得勝而歸。燕君十分感激桓公，送他回國，
依依不捨，竟走進了齊境。桓公道："諸侯相送是不出境的，我
不該無禮！"就把他踏到的齊地割給了他。諸侯聽得這事，對齊更
生好感[53]。魯莊公甚至替管仲的私邑小穀修築城垣，向齊國表示
親善[54]。這時狄人又起兵攻打邢國，管仲對桓公說道："戎、狄的
性情和豺狼一般，沒法使他們滿足的。諸夏之國都是我們親近的
人，是丟棄不得的。安樂就是毒藥，不該留戀的。現在邢國已把
他們的急難通知我們了，請你即刻救了他們罷！"桓公聽了他的
話，邢就救下來了[55]。不久狄人又起兵伐衛，在熒澤打敗衛兵，
殺了衛懿公，長驅攻入衛都，衛國被滅。宋國從河西救出衛的遺
民，可憐得很，男女共只七百三十人，添上了共、滕兩邑的居民
剛湊滿五千人，就在漕邑立了衛戴公。齊桓公派公子無虧帶領三
百乘兵車，三千名甲士替衛國守禦，又送給衛君乘馬、祭服、木
材等用具，加上牛、羊、豕、雞、狗等每種三百頭，又送給衛夫
人乘車和做衣服用的細錦三十疋，讓他們好成立一個新國家[56]。

隔了些時，狄人又攻邢了，齊桓公再邀宋、曹兩國的兵救邢，邢國人蜂擁出城，投奔援軍。援軍替他們趕走了狄人，取出日用的器物，把他們的國都遷到夷儀地方，築好了城牆才走開(57)。衛戴公不久去世，弟文公即位，齊桓公又替他們修築了楚丘城，把他們遷到那邊。後人形容這兩國人民的高興，説道："邢國人的遷徙好像回家似的，衛國人也忘記了滅亡了。"(58)

楚成王即位十年，想北向爭取中原。齊桓公即位二十餘年，也有對付楚國的力量了。桓公二十四年，爲了謀伐楚，曾向諸侯請會(59)。恰巧聯上四年，狄人大舉侵略中原，爲了救邢救衛，忙個不了，再没有餘力顧到抵抗楚國。到二十七年，楚又伐鄭。齊桓公就會魯、宋、鄭、曹、邾諸國於檉，商量救鄭的辦法(60)。此後接連兩年，楚均伐鄭(61)。那時有兩個淮水流域的國家，一個是江，一個是黄，自從楚文王把申、息兩國收做自己的北門之後，他們就挨近這北門了，爲了切身的利害，這時都來服齊，齊桓公也接連兩年會宋、江、黄三國，作伐楚的準備(62)。桓公三十年正月，他會集了魯、宋、陳、衛、鄭、許、曹諸國之師出發伐楚，因爲蔡國已附屬於楚，就先去侵蔡；蔡師奔潰之後，大軍便推進到楚境。中原諸侯這樣團結了向楚示威是楚成王所想不到的，他怕不容易抵當，就派使者前來質問桓公道："你們住在北海，我們住在南海(63)，任何事情都没有關涉。這次你們到我們這邊來，請問爲的是什麽原因?"管仲代桓公答道："從前召康公奉了周王的命令，向我們先君太公説道：'多少的侯國和伯國，你都可以專征！東邊到海，西邊到河，南邊到穆陵，北邊到無棣，你都去得！(64)'你們不向周王進貢包茅，以致祭祀時没有縮酒的傢伙，這是我們要向你們徵求的。周昭王南征没有回朝，這是我們要向你們質問的。"楚使答道："貢物久未送進，這確是寡君的錯處，那敢不依尊命；至於昭王南征不歸這一件事，還請你們到水邊去詢問罷！"齊桓公見楚國態度强硬，就進兵到陘。他帶的軍隊太多，楚人從來没有碰見過這樣的大敵，有些害怕了，成王又派大臣屈完到軍前講和，各國的軍隊爲了表示禮貌也就退駐召陵。齊桓公陳列了浩浩蕩蕩的軍隊，招屈完同車，指點給他看，説道："帶了這許多人馬去打仗，誰能抵擋得？帶了這許多人馬去攻城，還有什麼城打不破的？"屈完答道："你若用了德義來安撫諸侯，那個敢不服；如果只用兵力來威脅我們，那麼楚國把方城山當了城，把漢水當了池，城這麼高，池這麼深，你們的兵雖多也是没用的呵！"齊桓公覺得楚王肯來講和，已算不戰而屈，便許屈完和諸侯結盟，盟畢班師北歸[65]。這一次雖然没有真打，但中原人敢向楚國示威已是一個大勝利了，所以魯僖公回國之後，造了一所宗廟，他的臣子替他做了一篇祭詩，説道："周公的子孫，莊公的兒子，有一千輛兵車，三萬個甲士，戎和狄都擔擋得，楚和舒都懲罰得，有什麼人敢來做我們的對手呢！"[66]

在班師的時候，諸侯内部曾鬧了一點麻煩。那時有一個陳國的大夫轅濤塗在軍中，爲怕班師時破費了本國，就同鄭國的大夫申侯商量，説："我們兩國都當着衝道，大軍經過，供給軍糧和草鞋就是一筆很大的開銷。如果走海邊回去，向東夷示威一次，豈不是又少了花費，又增了光榮！"申侯點頭贊成。轅濤塗就把這計劃告訴齊桓公，桓公也答應了。不想申侯這人是挑撥是非的幹才，他便進見桓公，説道："我們的軍隊已經疲乏得很了，如果打從東方還去，遇到敵人，抵擋不住，這又怎麼辦！現在經過陳、鄭兩國，讓他們供給些軍隊的日用東西，那就方便多多。"桓公聽他的話不錯，知道轅濤塗專爲本國打算，便賞了申侯，拘了轅濤塗，又派魯、江、黃三國的兵伐陳，討他們不忠於團體的罪名。氣還没有出夠，又聯合了七國的兵侵陳。陳國趕快討饒求和，轅濤塗纔放了回去[67]。

攘夷的事業做了許多，不料周王室裏又起了一場風波。原來周惠王爲了溺愛，想廢黜他的太子鄭，改立小兒子叔帶爲太子。

爲了這問題，齊桓公又召集諸侯和太子鄭在首止地方開會，討論安定王室的辦法⑱。惠王聽得這事惱了，便派宰孔去召鄭文公來，勸他道：“我保護你去服從楚國，再叫晉國來幫助你，你可以不受齊國的壓迫了！”鄭文公得了王命，心中很高興，就不和諸侯結盟，私下逃回。於是諸侯起兵伐鄭，圍住了新密。楚國助鄭，把許國圍住，諸侯的兵救了許就把鄭放下了。隔了一年，桓公又伐鄭，鄭文公派太子華和諸侯在寧母地方結盟，鄭又服了齊⑲。那年惠王去世，太子鄭爲怕叔帶作亂，不敢發喪，先向齊國乞援。桓公又召集諸侯和太子的使者在洮地結盟，同奉太子即位，是爲襄王⑳。第二年夏天，齊桓公又召集魯、宋、衛、鄭、許、曹等國之君在葵丘相會。周襄王派了宰孔到會，把祭祀文王、武王的胙肉賜給桓公。桓公將下堂行拜禮，宰孔忙擋住道：“天子還有後命。天子命我致意道：‘伯舅的年紀大了，加賜一級，不必下拜！’”桓公敬謹答道：“天威不遠，就在面前。小白怎敢貪受天子的恩命，廢掉臣下的禮節！”他就下堂行了拜禮，再登堂領受王賜。這年秋天，桓公又和諸侯在葵丘結盟，宣示和好㉑。他又聲明周天子的禁令道：“不可壅塞泉水！不可屯積米穀！不可改換嫡子！不可升妾爲妻！不可任婦女參預國事㉒！”這是歷史上有名的葵丘之會，是齊桓公尊王的具體表現，也就是他的霸業的最高峰了。

晉和齊同是當時大國，只爲路途遙遠，向日不相往來。齊桓公的霸業這樣轟轟烈烈，晉獻公聽得多了，這次葵丘之盟地點較西，覺得近便，也就前去參加。走到半路，恰恰遇見宰孔，這位宰孔四年前已替惠王拉攏過鄭文公脫離齊桓公的團體，這回他雖代表襄王賜胙，在會場上着實客氣了一回，究竟他的心中對於這位霸主終是不舒服的，借這機會便擋住晉獻公道：“你回去罷！齊侯不講德行，專喜歡遠征，他北面伐了山戎，南面伐了楚國，西面來結這個會，東面還不知道想到什麼地方。至於西面呢，來了這一次大概不會再來的了，你還是只管你自己的事情罷！"獻公依了他的話就回了國。這年九月，晉獻公死了，國內大亂，連殺二君。齊桓公站在霸主的地位只得又向西面走一次，他帶了諸侯的兵伐晉，直到高梁地方，又派隰朋帶兵會合秦師，送公子夷吾回國即位，是爲惠公⑦。這是東方國家和黃河上游的國家正式發生關係的開頭。

　　齊桓公晚年，時局變化得太劇烈，他的年紀也太老了，顯見得他的精神對付不過來。那位沒有做成太子的王子叔帶爲了嚥不下失敗的氣憤，不惜召集了一班住在揚拒、泉皋和伊、洛流域的戎人打進王城，焚燬了東門。那時秦、晉兩國都起兵伐戎，齊桓公卻只派管仲和隰朋前去替周、晉、戎三方面調停了事⑭。戎人得了這回勝利，無所顧忌，後來一再侵擾周室。齊桓公屢徵諸侯之師到王朝守禦⑮，始終沒有作根本的解決。狄人又向衛國搗亂，桓公也只發了諸侯之師代衛國修築城池⑯，東南方的淮夷也來壓迫杞國和鄫國，桓公又命諸侯修築緣陵城，把杞國遷了過去；替鄫國修城沒有完工，工人多害了病，就中止了⑰。最難堪的，楚成王在召陵之役的後一年就滅了弦，弦國的君主逃到黃國；過了七年，楚人又把黃國滅掉了。黃是齊的同盟國，桓公眼睜睜看着沒有去救⑱。後來楚國因爲徐國接近諸夏，起兵伐徐，桓公盟諸侯於牡丘救徐，爲了屬國服屬於楚，所以齊、曹之師又伐厲，想牽制楚的兵力，但結果楚人仍把徐國的兵在婁林打敗了。楚的與國又有一個英氏，齊、徐聯師往伐，算是報了婁林一役的仇恨⑲。這兩次雖沒有大功，然而兵力所到卻更在召陵之南呢。

　　孔子生於齊桓公卒後九十二年，他佩服桓公和管仲極了，他說："管仲幫助了齊桓公，使他做成諸侯的盟主，一手救正天下。要是沒有管仲，我們都得披散了頭髮，只把左臂穿在袖子裏，做異族統治下的人民了！"又說："齊桓公是正而不詐的。"⑳這是很公正的批評。爲了周平王的微弱，鄭莊公的强暴，使得中原諸國化作一盤散沙，而楚人的勢力這般强盛，戎、狄的馳騁又這等自由，夏、商、周以來積累了千餘年的文化真動搖了。齊桓公處於如此艱危的時局，靠着自己的國力和一班好輔佐，創造出"霸"的新政治來，維持諸夏的組織和文化，使得各國人民在這均勢小康的機構之下慢慢作內部的發育，擴充智慧，融合情感，整齊國紀，劃一民志，所以霸政行了百餘年，文化的進步真是快極了，戰國時代燦爛的建設便是孕育在那時的。這真是中國歷史上一個該注意的人物！[31]

桓公四十三年冬，他得病去世。那時管仲已死，主持無人，六公子爭立，齊國大亂[32]。宋襄公結合了曹、衛、邾三國起兵伐齊，把齊兵打敗，送公子昭回國即位，是爲孝公。在宋伐齊的時候，魯國起兵救齊，想不到狄人也來救齊。但鄭國卻因自己失掉靠山，便到楚王處去朝見。那時邢國竟會棄親事仇，聯了狄兵伐衛，圍住菟圃地方；衛文公無奈，想把國家讓給父兄子弟和朝衆，大家不答應，合力起兵，在訾婁地方抵抗狄人；狄人見他們態度强硬，也就退去了[33]。可憐桓公一死，中原諸國依然是一盤散沙。

宋襄公打敗了齊，自以爲國勢强盛，大可繼承桓公的盟主地位，就先向諸侯示威，拘了滕君嬰齊，教不服的國家看個榜樣。他又邀諸侯在曹南結盟，鄫君赴會較遲，就命邾人把他拘了，當作犧牲品去祭次睢地方的社神，想借此威服東夷。不久襄公又因曹國不服，起兵圍住曹都。衛國也在這時起兵伐邢，報復他們勾結狄人的仇恨。陳國邀合了楚、魯、鄭、蔡諸國在齊結盟，重修桓公時的情誼[34]。過了些時，齊孝公又邀合了狄人在邢國結盟，替邢國計劃抵抗衛國的侵略[35]。在這時期中，楚、狄、齊、魯、鄭、陳、蔡、邢諸國竟不約而同的威脅宋襄公。宋的黨徒只有衛、邾等寥寥幾國，勢力太單薄了，可是他依然狂得很，不肯打消盟主的迷夢，又在鹿上地方召集齊、楚兩國結盟，硬要楚國分些諸侯給他。楚人假意允許，暗地裏卻布置好了，等到楚、鄭、陳、蔡、許、曹諸國在盂地結會，邀宋參加，宋襄公自矜信義，不帶着兵車赴會，楚國就捉住了他來伐宋。魯僖公代宋國向楚討饒，在薄地會了諸侯結盟，纔把他放了出來⑧⑥。

　　宋襄公被楚國玩弄到這步田地，仍不覺悟，回國以後，爲了鄭文公朝見楚王，又召集了衛、許、滕諸國的兵伐鄭，想征服鄭國。楚人那肯容他自由，就用了伐宋的方法來救鄭。宋、楚快開戰時，司馬目夷竭力諫勸襄公道：“上天丟棄我們商王的子孫很長久了，現在您違背了天意，想要重興祖業，只怕這是一件不可能的事吧?”襄公不聽，就在泓水邊上列陣。當楚兵正在渡河的時候，目夷又勸道：“他們兵多，我們兵少，實力上是敵不過的。不如趁他們渡河時掩殺過去，或者還有得勝的希望咧。”襄公仍不聽。等到楚兵全數渡過泓水，還沒有排列成隊的時候，目夷又請進擊，襄公終於不肯。待到楚兵排好了陣勢，兩國正式交鋒，宋兵就支持不住，大敗了下來，襄公的股上也受了重傷。宋國人都抱怨他，他道：“君子們打仗，不忍殺死已經受傷的人，也不忍擒捉頭上生了白髮的人，他們的心是這般的仁厚的。在險阻地方去扼住敵人，便違反了古人的行軍之道。寡人雖是亡國的遺種，對於那些沒有列陣的隊伍卻還不肯作突然的攻擊!”⑧⑦半年之後，襄公因傷重去世⑧⑧，宋國的霸業就這樣草草地結束了。

　　中原沒有霸主，諸侯互相爭戰，異族急遽內侵，時勢危險到了極點，周襄王也給狄人趕走了⑧⑨。那時楚國的勢力蒸蒸日上，大有收拾中原的可能。宋成公雖和楚成王有殺父之仇，情勢所迫也只得到楚國去朝見⑨⑩。魯僖公原是被誇作懲罰楚國的英雄的，到這時也因齊師侵略了魯的西鄙和北鄙，索性到楚乞師，用了楚師伐齊，奪取了齊的穀邑⑨①。這天下可說是多半在楚人的手裏了，齊桓公的霸業已全部倒壞了。在這間不容髮的時候，黃河上游的惟一姬姓大國而且有大才幹的君主晉文公就接蹤齊桓公而起，擔負了第二度尊王攘夷的責任。

注釋：

① 此就春秋經所記言。

② 鄭國爲周宣王所封，歷桓公、武公、莊公而入春秋。其國本在今陝西華縣，西周亡後移至今河南新鄭縣。其西境當虎牢關，爲周室與東方諸侯交通之孔道。武公、莊公爲平王卿士，見左氏隱三年傳。

③ 平王爲申侯所立，見竹書紀年及史記周本紀。"周之東遷，晉、鄭焉依"，見左氏隱六年傳。晉封成師於曲沃，見桓二年傳追記。

④ 鄭莊公寘姜氏於城潁，見左氏隱元年傳。取溫之麥與成周之禾，見隱三年傳。射王中肩，見桓五年傳。

⑤ 齊、鄭盟於石門，見春秋隱三年經。魯、齊、鄭會於中丘，見隱十年經。魯、鄭會於時來，見隱十一年經。魯、鄭會於垂及盟於越，見桓元年經。魯、齊、陳、鄭會於稷，見桓二年經。

⑥ 鄭人伐衛，見春秋隱二年經。陳、宋、蔡、衛伐鄭，見隱四年經。邾、鄭伐宋及宋伐鄭，見隱五年經。魯、齊、鄭伐宋及宋、衛入鄭，見隱十年經。

⑦ 見左氏桓二年經、傳。

⑧ 鄭莊公卒於魯桓十一年，其後太子忽及子突、子亹、子儀四人迭爲君主，鄭亂，至魯莊十四年厲公突歸於鄭而始定，凡歷二十二年。

⑨ 齊襄公立於魯桓十四年。

⑩ 萊夷在今山東黃縣一帶，即山東半島之北部。紀國在今山東壽光縣，在齊都臨淄東不及百里。

⑪ 伯姬歸紀，見春秋隱二年經，叔姬歸紀，見隱七年經。魯、紀會於成及紀侯來朝，見桓六年經。魯、齊、紀盟於黃，見桓十七年經。

⑫ 見左氏桓十三年經、傳。

⑬ 齊、魯會於艾，見春秋桓十五年經。

⑭ 見春秋桓十七年經。奚，魯地。

⑮ 見春秋桓十八年經。三傳謂魯桓公被殺係齊襄公通文姜而桓謫之，因有斯變，其説不可信。按魯桓在位，與齊三戰，且嘗大敗齊師，輕身

入齊，自有喪其身之可能。傳文云云，蓋作者觀於魯莊之世，春秋經屢書文姜如齊，故有此妄意之猜測；與齊桓以諸侯之師侵蔡，而謂其起因於蔡姬之蕩舟，同一不達事實。夫桓公之卒，莊公年僅十三，女主當國，睦鄰國而暱母家，人之情也。若必謂其爲個人之淫佚，然則莊九年齊襄公已被殺矣，何以其後文姜尚如齊，且如莒也？觀僖公娶於齊曰聲姜，僖十一年經亦書"夏，公及夫人姜氏會齊侯於陽穀"，十七年又書"秋，夫人姜氏會齊侯於卞"，寧能謂其亦與齊桓公通耶！蓋古代婦人本可以有外事，武丁之后妃當征伐之大任即其顯著之一例，春秋以下之社會主張婦人無外事，因將凡任外事之婦人悉講爲淫佚以禁遏之，遂造出此等故事以厚誣古人耳。

⑯ 見春秋莊元年經。邢，在今山東臨朐縣東南。鄑，在今昌邑縣境。郚，在今安丘縣西南。

⑰ 見左氏莊三年經、傳，參杜注。鄴，在今山東臨淄縣東。

⑱ 見左氏莊四年經、傳，參杜注。

⑲ 見公羊莊四年傳及史記齊世家。周王，史記集解引徐廣曰"周夷王"，不知其何所據也。

⑳ 見左氏桓十七年、十八年傳。史記鄭世家則謂高渠彌逃歸。首止，衛地，在今河南睢縣東南。

㉑ 見左氏桓十六年、莊五年、六年經、傳。

㉒ 見左氏莊八年經、傳。

㉓ 見左氏莊八年、九年經、傳，史記齊世家。乾時，齊地，在今山東博興縣南，時水旱則涸竭，故曰乾時。

㉔ 專記管仲治齊政績者有管子及國語齊語，但此二書均出於戰國、秦、漢間，臆說過多，未可信據。梁啟超先生有管子傳一種，刊入飲冰室專集，即據此項材料爲之，亦可一覽，以見後人想像中之管仲治國方略。管子名夷吾，字仲，齊大夫管莊仲之子。史記管晏列傳謂其與鮑叔經商，亦出戰國人信口之談。

㉕ 見左氏莊十年經、傳。長勺，魯地，魯所分得之殷遺民有長勺氏。

㉖ 見春秋莊十年經。

㉗ 見左氏莊十年經、傳。郎，魯邑，在今山東魚臺縣東北。

㉘ 見左氏莊十一年經、傳。

㉙ 見左氏莊十二年經、傳。

㉚ 見左氏莊十三年經、傳。北杏，齊地，在今山東東阿縣北。

㉛ 滅譚，見左氏莊十年經、傳，滅遂，見莊十三年經、傳。譚國在今山東歷城縣東南城子崖，遂國在今山東寧陽縣北。

㉜ 見左氏莊十三年經、傳。柯，齊地，在今山東東阿縣。

㉝ 見公羊莊十三年傳，史記齊世家、魯世家、刺客列傳。又吕氏春秋上德篇述此事略異。"劌"，亦作"沫"。

㉞ 見左氏莊十三年傳，十四年經、傳。莊十年魯侵宋又敗宋師於乘丘，莊十一年魯敗宋師於鄑，故宋讎魯。

㉟ 見左氏莊十四年經、傳。

㊱ 見左氏莊十四年經、傳。鄄，衛地，在今山東濮縣東。

㊲ 左氏莊十五年傳如此説，不審其理由何在。

㊳ 見左氏莊十五、十六年經、傳。郳即小邾，在今山東滕縣東。

㊴ 見左氏莊十六年經、傳。幽，宋地。滑國在今河南偃師縣南，爲此會中最西之國。

㊵ 見左氏莊十九年傳。

㊶ 見左氏莊二十年、二十一年傳。

㊷ 鄭厲公以魯莊二十一年夏納惠王，夏五月厲公即卒，見是年經傳。

㊸ 齊、魯盟柯之後，齊之會盟征伐魯尚不與，可見其未服。至魯莊二十二年秋，齊高傒如魯盟，是年冬，莊公又如齊納幣，魯始追隨齊國惟謹，文見是年經。

㊹ 魯莊二十五年，鄭文公獲成於楚，有貳心於齊，至莊二十七年同盟於幽，始又服齊，見是年傳杜注。

㊺ 見左氏莊二十七年經、傳。

㊻ 見左氏莊二十七年傳，參杜注，又二十八年經、傳。

㊼ "漢陽諸姬，楚實盡之"，見左氏僖二十八年傳。平王戍於申、吕、許諸國，見詩王風揚之水篇。

㊽ 楚敗隨，見左氏桓八年傳；敗鄖，見桓九年；敗鄾，見桓十一年；敗絞，見桓十二年；滅權，見莊十八年追記；伐申，見莊六年；滅息，見莊十四年；滅鄧，見莊六年先記（事在莊十六年）；敗蔡，見莊十年；入蔡，見莊十四年；伐黃，見莊十九年；伐鄭，見莊十六年及二十八

年。隨在今湖北隨縣，鄾在今湖北襄陽縣東北，郢（即邔）在今湖北鍾
祥縣，絞在今湖北郢縣西北，權在今湖北當陽縣東南，申在今河南南
陽縣北，息在今河南息縣，鄧在今河南鄧縣，蔡在今河南上蔡縣，黃
在今河南潢川縣，即此可知楚武王經營湖北，楚文王則更向北經營
河南。

㊾ 楚文王卒於魯莊十九年，見左傳。子杜敖立，五年，弟熊惲弒之而自
立，是爲成王，見史記楚世家。又史記十二諸侯年表記成王元年於魯
莊二十三年，即齊桓之十五年。

㊿ 見左氏莊二十八年經、傳。桐丘，在今河南扶溝縣西。

51 戎伐凡伯，見春秋隱七年經；北戎侵鄭，見左氏隱九年傳；北戎伐齊，
見桓六年傳；魯追戎濟西，見莊十八年經；魯伐戎，見莊二十六年經；
戎侵曹，見莊二十四年經；山戎病燕，見莊三十年傳。

52 狄始見於春秋莊三十二年經，自是蹂躪河、濟流域諸國。

53 見左氏莊三十年經、傳，三十一年經，史記齊世家及燕世家。孤竹國，
今河北盧龍縣至熱河朝陽縣一帶地。齊桓此次出兵當是遵海而行，至
今山海關而止。

54 見左氏莊三十二年經、傳。小穀，在今山東東阿縣。

55 見左氏閔元年經、傳。邢國在今河北邢臺縣。

56 見左氏閔二年經、傳。漕，左傳作曹，今依詩鄘風載馳篇作漕，俾與
曹國有別。熒澤、共、滕、漕皆衛地。漕，在今河南滑縣。

57 見左氏僖元年經、傳。夷儀，在今山東聊城縣西南。

58 見左氏閔二年傳先記及僖二年經、傳。楚丘，在今河南滑縣東六十里。

59 見左氏莊三十二年傳。

60 見左氏僖元年經、傳。檉，宋地，在今河南淮陽縣西北。

61 見左氏僖二年、三年經、傳。

62 見左氏僖二年、三年經、傳。江國在今河南正陽縣東南。黃，見本篇
注㊽。按楚曾伐黃，黃之附齊或以此故。

63 北海、南海，猶云北邊、南邊，古人言語自有此例，如召穆公平定江、
漢，詩大雅江漢篇亦言"于疆于理，至于南海。"

64 左傳文"賜我先君履"有兩説，一爲齊國境之四至。故四地均在其封域
中；一爲齊侯之勢力範圍，不妨稍遠。穆陵與無棣所在，異説滋多。

然味左傳文義，似以後一說爲合理，蓋如爲齊之四至，即不必舉以告楚使，所以言者，即爲周王有命，齊侯可以干涉境外之事耳。

⑥ 見左氏僖四年經、傳。陘，在今河南郾城縣南。召陵，在今郾城縣東。方城山在今河南葉縣南，即在召陵之西。崔述東壁遺書考古續說齊桓霸業附考曾對左氏所記有所辨正，摘錄於下："召陵之師，……楚以'間諸水濱'拒齊，齊無以復也。……屈完以方城、漢水自矜，齊又無以答也。是何其失詞乃爾？且齊既爲楚所輕，而楚猶受盟於齊，亦於事理有未合者。竊謂此事蓋采之楚史者，乃楚人自張大之詞，非實事也。何以言之。春秋時諸侯皆自稱'寡人'，……惟楚僭王號……乃自稱'不穀'。……今齊侯乃自稱爲不穀，此必楚人所記，以楚君之自稱不穀也，故遂以加之齊，而忘齊君之不如是稱也。至謂因蔡姬之嫁而侵蔡伐楚，亦不可信。北杏之會，蔡實與焉，既而叛附於楚，遂不復與齊桓之會。以人情時勢論之，齊侯固當侵蔡伐楚，不必因蔡姬之嫁也。……"

⑥ 見詩魯頌閟宮篇。以其過自誇大，言"戎、狄是膺，荊、舒是懲"，若有大勳勞者，故孟子遂誤以爲周公之事（滕文公下），而忘其上文尚有"周公之孫，莊子之子"之句在也。舒國在今安徽舒城縣，後亦爲楚所滅。

⑥ 見左氏僖四年經、傳。東夷指徐、郯、莒等國。公羊以爲"濱海而東，大陷于沛澤之中"，因而執濤塗。

⑥ 見左氏僖五年經、傳。首止，見本篇注⑳。

⑥ 見左氏僖五年、六年、七年經、傳。甯母，在今山東魚臺縣北。

⑦ 見左氏僖七年、八年經、傳。洮，曹地。

⑦ 見左氏僖九年經、傳。葵丘，宋地，在今河南考城縣東。王人來會者，經書"宰周公"，傳書"宰孔"，蓋周公名孔，王朝之宰，前年惠王使召鄭伯者即此人。

⑦ 此盟辭，公羊傳載於僖三年陽穀之會，然是會係與宋、江、黃人商伐楚之事，廁於其間，殊爲不類。茲依穀梁傳文記於葵丘之會。又孟子中（告子下）亦記此辭於葵丘之會，惟其辭甚繁，而言"士無世官"，與春秋時事適相衝突，當出後增，故今不從。

⑦ 見左氏僖九年經、傳。高梁，晉地，在今山西臨汾縣東北。

⑭ 見左氏僖十一年、十二年傳。揚拒、泉皋皆戎邑，及諸雜戎居伊水、雒水之間者。

⑮ 見左氏僖十三年、十六年傳。

⑯ 見左氏僖十二年傳。

⑰ 城杞見左氏僖十四年經、傳。公羊傳以爲徐、莒脅杞，非淮夷。城鄫，見僖十六年傳。淮夷居今江蘇邳縣一帶。杞國本封於今河南杞縣，大約春秋前已遷入山東，居於濰水流域。緣陵，在今山東昌樂縣東南。鄫國在今山東嶧縣東。

⑱ 見左氏僖五年、十一年、十二年經傳。弦國在今湖北蘄水縣西北。

⑲ 見左氏僖十五年、十七年經、傳。徐國在今安徽泗縣北。婁林在泗縣東北。牡丘在今山東茌平縣東十里。厲國在今湖北隨縣北。英氏在今安徽六安縣西。

⑳ 均見論語憲問篇。左衽，舊説以爲左襟，誤。

㉑ 本段意義採自梁啟超先生春秋載記第四章（飲冰室專集第十二册）。

㉒ 見左氏僖十七年經、傳。是年經書“冬十有二月乙亥，齊侯小白卒”，傳書“冬十月乙亥，齊桓公卒”，因其相隔兩月，故傳又書“十二月乙亥赴，辛巳夜殯”以彌縫之。史記齊世家因此遂曰：“桓公病，五公子各樹黨爭立，及桓公卒，遂相攻，以故宮中空，莫敢棺，桓公尸在牀上六十七日，尸蟲出於户。”崔述齊桓霸業附考辨之云：“左傳之事皆采諸列國之史，春秋時諸侯往往有用夏正者，故傳文中兼有周正夏正，參差不一。韓之戰，經在十一月壬戌，傳在九月壬戌，是也。辛巳而殯，僅七日耳。而傳乃以十月爲周正，則卒與殯遂隔六十七日，誤矣。好事者附會之，因有尸蟲出户之説，則其誤更甚焉。”

㉓ 均見左氏僖十八年經、傳。菟圃、訾婁皆衛地。菟圃未詳所在，訾婁在今河北長垣縣西。

㉔ 見左氏僖十九年經、傳。次睢，在今山東臨沂縣東北。公羊傳謂“用之社，蓋叩其鼻以血社也”。

㉕ 見左氏僖二十年經、傳。

㉖ 見左氏及公羊僖二十一年經、傳。鹿上，宋地，在今安徽阜陽縣南。盂，宋地，在今河南睢縣。薄亦宋地，在今河南商丘縣北。公羊傳以爲公子目夷設械守國，楚人知雖殺宋公猶不得宋國，於是釋宋公。

⑧⑦ 見左氏僖二十二年經、傳。傳中"大司馬固諫曰"，杜注云："莊公之孫公孫固也。"按此大司馬即司馬目夷，固諫即强諫之義，杜注誤。史記宋世家作"子魚諫曰"，子魚爲目夷字，今從之。

⑧⑧ 見左氏僖二十三年經、傳。

⑧⑨ 見左氏僖二十四年經、傳。

⑨⑩ 見左氏僖二十四年傳。

⑨① 見左氏僖二十六年經、傳。穀，在今山東東阿縣。

附表一：齊桓公年表①

元年(春秋 38 周莊 12 魯莊 9)：春，齊人殺其君無知。夏，魯伐齊，納子糾；桓公自莒先入齊，即位。八月，與魯師戰于乾時，大敗之。九月，魯爲齊殺子糾。子糾臣管夷吾自魯歸齊，相桓公。

二年(春秋 39 周莊 13 魯莊 10)：春，魯敗齊師于長勺。六月，齊師、宋師次于郎，魯敗宋師于乘丘，齊師遂還。十月，齊師滅譚，譚子奔莒。是年九月，楚伐蔡，獲哀侯以歸。

三年(春秋 40 周莊 14 魯莊 11)：冬，桓公至魯逆王姬，不見魯侯②。

四年(春秋 41 周莊 15 魯莊 12)：八月，宋南宮長萬弑其君閔公。

五年(春秋 42 周僖 1 魯莊 13)：春，桓公會宋人、陳人、蔡人、邾人于北杏以平宋亂。六月，齊滅遂，戍之。冬，桓公與魯侯盟于柯，齊、魯始平；盟時，曹沫刼桓公反所侵地於魯③。

六年(春秋 43 周僖 2 魯莊 14)：宋背北杏之會，春，桓公會陳人、曹人伐宋，又請師于周；夏，單伯以王師會之，取成于宋而還。冬，桓公會單伯、宋公、衛侯、鄭伯于鄄，宋服故。是年，楚滅息，遂伐蔡；七月，入蔡。

七年(春秋 44 周僖 3 魯莊 15)：春，桓公會宋公、陳侯、衛侯、鄭伯于鄄。郳叛宋，秋，齊師會宋師、邾師伐郳。是年秋，鄭人侵宋。

八年（春秋 45 周僖 4 魯莊 16）：夏，齊師會宋師、衛師伐鄭。十二月，桓公會宋公、陳侯、衛侯、鄭伯、許男、滑伯、滕子同盟于幽④。是年，楚滅鄧⑤。秋，楚伐鄭。冬，王命曲沃伯以一軍為晉侯。

九年（春秋 46 周僖 5 魯莊 17）：鄭不朝齊，春，齊執鄭大夫詹。夏，遂人饗齊戍，醉而殺之，齊人殲焉。

十年（春秋 47 周惠 1 魯莊 18）：夏，魯侯追戎于濟西。

十一年（春秋 48 周惠 2 魯莊 19）：四月，桓公與宋公盟，魯公子結媵陳人之婦于鄄，亦與盟。冬，齊師會宋師、陳師伐魯西鄙。是年秋，王子頹作亂，王奔溫，子頹奔衛，衛師、燕師伐周，冬，立子頹。

十二年（春秋 49 周惠 3 魯莊 20）：夏，齊大災。冬，齊伐戎。是年春，鄭厲公和王室不克，執燕君仲父，夏，遂以王歸，王處于櫟。

十三年（春秋 50 周惠 4 魯莊 21）：夏，鄭厲公會虢公伐殺子頹，納王于周。五月，厲公卒。

十四年（春秋 51 周惠 5 魯莊 22）：七月，齊高傒與魯人盟于防。冬，魯侯如齊納幣。是年春，陳亂，陳公子完奔齊，為工正。

十五年（春秋 52 周惠 6 魯莊 23）：夏，魯侯如齊觀社。十二月，桓公會魯侯盟于扈。

十六年（春秋 53 周惠 7 魯莊 24）：夏，魯侯如齊逆女。是年冬，戎侵曹。

十七年（春秋 54 周惠 8 魯莊 25）

十八年（春秋 55 周惠 9 魯莊 26）：秋，齊師會宋師、魯師伐徐。是年春，魯侯伐戎。

十九年（春秋 56 周惠 10 魯莊 27）：六月，桓公會魯侯、宋公、陳侯、鄭伯同盟于幽，陳、鄭服也。王使召伯廖賜齊侯命，且請伐衛，以其立子頹也。冬，桓公會魯侯于城濮。

二十年（春秋 57 周惠 11 魯莊 28）：桓公以王命伐衛，敗衛師，數之，取賂而還。秋，楚伐鄭，桓公會魯、宋、邾之師以救鄭⑥，楚師夜遁。冬，魯饑，告糴于齊。

二十一年（春秋 58 周惠 12 魯莊 29）

二十二年（春秋 59 周惠 13 魯莊 30）：七月，齊師降鄣。冬，桓公與魯侯遇于魯濟，謀山戎，以其病燕也。齊伐山戎。

二十三年（春秋 60 周惠 14 魯莊 31）：桓公伐山戎至孤竹而還，燕莊公送桓公入齊境，桓公因割燕君所至地與燕⑦。六月，獻戎捷于魯。

二十四年（春秋 61 周惠 15 魯莊 32）：春，魯侯爲管夷吾城小穀。桓公爲楚伐鄭，請會于諸侯，宋公請先見，夏，與宋公遇于梁丘。是年冬，狄伐邢。

二十五年（春秋 62 周惠 16 魯閔 1）：正月，齊師救邢。八月，桓公與魯侯盟于落姑，爲魯召季友于陳。

二十六年（春秋 63 周惠 17 魯閔 2）：正月，齊師遷陽。魯亂，冬，齊高傒至魯盟，立僖公而城魯⑧。十二月，狄伐衛，衛師敗績，狄人殺懿公，滅衛。衛人立戴公以廬于曹，桓公使公子無虧帥車三百乘，甲士三千人以戍曹。

二十七年（春秋 64 周惠 18 魯僖 1）：狄伐邢，正月，齊師會宋、曹之師次于聶北救邢，邢人潰，奔聶北，師遂逐狄人，具邢器用而遷之。夏，邢遷于夷儀，諸侯城之。鄭即齊，七月，楚伐鄭。八月，桓公會魯侯、宋公、鄭伯、曹伯、邾人于檉，謀救鄭。

二十八年（春秋 65 周惠 19 魯僖 2）：衛文公請于齊⑨，正月，桓公會諸侯城楚丘以封之，江、黃來服齊，九月，桓公會宋公、江人、黃人盟于貫。齊寺人貂始漏師于多魚。是年冬，楚伐鄭。囚鄭聃伯。

二十九年(春秋 66 周惠 20 魯僖 3)：桓公會宋公、江人、黃人于陽穀。冬，魯公子友如齊涖盟。是年冬，楚又伐鄭⑩。

三十年(春秋 67 周惠 21 魯僖 4)：桓公會魯侯、宋公、陳侯、衛侯、鄭伯、許男、曹伯侵蔡，蔡潰，遂伐楚，次于陘。楚屈完來盟于師，盟于召陵。陳轅濤塗以師出于陳、鄭間，國必甚病，欲循海而歸，桓公聽申侯之譖，執轅濤塗。以陳人不忠，秋，魯、江、黃之師伐陳。十二月，齊、魯、宋、衛、鄭、許、曹之師又侵陳。陳成，歸轅濤塗。

三十一年(春秋 68 周惠 22 魯僖 5)：惠王欲立子帶而廢世子鄭，夏，桓公及魯侯、宋公、陳侯、衛侯、鄭伯、許男、曹伯會王世子鄭于首止，八月，同盟以定其位。惠王使周公召鄭伯，曰："吾撫汝以從楚，輔之以晉，可以少安。"鄭伯逃歸不盟。是年秋，楚滅弦，弦子奔黃。

三十二年(春秋 69 周惠 23 魯僖 6)：夏，桓公會魯侯、宋公、陳侯、衛侯、曹伯伐鄭，圍新密。秋，楚王圍許以救鄭。諸侯救許，乃還。冬，蔡穆侯將許僖公以見楚成王於武城，許男面縛銜璧輿櫬，楚王釋之。

三十三年(春秋 70 周惠 24 魯僖 7)：春，齊伐鄭，鄭服。七月，桓公會魯侯、宋公、陳世子款、鄭世子華盟于寧母，以謀鄭。冬，鄭伯使請盟于齊。閏月，惠王崩，世子鄭惡子帶，懼不立，不發喪而告難于齊。

三十四年(春秋 71 周襄 1 魯僖 8)：桓公會王人魯侯、宋公、衛侯、許男、曹伯、陳世子款，盟于洮，以謀王室。鄭伯乞盟，襄王定位而後發喪。

三十五年(春秋 72 周襄 2 魯僖 9)：夏，桓公會宰周公、魯侯、宋子、衛侯、鄭伯、許男、曹伯于葵丘。王使宰孔賜桓公胙，使無下拜，桓公下拜登受。九月，諸侯盟于葵丘。是月，晉獻公卒，晉亂，桓公以諸侯之師伐晉，及高梁而還。冬，齊隰朋帥師會秦師納惠公于晉。

三十六年（春秋 73 周襄 3 魯僖 10）：夏，桓公與許男伐北戎。四月，周公忌父、王子黨會齊隰朋立晉侯。是年春，狄滅溫，溫子奔衛。

三十七年（春秋 74 周襄 4 魯僖 11）：夏，桓公會魯侯及其夫人姜氏于陽穀。黃人恃齊，不歸楚貢，冬，楚人伐黃。是年夏，王子帶召揚拒、泉皋、伊雒之戎伐京師，入王城，秦、晉伐戎以救周。秋，晉侯平戎于王。

三十八年（春秋 75 周襄 5 魯僖 12）：春，諸侯城衛楚丘之郛，懼狄難也。王以戎難故，討王子帶，秋，子帶奔齊。冬，桓公使管夷吾平戎于王，使隰朋平戎于晉。王以上卿之禮饗管夷吾，讓，受下卿之禮而還。是年夏，楚滅黃。

三十九年（春秋 76 周襄 6 魯僖 13）：夏，桓公會魯侯、宋公、陳侯、衛侯、鄭伯、許男、曹伯于鹹，淮夷病杞故，且謀王室。秋，爲戎難故，諸侯戍周。是年春，狄侵衛。

四十年（春秋 77 周襄 7 魯僖 14）：杞避淮夷[11]，春，諸侯城緣陵以遷杞。

四十一年（春秋 78 周襄 8 魯僖 15）：徐即諸夏，春，楚伐徐。三月，桓公會魯侯、宋公、陳侯、衛侯、鄭伯、許男、曹伯盟于牡丘，遂次于匡以救徐。七月，齊師與曹師伐厲。冬，楚人敗徐于婁林。是年，管夷吾、隰朋皆卒[12]。

四十二年（春秋 79 周襄 9 魯僖 16）：夏，齊伐厲，不克，救徐而還。秋，王以戎難告于齊，齊徵諸侯而戍周。淮夷病鄫[13]，十二月，桓公會魯侯、宋公、陳侯、衛侯、鄭伯、許男、邢侯、曹伯于淮，謀鄫，且東略。城鄫，不果而還。

四十三年（春秋 80 周襄 10 魯僖 17）：春，齊師會徐師伐英氏，以報婁林之役。夏，齊滅項⑭。十二月，桓公卒⑮，齊内亂。

注釋：

① 此表以春秋經及左氏傳爲主，别採公羊傳、史記十二諸侯年表及齊世家以補之，凡補入者皆注明於下。以春秋二百四十二年統排編年始於梁啟超先生春秋載記(飲冰室專集第十二册)，今用之。

② 見是年經杜預注。魯與齊連年戰爭，故兩君不相見。

③ 曹沫刼齊桓事，見公羊傳及史記。

④ 本條經文、公羊作“公會齊侯……”，是魯莊公亦與於盟；左氏、穀梁作“會齊侯……”，則與盟者雖非莊公而魯人必有參加者。故杜注云：“書會，魯會之。不書其人，微者也。”然觀公羊何注，於莊十九年“公子結”條云：“先是鄄、幽之會，公比不至，公子結出竟，遭齊、宋欲深謀伐魯，故專矯君命而與之盟。”知公羊經“公會”之文必是衍文，春秋繁露滅國下篇云：“幽之會莊公不往”，亦足證明。説詳阮元公羊注疏卷七校勘記。按柯盟之後，齊、魯雖平而積嫌猶未能釋，故齊之會盟征伐魯皆不與焉。直至魯莊公廿二年後，齊、魯始取一致行動。

⑤ 左氏傳已前叙其事於莊六年中。

⑥ 左氏、穀梁經惟言魯、宋，公羊經並有邾。

⑦ 見史記齊世家。

⑧ 立僖城魯事見公羊傳。

⑨ 見史記齊世家。

⑩ 左傳、史記等書於此年俱有“齊侯與蔡姬乘舟于囿，蕩公，公懼，變色，禁之不可；公怒，歸之，未絶之也，蔡人嫁之”一事，爲明年桓公率諸侯侵蔡之張本。然是時楚人内擾寖急，桓公既爲霸主，便不得不伐楚，而蔡於是時已爲楚之與國，久不與中原之盟會，欲伐楚則道途所經必先侵蔡，此就當時國際關係儘足説明，不必藉詞於蔡姬之嫁也。左氏好裝點私事以見大局轉變之由來，其實多失之誣。即如楚之滅息，本爲其北向發展所必有之事，正與其滅申、吕、弦、黄相同，而左氏乃以爲蔡哀侯繩息嬀之美所致，然則申、吕、弦、黄之滅又將歸咎於誰何婦人乎！

⑪ 見杜注，公羊傳謂是"徐、莒脅之"。

⑫ 見史記齊世家。穀梁傳以爲管仲死於桓公三十八年楚滅黃之前，逞臆之談，不可信。

⑬ 見杜注。

⑭ 經文但書"夏，滅項"，不言滅之者。公羊傳謂"齊滅之"，穀梁同，蓋以上條爲齊、徐伐英氏故。左氏傳謂"淮之會，公有諸侯之事，未歸而取項，齊人以爲討而止公"，蓋滅者無主名，則以魯僖公爲最近，猶"城郎"與"浚洙"之類之爲魯事也。然英氏在今安徽六安縣治西，項國在今河南項城縣境，同在淮水流域，齊、徐之師道出其間，滅而有之，如僖三十三年秦師侵鄭，順道滅滑然，事亦可能。至於魯，則既未出師，僖公亦正赴會，兩國相距又遠，胡從越國而鄙之乎！故今從公、穀之説。

⑮ 桓公之卒，經作十二月，傳作十月，日則同爲乙亥，蓋一爲周曆，一爲夏曆，相差兩月，非有異也。後人不悟其用曆之異，乃謂以內亂之故，歷兩月始殯，致有尸蟲出於戶之説，大非。

附表二：齊桓公事業分類表

甲　衣裳之會①

次數	桓公紀元	會地	與會國	附　記
一	五	北杏	齊、宋、陳、蔡、邾。	平宋亂。
二	六	鄄	周、齊、宋、陳、衛、鄭。	宋背北杏之會，伐宋取成。
三	七	鄄	齊、宋、陳、衛、鄭。	其故未詳。（左傳以諸侯為齊始霸，不成理由。）
四	八	幽	齊、宋、陳、衛、鄭、許、滑、滕。	鄭侵宋，以諸侯伐鄭，取成。
五	九	幽	齊、魯、宋、陳、鄭、邾。	陳內亂，鄭成於楚，至是皆服。
六	一一	檉	齊、魯、宋、江、黃。	楚伐鄭，謀救鄭。
七	一二	貫	齊、魯、宋、江、黃。	謀楚。
八	一三	陽穀	齊、魯、宋、陳、鄭。	同上。
九	三一	首止	王世子、齊、魯、宋、陳、衛、鄭、許、曹。	謀寧王室。
一〇	三三	寧母	齊、魯、宋、陳、鄭。	前年鄭伯逃盟，兩次伐鄭，鄭服。
一一	三五	葵丘	周、齊、魯、宋、衛、鄭、許、曹。	尋盟，修好。

乙　兵車之會②

次數	桓公紀元	會地	與會國	附記
一	三四	洮	周、齊、宋、衛、許、曹、陳、鄭。	謀寧王室③。
二	三九	鹹	齊、魯、宋、陳、陳、鄭、鄭、許。	淮夷病杞，謀安杞。又戎病王室，謀安周。
三	四一	牡丘	齊、魯、宋、衛、陳、鄭、許、曹。	楚人伐徐，謀救徐。
四	四二	淮	齊、魯、宋、衛、陳、鄭、許、邢、曹。	淮夷病鄫，謀安鄫，且東略。

丙　征伐

次數	桓公紀元	所伐國	出師國	附記
一	一	魯	齊。	魯敗齊師於長勺。
二	二	魯	齊、宋、陳、曹。	報長勺之役，無功而還。
三	六	宋	周、宋。	宋背北杏之會，伐之，取之而還。
四	七	邾	齊、宋、邾。	邾叛宋，齊人伐之。
五	八	鄭	齊、宋、衛。	上年鄭人侵宋故。
六	一一	魯	齊、宋、陳。	盟柯之後，魯實未服，會鄭會鄫幽均不預，所以受敵。
七	一二	戎	齊。	前年魯侯追戎濟西，與此事當有關係，蓋戎人渡濟東侵，齊、魯交受其害也。

續表

次數	桓公紀元	所伐國	出師國	附　記
八	一八	徐	齊、宋、魯。	原因不詳。
九	一九	衛	齊。	九年前衛師伐周立王子穨，故惠王命齊伐之。
一〇	二二	山戎	齊。	山戎病燕，伐之大捷。
一一	三〇	蔡、楚	齊、魯、宋、陳、衛、鄭、許、曹。	楚成王瀕年伐鄭，蔡爲楚屏，故先侵蔡，繼伐楚。
一二	三〇	陳	魯、江、黃。	陳轅濤塗欲師行不病本國，請循海而歸，以其忠討之。
一三	三二	陳	齊、魯、宋、衛、陳、鄭、許、曹。	同上。
一四	三二	鄭	齊、魯、宋、陳、衛、曹。	鄭伯逃首止之盟，叛齊即楚，故伐之。楚圍許許以救鄭。
一五	三六	北戎	齊、許。	按左氏隱九年傳"北戎侵鄭"，鄭、許密邇，或北戎侵許，故齊與之俱出師乎？
一六	四一	厲	齊、曹。	厲爲楚與國，楚伐之。
一七	四三	英氏	齊、徐。	英氏爲楚與國楚，齊、徐伐楚之以報婁林之役。

丁　救援

次數	桓公紀元	侵略國	被侵略國	出師國	附記
一	二〇	楚	鄭	齊、魯、邾。	救師至，楚師夜遁。
二	二四	狄	邢	齊。	春秋閔元年經書"齊人救邢"，或但以本國之師救之。
三	二七	狄	邢	齊、宋、曹。	邢人潰，出奔諸侯之師，遂遷於夷儀。
四	三二	楚	許	齊、魯、宋、陳、衛、曹。	諸侯伐鄭，楚圍許以救鄭，諸侯遂救許。
五	四一	楚	徐	齊、魯、宋、陳、衛、鄭、許、曹。	牡氏會即出師，然徐師終為楚師敗於婁林。

戊　城戍

次數	桓公紀元	所城戍國	會城戍國	附記
一	二六	魯	齊。	魯有慶父之亂，為立僖公而城之。
二	二六	衛	齊。	衛為狄滅，衛人立戴公以廬於曹，齊桓公使公子無虧帥車三百乘，甲士三千人戍之。
三	二七	邢	齊、宋、曹。	狄伐邢，邢遷於夷儀，遂會諸侯城之。
四	二八	衛	齊……	會諸侯城楚丘以封衛。按以下六事，左傳中但言"諸侯"，不是何國。
五	三八	衛	齊……	懼狄難，諸侯城衛楚丘之郛。

續表

次數	桓公紀元	所城成國	會城成國	附　記
六	三九	周	齊……	為戎難故，諸侯城周。
七	四〇	杞	齊……	淮夷病杞，諸侯城緣陵以遷杞。
八	四二	周	齊……	王以戎難告齊，齊徵諸侯戍周。
九	四二	鄫	齊	淮夷病鄫，齊徵諸侯城鄫，役人病，不果而還。

己　立君

次數	桓公紀元	所立君	附　記
一	二六	魯僖公	魯莊公卒，慶父殺太子般，立庶子啟方（閔公），又為慶父所弒。齊桓公使高傒至魯平亂，立莊公庶子申（僖公），並以哀姜通慶父，取而殺之於夷。
二	三四	周襄王	周惠王欲立王子帶，而廢太子鄭，故齊桓公帥諸侯會太子鄭於首止以定其位。惠王崩，襄王乃即位乃發喪。桓公又會王人及諸侯於洮，及高梁而還。
三	三六	晉惠公	晉獻公卒，內亂，桓公以諸侯之師伐晉，及高梁而還。使隰朋帥師會秦師納惠公於晉，又會周公忌父及王子黨立惠公。

庚　滅國

次數	所滅國	桓公紀元	所在地	附　記
一	譚	二	今山東歷城縣東南。	左傳以為桓公出奔時譚子不禮，故滅之，亦推測之辭，與襄公滅紀同，皆以其近在肘腋之旁也。
二	遂	五	今山東寧陽縣北。	遂亦近齊，故被滅。按左傳，是年齊人滅遂而戍之，越四年，遂因氏等列饗齊戍，醉而殺之，齊人殲焉。
三	鄣	二二	今山東東平縣東。	春秋經"齊人降鄣"，杜預注謂"小國孤危，不能自固，蓋齊遙以兵威脅使降附"。
四	陽	二六	今山東益都縣東南，被遷於沂水縣南。	春秋經書"齊人遷陽"，杜預注"蓋齊人逼徙之"。按此與襄公遷紀、邢、鄆，郠事同。
五	項	四三	今河南項城縣。	春秋經但書"滅項"，左氏以為魯滅之，公羊以為齊滅之，今姑從公羊④。

①此表依穀梁莊二十七年傳及范寧集解排列。若就春秋經看，則齊桓五年，齊、魯盟於柯，十一年齊、魯會公子結盟於鄄，十四年齊、宋及魯公子結盟於鄄，十九年齊、魯盟於葵丘，魯盟於洮，二十六年齊、魯盟於落姑，皆書未列人。然此等盟會皆魯國部事，在國際上無大關係，故今亦缺之。

②此表亦依穀梁傳及范寧集解說。按齊桓二十年以諸侯之師伐魯之會，未詳其故。今姑仍之。

③盟洮為魯王室，並未出兵，范寧列為齊兵車之會，以待考。

④項國在息齊之北、蔡國之西，則齊國勢力可北伸。吾人對於此事可作兩種推想：其一、滅項者為齊，春秋未書楚乃闕文。此皆為當日情勢所可能者，至於左氏傳魯滅之說，則因經文下條有"秋，夫人姜氏會齊侯于卞，九月，公至自會"之文，公羊以為"齊人以魯為討而止公"之謂言耳。其二、滅項者為息，則齊與徐共伐之，當時實已為楚國所籠罩，順手滅項而以興徐，以遏楚人北侵之謀。

秦與晉的崛起和晉文公的霸業

當齊桓公在黃河下游稱霸的時候，黃河上游已有兩個大國勃興，在現今陝西境內的叫做秦，在現今山西境內的叫做晉，他們都可以說是新國家①。

秦國姓嬴。據他們自己說：顓頊的子孫有一個女子，名喚女脩，正當她織布的時候，一頭玄鳥飛來，掉下了一個卵，女脩吞下就懷了孕，生子大業②。大業生大費，又叫做"伯翳"，和禹一塊兒平治洪水，帝舜爲他有功，把自己的女兒嫁給他③。大費生了兩個兒子：長的名大廉，是鳥俗氏的始祖；次的名若木，是費氏的始祖。若木的玄孫有名費昌的，他曾爲商湯御車，把夏桀打敗；這一支的子孫有的在中國，有的在夷狄，現在且不提。大廉有一個玄孫名喚仲衍，鳥的身體，人的言語，做了商王太戊的御者；後來世世有功，商王命爲諸侯。仲衍的玄孫中潏移居西戎，生子飛廉，飛廉生子惡來，惡來有力，飛廉善走，紂王賞識這父子二人的材力，把他們都任用了。周武王伐紂，連帶殺了惡來④。飛廉還有一個兒子叫季勝，季勝的兒子叫孟增，他做了周武王的臣子，因爲他住在皋狼地方，被人喚作"宅皋狼"⑤。宅皋狼再傳爲造父，他受了仲衍的遺傳，極會御車，曾替周穆王駕了駿馬西巡，一天跑得一千里路；穆王賞他的功，封他在趙城，就成了後來趙氏的始祖，這是汾水流域的一支⑥。造父的同族中有一個名喚非子，是飛廉的六世孫，住在犬丘，有很高强的畜牧的本領，周孝王命他到汧、渭二水之間去養馬，馬匹大爲蕃殖；孝王喜歡他，分給他秦邑的田地，比於附庸之君，人們稱他爲"秦嬴"，這是渭水流域的一支⑦。秦嬴五傳到秦襄公，當西周的末年。襄公聽得犬戎攻殺周幽王，他出力護送平王東遷；平王感激他，封爲諸侯，並且當面吩咐道："只要你能把戎人趕走，岐山以西的地方我就統統賜給你。"到這時，秦國纔成一個正式的國家，和列國諸侯通了聘問了⑧。

　　襄公的兒子文公遷都到汧、渭交會的地方，用武力趕走戎人之後，把周朝的遺民收集攏來。他依照平王的囑託，把本國的東境開拓到岐山爲止，岐山東面的地方一起獻還周朝⑨。他的孫寧公又打敗西戎的亳王，滅了亳國的蕩社和蕩氏⑩。到寧公的兒子武公手裏，他東伐彭戲氏，直到華山下面；又西伐邽戎和冀戎，把戎人的地方改作了自己的縣⑪。他的曾祖文公雖曾把岐東之地還給周朝，可是自從平王東遷之後，周天子的力量一天比一天衰弱下去，他們實在管不着渭河邊上的地方了。武公看出這種情形，也就毫不謙讓，把豐、鎬附近的杜國和華山附近的鄭國的土地一起收了來，做了自己的兩個縣⑫。西虢本在岐山西南，虞君跟了周王一起東遷，留下一個分支小虢沒有遷走，武公也把她滅了⑬。當齊桓公剛即位的時候，秦國差不多已經統一了渭水流域的全部⑭。

　　武公的兒子德公又遷到雍⑮。當他占卜遷居問題的時候，得到的卜兆是："住在那邊之後，子孫們可以直到黃河邊上去飲馬！"德公生子三人，長子宣公，次子成公，少子穆公，依次爲君。在宣公的世裏，晉國強大，秦和晉直接接觸，在黃河北岸打了一仗。穆公剛即位又打到茅津，過些時候又和晉國在河曲開戰⑯。從此以後，他們兩國不斷的交鋒，可是勢均力敵，各不相下，終究誰也沒奈何誰⑰。

　　晉國始封之君是周成王的同母弟叔虞。成王滅了唐國，把他封到那邊，稱爲唐叔虞⑱。這地方雖是周的王畿，卻被戎、狄部落所環繞，生活比較艱苦⑲。唐叔的兒子燮父遷居晉水之旁，國號隨着改做晉⑳。燮父七傳到穆侯，當周宣王之世，遷都到翼㉑。

在他伐倏失利的那年生了長子，他爲要紀念這次不幸的戰事，替這個小孩子取名爲仇；三年之後，他伐千畝有功，心中高興，正值他的次子出世，就取名爲成師㉒。太子仇即位，是爲文侯。那時周幽王被犬戎所殺，文侯和列國諸侯擁立平王，又攻殺那位和平王對立的攜王，平王酬報他，賜給秬黍、鬯草和彤弓、彤矢、盧弓、盧矢等貴重東西，命他好好護衛着王朝㉓。文侯卒後，子昭侯嗣位，大約他爲了叔父成師在國內很有勢力，怕他搗亂，就封他在翼都西南的曲沃；可是這麼一封晉國就多事了，從此他們的君主不是被曲沃的君主殺死就是被趕掉，經過了六十餘年的內亂，成師的孫子曲沃武公到底併有了晉國㉔。周僖王受了武公的賄賂，也就承認這旣成的事實，命他主領一軍爲晉君，列爲諸侯了㉕。

　　武公滅晉之後不久便死，子詭諸繼位，是爲晉獻公。獻公是一位不肯讓人的梟雄。自從曲沃滅翼之後，曲沃的宗族漸漸驕橫起來，常有壓迫公室的舉動，獻公想了自己祖宗得國的由來，設法離間他們，使他們自相殘殺，臨了他又來一個圍勦，於是先朝的公子公孫們統統給殺死了，晉國的政權就集中到他一個人的手裏㉖。內部平靖了就容易向外發展，他先西去伐驪戎，驪戎的君主向他求和，把兩個女兒送給他，因爲驪國是姬姓，所以他們的女兒稱爲驪姬㉗。曲沃滅晉後所領的王命本是一軍的小國，到獻公十六年，他覺得力量充足，就自行改作二軍，本人將了上軍，太子申生將了下軍，去攻滅耿、霍、魏三國，當下把耿國賜給他的車御趙夙，魏國賜給他的車右畢萬㉘。次年，他又派太子申生帶領軍隊伐赤狄族的東山皋落氏，也得着勝利而歸㉙。在他的世裏，晉國的疆土急劇地擴張，成爲黃河北面的唯一姬姓大國，不過關係最大的還是他的滅掉虞和虢㉚。

　　以前虢國曾幫過晉侯伐曲沃，新近又曾侵晉㉛。虢和晉相去不遠，虢地跨有黃河南北，而在黃河南面的地方形勢又非常險要，只要得着了虢就可以擋住秦，所以她正是晉國嘴邊所不肯放過的一塊肥肉[32]。獻公想借了舊恨的口實出兵，就用了大夫荀息的計謀，把很珍貴的屈產的好馬和垂棘的寶玉送給虞公，向他借一條路去伐虢國[33]。虞公本是一個貪小利的人，見了這些寶貝，心花怒開，便一口應允來使，不但可以借路，而且可以會師伐虢。那時虞國有一個很有智謀的大夫宮之奇，他窺破晉國的陰謀，諫勸虞公，虞公只是不聽，虞、晉兩國就共同破滅了虢國的要邑下陽[34]。纔過了三年，獻公又向虞國借路了，宮之奇再剴切諫勸道："虢是虞的外脣，虢國一亡，虞國必然跟着倒。幹錯了一回已是不該的了，那裏可以再錯第二回！俗語説的好，'嘴巴和牙牀是聯帶的，没有了脣就凍着齒了'，這便是虞和虢的關係！"虞公道："晉國是我的本家，那裏會害我！"宮之奇答道："虞出於太王，虢出於王季，晉國滅得虢，那裏滅不得虞。而且虞和晉的關係那能抵得過曲沃的公子公孫們和現在晉君的關係，這等親密的本家，只爲相處近了，都給他殺光了。你想，虞和晉也是逼近着咧！"話説得這樣透澈，虞公還不覺悟，自以爲祭神虔誠，一定會得着天的保佑。當下虞公許了晉使，宮之奇就帶了家眷出走了。這年晉師滅虢，回來時停息在虞國，趁他們不防備，一下子又滅了虞國。獻公通知周王，凡是虞國貢獻到王朝的東西，一概按照舊例送去，周王也就不説話了。這是齊桓公伐楚的後一年，從此晉國的西南角上據有了殽、函的天險。荀息走到虞公的宮裏牽出屈產的馬還給獻公，獻公笑道："馬還是我的馬，可惜老了些了！"[35]

　　話説晉獻公雖是一個雄才大略的君主，但他對於女色方面卻很糊塗。他除了原有的夫人之外，曾收納他庶母齊姜，生了一男一女：女的嫁給秦穆公，男的名申生，立爲太子。他又娶了大戎的女兒，叫做狐姬，生一子名重耳；娶了小戎的女兒，也生一子，名夷吾。在伐驪戎時他得了驪君的兩個女兒歸來，大的驪姬生子名奚齊，小的生子名卓子。這幾位妻妾之中，最得寵的是奚齊的母親驪姬，被他立作夫人。她佔有了這種特殊的寵遇，還想進一步立奚齊爲太子，就勾結一班小人，教他們勸獻公派太子申生守曲沃，重耳守蒲城，夷吾守屈邑㊱，獻公有子九人㊲，還有四個也到了邊地，只留下奚齊和卓子在國都。過了幾年，她就使出一條毒計，對太子申生説：“前天你的父親夢見了你的亡故的母親，你趕快去祭祀她罷！”太子聽話，在曲沃祭了齊姜，把胙肉獻給父親。那時獻公正在郊外打獵，隔了六天回來，驪姬摻入了毒藥送上去；獻公試出肉裏有毒，她就乘機帶哭帶訴道，“太子，你太忍心了！你的父親年紀這樣老了，爲什麼還不肯等一等呢！”又向獻公乞憐道，“你看這種情形，在你千年之後，叫我們母子怎樣的存活！”獻公被她一陣話激怒，就把太子的師傅殺了。有人勸申生自己去辨明，申生道：“我的父親年紀大了，没有驪姬侍候，睡也睡不好，吃也吃不好的！”有人勸他逃奔別國，他又不願擔當了弑父的惡名出去，就自己縊死在曲沃。他死後，驪姬繼續編出重耳和夷吾的壞話，指他們和申生通謀。獻公派人去殺他們，重耳逃到狄國，夷吾逃到梁國㊳。別的公子也都趕了出去，奚齊自然穩穩地立作太子了。不久獻公得病，把奚齊付託給荀息。獻公死後，荀息擁奚齊即位，大夫里克們想迎立重耳爲君，糾合黨徒在喪次殺死奚齊。荀息又立卓子爲君，里克又把卓子殺掉，荀息便殉了難。這時候晉國陷入了大混亂的狀態㊴。

　　公子夷吾居留梁國，聽得這消息，想回國爲君，請求秦穆公援助。穆公見晉國起了内亂，正想乘機撈些便宜，對着這送上門來的生意怎肯放過，便要求他回國之後把黃河南面的五個城送給秦國做報酬。這五個城所管轄的地域，東面到虢國原有的東界，南面到華山，北面到解梁城，把晉國累代開拓的疆土要走了一半；而且把殽、函也捲了進去，開了秦國東向發展的大門，這是何等稱心適意的事情㊵。夷吾急於入國，一口應允。秦穆公便聯

合了齊桓公送夷吾回國即位，是爲惠公。惠公回國後先殺了里克
們，除去內部的有力分子，對外又賴掉割地給秦的原約，弄得國
內和國外對他都不滿意起來。不久晉國鬧饑荒，向秦國借糧，秦
國運來了大量的米穀。只隔一年，秦國的收成也不好，到晉國借
取時，惠公卻拒絕了。秦穆公發怒，起兵伐晉。惠公抵禦，在韓
原開戰，晉兵大敗，惠公被秦兵生擒了去㊶。幸而秦穆公的夫人
是惠公的姊妹，聽得他被擒，便帶了兒女走上高臺，堆積木柴，
拿放火自焚作了她的要挾，穆公只得不殺惠公，把他監禁起來。
惠公命大夫回國，對國人説：“我已羞辱了我們的國家，就是回
國也做不得你們的君主了，還是讓太子圉接下去罷！”國人聽了都
哭。晉人就把公田的税分給民衆，各個城鄉都整頓了甲兵，保護
太子，表示國內失了一君還有一君，決不對秦屈伏。晉大夫陰飴
孫到秦和穆公結盟，穆公問他：“晉國內部和睦不和睦？”他答道：
“不和睦！人民們失了國君，定要報仇；貴族們知道這位國君有
對不起秦國的地方，説總應當報答秦國的舊誼。”穆公知道晉國的
民氣旺盛，終不能把她滅掉，自己挾住了惠公也沒有什麼用處，
就放他回來了；不過一面還派員收取晉國河東地方的賦税，總算
把秦國的勢力侵入了晉國。惠公回國後，即命太子圉赴秦做抵押
品。這時候，晉國幾乎給秦國壓倒了㊷。

　　晉太子圉到了秦，穆公爲了表示好意，把自己的女兒嫁給
他；也許爲了制止不住晉人的反抗，又把侵略的河東地方交還
了，後來子圉聽得惠公生病，覓一個空逃了回去。惠公去世，子
圉即位，是爲懷公。惠公在世時就很猜忌那個逃亡在外的他的哥
哥重耳，曾派人到狄國行刺，懷公繼承了父親的遺志，下令群臣
的親族們不得跟隨重耳，如果過了限期還不回國的治罪無赦。那
時狐毛和狐偃二人正從重耳在秦，他們的父親狐突不召他們回
來；懷公把他拘了起來逼他去召，他還是不肯，答道：“臣是應
當盡忠於君的，我的兩個兒子做了重耳之臣好多年了，我不能教

他們反叛!"懷公聽了生氣,把他殺了。這一件事就大失了國內的人心㊸。

　　且說公子重耳自被獻公所迫,逃奔狄國,跟隨他的有狐偃和趙衰一班人,都是晉國的俊傑。那時狄人伐同種的廧咎如,擄獲了他們酋長的兩個女兒叔隗和季隗,狄君把這兩個女子都送給重耳,他自己取了季隗,把叔隗配給趙衰。在狄國一住就住了十二年,爲了惠公派人來刺,逼得没法,只得留下季隗,逃奔到齊,齊桓公把宗女姜氏配了他㊹。他在齊國有八十匹馬的財富,感覺滿意,就不想走了㊺。恰值齊桓公去世,國內大亂,狐偃們以爲住下去没有意思,不如另圖發展,大家聚在桑樹底下商量動身的計劃。不料有一個婢女正爬在樹上採桑,把他們的私話完全聽得,就進去告訴姜氏。姜氏不願洩漏了這祕密,把她殺死,私下對重耳說:"晉國多亂,你很有做晉君的希望。你的隨從的人們要你離開這裏,這是對的。事情該謹慎,我已替你把聽得這消息的人殺掉了!"重耳忙分辨道:"我在這裏很舒服,決不想到別處去!"姜氏力勸他以事業爲重,不要這樣没出息,他還是執意不聽。姜氏便和狐偃同謀,用酒灌醉了他,送上車去。重耳在路上醒了,怒不可遏,拔出戈來趕狐偃,罵道:"事若無成,我一定吃你的肉!"狐偃一邊逃,一邊嚷道:"事若無成,我不知道死在那裏,你怎能和豺狼爭吃我的肉;幸而事成,晉國的好東西你吃不盡,我的肉是腥氣的,你也不必吃了!"於是他們經歷曹、宋、鄭諸國,來到了楚。楚成王招待他很優厚,有一次在宴會中問他道:"你如回到晉國,要用什麼來報答我呢?"重耳答道:"你所享用的子女和玉帛,是你自己所有的。就是羽毛齒革這種原料,也是出産在你們地方,用膩了的纔輪送到晉國去。我真想不出有什麼東西可以送給你!"楚王道:"雖是這樣說,你總要給我一個回答。"重耳被逼不過,就爽直地說道:"如果靠了你的威靈得回晉國,將來我們兩國治兵,在中原相遇的時候,一定避開你三舍之地㊻。倘使我軍退了三舍之後還得不到你的停止進行的命令，那麼我們只有左手執弓，右手把住箭袋，來和你們週旋了！"楚令尹子玉在旁，聽他的説話口氣，知道他回國之後必然與楚不利，暗請楚王把他殺了。楚王卻大度，説道："如果晉公子真能與楚王不利，那必然是我們自己先不掙氣。他這個人通達而有文辭，跟隨的人又都有才幹，這是天之所興，誰人能把他廢掉呢！"㊼

　　自從晉太子圉逃回本國，秦穆公便和他們父子倆絕了交好，很想提拔重耳爲晉君，知道他在楚國，派人把他招來，送了五個女兒給他，晉懷公的夫人懷嬴也在其中。惠公既死，懷公又不得人心，秦穆公就興兵送重耳回國；晉國的大夫做了内應，迎他即位，是爲文公。懷公逃出國都，文公叫人追上把他殺了。晉的國勢原已積累了百年的強盛，是一個極有可爲的大國，文公多年出亡在外，對於國際形勢和治國方術都有深澈的瞭解，而且還有一班好輔佐在他的手下，而且還有齊桓公霸業的榜樣在他的眼前，所以他即位之後，舉賢任能，省用足財，造成了極好的政治環境，人民不但富有，而且都受了他的訓練了，晉國既大治，他的不朽的功業也打穩了厚實的基礎㊽。

　　便在文公元年的冬天，周襄王爲了王子帶之亂避居鄭國，派人向晉、秦諸國告難。秦穆公帶兵駐在河上，想送周王回國。狐偃勸晉文公道："你如要作成諸侯的盟主，便沒有比幫助天子更説得響的。面前就是一個機會，你趕快去繼續你的祖宗文侯的功業罷！"於是文公辭去秦師，向草中之戎和麗土之狄餽送禮物，開了一條東面出兵的道路㊾。他帶了二軍行到陽樊地方，自己駐下，命右軍到温邑去圍住子帶，左軍到鄭國去迎接襄王。襄王復位之後，文公到成周朝見，襄王備了盛饌歆待他。文公自恃有功，向襄王請求隧葬的典制，想裝點自己死後的排場，襄王不願他僭用天子的禮節，拒絕了㊿；但爲了報酬他的大功，把陽樊、温、原、州、陘、絺、組、攢茅等處的土地一起賜給了他，從此晉國的東南境也到了黃河邊上，而且外面是黃河，裏面是太行山，佔得極好的形勢，周室的王畿則又削去了一大塊[51]。不幸的，襄王雖把這些地方賜給他，但住在那邊的人民多不願隸屬晉國，陽樊和原兩邑先後反抗起來。晉文公攻入陽樊，把人民遷到別處去。在他伐原時只豫備三天的糧草，那知過了三天原人還沒有投降，文公下令班師，間諜報道："只要再圍一二天就下來了！"文公道："出師的時候說是三天的，怎可爲了得原而失信！"晉兵剛走了三十里，原人就受了這信義的感動而歸誠了。於是文公把原伯遷到別處，命趙衰爲原大夫[52]。

那時齊桓公去世已有八年，宋襄公圖霸不成，中原無主，所有二三等國家像魯、衛、鄭、許、陳、蔡、曹，全都歸附到楚國的卵翼之下。爲了齊兵侵魯，魯國就向楚請兵伐齊，奪取了齊的穀邑，把齊桓公的兒子雍放在那裏，叫易牙輔佐他，作魯國的後援，又由楚大夫申公叔侯駐兵防守，楚的勢力竟伸展到齊了。齊桓公有七個兒子，做了楚國的七個大夫，楚很有支配齊國的力量了。宋國自從襄公死後，雖曾一度服了楚王，但自晉文公即位之後，覺得有了後援，也就背楚歸晉。楚人那肯失掉面子，於是他們興師伐宋，先圍緡邑，接着楚王親征，帶了鄭、陳、蔡、許諸國之師又圍住了宋都。宋人到晉告急，晉大夫先軫對文公說道："你在出亡中受過宋君的厚惠，現已到了報答他們的時候，而且這是圖霸的好機會，我們放不得的！"狐偃也說："楚國剛得着曹國的歸附，又新和衛國通婚，我們如果起兵攻打曹和衛，楚兵一定前來救援，這樣便可解除了他們對於齊和宋的壓迫。"文公自想，回國四年來訓練人民，已經可以試一試了，他就校閱軍隊，建立三軍：命郤縠爲元帥，帶領中軍，郤溱爲佐；狐毛帶領上軍，狐偃爲佐；欒枝帶領下軍，先軫爲佐；又命荀林父爲公車御，魏犨爲車右。他又徵求秦國的同意，一起出兵，侵曹伐衛以救宋。到了衛地，齊昭公來見文公，兩軍結盟，約取一致的行動。衛成公希望晉兵放過了他，請求同盟，文公不許，衛侯只得離開了國都；由衛人到文公前去解釋道：“那位親楚的國君已給我們趕走了！”魯僖公本派公子買領兵替衛國守禦，這時楚兵救衛不勝，魯人懼晉，也只得刺殺了公子買，到文公前去解釋道：“那個助衛的公子買已給我們殺掉了！”然而他們把這一件事通知楚國的時候，卻又轉換了話頭，説道：“我們的公子買不能盡他守衛的責任，先逃了，所以把他殺了！”㊸

　　晉兵攻入曹都之後，楚兵圍宋還是很緊，宋國再度向晉文公告急。文公爲了齊、秦兩國還不肯和楚開戰，怕自己的力量不够對付，不敢輕易和楚決裂，非常的躊躇。這時郤縠病死，先軫代爲元帥，獻策道：“我們可以分兩方面辦去：一方面，我們命宋國送賄賂給齊、秦，請求他們出來代宋向楚求和；一方面，我們又拘住了曹君，把曹、衛的田地賜給宋人，想來楚人愛護曹、衛，一定不肯答應齊、秦的請求，到時齊、秦被楚激怒了，這戰事就不會由我們獨當了！”文公贊同他，就執了曹君交給宋人。楚成王回駐申邑，也感覺晉國很難對付，就命守齊的申公叔侯離開齊境，攻宋的令尹子玉離開宋國，對他們説道：“你們不要儘跟晉國作對罷！晉君在外十九年了，一切的險阻艱難都嘗够了，人們的真情和假意也都看透了，這次回到晉國可以説是天意，只要是天意便是我們敵不過的。”子玉怕人家看輕他，堅請一戰。楚王很不高興，只分了少許的兵給他，隨他幹去。子玉當下派人向晉文公説道，“只要你肯讓衛侯復國，又把曹國重封了，我們馬上可以把圍宋的兵解除的。”先軫知道子玉派人來了，又獻一策，勸文公暗地裏允許曹、衛兩君復國，來離間他們和楚國的聯絡，同時拘了楚使，激怒楚國。文公照計行事，曹、衛兩國果然向楚告絶。子玉大怒，發兵追趕晉人。文公實踐從前的約言，退避三舍。楚軍大衆已想止住不追，只有子玉不肯，逼着前行。這時晉、宋、齊、秦四國的軍隊駐在城濮，楚師追上，背了險阻立營(54)。文公憂慮楚兵佔得了優勝的形勢，狐偃安慰他道："我們這一仗如能打勝，固然一定可以得到諸侯的服從；就是不勝的話，我們的國家據山臨河，處處有險可守，也不怕有什麽損失。"文公把他的話斟酌一下，纔決定和楚開戰。子玉在楚營裏已經忍不住了，又派人來向文公説："請你們的部下來同我們玩一下罷，你憑在車欄上看着，我也借此開一次眼！"文公立即答應，説是："我們明天早上見！"當時楚軍方面，令尹子玉將的中軍，子西將的左軍，子上將的右軍，和晉國的三軍對當。子玉在開戰的時候，高興極了，叫道："今天一定没有晉國了！"那知晉的下軍佐胥臣在戰馬上蒙了虎皮，先向跟隨楚國的陳、蔡之師衝去，對方抵擋不住，四散逃奔，一下子楚的右軍也就潰散了。晉的上軍將狐毛竪了兩面大旗，向後退去，表示大將已走，下軍將欒枝命每輛兵車後面拖着樹枝，捲起了滿天的灰塵，表示全軍也已退走，楚兵認假作真，追逐過去，不料晉的中軍從横裏出擊，上軍又來夾攻，把楚的左軍打得一敗塗地。只有令尹子玉收住中軍，獨得不敗。楚軍匆忙退走，遺下的糧草不計其數，晉軍在楚營裏吃了三天的糧，纔離開這戰場(55)。

晉師從城濮凱旋，走到衡雍地方，聽得周王要親來勞軍，就在踐土造起一座行宫來(56)。鄭文公在三個月前曾送兵到楚，現在看見楚兵大敗，急向晉國求和，鄭、晉之君即在衡雍結盟。周襄王到會，晉文公把勝利品和俘虜——披甲的馬四百匹，步卒一千人——獻上去，當下由鄭文公傅相周王，用了從前周平王接待晉文侯的禮節接待了他。接着周王又命卿士們策命文公爲侯伯，賜給他大輅之服、戎輅之服(57)，和彤弓彤矢、盧弓盧矢等物，以及虎賁三百人。天子的使者宣讀策命道："天王對叔父説：'你應當恭敬服從我的命令來安定四方的國家；凡是我所厭惡的人，你都應當驅逐他們到遠地方去！'"文公三次辭謝，纔從命答道："重耳怎敢不再拜稽首來奉揚天子的最偉大的命令！"(58)

這時衛成公聽到楚兵大敗的消息，非常害怕，就逃奔到楚國；他聽得諸侯快要結盟，又趕到鄭國去命大夫元咺陪了自己的弟弟叔武去會見諸侯。當諸侯在王庭結盟時，由周朝的卿士王子虎領導，盟辭道：“大家協力輔助王室，不得互相侵犯！有誰背了這盟，天神降下罰來，使他兵敗國亡，子孫老幼統統受到災禍！”這次盟會是葵丘之會以後的第一次大會，晉、齊、魯、宋、衛、鄭、陳、蔡、莒諸國一齊參加，許多倒向楚國懷裏的國家現在又倒在晉文公的懷裏了，楚國又和召陵之役以後的情形一樣，在中原成了孤立者了⑲。

楚令尹子玉收拾殘兵回國，走到半路，楚王派人對他說道：“你若回國，怎對得起申、息二縣的父老？”子玉只得上弔死了。隔了四年，楚成王見晉國愈強，忍氣請和，派大夫到晉聘問，文公也遣使報聘，兩國開始通好。自從城濮一戰之後，楚國在中原的勢力一落千丈，中原諸國反危爲安，轉散作合，晉文公的功績竟超過了齊桓公⑳。

不過那時中原諸侯之間還有些不和協的地方，又賴文公用了霸主的威嚴把他們鎮壓住了。當衛成公出亡的時候，曾有人向他說：“元咺已立叔武爲君，你不必回去了！”那時元咺的兒子跟着他，便被他殺了出氣。踐土盟後，文公許他復位，他回國時叔武很高興去迎接他，那知被他手下人一箭射死。元咺逃奔晉國，把這事根由訴給晉文公。文公召集齊、秦等九國在溫地結會，又請了周襄王來，命衛成公和元咺對訟。結果，衛成公失敗，文公殺了他的一個臣子，又砍了他的一個臣子的腳，着他們代他受了刑罰，然後把他監禁在王都。元咺回國，另立公子瑕爲君。隔了一年，魯僖公在文公前替他說了好話，文公纔許放他。他恨死了元咺，就結了内應，把元咺和公子瑕殺了而後回去。他又怨極了文公，不去朝晉，偏去侵鄭，不過五年之後，他究竟給晉國的威力所征服了㉑。

城濮一戰，諸侯歸晉，只有許國之君不來，鄭國的態度也是游移。文公在伐許之後又派狐偃和各國的大夫在翟泉結盟，商量伐鄭的計劃⑫。又過了一年，文公邀合秦兵同圍鄭國，晉軍駐在函陵，秦軍駐在汜南⑬。鄭文公感到這嚴重的壓迫，懇求老臣燭之武乘夜縋城，到秦營去作說客。燭之武便向秦穆公說道：“這次秦圍鄭，鄭國知道一定亡了。倘使亡了鄭而有益於秦，那也不妨煩勞你們一下。不過鄭和秦並不毗連，秦是不容易越過了晉而佔有鄭地的，那麼你們何必白便宜了晉國？須知晉國越強大，就是秦國越吃虧呵！你現在若肯放下鄭國，將來秦的使臣們往來，鄭國儘可以做東道的主人，供應一切，於你只有好處。而且我們記得，你從前曾經幫過晉君的忙，晉君答應送給你們黃河南面的五個城，可是他們早上渡過河來，晚上就在那裏築了城池來抵拒你了！他們那會有滿足的時候，若讓他們東邊併吞了鄭國，必然又想西邊擴張領土，這除了奪取秦國的地方還去侵略那一國呢？”秦穆公一聽他的說話確實有理，便私和鄭國結盟，留下大夫杞子等駐兵在鄭國，自己班師回去了。晉文公見秦師不辭而別，也只得退去。自從文公復國以來，晉、秦本很和睦，只爲發生了這一回事，兩方的心中又起了芥蒂；不過文公顧念舊情，還不願和秦國開釁⑭。

晉文公年壽不永，回國後只作了九年的君主就去世⑮。太子驩即位，是爲襄公。秦穆公久有經略中原的野心，他就想捉住這一個機會。原來秦大夫杞子們留在鄭國很得鄭君的信任，連北門上的鎖鑰也歸給他們掌管，他們就派人去對秦穆公說：“只要你暗暗地發兵前來，那時裏應外合，一定可把鄭國滅掉。”穆公和大臣蹇叔商議這事，蹇叔勸他千萬不要輕舉妄動，因爲經行一千里路程，決不會沒人知道的。穆公不聽，派孟明等出師。當秦師開拔的時候，蹇叔前去哭送道：“孟明呵，我見得這些軍隊出去，可是見不得他們回來了呀！”穆公大怒，斥責他道：“你懂得什麼！

倘使你只享得中壽，你的墳上的樹木早已合抱了!"秦軍經周到
滑⑥，恰巧有兩個鄭國商人，名喚弦高和奚施⑥，正要到周朝去
做買賣，路上遇見他們，知道來意不善，受了愛國心的驅使，弦
高便派奚施趕快回國，把這消息報告鄭君，一面先送了四張牛皮
又送了十二頭牛到秦軍去，當做犒軍的禮物，他就假託了鄭君的
名義對他們説："敝國的君主聽得你們要到敝國，特派我迎上來
犒勞諸位，現在就請你們收了這一點小東西，吃一頓飯罷!"鄭穆
公得到奚施的報告，派人偵察秦大夫的客館，果然看見他們刀也
磨快了，馬也喂飽了，車輛也備齊了，便向他們説一番客氣話
道："諸位久住在敝國，恐怕帶的糧草和牲畜都吃完了吧？聽説
你們快要回去，我們沒有別的禮物相送，只有原圃裏養着幾頭麋
鹿，請你們隨便取些罷⑥!"杞子們明白自己的陰謀已經洩漏，只
得匆忙逃出了鄭。孟明探得鄭國已有戒備，感到前進也無好處，
順手滅了滑國就回頭走了⑥。

　　秦兵暗襲鄭國的消息傳到了晉，元帥先軫最生氣，他説：
"秦國不但對於我們的君喪不表悲感，還要趁這機會來伐我們的
同姓之國，太無禮了! 一天放縱了敵人，就留下幾代的禍患，這
是容不得的!"他就發命徵集姜戎的兵⑦。那時襄公居喪，穿的是
麻衣，也就把它塗黑了，一齊出發。秦兵回國，剛走到殽地⑦，
想不到遭着晉兵的襲擊，被他們殺了一個痛快，連孟明等幾個將
官都給活捉了。襄公的嫡母文嬴是秦國的女兒，向襄公求情道：
"這班將官敗壞了我們兩國的邦交，秦君恨不得生嚼他們的肉咧。
你不如做個人情，放他們回國去砍頭罷!"襄公不敢違背母命，開
釋了他們。先軫上朝，聽説秦師已經放走，氣得直抖，也不顧襄
公在面前，只管唾罵道："武人們在戰場上費盡了力氣擒住的敵
人，卻因婦人家一句話放了! 摧毀軍心，助長敵燄，我們的國家
怕就要亡了!"襄公心中慙愧，派陽處父趕快去追，那知趕到黃河
邊上，孟明們已下了船了，陽處父忙把自己車轅下的左馬解下，

假託襄公的命贈給孟明，想引誘他登岸。孟明乖覺，他只在船頭稽首拜謝，説道："承蒙貴國君主的恩典，不把我們殺了塗血在戰鼓上，還讓我們回本國去領罪。如果敝國的君主正了我們的罪，我們雖死也忘不了貴國的好處；倘使敝國君主看重貴國君主的面子，也把我們赦了，三年之後再到貴國來拜謝賞賜罷！"孟明們回國。秦穆公穿了素服到郊外，對着這殘兵痛哭道："我違背了蹇叔的勸告，害你們受了這樣大的恥辱，這都是我一個人的罪過，你們有什麼不是呢！"他就把他們統統赦免，且命孟明當國爲政[72]。

晉襄公也是一位雄主，他知道他的父親得霸太驟，而且四圍都是强鄰，倘不繼續努力，必然陷於總崩潰的地步，所以他用了全副精神完成文公未竟之緒[73]。天助自助者，在他的第一年中就接連得到三次勝利，敗秦是首一件，敗狄是第二件。先是惠公被秦刼去時，狄人乘機侵晉，奪取了狐廚和受鐸兩邑，渡過汾水，一直打到昆都[74]。文公即位後，覺得狄患不可輕視，就在三軍之外再立三行，命荀林父將中行，屠擊將右行，先蔑將左行，用來對付狄人[75]。此後又把三行改作上下二新軍，連三軍共爲五軍。不過他雖有這種準備，實際上卻不曾同狄人接觸過。在他改作五軍那一年，狄人圍衛，逼得衛國又從楚丘遷到帝丘[76]。到文公去世時，狄人又趁着晉國的喪事，東去侵齊，他們見晉國無甚舉動，西還時便來攻晉，打入箕地[77]。可是晉國準備已久，乍一交鋒就大敗了狄兵，下軍大夫郤缺竟擒獲了白狄的君主。在這一次戰事中，先軫爲了曾在襄公面前唾駡失了臣禮，自己責罰自己，除去頭盔，衝入狄陣戰死。狄失一君，晉失一元帥，戰事是怎樣的猛烈呵！狄人把先軫的頭顱送回，還是虎虎有生氣的。襄公十分哀悼他，即命他的兒子先且居繼任爲中軍元帥[78]。

晉襄公既連敗了秦和狄，可以經略中原了，那時許國還依附着楚國，襄公就聯合了鄭、陳兩國之師伐許。楚成王發兵救許，先侵陳、蔡兩國以牽制晉兵。陳和蔡被侵，向楚求和；楚兵便進鄭境，直到他們的都城之下。晉兵救鄭，也先侵蔡國以牽制楚兵。楚人回頭救蔡，和晉人夾着泜水結營[79]。晉軍統帥陽處父膽子小，不敢輕易跟楚開仗，他就設下一計，派人向楚帥令尹子上說道："我們兩方在河的兩岸頓兵不動，總不是個辦法。你們如果真的要戰，我們可以退兵三十里，讓你們渡過河來；否則你們退兵，我們渡河也好。"楚人怕在半渡的時候遭敵方的襲擊，就自動退兵三十里，待晉兵渡河。陽處父一見楚人中了計，就揚言道："楚兵逃走了！我們也走罷！"子上見晉兵走了，也只得率師而回。楚成王聽信讒言，認爲他受賄辱國，把他殺掉。所以這次晉、楚爭許，結果又被晉國佔了便宜[80]。

只隔了一年多，秦穆公想洗雪他的失敗的恥辱，又命孟明率師伐晉。晉襄公親自抵禦，在彭衙開戰[81]。晉將狼瞫帶領所部直衝秦陣，力戰而死，大軍隨後追去，又把秦兵打得大敗。晉人嘲笑他們，說這是秦國的"拜賜之師"。孟明第二度喪師回國，秦穆公依舊重用他，他勵精圖治，切望得着最後的勝利。又隔了一年多，穆公自己領兵伐晉，爲了表示他不勝不回的決心，渡過黃河就把渡船燒了。晉人知道他們這一次的來勢利害，便改採守而不戰的策略。秦人奪取了晉的王官和郊兩處地方，又從茅津渡河，封埋了死在殽地的秦國軍人的屍骨，繞回國去[82]。穆公這次伐晉得了勝利，西戎諸國都來歸服，他又滅掉十二個戎國，開拓了一千餘里的土地，雖説他終於没有達到稱霸中原的雄心，可是已經實做了西戎的霸主了[83]。

晉文公的主要功績是城濮之役遏住了楚國，使他們不得向北發展。晉襄公的主要功績是殽之役遏住了秦國，使他們不得向東發展。有了他們父子，春秋時的中原諸國繞獲得休養生息的機會，纔漸漸孕育了後來諸子百家的燦爛文化。而且秦、晉兩國又有同樣的成就，秦的成就是融化了西戎，晉的成就是融化了狄人。戎、狄本是游牧部落，他們的生活很簡陋，對於中原文化只會摧殘，不能享用。秦、晉兩國都費了長期的心思和勞力去經略他們，名義上是把這些部落一個個的剪滅，而實際上卻是把全部戎、狄民眾的文化提高了，好使他們和中原民眾站在平等的地位。到戰國時就再沒有所謂"華夏"和戎、狄的區別了。更説秦國，他們固然在春秋時吃了晉人的虧，出不得殽、函的大門，但他們從此養精蓄鋭，努力開發西北和西南，自從戰國時北面得着義渠，南面得着巴、蜀，富力日增，形勢日利，就完成了統一寰宇的大事業，這也是他們應當向晉人道謝的。倘使晉國守不住這一重門户，秦國可以東向爭取諸侯，那麼無非使得春秋時代添上了一個混戰的主力，而秦的國力也就消磨在和列强對壘之中了，還那會有秦始皇的光榮歷史永遠留在我們的記憶裏！

注釋：

① 依史記十二諸侯年表，秦襄公列爲諸侯是周幽王十一年事；晉昭侯封成師於曲沃是周平王二十六年事；曲沃武公滅晉，王命之爲晉侯是周僖王三年（即魯莊公十五年）事。故秦、晉兩國均可謂爲東周之新國家。

② 此故事與商頌等書所記商王祖先之神話絶相類。按嬴姓之國如奄、徐、郯、葛、江、黃均在東方，疑此爲東方人所共有的神話，原不限於商王之一族也。顓頊與嬴姓關係究竟如何雖不可知，而衛都帝丘（今河北濮陽縣西南），其地爲顓頊之虚（見左氏昭十七年傳），亦在濟水流域，則顓頊爲東方之古帝王可知。

③ 國語鄭語云"嬴，伯翳之後也，……伯翳，能議百物以佐舜者也"，可作此説之佐證。翳與益聲近相通，故孟子記治水事云"舜使益掌火，益烈山澤而焚之，禽獸逃匿"（滕文公上篇），堯典亦云："帝（舜）曰：'疇若予上下草木鳥獸？……俞，咨益，汝作朕虞！'"所謂山澤、草木、鳥獸，即鄭語之"百物"也。

④ 孟子云："周公相武王誅紂，伐奄三年討其君，驅飛廉於海隅而戮之。"（滕文公下篇）此説若信，則其父子並爲周人所殺。

⑤ 漢西河郡有皋狼縣。今山西離石縣西北有皋狼故址。

⑥ 趙城在今山西趙城縣。造父之裔趙氏即晉卿趙衰、趙盾之族，後爲趙
國者。

⑦ 犬丘在今陝西興平縣。汧水發源今甘肅清水縣，東南流至今陝西寶鷄
縣入渭水。汧、渭之間，即今清水、寶鷄一帶地。秦，今甘肅清水縣
東北之秦亭，秦之爲號始於是。雷學淇竹書紀年義證云：“秦在岐周之
西二百餘里，實圻内之地，所謂‘元士受地視附庸’，非封之也。故文
公云：‘邑我先君秦嬴於此，後卒獲爲諸侯。’……蓋孝王邑非子於秦，
使奉嬴氏之祀，後人榮之，故曰‘秦嬴’。嬴本伊之姓，非此時賜以嬴
姓而封之也。後世謂孝王封非子者誤。”（卷二十三）此説甚是，故今
從之。

⑧ 本段根據史記秦本紀。雷學淇竹書紀年義證云：“造父之先皆以執御幸
于天子，費昌爲成湯御，中衍爲太戊御，造父爲穆王御，造父六世孫
奄父亦爲宣王御以脱千畝之難（按：此見史記趙世家），一藝之精，古
人亦世其傳如此。”（卷二十一）按：據此似可猜測秦、趙之先爲游牧
部落。

⑨ 秦文公遷居汧、渭之會，史記未詳其地。張守節史記正義以爲在今陝
西鄜縣，然鄜縣在寶鷄、岐山兩縣之東，實非汧、渭之會，且與秦境
東界至岐不合，其説非是。

⑩ 當時陝西境内戎人之稱王者有豐王、亳王等，俱見秦本紀。蕩社，一
作湯杜，史記索隱引徐廣曰：“言湯邑在杜縣之界，故曰湯杜也。”史記
正義引括地志曰：“雍州三原縣有湯陵，又有湯臺，在始平縣西北八
里。”按前説在渭水之南（杜縣在今長安縣東南），後説在渭水之北（始平
即今興平縣），蓋戎人文獻無徵，諸家以意爲説耳。蕩氏，地亦無考。

⑪ 彭戲氏，戎號，史記正義以爲“同州彭衙故城”。按彭衙故城在今陝西
白水縣東北。邽戎地在漢爲隴西郡上邽縣，今爲甘肅天水縣，冀戎地
在漢爲天水郡冀縣，今甘肅甘谷縣。

⑫ 杜國在今陝西長安縣東南。鄭國在今陝西華縣西北。漢書地理志，京
兆尹有鄭縣及杜陵縣。

⑬ 西虢本在今陝西寶鷄縣東。小虢亦在寶鷄境内。

⑭ 本段亦據史記秦本紀。

⑮ 雍，在今陝西鳳翔縣南，秦建都於此最久，其地正當汧、渭之會。

⑯ 茅津，在今山西平陸縣西南。河曲，當即今山西之風陵渡。

⑰ 本段亦據史記秦本紀。

⑱ 唐爲古國，晉爲大國，然其當時封域至難確定。依一般人所承認者，
在今山西太原縣北。然霍山以北，自晉悼公後始開縣邑，前此乃狄人
之所居，非晉人所得而有。故顏師古漢書注引臣瓚説，以爲唐在永安
（即今霍縣），非晉陽（即今太原縣），顏氏亦以瓚説爲然（見地理志太原
郡晉陽下）。顧炎武日知録據左傳"命以唐誥而封於夏虛"（定四年），服
虔曰"大夏在汾、澮之間"，而翼城正在汾、澮二水間；又史記曰"唐在
河、汾之東"（晉世家），而翼城正在河、汾二水東，晉陽則在汾水西，
因疑唐叔之封以至侯緡之滅並在於翼（卷三十一"唐"條）。其説洵有理
由，然終無以解釋晉之國號。晉者晉水也，源出今太原縣西南，東流
入汾水；其水甚小而他水更無同名者。如燮父所遷之晉確在晉水之旁，
則唐在太原北之舊説尚可維持。或始封在此，其後以戎、狄之逼乃南
遷於翼，自悼公以下又恢復其故土乎？姑存疑於此。

⑲ 予疑汾水流域在西周亦爲王畿，其證：一，王季伐燕京等戎，佔有其
地甚早。二，西伯戡黎，已至漳水之濱。三，厲王奔彘，居十四年之
久，其地在今霍縣。四，宣王料民於太原，其民爲周王之民。五，師
服謂晉爲"甸侯"（左氏桓二年傳），甸者王甸也。若謂既爲王甸，何以
居留之戎、狄如此其多（左氏昭十五年傳云："晉居深山，戎、狄之與
鄰而遠於王室，王靈不及，拜戎不暇"），則渭水流域之王甸中固猶有
驪戎與姜戎，豐王與亳王，伊、洛流域之王甸中亦有揚拒、泉皋、伊
雒之戎與茅戎。陸渾戎也。

⑳ 解見注⑱。今本竹書紀年云：康王九年，"唐遷于晉"。

㉑ 鄭玄毛詩譜云："成侯南徙居曲沃，近平陽焉。……穆侯又徙於絳云。"
（毛詩疏卷六之一）按漢書地理志河東郡聞喜下云"故曲沃，晉武公自晉
陽徙此"，武公謂燮父之子武侯，爲成侯之父，鄭與班異，未知其何據
而云然。鄭氏所謂穆侯遷絳，亦不得其出處。水經注承之，云："按詩
譜言，晉穆侯遷都於絳。暨孫孝侯，改絳爲翼。"（澮水篇）今本竹書紀
年，宣王十六年"晉遷于絳"，疑亦本此。此説固無堅強之證據，惟左
氏隱五年傳云"曲沃莊伯以鄭人、邢人伐翼，……翼侯奔隨"，隱六年

傳云"翼九宗五正……逆晉侯于隨"，桓二年傳又追記云"惠之四十五年，曲沃莊伯伐翼，弑孝侯"，知東周初年晉國實都於翼，曲沃既大，兩都對立，嫌稱晉之無別也，故即以都邑之名呼之。然彼時人於曲沃必曰曲沃，而翼則有時仍其舊稱曰晉，猶商與殷之信口而歧出焉。晉都於翼，必有其始，既不能得確證，惟有姑沿詩譜之説。翼，今山西翼城縣。

㉒ 見左氏桓二年傳。按今本紀年於宣王三十八年云"王師及晉穆侯伐條戎、奔戎，王師敗績"；三十九年云"王師伐姜戎，戰于千畝，王師敗逋"；四十年云"晉人敗北戎于汾、隰"。按此三條係依傍周語及後漢書西羌傳爲之，惟西羌傳但云"王伐條戎、奔戎"，未言與穆侯聯師耳。條爲條戎，作者雖出推測，似猶可信。敗績於條戎而名子曰仇，敗戎於汾隰而名子曰成師，亦頗密合，故今從之。條，高士奇春秋地名考謂安邑有中條山，鳴條陌，即此。千畝，杜預左傳集解謂在西河介休縣南。

㉓ 尚書文侯之命篇，解者有兩説。書序云"平王錫晉文侯秬鬯圭瓚，作文侯之命"，則此篇爲平王命文侯。史記晉世家云"晉文公……獻楚俘于周，……天子使王子虎命晉侯爲伯，……因作晉文侯命"，則此篇爲襄王命文公。按左僖二十五年傳，狐偃慫恿文公"繼文（文侯）之業"，二十八年傳，文公獻楚俘，鄭伯傅王，"用平（平王）禮也"，可知文公既模仿文侯，襄王亦模仿平王，而四人之遭際又絶似，此篇之屬於誰何實有未易斷言者。然篇題既爲"文侯之命"，自以屬之文侯爲當，故今不從史記之説。秬，黑黍，與鬯草同爲釀酒之用。彤，紅色。盧，黑色。

㉔ 曲沃與晉人之關係，依左傳及晉世家所載，大略如下：那時晉昭侯都翼，成師都曲沃，號爲曲沃桓叔。曲沃的城邑比翼還大，桓叔又很會做人，晉國的人民歸附他的就很多。昭侯七年，晉大臣潘父殺了昭侯，迎桓叔爲君。可是晉人也有不附桓叔的，他走到半路給反對黨打敗了，只得退回曲沃去。晉人立昭侯子平爲君，是爲孝侯。桓叔死後，子鱓繼位，是爲曲沃莊伯。孝侯十五年，莊伯到翼，把他殺了。晉人不願奉莊伯爲君，把他攻走而立孝侯子郤，是爲鄂侯。鄂侯六年，曲沃莊伯聯合了鄭、邢兩國之師伐晉，周桓王也做人情，派兵幫助曲沃。鄂

侯受這強力的壓迫，只得逃奔到隨。不久曲沃背叛周室，桓王又派虢公前去討伐，立鄂侯的兒子光爲晉君，是爲哀侯。次年，翼的大族在隨地迎接舊晉君，把他送入鄂邑。那時晉國是鄂侯、哀侯父子並立。莊公死了，子稱繼位，是爲曲沃武公。哀侯八年，晉侵陘庭（翼南鄙之邑），陘庭和曲沃武公合謀，伐晉於汾水岸上，把哀侯擄走。晉人立哀侯子小子爲君，是爲小子侯。小子侯元年，曲沃武公把晉哀侯殺了。四年，曲沃武公又把小子侯騙去殺了。周桓王幫定了晉，命虢仲帶領芮、梁、荀、賈四國之師去伐武公，武公回走曲沃。晉人立哀侯弟緡爲君，苟延了二十八年，曲沃武公到底把他滅了。爲了不敢得罪周朝，他盡把晉國的寶器送給周僖王，得着僖王的承認。

㉕ 本段根據左傳隱、桓、莊三篇及史記晉世家，餘見本篇注⑱—㉔。

㉖ 見左氏莊二十三、二十四、二十五年傳。

㉗ 見左氏莊二十八年傳。

㉘ 見左氏閔元年傳。耿，在今山西河津縣南。霍，在今山西霍縣西。魏，在今山西芮城縣東北。車御、車右，古者出師，將居中，發號令，左爲御，駕馭車馬，右爲右，執兵以戰，均爲重要之職務。畢萬之後，爲晉卿魏氏。晉獻此舉即伏後來三家分晉之根。

㉙ 見左氏閔二年傳，惟傳中未言此次戰事之結果。晉語一則云"申生勝狄（皋落氏）而反"，又云"果敗狄於稷桑而反"，足見其勝利。

㉚ 晉獻公滅國之確數不詳。左氏襄二十九年傳，記女叔侯語云："虞、虢、焦、滑、霍、楊、韓、魏，皆姬姓也，晉是以大。若非侵小，將何所取。武、獻以下，兼國多矣，誰得治之！"此文中所舉之焦乃滅於虢而晉間接取之者，滑乃滅於秦而晉間接取之者；虞、虢、霍、魏之爲晉獻所滅，明見左傳。尚有楊與韓未知何時所滅，楊在今山西洪洞縣東南，地近於霍，韓在今陝西韓城縣南，地近於耿，亦有爲晉獻所滅之可能，蓋獻公以前，曲沃未大，其所積極對付者翼而已，獻公以後，左傳記載甚詳，如有新滅之國固不容不記也。又昭元年傳記子產語云："臺駘能業其官，宣汾、洮，障大澤，以處大原；帝用嘉之，封諸汾川。沈、姒、蓐、黃，實守其祀，今晉主汾而滅之矣。"此沈、姒、蓐、黃四國皆在汾水流域，亦不審其何時爲晉所滅。又桓九年傳云"虢仲、芮伯、梁伯、荀侯、賈伯伐曲沃"，其後芮與梁滅於秦，賈與荀亦

爲晉大夫狐氏與原氏之食邑，知滅之者晉，而不知其何時所滅，賈在今陝西蒲城縣西南，苟在今山西絳縣境。又僖二年傳記荀息假道於虞之辭云"冀爲不道，伐鄍三門"，鄍爲虞邑，是當時曾有伐虞之冀，此國亦不知何時亡於晉，以爲郤氏之食邑，地在今山西河津縣東。總上所述晉滅之國，韓與賈皆在河西；焦、虢、滑，皆在河南；冀、耿、魏、虞，苟，皆在河東；楊、霍、沈、姒、蓐、黃，皆在汾水之旁；加以周王所賜之南陽與晉人積漸開拓之狄土，晉遂爲一極大之國家。

㉛ 見左氏桓九年傳及莊二十六年傳。

㉜ 虢之險要，一爲殽、函，即函谷關，在今河南靈寶縣；一爲桃林之塞，即自函谷關至潼關之地，在今河南閿鄉縣。

㉝ "屈產之乘"，左傳杜注及穀梁傳范注均以爲屈邑所產之馬，公羊傳何注則以屈產爲出名馬之地。今山西石樓縣東南有屈產泉，似以何休説爲是。垂棘，所在未詳。虢在虞南，晉在虞北，故晉伐虢須假道於虞。

㉞ 下陽，在今山西平陸縣東北。

㉟ 本段據左氏僖二年、五年傳，史記晉世家。

㊱ 蒲，在今山西隰縣西北。屈，在今山西吉縣東北。曲沃爲宗廟所在，蒲與屈爲國防重鎮。

㊲ 見左氏僖二十四年傳。

㊳ 狄國，但知其東境至衛，西境至秦，不詳其國都所在，蓋狄係行國，無固定之國都也。梁國，在今陝西韓城縣南。

㊴ 本段根據左氏莊二十八年，僖四年、五年、六年、九年傳及晉語一。

㊵ 左氏僖十五年傳云："賂秦伯以河外列城五，東盡虢略，南及華山，内及解梁城。"杜預注云："河外，河南也。東盡虢略，從河南而東盡虢界也。解梁城，今河東解縣也。"是五城雖在河南，而其所轄之地有在河北者(解梁)，有在渭南者(華山)，實不止於河南。五城之名，此年傳未言，僖三十年傳則言其二：曰焦、曰瑕。焦在今河南陝縣南，即虢都。瑕，顧炎武日知錄云："文公十三年'晉侯使詹嘉處瑕以守桃林之塞。'按漢書地理志：'湖，故曰胡，武帝建元年更名湖。'水經'河水又東逕胡縣故城北'，酈氏注云：'晉書地道記、太康記並言胡縣，漢武帝改作湖；其北有林焉，名曰桃林'。古瑕、胡二字通用。禮記引詩'心乎愛矣，瑕不謂矣'，鄭氏注云：'瑕之言胡也。'瑕、胡音同，故記

用其字。是瑕轉爲胡，又改爲湖，而瑕邑即桃林之塞也，今爲閿鄉縣治。”(卷三十一“瑕”條)其説甚是。

㊶　韓原，舊説在今陝西韓城縣西南。江永據左傳文“涉河，侯車敗”，謂秦軍涉河而晉侯車敗，又“晉侯曰：寇深矣”，知其不在河西，其地當在今山西河津與萬泉兩縣間也。

㊷　本段據左氏僖九年、十年、十三年、十四年、十五年、十七年傳。

㊸　本段據左氏僖十七年、二十二年、二十三年、二十四年傳。

㊹　重耳之所以去狄如齊，左氏僖二十三年傳及晉語四俱未言，而僖二十四年傳則記文公讓寺人披之言曰：“余從狄君以田渭濱，女爲惠公來求殺余，……夫袪猶在。”可知其故。

㊺　傳文云：“有馬二十乘”，杜注云：“四馬爲乘，八十匹也。”按禮記曲禮下云：“問庶人之富，數畜以對”，可知以畜論富，當時自有此風俗。然曲禮謂問庶人之富乃以此對，則殊不可信。觀鄘風定之方中爲詠衛公室之詩而云“騋牝三千”，則知問國君之富固亦然矣。

㊻　韋昭國語注云：“古者行三十里而舍，三舍爲九十里。”

㊼　本段據左氏僖二十三年傳、晉語四。按狐偃等必欲重耳去齊之原因，左傳未言，晉語則言之甚晰，一以齊桓公卒，諸侯叛齊，狐偃知不可因齊以求返國，故欲他往；一以晉無寧歲，民無成君，獻公之子九人惟重耳在，固當享有晉國，時不可失也。又按左傳與國語皆記重耳經行衛、曹、鄭三國時，不爲其君所禮遇，此但觀重耳復國後侵曹、伐衛、圍鄭，以爲報舊怨，故遂造作此等故事耳。然原其所以討伐之故，則僖二十七年傳中固已明記狐偃之言曰“楚始得曹而新昏於衛，若伐曹、衛，楚必救之，則齊、宋免矣”，可知此實爲攘楚之一種策略，與出亡時之待遇無關也。至於圍鄭，僖三十年傳亦明言其貳於楚；若以爲無禮於亡公子，則春秋之世鄭之受侵伐者多矣，寧能悉以私怨解之耶？又按重耳出亡經行路綫，爲由晉至狄，由狄經衛至齊，由齊經曹、宋、鄭至楚，由楚至秦，由秦復國。晉語四謂其自齊過衛，自衛過曹，亦誤。

㊽　本段據左氏僖二十三年、二十四年傳，晉語四。按重耳由楚至秦，左傳云“乃送諸秦”，是謂出楚成王意；晉語云“於是懷公自秦逃歸，秦伯召公子於楚”，是謂出秦穆公意。以當日情勢度之，似以晉語爲信。蓋

晉國已立懷公而秦伯猶强納文公，懷公初立，重耳在秦，即以子從亡人之罪殺狐突，可見兩方相煎之急劇，而惠公背賂，懷公逃歸，皆足以激秦穆公之憤也。

㊾ 晉語四云："乃行賂於草中之戎與麗土之狄以啟東道。"韋注："二邑戎、狄，間在晉東。"按其經行路綫，此二邑當在析城、王屋一帶。

㊿ 此事見左氏僖二十五年傳，亦見晉語四與周語中。杜注云："闕地通路曰隧，王之葬禮也，諸侯皆縣柩而下。"韋注引賈逵注亦云："隧，王之葬禮，開地通路曰隧。"韋昭則以爲隧即周禮六鄉六遂之遂。然晉語云："王章也，不可以二王。"(左氏文略同)可見此制惟天子有之，而鄉遂之制則列國所共有(書費誓云"魯人三郊三遂")，當以解爲葬禮爲善。

(51) 左氏僖二十五年傳云"與之陽樊、温、原、欑茅之田，晉於是始啟南陽"，僅四邑也。晉語四則云"賜公南陽：陽樊、温、原、州、陘、絺、組、欑茅之田"，凡八邑。按隱十一年傳云"王……與鄭人蘇忿生之田：温、原、絺、樊、隰郕、欑茅、向、盟、州、陘、隤、懷"，凡十二邑。杜注云"欑茅、隤，屬汲郡，餘皆屬河内"，即今河南省内太行以南黄河以北之地。以之相較，則晉語所録多一組而無隰郕、向、盟、隤、懷。蓋先與鄭而鄭未能取，繼與晉而晉能有之。又按春秋僖十年經："狄滅温，温子奔衛"，更知地與狄鄰，非强有力者不足以守也。

(52) 本段據左氏僖二十五年傳及晉語四。

(53) 本段據左氏僖二十六年、二十七年、二十八年傳。

(54) 城濮，衛地，在今山東濮縣南，一云在今河南陳留縣。

(55) 本段據左氏僖二十八年傳。楚令尹子玉之名爲成得臣。子西之名爲鬥宜申。子上之名爲鬥勃。

(56) 衡雍，鄭地，在今河南原武縣西北。踐土，亦鄭地，在今河南滎澤縣西北。

(57) 大輅，祭祀時所乘車。戎輅，出師時所乘車。依周官司服，祭祀先公則鷩冕，兵事則韋弁服。

(58) 本段據左氏僖二十八年傳。

(59) 本段據春秋僖二十八年經及是年左氏傳。

(60) 本段據左氏僖二十八年、三十二年傳。楚師多申、息子弟，故楚王責子玉，以申、息父老爲言。

(61) 本段據左氏僖二十八年、三十年、文元年、二年、四年傳。

(62) 翟泉，在今河南洛陽縣之故洛陽城中。

(63) 函陵，在今河南新鄭縣北。汜有二，襄王出居者爲南汜，在今河南襄城縣南，此"汜南"爲東汜，在今河南中牟縣。

(64) 本段據左氏僖二十八年、二十九年、三十年傳。

(65) 晉文公之年壽有二説。其一，晉語四云"晉公子生十七年而亡"，左氏昭十三年傳云"生十七年，有士五人，……亡十九年"，依其説，則生於晉獻公六年，即魯莊二十三年，歸國時年三十六，卒時年僅四十四。其二，史記晉世家云："獻公即位，重耳年二十一。……獻公二十二年，……奔狄，……是時重耳年四十三。……出亡凡十九歲而得入，時年六十二矣。"依其説，則生於晉侯緡十年，即魯桓十五年，卒時年已七十。兩説相較差距至二十六年。後人以史記疏年獨詳，多從其説，然終不審史記之説從何而來。近陳懋恒女士作晉文公生年志疑(春秋史事考異之一篇)，立八證以明史記之説之非，今從之。

(66) 滑國，在今河南偃師縣南。

(67) 左傳僅出一弦高，然云"且使遽告於鄭"，則必有别一商人返國報告可知。吕氏春秋悔過篇出此人之名爲奚施，今從之。

(68) 原圃，鄭國園圃之名。

(69) 本段據左氏僖三十二年、三十三年傳。

(70) 姜戎，四嶽之裔，陸渾戎之一種，本居瓜州，爲秦人所迫逐，歸於晉，惠公賜以南鄙之田，遂供晉之軍役。見左氏僖二十二年、襄十四年、昭九年傳。

(71) 殽，在今河南洛寧縣境。

(72) 本段據左氏僖三十三年傳。

(73) 左氏成十六年傳記士燮之言曰："吾先君之亟戰也有故，秦、狄、齊、楚皆强，不盡力，子孫將弱。"此言道出文、襄二公之心事。

(74) 狐廚，在今山西襄陵縣西。受鐸，未詳。昆都，亦未詳，當在今山西臨汾或洪洞縣境。

(75) 古者惟天子立六軍。晉避六軍之名，故於三軍外立三行。三軍有佐，三行無佐。

(76) 帝丘，在今河北濮陽縣西南，當衛舊都楚丘之東。

(77) 箕，舊説在今山西太谷縣。顧炎武謂太谷當襄公時尚未爲晉有。以成十三年傳吕相絶秦"入我河縣，焚我箕郜"之語據之，必爲邊河之邑，故秦、狄之師皆可以至(日知録卷三十一"箕"條)。

(78) 本段據左氏僖十六年、二十八年、三十一年、三十三年傳。

(79) 泜水，出今河南魯山縣東，經襄城及舞陽縣入汝水。

(80) 本段據左氏僖三十三年傳。

(81) 彭衙，見本篇注⑪。

(82) 王官，在今山西聞喜縣西。郊，未詳，秦本紀作鄗。茅津，見本篇注⑯。

(83) 本段據左氏文二年、三年傳、史記秦本紀。按文二年冬，晉會宋、陳、鄭伐秦，報彭衙之怨，取汪及彭衙而還；文四年秋，晉伐秦，圍邧及新城，報王官之怨。以其與大局無甚關係，故略之。秦穆益國十二，其名爲史書所不載。又史記秦本紀載秦穆聞由余伐戎王事，疑爲戰國時縱横家言，故不録。

楚莊王的霸業*

楚人稱説自己的始祖叫做祝融，曾做高辛氏火正的官。祝融的後裔分爲六姓，最末的一姓是芈，就是楚國的姓。芈姓的第一代始祖叫季連，季連的後裔有個叫鬻熊的，做周文王的臣子。三傳到熊繹，他受了周成王的封，立國於丹陽，那就是楚國的第一代君主。

楚是商朝時的國家，大約他們本來住在現今的山東、河南兩省之間。周公東征之後，遷到西面去了，立國在丹陽。丹陽是當丹水、淅水交流之處。

---

* 此文爲没有寫畢的初稿，注釋原缺。

　　熊繹五傳到熊渠，當周夷王時，興兵伐庸和揚越，一直到鄂，封他的長子康爲句亶王，次子紅爲鄂王，幼子執疵爲越章王。

　　周宣王時，召穆公平定南方，開闢疆域甚廣，楚人在那時受了一次大壓迫，被逼南遷到荆。若敖、蚡冒等君篳路藍褸以啟山林，重新經營起來。

　　到楚武王時漸漸復興起來。武王名熊通，是熊渠的十一世孫。

　　當春秋開始，黃河流域諸國正在鈎心鬥角的時候，楚就勃然強盛起來了。鄭是春秋初年的強國，但對於楚國已發生畏懼之心了。楚武王起兵侵隨，先派人到隨國去議和，自己駐在瑕地等候。隨國也派了一位少師前來議和。楚國的大夫鬥伯比對楚王說道：“我們所以不能在漢東得志的緣故是我們自己造成的。我們張大了武備去恐嚇他們，他們自然害怕了要聯合起來對付我們，弄得我們現在没法使他們離散。但是漢水東面的國家以隨國爲最大，隨國倘若自大起來，必定丟開了其他小國；小國分離，正是楚國的利益。現在隨國派來的少師是個很驕傲的人，我們可以故意把老弱殘兵陳列出來去哄騙他，讓他們上我們的當。”楚國另一個大臣熊率且比聽了鬥伯比的話，駁道：“隨國有個季梁，是個很有智謀的人，這套計策恐怕騙不倒他吧。”鬥伯比說：“我們用這個計策是爲日後打算。要知道少師是隨君的寵臣，隨君很聽他的話呀。”楚王用了鬥伯比的計策，故意把軍容毀壞，然後請少師進來。少師一見楚兵瘦弱，回去便請隨侯起兵追趕楚師。隨侯正在聽他的話，季梁果然出來勸諫道：“老天爺幫楚國的忙，楚的勢頭正盛，他們是故意示弱，哄騙我們呢！”隨侯聽納了季梁的話，便止住了。在鬥伯比的話裏，我們可以看出那時南方的形勢是楚國獨強。勉强能與楚國對抗的，只有隨國。隨國聯合了漢水東面的諸小國做楚國的敵人，所以楚國汲汲的要想打服他。他們所用的政策，是先離間漢東諸小國與隨國的聯結。

過了兩年，楚國聯合南方諸侯在沈鹿地方盟會。只有黃、隨兩國不來。楚武王派薳章去責問黃國，自己帶了大兵去伐隨國，駐兵在漢水、淮水之間。季梁勸隨侯與楚國講和，少師卻對隨侯說道："我們快動手的好！不然，楚兵又要像前次一樣的逃走了。"隨侯聽了少師的話，便起兵和楚國開戰。在速杞地方被楚兵打得大敗，隨侯步行逃走，楚國俘獲了隨侯的兵車，把車右少師殺死。於是隨國只得服從楚國了。

不久，楚國又開闢了濮地，打敗了鄖國和郧國、絞國的兵，聲勢更是不可一世。不料就在這時吃了一回虧：原來是羅國有意對楚挑釁，楚國起兵伐羅，在屢勝之後，輕看了敵人，被羅國聯合了盧戎，打得大敗。

楚國雖然敗了這一次，但是實力並不損傷。後來楚武王又造了一種陣法，在軍隊中參用戟隊，叫做"荊尸"，起來伐隨，不幸他在半路上死了。軍中幾個大官把喪事按住，開闢了行軍的直道，在溠水上面搭了橋，領兵直逼隨國，隨人大懼，又同楚國講和。莫敖、屈重假託了王命到隨國和隨侯結盟，並要求結盟於漢水的西面。事情辦好，班師回國，渡過漢水，然後發喪。在這裏，我們又可以看出楚人是怎樣的尚武力征。他們肯這樣努力經營，所以能成爲南方的伯主。

武王的兒子熊貲即位，是爲文王。他聯合巴國伐申，又滅了息、鄧等國，攻入了蔡國，勢力駸駸北上，從此成了中原諸侯的大患。當齊桓公稱霸的時候，楚的勢力已到中原，伐了鄭國。隔了兩年，巴國伐楚，楚文王起兵抵禦，因有內亂，打了一個大敗仗。回國時，管城門的官吏鬻拳不肯開門，硬逼文王再去伐黃，把黃國的兵伐敗，保全了楚的聲威。文王回國，在半途得病去世。鬻拳把他葬在夕室，也自殺了。文王的兒子熊艱即位，即爲堵敖，被他的弟弟熊惲殺死。熊惲即位，是爲成王。成王四年，開始派使聘問魯國，這是楚與東方諸侯交通之始。成王最倒霉，初年碰到一位齊桓，晚年碰到一位晉文，他一生沒有吐氣揚眉。

鬥穀於菟（子文）爲令尹，他是一個很能幹的人，他見當時楚國內亂未定，就自己毀了家來安定國難。楚國得了這樣的賢臣，就格外強盛了。

楚再起兵伐鄭，齊桓公邀諸侯在犖地盟會，圖謀救鄭。過了三年，齊桓公便聯合了魯、宋、陳、衛、鄭、許、曹等國的兵侵蔡伐楚。行到現今河南的中部。成王料不到來了這些人馬，恐怕敵不過，便派屈完到軍營裏講和，諸侯之師退了。但隔不了幾年，楚就滅了黃國。黃國的君是和齊桓公同盟的，但到這時齊桓公也束手無策了。

齊桓公死後，中原諸國大都趨於楚成王的旗幟之下，共同威脅宋襄公。宋襄公在鹿上地方邀齊、楚兩國結盟，向楚國請求諸侯；楚人假意允許了他。到了這年秋天，楚和鄭、陳、蔡、許、曹諸國在盂地邀宋結會，宋襄公自矜信義，沒有帶兵同去，楚人就捉了他來伐宋國，後來楚和諸侯在薄地結盟，才把襄公釋放。後來宋襄公又因鄭君到楚朝見，又去伐鄭，楚人就起兵伐宋以救鄭，楚和宋在泓水開戰，宋兵大敗，襄公受傷，過半年就死了，宋只得服屬於楚了。

宋兵敗後，楚師凱旋，經過鄭國，鄭文公派他的夫人芈氏到柯澤地方慰勞楚王。楚王命樂師陳列從宋國得來的俘虜和砍下的敵人耳朵給鄭夫人看，借此表示楚國的兵威。鄭君又請楚王到國內來，招待他的禮數甚是隆重。夜裏楚王回營，鄭夫人又帶了眷屬去相送。楚王好色，順手選了鄭君的兩個女兒帶回國去，實在是他自己的外甥女呢。

宋襄公去世後，楚國又派大將成得臣（子玉）帶兵伐陳，責備他有貳心於宋國的罪，奪取了陳國的焦夷地方，又替陳國的敵人頓國築了城，借以逼迫陳國。子玉得勝回國，令尹子文因他有功，就把自己的令尹位子讓給了他。

晉文公勤王之後，積極向外發展勢力，先聯合秦國去打近楚的鄀國。秦兵乘勢攻入楚境，破了楚邑商密，俘獲了楚將申公子儀和息公子邊回去。宋國在這時背楚投晉，於是楚兵先伐宋國，圍困緡邑。隨後楚王親征，帶了鄭、陳、蔡、許諸國的兵圍宋。宋向晉告急，於是晉文公建立了三軍，先去侵新附楚的曹，再去伐和楚通婚的衛；末了聯合了秦、齊之師和楚軍在城濮開戰，把楚軍殺得大敗，從此以後，逼得楚國的勢力退出了中原。

晉文公去世後，楚和晉就爭起許和鄭來。稍後，楚又起兵圍困江國，晉將先僕領兵伐楚以救江。晉又把楚侵江的事報告周王，周王派了王叔桓公會合晉將陽處父再伐楚國。晉兵在方城地方攻城，遇到楚將息公子朱的兵，陽處父仍不敢輕易與楚開戰，就班師回國，江國終究被楚滅掉。不久，楚師又滅了六和蓼兩國。在晉的全盛時代，楚的聲勢也並不衰息。

晉襄公死後，國內發生了置立嗣君的爭亂。後來立了夷皋，是爲靈公。因他年紀幼小，由趙盾攝政，但內部又常有變亂。楚人看了這種情形，便躍躍欲試了。楚大夫范山對楚穆王説道："晉君年輕，其意不在諸侯，北方很有可圖的機會。"穆王聽了他的話，就起兵伐鄭，俘獲了鄭將公子堅、公子尨和樂耳，鄭國只得與楚講和。晉趙盾帶領魯、宋、衛、許諸國的兵救鄭，沒有趕上楚兵，就作罷了。不久，楚國又起兵侵陳，佔領了壺丘地方。楚將公子朱又從東夷伐陳，被陳兵殺敗，楚將公子茷被俘；陳國有此戰功，反而害怕起來，與楚講和。那時蔡國也歸附了楚國。於是楚王邀合了鄭伯、陳侯、蔡侯在厥貉結會，想去伐宋。宋國趕快去迎接楚王，表示服從楚國的命令，更引導楚王到本國孟諸地方去打獵。在獵時，宋公就爲楚王右陣的領隊，鄭伯爲左陣的領隊。楚司馬下令清早起就駕車載着引火的器物，宋公沒有照辦，楚左司馬文之無畏便把宋公的僕人責打了去號令軍中。厥貉之會麇國的君也在會中，私自逃回。楚王帶兵伐麇，一直打到麇都錫穴。不久，楚兵又拘了舒國和宗國的君，圍困了巢國。楚的威燄，真盛極了。

楚穆王去世，子侶立，是爲莊王。他即位後，派令尹子孔和太師潘崇領兵去伐群舒中的舒和蓼兩國，派大夫公子燮和子儀駐守國都。公子燮等作亂，派人刺殺子孔，楚兵無功而回。公子燮等更刦持了莊王出都，將到商密地方去，大夫廬戢棃等設計把他們引誘出來殺死，一場亂事方歸平定。

不久，楚國鬧了大災荒。戎人起來攻擊她的西南方，打到阜山，進駐大林；又攻擊她的東南方，到了陽丘，進攻訾枝。庸人也帶領了群蠻叛楚。麇人也帶了百濮之族在選地聚會，預備去伐楚。楚國申、息兩地的北門都戒了嚴，時局非常嚴重。楚人商議遷都到阪高。大夫蒍賈反對道：“我們去得，敵人也去得。我們愈退讓，敵人就愈進攻。不如盡力抵抗，敵人見我們雖遭荒年，仍能抵抗，野心或許會消滅呢！”莊王聽了他的話，出兵，剛過十五天，百濮果然退去。楚兵從廬地前進，取出倉庫裏屯積的糧食，上下同心熬苦。他們駐兵在句澨地方，派廬戢棃帶兵侵庸，打到庸國的方城。庸人出來追趕，把楚將子揚窻俘了回去。過了三天，他逃回對楚兵說道：“庸兵很多，群蠻都聚在一起，不如回去興起大兵，合併王室的軍隊一同前進。”大夫師叔道：“我們不如再用誘敵計去引誘他們，這就是我們先君蚡冒克服陘、隰的方略呵！”楚人用了他的計策與庸兵連戰七次，都假意敗退。庸人只派了裨、鯈、魚三邑的人追趕楚兵，他們大言道：“楚人已不够和我們一戰了！”他們就疏了防備。楚莊王乘驛車與大兵在臨品相會，分軍爲兩隊，一隊從石溪出發，一隊從仞地出發，夾攻庸國。秦和巴兩國也發兵幫助楚人。群蠻一看情勢不對，立刻和楚國結盟。庸國勢孤，就被楚滅了。

那時晉國幾次用了大題目勞動諸侯伐宋討齊，但結果都受了賄賂而罷手。鄭國覺得晉國不足有爲，便與楚國結盟，合兵侵擾服屬於晉的陳、宋兩國。晉趙盾領兵救陳、宋，在棐林地方聯合宋、衛、陳、曹四國的兵伐鄭。楚將蒍賈領兵救鄭，與晉兵在北林相遇；楚人俘獲了晉將解揚，晉人就退兵回去了。鄭國因宋國兩次聯合晉兵來犯，便受命於楚，派大將公子歸生領兵伐宋，在大棘地方開戰，宋兵大敗；鄭國捉了宋軍的主將華元。殺了副將樂呂，又俘獲甲車四百六十乘，生擒二百五十人，斬馘百人。楚方的氣燄如此高張，晉方的霸業當然是中衰了。

莊王既敗了晉兵，收服了鄭國，不久他又起兵伐陸渾之戎，直逼雒水，在周朝的疆界上耀武揚威。周定王派大夫王孫滿去慰勞莊王，莊王便問他九鼎的大小如何，輕重如何，大有把它搬走的意思。王孫滿見莊王來意不善，便用話折服他道："一國的興亡在於德不在於鼎：道德修好了，鼎雖小還是重的；道德不好，鼎雖大也就變得輕了。從前成王定鼎於郟鄏的時候，曾卜過周王有傳三十代享七百年的天下，這是老天爺的命令，無人能改變的。現在國勢雖衰，天命還沒有完，鼎的輕重尚未可問呢！"莊王聽他的話強硬，知道周朝未可輕視，就班師回去了。

那時鄭國因連被晉兵侵伐，已與晉講和；楚莊王又起兵侵鄭，未得勝利。不料國內又起大亂，令尹鬥椒作亂，殺死司馬蒍賈，駐兵烝野，想進攻王室。莊王用了文、成、穆三王的後裔做了抵押去與鬥椒講和，鬥椒不受，進兵漳澨。莊王下令討伐，與鬥椒的兵在皋滸開戰。鬥椒善於射箭，他一箭穿過莊王的車轅，射到鼓架，着在鑼上。又射一箭，又穿過車轅，着在蓋上。王軍大懼，向後倒退。莊王派人宣諭各營道："我們先君文王打勝息國的時候，得到了三枝利箭，兩枝被鬥椒偷去，現在已放完了。"經此宣示，軍心大定。莊王擂鼓進兵，一戰就把鬥氏滅了。

莊王既平大亂，又兩次起兵伐鄭。陳國見鄭國被侵，與楚聯和。晉大將荀林父和趙盾連次領兵救鄭伐陳。楚人也第三次出兵伐鄭，逼服了鄭國。不久鄭國又背楚向晉；晉、魯、宋、衛、鄭、曹諸國同盟於黑壤，周王也派了王叔桓公來監盟，一時晉霸頗有中興的氣象。楚人北征不利，知道要圖中原必須先平定南方。恰巧那時群舒背叛楚國，莊王起兵伐滅舒和蓼兩國，畫正了疆界，一直來到滑水旁邊，與吳、越兩國結了盟，方纔回去。從此楚國在江、淮流域的勢力漸漸鞏固，他們再回頭來經營北方。

那時陳國已降了晉，莊王起兵伐陳，陳又附楚。晉國邀合宋、衛、鄭、曹諸國在扈地結會，陳侯不來與會，晉荀林父帶了諸侯的兵伐陳。不幸晉成公在扈地去世，諸侯的兵無功而回。楚國因鄭國始終服晉，又起兵伐鄭。晉將郤缺救鄭，鄭伯把楚兵在柳棼地方打敗。鄭兵雖然有功，大臣子良害怕楚國報仇，不久反與楚講和。諸侯的兵伐鄭，又取了和回去。隔了些時，楚莊王再伐鄭；晉將士會救鄭，在潁水的北面趕走楚兵，派諸侯的軍隊駐守鄭地。莊王那裏肯息，他又伐鄭，攻到櫟地。鄭大臣子良說道：“晉、楚兩國不務修德，專用武力相爭，我們只得做個隨風船了！”於是楚、鄭、陳三國盟於辰陵。

鄭、陳既服，楚兵順便侵宋。莊王就駐在郔地等待消息，命令尹蒍艾獵（即孫叔敖）修築沂城，進逼北方。不久又因陳大夫夏徵舒弒了國君，莊王伐陳討亂，下令陳人不必驚慌，只討伐夏氏一家，他就進攻陳都，把夏徵舒殺死。那時陳的新君成公正在晉國，莊王下令把陳國改爲楚國的縣。大夫申叔時從齊國回來，勸諫莊王道：“夏徵舒弒君固然有罪，你討伐他是很對的。但是有句俗話道：‘牽着牛去踏人家的田，田主把牛奪了，牽牛踏田的人固然有罪，然而就因此奪了他的牛，罰也太重了。’你現在取了陳國，正和奪人的牛一樣，恐怕諸侯要不服的。”莊王聽了他的話，就重封了陳國，只在陳國每鄉帶走一個人，安置在一處，把那塊地稱爲“夏州”，紀念他討夏氏亂的功績。

辰陵盟後，鄭又附晉，莊王大怒，起兵把鄭都圍困了十七天。城將攻破，鄭人聚在祖廟裏痛哭，預備出來死鬥。莊王下令退兵，想招降鄭人。那知鄭人修好城池，仍舊抵抗楚兵。楚兵重圍鄭都，攻了三個月，才把鄭都攻破。楚兵從皇門進到大街，鄭伯袒着衣服，牽了羊去迎接楚軍，向楚莊王哀求講和。莊王答應了他，退兵三十里，派大夫潘尫進城與鄭伯結盟。鄭臣子良也到楚國去做了抵押，從此鄭國就服了楚了。

　　晉國發動大兵救鄭，到了河上，聽見鄭已服楚，元師荀林父就想回去。上軍將領士會也說，楚國方強，不可與爭，主張退兵。中軍佐將先縠反對退兵的主張，說道：“在我們的手裏失掉霸業，我們沒有面目活在世上，不如死！”他竟帶領所部渡過河去。司馬韓厥勸荀林父道：“先縠帶了偏師去陷敵，你是元帥，部下不聽命令，你的罪大了，不如一同進兵，就是打敗，三軍將佐同分其罪，總比你一個人得罪好些。”於是晉軍全部渡河。楚莊王統兵北進，駐在郔地，想使戰馬在黃河裏喝了水就回去。聽見晉兵已渡河，莊王便想班師。嬖人伍參主張開戰；令尹孫叔敖反對，他撥轉了車馬。莊王聽了伍參的話，下令改轅北向，駐兵在管地等候晉兵。晉軍駐在敖、鄗二山之間。鄭國派人去到晉營說道：“我們的從楚只是想保全社稷，並非真心與楚要好。楚兵驟勝已經驕傲，他們的軍隊也已疲乏了，又不設防備，你們若加以攻擊，我們做個幫手，楚兵一定大敗的。”晉軍諸將聽了鄭使的話，紛紛爭論，仍不得結果。楚王連派使者兩次到晉軍去議和，晉人已經答應和議，定下了結盟的日期。那知楚人議和並非真心，他們又派了人來向晉軍挑戰；到晉人出營追趕時，他們又逃跑了。晉將魏錡、趙旃因求高官不得，心裏懷恨，想使晉軍失敗，力請也去挑戰，荀林父不許。他們又請奉了使命去講和，荀林父答應了。不料他們去到楚營，反向楚軍要求開戰。當他們二人到楚營去後，晉上軍將領士會、郤克都請準備戰事。先縠大意得很，又不贊成。士會單獨行動，派部下鞏朔、韓穿帶領七支伏兵埋伏在敖山的前面。中軍大夫趙嬰齊也派手下人先在黃河裏豫備好了船隻。趙旃夜裏到楚營前，在軍門外席地坐了，派部下衝進楚營去激戰。楚王親自出來追趕趙旃，趙旃把車丟了，逃入林中，衣甲都被楚兵搶去。晉人派屯守的兵來迎接魏錡和趙旃，楚將潘黨望見車塵，派人趕緊報告大營道：“晉兵來了!”楚人也怕莊王輕入晉營，就全軍出營結陣，孫叔敖下令急速進兵。楚兵雷擊電馳般直衝向晉營，荀林父出於意外，不知所爲，只管擂鼓下令道：“先渡過河去的有賞!”中軍和下軍爭起船來，各各攀住船隻爭渡，兩軍自相殘殺，砍下的手指在船裏一抓就是一把。晉兵向右移動，獨上軍因士會的準備未敗，中軍因趙嬰齊的準備，雖敗而得先渡過河。楚軍方面：工尹齊帶領右軍追趕晉國的下軍，潘黨帶領游車四十乘跟從那從楚的唐侯的兵爲左軍，去進迫晉國的上軍。士會自爲後殿，帶領軍隊緩緩退去，沒有什麼損失。楚軍俘獲了晉將知罃，知罃的父親下軍大夫知莊子帶領所部回攻楚軍，射殺楚將連尹襄老，搶了他的屍首；又俘獲楚王的兒子公子穀臣，方才退去。到了夜裏，楚軍駐在邲地，晉的餘兵不能成軍，乘夜渡河逃去，一夜裏聲音不斷。楚王進駐衡雍，祭了黃河的神，又築起一所祖廟，告了成功，才班師回國。

這次晉軍失敗，並不是他們的實力敵不過楚人，乃是因軍將不睦，從內裏分崩開來，以致大敗。晉兵回國，荀林父自請治罪；晉侯將要答應他，大夫士貞子把楚殺令尹子玉的事去進諫，晉侯聽了他的話，命林父復位，這就成就了他後來滅狄的功績。

楚國既大敗晉兵，鄭、許諸國都歸附了，莊王又起兵攻破宋的屬國蕭。晉、宋、衛、曹諸國同盟於清丘，立約共救災患，討伐不服的諸侯。清丘盟後，宋國因陳服楚，起兵伐陳，衛國卻反去救了陳。楚王親征伐宋，討他救蕭和伐陳的罪。晉國也責問衛國救陳的罪，衛執政孔達自殺，由着國人拿他向晉國解説。

晉勢稍振，又起兵伐鄭，頒告諸侯，在鄭地校閲車馬而回。

鄭伯畏懼晉人，親到楚國去，商議對付晉國的政策。那時宋國又殺了楚國聘齊的使臣申舟（即文之無畏），莊王大怒，立即起兵圍困宋都。魯國也來與楚國在宋地結會。宋公派人向晉國告急，晉國因邲戰之敗，不敢去惹楚人，只派了一個使臣解揚去安慰宋人道：“我們的軍隊已傾國前來，快要到了，你們不要就降楚！”解揚經過鄭境，被鄭人捉住獻給楚兵。楚王向他送了厚賂，叫他去勸說宋人歸降。他被逼不得已，假意答應。楚人把他放在樓車上面，命他招降宋人。他卻依晉君的話吩咐了宋國。楚兵圍宋過了九個月，在宋城外築了房屋，又分兵回去耕田，以表示不勝不回的意思。晉國的救兵卻是杳無信息，宋人大怕，派大將華元乘夜偷進楚營，直登楚元帥子反的床，刼他講和道：“敝國的人民互相掉換了兒子殺來當飯吃，拿人的骨頭當柴燒，已經危險極了。但是要我們結城下之盟，我們雖到國亡也不肯做的，你們若能退兵三十里，我們當唯命是聽。”子反被華元所刼，沒有辦法，只得與他結盟，把他的話轉達楚王，退兵三十里。宋國就與楚結盟，命華元到楚國去做抵押。這時，魯、宋、鄭、陳諸中原國家都歸附了楚國，楚莊王就做了第一任不經周王策命的霸主。這個霸主只是統一的王業的準備，和齊桓、晉文的尊王攘夷有大不同的地方了，這是另一個意義的霸主了。

　　晉國的霸業就此結束了嗎？不，他們正在開拓北方，融化狄族，準備蓄積了力量再和楚國爭這中原的霸權。